“十二五”普通高等教育本科国家级规划教材

新编21世纪法学系列教材
总主编　曾宪义　王利明

刑法案例分析（总则）

第三版

Case Studies for Criminal Law (General Provisions)

主　编　黄京平

撰稿人
黄京平　田宏杰　阴剑锋　邓宇琼
石　磊　蒋熙辉　孙　勤　李　翔
彭辅顺　康　伟　陈毅坚　吴　江
左袖阳　冉巨火　吴照美　姜　昕
齐晓伶　徐俊驰　王　烁

中国人民大学出版社
·北京·

编审委员会

作者简介

黄京平：法学博士，中国人民大学法学院教授、博士生导师，中国刑法学研究会副会长
田宏杰：法学博士，中国人民大学法学院教授、博士生导师
阴剑锋：法学博士，北京师范大学刑事法律科学研究院教授、博士生导师
邓宇琼：法学博士，中国人民公安大学副教授
石　磊：法学博士，最高人民检察院检察理论研究所副研究员
蒋熙辉：法学博士，人民公安报社副总编辑、研究员
孙　勤：法学博士，最高人民检察院检察官
李　翔：法学博士，华东政法大学法律学院教授、硕士生导师
彭辅顺：法学博士，湖南大学法学院副教授、硕士生导师
康　伟：法学博士，南京师范大学法学院讲师
陈毅坚：法学博士，中山大学法学院副教授、硕士生导师
吴　江：法学博士，苏州大学王健法学院副教授
左袖阳：法学博士，北京市社会科学院法学所副研究员
冉巨火：法学博士，西北政法大学副教授
吴照美：法学博士，中国刑事警察学院讲师
姜　昕：法学硕士，国家检察官学院讲师
齐晓伶：法学博士，京都律师事务所律师
徐俊驰：法学博士，四川省人民检察院检察官
王　烁：法学博士，北京化工大学文法学院副教授、硕士生导师

内容提要

编写案例教材是长期的知识积累、经验获取、方法探索的过程。本次第三版修订，于知识、经验、方法上以本教材初版（2000 年）、第二版（2010 年）为基础，保留了以往的编写体例和独特风格。教材内容上针对刑法总则中相关重要知识点，案例挑选上坚持理论争议性和权威性并重。体例上每则案例分析均分为“案情介绍”、“观点争议”、“法理分析”和“要旨提示”四个部分。“案情介绍”中简述案件具体经过以及裁判结果。“观点争议”中展示对该案件不同的处理意见以及相关理由。“法理分析”中作者不局限于裁判结果，依据刑法学理论知识对争议意见展开分析并给出自己的意见。“要旨提示”则简单扼要地对案件所涉裁判核心要旨（司法规则）进行总结。

通过对具有争议性的权威案例的解析，深入阐述基础教材中没能彻底说明的理论问题，对于读者深入理解刑法总则相关知识点具有重要的价值。本书适用于法学本科生和刑法学硕士研究生、法律硕士研究生，亦可作为司法实务工作者和其他专业人员的参考用书。

总　序

曾宪義

在人类文明与文化的发展中，中华民族曾作出过伟大的贡献，不仅最早开启了世界东方文明的大门，而且对人类法治、法学及法学教育的生成与发展进行了积极的探索与光辉的实践。

在我们祖先生存繁衍的土地上，自从摆脱动物生活、开始用双手去进行创造性的劳动、用人类特有的灵性去思考以后，我们人类在不断改造客观世界、创造辉煌的物质文明的同时，也在不断地探索人类的主观世界，逐渐形成了哲学思想、伦理道德、宗教信仰、风俗习惯等一系列维系道德人心、维持一定社会秩序的精神规范，更创造了博大精深、义理精微的法律制度。应该说，在人类所创造的诸种精神文化成果中，法律制度是一种极为奇特的社会现象。因为作为一项人类的精神成果，法律制度往往集中而突出地反映了人类在认识自身、调节社会、谋求发展的各个重要进程中的思想和行动。法律是现实社会的调节器，是人民权利的保障书，是通过国家的强制力来确认人的不同社会地位的有力杠杆，它来源于现实生活，而且真实地反映现实的要求。因而透过一个国家、一个民族、一个时代的法律制度，我们可以清楚地观察到当时人们关于人、社会、人与人的关系、社会组织以及哲学、宗教等诸多方面的思想与观点。同时，法律是一种具有国家强制力、约束力的社会规范，它以一种最明确的方式，对当时社会成员的言论或行动作出规范与要求，因而也清楚地反映了人类在各个历史发展阶段中对于不同的人所作出的种种具体要求和限制。因此，从法律制度的发展变迁中，同样可以看到人类自身不断发展、不断完善的历史轨迹。人类社会几千年的国家文明发展历史已经无可争辩地证明，法律制度乃是维系社会、调整各种社会关系、保持社会稳定的重要的工具。同时，法律制度的不断完善，也是人类社会文明进步的显著体现。

由于发展路径的不同、文化背景的差异，东方社会与西方世界对于法律的意义、底蕴的理解、阐释存有很大的差异，但是，在各自的发展过程中，都曾比较注重法律的制定与完善。中国古代虽然被看成是“礼治”的社会、“人治”的世界，被认为是“只有刑，没有法”的时代，但从《法经》到《唐律疏议》《大清律例》等数十部优秀成文法典的存在，充分说明了成文制定法在中国古代社会中的突出地位，唯这些成文法制所体现出的精神旨趣与现代法律文明有较大不同而已。时至20世纪初叶，随着西风东渐、东西文化交流加快，中国社会开始由古代的、传统的社会体制向近现代文明过渡，建立健全的、符合现代理性精神的法律文明体系方成为现代社会的共识。正因为如此，近代以来的数百年间，在西方、东方各主要国家里，伴随着社会变革的潮起潮落，法律改革运动也一直呈方兴未艾之势。

从历史上看，法律的文明、进步，取决于诸多的社会因素。东西方法律发展的历史均充分证明，推动法律文明进步的动力，是现实的社会生活，是政治、经济和社会文化的变迁；同时，法律内容、法律技术的发展，往往依赖于一大批法律专家以及更多的受过法律教育的社会成员的研究和推动。从这个角度看，法学教育、法学研究的发展，对于法律文明的发展进步，也有着异常重要的意义。正因为如此，法学教育和法学研究在现代国家的国民教育体系和科学研究体系中，开始占有越来越重要的位置。

中国近代意义上的法学教育和法学研究，肇始于19世纪末的晚清时代。清光绪二十一年（公元1895年）开办的天津中西学堂，首次开设法科并招收学生，虽然规模较小，但仍可以视为中国最早的近代法学教育机构（天津中西学堂后改名为北洋大学，又发展为天津大学）。三年后，中国近代著名的思想家、有“维新骄子”之称的梁启超先生即在湖南《湘报》上发表题为《论中国宜讲求法律之学》的文章，用他惯有的富有感染力的激情文字，呼唤国人重视法学，发明法学，讲求法学。梁先生是清代末年一位开风气之先的思想巨子，在他的辉煌的学术生涯中，法学并非其专攻，但他仍以敏锐的眼光，预见到了新世纪中国法学研究和法学教育的发展。数年以后，清廷在内外压力之下，被迫宣布实施“新政”，推动变法修律。以修订法律大臣沈家本为代表的一批有识之士，在近十年的变法修律过程中，在大量翻译西方法学著作，引进西方法律观念，有限度地改造中国传统的法律体制的同时，也开始推动中国早期的法学教育和法学研究。20世纪初，中国最早设立的三所大学——北洋大学、京师大学堂、山西大学堂均设有法科或法律学科目，以期“端正方向，培养通才”。1906年，应修订法律大臣沈家本、伍廷芳等人的奏请，清政府在京师正式设立中国第一所专门的法政教育机构——京师法律学堂。次年，另一所法政学堂——直属清政府学部的京师法政学堂也正式招生。这些大学法科及法律、法政学堂的设立，应该是中国历史上近代意义上的正规专门法学教育的滥觞。

自清末以来，中国的法学教育作为法律事业的一个重要组成部分，随着中国社会的曲折发展，经历了极不平坦的发展历程。在20世纪的大部分时间里，中国社会一直充斥着各种矛盾和斗争。在外敌入侵、民族危亡的沉重压力之下，中国人民为寻找适合中国国情的发展道路而花费了无穷的心力，付出过沉重的代价。从客观上看，长期的社会骚动和频繁的政治变迁曾给中国的法治与法学带来过极大的消极影响。直至70年代末期，以“文化大革命”宣告结束为标志，中国社会从政治阵痛中清醒过来，开始用理性的目光重新审视中国的过去，规划国家和社会的未来，中国由此进入长期稳定、和平发展的大好时期，以这种大的社会环境为背景，中国的法学教育也获得了前所未有的发展机遇。

从宏观上看，实行改革开放以来，经过二十多年的努力，中国的法学教育事业所取得的成就是辉煌的。首先，经过“解放思想，实事求是”思想解放运动的洗礼，在中国法学界迅速清除了极左思潮及苏联法学模式的一些消极影响，根据本国国情建设社会主义法治国家已经成为国家民族的共识，这为中国法学教育和法学研究的发展奠定了稳固的思想基础。其次，随着法学禁区的不断被打破、法学研究的逐步深入，一个较为完善的法学学科体系已经建立起来。理论法学、部门法学各学科基本形成了比较系统和成熟的理论体系和学术框架，一些随着法学研究逐渐深入而出现的法学子学科、法学边缘学科也渐次成型。1997年，国家教育主管部门和教育部高校法学学科教学指导委员会对原有专业目录进行了又一次大幅度调整，决定自1999年起法学类本科只设一个单一的法学专业，按照一个专业招生，从而使法学学科的布局更加科学和合理。同时，在充分论证的基础上，确定了法学专业本科教学的14门核心课程，加上其他必修、选修课程的配合，由此形成了一个传统与更新并重、能够适应国家和社会发展需要的教学体系。法学硕士和博士研究生及法律硕士专业学位研究生的专业设置、课程教学和培养体系也日臻完善。再次，法学教育的规模迅速扩大，层次日趋齐全，结构日臻合理。目前中国有六百余所普通高等院校设置了法律院系或法律本科专业，在校本科学生和研究生已达二十余万人。除本科生外，在一些全国知名的法律院校，法学硕士研究生、法律硕士专业学位研究生、法学博士研究生已经逐步成为培养的重点。

众所周知，法律的进步、法治的完善，是一项综合性的社会工程。一方面，现实社会关系的发展，国家政治、经济和社会生活的变化，为法律的进步、变迁提供动力，提供社会的土壤。另一方面，法学教育、法学研究的发展，直接推动法律进步的进程。同时，全民法律意识、法律素质的提高，则是实现法治国理想的关键的、决定性的因素。在社会发展、法学教育、法学研究等几个攸关法律进步的重要环节中，法学教育无疑处于核心的、基础的地位。中国法学教育过去二十多年所走过的历程令人激动，所取得的成就也足资我们自豪。随着国家的发展、社会的进步，在21世纪，我们面临着更严峻的挑战和更灿烂的前景。“建设世界一流法学教育”，任重道远。

首先，法律是建立在经济基础之上的上层建筑，以法治为研究对象的法学也就成为一门实践性很强的学科。社会生活的发展变化，势必要对法学教育、法学研究不断提出新的要求。经过二十多年的奋斗，中国改革开放的前期目标已顺利实现。但随着改革开放的逐步深入，国家和社会的一些深层次问题，比如说社会主义市场经济秩序的真正建立、国有企业制度的改革、政治体制的完善、全民道德价值的重建、环境保护和自然资源的合理利用等等，也已经开始浮现出来。这些复杂问题的解决，无疑最终都会归结到法律制度的完善上来。建立一套完善、合理的法律制度，构建理想的和谐社会，乃一项持久而庞大的社会工程，需要全民族的智慧和努力。其中的基础性工作，如理论的论证、框架的设计、具体规范的拟订、法律实施中的纠偏等等，则有赖于法学研究的不断深入，以及高素质人才特别是法律人才的养成，而培养法律人才的任务，则是法学教育的直接责任。

其次，21世纪是一个多元化的世纪。20世纪中叶发生的信息技术革命，正在极大地改变着我们的世界。现代科学技术，特别是计算机网络信息技术的发展，使传统的生活方式、思想观念发生了根本的改变，并由此引发许多人类从未面对过的问题。就法学教育而言，在21世纪所要面临的，不仅是教学内容、研究对象的多元化问题，而且还有培养对象、培养目标的多元化、教学方式的多元化等一系列问题，这些问题都需要法学界去思考、去探索。

中国人民大学法学院建立于1950年，是新中国诞生后创办的第一所正规高等法学教育机构。在半个多世纪的岁月中，中国人民大学法学院以其雄厚的学术力量、严谨求实的学风、高水平的教学质量以及丰硕的学术研究成果，在全国法学教育领域处于领先地位，并开始跻身于世界著名法学院之林。据初步统计，中国人民大学法学院已经为国家培养法学专业本科生、硕士生、博士生一万余人，培养各类成人法科学生三十余万人。经过多年的努力，中国人民大学法学院形成了较为明显的学术优势，在现职教师中，既有一批资深望重、在国内外享有盛誉的法学前辈，更有一大批在改革开放后成长起来的优秀中青年法学家。这些老中青法学专家多年来在勤奋研究法学理论的同时，也积极投身于国家的立法、司法实践，对国家法制建设贡献良多。

有鉴于此，中国人民大学法学院与中国人民大学出版社经过研究协商，决定结合中国人民大学法学院的学术优势和中国人民大学出版社的出版力量，出版一套“21 世纪法学系列教材”。自 1998 年开始编写出版本科教材，包括按照国家教育部所确定的法学专业核心课程和其所颁布印发的《全国高等学校法学专业核心课程基本要求》而编写的 14 门核心课程教材，也包括法学各领域、各新兴学科教材及教学参考书和案例分析在内，到 2000 年 12 月 3 日在人民大会堂大礼堂召开举世瞩目的“21 世纪世界百所著名大学法学院院长论坛暨中国人民大学法学院成立五十周年庆祝大会”之时，业已出版了 50 本作为 50 周年院庆献礼，到现在总共出版了 80 本。为了进一步适应高等法学教育发展的形势和教学改革的需要，最近中国人民大学法学院与中国人民大学出版社决定将这套教材扩大为四个系列，即：“本科生用书”“法学研究生用书”“法律硕士研究生用书”以及“司法考试用书”，总数将达二百多本。我们设想，本套教材的编写，将更加注意“高水准”与“适用性”的合理结合。首先，本套教材将由中国人民大学法学院具有全国影响的各学科的学术带头人领衔，约请全国高校优秀学者参加，形成学术实力强大的编写阵容。同时，在编写教材时，将注意吸收中国法学研究的最新的学术成果，注意国际学术发展的最新动向，力求使教材内容能够站在 21 世纪的学术前沿，反映各学科成熟的理论，体现中国法学的水平。其次，本套教材在编写时，将针对新时期学生特点，将思想性、学术性、新颖性、可读性有机结合起来，注意运用典型生动的案例、简明流畅的语言去阐释法律理论与法律制度。

我们期望并且相信，经过组织者、编写者、出版者的共同努力，这套法学教材将以其质量效应、规模效应，力求成为奉献给新世纪的精品教材，我们诚挚地祈望得到方家和广大读者的教正。

2006 年 7 月 1 日

序　言

法学教育是高等教育的重要组成部分，是建设社会主义法治国家、构建社会主义和谐社会的重要基础，并居于先导性的战略地位。在我国社会转型的新世纪、新阶段，法学教育不仅要为建设高素质的法律职业共同体服务，而且要面向全社会培养大批治理国家、管理社会、发展经济的高层次法律人才。近年来，法学教育取得了长足的进步，法科数量增长很快，教育质量稳步提高，培养层次日渐完善，目前已经形成了涵盖本科生、第二学士学位生、法学硕士研究生、法律硕士研究生、法学博士研究生的完整的法学人才培养体系，接受法科教育已经成为莘莘学子的优先选择之一。随着中国法治事业的迅速发展，我们有理由相信，中国法学教育的事业大有可为，中国法学教育的前途充满光明。

教育的基本功能在于育人，在于塑造德才兼备的高素质人才。法学教育的宗旨并非培养只会机械适用法律的“工匠”，而承载着培养追求正义、知法懂法、忠于法律、廉洁自律的法律人的任务。要完成法学教育的使命，首先必须认真抓好教材建设。我始终认为，教材是实现教育功能的重要工具和媒介，法学教材不仅仅是法学知识传承的载体，而且是规范教学内容、提高教学质量的关键，对法学教育的发展有着不可估量的作用。

第一，法学教材是传授法学基本知识的工具。初学法律，既要有好的老师，又要有好的教材。正如冯友兰先生所言：“学哲学的目的，是使人作为人能够成为人，而不是成为某种人。其他的学习（不是学哲学）是使人能够成为某种人，即有一定职业的人。”一套好的教材，能够高屋建瓴地展示法律的体系，能够准确简明地阐释法律的逻辑，能够深入浅出地叙述法律的精要，能够生动贴切地表达深奥的法理。所以，法学教材是学生学习法律的向导，是学生步入法律殿堂的阶梯。如果在入门之初教材就有偏颇之处，就可能误人子弟，学生日后还要花费大量时间与精力来修正已经形成的错误观念。

第二，法学教材是传播法律价值理念的载体。好的法学教材不仅要传授法学知识，更要传播法律的精神和法治的理念，例如对公平、正义的追求，尊重权利的观念。本科、研究生阶段的青年学子，正处在人生观、价值观形成的阶段，一套优秀的法学教材，对于他们价值观的塑造和健全人格的培养具有重要意义。

第三，法学教材是形成职业共同体的主要条件。建设社会主义法治国家，有赖于法律职业共同体的生成。一套好的法学教材，向法律研习者传授共同的知识，这对于培养一个接受共同的价值理念、共同的法律思维、共同的话语体系的法律共同体，具有重要的作用。

第四，法学教材是所有法律研习者的良师益友。没有好的教材，一个好的教师或可弥补教材的欠缺和不足，但对那些没有老师指导的自学者而言，教材就是老师，其重要作用是显而易见的。

长期以来，在我们的评价体系中，教材并没有获得应有的注重，对学术成果的形式优先考虑的往往是专著而非教材。在不少人的观念中，教材与创新、与学术精品甚至与学术无缘。其实，要真正写出一部好的教材，其难度之大、工作之艰辛、影响之深远，绝不低于一部优秀的专著，它甚至可以成为在几百年甚至更长的时间内发挥作用的传世之作。以查士丁尼的《法学阶梯》为例，所谓法学阶梯，即法学入门之义，就是一部教材。但它概括了罗马法的精髓，千百年来，一直是人们研习罗马法最基本的著述。日本著名学者我妻荣说过，大学教授有两大任务：一是写出自己熟悉的专业及学术领域的讲义乃至教科书；二是选择自己最有兴趣、最看重的题目，集中精力进行终生的研究。实际上，这两者是相辅相成的。写出一部好教材，必须要对相关领域形成一个完整的知识体系，还要能以深入浅出的语言将问题讲清楚、讲明白。没有编写教材的基本功，实际上也很难写出优秀的专著。当然，也只有对每一个专题都有一定研究，才能形成对这个学术领域的完整把握。

虽然近几年我国法学教育发展迅速，成绩显著，但是法学教育也面临许多挑战。各个学校的师资队伍和教学质量参差不齐，这就更需要推出更多的结构严谨、内容全面、角度各有侧重、能够适应不同需求的法学教材，为提高法学教学和人才培养质量、保障法学教育健康发展提供前提条件。

长期以来，中国人民大学法学院始终高度重视教材建设。作为新中国成立后建立的第一所正规的法学教育机构，中国人民大学法律系最早开设了社会主义法学教学课堂，编写了第一套社会主义法学讲义，培养了新中国第一批法学本科生和各学科的硕士生、博士生，产生了新中国最早的一批法学家和法律工作者。中国人民大学法律系因此被誉为“新中国法学教育的工作母机”。半个多世纪以来，中国人民大学法学院为社会主义法制建设培养了大批优秀的法律人才，并为法学事业的振兴和繁荣作出了卓越贡献，也因此成为引领中国法学教育的重镇、凝聚国内法律人才的平台和沟通中外法学交流的窗口，并在世界知名法学院行列中崭露头角。为了对中国法学教育事业作出更大的贡献，我们有义务也有责任出版一套体现我们最新研究成果的法学教材。

承蒙中国人民大学出版社的大力支持，我们组织编写了本套教材，其中包括本科生用书、法律硕士研究生用书、法学研究生用书和司法考试用书四大系列，分别面向不同层次法科教育需求。编写人员以中国人民大学法学院教师为主，反映了中国人民大学法学院整体的研究实力和学术视野。相信本套教材的出版，一定能够为新时期法学教育的繁荣发展发挥应有的作用。

是为序。

2006年7月10日

修订说明

刑事司法实务所生成的案例，具有联结抽象条文与具体争议、平衡严格规则与自由裁量的实践机能。通过案例的积累、发展，协调法的安定性与适应性，达到公正与效率的价值期待，是刑事法制“活的要素”。就刑事检察和审判工作而言，对案例的选编和参阅是统一法律适用、提升刑事司法水准的有效机制；就法学研究而言，对案例的阐释和批评是发现真问题、解决真问题的可靠路径；就法科教学而言，传授研读、分析案例的方法是缩短法科学生与法律职业工作者之间距离的必要手段，在教学诸环节中有着无可替代的作用。

作为理论与实践紧密结合的知识体系，刑法学科历来强调案例教学，将其视作讲解刑法理论知识和领悟刑事司法实务技巧的重要载体。鉴于此，编写能够兼重理论思辨与实践指导的案例分析教材，始终是我们的愿望。而此前2000年版、2010年版《刑法总则案例分析》可以说已经在这方面取得了些许成绩：多次加印，累计销售数万册，被法科院系选作案例课程教材，受到教研单位和实务部门的欢迎……这些都是对我们工作的肯定和鼓励。但毕竟前一版教材出版有年，其间又颁布了新的刑法修正案、司法解释，刑法理论的研究也有了新的成果。特别是近年来最高司法机关和地方司法机关推进案例指导制度探索，选编、发布了数量更加庞大的指导性案例、参阅案例，为我们的案例研究和案例教学提供了新的可资利用的材料。以此为背景，我们策划并推动了此次第三版修订，仍然保持本书原有的独特风格：(1) 案例选编的权威性。教材所选案例作了部分的更新，并且新增了与法律修改有关的案例，更新和新增的案例仍为最高司法机关公报、机关刊物和业务指导出版物所刊载的典型案例（或谓指导性案例）。尽管依据现有的制度条件，典型案例对刑事检察和审判工作的影响主要是指导性、参考性的，尚不能引为办理刑事案件的直接依据，但不可否认的是，作为解释、适用现行法律、司法解释的实例（进而是范例），此类典型案例经一定级别的司法机关及其业务部门、研究机构选编并发布，形式要件更加完备，实质价值更加突出，应该能够反映刑事司法实践所应对和处理的真问题。需要特别说明是，除前述更新和新增的案例外，考虑到选取案例的权威性和理论争议性的标准，在部分知识点没有更为合适的可替换案例的情况下，本教材保留了部分原版中的案例。针对这部分保留案例，第一，其所涉及的1997年刑法规范基本没有发生修改的，对“法理分析”部分引用的司法解释进行了更新，但对部分有借鉴或参考价值的已失效的司法解释作了保留；第二，对所涉及的1997年刑法规范作出了修正的，“法理分析”部分结合修正内容进行了发展性的重述；第三，案例发生的时间在2012年刑事诉讼法颁布、实施前，其中可能涉及刑事诉讼法的，引用法条为1996年刑事诉讼法，具体而言，“案情介绍”中涉及二审的案件的二审程序依据的引用，以及部分“观点争议”中展示当时争议观点时涉及程序依据的引用，还望读者予以注意。(2) 法理分析的研究性。此次第三版修订所更新和新增案例及其法理分析，依然秉持将典型案例作为教学和研究资料的基本定位。其一，本教材的编写原则不变，即供法学本科生和刑法学硕士研究生、法律硕士研究生使用，并作为司法实务工作者和其他专业人士的参考用书。通过分析疑难、复杂、重大案件，讲解对司法实践有重要意义，但基础教材一般没能透彻说明的理论问题，来发挥案例分析教材在法科教学相应环节的独特作用。其二，本教材既对官方文献所刊载的典型案例予以真诚尊重，又不放弃理论研究所应当持有的适度的批判立场。我们对所选择的能够引起一定争议、有适当讨论空间的典型案例，辨其事实，究其法理，评其是非，析其得失，针对其说理过程和裁判结果发表质疑、批评意见。(3) 要旨提示的实践性。这里的要旨，即裁判要旨（司法规则），是裁判文书释法说理的核心部分，是典型案例的精髓。尽管案例是特定的、个别的，但其表达的裁判要旨（司法规则）可以是非特定的、非个别的。易言之，指导性案例对刑事司法实务的影响，实际就是其中的裁判要旨（司法规则）的影响。为了避免本教材前两版及现有多数案例出版物（特别是教学类案例出版物）在归纳裁判要旨、点拨司法规则方面共有的不足，此次第三版修订继续保留“要旨提示”栏目，对典型案例所涉及的裁判要旨（司法规则）进行提炼和评价。这样，既加强了对司法经验的认知，也延伸了对理论学说的讨论，体现了兼重理论思辨与实践指导的旨趣。

更为本教材编者所看重的是，此次再版修订的过程加深了我们对案例教材编写工作的理解，即，案例教材编写可以而且应当实现理论知识传输、实践规则发现和法律思维培养的多项功能。以往的教学类案例出版物多以向授课对象传输理论知识为单一目标，相对忽视实践规则发现和法律思维培养的功能实现。我们意图借教材再版修订之机遇，适当协调司法案例选编与案例教材的编写风格，力图使案例教材编写的多项功能（即理论知识传输、实践规则发现和法律思维培养）融为一体，至少在知识传输的基础上，兼重规则发现与思维培养。当然，这一努力不能也不应止于案例教材的编写，其最终实现在很大程度上有赖于教师精心的授课内容安排、精致的授课环节设计以及精巧的授课方法运用，更与授课对象（学习者）的持续积累、能动参与、缜密推断、创造性思维等关联甚密。为此，我们愿意与众多的教材使用者共同努力，在本教材的使用过程中继续推进这项有意义的探索。

本教材作为刑法学科唯一的案例分析教材，有幸入选教育部普通高等教育“十一五”国家级规划、“十二五”国家级规划，这就无疑地承负了一种对教材实际运用效果的期待。希望本教材的再版修订能够兑现我们的承诺，令期待变为现实。特别要提到的是，本教材的初版编写和第二版、第三版修订，始终得到中国人民大学法学院和中国人民大学出版社的支持，编者在此谨致谢忱。因我们水平所限，加之时间仓促，编写过程中难免遗有不当之处，恳请方家批评、指正。

黄京平

2018 年 3 月

目　录

第一章

刑法的基本原则

1. 张某信用卡诈骗案[①]

——罪刑法定原则与刑法的文理解释

【案情介绍】

被告人张某于2005年1月18日13时许，在某大厦一层的中国农业银行的大厅内，将事主林某遗忘在ATM机里的农行储蓄卡更改密码后据为己有，并于2005年1月19日在A小区交通银行ATM机上取走人民币5 000元，于1月20日在B小区中国工商银行的ATM机上取走人民币1 900元。被抓获归案后，赃物中国农业银行储蓄卡已起获，张某退赔人民币6 900元已由公安机关发还被害人林某。

检察机关以被告人张某犯信用卡诈骗罪，向人民法院提起公诉。一审法院经审理认为：被告人张某在拾得他人遗失的银行储蓄卡后，冒用银行卡所有人的名义通过银行自动提款机取款，数额较大，其行为符合诈骗罪的犯罪构成，应予惩处。关于本案的定性，由于银行储蓄卡不是信用卡，故对于被告人利用储蓄卡实施的犯罪行为，不能依照法律或者立法解释中关于信用卡的有关规定定罪处罚。公诉机关以信用卡诈骗罪对被告人张某进行指控，定性不当，予以纠正。鉴于被告人张某能够在庭审中自愿认罪，故对其酌予从轻处罚。法院依法判决如下：被告人张某犯诈骗罪，判处拘役5个月，罚金人民币1 000元。一审判决后，检察机关提起抗诉，理由是：原判认定的事实清楚，证据确实充分，足以认定，但原判定性不准，适用法律有误，原审被告人张某的行为应当构成信用卡诈骗罪，建议二审法院撤销原判、依法改判。二审法院经审理认为：原审被告人张某以非法占有为目的，隐瞒事实真相，冒用他人的信用卡骗取钱财，数额较大，其行为已经构成了信用卡诈骗罪，依法应予惩处。根据《全国人民代表大会常务委员会关于〈中华人民共和国刑法〉有关信用卡规定的解释》，刑法规定的“信用卡”，是指由商业银行或者其他金融机构发行的具有消费支付、信用贷款、转账结算、存取现金等全部功能或者部分功能的电子支付卡。张某在捡拾他人遗失的具有存取现金功能的电子支付卡后，多次使

---

① 案例来源：最高人民法院刑事审判第一、二、三、四、五庭主办：《中国刑事审判指导案例（破坏社会主义市场经济秩序罪）》，245～246页，北京，法律出版社，2009。

用该卡到银行的ATM机上提取现金，其行为符合信用卡诈骗罪的特征。检察机关的抗诉意见成立，予以采纳。一审法院认定张某犯罪的事实清楚，证据充分，审判程序合法，但对张某定罪及适用的附加刑均不当，应依法予以改判。根据原审被告人张某犯罪的事实、性质、情节及对社会的危害程度，法院依法判决如下：(1) 撤销一审刑事判决。(2) 原审被告人张某犯信用卡诈骗罪，判处拘役5个月，并处罚金人民币2万元。

【观点争议】

本案的审理过程中，对于被告人张某拾得他人遗失的银行储蓄卡（属于借记卡）后，冒用银行卡所有人的名义通过银行自动提款机取款，数额较大的行为到底构成诈骗罪还是信用卡诈骗罪，形成以下两种不同观点。

第一种观点为一审法院所持有。该观点认为，冒用他人的银行借记卡到银行取款的行为应定性为诈骗罪。理由是：信用卡和借记卡存在本质上的差别，致使持借记卡行骗和持信用卡行骗两种行为所侵犯的客体也有差别。诈骗罪侵犯的客体是财产所有权，而信用卡诈骗罪除此之外还侵犯了国家对信用卡的管理制度。因此，本案应定性为诈骗罪。

第二种观点为公诉机关和二审法院所持有。该意见认为，根据全国人大常委会的立法解释，银行借记卡也属于刑法意义上的信用卡。因此，被告人张某冒用他人的银行借记卡取款的行为构成信用卡诈骗罪。具体理由如下：本案被告人张某拾得他人银行卡，进而冒用取款的行为应当属于冒用他人的信用卡，在客观上符合刑法第196条关于信用卡诈骗罪的第三种行为方式“冒用他人信用卡”的规定。问题的关键在于信用卡作为刑法用语的含义范围的界定。在专门解释的情况下，一般是根据相关的金融法规来确定的。对于信用卡范围界定，国家金融法规是有一个演变过程的。1996年4月1日，中国人民银行发布的《信用卡业务管理办法》并未区分信用卡和借记卡的概念，将二者统称为信用卡。而1999年3月1日起施行的中国人民银行《银行卡业务管理办法》则废止了上述规定，将银行卡明确区分为信用卡与借记卡两种。这种行政立法上的变化，引发了借记卡能否成为信用卡诈骗罪的犯罪工具的分歧，司法中对于行为人冒用银行借记卡取款的处理也不一致，有的以信用卡诈骗罪定罪，有的以诈骗罪定罪，还有的按照金融凭证诈骗罪定罪。为了结束这种相关金融法规的规定变化带来的司法中准确界定刑法意义上信用卡范围的分歧，保证执法的统一，2004年12月29日，全国人大常委会作出了《关于〈中华人民共和国刑法〉有关信用卡规定的解释》，该解释规定：“刑法规定的‘信用卡’，是指由商业银行或者其他金融机构发行的具有消费支付、信用贷款、转账结算、存取现金等全部功能或者部分功能的电子支付卡。”可见，立法机关的意图很明确，就是通过立法解释进一步扩大并统一刑法意义上的“信用卡”的范围认定，即针对银行或者其他金融机构发行的电子支付卡，只要其具备消费支付、信用贷款、转账结算、存取现金等全部功能或者部分功能，都属于刑法意义上的信用卡。据此，我国刑法中的信用卡应当既包括国际通行意义上具有透支功能的信用卡，也包括不具有透支功能的银行借记卡。也即，在该立法解释出台后，刑法意义上的信用卡的范围与相关金融法规意义上的信用卡的范围有所不同。作为专门性立法解释，该解释自颁布之日起当然应当在刑事司法中被遵照执行。[①]

---

① 参见最高人民法院刑事审判第一、二、三、四、五庭主办：《中国刑事审判指导案例（破坏社会主义市场经济秩序罪）》，245～246页，北京，法律出版社，2009。

【法理分析】

显然，双方形成争议，概因对信用卡的用语解释的差异。笔者认为一审法院所主张的观点失之偏颇，关键在于对刑法文理解释等理论旨趣理解有误。但对于第二种观点持有者理由中扩大解释的倾向，也有必要肃清。因此笔者拟结合双方观点对信用卡的用语解释进行简单的理论疏解。

其一，第一种观点忽视了信用卡用语的文理解释。文理解释，亦称文义解释，就是对法律条文的字义，包括单词、概念、术语，从文理上所作的解释[①]，包括字面解释和文法解释，其特点是在解释刑法的某一规定时，不考虑该规定相关联的其他因素，严格按照其词义或语法结构，说明其含义。文理解释方法是最主要的解释方法，也是首选的解释方法。[②] 既然如此，我们首先应该在刑法中寻找依据，但事实而言，1997 年刑法及此后的刑法修正案中并无信用卡有借记卡和贷记卡之分的明确规定。如上文所言，依循惯例，信用卡作为刑法用语的含义范围认定，一般是根据相关的金融法规来确定的。据此，1997 年刑法中关于信用卡的含义落位到 1996 年中国人民银行发布的《信用卡业务管理办法》。但根据 1996 年《信用卡业务管理办法》第 6 条之规定，信用卡包括借记卡和贷记卡。故此，于此后颁行的 1997 年刑法自然移植了 1996 年《信用卡业务管理办法》中信用卡的用语。一审法院显然没有领会这种一体遵循的立法惯例，更无法体察到关于信用卡用语文理解释的逻辑顺延，出现误判也顺乎其势。

其二，防止第二种观点扩张解释的倾向。笔者与第二种主张持同一立场，认为应该认定张某的行为构成信用卡诈骗罪。但亦令笔者有所担忧的是第二种主张在援引 2004 年全国人大常委会作出的《关于〈中华人民共和国刑法〉有关信用卡规定的解释》时有扩大解释的倾向。当然，笔者并非轻视或者摒弃刑法扩大解释。事实上，“在刑法条文的字面通常含义比刑法的真实含义窄”[③] 时，“扩大解释是刑法解释不可缺少的一种方法”[④]。第二种主张认为，立法机关的意图很明确，就是通过立法解释进一步扩大并统一刑法意义上的“信用卡”的范围认定。据笔者推断，此立法解释的出台，或许会使得更多人想当然地得出“既然立法解释将借记卡纳入信用卡的范围，显然是运用了扩大解释”这一结论。鉴于扩张解释有分散关于信用卡刑法用语的解释方法、将人引入歧途之虞，笔者于此作些必要的说明，以示警醒。

【要旨提示】

基于罪刑法定原则的要求，对刑法条文的解释应首推文理解释方法，即需要就刑法条文的字面和语法进行推敲以便理解其用语意义。此后，在刑法条文用语过于逼仄或宽泛时，可选择论理解释，即参酌刑法产生的原因、理由、沿革及其他相关事项，遵循刑事法治的精神，阐明刑法条文含义，以实现刑法的实质公平。

---

① 参见高铭暄、马克昌主编：《刑法学》，7 版，24 页，北京，北京大学出版社、高等教育出版社，2016。

② 参见周洪波：《刑法解释方法的具体应用》，载《中国检察官》，2010 (1)。

③ 张明楷：《刑法学》，5 版，41 页，北京，法律出版社，2016。

④ 张明楷：《刑法分则的解释原理》，16 页，北京，中国人民大学出版社，2004。

2. 肖某辩护人妨害作证案[①]

——罪刑法定原则与刑法的扩张解释

【案情介绍】

2004年9月3日凌晨，罪犯梅某弟弟伙同刘某等人（已另案处理）对阳某实施强奸。公安机关将梅某弟弟、刘某抓获归案。同年9月20日，梅某的家属聘请被告人肖某作为梅某弟弟的辩护人。同年11月初至11月13日期间，被告人肖某未经侦查机关许可，两次伙同被告人梅某等人与阳某见面，并以支付人民币3 000元精神补偿费（已支付1 500元）的手段诱使阳某违背事实作虚假陈述，意图使梅某弟弟无罪释放。11月13日，被告人肖某与另一律师对阳某作了一份调查笔录，在该份笔录中，阳某作了虚假陈述，称是自愿和梅某弟弟发生性关系。之后，被告人肖某将该笔录提交检察机关，并以此为由向法院申请阳某出庭作证，为梅某弟弟作无罪辩护。被告人阳某在接受法院的询问时，对刘某、梅某弟弟强奸的事实作了虚假陈述。后经公安机关补充侦查，查明阳某系在收取梅某家属的贿赂的情况下改变陈述。

检察机关以被告人肖某、梅某犯妨害作证罪，被告人阳某犯包庇罪，向法院提起公诉。一审法院经审理，于2006年2月20日判决如下：(1) 被告人肖某犯妨害作证罪，判处有期徒刑1年6个月。(2) 被告人梅某犯妨害作证罪，判处有期徒刑1年，缓刑2年。(3) 被告人阳某犯包庇罪，判处管制1年。被告人肖某上诉后，二审法院经审理，于2006年4月29日判决如下：(1) 上诉人肖某犯辩护人妨害作证罪，判处有期徒刑1年。(2) 原审被告人梅某犯妨害作证罪，免予刑事处罚。(3) 原审被告人阳某无罪。

【观点争议】

本案除涉及辩护人妨害作证罪与妨害作证罪有何区别的问题之外，最具争议的问题是，辩护人妨害作证罪中的“证人”是否包括被害人，即对“证人”能否进行广义的理解或者解释。关于证人范围的规定，散见于刑事诉讼法和司法解释。1996年刑事诉讼法第48条（2012年刑事诉讼法第60条）规定：“凡是知道案件情况的人，都有作证的义务。”由此可见，证人是指一切知道案件情况的人，显然包括被害人。1999年9月16日最高人民检察院《关于人民检察院直接受理立案侦查案件立案标准的规定（试行）》（以下简称最高检1999年《规定》）中明确规定：“暴力取证罪是指司法工作人员以暴力逼取证人证言、被害人陈述的行为。”1957年6月22日最高人民法院给河北省高级人民法院《关于与案件有直接利害关系的人能否当证人等问题的复函》（以下简称最高法1957年《复函》）作出如下意见：“除法律有特别规定外，一般公民不论他与案件有无直接利害关系都可以作为证人出庭作证。”该司法解释也将被害人纳入证人的范畴。但是，1996年刑事诉讼法第82条（2012年刑事诉讼法第10条）第2、4款分别规定：“（二）‘当事人’是指被害人、自诉人、犯罪嫌疑人、被告人、附带民事诉讼的原告人和被告人。”“（四）‘诉讼参与人’是指当事人、法定代理人、诉讼代理人、辩护人、证人、鉴定

---

① 案例来源：最高人民法院刑事审判第一、二、三、四、五庭主办：《中国刑事审判指导案例（妨害社会管理秩序罪）》，103～104页，北京，法律出版社，2009。

人和翻译人员。”总体而言，1996年刑事诉讼法第48条（2012年刑事诉讼法第60条）之规定和最高法1957年《复函》、最高检1999年《规定》对涉案嫌疑人或被告人有利，刑事诉讼法第82条（2012年刑事诉讼法第60条）之规定则可能作出不利于被告人的解释。

就本案而言，依据对证人范围的认定所采用的解释方法，会得到不同意见：

第一种意见站在被告人的立场上，认为，本着有利被告人的原则，应该对证人的范围采用严格解释的方法，不宜将被害人纳入证人的范畴。由1996年刑事诉讼法第82条（2012年刑事诉讼法第60条）第2、4款之规定，可以得知当事人和证人是并列的概念；据刑事诉讼法上的概念，可进一步肯定当事人、证人二者互不隶属。因而，证人不可能包含作为当事人之一种的被害人。①

第二种意见则站在裁判方立场上，认为，在不违背罪刑法定原则的基础上，可采用必要的扩张解释。刑法第306条规定的“证人”与1996年刑事诉讼法第48条（2012年刑事诉讼法第60条）规定的证人概念不同，应当理解为广义的证人，包括被害人。主要理由是：(1) 从1996年刑事诉讼法第48条（2012年刑事诉讼法第60条）规定的证人范围来分析，虽然我国刑事诉讼法将证人证言与被害人陈述分列为不同的证据种类，但这只是从证据分类角度作的区分，1996年刑事诉讼法第48条（2012年刑事诉讼法第60条）在对证人的范围作出规定时并没有把被害人排除在证人范围以外，该条明确规定：“凡是知道案件情况的人，都有作证的义务。生理上、精神上有缺陷或者年幼，不能辨别是非、不能正确表达的人，不能作证人。”因此，从广义上来讲，从被害人在刑事诉讼中对案件事实的证明作用角度讲，被害人也应属于证人范畴。另外，最高法1957年《复函》、最高检1999年《规定》显然将被害人纳入证人范畴。(2) 从行为的社会危害性来分析，威胁、引诱被害人违背事实改变证言或者作伪证的行为，与威胁、引诱证人违背事实改变证言或者作伪证的行为，同样妨害了刑事诉讼活动的正常进行，危害了司法机关的正常追诉活动。从侵害法益的同质性来看，这两种行为均应受到刑罚处罚。(3) 从立法本意来分析，刑法第306条的立法目的在于通过刑罚手段惩治辩护人、诉讼代理人的妨害作证的行为，规范刑事辩护制度，确保刑事诉讼的正常进行。如果不将威胁、引诱被害人违背事实改变证言或者作伪证的行为纳入该罪的惩治范围，就会放纵实践中辩护人、诉讼代理人的此类妨害作证的行为，不能全面、有效地维护刑事诉讼秩序。这显然有违立法本意。②

【法理分析】

笔者认为，第一种意见所用解释方法的立论基础薄弱，集中体现在对罪刑法定原则的曲解。罪刑法定原则作为现代刑法的帝王原则，其思想基础是人权主义，为了最大限度地保障人权，刑法规范必须具有明确性，以便国民对自己行为的性质与后果能够预测。然而，法律语言的抽象甚至晦涩，导致在某些情况下，表达法律条文的文字过于逼仄而出现文不达意的现象，因而从刑法的精神理念出发，从刑法保护法益的价值目标出发，对刑法语言用度进行扩大解释成为必要。而该种意见恰恰忽视或者曲解了这一必要变通，具体表现在以下几个各方面。

第一，机械理解严格解释。严格解释论者认为：刑事法官根本没有解释刑事法律的权力，

---

① 参见刘树德、王志勇：《伪证罪主体中证人范畴的解释》，载《法律适用》，2001 (1)。

② 参见最高人民法院刑事审判第一、二、三、四、五庭主办：《中国刑事审判指导案例（妨害社会管理秩序罪）》，104页，北京，法律出版社，2009。

因为他们不是立法者。[①] 立法者完全有可能制定出内容完整、逻辑严密的刑法典，司法者只需在认定案件事实后，到刑法典中寻找相应的法律后果即为已足。在其看来，严格遵守刑法文字所遇到的麻烦，不能与解释法律所造成的混乱相提并论。当一部法典业已制定，就应逐字遵守，法官唯一的使命就是判定公民的行为是否符合成文法律。[②] 但绝对的严格解释在司法实践中是行不通的，在解释刑法规范时，往往有必要作出具体语词含义"射程"之内的解释。也就是说，绝对的严格解释只能限于语词含义的"内核"，而相对的严格解释则扩至语词含义的"边缘"。总体而言，严格解释论强调刑法解释的伦理、正义价值，并立足于个人本位强调刑法的保障机能，积极倡导严格的罪刑法定主义和主张犯罪的形式定义。[③] 这就意味着，严格解释是对罪刑法定原则的忠诚表达，它在顾及罪刑法定原则的基本精神和价值取向的同时，更加突出人权保障机能。但机械用之，必将舍弃刑法对社会的部分保护，有可能在面临失却实质正义的同时，遇到形式正义的危机。

第二，忽视了文理解释和论理解释的一致性。一般认为，刑法解释方法分为文理解释和论理解释。对刑法条文的解释，首先应采用文理解释，只有在运用文理解释方法无法得出结论或者得出的结论极其荒谬和不公的情况下，才能采用论理解释。这是基于罪刑法定原则之价值目标，维护法律尊严及安定性的必然要求。由此，可以概括两点：其一，如果文理解释的结论合理，则没有必要采取论理解释方法；其二，文理解释与论理解释是辩证统一的关系，多数情况下，运用文理解释和论理解释所得结论是一致的。正视文理解释与论理解释的一致性，就会在认同论理解释的同时，认可超出刑法字面含义所作解释的结果，而不是一味地遵循严格解释的老路，摒弃一切可能的合理解释。

第三，混淆了类推解释和扩大解释。类推解释有着古老的根源，如果站在保护社会的立场上，似乎能够为其找到安身立命的根据，但是从保护人权和罪刑法定原则的角度巡视，类推制度必然会丧失其存在的根基。扩大解释并不等于类推解释，二者的最大区别在于是否超出用语可能具有的含义，是否超出国民的预测可能性。将一行为解释为犯罪，除了要考虑用语可能具有的含义外，还要考虑处罚的必要性。当不进行扩大解释就不足以保护法益，且扩大解释没有超出国民的预测可能性时，理所当然要进行扩大解释。换言之，对一个行为而言，其处罚的必要性越大，将其解释为犯罪的可能性就越大；但如果行为离刑法用语核心含义的距离越远，则解释为犯罪的可能性就越小。[④]

总之，严格解释难以做到对罪刑法定原则的最好诠释，而且必要的论理解释和文理解释具有一致性。在罪刑法定原则的框架下，当严格的文理解释难以诠释刑法的理念和精神时，作为论理解释之一的扩大解释可以作为选择。换言之，在获得公众认同的前提之下，借鉴英美法系国家，凡是能在诉讼中提供与案件相关信息的任何人（包括被害人）都可以叫作证人。[⑤] 笔者赞同本案处理结果。

---

① 参见［意］贝卡里亚：《论犯罪与刑罚》，12页，北京，中国大百科全书出版社，1993。

② 参见上书，13页。

③ 参见刘树德：《暴力取证犯罪对象考察》，载陈兴良主编：《刑事法判解》，第2卷，381页，北京，法律出版社，2000。

④ 参见张明楷：《刑法学》，5版，41页，北京，法律出版社，2016。

⑤ 参见湖南法院赴美加司法考察团：《中美诉讼证人出庭作证制度比较分析》，载《人民司法》，2007（5）。

【要旨提示】

严格解释和文理解释通常是对罪刑法定原则的最好遵守。但是，在通过对刑法的字面解释无法体现刑法的精神理念，不能实现刑罚公正的情况下，论理解释不失为一个良好的选择。当然，采用作为论理解释之一的扩张解释，必须注意其与类推解释的差异。唯有在公众认同的范围内，通过对刑法整体精神的准确把握，扩张解释才不致因违背罪刑法定原则而失去存在的根基。

3. 冯某故意伤害案*

——适用刑法一律平等原则与死刑案件的和解赔偿

【案情介绍】

2007年2月，家住浙江省台州市某镇的村民被告人冯某与被害人赵某签订一份价值9万余元的转让地基协议，两家在相邻两块宅基地上各自建新房。因部分转让款未付清，双方在履约过程中发生矛盾。2007年5月13日晚，两家再起冲突，冯某见状，操起一把尖刀从屋里冲出，朝着对方连捅3刀，造成1人死亡、1人重伤、1人轻伤的血案。案发当晚，冯某潜逃至浙江省象山县，次日被公安机关抓获。

检察机关以冯某犯故意杀人罪向法院提起公诉。一审法院经审理后认为，1人死亡、1人重伤、1人轻伤，犯罪情节恶劣，后果特别严重，依法应当严惩，遂于2007年12月10日认定被告人冯某犯故意伤害罪，判处死刑，剥夺政治权利终身。被告人上诉后，二审法院于2008年6月23日裁定驳回上诉、维持原判。最高人民法院经复核认为，本案系邻里纠纷引发，冯某系激情杀人，且归案后认罪态度好，主观恶性相对较小。案发后冯某家人积极赔偿被害人家属经济损失，取得被害人家属的谅解，依法不予核准死刑。

【观点争议】

本案除涉及激情犯及被害人过错对死刑适用的影响外，最为关键且存有争议的问题是，刑事和解作为司法机关对犯罪人进行处罚的依据是否有悖于适用刑法一律平等原则。[①]

对待刑事和解的适用，形成两种不同的意见。

第一种意见从各个方位对刑事和解展开批判，主要集中在以下几点：(1) 刑事和解与刑法国家本位主义价值观相冲突。在传统的观点中，犯罪事件绝非个人之间的冲突，而是涉及对公共利益的侵犯。由此，刑事纠纷的解决向来被认为是国家的事务。然而，在和解程序

---

① 《法制日报》2009年7月底至8月初连续刊载了几个不核准死刑的典型案例，笔者在此摘取几例：之一，《几滴洗澡水引发一死两伤悲剧　可杀可不杀的能否"刀下留人"——法官跨三省调解马涛案起死回生》（载《法制日报》，2009-07-28）；之二，《刘兵冲动杀人但并非罪大恶极　拟不核准死刑同时展开艰难调解　法官坦言死刑复核如女人绣花般精细》（载《法制日报》，2009-07-29）；之三，《陈斯锤杀无辜男孩后悔莫及　法官精确引导双方家属真正案结事了　死刑复核考验法官群众工作能力》（载《法制日报》，2009-07-31）；之四，本文援引案例；之五，《婚事遇阻葛兵帮恋人自杀　法官披露不予核准死刑经过　如何保住一条命又不影响稳定》（载《法制日报》，2009-08-04）。

中，不但犯罪事件被还原为对被害人个人利益的侵犯，而且纠纷解决的主导权利也被归还给被害人本人。① 这种以个人为本位的刑事价值观与我国现行刑事法的国家本位主义价值观形成了鲜明的对立与冲突。②（2）违反适用刑法平等原则。对刑事和解最大的诟病是其被视作有钱人的天堂、穷人的地狱，即有“花钱买刑”之虞。原因在于，当事人客观上存在的经济能力的差异，将可能导致富人生还、穷人等死的结果。类似的案件却出现不同的判罚，概因当事人的财富多寡。由此，刑事和解容易被理解为倾向富人的制度安排而不得不担当违背适用刑法人人平等原则之罪名。（3）挑战罪刑法定原则。罪刑法定已然成为现代刑法的帝王原则，它既限定了刑罚的范围，即对什么样的行为进行刑法规制，也限定了处罚的限度，即选择何刑种、刑度，是否从轻、减轻、从重处罚等。而刑事和解的灵活处断方式甚至去刑罚化的倾向无疑是对罪刑法定原则的挑战。（4）削弱刑罚的预防功能。“对于犯罪最强有力的约束力量不是刑罚的残酷性，而是刑罚的必定性。”③ 而在刑事和解中，加害人通过向被害人进行赔偿等方式替代了已由刑法明文宣告的刑罚执行，降低了犯罪与刑罚之间的必然联系程度，使人感觉到即使实施了犯罪行为，也并不必然遭受刑罚处罚。这会激发犯罪人和潜在犯罪人的侥幸心理，当其预计可以通过赔偿等形式逃避刑罚处罚时，则可能会更积极主动地实施犯罪。另外，刑事和解将导致加害人被从轻或者减轻刑罚时，犯罪成本降低，在有足够的犯罪预期效益时，犯罪人以及潜在犯罪人也可能会受到犯罪的诱惑，因此刑事和解会削弱刑罚预防犯罪的作用。④

第二种意见支持刑事和解，大致形成如下见解：（1）犯罪是侵害个人的行为，破坏了和平的人际关系，属于交往中的冲突，违反国家刑法规范只是其伴随效果，因此，是否犯罪，应从道德、政治等具体环境要素当中理解，而单纯的法律用语体现不出其实体内容。犯罪是加害人与被害人之间的事情，因此，犯罪被害人在犯罪的认定中，具有重要地位，恢复被害人的权利和需要，是处理犯罪的第一要务。（2）从刑事责任角度而言，犯罪者是特定环境下的“受害者”，难以排除受害人对其选择的影响，因而并非一定通过刑罚的方式解决问题，而是通过受害人的理解来消除犯罪行为所造成的恶劣影响，给予加害人请求宽恕的机会。（3）关于刑事司法的理解，刑事和解论者认为，现行的司法是以“以恶制恶、恶恶相报”的报应观念为中心的司法，而刑事和解是以“以善制恶、追求和谐”的修复理念为中心的司法④，对于排除私力救济、预防衍生犯罪、构建和谐社会有着重要的意义。（4）刑事和解并不违背适用刑法平等原则。刑事和解所包含的理念之一就是对当事人的充分尊重，尊重意味着公平。事实上所谓的“花钱买刑”并非与被害人的谅解对等，富裕的加害人不会因此决然减刑，贫困的加害人也不会因此受到额外的惩处。

【法理分析】

笔者站在最高人民法院对本案处理结果的立场上，对刑事和解否定论者提出以下几点不同意见。

---

① 参见杜宇：《“刑事和解”：批评意见与初步回应》，载《中国刑事法杂志》，2009（8）。

②④ 参见袁江华：《论刑事和解与我国现行刑事法的冲突域缓解》，载《法律适用》，2009（10）。

③ ［意］贝卡里亚：《论犯罪与刑罚》，59页，北京，中国大百科全书出版社，1993。

④ 参见黎宏：《刑法总论问题思考》，550～559页，北京，中国人民大学出版社，2007。

第一，犯罪究竟是违反规范还是侵害法益？将犯罪理解为纯粹违反国家法律规范的观点，存在严重的缺陷。经近代启蒙以后，人们达成共识：国家并非自我目的的存在，而是服务于人民利益的存在。国家制定法律并非为了维护自身统治，而是为了维护人民利益免遭侵害。这种认识体现在刑法有关犯罪的本质即社会危害性的理解上，就是从规范违反说走向法益侵害说。这种转变在一定程度上意味着国家为维护秩序而独占刑罚权的局面有所松动，向承认被害人在犯罪的形成当中具有独立地位的刑法观转变。①

第二，刑事和解与罪刑法定原则的契合。虽然，刑事和解试图在刑罚制度之外探讨有回旋余地的纠纷解决机制，在一定程度上消解了刑法的命令性、工具性，软化了刑法的强制性②，但这也未尝不是对罪刑法定原则的良好表达，因为通过对罪刑法定原则背后理念的探视，可以发现，其并不决然排斥刑法规范具有一定弹性。没有一劳永逸的恒定之法，刑法规范的相对稳定给司法实践遵循法律的同时针对具体情况预留了一定空间，据此，刑事和解并非违背罪刑法定原则。

第三，刑事和解并不违背适用刑法一律平等原则。平等是个相对概念，如果对平等的含义稍作分析，即可知，向来没有绝对意义上的平等。刑事和解作为一种制度安排，更追求的是机会上的平等而非分配规则上的平等。另者，刑事和解最突出的特点是加害人与受害人之间的交流（多由双方的亲属代替完成），而不是绝对的财富比较与交易，换言之，并不会形成经济条件好容易达成和解，反之，则不易的局面。在这里，是把被害人的谅解而非赔偿数额之多少作为一个酌定量刑情节来适用的。由此，刑事和解作为一种制度设计，其理念之一是充分尊重当事人，其旨趣在于追求而非摒弃公平。

第四，刑事和解对刑法预防作用的加功。从某种角度来看，刑事和解的确一定程度上削弱刑罚的预防尤其是一般预防功能，但是换个视角看，刑事和解所倡导的从神坛步入民间的程序开合性和理念的包容性，使得参与者近距离切身感受犯罪的危害和其所带来的耻辱感。在和解程序中，不仅是犯罪人，而且每位程序的参与者都接受了一次实在的道德教育，而此种教育的效果，就是社区成员对人际规则有更为一致的认同，道德禁忌被现实强化。③ 这不仅可以促进被害人与被告人达成谅解，还有助于被害人消除由于受犯罪侵害而引起的对社会的不信任和仇视心理，积极地回归原有的社会生活，使一切因犯罪所引起的涟漪和波澜归于平静。④ 由此看来，刑事和解的理念倡导和制度设计，在排除私力救济、预防衍生犯罪等方面反而得以加强，与构建社会主义和谐社会的旨趣亦相一致。

【要旨提示】

刑事和解是在加害方真诚悔过、被害方充分理解并接受、自愿原则的框架下进行的制度设计，其旨趣在于抚慰被害方的心理创伤，进而熨平犯罪给社会机体带来的伤痕。刑事和解制度并不违背适用刑法平等原则，而是旨在构建一个双方当事人充分交流和沟通的平台，对于化解矛盾、消解积怨、预防犯罪衍生、促进社会和谐有着积极意义。

---

① 参见黎宏：《刑法总论问题思考》，551页，北京，中国人民大学出版社，2007。

② 参见周光权：《论刑事和解制度的价值》，载《华东政法学院学报》，2006（5）。

③ 参见杜宇：《“刑事和解”：批评意见与初步回应》，载《中国刑事法杂志》，2009（8）。

④ 参见陈瑞华：《刑事诉讼的私力合作模式——刑事和解在中国的兴起》，载《中国法学》，2006（5）。

4. 王某绑架案[①]

——罪责刑相适应原则与杀害被绑架人未遂的刑事责任

【案情介绍】

2001年1月6日上午，被告人王某在某村学校附近，找到其表弟之子高某（10岁），以找高某的叔叔为由将高某骗走。王某挟持高某乘车先后到河南安阳、山西长治、榆社和河北武安、涉县等地。此间，王某用事先准备好的手机亲自或胁迫高某多次向高家打电话索要现金5万元。在索要未果的情况下，王某将高某挟持到涉县境内一火车隧道内，趁高某不备，用石头砸击其头部，将高某击昏后将其放到下水道内，并用水泥板盖住后逃离现场。1月13日下午，高某被铁路工人发现，抢救后脱险。经法医鉴定，高某颅骨多发性骨折，属轻伤。

检察机关以被告人王某犯绑架罪，向法院提起公诉；附带民事诉讼原告人高某提起附带民事诉讼。一审法院经审理，依照《中华人民共和国刑法》第239条第1款、第57条第1款的规定，以绑架罪判处被告人王某死刑，剥夺政治权利终身，并处没收个人全部财产；被告人王某赔偿附带民事诉讼原告人高某经济损失人民币3 000元。被告人上诉后，二审法院经审理，依照《中华人民共和国刑事诉讼法》（1996年）第189条第1项、第197条的规定，裁定驳回上诉，维持原判。

【观点争议】

本案关涉的问题集中在修正前刑法第239条规定的绑架罪加重处罚的情节——“致使被绑架人死亡或者杀害被绑架人的，处死刑”[②]。在“致使被绑架人死亡”和“杀害被绑架人”的理解上基本不存在异议，争议焦点在于这里的“杀害”是仅指既遂，还是也包含未遂的情形；如果解释为包含未遂，是否有违罪责刑相适应原则。由此形成两种不同意见：

第一种意见认为，“杀害被绑架人”，按照汉语语义只限于故意杀人既遂，而不包括故意杀人未遂，否则，对于杀人未遂，仅造成轻伤的，或者故意杀人中止等情形，按照杀害被绑架人处死刑的规定，也必须判处死刑，有违罪责刑相适应原则。

第二种意见为裁判者所持有，认为，“杀害被绑架人”既包括故意杀人既遂，也包括故意杀人未遂，否则，虽杀人未遂，但手段特别残忍，致被绑架人重伤或造成严重残疾，论罪应当判处死刑的，也只能判处无期徒刑以下刑罚。这将导致绑架罪和故意杀人罪间的刑罚不平衡，反而有悖刑法罪责刑相适应原则。主要理由是：（1）比较其他涉及侵犯公民人身权利罪的法定刑，修正前的刑法对绑架罪仍规定了最为严厉的法定刑，从法定最低刑看，起刑点为10年有期徒刑，其严厉性重于故意杀人罪；从法定最高刑看，刑法对“致使被绑架人死亡或者杀害被绑架人”这两种情形只设置了唯一的即绝对确定的法定刑死刑，明显重于故意杀人罪与具有加重情形的抢劫罪、强奸罪等。刑法作此规定反映了立法者对绑架罪的不同寻常的否定评价。刑

---

① 案例来源：最高人民法院刑事审判第一、二、三、四、五庭主办：《中国刑事审判指导案例（侵犯公民人身权利、民主权利罪）》，478页，北京，法律出版社，2009。

② 2015年《刑法修正案（九）》对刑法第239条第2款进行修正，修正后的条文为“杀害被绑架人的，或者故意伤害被绑架人，致人重伤、死亡的，处无期徒刑或者死刑”。

法将“致使被绑架人死亡”和“杀害被绑架人”这两种情形归入绑架罪进行综合评价，对其处罚，理所当然地应当重于对这两种行为独立发生时的处罚。如果将杀害被绑架人未遂的情况排除在可判处死刑的情形之外，显然，与立法者对故意杀人罪和绑架罪的评价不相符。（2）如果将绑架罪与故意伤害罪相比较，亦有助于对这一问题的理解与把握。1997 年刑法第 234 条第 2 款规定：“以特别残忍手段致人重伤造成严重残疾的，处十年以上有期徒刑、无期徒刑或者死刑。”这表明，故意伤害他人身体，尽管没有造成被害人死亡，但具有法定严重情形的，仍可能适用死刑。与故意伤害罪相比较，绑架罪是一种更为严重的犯罪，因此，法定刑的设置比故意伤害罪更为严厉。如果认为“杀害被绑架人”仅指杀人既遂，势必可能出现故意杀害被绑架人未遂，但手段残忍，造成被绑架人严重残疾的，量刑反而要比类似情形的故意伤害罪更轻。这显然不是立法者的意图，更不能被视为立法可能的疏忽。因此，对“杀害被绑架人”的合理解释，应当是将杀害被绑架人未遂的情况包括进去。（3）从比较“致使被绑架人死亡”和“杀害被绑架人”这两类情形的罪过形式来看，致使被绑架人死亡可能包括行为人过失致使被绑架人死亡的情形，杀害被绑架人则指对被绑架人实施故意杀害的行为。显然，故意杀害被绑架人的主观恶性程度明显高于过失致被绑架人死亡的情形，对过失致使被绑架人死亡的情形尚需适用死刑，对故意杀害被绑架人未遂的，特别是手段残忍、后果严重的这类情形，就更没有理由不适用死刑。[①]

【法理分析】

罪责刑相适应原则（也有学者表达为罪刑均衡原则[②]）是对刑法第 5 条的概括，它源自人类与生俱来的追求平等、正义的本能，最初的表现形式是原始的同态复仇，在现代刑法中的基本含义就是犯多大的罪，就应该承担多大的刑事责任。罪责刑相适应原则是刑法正义理念的题中之意，也是解释和适用刑法的主要依据与重要标准。它不仅是对刑事立法的要求，同时也是对刑事司法的要求。

修正前刑法第 239 条规定的绑架罪加重处罚的情节是“致使被绑架人死亡或者杀害被绑架人”，如何理解这里的“杀害被绑架人”？“杀害”显然是指故意杀害，对此没有争议，但问题在于杀害是仅指既遂，还是也包含未遂？这是客观主义与主观主义的立场交锋[③]，同时也是对刑法罪责刑相适应原则的理解准确与否的体现。笔者站在裁判者的立场，认为“杀害被绑架人”应当包含“杀人未遂”的情形，简单理由如下。

第一，此方案并不违背，反而是有利于贯彻罪责刑相适应原则。对此可以这样理解，应当判处死刑的，依然可判处死刑；不应当判处死刑的，可以适用对未遂犯减轻处罚的规定，判处无期徒刑。这样既不会导致刑罚过于严厉，又有利于减少死刑，也不至于轻纵犯罪。[④] 换言之，将“杀害被绑架人”解释为包含杀人未遂这一情形，绝不等同于对所有绑架并杀害被绑架人未遂的情形，都必须一律判处死刑。根据刑法第 48 条之规定，死刑只适用于罪行极其严重

① 参见最高人民法院刑事审判第一、二、三、四、五庭主办：《中国刑事审判指导案例（侵犯公民人身权利、民主权利罪）》，479 页，北京，法律出版社，2009。

② 参见陈兴良主编：《刑法学》，2 版，15 页，上海，复旦大学出版社，2009。

③ 具体到此问题上，客观主义者倾向于认为，只有出现被绑架人死亡的危害结果才适用死刑；主观主义则倾向于考察绑架者的主观恶性，只要其具有杀人故意并实施了杀人行为，即使未遂，也应适用死刑。

④ 参见张明楷：《刑法学》，3 版，668 页，北京，法律出版社，2007。

的犯罪分子。对于应当判处死刑，但不是必须立即执行的犯罪分子可以判处死缓。虽然刑法第239条第1款中规定“杀害被绑架人的”，其法定刑为绝对确定的死刑，但在具体量定刑罚时，还可贯彻不同情况区别对待的原则。

第二，此方案有利于有效限制法官的自由裁量权。近年来，法官自由裁量权备受争议，几乎成为中国司法改革的原动力，对其进行必要的规制已经成为司法界和理论界的共识。正是鉴于本罪名上述所言的一些可能变通，本罪似乎更加需要考验法官的综合素养，而通过“杀害被绑架人”应包含杀人未遂情形之解释，法官对绑架杀人未遂、中止乃至预备各种情形，都具有适用法律的统一标准，即在适用刑法分则的“处死刑”的法定刑时，必须同时适用总则关于相应犯罪形态的规定，从而确定相应的刑罚。①

第三，此方案更加符合立法原意，便于理顺不同罪质之间的关系。对于“杀害被绑架人”如果仅仅按照字面将“杀害”单纯理解为“杀死”即杀人既遂，则可能会形成一个难以消解的理论与实践的双重症结，进而会陷入一个违背罪责刑相适应原则的窘境，即可能出现故意杀害被绑架人未遂，但手段残忍，造成被绑架人严重残疾的，量刑（因为绑架罪如不包含杀人未遂则最高刑为无期徒刑）反而要比类似情形的故意伤害罪更轻（故意伤害罪最高刑为死刑）。反之，将“杀人未遂”融入“杀害被绑架人”的意蕴，则会疏解上述矛盾，有利于化解刑法中不同罪名之间的人为冲突。而且作此理解，恰恰是与“杀害”的通常含义相符的，不会出现杀人既遂时为一罪、杀人未遂时为数罪的不合理现象，也不存在以情节是否严重决定一罪与数罪的问题。②

修正前的第239条在罪责刑相适应原则的贯彻上可能存在两个问题：第一，将客观后果相同，但主观罪过存在较大差异的故意杀害被绑架人和过失导致被绑架人死亡，设置为同等刑罚后果的量刑情节；第二，设置的法定刑为绝对确定的法定刑。罪责刑相适应原则的内涵要求区分不同情节的案件，适用轻重不同的刑罚，即做到刑罚个别化。而修正前的第239条，既未能区分主观罪过形式不同的故意杀害被绑架人和过失导致被绑架人死亡，又不能在同一罪过形式情节内部根据不同的情况进行区分适用轻重不同的刑罚，显然有违罪责刑相适应原则。基于上述原因，2015年《刑法修正案（九）》对该条款作出修正，第一，将“致使被绑架人死亡”修改为“故意伤害被绑架人，致人重伤、死亡”；第二，将绝对确定法定刑的绝对“处死刑”修改为相对确定的法定刑“处无期徒刑或者死刑”。前者“故意伤害被绑架人，致人重伤、死亡”与“故意杀害被绑架人”在社会危害性上具有相当性，能够作为并列情节存在；后者为法官提供了一定的区别适用刑罚的空间。这次修正使得现行刑法第239条更加符合罪责刑相适应原则。

【要旨提示】

罪责刑相适应原则的基本目标是限制同罪异罚，追求罪刑之间的均衡，力求做到重罪重罚、轻罪轻罚，罪刑相称、罚当其罪。当刑法条文因受字面局限无法顾及活生生的现实，需要进行解释时，应兼顾刑法体系的整体性，尽量消除因条文僵硬所产生的关乎伦理、法理的冲突。罪责刑相适应是刑法正义理念的必然要求，也是解释刑法的重要依据和标准。

---

①② 参见张明楷：《刑法学》，3版，668页，北京，法律出版社，2007。

5. 贾某故意杀人案[①]

——罪责刑相适应原则与被害人明显过错案件的死刑裁量

【案情介绍】

被告人贾某经常无故受到其丈夫高某的殴打、虐待。2000年10月17日凌晨2时许，被告人贾某在自家开的婚纱店内歇宿时，高某带女青年陈某来到店中，要求贾某到别处去睡。为此夫妻二人发生激烈争吵。后高某和陈某去到里屋，贾某被迫躺在外屋沙发上休息。当贾某进里屋取棉被时，见高某与陈某正在炕上睡在一起，遂持菜刀在高某的头颈部连砍数刀，致高某当即死亡。陈某见状起身与贾某夺刀，贾某又持刀向陈某的头部等连砍数刀，致陈某死亡。杀人后，贾某用斧头将里屋的炕刨开，把高某、陈某的尸体推入炕洞，并清理了现场血迹。次日，贾某又找来汽油浇在两具尸体上，点燃焚烧，并用斧头将高某尸体的右腿剁下。因邻居报警，贾某在现场被公安干警抓获。

检察机关以贾某犯故意杀人罪向法院提起公诉。一审法院依照《中华人民共和国刑法》第232条、第57条第1款的规定，判决被告人贾某犯故意杀人罪，判处死刑，剥夺政治权利终身。被告人贾某上诉后，二审法院经审理，依照《中华人民共和国刑事诉讼法》（1996年）第189条第2项，《中华人民共和国刑法》第232条、第48条第1款、第57条第1款的规定，判决如下：(1) 撤销一审法院刑事判决中对被告人贾某的量刑部分。(2) 上诉人贾某犯故意杀人罪，判处死刑缓期2年执行，剥夺政治权利终身。

【观点争议】

本案焦点在于被害人存在严重过错能否成为对被告人减轻判处的依据，被害人过错作为酌定减轻量刑情节是否有违罪责刑相适应原则。

一审法院认为：贾某故意杀人，且手段残忍，造成两人死亡的重大恶果，对其判处死刑，符合刑法第5条规定的罪责刑相适应原则。

二审法院显然站在另一角度审视激情犯，关注被害人存在过错的故意杀人案件，并且最终改判一审法院的死刑立即执行为死刑缓期2年执行。主要理由如下：(1) 刑法第48条第1款规定："死刑只适用于罪行极其严重的犯罪分子。对于应当判处死刑的犯罪分子，如果不是必须立即执行的，可以判处死刑同时宣告缓期二年执行。"这是死刑和死缓适用的一个总的指导原则，体现了我国一贯遵循的"慎杀、少杀"的死刑政策。根据刑法第232条的规定，故意杀人的，处死刑、无期徒刑或者10年以上有期徒刑；情节较轻的，处3年以上10年以下有期徒刑。这一规定要求司法机关正确区分情节严重的杀人与情节较轻的杀人，以便准确选择相应的法定刑幅度。换言之，并非只要是故意杀人即处死刑。(2) 至于如何正确把握应当判处死刑，但不是必须立即执行的情形，则需要不断总结司法实践经验。1999年10月最高人民法院下发的《全国法院维护农村稳定刑事审判工作座谈会纪要》（以下简称1999年《纪要》）指出："要准确把握故意杀人犯罪适用死刑的标准。对故意杀人犯罪是否判处死刑，不仅要看是否造成了

---

① 案例来源：最高人民法院刑事审判第一、二、三、四、五庭主办：《中国刑事审判指导案例（侵犯公民人身权利、民主权利罪）》，113～114页，北京，法律出版社，2009。

被害人死亡结果，还要综合考虑案件的全部情况。对于因婚姻家庭、邻里纠纷等民间矛盾激化引发的故意杀人犯罪，适用死刑一定要十分慎重，应当与发生在社会上的严重危害社会治安的其他故意杀人犯罪案件有所区别。对于被害人一方有明显过错或对矛盾激化负有直接责任，或者被告人有法定从轻处罚情节的，一般不应判处死刑立即执行。”上述这段话就是对故意杀人案件中，如何正确把握应当判处死刑，但不是必须立即执行的情形的司法实践经验的总结，具有司法政策的性质，具有死刑案件审判资格的各级人民法院对此应当予以重视。（3）将被害人过错作为酌定减轻情节并不违背刑法第 5 条规定的罪责刑相适应原则。犯罪行为的社会危害性和人身危险性是处以刑罚的根据，单就主观恶性来看，司法实践中应当将被害人的过错考虑进去。因为客观结果的出现，并非单一原因力导致，被害人的过错作为消解加害人对危害结果作用力的一方原因力出现，理应成为减轻加害方罪责的情节。鉴于加害人的主观恶性减少，从而降低人身危险性，将被害人过错作为减轻加害人罪责的酌定量刑情节并不违背罪责刑相适应原则。

【法理分析】

在处理存在被害人过错，从而影响犯罪人刑事责任的案件时，笔者以为一审法院忽略了以下两个方面的问题：

首先，没有准确领会刑法相关条文和相关司法解释的精神。被害人过错在暴力犯罪案件的审理中属于对被告人有利的从宽情节，这一点在我国刑法中得以明确体现。如刑法第 20 条第 1 款、第 3 款规定，因加害人正当防卫对被害人造成损害的，不负刑事责任。另外，刑法第 20 条第 2 款规定，被告人防卫过当应当负刑事责任（即存在严重的被害过错时），但是应当减轻或者免除处罚。此外，刑法第 48 条关于死缓的规定、第 232 条关于故意杀人两档处刑的规定，都表明对被告人贾某减轻刑事责任具有法律依据。1999 年《纪要》更是明确规定，被害人对矛盾激化有直接责任者，对加害人可以不适用死刑立即执行。

其次，没有准确理解并把握罪责刑相适应原则的内涵与实质。如果说早期的罪刑均衡原则更倾向于“以眼还眼、以牙还牙、以血还血”的朴素报应观的话，那么，现代意义的罪责刑相适应原则既注重刑罚与犯罪行为相适应，又注重刑罚与犯罪人个人情况（主观恶性与人身危险性）相适应。[①] 显然，它在吸纳刑罚个别化原理中的合理要素的过程中，更加凸显了刑罚的预防功能。罪责刑相适应原则的基本旨趣在于强调刑罚与犯罪行为的社会危害性和犯罪者的人身危险性相一致。而刑事责任主要是指行为人的人身危险性程度，包括初犯可能与再犯可能[②]，也就是犯罪人在犯罪过程中以及犯罪前后表现出来的，与犯罪人的人格直接相关的，决定其人身危险性的一系列主观情况[③]，同时也是外化了的客观事实。在量刑渐渐被视为和定罪同样重要的今天，人们不仅仅关注罪名认定的准确与否，更为关注的是当事人所承受的刑罚量。这就表明，人身危险性的量刑情节必然成为人们关注的焦点。在存在被害人过错的激情犯案件中，不仅被害人过错能够表明犯罪者初犯的牵强性（甚至像本案是迫于无奈），而且对危害结果出现的加功也在客观程度上表明加害人的主观恶性相对于其他类似犯罪行为的弱化，从而在一定程度上表明犯罪人再犯可能性比较小，因为通过加害人与被害人对危害结果的原因力的比对，

---

① 参见王作富主编：《刑法》，2 版，19 页，北京，中国人民大学出版社，2004。

② 参见陈兴良：《刑法疏议》，97 页，北京，中国人民公安大学出版社，1997。

③ 参见刘德法：《论罪责刑相适应原则》，载《国家检察官学院学报》，2000（2）。

可以推定被害人已经参与到导致危害结果出现的原因力份额承担中，从而削弱了犯罪人行为造成危害结果的原因力。所以，无论是从作出刑罚裁量时所依据的犯罪人的人身危险性因被害人过错而减弱的角度，还是从犯罪人的再犯可能性小而已然达成刑罚的个别预防功能的角度，被害人过错作为减轻犯罪人刑事责任或者刑罚处罚量的情节，都在罪责刑相适应原则的涵摄范围之内。

总之，一审法院既没有准确理解法律及司法解释的精神实质，也没有准确理解并把握罪责刑相适应原则。二审法院则结合刑法及司法解释的有关规定，较为精准地领会了罪责刑相适应原则的要义，从而作出了正确的判处。

【要旨提示】

理解刑法第 48 条“死刑只适用于罪行极其严重的犯罪分子”的原则规定时，应该注意把握刑法保障人权的精神内涵，应该结合目前限制死刑的政策将“罪行极其严重”置于主、客观相统一的语境中理解，即在考虑适用死刑时，将加害人行为的社会危害性与其人身危险性综合起来考量。

第二章

刑法的空间效力

6. 陈某聚众扰乱社会秩序案[①]

——属人管辖原则的适用

【案情介绍】

被告人陈某系某建筑公司在S国所承建228项目的工人，其因工作条件、待遇等问题，对工地项目经理部不满。××××年10月17日下午，被告人陈某与吕某（另案处理）等工地员工从S国某寺做完朝拜回工地途中，在一辆中巴车上，与同去的部分工人商量罢工。当晚，吕某因私人纠纷与工人刘某打架，吕某借此到项目经理部要经理王某“交出凶手”，引起上百人围观、起哄，被告人陈某即在现场声称：“这事值得考虑……”以此对现场员工进行煽动。后吕某持砖刀殴打王某，并率众将王某强行带往中国驻S国大使馆，途中先后引来三百余人围观，后被当地警方阻止。次日，228项目工地因工人罢工被迫停工，历时8天。罢工工人自行成立“工会”，被告人陈某任“工会主席”，其在几次罢工工人会议上，借工人对工资、生活待遇等方面的意见，发表过激言论，激化工人对项目经理部的不满情绪，导致工人砸坏工地小食堂的财物。被告人陈某与吕某等人起草了违背事实的“申诉书”，策划、组织工人签名。当公司总部为平息罢工向228项目工地全体员工发出的公开信张贴后，被告人陈某对围观工人进行歪曲解释，意图阻止复工。此次罢工，使某建筑公司在经济上遭受了严重损失。

检察机关以陈某犯聚众扰乱社会秩序罪向法院提起公诉。法院经审理，依照《中华人民共和国刑法》第7条第1款、第290条第1款的规定，判决如下：被告人陈某犯聚众扰乱社会秩序罪，判处有期徒刑2年。一审宣判后，陈某不服，提起上诉。二审法院经审理，裁定驳回上诉、维持原判。

【观点争议】

本案的处理涉及对我国刑法第7条规定的属人管辖原则的理解与适用。

---

① 案例来源：最高人民法院刑事审判第一、二、三、四、五庭主办：《中国刑事审判指导案例（妨害社会管理秩序罪）》，7～8页，北京，法律出版社，2009。

属人管辖原则通常包括积极的属人管辖原则和消极的属人管辖原则。前者是指本国人在国外犯本国刑法规定之罪的，适用本国刑法；后者是指外国人在国外侵犯本国国家或者国民利益的，适用本国刑法。① 我国刑法第 7 条的规定显然属于积极的属人管辖原则（以下指的属人管辖原则均指积极的属人管辖原则）。关于属人管辖原则的理论根据，大体有三种学说：

（1）国益合致说。这种学说根据“拥有善良的臣民对国家来说是最重要的”谚语，认为处罚本国人的国外犯是与国家利益一致的。在外国犯罪的本国人在犯罪地没有受到处罚就回国，如果在本国也不受处罚的话，犯罪人的国家就会成为在外国犯罪的本国人的避难所。这是国家不可能容忍的。②

（2）忠诚义务说。该说以国家固有的刑罚权为根据，认为本国公民即使身处国外，也负有遵守祖国法律的忠诚义务，应以本国刑法为其行为准则，所以，如果本国公民在国外违反了本国刑法，也应受本国刑法的处罚。③

（3）国家间防止犯罪的连带性说。这种学说又称为代理处罚说，以国际协同思想为根据，认为本国公民在国外，也应作为该国的“好国民”遵守该国法律；如果违反该国刑法，便应在该国受刑罚处罚。“如果没受处罚就回国时，该国便要求我国‘引渡犯罪人’。但是，如果实行引渡，在诉讼程序、刑罚执行以及其他方面，可能对行为人产生不利。因此，一方面采取‘本国国民不引渡的原则’，另一方面代替引渡请求国，暂且适用我国刑法予以处罚。”④

从各国刑事立法例以及相关刑法理论来看，属人管辖原则一般有三种类型：

（1）绝对的属人原则。该原则认为，内国人的行动，无论是在内国还是在国外，都应当由内国刑法规范评价。

（2）无限制的属人原则。该原则指对于在国外犯罪的本国人适用内国刑法处罚，不考虑行为地法。

（3）有限制的属人原则。该原则指对于本国人在国外犯一定种类之罪或一定的重罪，适用内国刑法。⑤

【法理分析】

上述属人原则的理论根据与属人原则的类型其实是内在地一致的。国益合致说与忠诚义务说“基本上只是表述不同，实质上均着眼于国家利益，而不注重对行为人自由的保障，故没有本质区别”⑥。虽然这两种学说能够让国民强烈地意识到不管身处国外、国内，都要做“善良的人”，增强国民遵守法律规范的意识，发挥刑法的预防犯罪机能，但是，这两种学说都建立在权威主义的国家观之上，过于强调刑法的法益保护机能，缺乏对国民人权的关怀，而且，对于长期身处国外、对本国刑法缺乏了解的本国公民一律依本国刑法追究其刑事责任，国家获得的是权威，丧失的可能是国民的认同。这两种学说引申出的自然是无限制的能动的属人原则，

---

① 参见张明楷：《外国刑法纲要》，2 版，47～48 页，北京，清华大学出版社，2007。

② 参见杨彩霞：《刑法空间效力研究》，70 页，北京，中国社会科学出版社，2007。

③ 参见张明楷：《国民对国家的忠诚与国家对国民的保护——属人主义的理解与适用》，载《社会科学》，2008（4）。

④ ［日］平野龙一：《刑法总论》，Ⅱ，437 页，东京，有斐阁，1975。转引自张明楷：《国民对国家的忠诚与国家对国民的保护——属人主义的理解与适用》，载《社会科学》，2008（4）。

⑤ 参见杨彩霞：《刑法空间效力研究》，72～74 页，北京，中国社会科学出版社，2007。

⑥ 张明楷：《国民对国家的忠诚与国家对国民的保护——属人主义的理解与适用》，载《社会科学》，2008（4）。

即只要本国人在国外犯罪，一律适用本国刑法，而不管依行为地法是否成立犯罪。代理处罚说引申出的做法则是有限制的属人原则，即以本国公民在外国的行为触犯了外国刑法为前提，否则没有替代处罚的必要。

对于我国刑法规定的属人管辖原则的理论根据，学界较少论及。一般统编教材中，基于篇幅限制等原因，在刑法空间效力部分，着眼于刑法适用，主要阐述属人原则的具体适用条件，不论及其理论根据。① 我国刑法第7条第1款规定：中华人民共和国公民在中华人民共和国领域外犯本法规定之罪的，适用本法，但是按本法规定的最高刑为3年以下有期徒刑的，可以不予追究。第2款规定：中华人民共和国国家工作人员和军人在中华人民共和国领域外犯本法规定之罪的，适用本法。从字面上看，只要是我国公民在我国领域外犯我国刑法规定的罪的，原则上都应适用我国刑法，只是对于一般公民来说，如果所犯罪行较轻，即按刑法规定最高刑在3年以下有期徒刑的，可以不予追究。“可以不予追究”虽然表明了立法者的倾向是原则上不予追究，但仍然保留了追究的权力。对国家工作人员和军人则无前述宽宥处理。从某种意义上来说，我国采取的是无限制的属人原则。② 基于这种属人管辖模式，我国刑法规定的属人管辖的理论根据似乎是忠诚义务说。

但是，有学者指出：“在当代国际社会中，随着强调最大限度地保障公民自由、尊重文化多元、加强国际合作日益成为当代国际社会的发展趋势，支持属人原则的理论基础也逐渐从强调维护专制威权的国家主义转向了强调国家之间相互支持的协同主义，从强调公民对国家的绝对忠诚转向了尊重行为地国法律和尽可能给本国公民更大的自由。”③ 为顺应这一趋势，大多数国家对本国的属人管辖原则往往作了一定的限制，主要是以下几方面：(1) 罪种或刑度。规定只有当本国公民在国外实施本国刑法中特定种类的犯罪或处刑较重的犯罪，才适用本国刑法。(2) 双重犯罪原则。只有当本国公民的行为在本国刑法和行为地国刑法中均被规定为犯罪的，才适用本国刑法。“作如此规定既尊重了行为地国法律所维护的价值，也是保障本国公民在国外享有他国公民同样自由的基本条件。”④ 在某种意义上，我国刑法第7条对普通公民适用属人管辖时，通过刑度因素进行了一定的限制，但未规定双重犯罪原则。

但是，进入21世纪，我国国家和国民对外交往日益广泛深入、密切频繁，对各国在政治、经济、法律、文化、历史传统等各方面存在的巨大差异有了进一步深入的了解，刑法理论本身也取得了很多新的进展，仅仅对1997年刑法第7条属人管辖进行简单释义性的研究，对新形势下一些新的问题可能无法给予妥当的回答。例如：中国侨民甲在国外实施的某一行为符合我国刑法某罪的构成要件，但在当地国是完全合法的，如在国外开设赌场。当甲回到中国国内，开设赌场的行为也未超过追诉时效，是否应对其适用中国刑法追究刑事责任？根据通行的观点，应根据属人管辖原则对甲以开设赌场罪追究刑事责任。这恐怕难以被人接受。再如：甲原为外国人，取得中国国籍（新国民）后，发现其在国外时的某行为符合我国刑法某罪的构成要件，且未超过追诉时效，是否应对其适用中国刑法？如果以忠诚义务说作为我国刑法第7条的理论根据，则甲在取得中国国籍之前不需对中国承担忠诚的义务，进而对其取得中国国籍前的

---

① 参见高铭暄、马克昌主编：《刑法学》，7版，35～36页，北京，北京大学出版社、高等教育出版社，2016。

② 也有学者基于刑法第7条第1款的规定——“但是按本法规定的最高刑为三年以下有期徒刑的，可以不予追究”，认为我国刑法规定的是有限制的属人管辖。参见张明楷：《国民对国家的忠诚与国家对国民的保护——属人主义的理解与适用》，载《社会科学》，2008（4）。

③④ 陈忠林：《我国刑法中的属人原则》，载《法商研究》，2004（1）。

行为不能根据属人管辖对其追究刑事责任。这恐怕有放纵犯罪之虞。另如：中国公民甲在A国境内与A国公民汤姆共同针对中国公民乙进行侵犯，假若该行为在A国不被认为是犯罪，则根据我国现行刑法第7条、第8条的规定，我国刑法对共同犯罪人汤姆不适用，对中国公民甲反倒适用。从刑法第7条来看，我国公民在我国领域外犯我国刑法规定之罪的，是否应当受到追诉仅受刑度限制。但根据刑法第8条，外国人在国外针对我国公民或国家的犯罪是否受追诉还受到犯罪地法律的限制。这实际上存在一种不平等：对于我国公民在国外对外国人或外国国家实施我国刑法认为是犯罪的行为之追诉可以不考虑所在国的法律是否亦认为该行为为犯罪，但对于外国人在国外针对我国国家或公民实施的我国刑法认为是犯罪的行为的追诉则要考虑所在国的法律是否亦认为该行为为犯罪行为。我国公民在国外实施针对外国国家或公民的犯罪（该犯罪为我国刑法所确认），而该犯罪行为对于所在国而言却并不是犯罪，实际上就完全没有必要对其进行追诉。[①]

针对新形势下刑法第7条属人管辖原则司法适用中的疑难问题，有论者指出：忠诚义务说存在诸多缺陷，不能认为我国刑法第7条采取了忠诚义务说。对第7条的理解与适用，应以国家对国民的保护和国际协同两个原则作为指导，将属人主义与保护主义有机结合。该论者并提出针对两种不同情形的解决途径：（1）当中国公民在外国的行为侵害了中华人民共和国国家或者公民的法益时，即使行为地的法律没有规定为犯罪，也应适用我国刑法第7条，追究行为人的刑事责任（法定最高刑为3年以下有期徒刑的，可以不予追究）。此时不只是采取了属人主义，而且同时采用了保护主义。（2）当中国公民在外国的行为并未侵犯中华人民共和国国家与公民的法益时，如果行为地的法律没有规定为犯罪，就应当类推适用刑法第8条的但书规定（“但是按照犯罪地的法律不受处罚的除外”），即不应适用我国刑法第7条。[②]

回到前述案例中，被告人陈某在S国犯聚众扰乱社会秩序罪，因其不是首要分子，而是积极参加者，依照刑法第290条第1款的规定，法定最高刑期为3年以下有期徒刑，根据刑法第7条第1款的规定，可以不予追究其刑事责任。但根据本案的具体情况，被告人陈某的犯罪行为，不仅使其所在公司的生产经营活动无法正常进行，造成了严重经济损失，而且损坏了我国公司、企业在国外的形象，在国际上产生了恶劣影响，后果严重，仍应依法追究其刑事责任。[③] 根据法院的有关认定，即使陈某的行为在S国不被认为是犯罪，但因其侵犯了我国有关公司的法益，根据属人主义与保护主义结合的观点，对陈某应当根据我国刑法第7条适用我国刑法追究刑事责任。

【要旨提示】

根据属人管辖原则，非国家工作人员和军人的中华人民共和国公民在中华人民共和国领域外犯刑法规定之罪的，适用刑法规定追究刑事责任。但是按刑法规定最高刑为3年以下有期徒刑的，可以追究，也可以不予追究，应当根据案件情况具体裁量。

---

① 参见胡云腾主编：《刑法条文案例精解》，13页，北京，法律出版社，2004。

② 参见张明楷：《国民对国家的忠诚与国家对国民的保护——属人主义的理解与适用》，载《社会科学》，2008（4）。

③ 参见最高人民法院刑事审判第一、二、三、四、五庭主办：《中国刑事审判指导案例（妨害社会管理秩序罪）》，8页，北京，法律出版社，2009。

7. 阿丹·奈姆等抢劫案[①]

——普遍管辖原则的适用

【案情介绍】

被告人阿丹·奈姆受他人指使，先后招引被告人利都安·喜拉依特等9名被告人参加作案。××××年6月8日，被告人阿丹·奈姆召集其他9名被告人，并发给每人一把刀作为作案工具。当晚，上述10名被告人乘坐事先准备好的2艘快艇在马来西亚海域追上泰国籍油轮“暹罗差猜号”，被告人阿丹·奈姆带领被告人利都安·喜拉依特等五人持刀先行登上该油轮，首先控制该油轮驾驶台，然后将被害人差猜·炎塞埃、能为·胜挪等17名泰国船员捆绑起来，关押于该油轮的船舱、走廊和饭堂中。尔后，被告人渥里·默默希特等四人也登上该油轮，与已在油轮上的阿丹·奈姆等六人轮流看守泰国船员。10日晚，阿丹·奈姆等人在马来西亚海域除继续将泰国船员能为·胜挪扣留外，将其余16名泰国船员赶下一艘快艇放走。阿丹·奈姆指使被告人达马·步得拉等人将该油轮的船名“暹罗差猜号”涂改为“奥米Ⅱ号”，将注册港曼谷涂改为新加坡，将烟囱由黑色涂改为蓝色。劫得该油轮后，被告人阿丹·奈姆指挥该油轮沿着马来西亚—菲律宾—中国台湾航线航行，并于17日进入中国领海。次日，其在东经117′21、北纬23′21处与中国杂货轮“正阳一号”（另案处理）联系销赃该油轮上的柴油时，被中国警方现场查获。

检察机关以抢劫罪对被告人阿丹·奈姆等10人提起公诉。法院经审理后，依照《中华人民共和国刑法》第263条，第25条第1款，第26条第1、4款，第27条，第35条之规定，以抢劫罪判处阿丹·奈姆等10名被告人10年至15年有期徒刑，并处1万元至3万元罚金，驱逐出境。

【观点争议】

关于本案的争议问题主要有：(1) 我国司法机关对本案是否享有刑事管辖权？(2) 被告人劫船行为如何定性？(3) 如何具体认定本案中的主、从犯？由于本章主旨和篇幅所限，本章在此仅对前述第一个问题进行阐述。对于该问题，主要有两种争议观点：第一种观点认为，本案10名被告人的劫船行为发生在马来西亚海域，并未发生在我国领域内；被告人均是马来西亚人，不具有中国国籍；而且，本案也未侵犯我国国家或者公民的利益，因此，我国司法机关对本案无刑事管辖权。第二种观点认为，虽然根据属地管辖、属人管辖、保护管辖等原则，我国刑法对此案无法适用，但是，根据我国刑法第9条规定的普遍管辖原则，我国司法机关对本案享有刑事管辖权。

【法理分析】

本案刑事管辖权的确定涉及对我国刑法规定的普遍管辖原则的理解与适用。

（一）普遍管辖原则的含义及历史演变

普遍管辖原则（Principle of Universal Jurisdiction），也称世界主义管辖原则，是国际刑事

---

① 案例来源：最高人民法院刑事审判第一、二、三、四、五庭主办：《中国刑事审判指导案例（危害国家安全罪·危害公共安全罪·侵犯财产罪·危害国防利益罪）》，355～358页，北京，法律出版社，2009。

管辖中的一个重要原则。在国际法上，有些国际罪行的性质和危害是如此严重，以致破坏了国际社会整体的共同利益和根本利益，因此，每个国家对国际社会整体都负有防止和惩治这些罪行的义务，对这些罪行也都有权管辖，而不论这些罪行发生在哪个国家，也不论罪犯的国籍属于哪个国家。这就是国际法上关于“普遍管辖权”原则的基本定义。[①] “普遍管辖权的目的，是为了不让那些犯有严重罪行的人寻找到可以躲避的安全的地方，以便逃脱惩罚。”[②]

普遍管辖原则的国际实践主要始自 19 世纪以来各国与海盗罪的斗争，各国逐渐形成一种习惯国际法，即对于海盗罪，世界各国都有权力进行管辖。进入 20 世纪，这种习惯国际法规则在国际条约中得以确认，标志着普遍管辖原则作为成文国际法规则的确立，但在第二次世界大战前，规定普遍管辖原则的国际条约极为有限。第二次世界大战后的纽伦堡、东京审判进一步确认了普遍管辖原则，奠定了国际刑法的基本原则和理论基础。20 世纪 70 年代以来，随着现代科学技术的发展和交通运输的更为便利，国际犯罪日益增多，严重危害到国际社会的和平与人类的安宁，世界各国迫切需要在刑事管辖权上密切合作，共同应对国际犯罪。这种需要，使以前仅仅适用于海盗犯罪和战争犯罪的普遍管辖原则通过国际公约的形式逐渐扩大适用于其他国际犯罪，如《防止及惩治灭绝种族罪公约》(1948 年)、《公海公约》(1958 年)、《关于制止非法劫持航空器的公约》(1970 年)、《关于制止危害民用航空器安全的非法行为的公约》(1971 年)、《1971 年精神药物公约》(1971 年)、《经〈修正 1961 年麻醉品单一公约的议定书〉修正的 1961 年麻醉品单一公约》(1972 年)、《禁止并惩治种族隔离罪行国际公约》(1973 年)、《关于防止和惩处侵害应受国际保护人员包括外交代表的罪行的公约》(1973 年)、《反对劫持人质国际公约》(1979 年)、《联合国海洋法公约》(1982 年)、《禁止酷刑和其他残忍、不人道或有辱人格的待遇或处罚公约》(1984 年)、《核材料实物保护公约》(1987 年)、《联合国禁止非法贩运麻醉药品和精神药物公约》(1988 年) 等。时至今日，普遍管辖原则已成为国际社会公认的、普遍接受的国际刑法原则。[③]

(二) 普遍管辖原则在我国的确立

我国国内法意义上的普遍管辖原则是我国对外交往日益密切、频繁的必然结果。1979 年刑法颁布之时，我国还处在比较封闭的历史时期，当然没有设立普遍管辖原则。随着改革开放的不断深化，我国相继参加了《关于制止非法劫持航空器的公约》《关于制止危害民用航空器安全的非法行为的公约》《关于防止和惩处侵害应受国际保护人员包括外交代表的罪行的公约》等国际公约。这些公约要求缔约国承担对公约规定的国际犯罪行使普遍管辖权的义务，1987 年 6 月 23 日第六届全国人大常委会第二十一次会议通过了《关于对中华人民共和国缔结或者参加的国际条约所规定的罪行行使刑事管辖权的决定》。1997 年刑法修订时，立法者在刑法第 9 条规定了普遍管辖原则。前述法律成为我国司法机关行使普遍管辖权的基本法律根据。

(三) 普遍管辖原则的适用条件

我国刑法第 9 条规定：“对于中华人民共和国缔结或者参加的国际条约所规定的罪行，中华人民共和国在所承担条约义务的范围内行使刑事管辖权的，适用本法。”根据上述刑法规定及有关刑法原理，我国行使普遍管辖权通常需具备以下几个条件：

---

① 参见王铁崖主编：《国际法》，125 页，北京，法律出版社，1995。

② 朱文奇：《国际刑法》，287 页，北京，中国人民大学出版社，2007。

③ 参见黄京平、石磊、蒋熙辉：《论普遍管辖原则及其实践》，载《政法论坛》，2001 (2)。

1. 必须排除适用属地管辖、属人管辖、保护管辖原则

在国内法上，普遍管辖原则是对属地管辖、属人管辖、保护管辖三个原则的补充。在确定我国刑法对于某一案件是否适用时，应当依次考虑适用属地管辖、属人管辖、保护管辖、普遍管辖原则，即，只有当某一案件发生在我国领域外，行为人也不具有中国国籍，且并未侵犯我国国家或者公民的利益时，才有可能适用普遍管辖原则。但凡根据前述三个原则可以适用我国刑法的，就不应援引刑法第9条根据普遍管辖原则适用我国刑法。

2. 必须是我国缔结或者参加的国际条约所规定的罪行

要注意的是，并非所有惩治国际犯罪的国际条约我国都已缔结或者参加，我国刑法只对我国缔结或者参加的国际条约所规定的国际罪行行使普遍管辖权。这里的“国际条约”，就其缔结或参加的主体而言，可以分为两种：一是我国政府同另一外国政府签署的“双边协议”或“双边条约”，二是我国政府与多个国家共同缔结或参加的“多边协议”（即国际公约）。① 我国已经缔结或参加的国际条约确定的国际犯罪大致包括：侵略罪，战争罪，反人道罪，非法使用武器罪，灭绝种族罪，种族隔离罪，种族歧视罪，劫持人质罪，贩卖和使用奴隶罪，国际贩卖人口罪，酷刑罪，侵害应受保护国际人员罪，劫持航空器罪，危害国际民用航空安全罪，妨害国际航空罪，海盗罪，危害海上航行安全罪，危害大陆架固定平台安全罪，破坏海底电缆、管道罪，非法使用邮件罪，毒品犯罪，非法获取和使用核材料罪，破坏环境罪，妨害国际货币罪，毁坏、盗窃、非法转移国家珍贵文物和文化财产罪等。②

3. 在我国所承担的条约的义务范围之内

在加入国际条约之时，考虑到巨大的司法压力和巨额的诉讼成本，我国可能对条约中的某些条款作出保留。③ 实际上，只有在特殊情况下，国家才会有兴趣以普遍管辖原则为根据对某些案件进行管辖。这种“特殊的场合”与其说是司法需要，不如说更多的是政治需要。④ 因此，即使我国缔结或参加了某国际条约，但如果我国对条约中的部分条款作出保留，对于该被保留部分规定的国际犯罪我国不能行使普遍管辖权。

此外，普遍管辖权并不意味着我国司法机关可以在域外采取刑事强制措施，即原则上需要罪犯已经处在我国合法的实际控制之下，我国才有可能实际行使普遍管辖权。这里的合法控制，主要实现途径通常有两种：或者是犯罪人已经处在我国领域内，或者是我国通过其他合法手段，如通过司法协助，获得对犯罪人的控制。

至于根据普遍管辖原则审理的犯罪，所适用的法律依据是国内刑法还是有关国际条约，则是存在争议的问题。一种观点认为，对于我国缔结或者参加的国际条约所规定的罪行行使普遍管辖权时不适用我国刑法⑤；另一种观点则认为，所适用的实体法应当是我国国内刑法，而非国际条约，因为国际条约没有对罪行规定法定刑，而是要求缔约国或者参加国将国际条约所规定的罪行规定为国内刑法上的犯罪。⑥ 笔者赞同第二种观点，并进一步认为：如果在我国国内刑事审判中直接适用国际条约，有违背罪刑法定原则的嫌疑，也会导致司法工作人员无所适

---

① 陈忠林：《我国刑法中的普遍管辖原则——刑法第9条的法理解释》，载《淮阴师范学院学报》，2004（4）。

② 参见黄京平、石磊、蒋熙辉：《论普遍管辖原则及其实践》，载《政法论坛》，2001（2）。

③ 参见杨彩霞：《刑法空间效力研究》，106页，北京，中国社会科学出版社，2007。

④ 参见赵秉志主编：《疑难刑事问题司法对策》，第2集，16页，长春，吉林人民出版社，1999。

⑤ 参见林准主编：《中国刑法教程》，22页，北京，人民法院出版社，1989。

⑥ 参见张明楷：《刑法学》，5版，74～75页，北京，法律出版社，2016。

从。此外，国际条约对国际犯罪成立要件的设置往往较为笼统、概括，也不一定完全符合中国的司法实践，所以，必须将国际条约所规定的国际犯罪通过我国的立法语言转化为国内刑法的规定。

根据上述刑法原理，结合本案，阿丹·奈姆等10名被告人以夺取船只及船上货物为目的，在国际航线上非法登临他国船只，持刀对泰国船员威胁后进行了捆绑，劫持泰国油轮。其行为符合《联合国海洋法公约》中关于海盗罪以及《制止危及海上航行安全非法行为公约》中关于危害海上航行安全罪的规定。上述该两公约确立了普遍管辖原则，我国是该两公约的缔约国，因此我国可以对本案行使刑事管辖权。就国内法而言，本案被告人的行为完全符合刑法第263条规定的抢劫罪的成立条件，因此，我国有关法院判处10名被告人构成抢劫罪是正确的。

【要旨提示】

根据普遍管辖原则，在适用刑法时应该注意：(1) 对于某一具体案件，但凡能够根据属地管辖、属人管辖、保护管辖原则适用我国刑法的，就不应考虑采用普遍管辖原则。(2) 只有针对我国缔结或参加的国际条约中规定的国际犯罪，我国才能在条约规定的义务范围之内行使普遍管辖权。(3) 若我国司法机关根据普遍管辖原则最终决定审理某一具体案件，其所依据的实体法只能是我国的刑事法律，而不能是国际条约。

第三章

刑法的时间效力

8. 罗某等侵占案[①]

——中间时法的溯及既往效力

【案情介绍】

1993年6月至8月间，被告人罗某、张某、刘某、何某担任广东省某期货经纪有限公司职员，被告人王某、李某是期货经纪公司的客户。罗某从公司与客户的“对赌”交易中受到启发，找到王某，提出与其合作利用“对赌”从公司赚钱。两人经密谋后，罗某纠合被告人张某、刘某、何某，王某纠合被告人李某。由被告人罗某、张某、刘某、何某利用职务之便，被告人王某、李某利用客户身份配合，内外勾结，共同采取篡改入仓手数、虚报入平仓时间及入平仓价格等手段，在公司的“对赌”交易中非法赢利，共同侵吞公司资金人民币455 525.66元(其中91 086.43元属未遂)。

检察机关以被告人罗某、李某、王某、刘某、何某、张某犯贪污罪，向法院提起公诉。法院经审理，依照《中华人民共和国刑法》第12条第1款和全国人大常委会《关于惩治违反公司法的犯罪的决定》第10条及1979年《中华人民共和国刑法》第63条、第67条、第32条的规定，于1998年7月21日判决如下：(1) 被告人罗某犯侵占罪，判处有期徒刑3年4个月。(2) 被告人王某犯侵占罪，判处有期徒刑3年4个月。(3) 被告人李某犯侵占罪，判处有期徒刑3年3个月。(4) 被告人刘某犯侵占罪，判处有期徒刑1年，缓刑1年。(5) 被告人何某犯侵占罪，判处有期徒刑6个月，缓刑1年。(6) 被告人张某犯侵占罪，免予刑事处分。

【观点争议】

本案从行为实施到案件审理，涉及多部法律：行为时法，即1979年刑法和1988年1月21日全国人大常委会《关于惩治贪污罪贿赂罪的补充规定》(以下简称《补充规定》)；中间时

① 案例来源：最高人民法院刑事审判第一庭编：《刑事审判参考》，总第3辑，27～30页，北京，法律出版社，1999。

法[①]，即1995年2月28日全国人大常委会《关于惩治违反公司法的犯罪的决定》（以下简称《决定》）；裁判时法，即1997年刑法。在审理过程中，关于前述法律如何适用存在争议：

第一种观点认为，应当以贪污罪追究被告人罗某等的刑事责任。这其实就是检察机关主张起诉意见。

第二种观点认为，依据《补充规定》第2条或者1997年刑法第382条、第383条的规定，贪污罪法定最高刑为死刑，而依据《决定》第10条和最高人民法院《关于办理违反公司法受贿、侵占、挪用等刑事案件适用法律若干问题的解释》第4条第2款的规定，罗某等被告人虽在国有公司工作，但不具有管理职权，不具有国家工作人员身份，因此不符合贪污罪主体身份，其行为只能构成侵占罪。从法定刑看，《决定》规定的法定刑较轻。根据1997年刑法第12条第1款的规定，行为时法和裁判时法哪一个法定刑更轻，就适用哪一个法律。但是该条没明确规定在行为时和裁判时的中间阶段有法定刑更轻的法律时应如何处理。被告人被司法机关追诉后，出现了有利于被告人的法律即《决定》的实施，但由于司法机关未及时结案而出现了对被告人不利的法律即1997年刑法的实施。根据1997年刑法第12条第1款规定的从旧兼从轻即有利于被告人的原则，应适用被告人行为时到宣判时所有几部法律中法定刑最轻的法律，即《决定》第10条。[②] 理论上也有观点认为，就1997年刑法第12条的立法精神来看，该条款之所以要确立从旧兼从轻原则，是为了防止国家刑罚权被滥用。因此，1997年刑法第12条所确立的实际上是在有数个法律存在之时，适用有利于被告人的法律：在有行为时法和裁判时法两部法律时，二者之中取其轻；而在有数部法律时，则是数部之中取其轻。[③]

【法理分析】

刑法的溯及力，或谓刑法溯及既往的效力。如果刑法规范能够适用于其生效以前实施但未经审判或者判决尚未确定的行为，该刑法规范就有溯及力；如果刑法规范不能适用于其生效以前实施但未经审判或者判决尚未确定的行为，该刑法规范就没有溯及力。1997年刑法第12条规定："中华人民共和国成立以后本法施行以前的行为，如果当时的法律不认为是犯罪的，适用当时的法律；如果当时的法律认为是犯罪的，依照本法总则第四章第八节的规定应当追诉的，按照当时的法律追究刑事责任，但是如果本法不认为是犯罪或者处刑较轻的，适用本法。本法施行以前，依照当时的法律已经作出的生效判决，继续有效。"也就是说，我国刑法在溯及力的问题上采取从旧兼从轻原则。[④] 通常认为，刑法第12条解决了行为时法与裁判时法之间

---

① 所谓中间时法，是指行为时法之后、裁判时法之前施行的刑法规范。

② 参见最高人民法院刑事审判第一庭编：《刑事审判参考》，总第3辑，32～34页，北京，法律出版社，1999。

③ 参见刘树德、喻海松：《中国刑事指导案例与规则：提炼·运用·说理》，73～75页，北京，法律出版社，2009。

④ 新中国成立初期的部分刑事立法采取了从新原则。例如，1951年2月20日公布施行的《中华人民共和国惩治反革命条例》第18条规定："本条例施行以前的反革命犯罪，亦适用本条例之规定。"1952年4月18日公布施行的《中华人民共和国惩治贪污条例》没有溯及力的规定，但时任政务院政法委员会副主任的彭真同志在所作《关于中华人民共和国惩治贪污条例草案的说明》中明确表示"对于过去犯本条例之罪的，是要加以追究的"，实践操作亦是如此。1979年刑法第9条被认为是确立了从旧兼从轻原则，但1982年3月8日全国人大常委会《关于严惩严重破坏经济的犯罪的决定》第2条、1983年9月2日全国人大常委会《关于严惩严重危害社会治安的犯罪分子的决定》第3条，规定该单行刑法有溯及既往的效力。

适用的规则，但未涉及中间时法。如何处理中间时法，在理论上和实践中成为可以争议的问题。

笔者以为，要正确评价本案裁判方所主张的意见以及支持其的理论解说，必须考虑以下问题：刑法第 12 条规定的立论基础何在？从旧兼从轻原则与所谓有利于被告人原则是什么关系？从旧兼从轻原则的适用有无限制规定？

刑法第 12 条有关溯及力的规定，包括从旧和从轻两部分。通说认为有关溯及力的规定与罪刑法定原则有着密切联系。但是应该注意到，刑法第 3 条规定的罪刑法定原则所派生的只能是禁止事后法原则，也就是从旧原则，而没有说明为什么允许从轻。如果有观点认为之所以允许从轻，是因为有利于被告人原则与罪刑法定原则所体现的保障人权机能是一致的，笔者将表示怀疑，因为不能将有利于被告人的效果（其实是结果）颠倒，视作刑法规定从旧兼从轻原则的原因。具体来讲，罪刑法定原则所体现的保障人权机能，是保护活在今天的公民不为明天制定的法律所处罚，但根本没有义务许诺活在今天的公民能够为明天制定的法律所宽赦。而支持刑法规定从轻原则的立论基础，应该从刑法自身的规范机能（规律机能）来理解。刑法既是意思决定规范（行为规范），又是评价规范（裁判规范）。作为意思决定规范，刑法通过设立刑事义务（刑法意义上的不作为义务与作为义务）确立了公民行为的准则，要求公民作出实施符合刑法规定行为的意思决定。这其实也就是罪刑法定原则所要求的法的明确性和法律效果的可预见性。如果行为人所不能预见的重法溯及既往，将伤害法的安定性、公正性以及公民对法的信赖，因此是被禁止的。与此同时，刑法还作为评价规范而存在。旧法（行为时法）代表的是行为实施当时所设定的评价规范，如果即行追诉、裁判，该评价机能就直接被正式实现；新法（裁判时法）代表的是法院裁判当时的评价规范（但不一定就是刑事诉讼程序所经历的唯一法律依据）。刑法的解释与适用、刑事责任的追究与实现、刑罚的量定和执行，表达了当时国家、社会对犯罪作出报应（惩罚）、预防（一般预防和特殊预防）的政治或者说政策的需要，而这种需要在不同的历史时期是可变的，但是因为新法（裁判时法）可以被期待为更及时、更准确地反映了这样一种政治或者说政策的需要，所以，如果新法认为对特定行为的报应和预防可以是被减轻甚至是被取消的，那么再固执地执行旧法（与新法相比较，也就是重法）的规定就缺乏理性基础，是不实用的、不经济的，甚至直接伤害了国家和社会的现实利益。① 所以具有从轻意义的从新（有利溯及）成为法治国家可以接受的原则。而这里的对被告人有利，更多的是刑法因循其机能和规律而产生的一种客观效果，但不能成为指导制定刑法第 12 条的所谓原则。笔者以为，所谓有利于被告人原则，更准确地说是存疑有利于被告人原则，主要应该是在程序法、证据法的领域通过无罪推定、疑罪从无、非法证据排除、沉默权、辩护权的实践加以落实。在刑事实体法的领域，对于刑法的解释和适用，包括有关溯及力规定的解释和适用，应该是依靠一定的政策立场、价值观念，遵循一定的逻辑规则和解释方法来处理，不能径直以有利于被告人原则为理由论证本案裁判方所主张的观点。②

但是，前述认识并不妨碍在刑法中明确作出有利于被告人的规定，只是该有利于被告人的范围和程度应该为立法规定的语言所限制。具体到中间时法的适用问题，通常认为刑法第 12

---

① 例如，计划经济时代对长途贩运这样一种投机倒把行为的打击，显然与市场经济条件下鼓励以市场调节、优化资源配置的基本政策是抵触的。

② 如果极端地夸大存疑时有利于被告人原则的适用范围，就会否定那些对构成要件所作的合理的扩张解释，甚至连正常的文义解释也会被反对，原因是其不如对构成要件进行限制解释有利于被告人。

条只是解决了行为时法（即“当时的法律”）和裁判时法（即“本法”）的适用选择问题。为了扩大适用选择的范围，将“当时的法律”解释为包括行为时法和中间时法[①]，就违反了“当时”只能是“行为当时”的一般认识，因此是错误的。但是，如果因为第12条没有使用“后来的法律”这一可以容纳中间时法和裁判时法的语词[②]，就拒绝中间时法的适用可能[③]，也不妥当。

这里结合最高人民法院刑事审判庭指导案例的比较来说明具体问题。除本案以外，指导案例里涉及中间时法适用问题的还有沈某挪用公款案。[④] 该案涉及1988年1月21日全国人大常委会《关于惩治贪污罪贿赂罪的补充规定》、1995年2月28日全国人大常委会《决定》以及1997年刑法三部法律。其裁判理由表明：其中作为中间时法的《决定》根本没有进入从旧兼从轻选择适用的考虑范围，与本案选择适用了中间时法的做法不就冲突了吗？同样作为最高人民法院刑事审判庭选编的指导案例，是否意味着发布单位自身对这一问题的见解就是不清楚的，甚至是自相矛盾的？笔者以为，这种怀疑是不正确的。这里两则指导案例所反映的处理意见本身并不矛盾。请注意，沈某挪用公款案之所以不考虑适用《决定》，如裁判方的解说意见所言，是因为“本案的发生、司法机关的介入均与《决定》没有联系，被告人又没有在《决定》施行期间自首，被害人亦没有在《决定》施行期间报案”[⑤]，换言之，裁判方是以法律是否与行为实施、刑事诉讼程序的经过等事实相关联来判断是否应该作出适用选择的。而这种特定法律对刑事诉讼程序的实际影响，在罗某等侵占案中恰是存在的。具体而言，本案的立案以及对犯罪嫌疑人采取强制措施的时间是1993年11月，当时正在施行的是1979年刑法和《补充规定》；因为司法机关办案期限拖延的原因，诉讼程序又经历了1995年2月28日到1997年9月30日《决定》的施行期间；而1997年10月1日到法院作出判决的1998年7月21日，施行的是1997年刑法。《决定》对刑事诉讼程序的实际影响是存在的，因为对犯罪嫌疑人在1995年2月28日到1997年7月31日采取的强制措施，都是因为根据当时有效的法律（即《决定》）判断，犯罪嫌疑人的侵占行为是应该被追究刑事责任的。

这里对条文表述作进一步的分析。1997年刑法第12条“如果本法不认为是犯罪或者处刑较轻的，适用本法”中的所谓“本法”，不一定就如通说所言仅指人民法院裁判时的法律（裁判时法），其确切含义是指所有在刑事诉讼过程（从刑事立案开始）中被引为“构成犯罪，应当追究刑事责任”的实体法依据的法律。[⑥] 强调这一点，就说明了前述两则指导案例得到不同处理的原因，而且再一次肯定了这样一个现实，即，刑事诉讼程序的进行始终是被刑法认为行为构成犯罪、应当追诉的意见所指引的。虽然在侦查、审查起诉、审判的不同阶段对事实认定清楚、法律适用准确的要求存在程度差异，但不能否认办案机关在其所负责的刑事诉讼阶段依

---

① 参见冯军、肖中华主编：《刑法总论》，97页，北京，中国人民大学出版社，2008。

② 使用“后来的法律”或者“犯罪（行为）后的法律”语词的立法例，有日本刑法第6条、意大利刑法第2条第3款。我国台湾地区“刑法”第2条规定亦是。

③ 参见张明楷：《“存疑时有利于被告”原则的适用界限》，载《吉林大学社会科学学报》，2002（1）。

④ 案件事实及其裁判理由，参见最高人民法院刑事审判第一庭、第二庭编：《刑事审判参考》，总第25辑，59～63页，北京，法律出版社，2002。本案还涉及追诉时效规定适用从旧兼从轻原则的问题。

⑤ 同上书，61页。

⑥ 哪一部法律是裁判时法，该判断并不是绝对的。如果二审程序作出裁判时新的法律已经施行，该法律就取代之前的法律成为新的裁判时法。而作为一审裁判依据的法律，显然不能被忽略，而是应当作为有特殊意义的中间时法来理解。

照当时有效的法律（在存在新旧法选择适用时，也就是1997年刑法第12条所谓“本法”）进行判断的意义。作为结论，如果中间时法就特定行为不认为是犯罪或者处刑较轻，且已经实际成为执行刑事诉讼程序的法律依据，应该被选择适用。[1]

【要旨提示】

1979年刑法第9条和1997年刑法第12条“如果本法不认为是犯罪或者处刑较轻的，适用本法”规定的所谓“本法”不限于裁判时法，也包括其他在行为时法以后、裁判时法以前施行，并且实际成为执行刑事诉讼程序以追究犯罪嫌疑人、被告人刑事责任依据的法律。在行为时法、裁判时法以及该部分中间时法之间的选择适用，应依循从旧兼从轻的原则予以判断。

9. 朱某等非法买卖枪支、贪污案[2]

——司法解释的溯及既往效力

【案情介绍】

湖北省某水产供销公司（以下简称水产供销公司）系《中华人民共和国枪支管理法》实施前的湖北省猎枪定点销售单位。《中华人民共和国枪支管理法》于1996年10月1日实施后，水产供销公司虽向有关部门提出申请，但未取得继续经营猎枪的资格。1994年5月，水产供销公司收到山西省某农业生产资料公司63万元购买猎枪款，被告人朱某以需给他人回扣为由，将其中的5万元在账外核销，予以侵吞。1995年5月，被告人朱某随同该市人民法院工作人员执行本公司与内蒙古某供销合作公司购销合同纠纷一案时，被执行人共支付现金5万元，朱某在公司报账4.5万元，侵吞5 000元。1998年，水产供销公司职工王某在该市公安局窃取了盖有公章但已作废的“枪支、弹药运输许可证”及“射击运动枪、猎枪、注射枪购买证”。被告人朱某要走该购枪手续，并于1998年9月29日至1999年12月14日持“射击运动枪、猎枪、注射枪购买证”，以水产供销公司名义先后11次到湖南省某机械厂购买猎枪166支。该批猎枪除14支在运输途中被湖北省某市公安局查获外，均通过水产供销

---

[1] 涉及中间时法适用问题的指导案例，其实还有张某拐卖妇女案。（参见最高人民法院刑事审判第一庭编：《刑事审判参考》，总第11辑，10～15页，北京，法律出版社，2000。）本案中被害人为两性人，其法律适用问题除了涉及1979年刑法第141条规定拐卖人口罪（既遂）和1997年刑法第240条规定拐卖妇女罪（未遂），还应该考虑1991年9月4日全国人大常委会《关于严惩拐卖、绑架妇女、儿童的犯罪分子的决定》第1条关于拐卖妇女罪的规定。但该案的裁判理由认为，张某在1990年9月4日因本案被检察机关批捕而在逃，致使关于拐卖的决定失去了适用基础，因此根据1997年刑法第12条从旧兼从轻原则，本案适用法律的可选范围只能是1979年刑法和1997年刑法。亦有论者在学理解释中对此表示支持。（参见刘树德、喻海松：《规则如何提炼：中国刑事案例指导制度的实践》，9页，北京，法律出版社，2006。）笔者以为，针对张某拐卖妇女案的该部分解释是错误的。其实该案批捕决定在1991年9月4日到1997年9月30日期间的法律效力是实际受到《关于严惩拐卖、绑架妇女、儿童的犯罪分子的决定》支撑的，所以该案应该对该单行刑法的选择适用作出考虑。只是因为其不符合“不认为是犯罪或处刑较轻”的条件，所以最终才不予适用。

[2] 案例来源：最高人民法院刑事审判第一庭、第二庭编：《刑事审判参考》，总第42集，1～9页，北京，法律出版社，2005。

公司渔猎用品商店卖出。1998年到1999年间，被告人左某多次到渔猎用品商店非法购买猎枪22支，卖给被告人郃某、李甲等人。1999年5月，被告人郃某从左某处购买五连发猎枪1支和其他猎枪5支并售出。1998年9月，被告人张某通过李甲、李乙从左某处购买五连发猎枪1支。

检察机关以被告人朱某犯非法买卖枪支罪、贪污罪，被告人左某、郃某、张某、李甲、李乙犯非法买卖枪支罪，向法院提起公诉。一审法院依照《中华人民共和国刑法》第125条第1款、第382条第1款、第383条第1款第2项、第48条第1款、第57条第1款、第56条第1款、第55条第1款、第65条第1款、第69条的规定，于2002年10月25日判决如下：(1)被告人朱某犯非法买卖枪支罪，判处死刑，剥夺政治权利终身；犯贪污罪，判处有期徒刑5年。决定执行死刑，剥夺政治权利终身。(2)被告人左某犯非法买卖枪支罪，判处死刑，缓期2年执行，剥夺政治权利终身。(3)被告人郃某犯非法买卖枪支罪，判处有期徒刑12年，剥夺政治权利2年。(4)被告人张某犯非法买卖枪支罪，判处有期徒刑4年。(5)被告人李乙犯非法买卖枪支罪，判处有期徒刑3年。(6)被告人李甲犯非法买卖枪支罪，判处有期徒刑2年6个月。部分被告人上诉后，二审法院经审理，依照1996年《中华人民共和国刑事诉讼法》第189条第1、2项和《中华人民共和国刑法》第125条第1、3款，第382条，第383条第1款第2项，第48条第1款，第57条第1款，第56条第1款，第55条第1款，第65条第1款，第69条的规定，判决如下：(1)维持一审法院刑事判决中对上诉人左某、郃某、李乙和原审被告人张某、李甲犯非法买卖枪支罪以及上诉人朱某犯贪污罪的判决。(2)撤销一审法院刑事判决中对上诉人朱某犯非法买卖枪支罪的判决。(3)上诉人朱某犯非法买卖枪支罪，判处死刑，缓期2年执行，剥夺政治权利终身；犯贪污罪，判处有期徒刑5年。决定执行死刑，缓期2年执行，剥夺政治权利终身。

【观点争议】

针对涉及非法买卖枪支的刑事案件，最高人民法院先后制定了两部司法解释，分别为1995年9月20日《关于办理非法制造、买卖、运输非军用枪支、弹药刑事案件适用法律问题的解释》(以下简称1995年《解释》)、2001年5月15日《关于审理非法制造、买卖、运输枪支、弹药、爆炸物等刑事案件具体应用法律若干问题的解释》(以下简称2001年《解释》)。其中，1995年《解释》第2条第1项规定，非法买卖非军用枪支2支以上的，构成非法买卖枪支罪；第3条规定，非法买卖非军用枪支10支以上的，属于非法买卖枪支“情节严重”。2001年《解释》第1条第1款第2项规定，非法买卖以火药为动力的非军用枪支1支的行为，构成非法买卖枪支罪；第2条第1项规定，非法买卖以火药为动力的非军用枪支5支以上的，属于非法买卖非军用枪支“情节严重”。在本案审理过程中，对被告人非法买卖枪支的行为能否适用1995年《解释》形成两种意见：

第一种意见认为，应当适用1995年《解释》定罪量刑。具体而言，被告人郃某的行为构成非法买卖枪支罪，但不应认定为非法买卖枪支罪“情节严重”，应当在3年以上10年以下有期徒刑的幅度内处刑；被告人张某、李甲、李乙的行为未达到行为时的司法解释所规定的构成犯罪的数量标准，应当宣告无罪。

第二种意见认为，应当适用2001年《解释》定罪量刑。主要理由为：(1)最高人民法院《关于司法解释工作的若干规定》第12条规定：“司法解释在颁布了新的法律，或在原法律修改、废止，或者制定了新的司法解释后，不再具有法律效力。”1995年《解释》是对1979

年刑法第112条的解释，而本案发生于1997年刑法施行以后，因此，1995年《解释》对1997年刑法施行以后发生的行为不具有法律效力。(2) 最高人民法院、最高人民检察院《关于适用刑事司法解释时间效力问题的规定》第1条规定：司法解释是最高人民法院对审判工作中具体应用法律问题和最高人民检察院对检察工作中具体应用法律问题所作的具有法律效力的解释，自发布或者规定之日起施行，效力适用于法律的施行期间。第2条规定：对于司法解释实施前发生的行为，行为时没有相关司法解释，司法解释施行后尚未处理或者正在处理的案件，依照司法解释的规定办理。第4条规定："对于在司法解释施行前已办结的案件，按照当时的法律和司法解释，认定事实和适用法律没有错误的，不再变动。"司法解释是最高司法机关对法律条文本身含义的进一步明确，其时间效力与其所解释的法律相同；对于2001年《解释》施行以后尚未处理或者正在处理的案件，只要应当适用其解释的法律（即指1997年刑法），2001年《解释》就适用于该案件。本案中各被告人非法买卖枪支的行为均发生于1997年刑法施行期间，应当适用1997年刑法，当然也应当适用2001年《解释》。(3) 最高人民法院《关于认真学习宣传贯彻修订的〈中华人民共和国刑法〉的通知》第5条规定："修订的刑法实施后，对已明令废止的全国人大常委会有关决定和补充规定，最高人民法院原作出的有关司法解释不再适用。但是如果修订的刑法有关条文实质内容没有变化的，人民法院在刑事审判工作中，在没有新的司法解释前，可参照执行。其他对于与修订的刑法规定相抵触的司法解释，不再适用。"因此，对于发生于1997年刑法施行以后的刑事案件，参照执行1997年刑法施行以前颁行的司法解释的前提条件是"刑法有关条文实质内容没有变化"，且"没有新的司法解释"。虽然1997年刑法第125条与1979年刑法第122条的实质内容没有变化，但在2001年《解释》已对1997年刑法第125条的含义进行了解释的情况下，就不能参照执行1995年《解释》。①

【法理分析】

笔者以为，本案裁判方所主张的观点逻辑推导失当，裁判结论有误。

首先，刑法立法规范与刑法司法解释共同构成的刑事法律规范，是我国刑事司法的基本法律依据。刑法司法解释依附于刑法立法规范存在的基本属性，并不排斥刑法司法解释所具有的相对独立性特征，即刑法司法解释实际地参与犯罪圈的划定。当刑法立法规范发生变动，包括新的立法规范替代旧的立法规范或者原有立法规范废止，基于旧有刑法立法规范所制定的司法解释"不再具有法律效力"，或者因最高司法机关制定新的司法解释，原有司法解释"不再具有法律效力"，其确切含义应当是指，基于旧有刑法立法规范所制定的司法解释或者被新的司法解释替代的旧的司法解释，对于新的刑法立法规范或者新的刑法司法解释施行之后的行为不再具有法律效力，而对于新的刑法立法规范或者新的刑法司法解释施行之前的行为依然具有法律效力。换言之，最高人民法院《关于司法解释工作的若干规定》第12条实际仅指相关司法解释对于新的刑法立法规范或者新的刑法司法解释施行之后的行为失去法律效力，不能作为刑事法律规范适用；相反，相关司法解释对于新的刑法立法规范或者新的刑法司法解释施行之前的行为并未失去法律效力，依然应当作为有效的刑事法律规范予以适用。裁判理由将相关司法解释的有条件失效错误理解为无条件失效，将应当根据特定行为实

① 参见最高人民法院刑事审判第一庭、第二庭编：《刑事审判参考》，总第42集，10～13页，北京，法律出版社，2005。

施的时间依法适用的司法解释理解为完全排斥（或不具有）适用可能的司法解释，混淆了司法解释的选择适用与排斥适用，并以此为继续对司法解释的溯及力进行错误解读的逻辑前提。

其次，最高人民法院、最高人民检察院《关于适用刑事司法解释时间效力问题的规定》（以下简称《规定》）在第1条明确了刑事司法解释溯及力的基本原则之后，分别在第2条和第3条中规定了不同情况下的司法解释溯及力的具体原则。其中，第2条规定，“对于司法解释实施前发生的行为，行为时没有相关司法解释，司法解释施行后尚未处理或者正在处理的案件，依照司法解释的规定办理”，即从新原则[①]；第3条规定：“对于新的司法解释实施前发生的行为，行为时已有相关司法解释，依照行为时的司法解释办理，但适用新的司法解释对犯罪嫌疑人、被告人有利的，适用新的司法解释。”即从旧兼从轻原则。[②]《规定》所确定的从新原则和从旧兼从轻原则有着完全不同的基本适用前提：行为时没有相关司法解释，行为之后有相关司法解释实施的，适用从新原则；行为时已有相关司法解释但行为之后又有新的司法解释实施的，适用从旧兼从轻原则。本案被告人的非法买卖枪支行为实施之时，已有1995年《解释》[③]，但在案件审理之时，2001年《解释》即新的司法解释已经实施。在此情形之下，应当适用《规定》第3条采用从旧兼从轻原则，即应当具体依据1995年《解释》判定行为人的行为是否构成非法买卖枪支罪和是否达到非法买卖枪支罪“情节严重”的程度。

---

① 对于《规定》第2条所明确的具体规则的称谓，司法解释的制定者未予确切表述。（参见孟燕菲：《〈最高人民法院、最高人民检察院关于适用刑事司法解释时间效力问题的规定〉的理解与适用》，载最高人民检察院政策研究室编：《法律应用研究》，2002年第1辑，175页，北京，法律出版社，2002。）笔者以为，从新原则是依循理论界和实务界的表述习惯所作的概括。从实质精神和实际操作结果考察，《规定》第2条确定的具体规则概括为从有原则或相对溯及既往原则，或许更为贴切。因为，依据该条规定，当针对刑事实体法的具体规定首次制定的司法解释施行后，应当适用该解释处理未决案件（即尚未处理或者正在处理的案件）时，该解释即便包含对犯罪嫌疑人或者被告人不利的规定，也依然具有相对的溯及既往效力。确切而言，适用《规定》第2条处理案件，极有可能导致对犯罪嫌疑人或者被告人不利的结果。

② 对于《规定》第3条所明确的具体规则，司法解释的制定者将其概括为从旧兼从轻原则。（参见孟燕菲：《〈最高人民法院、最高人民检察院关于适用刑事司法解释时间效力问题的规定〉的理解与适用》，载最高人民检察院政策研究室编：《法律应用研究》，2002年第1辑，175页，北京，法律出版社，2002。）有论者对此提出明确批评，其关键理由是：司法解释不是法律，所以不受刑法第12条的规定限制。［参见曲新久：《论刑法解释与解释文本的同步效力——兼论刑法适用的逻辑路径》，载《政法论坛》，2006（3）。］笔者以为，司法解释的确不是法律，但司法解释已经实际地参与犯罪圈的划定，执行了刑事法律规范的意思决定机能和评价机能，因此，遵循从旧兼从轻原则并无不妥。

③ 2003年7月29日最高人民法院《关于九七刑法实施后发生的非法买卖枪支案件，审理时新的司法解释尚未作出，是否可以参照执行1995年9月20日最高人民法院〈关于办理非法制造、买卖、运输非军用枪支、弹药刑事案件适用法律问题的解释〉的规定审理案件请示的复函》指出：“原审被告人侯磊非法买卖枪支的行为发生在修订后的《刑法》实施以后，而该案审理时《最高人民法院关于审理非法制造、买卖、运输枪支、弹药、爆炸物等刑事案件具体应用法律若干问题的解释》尚未颁布，因此，依照我院法发〔1997〕3号《关于认真学习宣传贯彻修订的〈中华人民共和国刑法〉的通知》的精神，该案应参照1995年9月20日最高人民法院法发〔1995〕20号《关于办理非法制造、买卖、运输非军用枪支、弹药刑事案件适用法律问题的解释》的规定办理。”该复函再次重申了最高人民法院《关于认真学习宣传贯彻修订的〈中华人民共和国刑法〉的通知》第5条的规定所持的观点，即“修订的刑法实施后，对已明令废止的全国人大常委会有关决定和补充规定，最高人民法院原作出的有关司法解释不再适用。但是如果修订的刑法有关条文实质内容没有变化的，人民法院在刑事审判工作中，在没有新的司法解释前，可参照执行。其他对于与修订的刑法规定相抵触的司法解释，不再适用”。

最后，我国现行的司法解释实际地参与犯罪圈划定，有细化犯罪构成标准和统一司法判断尺度的功能。具体到非法买卖枪支罪，无论是1995年《解释》还是2001年《解释》，都明显地赋予了该罪立法规范中原本不具有的定量要素，并由此界分违法行为与犯罪行为。虽然针对非法买卖非军用枪支的行为，2001年《解释》明显降低了构成犯罪和认定“情节严重”的数量标准，但是1995年《解释》对于2001年《解释》实施之前发生的非法买卖非军用枪支的行为，无疑应当继续作为有效的法律评价标准。唯有如此，才能确保1997年刑法第125条第1款关于非法买卖枪支罪的规定在一定时空条件下连续、稳定地被适用。

要特别注意的是，在刑法规定发生新旧更替，并且相关司法解释也相应发生新旧更替的情形之下，司法解释与刑法规定之间的从属关系，就显现出较为复杂的状态。结合本案而言，这种较为复杂的状态集中表现为，在适用修订后的刑法即1997年刑法第125条的同时，能否适用1995年《解释》具体判定本案被告人的行为是否构成犯罪及是否符合非法买卖枪支罪“情节严重”的程度。换言之，在修订前的刑法即1979年刑法与修订后的刑法即1997年刑法关于非法买卖枪支罪的规定实质内容没有变化的情况下，相关司法解释只能与解释之时的刑法规定一并适用（即适用1997年刑法第125条同时适用2001年《解释》，或者适用1979年刑法第112条同时适用1995年《解释》），还是允许并且应当在适用解释之后的刑法规定的同时依法适用原有司法解释（即适用1997年刑法第125条同时适用1995年《解释》），就成为本案法律适用的关键所在。笔者以为，司法解释从属于刑法规定的含义，应当视刑法规定修订是否具有实质内容变化而有所区别：其一，在刑法规定修订具有实质内容变化的情形下，司法解释只能从属于解释制定之时的刑法规定；其二，在刑法规定修订没有实质内容变化的情形下，司法解释从属于解释制定之时的刑法规定和解释制定之后的刑法规定，也即在刑法规定的实质内容没有变化的背景之下，司法解释从属于刑法规定的含义，应当是从属于没有实质内容变化的刑法规定。即便刑法规定在形式上被修订也应如此理解，而不应狭义地理解为仅从属于解释制定之时的刑法规定。至于在刑法规定形式上被修订之后，最高司法机关针对修订后的刑法规定制定新的司法解释，以新的司法解释替代原有司法解释，则应依循从旧兼从轻原则，选择适用新的司法解释或者原有司法解释评价行为人的行为。概言之，本案适用1997年刑法第125条与同时适用1995年《解释》并不矛盾。而本案裁判方的错误恰是将司法解释与相关刑法规定的从属关系理解为简单的对应关系，即1995年《解释》依附于1979年刑法第112条，2001年《解释》依附于1997年刑法第125条，并以此提出适用1997年刑法第125条规定就只能同时适用2001年《解释》的错误判断。

【要旨提示】

刑法有关条文实质内容没有变化，即修订前的刑法与修订后的刑法有关条文规定的定罪处刑标准及法定刑相同的情况下，针对修订前的刑法所制定的司法解释，对于针对修订后的刑法所制定的新的司法解释实施前发生的行为，依然具有法律效力。其中，在新的司法解释实施前，应当适用原有司法解释评价行为人的行为；在新的司法解释实施后，是否适用原有司法解释评价行为人的行为（或者究竟适用新的司法解释还是适用原有司法解释评价行为人的行为），则应依循从旧兼从轻的原则予以判断。

10. 朱某交通肇事案[①]

——追诉时效规定的溯及既往效力

【案情介绍】

1993年9月9日晚，货主焦某支付运费400元，让被告人朱某和付某开车从驻马店至泌阳县城给其运送化肥15吨。货运到后，焦某以少11袋化肥为由要求朱某、付某以运费抵偿损失，双方为此争执不下。后朱某、付某趁焦某去找人卸化肥之机，由朱某驾车逃跑，被看门市部的易某发现。易某立即随后追赶并冲到车前意欲拦车。由于当时雨下得很大，朱某在发现不及时和紧急刹车失灵的情况下将易某撞死，并逃逸。

检察机关以被告人朱某犯故意杀人罪，向法院提起公诉。法院经审理认为，朱某违反《中华人民共和国道路交通管理条例》（已失效——编辑注）“必须遵守右侧通行”的规定，交通肇事后为逃避责任而逃逸，致使事故责任无法查明，根据国务院《道路交通事故处理办法》（已失效——编辑注）第20条“当事人逃逸或者故意破坏、伪造现场、毁灭证据，使交通事故责任无法认定的，应当负全部责任”的规定，应负事故的全部责任。公诉机关指控朱某犯故意杀人罪证据不足，起诉指控的罪名不能成立，不予支持。被告人朱某的交通肇事行为发生在1993年9月10日，根据1997年《中华人民共和国刑法》第12条的规定，应适用当时的法律追究其刑事责任。依照1979年刑法第76条、第77条、第78条、第113条和1987年8月21日最高人民法院、最高人民检察院《关于严格依法处理道路交通肇事案件的通知》第1条第1、3项的规定，对朱某交通肇事行为的追诉时效应为5年。由于公安机关刑事拘留朱某的时间是1999年3月24日，距其交通肇事之日已超过5年，其间又没有对其采取拘传、取保候审、监视居住、拘留等强制措施，故不应再追究其刑事责任。依照《中华人民共和国刑事诉讼法》（1996年）第15条第2项和最高人民法院《关于执行〈中华人民共和国刑事诉讼法〉若干问题的解释》第176条第8项的规定，裁定本案终止审理。

【观点争议】

本案在审理过程中，关于被告人朱某的交通肇事行为是否超过追诉时效存在争议：

第一种意见认为：1997年刑法已经明确规定，“如果当时的法律认为是犯罪的，依照本法总则第四章第八节的规定应当追诉的，按照当时的法律追究刑事责任”。朱某的行为按照1979年刑法的有关规定，已构成交通肇事罪。依照1997年刑法总则第四章第八节，尤其是第88条关于“在人民检察院、公安机关、国家安全机关立案侦查或者在人民法院受理案件以后，逃避侦查或者审判的，不受追诉期限的限制”的规定，公安机关在朱某肇事当日已经立案侦查，因此不受1979年刑法5年追诉期限的限制。

第二种意见认为：被告人朱某的交通肇事行为，已超过1979年刑法规定的追诉时效，不应当再追究其刑事责任。主要理由为：（1）1997年刑法第12条关于“按照当时的法律追究刑事责任”的规定，既应包括适用当时法律的定罪量刑规定，也应包括适用当时法律关于追诉时

① 案例来源：最高人民法院刑事审判第一庭、第二庭编：《刑事审判参考》，总第26辑，1～2页，北京，法律出版社，2002。

效的规定，不能把当时法律关于追诉时效的规定排除在适用之外。（2）1979 年刑法与 1997 年刑法在追诉时效延长的规定上有两点显著区别：一是不受追诉期限限制的起始时间，1979 年刑法规定为司法机关“采取强制措施以后”，1997 年刑法规定为司法机关“立案侦查或者人民法院受理案件以后”；二是 1997 年刑法增加了“被害人在追诉期限内提出控告，人民法院、人民检察院、公安机关应当立案而不予立案的，不受追诉期限的限制”的规定。两相比较，1997 年刑法有关追诉时效的规定较 1979 年刑法的相应规定对被告人更严、更重。关于追诉时效是否也适用从旧兼从轻原则，最高人民法院 1997 年 9 月 25 日通过的《关于适用刑法时间效力规定若干问题的解释》第 1 条规定：“对于行为人 1997 年 9 月 30 日以前实施的犯罪行为，在人民检察院、公安机关、国家安全机关立案侦查或者在人民法院受理案件以后，行为人逃避侦查或者审判，超过追诉期限或者被害人在追诉期限内提出控告，人民法院、人民检察院、公安机关应当立案而不予立案，超过追诉期限的，是否追究行为人的刑事责任，适用修订前的刑法第七十七条的规定。”该条规定的精神，就是明确关于追诉时效也应适用从旧兼从轻原则。（3）以本案为例，假如朱某的行为发生在 1992 年 5 月，公安机关于 1997 年 9 月对其立案并采取强制措施，根据 1979 年刑法已超过追诉时效，不应追究其刑事责任。但是同样的行为，假如公安机关于 1997 年 10 月以后对其立案，却又要追究刑事责任。这无论如何也是无法自圆其说的。①

【法理分析】

1997 年刑法有关追诉时效的规定是否具有溯及力，在刑法理论上和司法实践中是有争议的问题。有论者认为，行为时法和现行刑法都认为是犯罪，并且按照现行刑法总则第四章第八节的规定应当追诉的，按照行为时的法律处理，即现行刑法没有溯及力，但现行刑法关于追诉时效的规定有溯及力；但是，如果现行刑法处刑较轻，则应适用现行刑法，即现行刑法有溯及力。② 而时效规定有溯及力的原因是，时效规定属于程序性规定，不影响刑事禁止与命令的具体内容，只是影响司法机关在怎样的时间范围内追究行为人的刑事责任。③ 概言之，前述认为 1997 年刑法有关追诉时效的规定有溯及力的观点是这样一个三段论，即：大前提为“程序性规定有溯及力”，小前提为“刑法有关追诉时效的规定是程序性规定”，结论为“刑法有关追诉时效的规定有溯及力”。依据逻辑规则，三段论作为一般到特殊的推理，其有效性的确立首要在于大前提和小前提的正确性。笔者拟对前述观点所举前提及演绎进行分析，以实现对追诉时效规定的讨论。

首先，程序性规定是否就一定有溯及力？通常的观点是肯定的，但总是与认为实体性规定以不能溯及既往为原则、以有利溯及为例外的观念共同出现的，也就是所谓“实体从旧，程序从新”④。但是，这种划分并没有现行法律的依据，《立法法》第 84 条关于“法律、行政法规、地方性法规、自治条例和单行条例、规章不溯及既往，但为了更好地保护公民、法人和其他组织的权利和利益而作的特别规定除外”的规定并没有区分实体法（实体性规定）和程序法（程序性规定），所以操作上是否允许法律规范溯及既往还是要用《立法法》第 84 条后段确立的有

---

① 参见最高人民法院刑事审判第一庭、第二庭编：《刑事审判参考》，总第 26 辑，3～5 页，北京，法律出版社，2002。

② 参见张明楷：《刑法学》，5 版，76～77 页，北京，法律出版社，2016。

③ 参见曲新久：《刑法学》，56～57 页，北京，中国政法大学出版社，2009。

④ 胡建森、杨登峰：《有利法律溯及及其适用中的若干问题》，载《北京大学学报（哲学社会科学版）》，2006（6）。

利溯及原则来检验。[①] 但程序性规定是否都符合有利溯及原则，并不清楚。

其次，就算我们承认程序性规定都符合有利溯及原则，刑法有关追诉时效的规定也未必就有溯及力，因为该规定未必就是程序性规定。就刑法总则第四章第八节的规定而言，虽然出现了期间规定，但显然不是程序法意义上的司法机关办案期限。如果联系经过追诉时效期限的法律效果，可以看到刑事诉讼法第15条关于“犯罪已过追诉时效期限的”，“不追究刑事责任，已经追究的，应当撤销案件，或者不起诉，或者终止审理，或者宣告无罪”的规定，与刑法第87条关于“犯罪经过下列期限不再追诉”的规定是一致的。也就是说，追诉时效制度是刑罚消灭制度的一部分，追诉时效期限的经过意味着刑事责任的消灭。既然我们讲刑法是规定犯罪、刑事责任、刑罚的法律规范，那么决定刑事责任消灭的追诉时效规定就有了实体性规定的意义，至少不能简单地被视为程序性规定。因此，认为追诉时效规定是程序性规定，所以具有溯及既往效力的观点，其说理是有疑问的。

进一步的问题是：如何理解和处理1997年刑法第12条“依照本法总则第四章第八节的规定”的表述？

比较1979年刑法与1997年刑法有关追诉时效的规定（均为总则第四章第八节）[②]，主要是1997年刑法第88条将时效延长的条件由“在人民法院、人民检察院、公安机关采取强制措施以后，逃避侦查或者审判的”，改为“在人民检察院、公安机关、国家安全机关立案侦查或者在人民法院受理案件以后，逃避侦查或者审判的”，并增设第2款规定——“被害人在追诉期限内提出控告，人民法院、人民检察院、公安机关应当立案而不予立案的，不受追诉期限的限制”。这就意味着，如果考虑适用修订前的刑法，行为人在人民检察院、公安机关、国家安全机关立案侦查或者在人民法院受理案件以后，人民法院、人民检察院、公安机关采取强制措施以前，逃避侦查或者审判的，以及被害人在追诉期限内提出控告，人民法院、人民检察院、公安机关应当立案而不予立案的，是否发生时效延长的问题就存在疑问。对此，1997年9月25日最高人民法院《关于适用刑法时间效力规定若干问题的解释》（以下简称《解释》）第1条规定：“对于行为人1997年9月30日以前实施的犯罪行为，在人民检察院、公安机关、国家安全机关立案侦查或者在人民法院受理案件以后，行为人逃避侦查或者审判，超过追诉期限或者被害人在追诉期限内提出控告，人民法院、人民检察院、公安机关应当立案而不予立案，超过追诉期限的，是否追究行为人的刑事责任，适用修订前的刑法第七十七条的规定。”也就是说，对前述情况不认为发生时效延长。那么，这一解释意见是否直接违反了刑法第12条的规定？有论者表示了肯定意见。[③]

笔者以为：其一，引发这一疑问的原因并非如该论者所言是《解释》第1条违反了1997年刑法第12条，而是因为第12条的规定本身存在争议，《解释》第1条只是给出了解决该争

---

① 要说明的是：其一，刑法修订发生在《立法法》制定之前，并没有受到《立法法》第84条的实际限制。但《立法法》作为立法经验、规则的系统总结，应该是能够反映刑法修订（甚至包括之前的1979年刑法和其他单行刑法）基本立场的。其二，《立法法》第84条目前被安排在“适用与备案”一章，而不是“总则”，因此在实定法的层面并不构成立法机关制定有溯及既往效力的法律（包括实体法）的障碍。其三，刑事立法、司法领域（包括实体法和程序法）对所谓“有利溯及”的把握标准，既要坚持惩罚犯罪、保护人民的基本立场，又要考虑保障犯罪嫌疑人、被告人基本权利，因此是复杂的、综合的判断。

② 1979年刑法第76条与1997年刑法第87条的规定完全相同，但如果罪名的犯罪构成要件和法定刑发生变化，就会相应地导致追诉期限的变化，这种变化对犯罪嫌疑人、被告人可能是有利效果，也可能相反。

③ 参见张波：《论追诉时效的溯及力》，载《北京航空航天大学学报（哲学社会科学版）》，2008（6）。

议的方案。的确，1997 年刑法第 12 条在基本继承 1979 年刑法第 9 条文字表述的时候，因为历史背景的不同而发生了过去没有的问题。1979 年刑法制定以前的刑事立法（包括《中华人民共和国惩治反革命条例》《妨害国家货币治罪暂行条例》《中华人民共和国惩治贪污条例》）都没有追诉时效的规定，因此 1979 年刑法第 9 条所谓“当时的法律”虽然没有明文排除追诉时效规定，也不可能实际涵盖之，“依照本法总则第四章第八节的规定”的规定也就没有问题。但在刑法修订时，立法机关似乎忽略了修订时效延长规定对原有溯及力规定产生的影响，没有考虑是否从“当时的法律”中排除追诉时效规定，却又因为“依照本法总则第四章第八节的规定”带来适用效果的差异。概言之，1997 年刑法第 12 条是否设置了绝对溯及既往的规定，确实可疑，这或许是立法活动的疏失。[①] 其二，如果认为 1997 年刑法第 12 条所谓“当时的法律”不包括其追诉时效规定，而修订后的总则第四章第八节可以溯及既往的话，执行该规定的最大问题，就是可能制造这样一种现象，即，在连续的、稳定的法秩序中[②]，根据有效法律已经消灭的刑事责任竟然因为同一部法律（只是经过修订）而再次发生！这样的结果，也就违反了追诉时效制度允许行为人在时效经过的过程中实现改造自新的立意。[③] 而《解释》第 1 条的规定比较好地回避了这种尴尬局面的发生，并且这种解决方案并不是逾越司法解释权限地对刑事立法进行了修正、补充，而是对存疑的刑事立法进行了符合法理与公益的解释、厘清，是应该受到欢迎的。其三，为配合《解释》第 1 条提出的解决方案，一是可以考虑对刑法第 12 条所谓“第四章第八节的规定”进行限制解释，仅限于与 1979 年刑法规定一致的部分，即不包括第 88 条关于时效延长的规定；二是为了尽可能地缩小 1979 年刑法第 77 条和 1997 年刑法第 88 条在实际执行效果的差异，建议作出尽量在实际效果上贴近的解释。具体而言，将 1979 年刑法第 77 条“采取强制措施”解释为强制措施的批准而不限于实际执行，将 1997 年刑法第 88 条第 1 款所谓行为人“逃避侦查或者审判”解释为犯罪分子明知人民检察院、公安机关、国家安全机关立案侦查或者人民法院受理案件，而以积极作为方式逃避侦查、起诉、审判的情况。

【要旨提示】

刑法有关追诉时效的规定也应该遵守从旧兼从轻原则。对于现行刑法施行以前的行为，根据当时的法律已经过追诉时效期限的，适用当时的法律；根据当时的法律构成犯罪，应当追

---

① 笔者查阅了刑法修订的历次草案及其说明资料，“依照本法总则第四章第八节的规定”的表述始终是稳定的，没有证据显示正式的刑法修订活动有意识地讨论过这个问题。而嗣后出版的、以全国人大法工委刑法室名义编写的法律释义性质著作，没有提到 1997 年刑法试图确立总则第四章第八节追诉时效规定的溯及既往效力，也没有对《解释》第 1 条提出批评意见。参见高铭暄、赵秉志编：《中国刑法立法文献资料精选》，494～872 页，北京，法律出版社，2007；全国人大法制工作委员会刑法室编：《〈中华人民共和国刑法〉条文说明、立法理由及相关规定》，16～18、110～114页，北京，法律出版社，2009。

② 1951 年 2 月 21 日公布施行的《中华人民共和国惩治反革命条例》第 18 条规定：“本条例施行以前的反革命罪犯，亦适用本条例之规定。”这一规定之所以被承认有积极的历史意义，因为其所经历和处理的是旧的法秩序已经打破、新的法秩序正在建立的时代。而 1982 年 3 月 8 日全国人大常委会《关于严惩严重破坏经济的犯罪的决定》第 2 条、1983 年 9 月 2 日全国人大常委会《关于严惩严重危害社会治安的犯罪分子的决定》第 3 条所规定的溯及既往效力，也是与当时还很不完整的法制条件相联系的。

③ 通常认为：犯罪分子在追诉期限内没有再犯新罪，说明其已有改恶从善的表现，不致再危害社会。在这种情况下，追究其刑事责任就失去了实际意义。这也有利于安定团结、稳定社会，使已改过自新的罪犯放下包袱，安心工作。参见全国人大法制工作委员会刑法室编：《〈中华人民共和国刑法〉条文说明、立法理由及相关规定》，111 页，北京，法律出版社，2009。

诉，但根据现行刑法已经过追诉时效期限的，适用现行刑法。

11. 张某某行贿案[①]

——修订刑法及相关司法解释的溯及力判断规则

【案情介绍】

2011年至2015年，被告人张某某，在某国有公司向其采购物资的过程中，为谋取不正当利益，先后多次给予该国有公司物资供应部部长石某某回扣共计人民币122 900元。

检察机关于2016年1月19日以行贿罪提起公诉。法院经审理，根据《中华人民共和国刑法》第389条第2款、第390条第1款，最高人民法院、最高人民检察院《关于办理贪污贿赂刑事案件适用法律若干问题的解释》第7条第1款、第19条第2款的规定，判决如下：以行贿罪判处张某某有期徒刑6个月，缓刑1年，并处罚金人民币20万元。

【观点争议】

本案是同时涉及修正后刑法的具体条款，以及同步修改的司法解释的具体条款是否具有溯及既往效力的典型案例。本案的公诉机关和审判机关依据相同的溯及力原则即从旧兼从轻原则，采用不同的判断方法，甚至运用彼此互斥的判断规则，形成了存在重大分歧的法律适用意见。

审判机关认为，根据从旧兼从轻原则，本案应当适用修正后刑法第389条第2款、第390条第1款，以及最高人民法院、最高人民检察院《关于办理贪污贿赂刑事案件适用法律若干问题的解释》（以下简称《贪污贿赂解释》）第7条第1款、第19条第2款的规定。

公诉机关则认为，根据从旧兼从轻原则，本案应当适用修正前刑法第389条第2款、第390条第1款，以及《贪污贿赂解释》第7条第1款的规定。

由于《刑法修正案（九）》对刑法第389条未作任何修订，所以，公诉机关与审判机关就本案法律适用的分歧意见，实际可以简略表述为：（1）刑法规定适用的区别，究竟是应当适用修正前刑法第390条第1款还是应当适用修正后刑法第390条第1款？（2）司法解释适用的区别，究竟是应当适用《贪污贿赂解释》第19条第2款还是不应当适用《贪污贿赂解释》第19条第2款？审判机关的意见表明其认为，修正后刑法第390条第1款和《贪污贿赂解释》第7条第1款、第19条第2款的规定，是有利于被告的较轻规定或更轻规定，具有溯及力。而检察机关则认为，修正后刑法第390条第1款的规定和《贪污贿赂解释》第19条第2款的规定，是不利于被告的较重规定，不具有溯及力；但《贪污贿赂解释》第7条第1款的规定，是有利于被告的更轻规定，具有溯及力。

【法理分析】

通常情况下，在司法实务中适用从旧兼从轻原则，并不会遇到复杂的方法运用、规则细化

① 案例来源：黄京平：《修正后刑法及相关司法解释的溯及力判断规则》，载《中国检察官》，2016（14）。

的问题。与影响因素单一、无须复杂判断的溯及力问题不同，本案确有其特殊性、复杂性，即影响溯及力判断的因素较多且彼此相互交织。具体包括：第一，各个法定刑幅度的主刑均不变，但都增设并处罚金刑的情形下，修正前刑法的条款与修正后刑法的条款，何者为轻法？若不考虑其他因素，仅对此进行单独判断，结论显而易见，即修正后刑法第 390 条第 1 款的规定为重法，不具有溯及力。显然，本案公诉机关对此持肯定意见，审判机关却主张该条款具有溯及力。由此可以推断，审判机关是综合其他因素作出判断的。第二，定罪量刑的立法标准不变，定罪量刑的司法标准提高之后，修改前的司法解释与修改后的司法解释，何者为较轻规定？比较司法解释修改的具体内容，这也是极易判断的事项，且本案公诉机关与审判机关对此没有分歧，即修改后的司法解释有利于被告，具有溯及力。第三，《贪污贿赂解释》明确规定了行贿罪的罚金适用标准。本案审判机关认为，修正后刑法第 390 条第 1 款的规定有溯及力，也就应当将《贪污贿赂解释》第 19 条第 2 款的规定作为裁判引用依据。相反，本案公诉机关则主张，修正后刑法第 390 条第 1 款的规定和《贪污贿赂解释》第 19 条第 2 款的规定均不具有溯及力。

综览上述，足以推断，本案判决适用的裁判逻辑是：《贪污贿赂解释》关于行贿罪定罪量刑标准的规定，有利于被告，应当具有溯及力；依据新的定罪量刑标准裁量主刑，有利于被告，适用修正后刑法第 390 条第 1 款的规定裁量主刑，也就当然有利于被告；适用修正后刑法第 390 条第 1 款的规定，就应依法并处罚金，也就应当依据《贪污贿赂解释》第 19 条第 2 款规定的罚金适用标准裁量罚金数额；根据新的司法解释和新的刑法规定，裁量较轻的主刑，即便并处罚金，被告人被判处的刑罚程度总体较轻，实际有利于被告。

笔者认为，本案判决适用法律的裁判逻辑，暗含错误的判断规则，正是错误的判断规则导致了案件适用法律的错误。修正后刑法及相关司法解释的溯及力判断，应当遵循的主要规则，包括以下内容。

第一，刑法规定和司法解释的溯及力，是具体条款的溯及力，而具体条款的溯及力判断，应以分项独立评价为原则、以整体总括评价为例外。这一判断规则的核心，就是充分有利于被告，即最大限度地体现有利于被告原则。就本案而言，应当采用的是分项独立评价的方法。本案不具有采用整体总括评价方法的条件，采用整体总括评价方法应以“不得已”为前置条件。采用分项独立评价方法具体体现为，既适用有利于被告的旧法，也同时适用有利于被告的新法（或轻法），本案中，旧法即修正前刑法第 390 条第 1 款的规定，新法为《贪污贿赂解释》第 7 条第 1 款的规定，也即同时分别适用旧的立法规范与新的司法解释。分项独立评价方法的实质在于，不是整体选择适用旧法或新法，而是旧法与新法分别适用，并且旧法和新法在刑法规则体系中位阶不同，可以分别是立法规范与司法解释。这种情形下的从旧兼从轻原则中的“兼”，是旧法与新法兼顾适用之义，或同时并用之义，而不是旧法与新法择一适用之义。分项独立评价方法的合理性在于最大化地实现罪刑法定所蕴含的有利于被告原则，其合法性在于符合刑法第 12 条和《关于适用刑事司法解释时间效力问题的规定》（以下简称《时间效力规定》）确定的从旧兼从轻原则的完整含义。

第二，刑法规范具有溯及力，司法解释就具有溯及力；刑法规范不具有溯及力，司法解释就不具有溯及力。这是判断修正后刑法及相关司法解释的溯及力时尤其需要注意的重要规则。这一具体规则，也以充分有利于被告为核心要素。这一具体规则的合理性、合法性，可以从以下几方面理解：(1)《立法法》第 104 条第 1 款规定，最高人民法院、最高人民检察院作出的属于审判、检察工作中具体应用法律的解释，应当主要针对具体的法律条文，并符合立法的目的、原则和原意。(2) 依据最高司法机关对刑事司法解释时间效力的原则性理解[①]，刑法司法解释具体条款的时间效力，与刑法立法规范具体条款的时间效力一致，效力适用于刑法立法规范具体条款的施行期间。(3) 修正后刑法的施行，其确切含义，不仅是指整部修正案的施行，而且是指经修正案修正的具体条款的施行，更为精确的含义是指，某一具体条款中经修正案修正的具体内容的施行。(4) 针对修正后刑法具体条款制定的司法解释，特别是针对同一刑法条款中修正内容与未修正内容分别制定的司法解释，必然因为立法规范中不同具体内容的溯及力差异，进而决定了从属于不同立法规范内容的具体解释性、细化性司法规则的溯及力，也存在着实质性的差异。

依据前述，结合本案，就《贪污贿赂解释》中有关行贿罪的具体规定而言，可以得出的简要结论为：

一是，关于行贿罪定罪量刑司法标准的规定，从属于修正前刑法关于行贿罪定罪量刑立法标准的既有规定，是以有利于被告的新司法标准替代不利于被告的旧司法标准。根据《时间效力规定》第3条的规定，即“对于新的司法解释实施前发生的行为，行为时已有相关司法解释，依照行为时的司法解释办理，但适用新的司法解释对犯罪嫌疑人、被告人有利的，适用新的司法解释”，这一新的定罪量刑司法标准具有相对独立的溯及力。

二是，关于行贿罪并处罚金适用标准的规定，从属于修正后刑法增设并处罚金的全新立法规定，因为并处罚金刑的立法规范明显加重行为人的刑事责任，不利于被告，故不具有溯及力，司法解释中涉及行贿罪并处罚金适用标准的规定，也就当然不具有溯及力。

综上，笔者以为，本案判决适用法律确有错误，属于轻罪重判、适用刑罚明显不当，即依法不应判处罚金而判处罚金20万元。

【要旨提示】

对于修正刑法规范与新定司法解释，在实际适用时间同步且相关内容交叉竞合的情形下，根据从旧兼从轻原则，具体判断特定法律规范和司法解释条款的溯及力，具有相当的复杂性。适用从旧兼从轻原则，应当以充分有利于被告为主旨细化溯及力判断规则。修正后刑法及相关司法解释的溯及力判断规则包括：刑法规定和司法解释的溯及力，是具体条款的溯及力；具体条款的溯及力判断，应以分项独立评价为原则，以整体总括评价为例外；刑法规范具有溯及力，司法解释就具有溯及力，刑法规范不具有溯及力，司法解释就不具有溯及力。

---

① 参见孟燕菲：《〈关于适用刑事司法解释时间效力问题的规定〉适用精解》，载陈国庆主编：《刑法司法解释及规范性文件适用精解》，232页，北京，中国人民公安大学出版社，2012。

第四章

犯罪客体

12. 叶某等放火案[①]

——犯罪客体与犯罪构成

【案情介绍】

2001年8月6日16时，被告人叶某、刘某、石某伙同李某（在逃）携带打火机、编织袋等作案工具，伺机在景德镇火车站停靠的货物列车上，采取用明火烧货物外包装袋的方法盗窃铁路运输物资。当4人行至停靠在该站6道的25023次货物列车（该列车的第三节是油罐车）时，叶某、刘某发现该次列车P64A3428560号棚车有可盗窃物品，遂由石某望风，叶某、刘某钻入该车车底，点燃货物外包装袋，该棚车装载的可发性聚苯乙烯，遇火燃烧并向车外蔓延，三人见状后立即逃离现场，致使火势进一步扩大，P64A3428560号棚车及并列停靠的P613062585号棚车先后着火，造成P64A3428560号棚车装载的聚苯乙烯烧损133袋，烧损货物价值人民币26 600元；该棚车烧损面积达53.27平方米，占车厢内部总面积的30.88%，构成大破；相邻的P613062585号棚车烧损面积达33.6平方米；景德镇火车站6道2根25米长的钢轨报废，报废材料价值人民币8 750元。

检察机关以放火罪对3名被告人提起公诉。法院经不公开审理，依照《中华人民共和国刑法》第114条，第25条第1款，第26条第1、4款，第27条，第17条第1、3款的规定，判决如下：(1) 被告人叶某犯放火罪，判处有期徒刑8年，剥夺政治权利1年。(2) 被告人刘某犯放火罪，判处有期徒刑5年。(3) 被告人石某犯放火罪，判处有期徒刑3年6个月。宣判后，3名被告人没有上诉，检察机关也没有抗诉。

【观点争议】

在本案审理过程中，法官对于如何定性主要存在以下两种意见：

第一种意见认为应定放火罪，主要理由是：本案三名被告人主观上明知自己的放火行为会

---

① 案例来源：最高人民法院刑事审判第一、二、三、四、五庭主办：《中国刑事审判指导案例（危害国家安全罪·危害公共安全罪·侵犯财产罪·危害国防利益罪）》，37～38页，北京，法律出版社，2009。

危及公共安全并对该结果持放任态度，客观上实施了放火行为并造成了重大公私财产的损失，符合放火罪的犯罪构成。

第二种意见认为应定故意毁坏财物罪，主要理由是：(1) 最高人民法院《关于审理盗窃案件具体应用法律若干问题的解释》第 12 条第 5 项规定，“盗窃公私财物未构成盗窃罪，但因采用破坏性手段造成公私财物损毁数额较大的，以故意毁坏财物罪定罪处罚”。本案被告人欲盗窃铁路运输物资，但无具体数额，不构成盗窃罪，其采取放火的破坏性手段造成公私财物损毁数额较大，故应认定为故意毁坏财物罪。(2) 本案三名被告人客观上实施了损毁公私财物的行为，主观上明知自己的放火行为会造成较大数额公私财产损毁的结果而放任这一结果的发生，属于间接故意，完全符合故意毁坏财物罪的犯罪构成，也应定故意毁坏财物罪。

【法理分析】

关于本案的最终定性，除涉及想象竞合犯的相关理论外，犯罪客体的区分此罪与彼罪的功能在其中也起着关键性作用，而这其中又蕴含着更深层次的犯罪客体与犯罪构成关系问题。

在我国刑法理论中，犯罪客体是一个研究相对薄弱同时又广受争议的范畴，其中，关于犯罪客体应否作为犯罪构成的必备要件理论上一直存在争议。肯定说（我国刑法界的通说）认为，犯罪客体是犯罪构成的必备要件，没有一个犯罪是没有犯罪客体的，犯罪之所以有社会危害性，首先在于犯罪行为侵犯了犯罪客体。肯定说又因依据的理由不同分为“客观事实论”“系统论”“相互依存论”“综合说”等不同学说。否定说认为，犯罪客体不是犯罪构成的必备要件。其主要理由有：第一，犯罪客体实际上是刑法所保护的而为犯罪行为所侵犯的社会关系或法益，反映的是犯罪本质，属于犯罪概念的内容，应在犯罪概念中研究。第二，犯罪客体是被反映、被说明的对象，而犯罪客观要件、主体要件与主观要件，都是从不同角度说明犯罪客体。因而，不能将作为说明对象的犯罪客体与构成要件并列。第三，国外刑法理论中也没有人认为刑法所保护的法益是构成要件。第四，将犯罪客体不作为犯罪构成要件，并不会给犯罪定性带来困难。

虽然对犯罪客体的研究还有待进一步深入，犯罪客体的区分罪与非罪、此罪与彼罪的功能还有待进一步挖掘，但笔者认为，犯罪客体作为犯罪构成必备要件的地位不能动摇。理由在于：首先，仅因犯罪客体反映犯罪本质，就认为犯罪客体应在犯罪概念中研究，进而否认犯罪客体是犯罪构成的必备要件，这一观点是站不住脚的。作为犯罪本质的社会危害性是一个内涵十分广泛的范畴，既体现着主观的内容，又具有客观的属性，是主观和客观的统一。犯罪客体与犯罪客观方面、犯罪主体、犯罪主观方面一起，从主、客观方面共同体现着犯罪的社会危害性。如果按照否定者的逻辑，是否就可以认为，反映犯罪本质的犯罪客体、犯罪客观方面、犯罪主体与犯罪主观方面都应在犯罪概念中予以研究而不能作为犯罪构成的必备要件？显然很荒谬。其次，犯罪客体也并不仅仅是被反映、被说明的对象，事实上，犯罪客体与犯罪客观方面、犯罪主体、犯罪主观方面是一个统一的整体，它们之间是相互依存、相互说明的关系，因而，犯罪客体完全可以作为犯罪构成的必备要件，与犯罪客观方面、犯罪主体、犯罪主观方面相并列。再次，国外刑法理论中没有将刑法保护的法益作为构成要件并非否定我国的犯罪客体是犯罪构成必备要件的理由。虽然我国的犯罪构成模式①与国外的犯罪构成模式②都是特定法

---

① 我国遵循的是“四要件”平行模式，即犯罪客体、犯罪客观方面、犯罪主体、犯罪主观方面。

② 大陆法系（以德国、日本为代表）遵循的是“三要件”递进模式，即构成要件该当性、违法性、有责性；而英美法系遵循的是“两要件”控辩平衡模式，即犯罪本体要件（也称为积极的犯罪构成要件）与责任充足条件（也称为消极的犯罪构成要件）。

律文化发展的产物，都在各自的社会发挥着重要的作用，但是，两者在形成的背景、发展的轨迹以及评价的原则上存在着很大的差异，并且都有各自的优点与不完善之处，因而不能以国外的犯罪构成模式简单地衡量、评价甚至彻底否定我国的犯罪构成模式。最后，我国的犯罪构成是一个统一的整体，犯罪构成的每一个要素与其他要素一起，共同发挥着区分罪与非罪、此罪与彼罪的作用，将其中的任一要素从犯罪构成中剥离出去，犯罪构成都是不完整的，犯罪构成也无法发挥其应有的作用。况且，犯罪客体在解决某些疑难案件的定性过程中发挥着关键性的作用，分析犯罪客体、比较犯罪客体的差异已经成为司法判断，特别是疑难案件的司法判断的基本步骤或环节之一。可见，认为没有犯罪客体不会给犯罪定性带来困难的观点是极其错误的。

毁坏财物的方式是多种多样的，当然也包括放火的方法。以放火等危险方法实施的危害公共安全罪，也往往会造成数额较大的公私财物的损失。放火罪与故意毁坏财物罪在犯罪主体、犯罪主观方面和犯罪客观方面都存在相类似或相重合的地方，但放火罪和故意毁坏财物罪毕竟是有所区别的，其中，行为所侵犯的犯罪客体不同是区分两罪的关键性因素。放火罪侵犯的客体是公共安全，即不特定或多数人的生命、健康和重大公私财产的安全，而故意毁坏财物罪侵犯的则是公私财产的所有权。本案中三名被告人的行为到底侵犯的是公共安全还是公私财产所有权，我们要结合案件的具体情况从主、客观两方面来认定。本案中，叶某等人实施放火的地点是景德镇火车站，其放火的对象是临时停靠的货物列车，放火时景德镇火车站所有轨道均停靠列车，临近是候车室、站台，其放火的货物列车中第三节是油罐车辆，对可能造成的后果被告人是明知的。被告人主观上明知在火车站放火会危及公共安全，客观上又实施了该行为，符合放火罪的构成要件，应认定为放火罪。

【要旨提示】

犯罪客体是犯罪构成的必备要件，区分罪与非罪、此罪与彼罪的过程要以包括犯罪客体在内的犯罪构成作为评价的依据和标准。对于司法实践中一些疑难案件或定性争议比较大的案件，单从犯罪客观方面、犯罪主体、犯罪主观方面难以取得突破时，应该从犯罪客体方面寻求解决的方法。通过分析、比较行为所侵犯的犯罪客体，并结合犯罪构成的其他要件，就不难把握罪与非罪、此罪与彼罪的界限。

13. 赖某爆炸案[①]

——犯罪客体与犯罪故意

【案情介绍】

××××年10月，被告人赖某经人介绍，与堆龙德庆县某村扎西家的保姆卓玛按当地风俗举行结婚仪式后同居（未办理结婚登记手续）。后因双方生活方式不合，卓玛于1999年年底

① 案例来源：最高人民法院刑事审判第一、二、三、四、五庭主办：《中国刑事审判指导案例（危害国家安全罪·危害公共安全罪·侵犯财产罪·危害国防利益罪）》，31页，北京，法律出版社，2009。

回到扎西家。赖某数次到扎西家劝卓玛回家，遭拒绝。同年4月中旬，赖某又到扎西家，劝卓玛回家未果，便向扎西提出退还礼金500元人民币的要求，扎西不从。赖某恼羞成怒，怀恨在心，产生报复扎西一家的念头。同年5月16日晚10时许，赖某留下遗书后，携带事先自制的炸药包、炸药瓶等爆炸物至扎西家北侧房顶潜伏。次日凌晨3时40分许，赖某用细线将一炸药瓶吊至扎西家南侧的厨房天窗内，并随即引爆，致使扎西之子尼玛因房屋倒塌窒息死亡，扎西、卓玛、尼珍（扎西之妻）受轻微伤。同月30日，公安人员将潜逃的赖某抓获归案，并从其身上缴获尚未引爆的爆炸物两枚。

检察机关以爆炸罪提起公诉。一审法院经公开审理，依照《中华人民共和国刑法》第232条、第57条第1款的规定，判决如下：被告人赖某犯故意杀人罪，判处死刑，剥夺政治权利终身。被告人上诉后，二审法院经审理，依照《中华人民共和国刑事诉讼法》（1996年）第189条第2项和《中华人民共和国刑法》第115条的规定，判决如下：（1）撤销一审法院刑事判决中的定性部分；（2）上诉人（原审被告人）赖某犯爆炸罪，判处死刑，剥夺政治权利终身。

【观点争议】

关于本案的定性，主要存在以下两种意见：

第一种意见为一审法院的意见，认为对赖某应定故意杀人罪。其主要理由是：客观上，赖某针对扎西一家实施了以爆炸为手段的杀人行为；主观上，赖某只希望报复扎西一家并对于行为造成扎西家人伤亡的结果持希望的态度，完全符合故意杀人罪的犯罪构成，同时，赖某主观上并没有危害公共安全的故意，不应定爆炸罪。

第二种意见为二审法院的意见，认为赖某应定爆炸罪。其主要理由是：赖某因生活琐事与他人产生纠纷后，为泄愤报复他人，自制爆炸物并有预谋、有目的地实施爆炸，虽然只针对扎西一家实施爆炸行为，但在客观上实施了足以对不特定多数人的生命、财产安全造成威胁的行为，且赖某主观上对这一危险有清晰的认识并仍然持放任的态度，故应定爆炸罪。

【法理分析】

本案涉及针对特定对象而不计后果地实施犯罪行为应如何定性的问题。这在司法实务界分歧比较大，分歧的焦点就在于行为人在主观上对危害公共安全的后果应不应该有所认识，以及应认识到何种程度。解决这一问题的关键就在于对犯罪客体与犯罪故意的关系有无准确的把握，而这其中又包含着更深层次的主观判断与客观判断关系的问题。

虽然有学者认为客观判断和主观判断是两个截然不同的定罪阶段，并主张客观判断应先于主观判断，但笔者认为，这种人为地将主观判断同客观判断分离开来的观点是不准确的，不符合我国刑法主客观相统一的原则。认定犯罪不仅要对行为的客观属性进行评价，即客观判断，还应对行为的主观属性进行评价，即主观判断，是主观判断与客观判断的统一。并且，主观判断同客观判断是相互交融、密不可分的关系，客观判断中存在着主观判断，主观判断中同样包含着客观判断。

正是主观判断和客观判断这种相统一的关系，决定了犯罪客体与犯罪故意也是相互联系、密不可分的。首先，根据我国刑法第14条关于故意犯罪的表述，犯罪故意指的是行为人明知自己的行为会发生危害社会的结果，并且希望或放任这种结果发生的一种主观心理态度。既然行为人明知自己的行为会发生危害社会的结果，而危害结果属于犯罪客观方面的内容，那么根据犯罪客体与犯罪客观方面之间的关系（即价值判断与事实判断的关系），行为人对自己的行为会侵犯刑法所保护的社会关系，即犯罪客体，应该有所认识，或者至少是有模糊的认识。其次，正如有的学者所论述的，“没有犯罪客体的认识，故意或者过失就成为毫无意义的空洞之物，因为，在具有犯罪客体认识的情况下，才能对行为人进行规范意识的非难，罪过的认定与犯罪客体的认定具有同一性，这也与我国刑事司法中将主客观相一致原则作为刑事责任的归责原则是吻合的。强奸者的罪过不是他的性冲动的意识，而是他侵犯法律关系的意识；报复杀人者的罪过不是他的快感，而是他的侵犯他人生命的意识。从认识论的主客观同一性的观点来看，罪过乃主观化的犯罪客体，而犯罪客体是通过犯罪行为外化或客观化的主观罪过”①。最后，犯罪客体是犯罪故意认识因素的内容不仅不会放纵犯罪，对定罪量刑产生不利影响，反而是刑法主客观相统一原则的重要体现，是对案件事实的尊重，也是对案件准确定性的关键。可见，犯罪故意应当包括行为人对自己的犯罪行为侵犯犯罪客体有所认识并持希望或放任的态度。至于认识的程度，笔者认为，行为人只需要认识到行为侵犯犯罪客体的可能性，或者说对行为侵犯刑法所保护的社会关系有一个概括、基本的认识就可以了，无须对被侵犯的犯罪客体作出现实、具体的认识。这既能防止部分行为人谎称自己没有认识而逃避处罚，也能最大限度地还原案件真相，保障行为人的权利。当然，这一切都应结合案件行为人实施犯罪的动机和目的、选择的作案工具、作案的手段与方式以及现场周边环境等因素综合判断。

从本案的情况来看，赖某对于爆炸会危及公共安全应当是有所认识的，即认识到自己的爆炸行为会危及不特定多数人的生命、健康安全或重大公私财产损失。对此，有以下理由：首先，赖某多次去过扎西家，对作案地点的环境应当非常熟悉，知道扎西家附近还居住着其他居民。其次，赖某身为石匠，经常使用炸药开山炸石，对炸药的性能和威力应当有清醒的认识。最后，赖某为加大爆炸产生的破坏力，在实施爆炸时，有意将爆炸装置用绳子吊进房屋天窗内引爆。这充分说明赖某为了实施报复，对于爆炸行为可能危及周围不特定多数群众的生命、健康安全或重大财产损失有所认识并持放任的态度。具体来说，赖某的爆炸行为不仅会炸毁扎西家的房屋，炸死扎西及其家人，还可能会波及扎西家周围的住户及邻居。因此，在主观上，赖某具有危害不特定多数人生命、财产的故意；客观上，赖某的行为造成了被害人扎西家房屋毁损及一死三伤的严重后果，同时还使周围房屋受到不同程度的损坏。赖某的行为危害了公共安全，而非局限于侵犯特定人的生命权，所以，赖某的行为构成爆炸罪而非故意杀人罪。

【要旨提示】

主客观相统一是我国刑法的重要原则。对于司法实践中一些疑难案件或定性争议比较大的案件，既要从客观上分析行为是否侵犯了刑法所保护的社会关系，还应从主观上判断行为人对于自己的行为会侵犯犯罪客体有无认识。行为人对于自己的行为会侵犯犯罪客体只需有个概括、基本的认识，无须现实、具体的认识。

① 倪培兴：《犯罪客体论》，载陈兴良主编：《刑事法评论》，第8卷，58页，北京，中国政法大学出版社，2001。

14. 江某等妨害公务案①

——犯罪客体与犯罪对象

【案情介绍】

××××年11月间，被告人江某与张某（在逃）等人合伙购买了卷烟机和接嘴机各1台，用于制售假烟。同年12月9日，张某得知该县打假队将要查处的风声，即告知江某。江某于当晚组织被告人黄甲和黄乙（在逃）等人将上述两台机器搬到2辆农用车上，转移到该县某水电站暂放。同月10日上午，联合打假车队在水电站查获了3辆农用车装载的2台制假烟机及另一台接嘴机。张某与被告人江某得知后，即以每人50元报酬聚集数百名不明真相的群众，在该县某桥头拦截、围攻打假车队，将查扣的载有制假烟机器的农用车上的执法人员董某等人拉出驾驶室进行殴打，直至公安人员赶到现场时才逃离。被劫走的3辆装有制假烟机器的农用车于同年12月14日被追回。经法医鉴定，执法人员董某等人的伤情为轻微伤。

检察机关以抢劫罪提起公诉。一审法院经公开审理，依照《中华人民共和国刑法》第268条判决：（1）被告人江某犯聚众哄抢罪，判处有期徒刑10年，并处罚金人民币1万元；（2）被告人黄甲犯聚众哄抢罪，判处有期徒刑9年，并处罚金人民币5 000元；（3）被告人黄乙犯聚众哄抢罪，判处有期徒刑8年，并处罚金人民币5 000元。被告人上诉后，二审法院经审理，依照1996年《中华人民共和国刑事诉讼法》第189条第2项和《中华人民共和国刑法》第277条第1款的规定，判决如下：（1）撤销一审法院对被告人江某、黄甲、黄乙的一审刑事判决；（2）上诉人江某犯妨害公务罪，判处有期徒刑3年；（3）上诉人黄甲犯妨害公务罪，判处有期徒刑2年；（4）上诉人黄乙犯妨害公务罪，判处有期徒刑2年。

【观点争议】

关于本案的定性，主要存在以下三种意见：

第一种意见认为，对本案的三名被告人应定抢劫罪。其主要理由是：刑法第91条第2款规定，“在国家机关、国有公司、企业、集体企业和人民团体管理、使用或者运输中的私人财产，以公共财产论”，因此，被联合打假队查扣的制假设备应属公共财产。三名被告人以暴力、威胁方式当场抢走制假设备的行为符合抢劫罪的犯罪构成，应定抢劫罪。

第二种意见认为，对三名被告人应定聚众哄抢罪。其主要理由是：三名被告人在张某的组织、指挥下聚集不明真相的群众拦截打假车队，打伤执法人员，哄抢被依法查扣的制假设备，数额特别巨大，情节恶劣，其行为已构成聚众哄抢罪。

第三种意见认为，对三名被告人应定妨害公务罪。其主要理由是：三名被告人明知打假队系国家机关工作人员正在执行公务，而聚众拦截，打伤打假队员，强行开走被查扣的装载用于制造假烟的机器、设备的车辆，其行为符合妨害公务罪的犯罪构成，应以妨害公务罪定罪处罚。

---

① 案例来源：最高人民法院刑事审判第一、二、三、四、五庭主办：《中国刑事审判指导案例（妨害社会管理秩序罪）》，38～39页，北京，法律出版社，2009。

【法理分析】

本案中，行为人针对同一对象——制假设备，实施同一行为——聚集众人抢回制假设备并殴打执法人员，却出现不同的定性结果，究其原因就在于，认定犯罪时不是以犯罪行为侵害的对象为评价依据，而是以犯罪行为侵害的社会关系或者说以犯罪对象背后所隐藏的犯罪客体为评价依据。这涉及犯罪客体与犯罪对象关系的问题。

关于犯罪对象与犯罪客体的关系，虽然有个别学者基于犯罪对象体现法益认为两者是完全一致的，但我国刑法界通说认为两者既有联系也存在区别，只能存在部分一致。通说认为，一方面，两者是现象与本质的关系。犯罪对象体现犯罪客体，是犯罪客体的表现形式，能够反映犯罪客体的情况。作为犯罪对象的具体物是具体社会关系的物质表现，作为犯罪对象的具体人是具体社会关系的主体或参加者。另一方面，是犯罪客体而非犯罪对象决定犯罪性质，任何犯罪的必要构成要件是犯罪客体而非犯罪对象，并且，并非任何犯罪都有犯罪对象，而任何犯罪都存在犯罪客体。正如有的学者所论述的，“既然犯罪客体主要评价犯罪客观方面要件特别是行为属性，那么在有的情况下，即使没有行为对象（即犯罪对象），行为也可以同样侵犯合法权益，犯罪客体的评价机能也照样可以发挥。当然，在有的情况下，行为的属性必须借助行为对象才能判断，这种情况下，行为对象与犯罪客体就一致了”①。

犯罪客体与犯罪对象都是处于一定的社会关系中，而这种社会关系又受到了犯罪行为的侵害，只有把犯罪对象即犯罪行为所直接施加影响的具体的人或物同犯罪对象背后所蕴含的为犯罪行为所侵害的社会关系联系起来，而不是仅仅着眼于犯罪对象的物理或自然性质，犯罪对象研究才具有刑法学上的意义，才能正确揭示出犯罪客体，从而正确把握犯罪的社会危害性，正确定罪，准确量刑。可见，我们在对某一案件定性的过程中不能仅仅看到犯罪行为侵害了何种犯罪对象，而更应该分析其背后隐藏的社会关系，即犯罪客体。

本案争论的焦点就在于江某等人采用暴力手段聚众抢回被国家机关工作人员依法扣押的制假设备行为应定何罪的问题。抢劫罪是指以非法占有为目的，当场采取暴力、胁迫或者其他方法劫取公共财物的行为；聚众哄抢罪是指以非法占有为目的，聚集多人，采取哄闹、滋扰等方法，夺取公私财物，数额较大或者情节严重的行为。抢劫罪与聚众哄抢罪侵害的主要客体都是公私财物的所有权。而妨害公务罪则是以暴力、威胁的方法，阻碍国家机关工作人员依法执行职务或履行职责的行为，其侵犯的客体是国家机关的公务活动，即国家机关工作人员依法执行职务或履行职责的行为。只有国家机关工作人员依法执行职务时对其实施暴力或威胁阻碍的，才可能存在妨害公务问题，也才有可能构成妨害公务罪。执行职务包括从开始实际执行职务时起至职务执行完毕的全过程。实践中，执行职务行为通常表现为一个连续性的过程，判断一个职务行为的执行开始和执行完毕，必须根据职务行为执行的具体情况而论。就本案而言，由多个国家机关工作人员组成的联合打假队，从查扣被告人的制假设备到案发时的返回途中，均应视为在执行职务的过程中，而非执行职务完毕。本案三名被告人明知系国家机关工作人员的打假队正在执行公务，以对抗执法的故意和目的，聚众以暴力在中途拦截执法车辆，公然夺回被依法查扣的制假设备，符合妨害公务罪的犯罪构成，应以妨害公务罪定罪处罚。同时，三名被告人主观上并没有非法占有公私财物的目的，客观上也没有当场劫取公私财物或

---

① 童伟华：《犯罪客体研究——违法性的中国语境分析》，196页，武汉，武汉大学出版社，2005。

夺取公私财物的行为，而只是不法地对抗国家机关“打假”的公务活动，意欲夺回自己的已被国家机关工作人员依法查扣的“制假”设备。因此，其行为不符合抢劫罪或聚众哄抢罪的犯罪构成。

【要旨提示】

犯罪客体与犯罪对象既相互联系又相互区别。犯罪客体是犯罪构成的必备要件，而犯罪对象则不是。对于司法实践中一些疑难案件或定性争议比较大的案件，不能仅仅看到犯罪行为所侵犯的对象。同一个犯罪对象在不同的案件中所体现的犯罪客体可能不同，分析、比较犯罪对象背后隐藏的为刑法所保护而为犯罪行为所侵犯的社会关系即犯罪客体，是对案件准确定性的关键。

15. 李某招摇撞骗、诈骗案[①]

——犯罪客体与法条竞合

【案情介绍】

××××年4月，被告人李某经人介绍认识了居住在西安市某厂家属区的郭某（女），李某谎称自己是陕西省法院处级审判员，可帮忙把郭某的两个儿子安排到省高级人民法院汽车队和保卫处工作，从而骗取了郭某的信任。不久，两人非法同居几个月。其间，李某还身着法官制服，将郭某带到陕西省高级人民法院及渭南市的公、检、法机关，谎称办案，使郭某对李某深信不疑。

××××年7月初，被告人李某认识了某法院殉职干部的遗孀周某，李某谎称自己是陕西省高级人民法院A庭庭长，因吸烟烧毁了法官制服，遂从周某处骗取法官制服2件及肩章、帽徽。随后李某因租房认识了房东邵某（女），李某身着法官制服，自称是陕西省高级人民法院B庭庭长，并谎称和陕西省C厅厅长关系密切，答应将邵某的女儿调进陕西省C厅工作，以需要进行疏通为名，骗取了邵某人民币4 000元。1999年8月，王某（女）因问路结识了身着法官制服的被告人李某，李某自称是陕西省高级人民法院B庭庭长，可帮王某的表兄申诉经济案件，骗得王某的信任，并与王某非法同居。1999年9月22日，与李某非法同居的王某到陕西省高级人民法院询问李某的情况，方得知李某骗人的真相，遂向公安机关报案并协助公安机关将李某抓获。

检察机关以招摇撞骗罪、诈骗罪提起公诉。法院经公开审理，依照《中华人民共和国刑法》第279条、第65条的规定，判决如下：被告人李某犯招摇撞骗罪，判处有期徒刑4年。

【观点争议】

关于本案的定性，主要存在以下两种意见：

一种意见认为，被告人李某冒充省高级人民法院B庭庭长，骗得他人信任后，先后骗取了

---

① 案例来源：最高人民法院刑事审判第一、二、三、四、五庭主办：《中国刑事审判指导案例（妨害社会管理秩序罪）》，34～35页，北京，法律出版社，2009。

他人财物和其他非法利益，其中骗取他人财物的行为构成诈骗罪，骗取其他非法利益的行为构成招摇撞骗罪，应当对其适用数罪并罚。

另一种意见认为，李某多次冒充国家机关工作人员，既骗财又骗色，其行为同时触犯了刑法两个法条规定，属于刑法理论中的法条竞合，根据法条竞合的处断原则，对李某应以招摇撞骗罪一罪处罚，而不适用数罪并罚。

【法理分析】

首先，本案到底定一罪还是定数罪？关于一罪与数罪，我国刑法界普遍认为，犯罪构成是区分一罪与数罪的标准，犯罪构成是犯罪客体要件、犯罪客观方面要件、犯罪主体要件和犯罪主观方面要件的统一。犯罪事实具备一个犯罪构成的，为一罪；具备两个以上犯罪构成的，为数罪。具体地说，行为人以一个或概括的犯罪故意（或过失），实施一个或数个行为，符合一个犯罪构成的，为一罪；以数个犯罪故意或者过失，实施数个行为，符合数个犯罪构成的，为数罪。[①] 本案中，被告人李某基于一个概括的故意，在前后不长的几个月时间内，多次冒充国家机关工作人员，连续对多人进行多次行骗，既骗取财物，又骗色。虽然被告人李某实施了一系列行为，但由于行为人是基于一个概括的故意，实施的都是以冒充国家机关工作人员为同样手段的连续性行为，故不宜定数罪。

其次，如果定一罪，应定何种罪？对这个问题的解决需要借助法条竞合的相关理论。而准确判断某一案件是否存在法条竞合以及正确认识法条竞合的实质则是运用法条竞合理论解决实际问题的前提，在此过程中，犯罪客体发挥着重要而不可替代的作用。

第一，通过分析犯罪客体，能够准确判断案件中是否存在法条竞合。

所谓法条竞合，又称法规竞合，是指一个犯罪行为，同时符合数个法条的数个罪名构成，以致有数个法条可以同时适用，但只能适用其中的一个法条，而不再适用其他法条，不实行数罪并罚的情形。法条竞合的一个重要特征就是数个法条间存在重合关系，这种重合关系一般又直接表现在犯罪构成上，而"数个犯罪构成的重合关系集中体现在犯罪构成的四个要件上，如果只是其中一部分要件重合，是不可能成立法条竞合的"[②]。"在法条竞合中，犯罪客体的重合是最为根本的，如果犯罪客体完全不同，就没有重合关系，不可能成立法条竞合。在立法和司法上，法条竞合主要是由于犯罪客体之间的竞合而导致的。而且，其他犯罪构成要件的竞合，在许多情况下也与犯罪客体的竞合紧密相关。"[③] 因此，通过判断案件中某一犯罪行为所侵犯的犯罪客体之间是否存在重合关系，就能判断出案件中是否存在法条竞合的问题。

第二，通过分析犯罪客体，能够正确把握法条竞合的实质。

关于法条竞合的实质，虽然理论上存在争议，但我国刑法中的通说认为，法条竞合不是一罪的复杂形态，而是法条形态的问题，或者说是法条之间关系的问题，涉及运用何种法律条文定罪量刑。由于分则条文一般都体现一定的罪名，因而，法条之间的关系最终会反映在罪名与罪名之间的关系上。立法者之所以将某一行为犯罪化，是因为该行为通常情况下侵犯了某一社会关系。立法者通过对犯罪客体的评价，判定该行为事实确实违反了整体法规范，具有违法

① 参见马克昌主编：《犯罪通论》，617 页，武汉，武汉大学出版社，2001。

② 姜伟：《犯罪形态通论》，408～409 页，北京，法律出版社，1994。

③ 童伟华：《犯罪客体研究——违法性的中国语境分析》，238 页，武汉，武汉大学出版社，2005。

性。为了准确、有效地收集犯罪信息，使犯罪具有易于观察性和易于验证性，立法者在规定犯罪的时候，一般只会以一个行为所侵犯的社会关系为标本；而在通常情况下，每一个行为只会侵犯一个社会关系，它们与犯罪主体和犯罪主观方面要件组成一个犯罪构成，成立一个罪名。可见，罪名与罪名之间的关系最终又体现在行为所侵犯的犯罪客体之间的关系上。因此，要想准确把握法条之间的关系，就应当透过法条去分析其背后的罪名，特别是分析该犯罪行为侵犯的社会关系即犯罪客体。

第三，法条竞合的最终解决也需要分析犯罪客体。

法条竞合解决的一个原则就是特别法条优于普通法条，即适用特别法条而不适用普通法条。正如前文所述，区分特别法条与普通法条最终还需要分析法条背后的行为所侵犯的社会关系之间的关系，也即分析犯罪客体之间的关系。

本案中，被告人李某冒充国家机关工作人员以骗取他人信任，非法占有他人数额较大的财物以及其他非法利益，不仅骗取财物，还骗取其他非法利益。其骗取财物的行为同时触犯了刑法分则两个法条规定，属于刑法理论中的法条竞合，所触犯法条的罪名分别是诈骗罪和招摇撞骗罪。诈骗罪属于侵犯财产类罪，其侵犯的直接客体是公私财物的所有权；招摇撞骗罪属于妨害社会管理秩序类罪，其侵犯的直接客体是国家机关的威信和社会公共秩序，以骗取财物为目的的招摇撞骗罪同时也侵犯公私财物所有权。因而，当行为人以冒充国家机关工作人员身份的手段，骗得他人信任，非法占有他人数额较大财物时，就会既符合诈骗罪的构成特征，又符合招摇撞骗罪的构成特征。但诈骗罪与以骗取财物为目的的招摇撞骗罪首先在犯罪客体上存在一定的重合关系，在犯罪构成的其他要件上也存在包含或重合关系，符合法条竞合的特征，应当根据法条竞合的处断原则处理。

【要旨提示】

司法实践中对法条竞合的处理不仅需要分析法条之间的关系，更应当研究法条所体现的犯罪构成之间的关系，其中关键是对犯罪客体之间关系的判断和把握。

第五章

犯罪客观方面

16. 张某等故意杀人案①

——不纯正不作为犯的作为义务来源

【案情介绍】

自1985年起，被告人张某与郭某以夫妻名义同居生活。2001年5、6月间，张某与另一被告人戴某勾搭成奸。2002年6月下旬，张某将戴某带到其与郭某共同生活、生产的渔船上，三人一起居住。当月29日凌晨2时左右，三人共同捕捞回来后，张某提出和戴某同宿，郭某听后很生气，走出船舱舀水拌呋喃丹农药，欲行自杀，被二被告人阻止。后郭某又进入船舱，将拌有呋喃丹农药的茶水喝下。二被告人发觉后，即用洗衣粉和水灌郭某，因其拒绝而抢救未成。随后二被告人即开船送郭某到阜宁县城医院抢救，途中戴某一直将郭某抱在怀中，当船开至县城新世纪大桥附近时，被告人张某产生不再将郭某送医院抢救的念头，遂将船继续向东行驶，开至新阜宁大桥东侧的串场河内停下。此时，戴某告诉张某“郭某仍活着”，并问：“送不送医院?”张某讲：“不送，上医院没钱看，死掉算了。”戴某遂不再坚持送郭某去医院。时隔不久，张某提出将郭某埋到河滩上，戴某未同意。张某又提出将郭某沉入河中，戴某未置可否。后张某将电瓶绑附在郭某身上。戴某问：“是否绑紧，是否会滑掉?”张某告诉戴某已绑紧，电瓶有扣子，不会滑掉。嗣后，张某将船开至阜宁阜东大桥下，将郭某的尸体推入河中。7月3日，郭某的尸体被发现。经法医鉴定，郭某系呋喃丹中毒死亡。

检察机关以被告人张某、戴某分别犯故意杀人罪，向法院提起公诉。一审法院经审理，依照《中华人民共和国刑法》第25条第1款、第55条第1款、第232条、第56条第1款的规定，于2002年11月4日判决如下：(1) 被告人张某犯故意杀人罪，判处有期徒刑6年，剥夺政治权利1年。(2) 被告人戴某犯故意杀人罪，判处有期徒刑3年。

---

① 案例来源：国家法官学院、中国人民大学法学院编：《中国审判案例要览（2003年刑事审判案例卷）》，10～13页，北京，中国人民大学出版社、人民法院出版社，2003。

【观点争议】

本案在审理过程中，关于张某、戴某对郭某最终的死亡结果的防止义务来源问题存在两种意见：

第一种意见认为张某、戴某对郭某的救助义务来源于法律的明文规定。我国《婚姻法》规定了夫妻之间具有相互扶养的义务，其中“扶养”既然包含一般生活上的相互照料，就更应包括在一方的生命处于危险状态时予以救助。

第二种意见认为张某、戴某对郭某的救助义务来源于将郭某带离自杀现场的先行行为，而非法律明文规定的义务。根据《婚姻法》的规定，夫妻之间负有相互扶养的义务，但法律没有规定夫妻之间的救助义务，因而救助义务只是夫妻之间道德关系的内容。夫妻一方自杀，另一方因夫妻关系所担负的义务只能是给予救助的行为义务，而非不作为杀人罪所要求的防止结果发生的作为义务。[①] 行为人将被害人带离自杀现场，使被害人与自己之间形成了排他性的支配关系，则行为人因其“转移”或“隐藏”之先行行为而负有救助被害人的义务。此时，如果行为人能够履行却拒不履行作为义务，从而致使被害人死亡的，则其行为构成不真正不作为的间接故意杀人罪。[②]

【法理分析】

对于本案中张某、戴某对郭某的死亡应当承担故意杀人罪（未遂）的刑事责任，笔者没有任何异议。但他们承担不作为故意杀人罪的作为义务来源是《婚姻法》规定的夫妻之间的扶助义务，还是张某、戴某开船，将郭某带离渔船原停泊地的先行行为？一审人民法院在其判决理由中主张：被告人张某、戴某明知自己的不端行为引起郭某服毒自杀，却不履行救助义务，放任其死亡，其行为已触犯刑法，均构成故意杀人罪。关于被告人郭某的救助义务，法院认定理由如下：郭某服毒自杀的结果是由戴某随张某到船上同居引起的，在郭某服毒后生命处于危险状态的情况下，戴某作为共同侵害人负有与张某实施抢救郭某生命行为的特定义务，而其在完全可能将郭某送医院抢救的情况下，没有继续履行特定义务，导致郭某死亡结果的发生，其行为符合故意杀人罪的犯罪特征。[③] 该判决理由中就夫妻之间的扶养义务和行为人将被害人带离自杀现场的先行行为都有所提及，但究竟被告人张某、戴某对郭某最终的死亡结果的防止义务来源于何处，法院没有明确。因此，笔者认为，对该案件当事人不作为杀人罪的义务来源有必要进一步进行讨论，使之明确化和深入化。

在对张某、戴某故意杀人罪的作为义务来源进行分析之前，有一个问题需要首先进行明确。在本案中，被告人张某与郭某自 1985 年起便以夫妻名义共同居住生活，虽然没有进行结婚登记，但其同居的事实发生在 1994 年 1 月 12 日颁布的《婚姻登记管理条例》之前，因此，张某和郭某之间的关系属于《婚姻法》明确保护的事实婚姻关系。

对于张某、戴某构成不作为故意杀人罪的作为义务来源，笔者认为该来源是张某、戴某将

---

① 参见陈兴良：《判例刑法学》，上卷，114 页，北京，中国人民大学出版社，2009。

② 参见于改之：《不作为犯罪中“先行行为”的本质及其产生作为义务的条件——兼论刑法第 133 条“因逃逸致人死亡”的立法意蕴》，载《中国刑事法杂志》，总第 47 期。

③ 参见国家法官学院、中国人民大学法学院编：《中国审判案例要览（2003 年刑事审判案例卷）》，10～13 页，北京，中国人民大学出版社、人民法院出版社，2003。

郭某带离自杀现场的先行行为，而非《婚姻法》中对夫妻双方相互扶助义务的规定；并分析如下。

（一）张某、戴某构成不作为故意杀人罪的义务非来于法律的明文规定

1. 关于“法律明文规定的义务”之“法律”外延的讨论

“法律明文规定的义务”中的“法律”是采取广义理解还是狭义理解，即是仅指刑法所认可的义务还是包括其他部门法中所规定的义务？对于这一问题，理论界存在两种不同的观点：一种观点认为，“如果只有其他法律规定，未经刑法认可，则不能成为不作为犯罪的作为义务”①。另一种观点认为，“所谓法律明文规定的义务，并不限于刑法（包括单行刑法和非刑事法律中的刑法规范）明文规定的义务，而是还应当包括民法、行政法、经济法等法律明文规定的义务”②。

基于刑法的谦抑性以及罪刑法定原则的要求，笔者认为，并不是所有的法律所规定的义务都能成为不作为犯罪的义务来源，此处的“法律”仅指刑法，只有违反某一作为义务在刑法中被规定为犯罪时，这种义务才是不作为犯罪的义务来源。此处“法律明文规定的义务”只包括两种情况：(1) 仅刑法对该种作为义务作出了明文规定，行为人违反此作为义务的，即构成不作为犯罪。(2) 其他法律、法规（除宪法外）规定了一定的作为义务，且该种作为义务为刑法所确认或认可。

《婚姻法》中规定的夫妻之间的扶养义务，并没有为刑法所确认，不纯正不作为犯的作为义务来源中“法律明文规定的义务”仅限于为刑法所确认的义务，因此夫妻之间的扶养义务不是不作为故意杀人罪的作为义务来源。

2.《婚姻法》规定的夫妻之间的扶养义务不必然推导出夫妻之间的救助义务

我国《婚姻法》第 20 条第 1 款规定：“夫妻有互相扶养的义务。”其明确了夫妻双方有被扶养的权利和扶养他方的义务。所谓夫妻之间的“扶养”是指夫妻之间依法发生的经济供养和生活扶助的权利义务关系，其并不必然包含夫妻一方在自杀时，另一方负有救助的义务。且在通常情况下，夫妻双方应当是完全民事行为能力人，在排除暴力、胁迫的情形外，其选择自杀是其自主意志选择的结果，不能因其一时的冲动而让他人背负当然的救助义务。

结合本案基本案情，郭某是完全民事行为能力人，虽然其选择自杀缘于张某将戴某带入渔船同居，但不可否认自杀仍是郭某自主选择的结果，张某不必然基于夫妻之间的扶养义务而负有救助义务；且该种夫妻之间的救助义务也没有为刑法所确认。鉴于此，郭某的自杀行为并不引起张某的救助义务，张某不作为故意杀人罪的作为义务并不来源于法律的明文规定。

（二）张某、戴某之行为构成不作为故意杀人罪的义务来于先行行为

从本案的基本案情来看，对于张某、戴某不作为故意杀人罪的作为义务来源，唯有从先行行为寻找。

1. 关于“先行行为”外延的讨论

先行行为，是使刑法所保护的法益处于危险状态的行为，是相对于危险状态出现后的不作为而言的。

(1) 先行行为不仅包括违法行为还包括合法行为

先行行为的外延，是仅指违法行为，还是包括合法行为？刑法理论界有着不同的观点。有

---

① 陈兴良：《判例刑法学》，上卷，109 页，北京，中国人民大学出版社，2009。

② 伊繁伟：《不作为犯罪若干问题研究》，中国政法大学 2007 年硕士学位论文。

的学者主张，先行行为限于违法行为。“唯多数学者之通说，则认为前行为除必须具备导致结果发生之迫切危险外，尚需具备义务违反性，始足以构成保证人地位，至如一个符合客观注意义务或合法之前行为，或如一个合乎交通规则与客观注意义务之前行为，即不致形成保证人地位。”[①] 有的学者主张，先行行为不仅包括违法行为，还包括合法行为。“先行行为只要足以产生某种危险，就可以成为不作为的义务来源，而不必要求先行行为具有违法的性质。”[②]

笔者认为，先行行为之所以可以成为不纯正不作为犯罪的义务来源，主要原因在于，先行行为使刑法所保护的某些法益遭受了侵害，并相继产生了某种危险状态。根据刑法规定的犯罪概念，人们负有不得侵犯他人利益的“不作为义务”，在其反面，当然包含“如果由于自己之作为而发生足以侵害他人利益的危险时，负有防止其发生”的作为义务。[③] 相比作为产生危险状态的原因或条件的先行行为而言，刑法更关注的是行为人在先行行为产生危险状态后的作为与否，而不是先行行为本身。先行行为是否违法，只是一个法律评价问题，这种评价与先行行为能否引起作为义务并无必然联系。所以，无论先行行为是违法行为还是合法行为，只要能够引起行为人防止某种危害结果发生的后续作为义务即可，行为人应当履行该义务而没有履行，就应当成立相应的不作为犯罪。

（2）先行行为不包括犯罪行为

犯罪行为根据行为人主观方面对危害结果所持的态度的不同，可分为故意犯罪和过失犯罪。关于先行行为是否包含犯罪行为，刑法理论界存在着如下观点。有的学者认为，“既然违法行为都可以是先行行为，否定犯罪行为是先行行为，于情理不合，也不利于司法实践”[④]。有的学者认为，“犯罪行为虽然也可以引起一定的危险状态，但不能成为先行行为”[⑤]。也有的学者认为，应当分不同的情况来讨论：“第一，在刑法就某种故意犯罪行为规定了结果加重犯（或因发生严重结果而成立重罪）时，由于可以将加重结果评价在相应的结果加重犯或者另一重罪中，先前的故意犯罪行为并不导致行为人具有防止严重结果发生的义务。第二，在刑法没有就某种故意犯罪行为规定结果加重犯，也没有规定发生某种严重结果而成立其他严重犯罪的情况下，如果先前的犯罪行为导致另一法益处于危险状态，则宜认为该故意犯罪行为导致行为人具有防止另一法益受侵害的义务。第三，过失犯罪应与过失违法一样，成为作为义务的发生根据。”[⑥] 还有些学者主张在对先行行为的外延进行讨论时应当将故意犯罪和过失犯罪相区分，故意犯罪行为不是不作为犯罪的先行行为，但过失犯罪行为可以成为不作为犯罪的先行行为。[⑦] 但笔者认为，不论是哪种犯罪行为，都不应当成为不纯正不作为犯的作为义务来源。

笔者认为：行为人在实施了某种犯罪行为后，不论其主观方面是故意的还是过失的，不论其对危害结果是否持否定态度，只要其行为构成犯罪，就有义务承担相应的刑事责任。在行为人实施完某种犯罪行为，使某种法益处于危险状态以后，如果行为人没有主动防止危害结果的发生，其就应当对其犯罪行为承担犯罪既遂的刑事责任；如果在危险状态逐渐演变加重的过程中，行为人没有防止更为严重的结果的发生，则应负结果加重犯的刑事责任。其是否主动防止

---

① 林山田：《刑法通论》，2版，302页，台北，三民书局，1986。

② 陈兴良：《判例刑法学》，上卷，111页，北京，中国人民大学出版社，2009。

③ 参见刘晓山、孙宝民：《不纯正不作为犯作为义务来源的反思与重构》，载《中国刑事法杂志》，2008（7）。

④ 高铭暄主编：《新编中国刑法学》（上），119页，北京，中国人民大学出版社，1998。

⑤ 杨涛：《不作为犯罪义务来源的研究》，华东政法大学2006年硕士学位论文。

⑥ 张明楷：《刑法学》，3版，145页，北京，法律出版社，2009。

⑦ 参见徐跃飞：《论不作为犯罪中的先行行为》，载《时代法学》，2006（1）。

危害结果的发生，只能成为法院在司法裁判中对其减免刑罚的理由。

以交通肇事罪为例，根据我国刑法第133条之规定，交通肇事后逃逸致被害人得不到救助而死亡的，只定交通肇事罪一罪。可见，我国刑法并未将犯罪行为作为不纯正不作为犯罪的作为义务来源来看待。同时，如果将交通肇事罪看作不作为故意杀人罪的先行行为，则会引发一个重大问题：对一个犯罪行为进行了两次评价，即对交通肇事行为，既单独认定其构成了交通肇事罪既遂，又在不作为故意杀人罪中作为先行行为进行了再次评价。这显然违反了刑法禁止重复评价的基本原理。

2. 张某、戴某开船将郭某带离渔船原停泊地的先行行为，使郭某的生命基本处于自己的控制之下，并因此负有了特定的作为义务

在本案中，张某、戴某在郭某服毒后，随即开船将郭某带离了原渔船停泊地，想将郭某送至阜宁县城医院抢救。这一行为本来合法，但该带离行为使其他人在行船中几乎丧失了对郭某实施救助的可能性，使郭某的生命完全处于张某和戴某的掌握之中，郭某的死亡结果出现与否完全取决于张某是否继续开船将其带往医院救治。此时，郭某的生命对张某、戴某的排他性依赖程度，非常类似于行为人交通肇事后为逃避法律追究，将被害人带离事故现场后隐藏或者遗弃的情况下，被害人对肇事者的排他性依赖程度。

最高人民法院《关于审理交通肇事刑事案件具体应用法律若干问题的解释》第6条规定，行为人在交通肇事后为逃避法律追究，将被害人带离事故现场后隐藏或者遗弃，致使被害人无法得到救助而死亡或者严重残疾的，应当分别依照故意杀人罪或者故意伤害罪定罪处罚。

同样是消极地不救助，同样是造成被害人的死亡结果，之所以对该司法解释第6条规定的情形的定性不同于对交通肇事后单纯逃逸致被害人死亡案件的定性，是因为在前一种情况下，行为人将被害人搬离事故现场，隐匿或抛弃在被他人难以发现的场所，使被害人丧失了被他人救助的机会。在这种情况下，被害人的生命安全就基本上完全处于交通肇事者的控制之下，被害人的死亡与重伤结果是否避免，完全或者基本上取决于被告人的救助与否，被害人对交通肇事者形成极强的排他性的依赖关系。此时，基于这种人身依附性极强的依赖关系，交通肇事者必然负有救助被害人的义务，否则，被害人的生命安全就难以得到保障。在交通肇事者将被害人带离事故现场，当救、能救而不救的情况下，肇事者就必然构成了不作为的故意杀人罪或故意伤害罪。

结合本案，郭某在被张某、戴某带离自杀现场后的行船过程中，其生命的存续与否对张某、戴某有着排他性的依赖，张某、戴某也因此负有了救助郭某、防止郭某死亡结果发生的义务。在郭某仍有生命体征，完全可能将郭某送医院抢救的情况下，张某、戴某最终放弃了抢救郭某的举动，并将郭某沉尸河中，对郭某“当救、能救而不救”，导致了郭某死亡结果的发生。

综上所述，笔者认为，张某、戴某构成不作为故意杀人罪的义务源自张某、戴某开船将郭某带离渔船原停泊地的先行行为，而非《婚姻法》规定的夫妻之间的扶助义务。

【要旨提示】

不纯正不作为犯的作为义务来源有法律明文规定、职务业务要求、法律行为以及先行行为。其中，法律明文规定的作为义务包括刑法的明文规定，或者刑法所确认或认可的其他法律、法规（除宪法外）的明文规定。先行行为包括合法行为和违法行为，但不包括犯罪行为。

17. 陆某等以危险方法危害公共安全、交通肇事案[①]

——乘客殴打司机行为与危害公共安全结果的因果关系认定

【案情介绍】

2001年3月30日上午7时许，被告人陆某驾驶公交车行驶至市区某站时，被告人张某乘上该车。之后两被告由于站位问题发生冲突。张某以陆某出言不逊为由，挥拳殴打正在驾车行驶的陆某。陆某被殴后，置行驶中的车辆于不顾，离开驾驶座位，并动手殴打张某，随后两人扭打在一起。这时公交车因无人控制偏离行驶路线，致使公交车接连撞倒一相向行驶的骑自行车者，撞坏一辆出租车，撞毁附近住宅小区的一段围墙，造成骑自行车的被害人龚某某因严重颅脑损伤致中枢神经功能衰竭而当场死亡，撞毁车辆及围墙造成物损人民币21 288元（其中桑塔纳出租车物损人民币12 431元，公交车物损人民币6 037元，围墙损坏修缮费人民币2 820元）。随后，被告人陆某委托在场群众向公安机关报警，投案自首。

检察机关以被告人陆某、张某分别犯以危险方法危害公共安全罪，向人民法院提起公诉。一审法院经审理，依照《中华人民共和国刑法》第115条、第133条、第67条第1款、第56条第1款的规定，于2001年11月19日判决如下：（1）被告人陆某犯以危险方法危害公共安全罪，判处有期徒刑8年，剥夺政治权利2年。（2）被告人张某犯交通肇事罪，判处有期徒刑3年。被告人不服并上诉后，二审法院经审理，依照《中华人民共和国刑事诉讼法》（1996年）第189条第1项的规定，于2002年2月25日裁定驳回上诉、维持原判。

【观点争议】

本案在审理过程中，对乘客张某殴打司机行为的定性问题存在两种意见[②]：

第一种意见认为张某的行为已违反了交通运输管理法规，在车辆行驶过程中殴打驾驶员，致使发生1人死亡、车辆和财物受损的严重后果，其危害行为与危害结果之间存在因果关系，已构成交通肇事罪，依法应予惩处。

第二种意见认为：（1）被告人张某因与陆某口角打了陆某一拳后，陆某不仅立即回击张某，而且未停车即离开驾驶座位与张某扭打，这些都是张某所无法预见的，故张某对所发生的结果不存在放任的故意；（2）张某因口角打陆某一拳的行为，不能与放火、决水、爆炸、投毒等足以危害公共安全的行为相提并论；（3）如果张某打人一拳的行为要承担10年以上有期徒刑，不符合罪刑相一致的原则。

【法理分析】

刑法因果关系作为行为人承担刑事责任的前提和基础，由于其独特的作用和本身的复杂性，一直以来都受到刑法学界的广泛关注。随着对刑法因果关系研究的不断深入，有关我国刑法中因果关系的偶然与必然之争也越发激烈。学者们在对我国现有的因果关系理论进行批判之

---

① 案例来源：最高人民法院刑事审判第一庭、第二庭编：《刑事审判参考》，总第28辑，1～9页，北京，法律出版社，2002。

② 参见上书，1～9页。

虞，亦分析、借鉴了大陆法系和英美法系相关国家的因果关系理论，试图构建一条符合我国现有犯罪构成体系的因果关系的判断路径。

（一）国外刑法因果关系理论评析

1. 大陆法系因果关系理论

大陆法系的因果关系理论发展经历了条件说—原因说—相当因果关系说—客观归责理论的进程。最早的“条件说”主张“在实行行为和结果之间，只要存在‘没有前者的话就没有后者’这种条件关系，就存在刑法上的因果关系”①，即认为所有对结果有影响的条件均具有相同的价值。运用该理论常常会得出杀手的母亲与死亡的危害结果之间亦存在刑法因果关系的荒唐结论。不言而喻，该说存在的最大缺陷就在于因果链条的无限延伸，有责任范围过大之嫌。在对“条件说”批判的基础上“原因说”应运而生，“原因说”建立之初的目的便在于克服“条件说”的不足，试图通过区分原因与条件来解决“条件说”所带来的打击范围过大的问题。该说主张只有那些对结果发生具有重要关系者才能成为原因。但是由于始终提不出统一的判断标准，“原因说”很快便受到学者们的抨击。“原因说欲避免条件说的不合适意图是正当的，但是，从指向犯罪结果的多个条件中只取出一个条件视为原因，不仅是极其困难的，而且，未必是实际的。结果的发生，常常并非只依存于单一的条件，在不少事态中应该承认由复数的条件竞合在一起形成的共同原因，即使优势条件和最有利条件是有意义的，也很难说容易作出具体的认定。而且，在最终条件中也可能存在往往缺乏重要性的东西。”②而随后产生的“相当因果关系说”试图完成“原因说”的未竟之业，运用“社会一般经验法则”作为判断因果关系有无的标准，具体又产生了“主观说”“客观说”“折中说”三种观点。理论界也试图从各种角度来分析说明“相当性”的实质内涵，日本学者西田典之即从反面论述了应该排除“相当性”的一般情况；“无论是行为之时的危险，还是行为后的危险（因果过程），只要属于经验法则上罕见的情况、通常不可能出现的情况，均不得予以考虑。也就是，如果行为时的罕见危险实现于结果，或者行为时的危险经过罕见的因果过程而实现于结果，这均不具有相当性。”③ 如果说上述三种理论有什么共同点的话，那便在于它们对因果关系的考察都停留于同一层面上的讨论，而在德国刑法学界中引起热烈讨论的客观归责理论则是在两个层面上对因果关系进行探讨。该理论将归因和归责相区别，把前者认定为一种事实判断而认定后者为实质判断，并认为当某一行为导致了一个具体结果发生禁止的危险，或者增加了行为对象已经面临的危险，或者制造另外的危险来替代原来存在的危险，并最终使上述禁止的危险具体地实现、产生了结果，则该结果可以归咎于行为。④ 对于该理论，学界也褒贬不一，如日本学者大塚仁就对用“客观归责理论”取代“相当因果关系说”深表怀疑，指出很难看出它超越过去理论的实质意义。⑤ 而有的学者对该理论颇为推崇，认为“客观归责理论较之原因说、相当因果关系说，更为有利，也更有可操作性”⑥。总之，对该理论的评价可谓众说纷纭，莫衷一是。

---

① ［日］大塚仁：《刑法概说（总论）》，冯军译，160页，北京，中国人民大学出版社，2003。

② 同上书，162页。

③ ［日］西田典之：《日本刑法总论》，刘明祥、王昭武译，80页，北京，中国人民大学出版社，2007。

④ 参见周光权：《刑法中的因果关系和客观归责论》，载《江海学刊》，2005（3）。

⑤ 参见陈兴良：《从归因到归责：客观归责理论研究》，载《法学研究》，2006（2）。

⑥ 陈兴良主编：《刑法学》，2版，87页，上海，复旦大学出版社，2009。

2. 英美法系因果关系理论

在英美法系国家，刑法因果关系理论同作为民事侵权行为责任条件之一的因果关系理论，即法定原因理论，是一脉相承的。其把原因分为两个层次：第一层次是事实原因（cause in fact），第二层次是法律原因（cause in law）。事实原因建立在直观的基础上，由“but for”公式来表达，即如果没有A（B、C……）就没有Z，则A（B、C……）就是已发生的事实原因。这个公式类似于大陆法系的“条件说”，但并不是刑法因果关系的定义，只是因果关系理论的一个基础层次。法律原因是为了弥补第一层次的缺陷，限定事实原因的范围，从事实原因中筛选出一部分（即法律所关注的那部分）作为刑事责任的客观基础。第二层次是刑法因果关系理论的核心因素①，其确定与否直接决定着被告刑事责任的范围。需要注意的是，这里的法律原因不是逻辑思考的结果，而是实用政治学的产物，是一种公共政策的考量。由于英美法系国家独特的判例制度，法官被赋予很大的自由裁量权，法官们在认定一个案件的因果关系时不单单从客观方面加以考虑，更多的是加入了价值判断的因素。故对法律原因的判断不仅体现了一个阶段或时期的法律政策，更体现了法官的个人价值取向，使其运用时具有较大的灵活性，但同时又损害了法的稳定性。

（二）对我国刑法因果关系理论重构之思考

我国刑法理论界有关因果关系的理论同样存在很多歧义、纷争，主要体现在必然因果关系和偶然因果关系之争、直接因果关系和间接因果关系之争。在笔者看来，这样的争论意义不大，“必然”“偶然”等原本是哲学上的概念，具有高度的抽象性，在理论解释上常常采取“本质的”“固然的”等同样抽象的概念来说明，常常陷入循环论证的困境，故在没有给这些概念找到在实践中切实可行的标准之前，无论采取“一分法”还是“二分法”，都只是停留于文字游戏层面，所以也不难解释为什么在碰到疑难问题时运用我国的因果关系理论解决往往会陷入逻辑上的困境。基于我国传统的刑法因果关系理论越来越不适应于解决日益复杂的犯罪形态的需要，学者们在对此进行批判时，亦通过借鉴国外因果关系理论中的可行性因素，提出了对我国因果关系理论进行重构的诸多观点。

1. 非必然、偶然因果关系说

该说直接推翻了我国传统理论，认为哲学上的必然性和偶然性本身是指事物发展的两个方面，统一于一事物中，而在司法实践中危害行为同某种危害结果之间的因果关系亦是十分复杂的，从不同的角度看会得出不同的结论，往往是必然性和偶然性的统一，故在刑法上区分必然因果关系和偶然因果关系不仅不妥当，而且也解决不了实际问题。但对应以何种理论来取而代之，又产生了不同的观点，如有学者提出以毛泽东关于事物发展的内因、外因理论为基础，结合当代因果关系理论的新成果来进行重构；也有学者指出可用实质性联系的观点取代之。② 笔者认为，该说在否定因果关系的必然、偶然之分的方面具有积极意义，也符合我国刑法理论去哲学化的思潮，但是所提出的一些新观点，似乎又陷入了哲学上空洞、抽象的旋涡，诸如“实质性联系”种种，同样没有给司法实践的运用提供明确的标准。

2. 一个半因果关系说

该说由我国刑法学者储槐植教授提出，一个因果关系是指必然因果关系，半个因果关系是指一部分偶然因果关系。该说认为，判断偶然因果关系的有无通过概率高低来筛选。主张高概

---

① 参见储槐植、江溯：《美国刑法》，4版，39页，北京，北京大学出版社，2012。

② 参见高铭暄、马克昌主编：《刑法学》，2版，99页，北京，中国法制出版社，2007。

率的偶然因果关系为刑法因果关系，而低概率因果关系由于难以被人们预见和估计，不应列为刑法因果关系。在进行判断时需要抓住介入因素同先前行为的关系性质（从属的还是独立的）和介入因素本身的特点（异常的还是非异常的），以此来确定危害行为与危害结果之间是否属于高概率的因果关系。[①] 该说根据概率的高低来判定刑法因果关系的方法与国外疫学的因果关系很相似，对于处理某类疑难案件有借鉴意义。但该理论本身还未跳脱必然因果关系、偶然因果关系的泥潭，没有抓住我国刑法因果关系理论之争的关键。

限于篇幅，笔者在此不再对其他的观点一一作详解。通过上述对国内外的学说理论和学者观点的分析讨论，笔者亦想谈谈自己的一些看法。首先，对于英美刑法理论中的“双层次”判断结构，笔者基本持赞同的态度，正如有学者指出的那样：“刑法因果关系的判断，主要是从具有法律价值性的一切事实总体因素中，找寻其相当的因果关系并作为结果责任认定的基础。这就决定了刑法因果关系问题的解决实际上得分两步进行：第一步是划定具有法律价值的一切事实。这是‘条件说’或‘事实原因’所负担的任务。第二步是从这些具有法律价值性的一切事实中找寻相当的因果关系，决定结果责任的归属。这是‘法律原因’或者‘相当因果关系说’及其补充理论‘客观归责’所要回答的问题。”[②] 这样的判断方法不仅在逻辑上更易让人接受，而且使各种学说分工、合作，找到各自的用武之地，可谓取长补短，很好地规避了各种学说的内在缺陷。其次，对于上述“双层次”的判断模式，亦不可生搬硬套之。我们应该清楚地认识到该种理论的提出是建立在英美法系独特的审判模式之上的，其是否能同样适用于我国纠问式的审判模式以及如何适用都是亟须解决的问题。另外，我国作为成文法国家，保持法的稳定性和安全性是最重要的任务之一，故我国在应用这种“双层次”的判断模式时对于法律原因的判断标准尚不具有像英美国家那样给予法官自由裁量权的条件。对于该原因的判断亦应提出服膺于我国实际的标准。值得庆幸的是，目前我国有学者已提出较符合我国国情的一些观点，其同时吸收、借鉴了大陆法系相当因果关系学说和美国刑法因果关系理论的合理内容，提出了不同于“相当因果关系说”中那样强调的“一般的日常经验法则”的判断标准，而是一种多元化的综合判断指标，这种综合的判断指标即是要从刑事政策、立法目的、人权保护、社会效益等各方面进行综合评价，从而判断在法律层面上因果关系的有无。[③] 笔者认为该理论在目前仍具有参考意义。

（三）对案件的讨论

对于本案的判决，很多学者提出了自己的异议和不同意见，如有的学者通过运用必然因果关系与偶然因果关系理论分析出张某殴打司机陆某的行为与危害结果不具有因果关系，该学者在文章中写道：“张的行为不具有必然导致驾驶员致行进中的车辆于不顾而与之互殴的内在可能性和现实性……因为张的挥拳殴打行为并未造成伤害，没有影响其正常的驾驶能力，因为，张的殴击行为对事故的发生并不具有控制作用力。”[④] 笔者认为，对该案件运用我国传统的因果关系理论进行分析本身不是一条正确的道理，认为张某的行为对事故的发生不具有控制作用力，从而就否定两者之间的因果关系更是片面的。还有的学者从“双层次”因果关系理论的立

---

① 参见储槐植：《刑事一体化》，157 页以下，北京，法律出版社，2004。

② 储槐植、汪永乐：《刑法因果关系研究》，载《中国法学》，2001 (2)。

③ 参见储槐植：《美国刑法》，2 版，63～65 页，北京，北京大学出版社，1996。

④ 游伟：《如何认定刑法上的因果关系和过失犯罪的注意义务——张某交通肇事案》，载《刑事法判解研究》，2002 (1)，23 页。

场出发，运用因果流程“偏离”理论并结合报应和预防的角度亦得出了张某的行为与危害结果之间不具有因果关系的结论。①

笔者虽然赞同该学者运用“双层次”的判断模式进行因果关系的分析，但是依据笔者的理解却得出了不同的结论。

首先，从第一层次即事实原因方面考察，得出张某的殴击行为与危害结果之间存在因果关系应该不成问题。因为通过适用“条件说”的理论，如果没有张某的行为，陆某便不会离开驾驶座位起身进行还击，陆某不离开驾驶座位还击就不会发生交通事故，所以很容易就可以得出张某的行为与交通事故之间存在事实上的因果关系。

其次，从法律层面进行分析，辩方提出的辩护理由是张某对于陆某遭到自己殴击之后进行反击的行为是无法预见的，即认为这违反了日常一般生活经验。对此也产生了很多的争论，学者们试图通过不同的理论来论证张某对陆某的反应是否可以预见。而笔者认为，这点并不是解决因果关系判断的关键，不管其对陆某的反应能否预见，也不论陆某的反应是否违反了受过专业培训的驾驶人员的基本守则，从而超越了一般的生活经验，张某对其行为的危害性、危险性一定是有所认识和预见的。笔者认为应跳出张某的行为—陆某的行为—损害结果的逻辑推导模式，单独从各方面对张某的行为进行法律层面上之评价，得出最终的结论。作为一般社会大众，对于在公交车上与驾驶人员争吵甚至殴打驾驶人员的行为将会产生的危害结果都会有一定的认识，因为这种行为本身即包含了高危险性，亦为我国的交通运输管理法规所禁止。在本案中，即使陆某没有起身反击，而是继续驾驶，也不能排除张某这种行为的危害性。虽然在本案中，作为公交司机的陆某对危害结果负有不可推卸的责任，但是通过“期待可能性”等理论来分析只能说明陆某行为的有责性，要是从而推导出张某行为的不可罚性，笔者认为未免有延伸过广之嫌。此外，从报应的角度来分析，笔者亦得出不同于该学者的观点。根据我国罪责自负的原则，行为人对其实施的危害行为承担相应的刑事责任无可厚非，上述已论证了张某的行为的危害性，让其承担由此而产生的刑事责任有何不当？而且，应该注意到，审判机关也考虑到了张某的行为本身轻微于陆某的行为，在定罪和量刑方面亦作了轻于后者的裁判，审判机关在进行裁判时已从社会效应、刑法原则等方面进行综合考虑，其裁判理由总体值得肯定。

最后，从预防角度看，通过对张某此种行为的惩处，对社会大众也起到了警示的作用，有利于进一步规范乘车秩序，提高公民的守法意识，消除目前存在的各种不文明乘车现象，预防此类事件的再次发生。

所以，综上所述，应认定张某的行为与危害结果之间存在刑法因果关系，审判机关的判决并无不当。

【要旨提示】

刑法因果关系的认定应当分两步进行：第一步，划定有法律价值的事实，也就是确定“事实原因”；第二步，从前述“事实原因”里找寻相当的因果关系，决定结果责任的归属，也就是确定“法律原因”。这里“法律原因”的确定，是价值的判断，应该从刑事政策、社会效益、人权保护等各方面进行综合评价。

---

①　参见周国良：《刑法因果关系的本质和判断标准——对张某交通肇事案件的再分析》，载《刑事法判解研究》，2006 (1)，94页。

18. 洪某故意伤害案[①]

——故意伤害行为与被害人心脏病发作猝死的因果关系认定

【案情介绍】

被告人洪某与曾某在某市轮渡海滨公园内经营茶摊，两人因争地界曾发生过矛盾。2004年7月18日17时许，与洪某同居的女友刘某酒后故意将曾某茶摊上的茶壶摔破，并为此与曾某同居女友方某发生争执。正在曾某茶摊上喝茶的陈某上前劝阻，刘某认为陈某有意偏袒方某，遂辱骂陈某，并与陈某扭打起来。洪某闻讯赶到现场，挥拳连击陈某的胸部和头部，陈某被打后追撵洪某，追出两三步后倒地死亡。洪某逃离现场，后到水上派出所轮渡执勤点打探消息时，被公安人员抓获。经鉴定，陈某系在原有冠心病的基础上因吵架时情绪激动、胸部被打、剧烈运动及饮酒等多种因素影响，诱发冠心病发作，管状动脉痉挛致心脏骤停而猝死。

检察机关以被告人洪某犯故意伤害罪，向法院提起公诉。一审法院经公开审理，依照《中华人民共和国刑法》第234条第2款、第65条第1款的规定，判决被告人洪某犯故意伤害罪，判处有期徒刑10年6个月。被告人上诉后，二审法院经审理认为：原判认定事实清楚，证据确实、充分，定罪准确，审判程序合法。被告人洪某系累犯，依法应从重处罚。但被害人患有严重心脏疾病，洪某的伤害行为只是导致被害人心脏病发作的诱因之一。原判对洪某的量刑过重，与其罪责明显不相适应，可在法定刑以下予以减轻处罚。据此，撤销一审法院刑事判决中对被告人洪某的量刑部分，以洪某犯故意伤害罪，在法定刑以下判处有期徒刑5年，并依法报送最高人民法院核准。最高人民法院经复核后认为，根据本案的特殊情况，对被告人洪某可以在法定刑以下判处刑罚，遂依照《中华人民共和国刑法》第63条第2款和《关于执行〈中华人民共和国刑事诉讼法〉若干问题的解释》（已失效——编辑注）第270条的规定，裁定核准二审法院以故意伤害罪，在法定刑以下判处被告人洪某有期徒刑5年的刑事判决。

【观点争议】

在审理过程，本案被告人洪某的伤害行为导致被害人心脏病发作猝死的定性问题引起剧烈争议。被告人的伤害行为与被害人的死亡结果有无刑法上的因果关系？被告人是否应对被害人的死亡后果承担刑事责任以及应当承担什么样的刑事责任？对于上述争议，主要存在三个方面的观点。[②]

第一种观点认为，被告人洪某的行为不构成犯罪。该观点主张胸部两拳只是被害人死亡的诱因之一，诱因与直接原因不同；被告人不可能预见到被害人患有冠心病等因素，而死亡结果与这些自身因素都分不开。其行为与被害人死亡结果之间不具有刑法上的因果关系，故应宣告被告人洪某无罪。

---

① 案例来源：最高人民法院刑事审判第一庭、第二庭编：《刑事审判参考》，总第49集，26～31页，北京，法律出版社，2006。

② 参见上书，26～31页。

第二种观点认为，被告人洪某的行为构成过失致人死亡罪。该观点主张被告人洪某既没有伤害的故意，也没有杀人的故意，只是由于应该预见而没有预见，才造成被害人死亡结果的发生，因而，应定过失杀人罪。

第三种观点认为，被告人洪某的行为构成故意伤害罪。其理由是：被告人洪某对被害人头部、胸部分别连击数拳，其主观上能够认识到可能会伤害被害人的身体健康，虽然死亡后果超出其本人主观意愿，但符合故意伤害致人死亡的构成要件。

【法理分析】

从上述争议中，我们可以发现，本案的焦点集中在被告人洪某的行为与危害结果之间是否具有刑法上的因果关系，以及这种危害结果的发生是否属于被告人洪某“应当预见”的范围。因此，如何正确认识刑法上的因果关系、刑事责任的根据以及刑法上的因果关系与刑事责任的关系，便成为本案定性的关键所在。

（一）我国刑法因果关系理论

因果关系不是刑法学上所独有的概念，事实上它涉及众多学科，哲学上更是将原因与结果作为一对基本范畴加以研究。但刑法学上的因果关系存在着其特殊性，它在刑法学中占有着重要地位，属于犯罪客观方面的一个主要内容。通说认为刑法学上的因果关系是指人的危害行为与危害结果之间的一种引起与被引起的内在联系。正确认识刑法上的因果关系，对于正确解决危害行为所应当承担的刑事责任具有重要的意义。

刑法上的因果关系必须具备什么样的联系？这是一个争论很大的问题，焦点集中在刑法上的因果关系除了必然因果关系之外，是否还存在着偶然的因果关系。我国刑法理论界涉及此的学说众多，但总的来说，主要还是必然因果关系说和偶然因果关系说两种。

1. 必然因果关系说

这种观点认为，刑法上的因果关系只存在必然的因果关系一种形式，不存在偶然因果关系。刑法上的因果关系必须是危害行为与危害结果之间存在的必然联系，只有必然因果关系才能成为行为人承担刑事责任的客观基础。正如有学者认为：“刑法上的因果，是指危害行为同危害社会结果之间的必然联系。就是说，只有当某种或某些危害社会行为，在一定条件下，必然地、不可避免地引起某种或某些危害结果的时候，我们才能认为这些危害社会行为与危害社会结果之间存在因果关系。”① 如果不具有这样的联系，只能是条件，而不能成为刑法上的原因。在此基础上，有学者指出，危害行为总是在一定的条件下产生的，如果行为人所实施的危害行为对所发生的危害结果起着引起与决定的作用，便构成了该种结果的“原因”，它和所发生的危害结果之间的联系便是一种内在的、必然的联系。如果所实施的危害行为对所发生的危害结果虽然起一定的作用，但并不能引起和决定这一结果的发生，那便不是原因，而是“条件”，它和所发生的危害结果之间的联系便是一种外在的、偶然的关系。无论必然联系还是偶然关系，都是由一定原因引起的结果，都包含因果性，但不能因此就认为因果关系也应当分为必然因果关系和偶然因果关系两种形式，把必然联系与偶然联系和因果关系混为一谈。因此，刑法中的因果关系是一种内在的必然联系。② 可见，“必然因果关系说”强调一定条件下的不可避免性和合乎规律性。

---

① 高铭暄主编：《刑法学原理》，第1卷，572页，北京，中国人民大学出版社，1993。

② 参见张令杰：《关于刑法中因果关系的几种意见》，载《法学动态》，1982（12）。

2. 必然与偶然因果关系区分说（以下简称“二分法”）

该说的基本观点是，当危害行为本身并不包含产生危害结果的根据，但在其发展过程中，偶然介入其他因素，并由介入因素合乎规律地引起了危害结果时，危害行为与危害结果之间就是偶然因果关系；介入因素与危害结果之间是必然因果关系；必然因果关系与偶然因果关系都是刑法上的因果关系。这种学说不同意刑法中只存在必然因果关系的观点，认为刑法中除了有必然因果关系之外，还存在偶然的因果关系。所谓偶然因果关系，具体来说，就是指“某危害行为造成某危害结果，这一结果在发展过程中又与另外的危害行为相竞合，合乎规律地产生另一危害结果，先前的危害行为不是这最后结果的决定性原因，不能决定该结果出现的必然性，最后的结果对于先前的危害行为来说，可能出现，也可能不出现，可能这样出现，也可能那样出现”①。这种因果关系模式是由一个必然的因果关系与另一个必然的因果关系间接结合，产生出结果。

（二）对传统刑法因果关系理论的反思

“必然因果关系说”和“二分法”的一些主张者都引用大量的哲学原理作为自己观点的重要论据，但是分别得出了完全不同的结论。这两种理论都试图证明自己的观点正确，且“都说对方把因果与必然性、偶然性的概念混为一谈了”②。支持“必然因果关系说”的学者认为“偶然因果关系说把因果关系划分为必然因果关系和偶然因果关系，实际上把因果关系因其产生过程中存有偶然性的因素而与偶然性发生的联系，错误地理解为原因与结果的偶然联系。而这种所谓的偶然联系，又被说成是由于事物发展过程中的外因作用而使原因与结果之间存在着某种非本质的联系，这实际上把一切对结果曾产生过影响、发生过作用的因素不作原因和条件的区分就统统视为原因”③。支持“二分法”的学者则认为，必然因果关系说实际上是以因果性代替了必然性，同时将必然性与偶然性对立起来，没有看到原因的总和在必然地向结果发展时，某些原因与结果之间还呈现偶然的特征，从而违背了必然性与偶然性相统一的原理。④

事实上，“必然因果关系说”强调：哲学上将因果关系界定为事物内在的、本质的、必然的联系，这样的联系只能是由事物的内在根据引起的，那么，刑法中的因果关系也只能是必然的。凡不具有这种必然性质联系的就不是因果关系，充其量只能是条件联系，条件不能作为刑法上的原因。该说认为只有将原因和条件加以严格区别，才能使刑法因果关系理论和哲学理论相协调，而且才不至于扩大刑事责任的追究范围。⑤

不能否认，“必然因果关系说”限制刑事责任范围的出发点是好的，担心如果不承认“必然因果关系说”，就可能会导致刑事责任的扩大。但是问题在于，我们说，刑法因果关系是刑事责任的客观基础，但刑事责任的追究并非完全取决于因果关系，因果关系并不是刑事责任的唯一条件，二者不能混为一谈。通说认为，犯罪构成是刑事责任的唯一根据。这就说明，刑事责任必须具备犯罪构成主、客观方面多个要件，如果是过失犯罪，还要求刑法有规定的才负刑事责任。因果关系只是刑事责任的一个必要条件，没有它，刑事责任就无从谈起。有因果

① 李光灿：《刑法因果关系论》，114 页，北京，北京大学出版社，1986。
② 陈兴良：《刑法哲学》，72 页，北京，中国政法大学出版社，1992。
③ 杨兴培、陆金平：《也谈正确认识和认定刑法上的因果关系》，载《政法论坛》，2000（5）。
④ 参见赵秉志主编：《海峡两岸刑法总论比较研究》，上卷，623 页，北京，中国人民大学出版社，1999。
⑤ 参见张绍谦：《刑法因果关系研究》，80 页，北京，中国检察出版社，2004。

关系，但行为并非出于故意或过失的，该行为不构成犯罪，不负刑事责任。但不负刑事责任，并不能否认该危害行为与危害结果之间客观存在着的因果关系。笔者认为，偶然因果关系仍然是刑事责任的客观基础，但由于其不可预见，不具有主观罪过而不负刑事责任。所以，笔者认为，“二分法”并不会导致刑事责任的扩大，反而使得刑事责任的追究更科学和完善。

除此之外，“必然因果关系说”还存在一些问题：首先，“必然因果关系说”认为刑法上的原因只能是必然原因，作为原因的行为，只能是对结果的发生起决定性作用的危害行为。而那些仅对结果的产生起了非决定作用的行为，一律不能成为刑法上的原因。其次，“必然因果关系说”主张，必然原因的作用需要一定的条件配合，但条件又不能当原因。这在实践中也会出现问题：如果起作用的“条件”正好是危害行为，则无法使行为人承担责任。从刑事司法实践来看，一个危害结果可能由多个危害行为共同作用造成，只是其中各个行为的作用大小不同。如果在定罪量刑时只考虑必然原因、不考虑偶然原因，就不能对案件作出恰当的处理。最后，刑法因果关系是极其复杂的，除了“一因一果”的简单模式外，有时出现“多因一果”，有时出现“一因多果”，还有时出现“多因多果”。在多因一果的情况下，难以理解多个原因都对结果产生决定作用。特别是在多个行为不是共同犯罪的情况下，要确定每个行为都必须对结果起了决定作用，可能比较困难，因而无法解释多因一果的现象。所以，“二分法”的提出具有很强的针对性，在因果关系发展过程中有时会出现介入一些其他因素的现象，导致并非由危害行为产生危害结果，而是由介入因素合乎规律地产生危害结果。这部分介入因素被“必然因果关系说”排斥在刑法因果关系之外，而被“二分法”归入刑法因果关系之中，后者认为刑法上的因果关系应当包括“必然的联系”和“偶然的联系”两部分。

总的来看，“必然因果关系说”已经丧失其通说的地位，而渐渐为“二分法”所取代。“二分法”针对“必然因果关系说”适用面过窄之不足，提出将偶然因果关系也归入刑法因果关系之中，其结论也符合刑事司法的一些实际情况。不过，该学说还存在一些问题，正如有学者所言：“这种观点，实在不能解释偶然因果关系为什么只能是三个或四个而不是更多的必然因果环节的产物。而这种所谓的偶然联系又想说明什么问题?”①

笔者认为，无论是“必然因果关系说”还是“二分法”，都是从哲学上寻找解决办法，而哲学上对于“必然性”“偶然性”“因果性”这些高度抽象的范畴之间的关系本身就存在着不同的定义，将之带入刑法中，难免导致刑法因果关系理论更加复杂。事实上，我们研究因果关系是为了给追究刑事责任提供客观根据，其与哲学上的必然和偶然问题并不必然相关。正是基于这一道理，笔者认为，刑法因果关系的研究，需要放弃传统的思路，从新的研究视角进行探讨，这样，才可能找到较为科学的解决办法，真正取得进展。正如有学者提出应“从哲学回归刑法学”②，在这方面，不少学者都开始了新的尝试，提出了各种不同的观点。比如，有学者提出借鉴“条件说”的观点，主张行为与结果之间存在着没有前者就没有后者的条件关系时，前者就是后者的原因；此外，不排除对特定犯罪类型提出特定要求（结果加重犯）。③ 有的学者提出：对刑法因果关系采用事实因果关系和法律因果关系的双层次结构。在事实因果关系中

① 杨兴培、陆金平：《也谈正确认识和认定刑法上的因果关系》，载《政法论坛》，2000（5）。

② 陈兴良：《刑法因果关系：从哲学回归刑法学——一个学说史的考察》，载《法学》，2009（7）。

③ 参见张明楷：《刑法学》，5版，185页，北京，法律出版社，2016。

采用条件说，而在法律因果关系中采用折中的相当因果关系学说。[①] 由于篇幅有限，对于这些学说在此就不加以一一介绍，但不可否认的是，这些探索对于我们科学地研究刑法因果关系是非常有帮助的。

（三）本案分析

本案审理过程中的争议集中在被告人的加害行为与被害人的死亡结果之间是否具有刑法上的因果关系，以及在此种情况下被告人是否应当对被害人的死亡结果承担刑事责任。没有因果关系，行为人就没有承担刑事责任的客观根据，其行为当然就不构成犯罪。

本案从现象上看，首先，正是被告人洪某的殴打行为等原因，共同诱发被害人冠心病发作，管状动脉痉挛致心脏骤停而猝死。被告人的殴打行为和被害人的猝死结果之间存在着引起与被引起的关系。因此，可以肯定被告人的伤害行为与被害人的死亡之间具有刑法上的因果关系。其次，被告人洪某发现其女友刘某与他人发生争执、扭打后，即对上前劝阻的被害人陈某的头部、胸部连击数拳，其主观上认识到对被害人殴打的行为，可能会造成伤害被害人的身体健康的后果并积极追求。此时，被告人的伤害故意、伤害行为均已经成立。最后，虽然死亡结果超出其本人主观意愿，但被告人对被害人胸部拳击数下的行为客观上造成了被害人死亡的结果。结合以上三点，似乎可以得出“被告人的拳击行为，其本质是一种故意伤害的行为，其必然后果是对被害人造成一定的伤害，至于是死亡、重伤、轻伤或是轻微伤，则是偶然的。因此，认为被告人的行为不构成犯罪，既没有法理依据，也没有法律依据”[②] 的结论。但是，笔者认为，如果对本案作这样的分析，得出肯定的结论，是会与刑法中因果关系、刑事责任理论相违背的。

从犯罪构成上看，故意伤害罪，是指非法损害他人身体健康的行为。故意伤害致人死亡的，行为人在客观上造成了被害人死亡的结果，在主观方面虽然没有剥夺他人生命的故意，但有伤害的故意，在致人死亡这个后果上属过失，所以本罪属于复杂罪过。我国刑法第 15 条第 1 款规定：“应当预见自己的行为可能发生危害社会的结果，因为疏忽大意而没有预见，或者已经预见而轻信能够避免，以致发生这种结果的，是过失犯罪。”在本案中，被告人对于被害人患有冠心病的事实显然不可能“已经预见”，对于这一点没有争议。那么，被告人对于被害人患有冠心病的事实是否“应当预见”呢？或者说，被告人对于在被害人陈某的头部、胸部连击数拳可能导致被害人死亡这一后果是否“应当预见”？对于洪某这样一个喜欢用拳头解决问题的人而言，依他的知识和现实生活中打架的经验，显然不可能预见到一个患有冠心病的人被殴打数拳会引发管状动脉痉挛致心脏骤停而猝死的事实。据此可以认定，被告人洪某在主观上对死亡结果没有预见的可能性，其在主观上既不存在故意，也不存在过失。

从刑法因果关系与刑事责任的关系来分析，如前所述，刑事责任的基础是犯罪构成，包括主、客观方面多个要件。被告人的伤害行为与被害人的死亡之间具有刑法上的因果关系，只能说明刑事责任具备了其客观基础。但被告人主观上既不存在故意，也不存在过失，导致刑事责任缺乏其主观基础，故被告人洪某不负刑事责任。

综上分析，可以得出结论，被告人洪某的伤害行为与被害人陈某的死亡之间具有刑法上的因果关系，但是由于被告人主观上对死亡结果没有预见的可能性，故被告人不应当对被害人死亡的后果承担刑事责任。

---

① 参见陈兴良：《规范刑法学》，上册，129 页以下，北京，中国人民大学出版社，2008。

② 最高人民法院刑事审判第一庭、第二庭编：《刑事审判参考》，总第 49 集，30 页，北京，法律出版社，2006。

【要旨提示】

查明危害行为与危害结果之间是否存在因果关系，是决定行为人对该结果是否负刑事责任的客观依据。但是，刑法因果关系只是刑事责任的客观基础。即使危害行为与危害结果存在因果关系，如果不具备主观罪过，行为人仍不承担刑事责任。

第六章

犯罪主体

19. 郭某被控私藏枪支弹药宣告无罪案①

——特殊身份的认定

【案情介绍】

1980 年至 2001 年，被告人郭某在某县公安局任刑警队长和在某市公安局刑警支队大案大队任副大队长期间，以执行任务、打靶为名，先后在某县公安局和某市公安局多次领取“7.62”毫米军用子弹达千余发，除已用去的之外，截至公安部 2001 年 4 月 18 日《关于严厉打击违反爆炸物品、枪支弹药管理违法犯罪活动的通知》下发时，仍有 630 发在家中藏匿，拒不交出。2001 年 8 月 2 日郭某被某市人民检察院予以扣押。

检察机关以被告人郭某犯非法拘禁、私藏弹药罪，向人民法院提起公诉。法院经审理，依照《中华人民共和国刑法》第 128 条第 1 款，判决被告人郭某犯私藏弹药罪，判处有期徒刑 3 年，缓刑 3 年。郭某上诉后，二审法院经审理，依照《中华人民共和国刑事诉讼法》(1996 年) 第 189 条第 2 项和《中华人民共和国刑法》第 128 条的规定，判决如下：(1) 撤销某县人民法院刑事判决。(2) 郭某无罪。

【观点争议】

在该案件过程中，出现了三种截然不同的观点：

第一种观点（一审法院观点）认为，郭某是某市公安局刑警支队大案大队副大队长，系依法配备枪支弹药的人员，在配备、配置枪支弹药的条件消除后，违反枪支弹药管理法律、法规的规定，私自将 630 发军用子弹藏匿在家中，拒不交出，其行为已经构成私藏弹药罪，且系情节严重，检察院指控其犯私藏弹药罪的罪名成立。郭某虽系依法配备、配置枪支弹药的人员，多次领取子弹的理由均系打靶、执行任务所用，但在打靶、执行任务结束后，也就是配备、配置枪支弹药的条件已经消除，本应按规定将剩余的子弹及时上交入库，直到公安部《关于严厉

① 案例来源：最高人民法院刑事审判第一、二、三、四、五庭主办：《中国刑事审判指导案例（危害国家安全罪·危害公共安全罪·侵犯财产罪·危害国防利益罪）》，80～82 页，北京，法律出版社，2009。

打击违反爆炸物品、枪支弹药管理违法犯罪活动的通知》下发后，仍将630发军用子弹藏匿在家中，拒不交出，其行为符合私藏弹药罪的构成要件。

第二种观点（二审法院观点）认为，被告人郭某自1980年至2001年一直从事公安刑警工作，其间虽有工作调动，但在被刑事拘留前，尚未脱离依法使用枪支、弹药的公安刑警岗位，其配备枪支、弹药的条件亦未消除，其在需要合法使用枪支弹药的任务完成后，包括备勤状态结束后，未将枪支、弹药及时入库，是一般的违反枪支管理法律、法规的行为，不属于刑法意义上的私藏枪支、弹药行为，因而其行为不符合刑法规定的私藏弹药罪的构成要件，故不构成私藏弹药罪。

第三种观点（辩护方观点）认为，郭某是合法配置、配备枪支弹药的人员，长期处于备勤状态，其被捕前仍负责涉黑案件的侦破工作，尚有具体任务未完成。因此其配备、配置枪支弹药的条件并未消除。而且郭某二十余年没有休息、休假，经办、侦破的案件数以百计，长期案压案、案套案，郭某始终处在依法需要配备枪支弹药的状态中，因此其有持有弹药的资格，不构成私藏弹药罪。

这三种观点围绕的核心问题在于郭某在持有弹药时，是否具备配备枪支、弹药的条件。第一种观点对该条件的理解，限定于郭某办理具体案件或者从事特殊训练过程中的即时身份，在郭某没有办理具体案件或者从事特殊训练时，则郭某不具备配备枪支、弹药的条件，也就不符合持有枪支、弹药的条件，符合私藏弹药罪的主体条件。第二种观点，则不限于此，其将郭某配备枪支、弹药的时间条件加以延伸，认为只要郭某没有脱离依法需要配备枪支、弹药的公安刑警岗位，其配备枪支、弹药的条件就没有结束，在此期间郭某持有枪支、弹药的，属于有权持有，因此不符合私藏弹药罪的构成要件。但同时又认为未将枪支、弹药及时入库的行为，属一般的违反枪支管理法律、法规的行为。第三种观点，将郭某持有弹药的合法条件全面扩大，认为郭某长期处于办理案件的过程中，且案件的办理是一个持续的过程，郭某只要处在公安岗位上，就处在办理案件的过程中，也就符合持有枪支、弹药的法定主体条件，不符合私藏弹药罪的构成要件。

【法理分析】

犯罪主体的特殊身份，首先影响着犯罪的成立与否。对特定犯罪而言，主体特殊身份的具备与否，是区分罪与非罪的标准之一。就私藏弹药罪的构成要件而言，主体是一般主体，即已经不具备依法配备、配置枪支、弹药条件的人员。如果是依法配备枪支、弹药的人员，但在配备、配置枪支、弹药的条件消除之后，其身份已经和普通人一样，仍然持有枪支、弹药的，则构成私藏枪支、弹药罪，反之则不然。根据2001年5月15日最高人民法院《关于审理非法制造、买卖、运输枪支、弹药、爆炸物等刑事案件具体应用法律若干问题的解释》（2009年修正）第8条第3款的规定，“私藏”是指依法配备、配置枪支、弹药的人员，在配备、配置枪支、弹药的条件消除后，违反枪支管理法律、法规的规定，私自藏匿所配备、配置的枪支、弹药且拒不交出的行为。该解释第8条第2款规定的“非法持有”，是指不符合配备、配置枪支、弹药条件的人员，违反枪支管理法律、法规的规定，擅自持有枪支、弹药的行为。从表面上看，该司法解释对这两种行为方式的解释，将私藏枪支、弹药罪的主体认定为特殊主体，即依法配备、配置枪支、弹药的人员，但在实际上，依法配备、配置枪支、弹药的人员的主体身份与其具备依法配备、配置枪支、弹药的人员的条件是同一概念，因此，在不具备配备、配置枪支、弹药条件后，其也就不再是依法配备、配置枪支、弹药的人员，即不具备特殊身份，因此，本罪的主体是一般主体。有学者认为，司法解释所作的这种区别并无实际意义。①

本案所折射出的理论问题是：如何认定主体是否具有特殊身份？主体具有相关的身份，如公安机关工作人员身份，是否就意味着主体当然具有犯罪构成要件所要求的主体身份？特殊身份的判断标准是什么？

在本案中，行为人郭某系公安部门负责刑侦的国家机关工作人员。1996年7月5日制定的《中华人民共和国枪支管理法》第5条规定：公安机关、国家安全机关、监狱、劳动教养机关的人民警察，人民法院的司法警察，人民检察院的司法警察和担负案件侦查任务的检察人员，海关的缉私人员，在依法履行职责时确有必要使用枪支的，可以配备公务用枪。第26条规定：配备公务用枪的人员不再符合持枪条件时，由所在单位收回枪支和持枪证件。根据该规定，公安机关的人民警察在履行职责时有必要使用枪支的，配备公务用枪；在不履行职责没有必要使用枪支时，需要收回公务用枪。因此，即使具有公安部门人民警察的身份，也不能当然得出其具备依法配备枪支、弹药的条件。

那么，如何判断行为人是否具有特殊身份呢？反映在本案中，直接的问题是如何判断郭某是否具备依法配备枪支、弹药的条件。上述三种观点中，其判断的三段式形式逻辑可以概括为：依法履行职责有必要使用枪支的人员可以配备枪支、弹药（大前提），郭某自担任刑侦职责以来始终处在符合配备枪支、弹药条件的状态中（小前提），或者虽然郭某一直是公安部门刑侦人员，但其符合配备枪支、弹药的条件是时有时无的（小前提），或者虽郭某是公安部门刑侦人员，但其在打靶、执行任务结束后，配备枪支、弹药的条件就不再具备（小前提），结论是郭某不构成私藏弹药罪，或者郭某构成私藏弹药罪。在小前提的判断上，前述三种争议观点采取了不同的逻辑方式：第一种观点是严格按照执行任务、打靶的时间来计算，既然不是在执行任务、打靶，就不是依法配备枪支、弹药的人员；第二种观点认为行为人身份为从事刑侦工作的公安干警，在完成刑侦任务、打靶后没有将弹药及时入库，虽然不符合枪支弹药管理法律、法规的规定，但只是一般违法行为，在大部分时间内行为人是依法具备配备枪支、弹药条件的人员；第三种观点直接将从事刑侦工作的岗位与依法配备枪支、弹药的条件之间画上等号，甚至认为行为人二十余年没有休息、休假，经办、侦破的案件数以百计，长期案压案、案套案，其始终处在依法需要配备枪支、弹药的状态中。

关于主体的特殊身份问题，对本案有借鉴意义的是理论上的身份论和公务论。身份论认为，国家工作人员犯罪是一种职务型犯罪，作为犯罪主体的国家工作人员必须具有国家工作人员的资格身份。公务论认为，犯罪主体是否是国家工作人员，应以是否从事公务来决定，而不问其是否具有国家工作人员的资格身份。还有学者主张，应当将身份与公务有机地结合起来，二者不可偏废，即以国家工作人员论者必须具备一定的资格身份，如果不具有资格身份，则不可能从事公务；而具有资格身份的人，如果从事的仅仅是劳务，也不是国家工作人员。从相关法律规定与司法实践来考察，应当采取公务论。② 这两种观点的对立，反映了这样一种思想，即确定行为人是否具有特殊身份，应该以其行为的职能、作用为基点，行为人的身份只能起征表意义上的作用，并不等于特殊身份的判断基准。具体到本案的特殊身份判断上，《中华人民共和国枪支管理法》已经明确指出，配备枪支、弹药必须具备两个条件：其一，身份条件，即必须是规定中所涉及的公安机关、国家安全机关等国家机关的工作人员；其二，职责条件，即

---

① 参见张明楷：《刑法学》，3版，535页，北京，法律出版社，2007。

② 参见张明楷：《刑法学》，5版，133页，北京，法律出版社，2016。

必须是履行职责所必需的。对于前一个条件，公安机关的在岗人民警察都具备，因此，本案的关键判断标准是，行为人是否即时具备配备枪支、弹药的条件。从案情的描述可以看出，行为人一直处在刑事侦查的岗位，但是处在该岗位并不等于其始终具备配备枪支、弹药的条件。在执行任务、打靶结束后，其配备枪支、弹药的条件就已经消除，在这时行为人持有枪支、弹药的行为自然符合私藏弹药罪的构成要件。这也正是第二种观点不能自圆其说的原因。第二种观点中，其一方面认为行为人郭某是处在刑侦岗位上的人民警察，其在工作状态下具备依法配备枪支、弹药的条件，但另一方面认为，行为人郭某在执行任务、打靶结束后，并没有将弹药入库，而是存放在自己家中，这时无论是其身份还是存放的地点、方式、方法，都是违反枪支、弹药管理法律、法规的规定的，符合私藏弹药罪的构成要件。但第二种观点提出这种行为只是一种一般违反枪支、弹药管理法律、法规的行为。这种解释并没有根据。根据《关于审理非法制造、买卖、运输枪支、弹药、爆炸物等刑事案件具体应用法律若干问题的解释》第5条的规定，私藏军用子弹20发以上、气枪铅弹1 000发以上或者其他非军用子弹200发以上的，就构成私藏弹药罪。行为人郭某已经在家中存放子弹630发，当然符合私藏弹药罪的构成要件。

【要旨提示】

犯罪主体的特殊身份决定着入罪或者出罪。判断是否存在特殊身份时，行为人的职务不是充分条件。正确的判断标准，应该是行为人行为当时是否具有相应的身份、地位、资格。

20. 文某被控盗窃宣告无罪案①

——自然身份对刑事责任的影响

【案情介绍】

××××年7月间，文某因谈恋爱遭到其母王某反对，被王某赶出家门。之后，王某换了家里的门锁。数日后，文某得知其母回娘家，便带着女友撬锁开门入住。过了几天，因没钱吃饭，文某便同女友先后3次将家中康佳21寸彩电1台、荣事达洗衣机1台、容声冰箱1台、华凌分体空调4台变卖，共得款3 150元。案发后，公安机关将空调1台和洗衣机1台追回，发还其母，其余物品获得退赔14 500元。

检察机关以被告人文某犯盗窃罪，向人民法院提起公诉。法院经审理，依照《中华人民共和国刑法》第13条、最高人民法院《关于审理盗窃案件具体应用法律若干问题的解释》（已失效——编辑注）第1条第4项、《中华人民共和国刑事诉讼法》（1996年）第162条第2项的规定，判决被告人文某无罪。

【观点争议】

本案争议的观点在于文某的行为是否构成盗窃罪。

一种观点认为文某的行为构成盗窃罪，理由在于文某行为的主、客观方面都符合盗窃罪的

① 案例来源：最高人民法院刑事审判第一、二、三、四、五庭主办：《中国刑事审判指导案例（危害国家安全罪·危害公共安全罪·侵犯财产罪·危害国防利益罪）》，511页，北京，法律出版社，2009。

构成要件：文某主观上有非法占有的目的，客观上实施了盗取的行为。

另一种观点认为文某的行为不构成盗窃罪，理由是虽然文某的行为在主、客观方面符合盗窃罪的构成要件，但是根据最高人民法院1998年3月17日颁布的《关于审理盗窃案件具体应用法律若干问题的解释》第1条第4项的规定，偷拿自己家的财物或者近亲属的财物，一般可不按犯罪处理；确有追究刑事责任必要的，处罚时也应与在社会上作案的有所区别，不再作犯罪处理。

【法理分析】

犯罪主体的特殊身份，是指刑法所规定的影响行为人刑事责任的行为人人身方面特定的资格、地位或状态。以特殊身份形成的方式为标准，特殊身份可以分为自然身份和法定身份。自然身份是指行为人因自然因素所形成的身份，法定身份是指行为人基于法律因素所形成的身份。根据特殊身份对行为人刑事责任影响的性质和方式，特殊身份可以分为定罪身份和量刑身份。决定刑事责任是否存在的身份是定罪身份，决定刑事责任程度的身份是量刑身份。

在本案中，文某与王某系直系近亲属关系，文某的身份是自然身份。另外，根据最高人民法院《关于审理盗窃案件具体应用法律若干问题的解释》的规定，文某的身份一般是定罪身份，在特殊情况下，也有可能发挥量刑身份的作用。

需要注意的是，身份对刑事责任的影响方式，与具体的犯罪类型是有密切关联的。就本案而言，文某盗窃其直系血亲王某的财产，之所以会一般不按犯罪处理，是因为在家庭财产中，财产权属关系本来就是共同共有；另外，近亲属关系不同于一般社会关系，近亲属之间的财产纠纷有着与一般社会上财产纠纷不同的性质，所以才会在处理上与一般盗窃罪有所不同。但这并不意味着近亲属之间的犯罪，会因为行为人近亲属的自然身份当然获得不作为犯罪或者减轻处罚处理的结果。在亚洲其他一些国家和地区，有针对伤害或者杀害尊亲属的特别规定，如果行为人与被害人之间是尊卑亲属关系，则伤害或者杀害尊亲属的行为反而会受到较一般伤害或者杀害行为更为严厉的处罚。其历史根源在于我国封建社会曾经确立的“五服制罪”原则，按照礼制中为死去的亲属服丧的制度，把亲属分为五等，在刑法方面的适用原则是：亲属相犯，以卑犯尊者，处罚重于常人，关系越亲，处罚越重；以尊犯卑，处罚轻于常人，关系越亲，处罚越轻；亲属相奸，处罚重于常人，关系越亲，处罚越重；亲属相盗，处罚轻于常人，关系越亲，处罚越轻。

那么，于刑法或其他规范性文件没有规定自然身份对刑事责任如何影响的情形下，判断其对定罪量刑的影响方式应该根据行为人之行为所造成的社会危害性大小以及社会对该特定身份实施的危害行为的容忍程度进行判断，后种具体判断依据包括：行为人与受害人之间的日常关系如何、受害人对行为人的行为有无可能宽恕等因素。就本案而言，有观点认为，具备以下情形之一的，有必要追究刑事责任：（1）因盗窃曾受过刑事处罚或者劳动教养或者两次以上行政处罚的；（2）多次盗窃近亲属财物的；（3）近亲属要求追究刑事责任的；（4）以破坏性手段盗窃造成近亲属财产重大损失的；（5）近亲属是残疾人、孤寡老人或者丧失劳动能力的；（6）因盗窃导致近亲属死亡、精神失常或者其他严重后果的。[①] 笔者以为，以上情形只能作为判断对行为人是否需要追究刑事责任的依据，并不能作为唯一标准。例如，即使近亲属要求追究刑事

---

① 参见黄学冲、陆健：《盗窃近亲属财物“确有追究刑事责任必要”之认定》，载《人民检察》，2006（4）。

责任，也不意味着对行为人就必须追究刑事责任，还应该分析行为的社会危害性是否达到了需要追究的程度。

【要旨提示】

自然身份影响行为人刑事责任的有无和大小，是刑事司法中容易遇到的问题。如果规范性文件没有就自然身份对刑事责任的影响方式和性质作出规定，则应该结合自然身份所在的社会关系分析行为的社会危害性与社会容忍度，进而判断行为人刑事责任的有无和大小。

21. 姜某抢劫案①

——相对负刑事责任年龄的适用范围

【案情介绍】

2002年3月13日晚7时许，被告人姜某在上海市浦东新区阳光三村崮山路西大门附近，乘被害人不备，抓住被害人孙某的左手腕，抢夺得被害人孙某手中的A牌388型移动电话一部，价值人民币3 777元。之后，姜某乘出租车逃跑，被害人孙某亦乘出租车紧追其后。至浦东新区张扬路、巨野路路口时，被告人姜某下车，继续逃跑，并用路旁的水泥块砸向协助抓捕的出租车驾驶员严某，致其头面部多处软组织挫伤、鼻骨骨折，经鉴定，该伤属轻伤。

检察机关以被告人姜某犯抢劫罪，向人民法院提起公诉。法院依法经不公开审理查明后，依照《中华人民共和国刑法》第269条，第263条，第17条第2款、第3款，第53条，第64条之规定，于2002年7月12日作出如下判决：被告人姜某犯抢劫罪，判处有期徒刑1年6个月，并处罚金人民币500元。

【观点争议】

本案争议的焦点在于姜某的行为是否构成抢劫罪。解决该问题的关键，是对刑法第269条转化型抢劫罪规定的理解问题。刑法第269条规定："犯盗窃、诈骗、抢夺罪，为窝藏赃物、抗拒抓捕或者毁灭罪证而当场使用暴力或者以暴力相威胁的，依照本法第二百六十三条的规定定罪处罚。"

第一种观点认为，刑法第269条规定的是"犯盗窃、诈骗、抢夺罪……"，行为人姜某年龄不满16岁，只可能实施盗窃、诈骗、抢夺行为，不可能犯盗窃、诈骗、抢夺罪，因此，不符合转化型抢劫罪的构成，不构成抢劫罪。

第二种观点认为，尽管刑法的表述是"犯盗窃、诈骗、抢夺罪"，但并不意味着行为事实上已经构成盗窃、诈骗、抢夺罪的既遂，而是意味着行为人有犯盗窃罪、诈骗罪、抢夺罪的故意与行为。首先，事后抢劫罪之所以是财产罪，就是因为前行为是盗窃等财产罪。其次，"犯……罪"是一个动态过程，并不一定是指犯罪既遂，而是包括了犯罪未遂。再次，抗拒抓捕或者毁灭罪证是事后抢劫的目的，这意味着没有获得财物，也可能成立事后抢劫罪。最后，

---

① 案例来源：最高人民法院刑事审判第一、二、三、四、五庭主办：《中国刑事审判指导案例（危害国家安全罪·危害公共安全罪·侵犯财产罪·危害国防利益罪）》，341页，北京，法律出版社，2009。

抢劫罪的成立没有数额限制，所以事后抢劫也不应有数额要求。据此，只要行为人着手实行的盗窃、诈骗、抢夺行为，具有取得数额较大财物的危险性，行为人主观上具有盗窃、诈骗、抢夺数额较大财物的故意，不管是既遂还是未遂，不管所取得的财物数量大小，都符合“犯盗窃、诈骗、抢夺罪”的条件。[①] 基于同样的理由，已满 14 周岁、不满 16 周岁的人也能成为事后抢劫的行为主体。

【法理分析】

刑法第 17 条第 2 款规定：“已满十四周岁不满十六周岁的人，犯故意杀人、故意伤害致人重伤或者死亡、强奸、抢劫、贩卖毒品、放火、爆炸、投毒罪的，应当负刑事责任。”这段文字就相对负刑事责任年龄作出了规定。随即在实践中出现了一类案件，即已满 14 周岁、不满 16 周岁的未成年人在绑架案中杀害被绑架人，由于故意杀人的行为被包含在绑架罪的加重构成要件中，所以对这样的案件是按照故意杀人罪处罚还是按照绑架罪处罚还是无罪处理一时引发了理论的争议。为此，全国人大常委会法制工作委员会 2002 年 7 月 24 日《关于已满十四周岁不满十六周岁的人承担刑事责任范围问题的答复意见》规定，刑法第 17 条第 2 款规定的 8 种犯罪，是指具体犯罪行为而不是具体罪名。刑法第 17 条中规定的“犯故意杀人、故意伤害致人重伤或者死亡”，是指只要故意实施了杀人、伤害行为并且造成了致人重伤、死亡后果的，都应负刑事责任，而不是指只有犯故意杀人罪、故意伤害罪的，才负刑事责任，绑架撕票的，不负刑事责任。对于司法实践中出现的已满 14 周岁、不满 16 周岁的人绑架人质后杀害被绑架人，拐卖妇女、儿童而故意造成被拐卖妇女、儿童重伤或死亡的行为，依据刑法是应当追究刑事责任的。这是规范性文件将刑法规定的犯某罪，解释为行为人实施某犯罪的行为，而非构成具体罪名的范例。但是，该规定与将刑法第 269 条“犯盗窃、诈骗、抢夺罪……”的规定解释为实施盗窃、诈骗、抢夺罪的行为在条件上有所不同：根据全国人大法工委的这个意见，已满 14 周岁、不满 16 周岁的人是可以构成刑法第 17 条第 2 款规定的 8 类犯罪的，所面临的问题是其他犯罪的构成要件中包含这 8 种罪名时，行为人不构成其他犯罪，但能否单独构成这 8 种罪名。对此，因为无论从客观要件还是从主观要件上来看，已满 14 周岁、不满 16 周岁的人都是可以单独构成这 8 种罪名的，所以该意见的解释其实并不必要，即使不将这 8 类犯罪解释为犯罪行为，也可以将绑架后撕票的行为单独定为故意杀人罪；而后者将刑法第 269 条的规定解释为实施盗窃、诈骗、抢夺罪的行为时，行为人是已满 14 周岁、不满 16 周岁的未成年人的，其不能单独构成盗窃罪、诈骗罪、抢夺罪。因此，不能套用《关于已满十四周岁不满十六周岁的人承担刑事责任范围问题的答复意见》的逻辑来解释刑法第 269 条的规定。

关于刑法第 269 条的解释，第二种观点采取了是否构成犯罪既遂的观点，分析得出即使盗窃、诈骗、抢夺行为没有使财物脱离合法占有人的控制，也符合刑法第 269 条的规定，在抗拒抓捕、窝藏赃物过程中使用暴力或者以暴力相威胁的，构成转化型抢劫罪的结论。但是，犯某罪是构成某罪、成立某罪的意思，即使未遂，也可能构成某罪。早在 1991 年最高人民法院研究室在《关于盗窃未遂行为人为抗拒逮捕而当场使用暴力可否按抢劫罪处罚问题的电话答复》中就指出，根据最高人民法院、最高人民检察院 1988 年 3 月 16 日《关于如何适用刑法第一百五十三条的批复》的规定，行为人实施了盗窃、诈骗、抢夺行为，虽未达到“数额较大”，但

① 参见张明楷：《刑法学》，5 版，977 页，北京，法律出版社，2016。

情节严重的，也可适用（1979年）刑法第153条。因此，如果行为人“盗窃未遂”，即使尚未构成盗窃罪，但为抗拒逮捕而当场使用暴力或者以暴力相威胁，情节严重的，也可按（1979年）刑法第153条的规定，依照（1979年）刑法第150条以抢劫罪处罚；如果使用暴力或者以暴力相威胁情节不严重，危害不大的，不认为是犯罪。如果行为人盗窃未遂已构成盗窃罪，但使用暴力或者以暴力相威胁情节不严重，危害不大的，应以盗窃罪（未遂）从重处罚。可见犯某罪，是包括某罪的既遂与未遂的。所以，对已满16周岁、具备完全刑事责任能力的行为人来说，其实施盗窃、诈骗、抢夺行为，即使没有达到数额较大的程度，如果其使用暴力或者以暴力相威胁的情节较为严重，仍可以构成转化型抢劫罪。

但是，如果行为人是已满14周岁、不满16周岁的人，其情形与具备完全刑事责任能力的人有着根本的区别。因为刑法第269条规定的是犯盗窃、诈骗、抢夺罪，而已满14周岁、不满16周岁的人在主体上不能构成盗窃、诈骗、抢夺罪，在主观方面因为缺乏刑事责任能力也不可能形成盗窃罪、诈骗罪、抢夺罪的犯罪故意，尽管在心理事实上可能具备事实的故意，但在规范评价上不能评价为上述犯罪的犯罪故意，因此，已满14周岁、不满16周岁的人不可能犯盗窃、诈骗、抢夺罪，也就不存在转化成抢劫罪的可能。这与上述第二种观点中，行为人可能在客观方面不符合盗窃、诈骗、抢夺罪的既遂要件，但在主观方面具备完全的刑事责任能力，可以将其事实故意评价为犯罪故意有着根本的区别。

因此，已满14周岁、不满16周岁的人实施盗窃、诈骗、抢夺行为的，在窝藏赃物、抗拒抓捕或者毁灭罪证中，当场使用暴力或者以暴力相威胁的，不应该构成转化型抢劫罪。这一点在最高人民法院2006年1月23日施行的《关于审理未成年人刑事案件具体应用法律若干问题的解释》中可以得到印证，该解释第10条规定：“已满十四周岁不满十六周岁的人盗窃、诈骗、抢夺他人财物，为窝藏赃物、抗拒抓捕或者毁灭罪证，当场使用暴力，故意伤害致人重伤或者死亡，或者故意杀人的，应当分别以故意伤害罪或者故意杀人罪定罪处罚。已满十六周岁不满十八周岁的人犯盗窃、诈骗、抢夺罪，为窝藏赃物、抗拒抓捕或者毁灭罪证而当场使用暴力或者以暴力相威胁的，应当依照刑法第二百六十九条的规定定罪处罚；情节轻微的，可不以抢劫罪定罪处罚。”因为已满14周岁、不满16周岁的人在盗窃、诈骗、抢夺后为抗拒抓捕、窝藏赃物、毁灭罪证使用暴力或者以暴力相威胁的行为，不可能转化成抢劫罪，所以该解释不再将已满14周岁、不满16周岁的人的这种行为认定为转化型抢劫罪；但如果发生故意伤害致人重伤或者死亡，或者故意杀人的，则在行为的主观方面或者客观方面都符合刑法第17条第2款的规定，按照故意伤害罪或者故意杀人罪定罪处罚在定性上是合理的。

不过，已满14周岁、不满16周岁的人在上述情形中故意杀人的，按照故意杀人罪处罚，单纯比较这一规定而言，则较按照转化型抢劫罪处罚显得更重，因为刑法第232条规定“故意杀人的，处死刑、无期徒刑或者十年以上有期徒刑”，刑法第263条规定“有下列情形之一的，处十年以上有期徒刑、无期徒刑或者死刑，并处罚金或者没收财产：……（五）抢劫致人重伤、死亡的”。这与对未成年人从宽处罚的原则是有所冲突的。解决这一冲突的方式是要求司法工作人员在适用过程中，结合案件的全部情节，选择合理的刑罚种类进行处罚，与成年人同样情形下的犯罪要有所区别。

【要旨提示】

刑法第17条第2款规定的相对负刑事责任年龄，是指已满14周岁、不满16周岁的未成年人对8类严重犯罪在主观方面和客观方面都符合犯罪构成的情形，对行为和故意的评价既是事实的评价，也是规范的评价，刑法判断构成要件是否能满足，不能仅以事实的评价为充分条件，还必须在事实评价的同时进行规范评价，只有在事实评价和规范评价都符合的情况下，才能够认为行为人的行为构成特定的犯罪。

22. 王乙故意伤害案①

——限制刑事责任能力精神病人的认定

【案情介绍】

被告人王乙由于父母长期干涉其婚姻以及将家中9万元房款给其妹妹王甲一人买房等缘故，认为父母偏向其妹妹，因此与家人产生严重隔阂。又因自己长期身体不好，乃怀疑父母有意延误自己的治疗，是想害死自己，王乙逐渐产生了报复家人的念头。1999年5月28日下午1时许，王乙在A市人民东路41号医疗器械化学试剂专业商店购得硫酸1瓶，回家后即将半瓶硫酸悄悄倒入茶杯中，而后打电话约其母亲倪某、妹妹王甲、妹夫黄乙、姨侄黄甲一起到其居所吃饭。当天20时30分左右，王乙乘被害人王甲和黄乙要回家之机，端着盛有硫酸的茶杯，佯装与母亲倪某送王甲和黄乙下楼。当倪某问及其端茶杯干什么时，王乙谎称是开水，口渴要喝。在行至某村94A幢住宅东侧暗处时，被告人王乙说了声“对不起你们了”后，突然将硫酸泼向王甲、黄乙、倪某。王甲、黄乙被泼硫酸后因痛苦发出尖叫，王乙即将自己的外套脱给其妹妹王甲，并到楼上端水给王甲冲洗。经A市公安局法医鉴定，被害人王甲、黄乙、倪某损伤程度均为重伤，其中被害人王甲、黄乙的伤残等级达到三级，被害人倪某的伤残等级为九级。案发后，被告人王乙的父母反映王乙平时精神不正常，A市公安分局先后于1999年6月7日、6月30日分别委托江苏省A市精神疾病鉴定委员会和江苏省精神疾病鉴定委员会对王乙进行了两次精神疾病司法鉴定，结论均为“王某患有精神分裂症，作案时无责任能力”。据此公安机关将王乙释放。对此鉴定结论，被害人王甲难以接受，通过各种方式提出异议，多次要求公安、检察机关对王乙重新进行精神疾病鉴定。A市公安分局又委托司法部司法鉴定科学技术研究所对王乙作了精神疾病司法鉴定，该所于1999年12月2日作出鉴定书，结论为“王乙无精神病，作案系情绪反应所致。王乙具有完全责任能力”。

检察机关以被告人王乙犯故意伤害罪向人民法院提起公诉。附带民事诉讼原告人王甲、黄乙提起附带民事诉讼。法院经公开审理，依照《中华人民共和国刑法》第234条第2款、第57条第1款、第36条和《中华人民共和国民法通则》第119条之规定，判决如下：被告人王乙犯故意伤害罪，判处死刑，剥夺政治权利终身；被告人王乙赔偿附带民事诉讼原告人王甲、黄乙医疗费、交通费、误工费等，共计人民币74 472.10元。一审宣判后，被告人王乙没有上诉，公诉机关也没有抗诉。A市中级人民法院依法报请江苏省高级人民法院核准对被告人王乙的死刑判决。在复核期间，因为前3次精神病鉴定意见相互矛盾，江苏省高级人民法院认为有必要进行重新鉴定，于是依法组织医学专家，对被告人王乙进行了第四次精神疾病鉴定，并于2000年10月20日作出“被告人王乙患有精神分裂症，无刑事责任能力”的

① 案例来源：最高人民法院刑事审判第一、二、三、四、五庭主办：《中国刑事审判指导案例（侵犯公民人身权利、民主权利罪）》，255～256页，北京，法律出版社，2009。

鉴定意见。因4份鉴定意见分歧很大，江苏省高级人民法院决定委托最高人民法院司法鉴定中心组织精神病学专家对王乙进行第五次复核鉴定，结论为王乙在犯罪时具有限制刑事责任能力。据此，江苏省高级人民法院复核认为，被告人王乙故意伤害他人身体，致人重伤，其行为已构成故意伤害罪，且手段特别残忍，致3人重伤，其中2人严重残疾，后果特别严重，依法应从严惩处。鉴于被告人王乙作案时不能完全辨认、控制自己的行为，故可以从轻处罚。原审人民法院认定被告人王乙为完全刑事责任能力人，判处死刑不当，应予改判。遂依照《中华人民共和国刑法》第234条第2款、第57条第1款、第18条第3款和《最高人民法院关于执行〈中华人民共和国刑事诉讼法〉若干问题的解释》第276条之规定，于2001年4月27日判决：被告人王乙犯故意伤害罪，判处死刑，缓期2年执行，剥夺政治权利终身。

【观点争议】

关于本案的处理，存在着三种意见：第一种意见认为，行为人因患精神疾病，系完全无刑事责任能力人，对故意伤害行为不负刑事责任。第二种意见认为，行为人系完全刑事责任能力人，对故意伤害行为负完全的刑事责任。第三种意见认为，行为人系限制刑事责任能力人，在实施故意伤害行为过程中，其辨认和控制自己行为的能力有所减弱，对其可以从轻或者减轻处罚。

【法理分析】

在案件的审理过程中，之所以出现如此大的争议，以至于即使在死刑判决生效后，江苏省高级人民法院在组织第四次精神疾病鉴定后，仍然不能确定行为人行为时的精神状况，最后报请最高人民法院对本案行为人进行第五次鉴定，出于审判的最终性及权威性，才使本案有了结果，其原因就在于对限制刑事责任能力的精神病人的判断标准存在着实际操作困难的问题。

我国1979年刑法对限制刑事责任能力精神病人的刑事责任没有作出规定，实践中的案件引发了学者的探讨。对此，有学者归纳认为，对于介于完全有刑事责任能力和完全无刑事责任能力之间的精神疾病患者的责任存在三种观点：第一种观点认为，限制责任能力还是属于有责任能力的范畴，责任能力减弱不等于刑事责任和刑罚应减轻，因而限制刑事责任能力的精神病人应承担完全的刑事责任；第二种观点认为，限制责任能力的精神病人首先需要的是治疗，对他们判刑既不科学也不人道，而且减轻处罚也不意味着减轻刑事责任，判处刑罚的事实本身就是让行为人负完全刑事责任的标志，因而限制责任能力的精神病人应像无责任能力的精神病人一样，不承担任何刑事责任；第三种观点认为，限制责任能力的精神病人实施刑法禁止的危害行为的，应当负刑事责任，但又应当减轻其刑事责任。① 1997年刑法增加规定，“尚未完全丧失辨认或者控制自己行为能力的精神病人犯罪的，应当负刑事责任，但是可以从轻或者减轻处罚”。不过，虽然从立法上规定了限制刑事责任能力的精神病人的刑事责任原则，但在实际判断中仍然存在问题。精神病人的限制刑事责任能力是介于完全无和完全有刑事责任能力之间，其辨别和控制自己行为的能力只是有所减弱，而不是完全丧失，而且在医学角度和规范学角度没有建立起完全对应的关系，使得在判断行为人是否是限制刑事责任能力的精神病人、行为人

① 参见高铭暄：《刑法专论》，上编，229页，北京，高等教育出版社，2002。

是否因精神疾病减弱了对自己行为的辨认和控制能力时，司法鉴定往往发挥着举足轻重的作用。

在本案中，之所以出现对行为人刑事责任不同的认定，根源在于不同的司法鉴定对行为人是完全具备刑事责任能力的人，还是完全不具备刑事责任能力的精神病人，抑或具备一定刑事责任能力的限制刑事责任能力人有着不同的结论。由此，可以看出，在处理涉及精神病人的刑事案件时，医学鉴定已经成为重要的标准。尽管在理论上，我国主流观点认为对精神病人刑事责任能力的判断应该采取医学与法学相结合的标准，但实际判断时，医学的标准几乎占据了统治的地位。法学的标准只是在医学标准结论的基础上，对行为人辨认和控制自己行为能力状况的判断，而这些，由于专业的原因，还是要依赖于司法鉴定人员对医学鉴定意见的解析。

那么，在多个鉴定意见相互矛盾的情况下，采信哪个鉴定意见就成为案件定性的关键。对此，可以对鉴定机构的权威性、鉴定人的执业经验、鉴定过程有无瑕疵、鉴定方向有无偏重进行考量。

【要旨提示】

虽然对精神病人的刑事责任能力的司法鉴定，在理论上是医学标准与心理学标准的结合，但医学的标准实际上发挥着支配的作用。在面对多份意见不同的司法鉴定时，应当分析鉴定意见的上述要素来判断鉴定意见的可信度，从而选择最为合理的鉴定意见。

23. 苏某等敲诈勒索案①

——刑法第19条“盲人”犯罪的认定

【案情介绍】

被告人苏某和被告人王某经预谋，决定向宾馆、酒店发送具有恐吓内容的电子邮件，以勒索财物。苏某提供了其冒用“尹跃才”的身份在吉林市中国工商银行和中国建设银行所办理的两张银行卡，作为接收敲诈所得钱款的账号。王某则使用电脑注册了户名为“boomhello@163.com”的电子邮箱，并于2006年6月9日和16日先后通过该邮箱向北京市某宾馆和广东省东莞市的某酒店发送电子邮件，以爆炸相威胁，各勒索人民币20万元，并要求将该款汇往苏某所开上述账户内。某宾馆和某酒店接到恐吓电子邮件后即向公安机关报案，二被告人于2006年6月23日被抓获归案。

检察机关以被告人苏某、王某犯敲诈勒索罪，向人民法院提起公诉。一审法院经公开审理，依照《中华人民共和国刑法》第274条、第25条第1款、第23条之规定，判决如下：(1) 被告人苏某犯敲诈勒索罪，判处有期徒刑3年6个月。(2) 被告人王某犯敲诈勒索罪，判处有期徒刑3年6个月。一审宣判后，被告人苏某、王某提起上诉，其中苏某上诉称：原判认定事实不清，量刑过重。其双眼矫正视力分别为0.06和0.08，并持有吉林市某区人民政府残疾人联合会颁发

① 案例来源：最高人民法院刑事审判第一、二、三、四、五庭主办：《中国刑事审判指导案例（危害国家安全罪·危害公共安全罪·侵犯财产罪·危害国防利益罪）》，749～750页，北京，法律出版社，2009。

的视力残疾证书，可以证明其属于“盲人”，依法可以从轻、减轻或者免除处罚。二审经审理认为，一审判决认定事实清楚，证据确实、充分，定罪准确，量刑适当，审判程序合法，应予维持，遂依照《中华人民共和国刑事诉讼法》（1996 年）第 189 条第 1 项之规定，裁定驳回上诉、维持原判。

【观点争议】

本案争议的核心，是如何理解盲人的问题。

一种观点认为，盲人是指双目失明的人或者丧失视力的人。多数刑法教科书中都持此种观点。①

另一种观点认为，盲人是指按照国家有关标准视力能力降低到一定程度或者完全丧失视力的人。

【法理分析】

我国刑法第 19 条规定，又聋又哑的人或者盲人犯罪，可以从轻、减轻或者免除处罚。但对于什么是盲人，法律并没有作出具体解释。《现代汉语词典》（第 7 版）对盲人的解释是：“失去视力的人。”不过，失去视力的表述并没有对视力程度作解释，因此出现了上述两种对盲人的理解，即前者认为失去是指完全失去，后者认为深度失去视力到一定程度就可以界定为盲人。

在规范性文件上，现有对“盲”的比较权威性的解释有 2014 年 1 月 1 日最高人民法院、最高人民检察院、公安部、国家安全部、司法部《人体损伤程度鉴定标准》和中国残疾人联合会制定的《中国残疾人实用评定标准》。前者对盲的界定是：以最好眼的矫正视力为依据，视力大于/等于 0.3 属轻度或无视力损害，视力小于 0.3、大于/等于 0.1 属于视力损害一级，视力小于 0.1、大于/等于 0.05 属于视力损害二级，视力小于 0.05、大于/等于 0.02 属于盲目三级，视力小于 0.02 到仅有光感属于盲目四级，双目无光感属于盲目五级。后者对盲的界定是：以最好眼的矫正视力为依据，视力小于 0.3、大于/等于 0.1 属视力二级低视力，视力小于 0.1、大于/等于 0.05 属于一级低视力，视力小于 0.05、大于/等于 0.02 或视野半径小于 10 度属于二级盲，视力小于 0.02、大于/等于无光感或视野半径小于 5 度属于一级盲。这两种标准在盲的判断标准上，除了后者在视野范围有另外的要求外，都将视力小于 0.05 作为认定“盲”的临界点。

那么，对盲人应该如何理解呢？对这个问题的回答，必须对我国规定盲人犯罪可以从轻、减轻或者免除处罚的立法意图进行分析。理论上认为，达到刑事责任年龄即标志着刑事责任能力的完备，但是行为人可能因为重要生理功能的丧失而导致其刑法意义上的辨认和控制能力的削弱甚至丧失。正是基于这种考虑，我国刑法对生理功能缺陷者即又聋又哑的人、盲人的刑事责任作了特殊规定。刑法对这部分人从宽处罚的规定使用了“可以”的字眼，其用意在于要求司法人员查明行为人辨认和控制自己行为的能力是否因为其生理功能的缺陷而削弱或者丧失，即在生理功能缺陷与刑事责任能力减弱之间确认有无因果关系，只有在确认有因果关系的情况下，才可以适用从轻、减轻或者免除刑罚处罚的规定。

在对盲人的理解上，同样应该遵循这样的原则，但对刑法概念上的理解，其他规范性文件

---

① 参见高铭暄、马克昌主编：《刑法学》，7 版，94 页，北京，北京大学出版社、高等教育出版社，2016；张明楷：《刑法学》，5 版，311 页，北京，法律出版社，2016。

的规定只能作为参考，并不能作为判断的直接理由。这是因为：第一，前述《人体损伤程度鉴定标准》《中国残疾人实用评定标准》将0.05作为判断是否是眼盲的标准，但其立法的意图和刑法有关盲人刑事责任的意图不同。《人体损伤程度鉴定标准》是为了判断行为对被害人人身伤害的程度，借以确定行为人刑事责任的大小；《中国残疾人实用评定标准》是为了给残疾人群体的残疾等级建立评价系统，从而使不同残疾等级的人可以依法享受不同的残疾人待遇。这两种立法意图中，与刑事责任有直接关联的只有《人体损伤程度鉴定标准》，但其与盲人刑事责任的特殊规定在逻辑上恰好是反向的，因此，其作为判断盲人刑事责任的标准并不具有绝对的可靠性。第二，这两部规范性文件虽然在认定眼盲的0.05标准上具有一致性，但并不能得出视力大于/等于0.05的生理功能缺陷不会导致行为人辨别和控制自己行为能力的削弱甚至丧失。在本案中，被告人苏某最好眼的矫正视力为0.08，应当说，这也是严重程度的视力丧失，不排除个别行为人因为视力在0.08而导致其辨别和控制自己行为的能力有所削弱甚至丧失。只要视力有严重问题，就可能出现行为人刑事责任能力降低的情形，但这并非一定都符合刑法上所规定的盲人法定从宽处罚情节，而可能是酌定从宽处罚情节。笔者以为，正是出于这样的考虑，教科书上对盲人才作了完全丧失视力的理解，因为在这种情况下，对行为人才可能适用法定从宽处罚情节，在其他情况下，行为人视力有严重问题，可能影响其刑事责任能力的水平，但只作为酌定从宽处罚情节来考虑。

就本案而言，苏某与王某合谋，实施虚假恐怖诈骗行为，该情节一般为具备完全刑事责任能力的行为人犯罪所具有，至于苏某的成长经历，在本案中没有作为判断的依据，不能不说是案件存疑之处。笔者以为，对盲人的理解，如果限于完全丧失视力，过于狭隘，与刑法关于盲人刑事责任的特殊规定不相符合。但在刑法没有对盲人作出明确解释的前提下，对于盲人作此解释，反而有利于该条文的适用；如果依照《人体损伤程度鉴定标准》或者《中国残疾人实用评定标准》的有关规定，则存在着前述的种种问题。但解决该问题的根本途径，应该是由国家立法机关通过立法解释的方式对盲人进行解释，划定一定视力范围的人群为盲人。

【要旨提示】

对刑法规范特定术语的理解，参考其他规范性文件具有一定的合理性，但必须分析其他规范性文件与刑法规定的立法意图是否一致。在现有条件下，刑法第19条所谓“盲人”一般被理解为完全丧失视力的人。

24. 王甲等走私普通货物、虚开增值税专用发票案①

——单位犯罪的认定

【案情介绍】

1995年7月至1998年1月，被告人王甲先后安排A公司与C市烟草局、H省移动局、W市电信局等单位签订代理进口合同6份，自己或通过他人采用伪报、瞒报等手段，将上述单位

① 案例来源：最高人民法院刑事审判第一、二、三、四、五庭主办：《中国刑事审判指导案例（破坏社会主义市场经济秩序罪）》，66～72页，北京，法律出版社，2009。

购买的设备走私进口。具体犯罪事实如下：(1) 1995年7月，经王甲出面商谈并授权王乙代表A公司于同年9月22日与C市烟草局签订了锅炉设备的代理进口合同。王乙将上述锅炉设备从香港运抵C市后，即找C市海关申报科关员周某帮忙逃避海关监管，周某表示同意，但提出要人民币20万元。经请示王甲同意后，王乙答应了周某的要求。随后，周某伙同他人签字，将该批设备从C市海关监管点放行。尔后，周某又伙同K控股有限公司的洪某伪造了C市海关报关单、税单，并交给了王乙。为此，王乙送给周某人民币20万元。经C市海关核实，进口该批锅炉设备共计偷逃关税人民币80.042 733万元。(2) 1996年12月3日，H省邮电局下属企业S公司为买方，M公司为卖方，H省移动局为最终用户签订了购买GSM蜂窝系统设备的合同。1997年3月，该合同项下一批GSM蜂窝系统设备运抵C市，需在C市海关报关缴税。在此期间，王甲通过陈某出面做工作，于同年3月10日与S公司代表黄某签订了代理协议、补充代理协议，约定由A公司代理报关，免收代理费。尔后，王甲安排王乙，通过给C市海关关员彭某、杨某各10万元，直接从C市海关监管仓库N储运公司将设备提出交给S公司。为取得报关单，王甲还要王乙找H省外运公司报关行制作两份报关单交给杨某，并由杨某私自加盖了“C市海关验讫章”。为取得海关关税和增值税税单，王甲又找到C市海关关员李某制作了C市海关进口关税和C市海关代征增值税专用缴款书。王乙冒充C市海关税单复核人之名签字并加盖王乙伪造的“中华人民共和国C市海关缴讫专用章”。A公司将上述报关单、税单交给S公司。经C市海关核实，该批设备共计偷逃关税人民币179.740 865万元。(3) 1997年年初，H省邮电局由S公司负责购买扩容设备，王甲获悉该信息后，便与陈某商定，由陈某以A公司董事长的身份出面与S公司黄某达成由A公司代理进口DDN设备的意向。陈某代表A公司为买方，H省数据通信局为最终用户签订了购买DDN的外贸合同。S公司与A公司又签订了财务代理协议。同年7月中旬，该合同项下第一批设备被运至香港，存放在香港Z公司，王甲要求其前夫王丙帮忙入境。王丙通过广东李甲将该批设备运至广州，并提供了一份报关单。随后，王甲指派A公司职员将设备从王丙处提回，存放于C市某大厦仓库。事后，A公司付给王丙“通关费”人民币25万元。在此期间，T公司报关员刘某主动与王乙联系，自称该公司系军队企业，要求为A公司包税进口电信设备。王甲遂指派王乙到深圳与刘某商定，A公司第二批DDN设备由T公司以应缴税款的40%包税进口。同年8月，第二批设备运抵香港，刘某将设备走私入境并运至C市。A公司将上述两批设备交给S公司。经C市海关核实：两批DDN设备共计偷逃税款人民币1 701.323 305万元。(4) H省邮电局通过考察，决定由A公司按应缴税款的70%包税代理进口GSM设备。1997年5月31日，陈某代表买方A公司与卖方M公司及最终用户H省移动局签订了购买GSM蜂窝系统设备的内外贸合同。与此同时，黄某代表S公司与A公司签订了补充协议，约定S公司作为A公司该次合同的财务代理。在此过程中，王甲指派王乙找到刘某，要刘某负责货物进关。设备运抵香港Z公司，刘某以A公司指定的接货人身份从香港Z公司将商业发票、装箱单拿走，持T公司申报书到深圳海关申请进口军免设备并获得批准。设备运抵H省后，王乙将铁路运输货票带回C市，与设备一起交给H省移动局。在此期间，A公司将该部分设备转关至C市，王甲、王乙安排A公司员工制作虚假发票降低价格，由王乙持假发票于同年9月2日、8日和11月21日分别以H省对外贸易实业有限公司（A公司挂靠单位）和A公司名义在C市海关办理报关手续。经C市海关核实，A公司此项共计偷逃税款人民币6 967.176 598万元。(5) 1997年7月21日，陈某代表买方A公司与卖方M公司、最终用户H省移动局签订了GSM外贸合同。同年10月，王甲代表卖方A公司与买方H省移动局签订了GSM内贸合同。同年11月27日，A公司又与

S公司签订补充协议，约定由S公司作为A公司的财务代理，收取代理服务费。1998年3月，王甲与广州R公司总经理姚某商定，由姚某将上述合同项下设备从香港通关入境并运抵C市，王甲支付姚某人民币350万元“通关费”。姚某叫人提货后偷逃入境并将货物从东莞泰美火车站发运至N储运公司。经C市海关核实，该项设备共偷逃税款人民币2 557.827 469万元。(6) 1997年7月，W市电信局扩建工程启动，瑞典L公司为设备供应商。王甲获悉后，与W市电信局谈定按外贸合同总价值15.2%的费用包税代理进口GSM设备，由Q公司出面同W市电信局协调关系，负责办理在W市内的运输、保险及收款等事项，A公司按4%支付费用。1997年10月10日，Q公司吴某代表买方A公司与卖方L公司和最终用户W市电信局签订了外贸合同。随后，王甲安排王乙找刘某帮忙通关。王乙再次与刘某约定：由刘某负责将合同项下设备以人民币40万元/卡的价格通关，并运往W市。此后，王乙按约定付给刘某“通关费”人民币1 000万余元，Q公司按约将上述设备交给了W市电信局。经C市海关核定，上述17卡设备中的1 653件共计偷逃税款人民币5 153.812 399万元。

【观点争议】

关于本案是自然人犯罪还是单位犯罪有两种意见：

第一种意见认为，本案走私普通货物罪系单位犯罪。其理由是A公司系依法设立的单位，有固定的人员和场所，并且进行了正常的经营活动。其从事走私、行贿、虚开增值税专用发票犯罪等活动虽系总经理王甲个人决定，但王甲是A公司的主要负责人，且大部分犯罪活动是由A公司职工完成的。同时，现有证据证实犯罪所得有一部分偿还了犯罪之前的A公司贷款，有一部分为A公司缴纳了税款，且没有证据证明A公司的犯罪所得归个人所有。

第二种意见认为，本案走私普通货物罪系自然人犯罪。其理由是：所有犯罪都是王甲组织、指挥、实施的，且该公司的账目、资料已不全，无法对其犯罪所得进行全面的司法会计鉴定，对其犯罪所得数额及去向不能作出准确认定。

【法理分析】

关于单位犯罪的认定，是刑法理论上和实务中比较棘手的问题。刑法第30条规定，“公司、企业、事业单位、机关、团体实施的危害社会的行为，法律规定为单位犯罪的，应当负刑事责任”，但是并没有对如何区分自然人犯罪和单位犯罪作出规定。这样在实践中，当犯罪既可以由单位实施，也可以由自然人实施，且案件中涉及单位时，就存在判断上的困难。对于目前关于单位犯罪的概念，我国有学者归纳了其中比较有代表性的观点，兹介绍如下。

第一种观点认为，单位犯罪，是指单位的法定代表人或者代理人，经单位全体成员或决策机构集体决定或授权，以单位的名义实施的侵害我国刑法所保护的社会关系的行为。

第二种观点认为，单位犯罪是指单位代表、主管人员或者直接责任人员在职务范围内以法人名义为法人利益而实施的犯罪行为。

第三种观点认为，单位犯罪是指单位的主管人员或者直接责任人员在职务活动中，以单位的名义，根据单位决策机构的旨意，为单位利益实施依法应受刑罚处罚的犯罪行为。

第四种观点认为，单位犯罪是指公司、企业、事业单位、机关、团体为本单位谋取非法利益，经单位集体研究决定或者负责人员决定实施的犯罪行为。

第五种观点认为，单位犯罪是指单位机关经过决策程序批准，委托单位属员或其他自然人，为谋取单位利益而实施的犯罪行为。

第六种观点认为，单位犯罪是指企业、事业、机关、团体在单位机关或其负责人员的决策下，为了单位利益，故意或者过失实施的危害社会的、依照法律应当受刑罚处罚的行为。

第七种观点认为，单位犯罪，是指单位组织内部成员反映单位意志，以单位名义，为单位利益，在执行职务活动中，故意或者过失实施的严重危害社会、依照法律应当受到刑罚处罚的作为和不作为。①

上述这些概念中，有些涉及了相关学者认为将单位犯罪和自然人犯罪相区别的特点，例如单位犯罪的决策主体问题、决策程序问题，是否要以单位的名义实施，是否必须出于为了单位利益的目的，是否必须由单位直接责任人员具体实施，等等。

笔者以为：单位犯罪与自然人犯罪的根本区别，不在于行为的客观方面，而在于行为的主观方面。因为单位作为一种社会组织，其意志的落实最重要依赖于自然人的行为，所以行为的客观方面不会为单位犯罪与自然人的区别提供标准。因此，认为单位犯罪应该由单位直接责任人员具体实施的观点②并不正确。

单位犯罪的决议，一定是由单位的主管人员或者单位的直接责任人员所实施的，这是单位犯罪在主观方面与自然人犯罪的区别所在。单位犯罪的意识/意志一般是一种集体意识/意志，在有些情况下，单位的掌权者通过单位的决策程序形成的意识/意志也是单位的意识/意志。另外，即使是单位决策层集体作出决定，但如果决策层并没有按照单位所规定的决策程序进行诸如召开会议、表决通过等，则也不宜认定为构成单位犯罪。因为没有根据单位所规定的决策程序形成的决策层的集体意识/意志，是不符合单位相对独立人格的另一种多数人意识/意志的集合而已，这种情形认定为单位决策层人员的共同犯罪更为合理。因此，在判断行为是否受单位意识/意志支配时，应该看该意识/意志是否是有权为单位作决定的人所作的，以及这些人或者某个人是否遵循了单位的议事决策章程、惯例。

在界定单位犯罪与自然人犯罪的区别时，有一种主流的观点认为，单位犯罪主观上必须是为了单位的利益。但是私分国有资产罪、私分罚没财物罪虽然是单位犯罪，却没有为单位谋取利益。因此，有学者在界定单位犯罪的主观方面时，认为单位犯罪的主观方面应该界定为为单位谋取非法利益，或者以单位名义为本单位全体成员或者多数成员谋取非法利益③；并明确指出为单位全体成员或者多数成员谋取非法利益是针对私分国有资产罪和私分罚没财物罪而言的。笔者以为：从为单位谋取利益到为单位谋取非法利益，虽然在利益上更清楚地界定为非法性，但同样存在着问题。例如，单位行贿罪，是为单位谋取不正当利益，而非法利益的概念显然小于不正当利益，如果将单位犯罪的主观上界定为谋取非法利益，则至少单位行贿罪会有相当部分不能适用。另外，为单位谋取利益的界定方式，在单位过失犯罪的场合，就会出现无法适用的问题，单位过失犯罪与自然人过失犯罪的区别将无所适从。

因此，在判断单位犯罪与自然人犯罪的区别时，唯一的标准应该是单位主观方面的形成过程是否符合单位相对独立的人格，具体来讲，一方面，支配特定行为的意识/意志是否是单位的有权者所作的，其中有权者的管理单位的权力必须是根据单位的章程、惯例所确定的；另一方面，该意识/意志的形成是否是有权者依照单位的议事决策章程、惯例所作的。只有同时满足这两方面的意识/意志才是单位的意识/意志，在此意识/意志支配下的犯罪才能够被认定为单位犯罪。至于为单位谋取利益的标准，只能作为判断单位犯罪的主要参考依据。

---

① 参见高铭暄主编：《刑法专论》，上编，232～233页，北京，高等教育出版社，2002。

②③ 参见张明楷：《刑法学》，5版，135页，北京，法律出版社，2016。

具体到本案中，行为人王甲、王乙二人一个是单位的主管人员、另一个是单位的具体办事人员，在具体的走私普通货物犯罪实施中，都是由主管人员王甲组织、指挥，王甲的身份使其有权对单位的经营管理作出决定，但由于对其决策程序是否正当关注不够，一审、二审得出了截然不同的结论。一审、二审所关注的，都是行为人的行为是否为单位谋取了利益，是否存在为行为人自身谋取利益的问题。一审以证据不足的问题，推定行为人有为自己谋取利益的事实，所以认定不构成单位犯罪；二审以王甲是A公司的主要负责人，且大部分犯罪活动是由A公司职工完成的，同时，现有证据证实犯罪所得有一部分偿还了犯罪之前的A公司贷款，有一部分为A公司缴纳了税款，且没有证据证明A公司的犯罪所得归个人所有为由，对于没有证据证明犯罪所得归个人所有的部分作了有利于被告人的推定。从法律原则的适用来讲，二审的结论更为合理。但同时应该看到，由于是私营企业，公司的总经理的职权可谓是企业的一切重要行为的依据。因此，王甲基本上不需要任何规范的程序，只要是涉及企业管理方面的职权行使，就代表了企业的意志，因此，在本案中，将王甲、王乙的行为认定为单位犯罪是合理的。

【要旨提示】

特定犯罪行为是否被认定为单位犯罪，应该看支配该犯罪行为的意识/意志是否具备单位的独立人格。具体来说，一方面，支配特定行为的意识/意志是否是单位的有权者所作的，其中有权者的管理单位的权力必须是根据单位的章程、惯例所确定的；另一方面，该意识/意志的形成是否是有权者依照单位的议事决策章程、惯例所作的。只有同时满足这两方面的意识/意志才是单位的意识/意志，才能够认定为单位犯罪。

25. 胡某故意杀人案[①]

——以特别残忍手段致人死亡

【案情介绍】

被告人胡某认为村干部黄某等三人分地时对其不公，一直欺压自己，遂对黄某等怀恨在心，预谋将黄某杀害，并为此准备了杀人工具尖刀一把。2011年11月7日19时30分许，胡某得知黄某与其他工作人员来村里做群众工作，即一边尾随其后，一边用脏话挑衅黄某，途中趁黄某不备之机，用事先准备的尖刀朝黄某左侧后背猛刺一刀。黄某因左肺下叶破裂、心脏破裂致心肺功能衰竭、失血性休克而死亡。当晚，胡某主动拦下警车，向公安机关投案。

检察机关以故意杀人罪对被告人胡某提起公诉。一审法院经审理，依照《中华人民共和国刑法》第232条、第67条第1款、第49条第2款、第57条第1款之规定，判决如下：被告人胡某犯故意杀人罪，判处死刑，剥夺政治权利终身。被告人胡某上诉后，二审法院经审理，根据《中华人民共和国刑法》第232条、第17条第1款、第49条第2款、第57条第1款、第67条第1款以及《中华人民共和国刑事诉讼法》（1996年）第189条第2项之规定，判决如下：(1) 撤销一审法院判决中对被告人胡某的量刑部分，维持判决的其他部分。(2) 被告人胡某犯

① 案例来源：最高人民法院刑事审判第一、二、三、四、五庭主办：《刑事审判参考》，总第90集，北京，法律出版社，2013。

故意杀人罪，判处无期徒刑，剥夺政治权利终身。

【观点争议】

本案在审理过程中，关于胡某的行为是否属于“以特别残忍的手段致人死亡”存在两种不同的观点：一审法院认为：被告人胡某主观上具有事先准备尖刀的故意，且预谋杀害三人，客观上又尾随、辱骂黄某并公然持刀猛刺黄某的背部，致黄某心、肺破裂后死亡，应当认定“以特别残忍手段致人死亡”，依法应当严惩。二审法院则认为：被告人胡某为泄私愤，预谋故意非法剥夺他人生命，其行为构成故意杀人罪。胡某实施犯罪时已年满 75 周岁，其作案手段不属于特别残忍，依法对其可不适用死刑。

【法理分析】

2011 年《刑法修正案（八）》第 3 条在刑法第 49 条中增加一款作为第 2 款：“审判的时候已满七十五周岁的人，不适用死刑，但以特别残忍手段致人死亡的除外。”在《刑法修正案（八）》中，该条文的修正十分重要：首先，该条是对刑法总则进行的修改；其次，该条是老年人犯罪从宽制度的重要内容；最后，该条排除了一定情况下对年满 75 周岁的老年人适用死刑，相当于废除了部分死刑适用。

《刑法修正案（八）》的一次审议稿中，对于老年人犯罪不得适用死刑并未附加任何限制，很多意见认为对老年人犯罪不适用死刑的规定总体上是合适的，但是也不能一概而论，应当增加一定的限制条件，故最终通过的《刑法修正案（八）》的第 3 条，并未完全排除对犯罪的年满 75 周岁的人适用死刑，对于以特别残忍手段致人死亡的仍然保留了适用死刑的可能性。

对于老年人犯罪从宽处罚，乃至限制对犯罪老年人死刑的适用，我国古已有之，“从我国奴隶制的西周刑法，经封建制的《法经》、汉律、唐律、宋元明清诸朝法律，直到近代的《大清新刑律》，都把达到一定年龄（最低 60 岁以上，最高 90 岁以上）的老年犯罪人作为减免刑罚的对象加以规定”①。我国台湾地区现行“刑法”第 63 条亦规定：未满 18 岁人或满 80 岁人犯罪者，不得处死刑或无期徒刑，本刑为死刑或无期徒刑者，减轻其刑。而综观国外的刑事立法，但凡对老年人犯罪规定了免除死刑适用的，均未对其附加限制条件。故有学者提出：世界卫生组织公布的《2006 年世界卫生报告》显示，中国男性平均寿命 70 岁，女性 74 岁，人均寿命 72 岁。此次修正案八中规定的是 75 周岁，比我国人均寿命要高。这表明 75 周岁以上的老年人在我国属于高年龄的老年人，犯罪能力大大降低。且既然我们规定了对老年人犯罪从宽处罚、限制适用死刑，那么就应当改革得更加彻底，学习国外的立法例，对所有的老年人犯罪不分情形均不得适用死刑。

笔者认为，这种意见是可取的。既然此次刑法修正案将年满 75 周岁的老年人犯罪纳入了免除死刑的范畴，那么就应当对于审判的时候年满 75 周岁的老年人，不论其是否采取了特别残忍的手段致人死亡，都不应适用死刑。但是，在此次修正案中已经规定了限制条件的现实情况下，也即在立法层面难以突破的情况下，应当在司法层面上有所作为，即对“以特别残忍手

---

① 赵秉志：《论老年人犯罪的刑事责任问题》，载《法学家》，1988（2）。

段致人死亡”进行严格解释。

“残忍”一词，古已有之。《盐铁论·褒贤》中有“赵绾、王臧之等，以儒术擢为上卿，而有奸利残忍之心”。《三国志·魏志·董卓传》中亦有“卓性残忍不仁，遂以严刑胁众”的表述。从字义上理解，“残忍”在辞海中的解释为残暴狠毒，“特别残忍”也就是特别地残暴狠毒的意思。在通过《刑法修正案（八）》后，我国刑法条文中涉及“特别残忍手段”的条款一共有两条，一是此次《刑法修正案（八）》第3条，另一条则是第234条第2款中规定：“致人死亡或者以特别残忍手段致人重伤造成严重残疾的，处十年以上有期徒刑、无期徒刑或者死刑。”但究竟何为“特别残忍手段”，刑法中并未有相应的解释性规定，司法解释也并未明确给出其内涵。只是在1999年10月27日最高人民法院《全国法院维护农村稳定刑事审判工作座谈会纪要》中要求“实践中，并不是只要达到‘严重残疾’就判处死刑，还要根据伤害致人‘严重残疾’的具体情况，综合考虑犯罪情节和危害后果来决定刑罚。故意伤害致重伤造成严重残疾，只有犯罪手段特别残忍，后果特别严重的，才能考虑适用死刑（包括死刑，缓期二年执行）”。但是其中仅对什么是“严重残疾”作出了相应的解释，而对于何为“特别残忍手段”仍然没有作出解释。而在刑法学教科书中，论述故意伤害罪时也鲜见对何为“特别残忍手段”进行分析。这种在理论上和实践中均没有详细论述的情况极其少见。笔者认为，之所以会存在这种现象，原因在于以下几点：首先，“特别残忍手段”是一种心理评价，不同的人对其可能会有完全不同的认识，难以给出一个统一的认定标准。其次，“特别残忍手段”在实践中有很多种表现方式，且随着社会的发展，还会出现更多的表现形式。对这些数量极大的各种不同的表现形式，即使进行归纳，总结出相同点，也仍然可能有所遗漏。与其如此，不如将认定“特别残忍手段”的权力完全交给审判的法官，让其根据各种因素代表“一般的社会民众对行为的忍受度”① 进行综合判断。

笔者认为，虽然实践中“特别残忍手段”的表现形式多样，但基本上可以从以下几个方面进行考虑。首先，被害人感受极其痛苦，这种痛苦包括心理和身体上的，比如，将刀插入被害人身体中并搅动的行为。其次，行为人采取的手段为一般人的感情上难以容忍的，是一种严重背离善良风俗的行为，甚至是令人感到变态、恶心的行为。最后，行为的持续时间、实施行为的次数都是重要的参考因素，如让被害人多次反复、长时间地忍受常人难以忍受的痛苦。必须明确的是，“特别残忍手段”是对手段的单纯客观评价，因而不能将与手段相关的其他一些主观或环境因素纳入其中进行综合考量，应当与“情节特别严重”“情节特别恶劣”等综合性的情节考量进行区别。

1979年刑法中“致人死亡”的法条为7条，涉及的罪名有16个。1997年刑法分则中规定“致人死亡”的条款有34条，涉及的罪名有44个。② 可以说，“致人死亡”的规定在我国刑法中是一种普遍现象。但是，对于“致人死亡”的性质，也即“致人死亡”的主观罪过，学界争议颇大，有过失加故意说、排除直接故意说以及过失说等。此次《刑法修正案（八）》一出台即有学者认为本条中“致人死亡”的性质还有待司法机关出台司法解释予以明确。③ 不可否认，我国刑法分则中的“致人死亡”的使用情况较为复杂，主观罪过形式的确定存在着较大

---

① 车浩：《论被害人同意在故意伤害罪中的界限——以我国刑法第234条第2款中段为中心》，载《中外法学》，2008（5）。

② 参见陈鹏展：《我国刑法中“致人死亡”立法的评价和完善》，载《青海社会科学》，2004（6）。

③ 参见袁彬、唐仲江：《关注刑法修正案（八）热点争议问题》，载《法制日报》，2011-03-09，9版。

争议。

《刑法修正案（八）》第1条规定，在刑法第17条后增加一条，作为第17条之一："已满七十五周岁的人故意犯罪的，可以从轻或者减轻处罚；过失犯罪的，应当从轻或者减轻处罚。"即已满75周岁的人故意犯罪是刑法规定的法定可以从轻情节，而已满75周岁的人过失犯罪则是法定应当从轻情节。从该条的表述来看，此处规定的年满75周岁的人是指犯罪的时候年满75周岁，那么这些人的审判时候肯定亦年满75周岁。结合《刑法修正案（八）》第3条的规定，对于审判的时候年满75周岁的老年人一般情况下是不得判处死刑的，只有在特定情况下才可以对其适用死刑。而死刑是刑法中最严厉的刑罚，也是最高法定刑。如果致人死亡是故意犯罪造成的，则可以从轻或者减轻处罚，即在特殊情况下，仍然可以考虑对犯罪人不予从轻或者减轻处罚，而是对其依旧判处死刑，也即已满75周岁故意犯罪的老年人仍然有被判处死刑的可能性。而如果致人死亡是过失犯罪所导致的，那么根据《刑法修正案（八）》第1条的规定，应当对行为人从轻或者减轻处罚，这就意味着，如果不考虑其是年满75周岁的老年人的情节的情况下，应当对其判处死刑，但是由于其是年满75周岁的老年人，所以必须从轻或者减轻处罚，也即绝对不可能对已满75周岁过失犯罪的老年人适用死刑。而第3条后段又规定了"以特别残忍手段致人死亡的除外"，即仍保留了适用死刑的可能性。根据上述分析可以看出，只有已满75周岁故意犯罪的老年人才具有适用死刑的可能性。故从《刑法修正案（八）》第1条和第3条的逻辑关系来看，第3条中规定的"致人死亡"，应当是故意犯罪中导致他人死亡。

本案中，一审法院将胡某有预谋、事先准备凶器以及在公开场合行凶等事实情状进行综合考量后认定为"特别残忍手段"，这混淆了"特别残忍手段"与"情节特别恶劣""情节特别严重"等之间的界限，不当扩大了对老年人犯罪适用死刑的范围，有违限制死刑适用的刑事政策要求。二审法院仅依行为的客观事实特征来认定被告人胡某的故意杀人行为并不属于"特别残忍手段"是完全正确的。

【要旨提示】

对审判时已满75周岁的老年人犯罪限制适用死刑，符合我国现行的死刑政策。对限制适用的例外情形中的"特别残忍手段"应当作严格解释。"特别残忍手段"是对手段的单纯客观评价，因而不能将与手段相关的其他一些主观或环境因素纳入其中进行综合考量，应当与"情节特别严重""情节特别恶劣"等综合性的情节考量进行区别。

第七章

犯罪主观方面

26. 官某故意杀人案①

——直接故意中的“希望”

【案情介绍】

被告人官某与某酒店服务员张某于2003年5月份确立恋爱关系。后张某多次向被告人官某提出分手，官某均不同意。2003年11月15日下午3时许，官某到某旅店，以其身份证登记入住304号房间。16日凌晨2时30分许，官某接张某下班，后两人一起回到某旅店304号房间。张某再次提出分手，官某不同意，两人因此发生争吵。官某一时气愤，用手捂被害人口鼻，被被害人推开后，又将被害人翻倒在床上，并坐在被害人肚子上，用双手猛掐被害人的脖子，直至被害人张某窒息死亡（经法医鉴定，张某是被他人捂口鼻及压迫颈部致机械性窒息死亡）。随后，官某将张某的尸体塞到床底下，于早上7时许退房，逃离现场。同月28日，官某因形迹可疑被派出所巡防民警盘查，官某即交代了故意杀人的事实。

检察机关以故意杀人罪对被告人官某提起公诉。一审法院经审理，依照《中华人民共和国刑法》第232条、第48条第1款、第57条第1款、第67条第1款、第64条和1998年5月9日最高人民法院《关于处理自首和立功具体应用法律若干问题的解释》第1条第1项的规定，判决如下：被告人官某犯故意杀人罪，判处死刑，缓期2年执行，剥夺政治权利终身（死刑缓期执行的期间，从判决确定之日起计算）。被告人官某上诉后，二审法院经审理，根据1996年《中华人民共和国刑事诉讼法》第189条第1项的规定，裁定驳回上诉、维持原判。

【观点争议】

在本案审理过程中，关于对官某的行为如何定性存在两种观点。

第一种观点认为，被告人官某的行为构成过失致人死亡罪。其主要理由是：被告人与被害人是恋人关系，感情很好，被告人主观上并没有剥夺被害人生命的故意，案发时被告人捂被害

① 案例来源：最高人民法院刑事审判第一庭、第二庭编：《刑事审判参考》，总第44集，33～35页，北京，法律出版社，2006。

人的口鼻是为了阻止被害人吵闹，并非有意杀害被害人；虽然被告人在客观上造成被害人死亡的结果，但系出于被告人的过失。

第二种观点认为，被告人官某的行为构成故意杀人罪。其主要理由是：被告人官某用手捂被害人口鼻和掐被害人的脖子的行为，必然会使被害人窒息并导致被害人死亡。这是生活常识，一般人都能预见。被告人官某作为心智健全、具有完全刑事责任能力的成年人，与常人无异，也必然能预见到该结果。被告人仍不顾被害人的反抗而决意实施该行为，主观上具有故意杀人的事实性认识，积极追求被害人死亡结果的发生，反映出被告人主观上具有非法剥夺被害人生命的故意，其行为完全符合故意杀人罪的构成特征。①

【法理分析】

上述观点争议的焦点在于被告人官某实施行为时主观上是出于故意还是过失。笔者赞同第二种观点，即被告人官某用双手猛掐被害人的脖子，直至被害人张某窒息死亡，其主观上具有杀人的直接故意。

根据我国刑法第 14 条第 1 款对故意犯罪的规定，直接故意是指行为人明知自己的行为会发生危害社会的结果，并且希望这种结果发生的心理态度。直接故意由认识因素和意志因素构成，并且必须是这两者的有机统一。从犯罪故意的形成过程看，认识因素是前提，而意志因素则是在认识的基础上产生和形成起来的；因为行为人要选择犯罪行为方式，必须首先对有关犯罪的各种主、客观条件有所认识和了解，没有认识因素也就无所谓意志因素。然而，从在罪过心理结构中的位置和功能（作用）看，犯罪意志却是犯罪故意的核心和本质要素。因为在有认识的前提下，行为人还有选择不实施犯罪行为的意志自由，如果行为人发挥了意志的抑制作用而克服了为恶的欲望与犯罪的诱惑，则不可能形成犯罪故意，更不可能导致故意犯罪；反之，当行为人以自由的意志选择了犯罪行为，而放弃了克服内心犯罪欲望的责任时，就产生了对行为人进行严厉责难的主观基础，也就产生了犯罪故意。可见，犯罪意志是罪过心理结构中更为深层的因素，更能反映行为人的人格特征。②

直接故意是认识因素与意志因素的有机统一，这里的“有机统一”有两个意思：一是直接故意必须同时存在认识因素和意志因素，缺一不可；二是认识因素和意志因素之间具有内在联系，突出地表现在行为人所认识到的结果与所希望发生的结果必须是同一的。③

行为人明知自己的行为会发生危害社会的结果，是直接故意的认识因素。故意犯罪是明知故犯，没有“明知”这一认识因素，就谈不上故犯，因此，行为人对其行为引起的危害社会结果的明知，是构成犯罪故意的前提条件，是一切故意犯罪在认识上必须具备的特征。

何谓直接故意中的“明知”？大陆法系国家的刑法理论界有狭义说、广义说和折中说之争。狭义说认为，犯罪故意中的明知是指行为人对自己所实施的构成犯罪的所有具体事实具有完全正确的认识。也就是说，只有当行为人所认识、预见的事实与实际发生的事实在具体、细微的方面都完全相符合时，才能认定为犯罪故意。行为人对犯罪事实的任何认识错误，不论是客体错误、对象错误、手段错误还是因果关系错误均不能当作故意犯罪处理。显然，这种观点对于

---

① 参见最高人民法院刑事审判第一庭、第二庭编：《刑事审判参考》，总第 44 集，33～38 页，北京，法律出版社，2006。

② 参见梅传强：《论直接故意中的犯罪意志》，载《重庆大学学报（社会科学版）》，2004（3）。

③ 参见张明楷：《刑法学》，3 版，212 页，北京，法律出版社，2007。

故意犯罪中的明知或者预见的内容过于苛求，将故意犯罪限定在一个非常窄的范围内。广义说认为，犯罪故意中的明知是指行为人所预见的行为与实际实施的犯罪行为具有某种性质上的一致性。也就是说，只要行为人预见的行为性质与实际实施的行为性质具有抽象的一致性时，就可认定为故意，并按实际实施的行为性质定罪。按照此观点，不仅对象错误不能排除犯罪故意的存在，就是某些客体错误也要当作犯罪故意处理。显然，这种观点对犯罪故意的范围失之过宽。折中说认为，犯罪故意中的“明知”是指行为人事前所预见的犯罪行为与实际实施的犯罪行为均应属于符合同一犯罪构成客观要件的行为。也就是说，只有行为人认识、预见的事实与实际发生的事实在同一犯罪构成要件的范围内相符合时，才能认定为犯罪故意。可见，不仅客体错误不能成立犯罪故意，而且当犯罪对象成为必备要件时，如果对象认识错误，也不能成立犯罪故意。[①] 该观点实际上强调的是对犯罪构成客观要件的明确认识，其对犯罪故意的界定比较合理。

我国刑法理论界的通说认为，直接故意中“明知”的内容包括三个方面：一是对行为本身的认识，即对刑法规定的危害社会行为的内容及性质的认识；二是对行为结果的认识，即对行为产生或将要产生的危害社会结果的内容与性质的认识；三是对与危害行为和危害结果相联系的其他犯罪构成要件事实的认识，这包括对法定的犯罪对象、法定的犯罪手段以及法定的犯罪时间、地点要有认识。[②] 但笔者认为，在上述三个方面中，要认定行为人的主观心理态度，关键在于认定行为人对于自己的行为会发生何种危害社会的结果要明知，因为只有明知自己的行为会发生何种危害结果，才能谈得上希望这种危害结果的发生，才是行为人认识因素和意志因素上的有机统一，进而才能准确认定行为人的主观心理态度。这里的“会发生”包括两种情况：一是明知自己的行为必然会发生危害社会的结果，二是明知自己的行为可能会发生危害社会的结果。不管属于哪种情况，都属于犯罪故意认识因素的内容。

希望危害结果发生是直接故意的意志因素。所谓“希望”，就是这样一种主观心理态度：“犯罪人对于危害结果抱着积极追求的态度。换言之，这个结果的发生就是犯罪人通过一系列犯罪活动所要达到的目的。”[③] 希望危害结果发生是指行为人积极追求危害结果发生，发生危害结果是行为人实施危害行为直接追求的目的；行为人主观上没有介入其他独立意识，不是为了达到其他目的而实施该行为；行为人主观上只有一个意志——追求危害结果的发生，除此之外，没有其他任何意图。[④] 要注意的是，这里的“危害结果”是指行为人已经明知会发生的那种危害结果，而不是行为人并未认识到的那种危害结果。只有这样，才是认识因素和意志因素的统一。

本案被告人官某主观上是否具有杀人的直接故意，应从其认识因素和意志因素两个方面结合起来分析。首先，从认识因素上看，杀人的直接故意是指行为人明知自己的行为会发生导致他人死亡的危害结果。本案被告人官某用手捂被害人口鼻，被被害人推开后，又将被害人翻倒在床上，并坐在被害人肚子上，用双手猛掐被害人的脖子，直至被害人窒息死亡。这足以证明其在当时情况下不但认识到自己的行为具有杀害他人的性质，而且对于自己的行为会导致他人死亡的危害结果是有明确认识的，因而官某具备杀人的直接故意的认识因素。其次，从意志因

① 参见马克昌：《比较刑法原理》，283～288页，武汉，武汉大学出版社，2002。

② 参见高铭暄、马克昌主编：《刑法学》，7版，108页，北京，北京大学出版社、高等教育出版社，2016。

③ 陈兴良：《刑法哲学》，165页，北京，中国政法大学出版社，2000。

④ 参见郑健才：《刑法总则》，修订版，95页，台北，三民书局，1982。

素上看，杀人的直接故意是指行为人希望他人死亡结果的发生。本案被告人官某在明知自己用双手猛掐被害人的脖子会发生被害人死亡结果的情况下，仍然实施该行为，并且直至被害人窒息死亡。这表明其希望被害人死亡。因此，将官某行为中的认识因素和意志因素结合起来看，官某明知自己用手捂被害人口鼻、用双手猛掐被害人的脖子的行为会发生被害人死亡的危害结果，并且希望这种结果发生，具有杀害被害人的直接故意，故其行为应定为故意杀人罪。不能因为被告人与被害人是恋人关系，原来感情很好，就否认被告人杀人的直接故意。

【要旨提示】

犯罪意志是犯罪故意的核心和本质要素。直接故意与间接故意、犯罪过失的主要区别在于其意志因素的不同，直接故意的意志因素是行为人希望危害结果发生。因此，在行为人对危害结果的发生有认识的情况下，判断行为人的主观心理态度是否为直接故意，关键是要判断行为人是否希望危害结果发生：如果行为人希望危害结果发生，就具有直接故意，否则就不具有直接故意。

27. 孙某故意杀人案①

——间接故意中的“放任”

【案情介绍】

2007年6月2日，孙某与外地女青年刘某在网吧相识。次日，两人再次见面并发生性关系，随后孙某问刘某：“你喜欢我吗?”刘某回答说：“我喜欢你，愿意为你去死。”孙某随即将刘某按倒在地，两手掐住刘某的脖子约半分钟（两手指按住咽喉部位），后左手拿开，右手继续掐了约半分钟，见刘某不动了，孙某放手，此时发现刘某已经没有呼吸了。孙某见状，心里害怕，将此事告诉了亲属及朋友，并在他人劝说下到公安机关自首。经法医鉴定，刘某系颈部受外力作用（扼压）致机械性窒息死亡。

案发后，孙某在供述自己犯罪的动机、目的时讲：“我以前在感情上受到过伤害，觉得女人的话不可信。我和她认识不久，她说出这种话，让我难以相信。我想用掐脖子的方法验证一下她说的是不是真话，没想到她一句话没说。我知道掐脖子会死人，我当天喝酒了，手劲可能比较大，但我真没有想把她掐死。”经司法精神病鉴定，孙某实施危害行为时，具备辨认、控制自己行为的能力。

【观点争议】

在本案审理过程中，关于对孙某行为的定性存在两种观点。

第一种观点认为，孙某的行为构成过失致人死亡罪。其主要理由是：孙某主观上与刘某无任何仇怨，缺乏杀人的动机，其在主观上属于轻信通过控制扼掐的时间和力度可以避免死亡结果的发生，对刘某的死亡结果是排斥的，符合过于自信过失的特征，应认定为过失致人死亡罪。

---

① 案例来源：《为试女友是否“真心”扼掐颈部致死如何定性》，载《人民检察》，2009（12）。

第二种观点认为，孙某的行为构成（间接）故意杀人罪。其主要理由是：孙某主观上明知自己的行为可能导致刘某死亡结果发生，但出于以扼颈的方法检验女友是否与己真心相爱的目的，放任了刘某死亡结果的发生，符合间接故意的主观特征，应认定为（间接）故意杀人罪。[①]

【法理分析】

笔者认为，本案行为人孙某明知自己用两手掐住刘某脖子的行为可能导致刘某死亡，但为了验证刘某的真心而实施该行为，主观上具有放任刘某死亡的心理态度，属于间接故意。

间接故意是行为人明知自己的行为可能发生危害社会的结果，并且放任这种结果发生的心理态度。放任危害结果发生是间接故意的意志因素，也是间接故意区别过于自信过失的主要特征。关于"放任"，我国刑法学界有不同看法，归纳起来，大致有以下几种主张：（1）放任就是不希望危害社会的结果发生，对危害结果的发生采取了听之任之、漠不关心的态度[②]；（2）放任就是对危害结果的发生与否采取满不在乎、无所谓的态度，危害结果的发生不违背行为人的本意，不发生行为人也不懊悔[③]；（3）放任态度并不是在两种可能性之间采取中立，而是放任结果的发生，不是"放任结果的不发生"[④]；（4）放任并不是单纯的希望，它对结果的发生是听其自然、不加干涉，因此包含了希望和不希望两方面：不希望不是听之任之，听之任之除了不希望还包括希望，只不过在放任的心态下，希望与不希望都不是那么明显[⑤]；（5）用"纵容"来解释"放任"[⑥]。

就字面含义而言，放任就是听其自然，不加干涉。因此，笔者认为，间接故意中的"放任"是行为人对危害结果的一种听之任之的态度，即行为人为了追求某种目的而实施一定的行为时，明知该行为可能发生某种危害结果，行为人既不是希望危害结果发生，也不是希望危害结果不发生，也不采取措施防止危害结果发生，而是听任危害结果发生；危害结果发生与否，都不与行为人的意志相冲突。换言之，只要行为人并非希望危害结果不发生，而是在心理上接受危害结果的发生，就属于放任。[⑦]

理解间接故意中的"放任"，应把握以下四个方面。

第一，放任是一种不计后果的心理态度。放任是一种行为人在明知自己行为可能发生特定危害结果的情况下，为了达到自己的既定目的，仍然决意实施这种行为，对危害结果的发生不是设法阻止，而是自觉听任危害结果发生的心理态度。危害结果发生与否，都不违背行为人的本意。

第二，放任是一种容忍危害结果发生的心理态度。所谓"容忍"，是指行为人虽然不是积极地希望发生其所预见的犯罪事实，但是具有它如果发生了也是没有办法的事情这种心理态度。或者说，行为人对可能发生的危害结果采取顺其自然、不加干涉的态度。在这种心理状态的支配下，如果发生了危害结果，不违背行为人的心愿，因为行为人本就无意防止它的发生。如果没有发生危害后果，同样没有违背行为人的心愿，因为他并没有追求这种危害结果发生的

---

① 参见荣慧珍：《为试女友是否"真心"扼掐颈部致死如何定性》，载《人民检察》，2009（12）。

② 参见高铭暄、马克昌主编：《刑法学》，208页，北京，中国法制出版社，1999。

③ 参见林准主编：《中国刑法教程》，71页，北京，人民法院出版社，1989。

④ 王作富主编：《中国刑法学》，163页，北京，中国人民大学出版社，1988。

⑤ 参见刘艳红：《间接故意的认定》，载《武汉大学学报（社会科学版）》，2003（6）。

⑥ 陈兴良：《刑法适用总论》，157页，北京，法律出版社，1999。

⑦ 参见张明楷：《刑法学》，5版，263页，北京，法律出版社，2016。

企图。

第三，放任的心理态度具有附属性。放任是附属在行为人希望其他结果发生的心态下的一种意志因素。在间接故意的情形中，行为人是为了追求自己意欲实现的行为而放任其他危害结果的发生，因此，他首先存在着对目的行为的希望意志，当然，这种希望意志的结果有犯罪结果，也有非犯罪结果。为了追求目的行为结果的发生，行为人对于该结果的附属结果持顺其自然的心态。显然，放任是在希望的心态之上产生的，它是在行为人追求某种利益并积极实现某种利益的过程中滋生的。放任的附属性决定其具有心理上的不完整性，即它不是在表现其他心理状态下所表现出来的主观恶性；放任的附属性也决定了放任犯罪的他行为性，即放任心理被阻断在情感过程中，支配行为实施的并非放任心理，而是原先的意志心理；放任的附属性还决定了在放任心态下所发生的危害结果具有伴随性：行为人为了追求其希望达到的其他目的，对可能发生的危害结果在一种不确定性的心态下，放任这一结果的发生，可能结果的发生正是伴随着希望结果出现的，前者是后者的附属物、派生物。①

第四，放任具有转化性。任何间接故意犯罪，都是以追求某种目的结果为前提的，正是这种目的结果，导致行为人原本不希望危害结果发生的意志形态产生了性质上的变化。这种变化表现为：行为人既然明知自己的行为可能会发生某种危害结果，也不希望这种结果发生，只要停止实施预定行为，危害结果就不会发生。但行为人为了追求另一目的结果，执意实施预定行为。此时，其主观上则会产生一种矛盾：既不希望危害结果发生，又想实施会引起这种结果发生的行为。矛盾斗争的结果仍然是决意实施预定行为，于是，原有的不希望意志形态自行消失，转化为对危害结果的发生听之任之的放任意志。②

根据上述“放任”的特征来判断，本案中孙某用双手掐住刘某的脖子导致刘某死亡的行为符合“放任”的心理特征。首先，刘某死亡结果的发生不是孙某所希望的，这可以从“我真没有想把她掐死”中得到证明。孙某之所以用双手掐住刘某的脖子（两手指按住咽喉部位），不是为了杀死刘某，而是为了验证刘某所说的“我喜欢你，愿意为你去死”这句话的真实性。进一步说，刘某的死亡结果是孙某在追求一个非犯罪目的的过程中导致的，这符合放任的附属性特征。其次，孙某明知“掐脖子会死人”，但为了达到验证女友说话的真实性而采用了用双手掐住女友脖子约一分钟的办法，并且见刘某不动了，孙某才放手。可以说，孙某对刘某的死亡是采取了不计后果的听任态度，而不是轻信刘某的死亡结果不会发生。最后，本来孙某知道掐脖子会死人的，也不希望刘某死亡结果发生；而且只要孙某停止行为，结果就不会发生。但事实上孙某为了追求考验刘某的目的，执意实施了掐住刘某脖子的行为。孙某的行为本身反映其主观上由最初的不希望危害结果发生已经转变成对危害结果发生的容忍态度。因此，孙某在主观上具有放任的心理态度，符合间接故意的特征。对本案孙某的行为以故意杀人罪定性是正确的。

【要旨提示】

放任危害结果发生是间接故意的意志因素。在明知自己的行为可能发生危害结果的情况下，行为人虽然不追求危害结果的发生，但为了追求一个非犯罪目的而对危害结果的发生采取

---

① 参见刘艳红：《间接故意的认定》，载《武汉大学学报（社会科学版）》，2003（6）。

② 参见赵国强：《论刑法中的故意》，载《全国刑法硕士论文荟萃》，229页，北京，中国人民公安大学出版社，1989。

了听之任之的态度，容忍了该危害结果的发生，并且发生了行为人所认识到的危害结果的，应认定为间接故意。

28. 朱某过失致人死亡案[①]

——疏忽大意过失中的“应当预见”

【案情介绍】

被告人朱某为了拆迁，从拆迁市场购买回来旧砖头、旧钢筋、旧楼板交给无建筑资质的于某建两层楼房，并吩咐于某尽量少用水泥，为其节省资金。2004年5月中旬的一天，于某带领王甲、王乙、王丙、王丁等人进行施工，在施工过程中，未采取安全防范措施。2004年5月28日下午2时许，被告人朱某经于某同意亲自用吊车（他常用自家的吊车帮别人上下楼板）将两桶烂泥浆吊到二楼廊檐顶部，不久，在楼板自重和施工操作等负荷作用下，挑梁断落，致使王甲被砸，当场死亡；王乙被砸伤后抢救无效死亡；王丙、王丁被砸成轻微伤。经鉴定，该房建造标准很低，泥浆强度为0，主要承重构件构造连接和整体性很差，挑梁不符合现行建筑结构设计规范的有关要求。

检察机关以过失致人死亡罪对被告人朱某提起公诉。人民法院经审理，依照《中华人民共和国刑法》第232条、第37条的规定，判决如下：被告人朱某犯过失致人死亡罪，免予刑事处罚。

【观点争议】

在本案审理过程中，关于对被告人朱某行为的定性存在如下两种观点。

第一种观点认为，被告人朱某的行为属于意外事件。其主要理由是：被告人主观上无过失，无法预见到死伤后果，系意外事件。

第二种观点认为，被告人朱某的行为构成过失致人死亡罪。其主要理由是：被告人应当预见到自己的行为可能造成他人死亡，而没有预见，导致两人死亡、两人轻微伤的结果发生，其行为构成过失致人死亡罪。

【法理分析】

上述两种观点争议的焦点在于，朱某对于自己的行为可能导致的结果是否应当预见、能够预见。如果朱某能够预见自己的行为可能发生危害结果，只是因为疏忽大意而没有预见，则朱某的行为构成过失致人死亡罪；如果朱某不能预见自己的行为可能造成的结果，则其行为不构成犯罪，属于意外事件。

所谓“应当预见”，是指行为人在行为时，具有预见可能发生危害结果的义务和具有预见的能力与可能性。这是疏忽大意的过失与意外事件的区别所在。[②] 具体说，应当预见包括如下

① 案例来源：最高人民法院刑事审判第一庭、第二庭编：《刑事审判参考》，总第44集，49～50页，北京，法律出版社，2006。

② 参见林亚刚：《犯罪过失研究》，228页，武汉，武汉大学出版社，2000。

两层含义：

一是行为人对危害结果的发生负有预见义务。如果行为人不负有预见义务，即使他在当时的情况下能够预见，也谈不上应当预见的问题。所谓预见义务，是注意义务中预见危害结果可能发生的义务。这种义务不仅包括法律、法令、职务与业务方面的规章制度所确定的义务，而且包括日常生活准则所提出的义务。这里应当预见的“危害结果”只能是刑法分则对过失犯罪所规定的作为构成要件要素的具体结果。但是对危害结果的预见通常只要求有概括性的认识即可，至于结果如何发生、结果的具体形式和性质以及发生的具体经过等，并非“应当预见”所要求的内容。违反应当预见危害结果的注意义务，是成立疏忽大意的过失的前提条件。

二是行为人对危害结果的发生具有预见的能力和可能性。刑法只是要求有能力履行义务的人履行义务，即应当履行义务以能够履行义务为前提，所以预见义务以预见可能为前提。具有预见的能力是指根据行为人的主观能力，行为人对自己行为可能导致危害结果的发生是能够认识的。具有预见可能性是指行为人实施行为时具备预见该种危害结果发生的客观条件。在刑法上，一方面，预见的能力与预见的义务应当是相适应的，即法律上预见义务这种客观规范要求，必须与行为人的主观预见能力相符合；另一方面，预见的能力与预见的可能性是相适应的，即行为人的主观能力必须在有可能预见的客观条件下才能发挥，法律不能要求行为人预见在当时客观条件下无法预见的事情。①

如何判断行为人对其行为造成的结果能否预见？国外刑法理论在判断标准上历来有主观说、客观说和折中说之争。主观说主张以行为人本人的注意能力为标准进行判断。客观说主张以一般人的注意能力为标准进行判断，如果一般人能够预见而行为人没有预见，则存在过失。折中说主张行为人的注意能力高于一般人的注意能力时应以一般人的注意能力为标准，行为人的注意能力低于一般人的注意能力时应以行为人的注意能力为标准。②

我国刑法理论在能否预见的判断标准上也具有多种观点。第一种观点是客观标准说。该说认为，判断行为人能否预见，应以一般人的预见水平来衡量。一般人在当时的情况下能预见这个行为会造成什么结果，行为人也就应当预见；如果一般人在当时情况下不能预见，行为人也就不能预见。至于一般人的水平，则由司法人员依据自己的社会经验来判断。第二种观点是主观标准说。该说认为，判断能否预见，应以行为人本人的具体预见能力以及当时的具体条件来判断。具体来说，就是在当时的客观环境和条件下，根据行为人本人的年龄、健康发育状况、知识程度、工作经验、业务水平以及所负担的责任等条件来判断其能否预见。第三种观点是主、客观相统一说。该说认为，上述两种观点都有片面性，因此，解决这个问题要坚持主、客观相统一的原则，即既要考虑到行为人的年龄、知识、智力、发育、工作经验以及所负担的职务、技术熟练程度，又要考虑行为人当时所处的具体环境和条件，将这两方面的情况综合加以考虑，进行科学分析，作出符合行为人实际情况的判断。第四种观点是折中说。该说认为，原则上可以采取主、客观相统一的标准，但同时指出，解决上述问题，具有决定意义的是主观标准。因为，能否预见属于人的认识因素，而各个人的认识是不能脱离各个人的具体情况的，所以不能提出过高的行为人无能力达到的标准来要求行为人，这样做比较切合实际。该说并且认为，强调主观标准，并不是否定客观标准，在司法实践中，还要考虑客观标准。因此，这种观

① 参见林亚刚：《犯罪过失研究》，229～230页，武汉，武汉大学出版社，2000。

② 参见赵秉志主编：《海峡两岸刑法总论比较研究》，上卷，350～352页，北京，中国人民大学出版社，1999。

点实际上说，在判断行为人能否预见结果发生时，应以主观标准为主，结合考虑客观标准。[①]

从我国刑法理论的上述四种标准来看，客观说以一般人的预见水平来衡量实际上认识水平千差万别的各个具体人的预见能力，会使低于一般人预见能力的行为人负担本来不应该负担的刑事责任；此外，一般人的预见能力是司法人员依据自己的社会经验来判断的，司法人员的社会经验不同，对一般人预见能力高低的判断会得出不同结论，因此，客观标准说既有强人所难之嫌，又有客观标准不客观之嫌，不可取。在我们看来，上述主观标准说与主、客观相统一说并没有什么实质的区别，两者都既注意从行为人本人的主观条件，包括年龄、知识、智力、发育、工作经验以及所负担的职务、技术熟练程度等方面，来判断行为人的预见能力，又注意从行为人当时所处的具体环境和条件方面来判断行为人的预见能力，都做到了主观条件和客观条件的结合判断。但这两种标准实际上也难以掌握，在很大程度上尚需凭借客观标准来推断。因此，如果司法工作人员在采用上述标准判断行为人能否预见之前，先用一般人的预见水平加以衡量的话，就会因为有一个客观的可以衡量的尺度，而使得出的结论更准确。这就是说客观标准的参考作用是不可忽视的。[②] 而折中说既强调主观标准的决定作用，又不忽视客观标准的参考意义，因而比主观标准说或主、客观相统一说更为合理。本书采用折中说。

以折中说为标准来判断行为人对自己的行为导致的结果能否预见，首先要考察行为人所属的一般人或像行为人这样的一般人能否预见结果的发生。其次，考察行为人的智能水平是高于一般人还是低于一般人。如果一般人能够预见，但行为人的智能水平低于一般人，则不宜认定行为人具有过失；反之，一般人能够预见，而行为人的智能水平并不低于，甚至高于一般人，则应认定行为人具有过失。基于同样的理由，如果一般人不能预见，但行为人的智能水平明显高于一般人，则可能认定行为人过失。

根据上述折中说标准来判断，本案被告人朱某对自己的行为造成的结果不是不能预见，而是应当预见、能够预见的。在本案中，被告人朱某购买旧砖头、旧钢筋、旧楼板等旧建筑材料，委托无建筑资质的于某建楼房，还吩咐于某尽量少用水泥以节省资金，同时，在施工过程中没有采取任何安全防范措施，因此朱某的建房行为是一种容易导致施工人员伤亡的危险行为。对此，普通人都能够加以认识。朱某是具有完全刑事责任能力的人，其智能水平不低于普通人，而且他平时常用自家的吊车帮别人上下楼板，朱某对建房安全性的认知应高于普通人，所以朱某对于自己的行为可能导致施工人员伤亡的结果是应当能够认识到的。

本案中，尽管是由于楼板自重和施工操作等负荷作用直接导致挑梁断落，进而发生 4 人伤亡的危害后果，但是朱某在建房时违反房屋建设所必需的安全要求，使得房屋安全性极差，是导致挑梁断落的根本原因。因此，案件中两人死亡、两人轻微伤的后果与朱某的建房行为存在直接因果关系。

综上，朱某应当预见自己的行为可能发生危害结果，因疏忽大意而没有预见，以致发生“两死两伤”的结果，符合疏忽大意的过失的特征；而且客观上伤亡后果与其建房行为有直接因果关系，因此认定朱某的行为构成过失致人死亡罪是正确的。

【要旨提示】

行为人对自己的行为可能发生的危害结果应当预见是成立疏忽大意的过失的前提。应当预

① 参见张明楷：《刑法学》，2 版，242 页，北京，法律出版社，2003。

② 参见赵秉志主编：《海峡两岸刑法总论比较研究》，上卷，356 页，北京，中国人民大学出版社，1999。

见包含着预见义务和预见可能两个方面，缺乏预见义务固然不成立应当预见，但如果只有预见义务而没有预见可能，也不能成立应当预见。对于预见可能性的判断，首先要考察行为人所属的一般人或像行为人这样的一般人能否预见结果的发生。其次要考察行为人的智能水平是高于一般人还是低于一般人，如果一般人能够预见，但行为人的智能水平低于一般人，则不宜认定行为人具有过失；反之，一般人能够预见，而行为人的智能水平并不低于，甚至高于一般人，则应认定行为人具有过失。基于同样的理由，如果一般人不能预见，但行为人的智能水平明显高于一般人，则可能认定为过失。

29. 穆某被控过失致人死亡宣告无罪案①

——疏忽大意的过失与意外事件的界限

【案情介绍】

1999年9月6日10时许，被告人穆某驾驶其苏GM2789号金蛙农用三轮车，载客自灌南县孟兴庄驶往县城新安镇。车行至苏306线灌南县硕湖乡乔庄村境内路段时，穆某见前方有灌南县交通局工作人员正在检查过往车辆。因自己的农用车有关费用欠缴，穆某担心被查到后受罚，遂驾车左拐，驶离306线，并在乔庄村3组李甲家住宅附近停车，让乘客下车。因车顶碰触村民李乙从李甲家所接电线接头的裸露处，车身带电。先下车的几名乘客，因分别跳下车，未发生意外，也未发现车身带电。后下车的乘客张某由于在下车时手抓挂在车尾的自行车车梁而触电身亡。张某触电后，同车乘客用木棍将三轮车所接触的电线击断。

现场勘验表明，被告人穆某的苏GM2789号金蛙农用三轮车出厂技术规格外形尺寸为长368cm、宽140cm、高147cm。穆某在车顶上焊接有角铁行李架，致使该车实际外形尺寸为高235cm。按有关交通管理法规的规定，该种车型最大高度应为200cm。李乙套户接李甲家电表，套户零线、火线距地面垂直高度分别为253cm、228cm，且该线接头处裸露。按有关电力法规的规定，安全用电套户线对地距离最小高度应为250cm以上，故李乙所接的火线对地距离不符合安全标准。

检察机关以过失致人死亡罪对被告人穆某提起公诉。一审法院经审理，依照《中华人民共和国刑事诉讼法》（1996年）第127条第2项、最高人民法院《关于执行〈中华人民共和国刑事诉讼法〉若干问题的解释》第176条第3项和《中华人民共和国刑法》第16条的规定，判决被告人穆某无罪。检察机关在法定期限内提出抗诉。二审法院在审理过程中，某市人民检察院认为抗诉不当，申请撤回抗诉。二审法院认为某市人民检察院撤回抗诉的申请，符合法律规定，遂依照《中华人民共和国刑事诉讼法》第172条的规定，裁定准许某市人民检察院撤回抗诉。

【观点争议】

在本案审理过程中，就被告人穆某的行为如何定性存在两种意见。

① 案例来源：最高人民法院刑事审判第一庭、第二庭编：《刑事审判参考》，总第28辑，46～48页，北京，法律出版社，2003。

第一种意见认为，被告人穆某的行为属于意外事件，无罪。主要理由是：虽然被告人穆某造成了被害人张某死亡的后果，但其主观上既无故意，也无过失。张某的死亡，与被告人穆某改装车辆、违反交通管理法规的行为之间没有刑法上的因果关系。张某的死亡属于意外，被告人穆某对该后果不应承担刑事责任。

第二种意见认为，被告人穆某的行为构成过失致人死亡罪。主要理由是：被告人穆某违章改装车辆，使车辆高度超过交通管理法规规定的高度，其在行车过程中应当预见可能会发生一定的危害结果，理应采取必要的防范措施，但其疏于观察周围环境，没有预见到本应预见的可能发生的危害结果，其主观上有过失，客观上造成了张某死亡的严重后果，应当负刑事责任，故公诉机关对其犯过失致人死亡罪的指控定性正确，应当支持。①

【法理分析】

本案除涉及被告人穆某私自改装车辆的违法行为与被害人张某触电死亡的结果是否具有刑法上的因果关系问题外，还涉及疏忽大意的过失与意外事件的界限问题。

根据我国刑法第 15 条的规定，疏忽大意的过失是指行为人应当预见自己的行为可能发生危害社会的结果，因为疏忽大意而没有预见，以致发生了这种结果的心理态度。其特征有三：其一，应当预见是前提，即行为人在行为当时具有预见危害结果发生的注意义务。应当预见包括两方面要求：一方面，要求行为人有预见危害结果可能发生的义务。这种预见义务来自法律的规定，或者职务、业务的要求，或者是公共生活准则的要求。② 另一方面，要求行为人当时有预见能力。是否有预见能力，应结合行为人本身的身心状况、知识经验、水平、能力等主观条件和行为时的各种客观条件，以及类似于行为人的一般人处于当时条件下能否预见进行综合考察。只有行为人既具有预见义务又具有预见能力时，才能认定行为人应当预见。其二，没有预见是事实，即行为人在行为当时客观上没有预见自己的行为可能发生危害结果。其三，疏忽大意是原因，即行为人在应当预见危害结果的情况下由于疏忽大意才没有预见；如果行为人小心谨慎，认真负责，履行必要的注意义务，就会预见，进而避免危害结果的发生。

根据我国刑法第 16 条的规定，意外事件是指行为在客观上虽然造成了损害结果，但是不是出于故意或者过失，而是由于不能预见的原因引起的，不是犯罪。意外事件具有三个特征：一是行为在客观上造成了损害结果。行为人的行为是造成损害结果的原因；如果出现了损害结果，但不是由行为人的行为造成的，而是由自然现象、动物等造成的，则不能称为意外事件。二是行为人无罪过，即行为人主观上对自己行为所造成的损害结果既不是出于故意，也不是出于过失。三是损害结果的发生是由行为人不能预见的原因引起的。行为人没有预见自己的行为可能造成损害结果，而且根据当时各方面的情况，也不可能预见、不应当预见损害结果。③ 上述三个特征必须同时具备，才能构成意外事件。

无论是意外事件还是疏忽大意的过失，行为人都没有预见自己的行为可能发生一定的结果，而客观上又都发生了结果，因此意外事件与疏忽大意的过失极为相似。但是，二者是有严格区别的。关于二者的区别，有的论者认为，根据行为人的实际认识能力和当时的情况，意外

---

① 参见最高人民法院刑事审判第一庭、第二庭编：《刑事审判参考》，总第 28 辑，46～48 页，北京，法律出版社，2003。

② 参见高铭暄、马克昌主编：《刑法学》，7 版，116 页，北京，北京大学出版社、高等教育出版社，2016。

③ 参见张明楷：《刑法学》，2 版，245 页，北京，法律出版社，2003。

事件是行为人对损害结果的发生不可能预见、不应当预见而没有预见；疏忽大意的过失则是行为人对行为发生危害结果的可能性能够预见、应当预见，只是由于其疏忽大意而导致了未能实际预见。[①] 有的论者认为，前者是不能够预见，后者是能够预见。[②] 上述观点从行为人的预见能力和预见义务来区分意外事件与疏忽大意的过失，并无不当。但笔者认为，二者的区别有以下三个方面：第一，从结果发生的原因看，意外事件是由于行为人不能预见的原因引起的，即行为人在当时不能预见自己的行为会发生损害结果；而疏忽大意的过失是由于行为人的疏忽大意引起的，行为人本来能够预见自己的行为可能发生危害结果，只是因为疏忽大意而没有预见，以至于发生了危害结果。第二，从行为人对结果发生的预见义务看，意外事件的行为人对损害结果的发生没有应当预见的义务，而疏忽大意的过失的行为人对危害结果的发生具有应当预见的注意义务。第三，从行为人对结果发生的预见能力看，意外事件是行为人在当时情况下无法预见的，行为人对损害结果的发生当时没有预见能力；而疏忽大意的过失是行为人在当时情况下能够预见危害结果的发生，对危害结果的发生有预见能力。其中，意外事件与疏忽大意的过失区分的关键在于行为人在行为当时能否预见危害结果的发生。

本案中虽然被告人穆某没有预见自己的行为会发生致张某触电身亡的结果，符合疏忽大意的过失成立的事实条件，但是，穆某的行为不具备疏忽大意的过失的前提条件和原因条件。首先，穆某虽然私自在车顶焊接角铁行李架，致车身违规超过高度的限制，但对于李乙所接照明电线不符合安全用电高度要求（火线对地面距离仅为228cm)，且接头处裸露，是不能预见的。李乙家所接套户线路仅低于规定22cm（法定最低高度应为250cm)，即使电力设施专业维护人员未经测量也未必能够预见。作为一个普通人，穆某在将三轮车停在李乙住宅附近时，不可能预见李乙所接李甲的套户线不符合安全用电对地面距离的要求，更不可能预见李乙所接电线接头处裸露。应当预见的前提是能够预见，故穆某不能预见，也不应当预见自己的行为会造成张某触电身亡的结果。其次，穆某没有预见张某触电身亡的结果，也不是因为其疏忽大意。根据普通人的知识经验，在正常低压照明线路下停车，不会发生车身带电的意外情况。穆某没有违章在过往车辆频繁的公路上停车下客，而是拐入其认为较为安全的村民住宅附近下客，可见，其对车上乘客的人身安全已尽了必要的安全防范义务，并没有疏忽。因此，穆某对自己的行为在主观上不具有疏忽大意的过失，不构成疏忽大意的过失犯罪。

直接故意、间接故意和过于自信的过失主观上都要求行为人对危害结果的发生在危害结果发生之前有认识，而本案被告人穆某对于自己的行为会造成张某死亡的结果不但事先没有预见到，更不可能明知，因此，穆某对张某的死亡结果主观上也不可能构成直接故意、间接故意和过于自信的过失。

综上，本案被告人穆某对自己的行为造成张某死亡的结果，主观上既不具有故意，也不具有过失。张某死亡是由于不能预见的原因引起的，属于意外事件。故穆某不负刑事责任。一审法院的判决是正确的。

【要旨提示】

意外事件与疏忽大意的过失都存在着行为人没有预见自己的行为可能发生一定的结果而客观上又都发生了结果的情况。这种情况下，判断行为人的行为是属于意外事件还是疏忽大意的

---

① 参见高铭暄、马克昌主编：《刑法学》，7版，118页，北京，北京大学出版社、高等教育出版社，2016。

② 参见张明楷：《刑法学》，5版，290页，北京，法律出版社，2016。

过失，关键要看行为人对结果的发生是否应当预见、能够预见。如果行为人对结果的发生应当预见、能够预见，只是因为疏忽大意而没有预见，就应认定为疏忽大意的过失，否则，如果行为人对结果的发生不应当预见、不能预见，就应认定为意外事件。

30. 李某等过失致人死亡案[①]

——过于自信的过失与间接故意的界限

【案情介绍】

××××年3月26日晚，被告人李某、王某与吐某（在逃）在阿克苏市一歌舞厅饮酒时，被害人阎某进入李、王的包间，与之攀谈。其间阎某提出与李、王合伙挣钱，李某等人再三追问如何挣钱，阎某称准备绑架一市长的儿子。后被告人李某、王某乘坐吐某驾驶的白色奥拓车将阎某拉至阿克苏市团结路一茶园处，李、王等人追问绑架何人，阎某不说，李某、王某等遂对阎某拳打脚踢。其间，与被害人阎某相识的一出租车司机上前劝阻，李、王等人停止殴打并乘车离开，阎某乘机躲进该茶园地下室通道处。后被告人李某、王某又返回茶园处，找到阎某，并将其强行拉上车后带至西湖后湖堤处。李某、王某等人将阎某拉下车，拳打脚踢，逼问其欲绑架的具体对象，并以此敲诈其钱财。后被害人阎某为摆脱李某、王某等人的殴打，趁其不注意跳入西湖中。李某、王某等劝其上岸，并调转车头用车灯照射水面，见阎某仍蹚水前行，不肯返回。被告人王某让李某下水拉阎某一把，李某称其水性也不好（有证据表明二被告人不具备对被害人施救的能力）。李某等人为消除阎某的顾虑，促其上岸，遂开车离开湖堤。后阎某的尸体在西湖后湖堤附近被发现，法医尸体检验报告证实，阎某肺气肿、肺水肿，全身体表无明显损伤，结论为溺水死亡，排除暴力致死。

检察机关以故意杀人罪、寻衅滋事罪对被告人李某、王某提起公诉。一审法院经审理，依照《中华人民共和国刑法》第232条、第25条第1款、第26条第1款、第69条、第70条、第57条第1款、第36条和《中华人民共和国民法通则》第119条的规定判决如下：(1)被告人李某犯故意杀人罪，判处无期徒刑，剥夺政治权利终身，与2000年9月因犯抢劫罪所判有期徒刑4年（已执行完毕）并罚；决定执行无期徒刑，剥夺政治权利终身。(2)被告人王某犯故意杀人罪，判处有期徒刑15年，剥夺政治权利5年。被告人上诉后，二审法院经审理，依照1996年《中华人民共和国刑事诉讼法》第189条第2项和《中华人民共和国刑法》第232条、第36条第1款的规定，判决如下：(1)撤销一审法院刑事附带民事判决中对上诉人李某、王某的定罪量刑部分；(2)上诉人李某犯过失致人死亡罪，判处有期徒刑7年；上诉人王某犯过失致人死亡罪，判处有期徒刑5年。

【观点争议】

在本案审理过程中，对被告人李某、王某的行为如何定性存在两种意见。

第一种意见认为，二被告人的行为构成故意杀人罪。主要理由是：二被告人对被害人的殴

① 案例来源：最高人民法院刑事审判第一庭、第二庭编：《刑事审判参考》，总第47集，12～15页，北京，法律出版社，2006。

打，迫使被害人跳水逃跑，使被害人的生命安全处于危险状态，因此二被告人有采取有效措施、积极防止被害人被淹死这一危害结果发生的义务。二被告人置被害人的安危于不顾，不履行因自己先前行为产生的救助义务，主观上对被害人死亡结果的出现持放任态度，构成不作为形式的犯罪，故二被告人的行为构成（间接）故意杀人罪。

第二种意见认为，二被告人的行为构成过失致人死亡罪。主要理由是：二被告人既不希望，也不放任被害人死亡结果的发生。二被告人离开现场的目的是让被害人消除顾虑，尽快脱离危险之地，并非置被害人于水中而不顾。二被告人对于被害人可能会出现的后果是有所预见的，但轻信被害人在其离开后会返回岸上。因此，二被告人对被害人可能出现的死亡结果是持一种过于自信的过失心态。

【法理分析】

本案涉及过于自信的过失与间接故意的区分问题。根据刑法规定，间接故意是指行为人明知自己的行为可能发生危害社会的结果，并且放任这种结果发生的心理态度。过于自信的过失是指行为人已经预见自己的行为可能发生危害社会的结果，但轻信能够避免，以致发生了这种结果的心理态度。轻信能够避免，是行为人在已经预见到危害结果可能发生的同时，又凭借一定的主、客观条件，相信自己能够避免危害结果发生，但所凭借的主、客观条件并非真实、可靠。轻信能够避免主要表现为三种情况：一是过高估计自己的主观能力；二是不当地估计了现实存在的客观条件对避免危害结果的作用；三是误以为危害结果发生的可能性很小，因而可以避免危害结果发生。

关于过于自信的过失与间接故意两者的差别，国外刑法理论主要有盖然说和容认说两种观点。盖然说认为，凡是认识到结果发生的可能性较大并又实施了行为的，就属间接故意的范围；认识到危害结果发生的可能较小而实施了行为的，则属于有认识的过失（即过于自信的过失）的范围。如提出该观点的学者认为，如果行为人认为构成要件的实现具有“比可能性高，比高度盖然性低”的盖然性，即对构成要件的实现有充分的意思支配，即成立故意。[①] 容认说认为行为人对结果发生的可能性有认识，而且对该结果的发生抱着容认态度的，是间接故意；但确信自己的技能或出于侥幸避免的意思状态，认为能防止或避免危害结果发生的，是过于自信的过失。

盖然说以对结果发生的可能性的认识程度作为区分标准，其不足之处在于盖然性的概念不够明确：什么程度可以称为比可能性高、比高度盖然性低？而且对盖然性的估量，恐怕不是非专家所能做到的。容认说的优点在于对故意概念的界定兼顾了认知和意欲的要素，但全然不顾间接故意与过于自信的过失在认识因素方面的差异，将行为人的容认其行为发生危害结果的态度作为区分两者的关键，也有失偏颇。笔者认为，间接故意与过于自信的过失有着本质的区别：间接故意所反映的是行为人对刑法所保护的法益的积极蔑视态度，过于自信的过失所反映的是行为人对法益的消极不保护的态度。这种差别又是通过各自的认识因素和意志因素体现出来的。

第一，两者的认识因素存在差异。首先，虽然两者对危害结果的可能发生都有认识，但在认识程度上存有差异。根据刑法规定，间接故意对危害结果的可能发生是“明知”；过于自信

① 参见李兰英：《间接故意研究》，184页，武汉，武汉大学出版社，2006。

的过失对危害结果的可能发生是“已经预见”。“明知”和“已经预见”从主观上说，对客观事物发展的认识过程是不一样的。“明知”是行为人对行为与危害结果发生之间因果关系的认识更清晰、更全面，这种判断客观性成分大；而“预见”即根据事物的发展预先料到将来。在“预见”情况下，行为人对因果关系的认识是模糊的、朦胧的、不全面的，这种判断主观性成分大。其次，二者认识的内容范围不同。过于自信的过失除了已经预见到行为可能发生危害结果以外，还认识到阻碍这种结果发生的主、客观条件；而间接故意则仅仅认识到前者，对后者没有认识或根本不屑去认识。最后，两者是否存在认识错误不同。间接故意行为人对于危害结果由可能性转化为现实性具有比较正确的判断；而过于自信的过失行为人凭借一定的主、客观条件误以为危害结果不会发生，即对于危害结果发生的可能性转化为现实性缺乏正确的认识，是一种错误的判断。

第二，两者的意志因素存在差异。有的学者认为，过于自信的过失与间接故意在意志因素上的不同可以从意志态度和意志努力上得到展现：其一，过于自信过失的意志态度是“轻信能够避免危害结果发生”，明确说明行为人不希望危害结果发生，并力图采取各种措施避免危害结果发生；而间接故意的意志态度是放任危害结果发生，恰恰说明危害结果的发生不违背行为人的本意。其二，过于自信过失的行为人为避免危害结果发生付出了一定的意志努力。为决心实现自己避免危害结果发生的意志态度，往往采取一定的防范措施或应急措施；而间接故意的行为人则是消极地放任危害结果发生，不付出任何意志努力。① 这种观点对于区分过于自信的过失与间接故意有一定的说服力。但是，二者的意志因素差异还可以进一步区分，即：对于危害结果的发生，过于自信的过失意志是不仅不希望危害结果发生，而且希望不发生危害结果；而间接故意的放任意志不是希望危害结果发生，也不是不希望危害结果发生，而是介于希望与不希望之间的一种容忍心理态度，是由不希望衍化而出的特殊意志形态，它虽然表现为不希望危害结果发生，但是不同时包含不希望发生危害结果。

根据上述过于自信的过失与间接故意在认识因素和意志因素上的不同来判断本案行为人的主观罪过，笔者认为，行为人对于被害人死亡结果的发生不是出于间接故意，而是出于过于自信的过失。本案中，被告人李某、王某殴打被害人阎某，致使被害人跳入西湖中逃走，以摆脱李、王二人的殴打和纠缠。李某、王某在阎某跳水之后，未进一步实施加害行为，而是劝被害人上岸，并调转车头用车灯照射水面。见被害人仍蹚水前行，不肯返回时，被告人王某还曾让李某下水拉阎某一把，李某因水性也不好，不敢下水。后三人为消除阎某的顾虑，促使其上岸，遂开车离开湖堤。由此可见，二被告人在已经认识到被害人跳入湖中有生命危险的情况下，对被害人死亡结果的发生既不是希望，也不是采取听之任之的态度，而是采取了一定的措施以防止被害人死亡结果的发生，只是以为自己离开了湖堤被害人就会上岸，从而导致了被害人死亡结果的发生。被害人死亡结果的发生是违背二被告人的本意的，是在轻信能够避免的情况下造成的。因此，二被告人对被害人可能出现的死亡结果主观上是持过于自信的过失的心理态度。

从本案二被告人实施的行为看，其行为不构成刑法上的不作为。不作为是以行为人负有某种特定的作为义务并能够履行为前提的。虽然本案被害人跳入湖中溺水而死是由二被告人的殴打行为引起的，可以说，二被告人的殴打行为是先行行为，这种先行行为引起了二被告人对被

---

① 参见姜伟：《犯罪故意与犯罪过失》，337～338页，北京，群众出版社，1992。

害人的救助义务。但是，二被告人并不具备对被害人下水施救的能力。在这种情况下，二被告人采取了劝被害人上岸，并用车头灯照射水面的措施，只是被害人不听劝才导致了死亡结果发生，因此二被告人的行为不构成不作为，当然不构成不作为的故意杀人罪，只能构成过失致人死亡罪。二审法院的判决是正确的。

【要旨提示】

在行为人已经认识到其行为可能发生危害结果，并且最终发生了危害结果的情况下，判断行为人主观上是出于间接故意还是过于自信的过失，关键要看行为人对危害结果的可能发生是采取放任的态度还是采取轻信能够避免的态度。而判断行为人对危害结果是放任还是轻信能够避免，又要看行为人是否采取了一定的措施来防止危害结果的发生。如果行为人不采取任何措施来防止危害结果的发生，对危害结果的发生听之任之，则应认定为间接故意；如果行为人采取了一定的措施来避免危害结果的发生，只是由于行为人对危害结果的可能发生作出了错误的估计，从而导致了危害结果的发生，就应认定为过于自信的过失。

31. 王某被控贷款诈骗宣告无罪案①

——法定犯的犯罪目的

【案情介绍】

被告人王某为购房开饭店，于2003年8月28日在其妹妹王甲不知情的情况下，假冒王甲的名义（当时其妹妹已出国，出国前将本人的身份证、房屋产权证、离婚证明等证件放在被告人王某处保管），用王甲的身份证、离婚调解书及公安机关的证明和自己租用的王甲的房屋作抵押担保，向龙井市甲农村信用合作社申请贷款30万元，于2003年9月4日以王甲的名义取得30万元贷款。贷款用途为购房，并规定2004年12月10日以前偿还贷款本金15万元，利息按月偿还，至2005年7月26日将贷款本息全部还清。贷款后，被告人王某因房主不同意出售房屋，购房不成，其便将贷款用在装修房屋（用于抵押贷款的王甲的房屋）开办“国二骨头火锅”连锁店以及交房租费、加盟费、给工人开工资等事项上。“国二骨头火锅”店于2003年11月10日办理营业执照，业主是董某，于2004年5月10日变更业主为被告人王某；于2005年9月8日变更名称为“日晖饺子城”，业主是被告人王某。2003年12月23日，被告人王某以王甲的名义偿还贷款利息8 166.38元；2004年12月1日偿还利息4 941元。2004年4月16日，被告人王某在延边乙机电设备有限公司以分期付款的方式购买一台价格为24.9万元的解放牌自卸车，并于同年4月29日及11月6日支付了车款13万元，现尚欠延边乙机电设备有限公司部分车款未付。2005年6月，龙井市甲农村信用合作社的信贷员李某和许某到延吉市找“王甲”催款时，被告人王某方承认其系冒用妹妹王甲的名义贷款的事实。信贷员打电话将此事告诉王甲后，王甲不知道贷款之事，也不同意王某用自己的房屋抵押贷款，并向信用社索要其房产证。2005年8月2日，被告人王某将自己所有的解放牌自卸车作抵押向付某借款12万

① 案例来源：最高人民法院中国应用法学研究所编：《人民法院案例选》，2008年第1辑，2～4页，北京，人民法院出版社，2008。

元给他人使用。2005年8月10日，被告人王某又以王甲的名义向信用合作社偿还了10 019.25元的贷款利息。2005年10月24日，龙井市甲农村信用合作社认为被告人王某有诈骗行为，遂向龙井市公安局报案。案发后，被告人王某的妹妹王甲向龙井市甲农村信用合作社偿还了全部贷款本息。

检察机关以贷款诈骗罪对被告人王某向龙井市人民法院提起公诉。一审法院经审理，依照《中华人民共和国刑法》第193条、第67条第1款、第72条、第73条、第52条，《中华人民共和国刑事诉讼法》(1996年)第162条第1款的规定，以被告人王某犯贷款诈骗罪，判处有期徒刑3年，缓刑4年，并处罚金人民币5万元。王某提起上诉。二审法院经审理，依照《中华人民共和国刑事诉讼法》(1996年)第189条第2项、第162条第2项的规定，撤销一审法院的刑事判决，宣告王某无罪。

【观点争议】

本案在审理过程中，就被告人王某的行为是否构成犯罪存在两种观点。

第一种观点认为，被告人王某的行为构成贷款诈骗罪。其主要理由是：被告人王某以非法占有为目的，在其妹妹不知情且不同意的前提下，假冒妹妹王甲的名义，用王甲的房屋抵押贷款，这种行为符合贷款诈骗罪的构成要件。

第二种观点认为，被告人王某的行为不构成犯罪。其主要理由是：虽然被告人王某在取得贷款过程中存在隐瞒真相的手段行为，但其主观上不具有非法占有30万元贷款的目的，缺乏构成贷款诈骗罪的主观要件。

【法理分析】

本案被告人王某的行为是否构成贷款诈骗罪，其争议点在于被告人王某是否具有非法占有贷款的目的，因而本案涉及法定犯罪目的的问题。

犯罪目的是行为人希望通过实施犯罪行为达到某种结果的心理态度。行为人通过实施犯罪行为所希望达到的结果是犯罪目的的内容。可见，犯罪目的只存在于直接故意犯罪过程中，间接故意犯罪和过失犯罪由于不存在对结果的希望和追求而不存在犯罪目的。[①]

按照犯罪目的是否由刑法分则条文作出明文规定，犯罪目的可以分为两类：一是法定犯罪目的。这种犯罪目的由刑法分则有关个罪的条文作出了明文规定，如贷款诈骗罪的“以非法占有为目的”。二是非法定犯罪目的。这种犯罪目的，刑法分则有关个罪的条文未作出明文规定，它可能只是直接故意中的意志因素，如故意杀人罪的目的；也可能是某些犯罪构成的主观要件，如盗窃罪中的非法占有目的。

法定犯罪目的又表现为两种情形：一种是行为人实施符合构成要件的行为后就可以（但并非必然）实现的目的。如贷款诈骗罪的“以非法占有为目的”，只要行为人实施了诈骗银行或者其他金融机构的贷款的行为，就可以实现其非法占有贷款的目的。另一种是实施符合构成要件的行为后，还需要行为人或第三者实施其他行为才能实现的目的，如走私淫秽物品罪的“以牟利或者传播为目的”，实施了符合构成要件的走私淫秽物品的行为，还不能直接实现牟利或者传播的目的，只有在走私行为完成之后实施其他相关行为，才能实现牟利或者传播目的。

① 参见高铭暄主编：《新编中国刑法学》，上册，188页，北京，中国人民大学出版社，1998。

法定犯罪目的在犯罪构成中对于区分罪与非罪、此罪与彼罪具有重要意义。首先，从罪与非罪的区分来看，法定犯罪目的是目的犯的构成要件要素。目的犯是指以某种特定的犯罪目的作为特别构成要件的犯罪。目的犯包括两种：一是断绝的结果犯。这种目的犯的目的，根据行为本身，或作为附带现象由自己来实现，特别在其实现上不需要其他的行为。二是缩短的二行为犯。这种目的犯的目的，根据这个构成要件的行为本身是不能达到的，行为人又要通过第三者的其他行为才能达到行为目的。① 这两种目的犯的成立，都需要行为人具有特定的犯罪目的。如果这种特定的犯罪目的已由刑法作出了明文规定，成为法定犯罪目的，则行为人必须具有法定犯罪目的才能构成犯罪；如果行为人主观上不具有这种法定犯罪目的，则不构成犯罪。例如，走私淫秽物品罪的成立，行为人必须具有牟利或者传播目的，否则不构成犯罪，只能作为一般的违法行为处理。

其次，从此罪与彼罪的区分来看，法定犯罪目的在某些犯罪中是区分此罪与彼罪的标准之一。犯罪目的是支配行为的主观内容之一，故在许多情况下，犯罪目的不同，会导致行为对法益的侵害程度不同，刑法将之规定为不同的犯罪。这在刑法中表现为如下两种情形：一是根据行为有无某种法定犯罪目的，刑法将之规定为不同的犯罪。如，根据我国刑法第 363 条，以牟利为目的，制作、复制、出版、贩卖、传播淫秽物品的，构成制作、复制、出版、贩卖、传播淫秽物品牟利罪；而根据刑法第 364 条，传播淫秽的书刊、影片、音像、图片或者其他淫秽物品，情节严重的，构成传播淫秽物品罪。刑法这两条所规定的传播淫秽物品的行为，是构成传播淫秽物品牟利罪还是传播淫秽物品罪，关键在于行为是否具有牟利目的。具有牟利目的的传播淫秽物品的行为构成传播淫秽物品牟利罪，不具有牟利目的的传播淫秽物品的行为构成传播淫秽物品罪。二是根据行为的法定犯罪目的不同，刑法将之规定为不同的犯罪。例如，同是偷盗婴幼儿的行为，以勒索财物为目的偷盗婴幼儿的，构成绑架罪；而以出卖为目的偷盗婴幼儿的，构成拐卖儿童罪。再如，同是绑架妇女、儿童的行为，以出卖为目的绑架妇女、儿童的，构成拐卖妇女、儿童罪；以勒索财物为目的，绑架妇女、儿童的，构成绑架罪。

本案涉及的贷款诈骗罪是以法定犯罪目的即“以非法占有为目的”为构成要件的。根据刑法第 193 条的规定，贷款诈骗罪是指以非法占有为目的，通过编造引进资金、项目等虚假理由、使用虚假的经济合同或者使用虚假的证明文件等手段，诈骗银行或者其他金融机构的贷款，数额较大的行为。可见，贷款诈骗罪是法定目的犯，非法占有目的是贷款诈骗罪在犯罪主观方面的特别构成要件。如果行为人在取得银行或其他金融机构的贷款的过程中，尽管有一定的欺诈行为，但没有非法占有贷款的目的，则不能认定为贷款诈骗罪。至于行为人以欺骗手段取得贷款后，如何认定其是否具有非法占有该贷款的目的，应综合考虑以下事实要素：一是案发前是否还贷。行为人在申请贷款时虽然使用了欺骗手段，但在案发前归还了贷款，不能对其以贷款诈骗罪论处。二是如何使用贷款。不具有非法占有贷款目的的行为人，虽然采用欺骗方法取得了贷款，但往往是将贷款用于正常的生产经营活动，对贷款予以正常使用。三是有无归还贷款的能力和准备。以欺骗方法取得贷款，但将贷款用于贷款时约定的正常生产经营活动的行为人，一般都有还贷的计划和准备，并且往往同时具有按期还贷的能力，该行为人显然没有非法占有贷款的目的。四是有无逃避返还或拒不返还贷款的行为。行为人以欺骗方法获取贷款后，如果又具有抽逃、转移资金，隐匿财产，或篡改、隐匿、销毁账目，或搞假破产、假倒

① 参见陈兴良：《刑法哲学》，265 页，北京，中国政法大学出版社，1992。

闭，以逃避返还贷款，或具有其他竭力逃避、拒不返还贷款的行为，则无论其如何使用贷款，无论其是否具有返还贷款的能力，都可以认定行为人具有非法占有贷款的目的。①

本案被告人王某冒用其妹妹王甲的名义申请贷款，虽然在申请贷款的手段上具有欺诈性，但其贷款时正在经营餐饮业，贷款的目的是购房开饭店。王某取得贷款后，虽然购房不成，但将贷款大部分用于装修房屋开办“国二骨头火锅”店以及交房租、支付加盟费、支付工人工资等；并且分3次偿还了贷款利息。王某虽然没有按照约定偿还贷款，但并没有逃避返还或拒不返还贷款的行为。这些事实表明，被告人王某没有非法占有贷款的目的。因此，被告人王某的行为不构成贷款诈骗罪，当然，也不构成其他诈骗犯罪，因为其他诈骗犯罪也要以非法占有为目的。二审法院改判王某无罪是正确的。

【要旨提示】

法定犯罪目的是区分罪与非罪、此罪与彼罪的重要界限。在行为人的行为符合某个法定目的犯的客观构成要件的情况下，关键是要认定行为人是否具有该种犯罪的法定目的，如果不具有该种犯罪的法定目的，则不构成该罪。而要认定法定犯罪目的，必须依据案件的客观事实，结合该罪的客观构成特征进行综合判断。

32. 则某故意伤害案②

——行为对象的认识错误

【案情介绍】

被告人则某于2001年3月8日晚23时许，与马甲、李乙在某厂办公楼二楼走廊上忙于照看因醉酒而呕吐的同伴马丙时，不知何人突然从楼下掷上来两块碎砖，打在其身上，则某随即从身旁堆放着的一堆柴火中抽出一根柴棒，喊叫了一声：“什么人打人?”提着柴棒冲下楼去，碰巧看见一个人影正往一楼宿舍里跑，他追上去朝那人打了一棒，那人也未停顿，就径直跑进屋去了。被打伤的人正是与被告人则某同在一个工地上做工的四川农民工胡某。胡某经人送医院医治无效，于同年3月10日凌晨5时左右死亡。经法医鉴定，胡某因右额部被柴块类有棱角的钝器打击致颅脑损伤（硬膜外血肿）而死亡。

检察机关以则某犯故意伤害罪提起公诉。一审法院经审理，根据《中华人民共和国刑法》第234条第2款、第57条的规定，判决被告人则某犯故意伤害罪，判处死刑，缓期2年执行，剥夺政治权利终身。则某提起上诉。二审法院经审理，依照《中华人民共和国刑事诉讼法》（1996年）第189条第1项的规定，裁定驳回上诉、维持原判。

【观点争议】

本案在审理过程中，关于对被告人则某的行为如何定性存在两种观点。

---

① 参见何全民：《贷款诈骗罪犯罪目的的认定》，载《大连海事大学学报（社会科学版）》，2007（5）。

② 案例来源：张耕主编：《刑事案例诉辩审评（杀人罪、伤害罪）》，140～143页，北京，中国检察出版社，2005。

第一种观点认为，被告人则某的行为构成故意伤害罪。主要理由是：被告人则某明知用柴棒打人轻则伤人，重则致命，但为了满足一时的报复心理，仍用柴棒将“掷砖块的人”打伤致死，这明显是一种故意伤害他人身体的行为，完全符合故意伤害罪的构成要件。

第二种观点认为，将被告人则某的行为定性为故意伤害罪是错误的。主要理由是：被告人则某并不是蓄意要伤害胡某，只是因为胡某当时正朝宿舍里跑，才导致被告人产生错觉而对其进行了伤害，被告人本欲伤害的人是“掷砖块的人”，并非胡某，由于过失而错伤胡某。因此，不能认定则某的行为构成故意伤害罪，应认定为故意伤害罪（未遂）和过失致人死亡罪，再按照想象竞合犯的原则，择一重罪处罚。①

【法理分析】

本案被告人则某的行为涉及行为对象的认识错误问题。行为对象的认识错误，又称为目的物错误或目标错误，是指行为人主观上所认识到的行为对象与其行为实际侵害的对象不一致。行为对象的认识错误有以下主要特征：一是行为人主观上具有明确而又特定的行为对象。此种对象是能够体现一定社会关系的人或物。对人或物之外的事物发生了错误认识，不构成对象认识错误。另外，作为对象认识错误的“对象”，是指行为人的行为对象，即行为所指向的对象。只有行为人主观上有明确而又特定的行为对象，才可能发生对象认识错误。二是行为人主观上认识的行为对象与其行为实际侵害的对象不一致。这是对象认识错误的实质。②

行为对象的认识错误一般属于同一构成要件内的事实错误。所谓同一构成要件内的事实错误，是指行为人所认识的事实与实现的事实不一致是发生在某一犯罪构成要件内的情形。大陆法系国家刑法理论在如何对待这类事实错误的问题上存在着具体符合说、具体的法定符合说、抽象的法定符合说等观点。③

（1）具体符合说主张行为人所认识的事实与现实发生的事实必须具体地相符合，才能认定故意成立。这种观点强调行为人的主观认识与客观结果必须联结，并以主观意图是否实现作为区分犯罪既遂与未遂的标准。例如，意图杀甲，误把乙当作甲杀害，因为实际发生的事实与行为人所预见的事实并非具体的完全一致，所以不能让行为人对乙的死亡结果承担故意责任，而只能视为杀人未遂罪与过失致死罪的想象竞合，从一重处断。这种观点已很少有人采纳。

（2）具体的法定符合说主张故意的成立以对符合构成要件的事实有认识为必要，但只要对符合构成要件的重要事实有认识即可，不要求对非重要的具体事实有认识。因此只有构成要件的重要事实认识错误，才阻却故意的成立。在德国，这种观点是通说。在日本，这种观点近些年来已成为一种有力的主张。

（3）抽象的法定符合说主张行为人所认识的事实与实现的事实只要在法定的构成要件范围内相符合，就成立故意。其基本理由是，故意以认识构成要件该当事实为必要（不以认识自然的具体事实为必要），因此，只要行为人对构成要件该当事实有认识，而实现的事实又未超出这种构成要件的范围，那就不影响故意的成立。这是日本的判例和通说所持的基本立场。

其实，具体的法定符合说和抽象的法定符合说只是在客体认识错误、方法认识错误等方面的处理意见不同，而对对象认识错误的处理结论是相同的，即如上述案例，意图杀甲，误把乙

---

① 参见张耕主编：《刑事案例诉辩审评（杀人罪、伤害罪）》，140～142页，北京，中国检察出版社，2005。

② 参见刘明祥：《刑法中错误论》，2版，99页，北京，中国检察出版社，2004。

③ 参见上书，62～70页。

当作甲杀害的情况不影响故意杀人罪既遂的成立。因为刑法规定故意杀人罪是为了保护人的生命，而不只是为了保护特定的甲，因此，只要行为人主观上想杀人，而客观上又杀死了人，那么就符合故意杀人罪的构成要件，成立故意杀人罪既遂。笔者认为，法定符合说在对象认识错误上的处理意见是正确的。

我国刑法理论将行为对象的认识错误区分为以下几种，并采用不同的处理原则。

（1）行为人误把甲对象当作乙对象加以侵害，而甲、乙两者体现相同的社会关系或反映相同的犯罪客体。此种对象认识错误不阻却故意，也不影响既遂犯的成立。如行为人意欲杀甲，却误把乙当作甲杀死了，构成故意杀人罪既遂。因为无论是甲还是乙的生命，都是人的生命，同样受到刑法保护。在杀人罪的场合，作为故意的内容是明知自己的行为会危害他人的生命，并希望或放任他人死亡结果的发生。杀人罪不以有特定属性的某人作为犯罪构成要件，所以，无论杀害的是甲还是乙，对故意杀人罪既遂的成立不发生影响。①

（2）行为人误把甲对象当作乙对象予以侵害，但甲、乙两者体现不同的社会关系或体现不同的犯罪客体。如误以为他人提包中装的是钱财而盗走，实际上提包中装的是手枪和子弹。就行为人实际侵害的对象而言，由于他没有意识到自己的行为会给此种对象及其所体现的特定社会关系（犯罪客体）造成侵害，当然，也就谈不上有此种犯罪故意。因此，对实际侵害对象所造成的危害结果，阻却故意的成立，在行为人主观上存在过失，而刑法又有处罚过失犯的规定的情况下，成立过失犯。对意欲侵害的对象而言，行为人主观上有犯罪故意，客观上实施了危害行为，一般是由于认识错误而使犯罪未得逞，所以通常属于犯罪未遂。如果行为人对实际侵害的对象和意欲侵害的对象来说，都构成犯罪，那就属于想象竞合犯，应从一重处断。如果只成立一罪，则按照一罪定罪量刑。就上例而言，行为人无盗窃枪支、弹药罪的故意，不能构成盗窃枪支、弹药罪，而刑法又无处罚过失盗窃枪支、弹药行为的规定，所以，行为人只对其盗窃财物的行为承担刑事责任。

（3）行为人误把甲对象当作乙对象予以侵害，侵害乙对象的行为刑法规定为犯罪，而侵害甲对象的行为刑法没有规定为犯罪。如行为人误把假币当作真人民币加以抢夺，虽然行为人抢夺假币的行为在刑法上未规定为犯罪，但就其意欲侵害的对象而言，行为人主观上有抢夺真人民币的犯罪故意，客观上实施了抢夺行为，只是由于其对抢夺对象的认识错误而使犯罪未得逞，属于犯罪未遂。因此，对此种行为对象的认识错误，应以行为人对意欲侵害的对象所实施的行为定性，以犯罪未遂论处。

（4）具体的犯罪对象不存在，行为人误以为存在而实施犯罪行为，因而致使犯罪未得逞的，应定为犯罪未遂。例如，甲意图杀乙，甲误以为乙在现场而开枪射击，实际上乙不在现场，对甲的行为应以故意杀人罪未遂论处。

本案被告人则某因被他人所掷砖块打中而产生报复“掷砖块的人”的心理。则某当看到被害人胡某往宿舍里跑时，误以为其是“掷砖块的人”而实施了故意伤害行为。虽然被告人则某打中的是被害人胡某，而不是“掷砖块的人”，但是被害人胡某与“掷砖块的人”体现的是相同的合法权益或刑法所要保护的社会关系，即人的生命、健康权利。因此，这属于行为对象的认识错误中的上述第一种情形，应成立故意伤害罪既遂。不能因为被告人则某伤害被害人胡某是由于认识错误所致、主观上存在过失，而按照故意伤害罪（未遂）和过失致人死亡罪的想象竞

① 参见高铭暄主编：《中国刑法学》，141～142页，北京，中国人民大学出版社，1989。

合犯处理。

本案被告人则某主观上虽然是要报复“掷砖块的人”，但并不是要置“掷砖块的人”于死地。这可以从他追上被害人只朝其打一棒，而被害人被打后仍然跑进屋去了得到证实。被告人则某只有伤害的故意，没有杀人的故意。被告人则某自以为打一下不会导致被害人死亡，对被害人的死亡具有过失心理。因此，将本案被告人则某的行为定性为故意伤害致死是正确的。但法院将其判处死刑，缓期2年执行有量刑过重之嫌。因为被告人则某的行为确实是由于他人掷砖块打中其身引起，而且行为发生在夜晚，容易发生认识错误，对于打击的部位是要害还是非要害，也难以作出判断。基于这些情况，不宜对被告人则某适用死缓。

【要旨提示】

行为对象认识错误发生在同一犯罪构成要件内，并且行为人意图侵害的对象与实际侵害的对象体现相同的法益或犯罪的直接客体时，不影响犯罪故意的成立，也不影响犯罪既遂的成立。

33. 刘某等涉嫌盗窃案①

——行为对象价值的认识错误

【案情介绍】

刘某、王某是烟台一家宾馆的客房服务员，平日喜欢养些花草。2007年4月初的一天，在打扫客房时，俩人将客人放在墙角的几株小草拿走，其中刘某拿了3株，王某拿了2株，后种到了自家阳台的花盆里。客人马某是名商人，爱好兰花。马某发现5株名为“西光蜀道”的名贵兰花丢失，即到公安机关报案。经鉴定，二人拿走的名为“西光蜀道”的兰花每株价值4 000元，但刘某、王某并不知道其实际的价值。公安机关先后两次以涉嫌盗窃罪向检察机关提请批准逮捕刘某、王某，检察机关认为二人的行为不构成犯罪，于5月13日、5月17日两次作出不批准逮捕决定。

【观点争议】

本案在审理过程中，对于刘某、王某的行为是否构成犯罪存在两种不同观点。

第一种观点认为，刘某、王某的行为构成犯罪。主要理由是：行为人主观上具有窃取他人财物的故意，客观上实施了窃取他人财物的行为，所盗物品达到了定罪量刑标准，对行为人应以盗窃罪追究其刑事责任。

第二种观点认为，刘某、王某的行为不构成犯罪。主要理由是：行为人不具备识别名贵兰花的专业知识，主观上缺乏对物品真实价值的认识，不具备刑法上的犯罪故意。因为当行为人将价值明显超过自己认识范围的财物予以盗窃时，应当考察行为人对价值认识的可能范围，以其实际可能认识的价值范围判断行为是否构成犯罪。

【法理分析】

本案的定性涉及对象价值的认识错误问题。所谓对象价值的认识错误，是指行为人实施行

① 案例来源：《对象价值的认识错误是否影响盗窃罪的构成》，载《人民检察》，2007（22）。

为时对自己行为对象的价值的认识与客观实际情况不一致。其主要特征包括：第一，行为人主观上对于行为对象是否有价值以及有多大的价值有一定的认识。如果行为人对行为对象的价值根本没有认识，就不存在对象价值的认识错误问题。第二，行为人主观上所认识的对象价值与该对象的实际价值相差悬殊。这种认识上的不一致包括两种情况：一是行为对象本来具有很大的价值，但行为人由于认识能力的限制而误认为其没有价值或价值很小；二是行为对象本来价值很小，而行为人误认为其价值很大。

对象价值的认识错误既可能因行为人对行为对象的认识错误而引起，如本案中的刘某、王某误把名贵兰花当小草拿走；也可能在行为人对行为对象本身没有错误认识，只是对行为对象的价值作出了错误估计的情况下发生，如误以为钱包里有巨额现金而加以盗窃，实际上钱包里只有50元。

对象价值的认识错误与行为人的认识能力及当时的状况有关。因此，判断行为人是否对自己行为的对象价值发生了认识错误，首先应考虑一般人在此种状态下的认识状况，其次要考虑行为人的认识状况。在行为人属于一般正常人的情况下，以常识性认识为标准，即使行为人在当时特殊情况下没有达到该认识，也不影响行为认定；如果行为人属于特殊人群，如专业技术人员或智力障碍者，则以常识性认识为基础，结合行为人的具体认识程度认定。

对于对象价值的认识错误是否影响对行为人行为的定性，有的论者认为，行为人对行为对象（物品）价值（数额）的认识，直接影响到行为人对行为后果的预见性，直接反映其主观恶性的大小，是犯罪主观故意的内容之一。对行为对象价值认识错误，必然影响到对行为的定性及处理。[①] 有的论者认为，行为人对行为对象（物品）价值认识错误的情况，在刑法理论上属于认识错误中的事实认识错误。即行为人对自己行为时的事实情况有不正确的理解。如果行为人对构成要件性事实发生认识错误，必然影响对行为性质的认定。[②] 上述观点表明，对象价值的认识错误必然影响行为的定性。

但是，笔者认为，对象价值的认识错误并不必然影响行为的定性。对象价值的认识错误是否影响行为的定性，应分以下两种情况考虑：

一是对象价值的认识错误影响犯罪故意成立的情况。根据我国刑法的规定，犯罪故意是行为人明知自己的行为会发生危害社会的结果，并且希望或者放任这种结果发生的主观心理态度。犯罪故意在认识因素上要求行为人明知自己行为会发生危害社会的结果。其中“明知”的内容包括三个方面：第一，对行为本身的认识，即对刑法规定的危害社会行为的内容及其性质的认识。第二，对行为结果的认识，即对行为产生或将要产生的危害社会结果的内容与性质的认识。第三，对与危害行为和危害结果相联系的其他犯罪构成要件事实的认识。这包括对法定的犯罪对象、法定的犯罪手段以及法定的犯罪时间、地点的认识。[③] 可见，犯罪故意的成立要求行为人对自己行为的社会危害性有认识；如果行为人在实施行为时并不知道自己行为的实际危害后果，则不构成犯罪故意。如果行为人对行为对象的价值发生了认识错误，而这种价值认识错误影响到行为人对自己行为的性质及后果的判断，影响到社会危害性认识，进而影响犯罪故意的认识因素的成立，则该对象价值的认识错误影响犯罪故意的成立。而犯罪构成是主、客观要件的有机统一，因此，这种认识错误既然影响犯罪故意的成立，也就影

---

①② 参见丛修胜等：《对象价值的认识错误是否影响盗窃罪的构成》，载《人民检察》，2007（22）。

③ 参见高铭暄、马克昌主编：《刑法学》，7版，108页，北京，北京大学出版社、高等教育出版社，2016。

响行为的定性。

二是对象价值的认识错误不影响犯罪故意成立的情况。也即虽然行为人对自己行为对象的价值发生了错误的认识，但这种认识错误属于同一犯罪构成内的事实认识错误，并不影响犯罪故意的成立。比如，行为人在盗窃犯罪故意支配下去实施盗窃行为，本来行为对象的价值很少，但行为人误以为对象的价值很大，尽管行为人对其行为对象的价值发生了错误的认识，但仍然可以构成盗窃罪。由于属于同一犯罪构成内的对象价值的认识错误不影响犯罪故意的成立，因而这种对象价值的认识错误并不影响行为的定性。

本案刘某、王某的行为是否构成犯罪，关键是要认定其是否具有对象价值的认识错误以及该认识错误是否影响盗窃罪故意的成立。而要认定其是否具有对象价值的认识错误及其是否影响盗窃罪故意的成立，就要根据当时情况下一般人的认识水平和行为人是否具有特殊的认识名贵兰花的能力进行认定。本案刘某、王某作为宾馆的服务员，将客人放在客房墙角的几棵小草拿走，种到了自家阳台的花盆里。这几棵小草，因为只长出两片叶，没有专业水平和一定花卉知识的一般人是判断不出其是名贵兰花的。而刘某、王某是普通公民，没有鉴别兰花这一特殊物品的专业知识和技能，根本判断不出自己拿走的兰花的实际价值，或者说，刘某、王某并不知道自己拿走的是名贵兰花，只以为是小草才拿走。因此，应当认定刘某、王某具有对象价值的认识错误，正是这种认识错误影响其对自己行为性质及后果的判断，进而影响盗窃罪故意的成立。因此，刘某、王某的行为不构成犯罪。

【要旨提示】

对象价值的认识错误是否影响行为的定性，关键要看其是否影响犯罪故意的成立。如果对象价值的认识错误影响犯罪故意的成立，则其影响行为的定性；反之，则不影响行为的定性。而要判断对象价值的认识错误是否影响犯罪故意的成立，就要根据一般人的认识能力，结合行为人的认识能力，判断该认识错误是否影响行为人对自己行为的性质及后果的正确判断。只有在该认识错误影响行为人对自己行为的性质及后果正确判断的情况下，才能认定其影响犯罪故意的成立，进而影响行为的定性。

34. 彭某故意杀人案[①]

——原因自由行为

【案情介绍】

2005 年 5 月 5 日凌晨，被告人彭某因自己服食摇头丸药性发作，产生幻觉，在其暂住处持刀朝同室居住的被害人阮某胸部捅刺，致阮某抢救无效死亡。当晚 9 时许，被告人彭某到公安局投案自首。据被告人彭某交代，他以前因吸毒产生过幻觉。

检察机关以被告人彭某犯故意杀人罪向人民法院提起公诉。一审法院经审理，依照《中华人民共和国刑法》第 232 条、第 67 条第 1 款、第 57 条第 1 款之规定，于 2006 年 5 月 10 日判

---

① 案例来源：最高人民法院刑事审判第一、二、三、四、五庭主办：《中国刑事审判指导案例（侵犯公民人身权利、民主权利罪）》，143～144 页，北京，法律出版社，2009。

决如下：被告人彭某犯故意杀人罪，判处无期徒刑，剥夺政治权利终身。一审宣判后，被告人彭某不服，提起上诉。二审法院经审理，认为原判认定事实清楚，证据确实、充分，定罪准确，量刑适当，审判程序合法。依照1996年《中华人民共和国刑事诉讼法》第189条第1项，《中华人民共和国刑法》第232条、第67条第1款、第57条第1款之规定，于2007年2月28日裁定驳回上诉、维持原判。

【观点争议】

在本案审理过程中，关于对彭某的行为如何定性存在两种不同的意见。

第一种意见认为，彭某吸食毒品后，产生幻觉，丧失了辨认和控制能力，其实施杀人行为时属于无刑事责任能力人，其实施的杀人行为即使构成犯罪，也只构成过失致人死亡罪。

第二种意见认为，吸毒是国家法律所禁止的行为，彭某在以前已因吸毒产生过幻觉的情况下，因再次吸毒而引发本案，其吸毒、持刀杀人在主观上均出于故意，故应对自己吸毒后的危害行为依法承担刑事责任，对其行为应以故意杀人罪追究刑事责任。

【法理分析】

本案行为人彭某吸毒后产生幻觉，进而实施杀人行为的刑事责任问题，可用原因自由行为的法理加以说明。其行为是定过失致人死亡罪还是定故意杀人罪，取决于其原因自由行为的罪过形式。

原因自由行为（actio libera in cause），是指具有责任能力的行为人，故意或者过失使自己一时陷入丧失或者尚未完全丧失（刑法第18条第3款）责任能力的状态，并在该状态下实施了符合构成要件的违法行为。使自己陷入丧失或者尚未完全丧失责任能力状态的行为，称为原因行为；在该状态下实施的构成要件行为，称为结果行为。由于行为人可以自由决定自己是否陷入上述状态，故称为原因自由行为。[①] 原因自由行为是因行为人故意或过失使自己陷入无责任能力或限制责任能力状态而实施符合犯罪构成行为的，应当对其行为负完全的刑事责任。这一点已为学界普遍认同。但是，对于原因自由行为的罪过形式，学界存在不同的认识。

首先，对于原因自由行为的罪过形式需要考察原因行为和结果行为中哪些阶段的罪过形式，学界存在不同的看法。一种观点认为，原因自由行为的罪过形式只能在原因行为的范围内进行考虑，无须考虑结果行为的罪过形式。[②] 如我国台湾地区学者陈朴生认为，原因自由行为应“基于招致精神障碍状态前所存在之故意或过失定其责任”[③]。根据此说，原因自由行为的罪过形式是指自陷于精神障碍状态以前所存在的、使犯罪事实发生的故意或过失。另一种观点认为，对原因自由行为罪过形式的考察，应依原因行为和结果行为的心理联系断绝与否而不同：在结果行为处于限制责任能力状态时，应采用结果行为时作为认定罪过形式的时间标准；而在结果行为处于无责任能力时，应采用原因行为时作为认定原因自由行为罪过形式的时间标准。[④]

---

① 参见张明楷：《刑法学》，5版，307页，北京，法律出版社，2016。

② 参见刘志远、喻海松：《“原因中自由的行为”之罪过形式分析》，载《检察实践》，2005（3）。

③ 陈朴生：《刑法专题研究》，4版，298页，台北，台湾政治大学法律系法学丛书编辑委员会，1988。

④ 参见何庆仁：《原因自由行为理论的困境与诠释》，载《中国刑事法杂志》，2002（2）。

笔者认为，原因自由行为的罪过形式不是指行为人实施原因行为本身的故意或过失，而是指行为人故意或者过失使自己一时陷入无责任能力或者限制责任能力状态时对将会产生的危害结果（结果行为导致的危害结果）所持故意或过失的心理态度。原因自由行为虽然区分为原因行为和结果行为两个阶段性的行为，但是，原因行为与结果行为存在着前因后果的关系，而且原因行为对结果行为具有支配性，彼此之间才形成“原因自由行为”这个整体。真正属于刑法意义上的行为的是原因行为，而结果行为只是原因行为的后续行为，是原因行为的实现，缺乏独立性。如果在无须考虑原因行为的情况下就能够对结果行为独立地进行刑法评价，就无须以原因自由行为的法理加以说明，直接按照犯罪构成加以认定即可。因此，对于原因自由行为的罪过形式的认定，只能以原因行为时的罪过形式为准。如果以结果行为时行为人的主观心理态度为准，就会导致不科学的判断。例如，行为人意图酒后杀死被害人而故意饮酒，使自己陷入限制责任能力的状况，结果在限制责任能力的状况下酒后驾车撞死了被害人。这种情况下，以结果行为的主观态度确定罪过，那行为人的罪过形式就只能是过失。这显然是错误的。

其次，对于原因自由行为罪过形式的具体类型，也存在不同的看法。第一种观点认为，“原因自由行为构成的犯罪只能是过失犯罪”[①]；第二种观点认为，“原因自由行为所构成的犯罪不可能是直接故意犯罪，但可以是过失犯罪或间接故意犯罪”[②]；第三种观点认为，“无责任能力状态之下原因自由行为只能由间接故意或过失构成，限制责任能力状态下的原因自由行为则可以由故意或过失构成”[③]。

从上述观点来看，过失成为原因自由行为的罪过形式得到了一致的认同，但是，故意，特别是直接故意，能否成为原因自由行为的罪过形式，则有争议；不但理论上存在争议，而且德、日刑法的判例中，绝大多数原因自由行为都是过失犯罪，故意型者极为少见。德国联邦最高法院就曾强调指出：故意的“原因中自由的行为”“不是太经常的”，大多数只能在过失中加以考虑。[④]

笔者认为，虽然德、日刑法判例中关于原因自由行为故意犯的判例确实少见，但这并不能成为将故意排除于原因自由行为的罪过形式之外的理由。因为尽管少，毕竟不是没有，只要有，从逻辑上看，反对者的观点就是不正确的。再者，即使没有，也不意味着以后也不会有，判例只是现象，并不决定原因自由行为的罪过形式的范围。其实，无论从法理上还是从事实上看，故意（包括直接故意和间接故意）都属于原因自由行为的罪过形式。

我国刑法中的故意，是指行为人明知自己的行为会发生危害社会的结果，并且希望或者放任这种结果发生的心理态度。在原因自由行为中，行为人明知自己的原因行为（比如醉酒）会导致自己陷入无责任能力或限制责任能力状态，进而导致实施符合犯罪构成要件的行为，发生危害结果，并且希望或者放任这种结果发生的心理态度，就是原因自由行为的故意。比如，明知自己有醉酒后昏睡习性的扳道工人为了发泄对社会的不满，在值班期间故意过量饮酒，结果醉酒昏睡，制造了火车出轨事故。这一事例中，行为人实施原因行为时，对自己的自陷行为是直接追求的，对不予扳道的结果行为既是明知的，也是直接追求的，因此，不能否认直接故意

---

① 齐文远、刘代华：《论原因上自由行为》，载《法学家》，1998（4）。

② 于改之：《论外国刑法中的原因自由行为》，载《山东大学学报（哲学社会科学版）》，2000（2）。

③ 何庆仁：《原因自由行为理论的困境与诠释》，载《中国刑事法杂志》，2002（2）。

④ 参见［德］罗克辛：《德国刑法学总论》，第1卷，王世洲译，605页，北京，法律出版社，2005。

的存在。事实上，行为人故意使自己陷入无责任能力状态，并在原因行为阶段就对结果行为的发生存在故意；而结果行为的发生是行为人在原因行为阶段意料之中的，是行为人在原因行为阶段犯罪意图的实现。如果上述事例不以原因自由行为的法理来说明，就不能追究行为人故意犯罪的刑事责任。

总之，笔者认为：原因自由行为的罪过形式既可以是过失，也可以是故意。故意包括直接故意和间接故意。直接故意是指行为人明知自己故意或者过失使自己一时陷入无责任能力或者限制责任能力状态会导致实施符合犯罪构成要件的行为，发生危害结果，并且希望这种结果发生的心理态度。间接故意是指行为人明知自己故意或者过失使自己一时陷入无责任能力或者限制责任能力状态可能会实施符合犯罪构成要件的行为，并且放任这种结果发生的心理态度。疏忽大意的过失是指行为人应当预见自己故意或者过失使自己一时陷入无责任能力或者限制责任能力状态可能会实施符合犯罪构成要件的行为，发生危害结果，因为疏忽大意而没有预见，以致发生了危害结果的心理态度。过于自信的过失是指行为人已经预见自己故意或者过失使自己一时陷入无责任能力或者限制责任能力状态可能实施符合犯罪构成要件的行为，发生危害结果，因为轻信能够避免，以致发生了危害结果的心理态度。原因自由行为的故意与过失罪过形式的区分，应从其认识因素和意志因素进行分析。第一，二者的认识因素不同。故意是行为人明知自己故意或过失使自己一时陷入无责任能力或者限制责任能力状态会发生结果行为；过失是行为人应当预见自己故意或过失使自己一时陷入无责任能力或者限制责任能力状态会发生结果行为而没有预见，或者已经预见而轻信能够避免。第二，二者的意志因素不同。故意是行为人希望或放任结果行为的发生；过失是行为人既不希望，也不放任结果行为发生，危害结果的实际发生是行为人反对的。

本案被告人彭某因自己吸毒而产生幻觉，导致辨认、控制能力丧失，进而实施了杀人行为，属于原因自由行为。该行为是定过失致人死亡罪，还是定故意杀人罪，关键要看其原因行为时即自己吸毒时对结果行为的罪过心理。本案事实表明，彭某以前就因吸毒产生过幻觉，因此，彭某对于自己吸毒后会出现幻觉，导致辨认、控制能力丧失或减弱，进而实施符合犯罪构成要件的行为，导致危害结果发生是有认识的、明知的。虽然没有事实证明彭某希望通过吸毒使自己的辨认、控制能力丧失来杀害阮某，具有杀死阮某的直接故意，但是，可以肯定，彭某为追求吸毒一时之快，对于其可能在吸毒后产生幻觉、实施符合犯罪构成要件的行为具有放任危害结果发生的心理态度，因为没有事实表明彭某在认识到自己故意吸毒后产生幻觉会发生危害结果的情况下，采取一定的措施防止危害结果的发生，反对危害结果的发生。因此，从本案的事实看，对彭某吸毒后杀人的行为主观上应认定为间接故意，其应承担故意杀人罪的刑事责任。法院的裁判是正确的。

【要旨提示】

对于原因自由行为的罪过形式的认定，应以行为人实施原因行为时的罪过形式为准。但是这并不意味着原因行为的罪过形式就是行为人实施原因行为本身的故意或过失，而是行为人对自己实施原因行为将会导致的危害结果所具有的故意或过失心理态度。原因自由行为的罪过形式可以是故意，也可以是过失，对于其故意与过失的区分，应将行为人的认识因素和意志因素结合起来分析。

35. 赵某某非法持有枪支案①

——法律认识错误与违法性认识

【案情介绍】

2016年8月至10月12日间，被告人赵某某在天津市河北区某大街亲水平台附近，摆设射击摊位进行营利活动。2016年10月12日22时许，公安机关在巡查过程中发现赵某某的上述行为，将其抓获归案，当场查获涉案枪形物9支及相关枪支配件、塑料弹。经天津市公安局物证鉴定中心鉴定，涉案9支枪形物中的6支为能正常发射以压缩气体为动力的枪支。

检察机关对赵某某以非法持有枪支罪，提起公诉。一审法院经审理，依照《中华人民共和国刑法》第128条第1款、最高人民法院《关于审理非法制造、买卖、运输枪支、弹药、爆炸物等刑事案件具体应用法律若干问题的解释》第5条第2款第2项之规定，判决如下：以非法持有枪支罪判处被告人赵某某有期徒刑3年6个月。赵某某提起上诉。二审法院依照《中华人民共和国刑法》第128条第1款，第67条第3款，第72条第1款，第73条第2款、第3款，第76条，《中华人民共和国刑事诉讼法》第225条第1款第2项及最高人民法院《关于审理非法制造、买卖、运输枪支、弹药、爆炸物等刑事案件具体应用法律若干问题的解释》第5条第2款第2项之规定，判决如下：(1) 维持一审法院判决对赵某某的定罪部分，即“被告人赵某某犯非法持有枪支罪”；(2) 撤销一审法院判决对赵某某的量刑部分，即“判处有期徒刑3年6个月”；(3) 赵某某犯非法持有枪支罪，判处有期徒刑3年，缓刑3年。在缓刑考验期限内，依法实行社区矫正。

【观点争议】

本案争议的焦点在于，被告人赵某某主观上是否存在非法持有枪支的犯罪故意。

被告人及其辩护人均认为，被告人赵某某以为自己持有的是玩具枪而并非真正的枪支，对行为对象存在认识错误，不具备非法持有枪支犯罪的主观故意。

而审判机关则认为，涉案枪支外形与制式枪支高度相似，以压缩气体为动力、能正常发射、具有一定致伤力和危险性，且不能通过正常途径购买获得，上诉人赵某某对此明知，其在此情况下擅自持有，即具备犯罪故意。

【法理分析】

本案争议问题中所涉及的理论上的问题为认识错误，以及认识错误对行为人主观上故意的影响。

1. 本案中，被告人赵某某对于是否是枪支产生错误认识，究竟是事实认识错误还是法律认识错误？

认识错误，是指行为人的主观认识和客观实际不一致，与客观事实不一致的是事实认识错

---

① 案例来源：天津市第一中级人民法院（2017）津01刑终41号刑事判决书。

误，与客观法律评价不一致的是法律认识错误。

本案中，被告人赵某某误认为自己所持有的枪形物并非刑法上所禁止的枪支，辩护人提出被告人赵某某主观上有认识错误，是对行为对象存在认识错误。从辩护人的意见可以看出，辩护人认为赵某某的认识错误属于对事实的认识错误，具体而言，是对犯罪客体产生了认识错误，属于犯罪构成要件要素的认识错误，所以可以阻却行为人主观上非法持有枪支故意的成立。但笔者认为，被告人赵某某的认识错误应当是认识错误中的法律认识错误，即违法性认识错误，并非事实认识错误。

理论上关于事实的错误与违法性的错误的区分标准，存在着不少观点①：第一，通过刑罚法规的错误与非刑罚法规的错误进行区分。第二，以严格责任说为根据，分为形式说和实质说。形式说认为，形式上，关于构成要件该当事实的错误阻却故意，但对行为不被允许的错误是禁止的错误，该错误具有相当性时，阻却责任。实质说认为，关于构成要件该当事实的错误中应当唤起违法性意识的事实的错误，是事实错误；关于行为在法律上不被允许的错误，是违法性的错误。第三，通过对于理当具有违法性意识的事实有无认识内容、如果具有该事实认识错误是否同时错误地以为不违法进行区别。第四，将违法性的意识的可能性在实质的故意中消解。第五，根据是事实的错误还是规范评价的错误予以区别。

上述观点中的第五种学说是一种通说。以此为基础，“对规范的构成要件要素而言，对法律的事实本身的错误，属于事实认识错误，对自己行为的规范评价属于法律认识错误”②。所以，笔者认为，本案中的辩护意见并不准确，被告人赵某某对于所持有的是否是枪支的错误并非事实上的认识错误，其对所持有的枪形物的认识并没有发生事实上的错误，正如审判机关的判决中所陈述的，赵某某对于涉案的枪形物在外形、作用原理、杀伤力和危险性方面并没有产生任何错误性的认识。被告人赵某某是误认为这种类型的枪形物并非刑法当中所指的不允许持有的枪支，所以其并非对行为对象产生了认识错误，而是对行为对象在法律（刑法）上的评价产生了错误认识，误认为刑法并不把这种枪形物评价为枪支、自己的行为在刑法上是被允许的，即误认为持有这种类型的枪形物是被法律所允许的。所以被告人赵某某的认识错误，应当认定为法律认识错误。

2. 本案中，法律认识错误是否可以阻却行为人主观上的故意？

法律认识错误是否可以阻却行为人主观上的故意，前提在于刑法在认定犯罪的时候是否要求行为人主观上对法律有明确的认识，即是否需要行为人主观上知悉自己的行为在法律上的评价，也即是否要求行为人要有违法性认识。“违法性认识，是指对自己的行为违反刑法的认识，即认识到自己的行为是违法的。”③ 如果构成犯罪要求行为人主观上必须有违法性认识，那么行为人不具有违法性认识，自然能够阻却行为人主观上的故意；反之，既使行为人不具有违法性认识，也不影响根据客观法律评价来进行认定。

对于是否需要违法性认识，理论上存在违法性认识必要说、违法性认识可能性说、违法性认识不要说等观点。违法性认识必要说认为，对于行为是否违反法律的认识是故意的认识内容，行为人未能认识到自己的行为违法，则故意不能成立。违法性认识不要说认为行为是否违反法律并非故意的认识内容，强调行为人“不知法不能免责”，行为人未能认识到自己的行为

---

① 参见张明楷：《外国刑法纲要》，2版，253～255页，北京，清华大学出版社，2007。

② 张明楷：《刑法学》（上），5版，325页，北京，法律出版社，2016。

③ 同上书，317页。

违法，故意仍然成立。违法性认识可能性说则将并非以行为人客观上是否实际认识到行为违法为判断标准，而是以行为人是否可能认识到行为违法为标准：行为人客观上未认识到自己的行为违法，但是如果其可能认识到自己的行为违法的，则不能阻却故意。如果其完全不可能认识到行为违法的，则故意不能成立。

对于违法性认识不要说，批评意见认为其“有违反责任主义之嫌。不要说以国民必须知道法、当然知道法这种拟制为前提，公权力含有想当然的成分，是一种国家权威主义的立场”①。而违法性认识必要说对于某些特定的犯罪如确信犯等无法进行合理解释，尤其是“随着法定犯时代的到来……大幅高频的法定犯立法越来越难为普通人及时认知”②，过分强调违法性认识在故意中的地位，将可能引发责任主义的危机。违法性认识可能性说将过失要素中的“可能性”引入故意的概念中，可能导致故意和过失概念间的界限模糊，甚至混同二者概念。为了避免这种缺陷，违法性认识可能性说中的责任说认为，违法性认识并非故意的要素，而是责任要素，完全不具有违法性认识的可能性也并不阻却故意的成立，但是可以阻却行为人的责任；具有违法性认识的可能性的，可以减轻行为人的责任。但这种观点不符合我国犯罪构成体系现状。将违法性认识定位为责任要素，前提根据是德日刑法学中的“三阶层”体系，在有责性中区分故意要素和责任要素，而我国现在通行的“四要件”体系并不存在这样的区分层次，故需要对犯罪论体系进行全面的修改。

笔者认为，在我国现阶段犯罪构成体系之下，故意犯罪的成立不应要求行为人认识到自己行为的违法性，行为人能够认识到行为的相关事实特征（自己行为的内容、社会意义、危害结果等），即应当认定其具有主观故意，即认定是否成立犯罪故意与违法性认识无关。首先，这符合我国刑法中关于犯罪故意的定义。我国刑法第 17 条规定了犯罪故意，即明知自己的行为会产生某种危害社会的结果，希望或者放任这种危害结果发生的，为犯罪故意。在这个概念中，对于行为人之认识因素所要求的仅仅是行为人认识到行为内容、社会意义、危害结果等事实特征，并不要求其认识到违反法律规定。其次，实质的违法性（社会危害性）和形式的违法性之间具有对应关系，认识到行为的实质违法性，可以推定行为人对自己的形式违法性有所认识。刑法之所以将该行为认定为犯罪，正是因为该行为对社会造成了实质的危害。最后，也能够有效解决法定犯的违法性认识问题。法定犯时代的到来“导致‘知法推定’的神话破产，未能认识或难以及时认识法律的‘法盲’数量剧增”③。但我们并不可能针对每个法定犯罪的犯罪人都去仔细客观地考察其究竟是否能够切实知悉纸面上的法律，但是我们可以仔细客观地考察其是否对自己行为的内容、社会意义、危害结果等有着正确的认识。对某些法定犯的犯罪人，之所以能够认可其不具有罪过、不构成犯罪，原因在于其对自己行为的实质违法性（社会危害性）没有正确的认识。

回到本案中，笔者认为，被告人赵某某能够意识到自己行为的实质违法性（社会危害性），甚至存在违法性认识的可能，主观上的故意应当成立。第一，被告人赵某某对于自己所持有的枪形物的外形、作用原理、杀伤力和危险性有着清楚的认识。虽然被告人赵某某认为自己不知道持有的枪形物是法律上禁止的枪支，并不知道法律上枪支的具体界定标准，但是被告人赵某某多次设摊经营，显然对该枪形物的外形、作用原理，尤其是其可能给人身带来的杀伤力和危险性有着非常明确的认识。第二，被告人赵某某知道这些枪形物不能通过正常渠道购买获得。

---

① 周光权：《违法性认识不是故意的要素》，载《中国法学》，2006（1）。

②③ 车浩：《法定犯时代的违法性认识错误》，载《清华法学》，2015（4）。

既然这些枪形物不能通过正常渠道购买获得，那也就意味着国家对这些物品存在控制或限制，也就代表着国家对于持有这些物品采一种否定的态度。可见，被告人赵某某应当存在着违法性认识的可能。

【要旨提示】

刑法中的认识错误包括法律的认识错误和事实的认识错误，两者之间的区别在于，前者是对法律规范评价的错误认识，后者是对客观事实特征的错误认识。认定主观上故意的成立，并不需要行为人具有违法性认识。只要行为人能够认识到自己行为的内容、社会意义与危害结果等，也即认识到自己行为的实质违法性（社会危害性），即满足犯罪故意中认识因素的要求。

第八章

犯罪停止形态

36. 刘某等倒卖车票案[①]

——犯罪既遂的标准

【案情介绍】

2004年12月至2005年1月期间，被告人刘某、李某为倒卖火车票而专门在某市新兴大酒店租用2919号房间，采取每张车票加收15元至30元的手续费的方法，购买大量车票，加价倒卖牟利。2005年1月10日上午11时左右，公安机关根据群众举报抓获了两被告人，并当场收缴了长沙至北京西、长春、沈阳北等地的火车票110张，票面价值共计人民币15 000元。

检察机关以被告人刘某、李某犯倒卖车票罪（未遂）向人民法院提起公诉。法院经审理，依照《中华人民共和国刑法》第227条第2款、第25条第1款、第64条及最高人民法院《关于审理倒卖车票刑事案件有关问题的解释》第1条的规定，作出判决：(1) 被告人刘某犯倒卖车票罪，判处有期徒刑6个月，并处罚金人民币15 000元。(2) 被告人李某犯倒卖车票罪，判处拘役3个月20天，并处罚金人民币15 000元。

【观点争议】

刑法第227条第2款规定，倒卖车票、船票，情节严重的，处3年以下有期徒刑、拘役或者管制，并处或者单处票证价额1倍以上5倍以下罚金。在本案审理过程中，对于以出售牟利为目的购买大量车票但尚未售出的行为如何处理存在争议。

一种意见认为，1999年最高人民法院《关于审理倒卖车票刑事案件有关问题的解释》规定，高价、变价、变相加价倒卖车票或者倒卖座席、卧铺签字号及订购车票凭证，票面数额在5 000元以上，或者非法获利数额在2 000元以上的，构成刑法第227条第2款规定的“倒卖车票情节严重”。可见，倒卖车票是指高价或变相加价出售车票，只有行为人高价或变相加价将一定数额的车票售出，才构成倒卖车票罪既遂。本案二被告人购买车票后，因意志以外的原因

① 案例来源：最高人民法院刑事审判第一、二、三、四、五庭主办：《中国刑事审判指导案例（破坏社会主义市场经济秩序罪）》，435页，北京，法律出版社，2009。

未售出车票，应认定为倒卖车票罪未遂。

另一种意见认为，以高价或变相加价出售为目的而购买车票的行为，亦属于倒卖车票行为的表现形式之一。倒卖应为转手贩卖、从中牟利的意思，其实质在于行为人意图出卖后牟利，而不限于行为人必须要有出售行为，也就是说，倒卖的本质在于行为人买进后意图通过加价卖出牟利，至于最终是否卖出、是否实现了牟利的目的，则在所不论。倒卖车票罪侵犯的直接客体为国家对车票的正常管理制度：当行为人为了加价牟利大量购买车票，无论其是否售出，国家就已经失去了对车票的控制，旅客无法通过正常途径以正常价格购买到所需要的车票，交通秩序受到了破坏。所以，以出售牟利为目的购买车票的行为符合倒卖车票罪的客观特征，情节严重的，已经齐备倒卖车票罪的犯罪构成要件，构成犯罪既遂，但在量刑上应当与倒卖车票已经售出的情形有所区别。

检察机关对本案以倒卖车票罪（未遂）提起公诉，实际上是采取了前一种意见，而审判机关以倒卖车票罪既遂对本案被告人定罪量刑，是后一种意见的体现。

【法理分析】

本案检察机关和审判机关对本案犯罪停止形态的不同认识，从根本上来说，涉及刑法中的一个基本理论问题：认定犯罪既遂的标准是什么？

我国刑法第 23 条第 1 款规定："已经着手实行犯罪，由于犯罪分子意志以外的原因而未得逞的，是犯罪未遂。"根据这一规定，犯罪未遂是"未得逞"，那么犯罪既遂就是"得逞"。如何理解"得逞"，就是认定犯罪既遂的关键。关于犯罪既遂的标准，在刑法理论上主要存在着以下三种观点。

1. 犯罪结果发生说

既遂的结果说的基本立场是，以发生犯罪的结果作为犯罪的既遂标准：犯罪行为发生了犯罪结果的，是犯罪既遂，否则，是犯罪的未遂。由于对结果的认识并不一致，故在既遂的结果说之下，又有几种具体的观点：（1）构成要件结果发生说，认为犯罪未得逞就是犯罪人的行为没有发生法律规定的、作为某种具体犯罪构成要件的结果。因为既遂罪的构成，必须具备包括犯罪的结果在内的一定的主、客观要件，如果故意犯罪的其他构成要件都具备，而法律规定的犯罪结果没有发生，就是犯罪未遂。①（2）法定的犯罪结果发生说，认为应当以特定犯罪的法定犯罪结果的发生作为犯罪既遂的标准。②（3）标志犯罪完成的结果发生说，认为犯罪未遂的含义是未发生标志着犯罪完成的结果，反过来说，已经发生标志着犯罪完成的结果的，就是犯罪既遂。标志着犯罪完成与否的结果不是由法律规定的，因为那些在条文中明确规定了犯罪结果的犯罪是无未遂形态的。③

2. 犯罪目的实现说

犯罪目的实现说认为，犯罪既遂就是指行为人的主观目的达到或者实现。"犯罪目的是受刑法规定的犯罪行为所制约的，是刑法规定的某种犯罪行为本身的目的，作为犯罪既遂与未遂区分标准的结果，也只能是犯罪人实施该犯罪所希望达到的结果，而不是一般意义上的危害结

---

① 参见杨春洗等主编：《刑法总论》，186 页，北京，北京大学出版社，1981。

② 参见瓮伟民：《犯罪既遂标准刍议》，载《广西社会主义学院学报》，2001（3）。

③ 转引自刘之雄：《犯罪既遂论》，5 页，北京，中国人民公安大学出版社，2003。

果。”[①]“每一个直接故意犯罪的行为都有其直接目的，也有其相应的结果，该直接目的的实现或相应结果的产生，就是犯罪既遂。”[②]

3. 犯罪构成要件齐备说

犯罪构成要件齐备说认为，犯罪既遂的标准在于行为是否符合刑法规定的犯罪构成要件。“是否齐备犯罪构成的主客观要件，是认定既遂犯的唯一标准。至此，我们揭示了犯罪既遂的实质——构成要件的充足性。”[③]“犯罪既遂是指行为人所故意实施的行为已经具备了刑法分则条文规定的某种犯罪构成的全部要件。只有采用该说，以是否具备刑法分则条文规定的某种犯罪构成的全部要件为标准，才能科学地说明各种情况的犯罪既遂。”[④]

目前，我国刑法理论关于犯罪既遂标准的通说是犯罪构成要件齐备说。犯罪构成要件齐备说之所以成为通说，原因在于犯罪结果发生说和犯罪目的实现说存在着外延不周延的问题，因而不能成为唯一的普遍适用于所有犯罪既遂与否判断的统一标准。

犯罪结果发生说不能作为区分所有犯罪既遂与否的标志，如我国刑法中规定的行为犯和危险犯。前者以行为人是否完成犯罪的实行行为作为区分既遂与未遂的标准，后者则以是否发生刑法所规定的法定的危险状态作为认定既遂与否的标志，是否发生犯罪结果均不影响这两类犯罪既遂的认定。“在这两类犯罪中，尽管行为人的行为本身，可能导致危害结果的发生，甚至已经造成了现实的危害结果，但是，法律条文并没有将这种结果作为犯罪构成客观方面的必要条件，而且也不以危害结果的发生作为犯罪既遂的标志。如果事实上发生了预期的危害结果，只是从重处罚的量刑情节。”[⑤]而且，即使在结果犯内部，由于危害结果的含义较广泛，不能保证对各种犯罪既遂要求的结果作统一的理解。[⑥]“究竟如何理解刑法总则中所规定的‘结果’，还必须结合刑法分则的规定，而从刑法分则的规定来看，不同的犯罪之既遂所要求的结果并不具有统一的标准，而具有差异性。”[⑦]

犯罪目的实现说也不具有普遍适用性。有些犯罪，虽然行为人实施犯罪后没有达到犯罪目的，但在法律上已完全具备了犯罪的构成要件，应为犯罪既遂而不应是未遂。如诬告陷害罪，只要行为人完成了诬告陷害的行为即可认定为既遂，而不需等到“使他人受刑事追究”的目的真正实现。还有些犯罪，行为人的主观目的是根本不可能实现的，如颠覆国家政权罪。如果以目的是否实现作为认定是否既遂的标准，则这类犯罪永远都不可能有既遂状态。这显然是不合理的。由此可见，犯罪目的实现说对于行为犯、危险犯等犯罪而言，并不适用。此外，犯罪目的实现说的缺陷还在于：(1) 目的的任意性。不同的罪犯即使在实施同一种犯罪时也会有不同的目的，而且某些犯罪的犯罪目的具有一定的层次性，无法统一以某人某层次的目的作为该罪的目的来认定既遂。“法律是类型性的，因而具有抽象性；而目的是因人而异的，因此具有具体性。以具体的目的作为标准认定犯罪的是否既遂，就会在类型性的行为范围之内，出现相同情况由于犯罪目的不同，因而既遂标准不同的状态而与立法发生矛盾。”[⑧] (2) 目的的构成性。

---

① 张明楷：《刑法学》(上)，257页，北京，法律出版社，1997。

② 李居全：《关于犯罪既遂与未遂的探讨》，载《法商研究》，1997 (1)。

③ 马克昌主编：《犯罪通论》，495页，武汉，武汉大学出版社，1999。

④ 高铭暄主编：《中国刑法学》，167页，北京，中国人民大学出版社，1989。

⑤ 马克昌主编：《犯罪通论》，494页，武汉，武汉大学出版社，1999。

⑥ 参见金泽刚：《犯罪既遂的理论与实践》，38页，北京，人民法院出版社，2001。

⑦ 徐光华：《犯罪既遂问题研究》，34页，北京，中国人民公安大学出版社，2009。

⑧ 李洁：《犯罪既遂形态研究》，4页，长春，吉林大学出版社，1999。

我国刑法理论和立法规定是把法定的犯罪目的作为犯罪构成要件的内容，而不是作为犯罪既遂认定的标志。例如，刑法第217条对侵犯著作权罪明确规定了“以营利为目的”，则营利目的具备与否，是判断侵犯著作权罪是否成立的标志，而其目的是否客观实现，则既不影响犯罪成立，也不影响犯罪既遂。如果依据犯罪目的实现说，则在以营利为目的的犯罪里，会把齐备了其他全部犯罪构成要件、只是未能实现营利的情况都认定为犯罪未遂。这样的结论是与法律规定、司法实践以及刑法理论格格不入的，自然不能成立。[①]

与犯罪结果发生说和犯罪目的实现说相比，构成要件齐备说以犯罪具备具体犯罪构成的全部要件作为既遂的标准，以着手实行的犯罪是否具备犯罪构成的全部要件作为既遂与未遂区分的标志，不但有明确、统一的法律规定可供司法实践遵循贯彻，而且能够适用于一切存在既遂形态的犯罪并把其既遂与未遂区分开来。需指出的是，虽然犯罪既遂是指具备了犯罪构成的主观和客观方面的全部要件，而不仅仅是指客观要件的具备[②]，但实际上，在具体区分犯罪既遂与未遂界限的时候，主要考虑的并不涉及犯罪客体、犯罪主体、犯罪主观方面这三个要件，而仅仅看犯罪客观方面的某些构成要素是否完全齐备。因为，根据犯罪构成理论，一个行为如果没有侵犯某种客体，或者主体不合格，或者主观上既没有故意也没有过失，则根本就不构成犯罪，更不会去考虑是否既遂。只有当其他要件都具备，并且也有犯罪的实行行为，才会在犯罪客观方面考察其是否齐备客观方面的各种要素，进而以此判断该行为是否既遂。

尽管犯罪构成要件齐备说是我国刑法理论关于犯罪既遂标准的通说，但事实上，关于犯罪既遂标准问题刑法理论界并未达成真正的共识，这从学界对犯罪构成标准说的质疑可窥一斑。

刑法学界关于犯罪构成要件齐备说的质疑主要集中在两个问题：（1）前提未达成共识。犯罪构成要件齐备说以分则条文规定的既遂模式为前提，但在我国刑法中，这种前提是否存在值得研究。[③]（2）缺乏实质标准。犯罪构成要件齐备说作为规范的形式标准，是形式主义追求的结果，对具体犯罪的既遂判断来说，最多也只具有概念上的指导意义，并没有任何实质内容。虽然各种犯罪的既遂认定标准统一了，但从中根本看不出任何对具体犯罪进行犯罪既遂和未遂实质性判断的标准，更不能从中领会到刑法理论区分犯罪既遂和未遂的价值与意义。[④]

在我国刑法总则中，对犯罪既遂或者既遂犯没有任何规定，而在刑法分则中，对犯罪未遂或者未遂犯、犯罪预备或者预备犯、犯罪中止或者中止犯没有任何规定。这实际上表明了两点：一是刑法分则规定的具体犯罪都是以犯罪既遂为模式的，其法定刑就是既遂犯的法定刑，故而刑法总则对犯罪既遂无须作出重复的规定。二是我国刑法原则上处罚所有的犯罪未遂、犯罪预备等犯罪未完成形态，并对未遂犯等从宽处罚，其处罚的依据只能是刑法分则规定的具体犯罪的法定刑。例如，刑法第23条第2款规定：“对于未遂犯，可以比照既遂犯从轻或者减轻处罚。”所谓比照既遂犯从宽处罚，只是比照刑法分则规定的具体犯罪的法定刑从宽处罚。所以，从我国刑法总分则对各种具体的犯罪停止形态的规定看，我国刑法分则规定的具体犯罪不是以犯罪成立而是以犯罪既遂为模式的。反过来讲，“如果刑法分则中的具体犯罪是以包括犯罪未完成形态在内的犯罪成立标准（模式）加以规定，那么对犯罪的未完成形态在刑法总则中

---

① 参见赵秉志主编：《犯罪停止形态适用中的疑难问题研究》，65页，长春，吉林人民出版社，2001。

② 参见马克昌主编：《犯罪通论》，490页，武汉，武汉大学出版社，1999。

③ 参见李洁：《犯罪既遂形态研究》，8页，长春，吉林大学出版社，1999。

④ 参见王纪松：《论类型化的犯罪既遂标准》，载《中国刑事法杂志》，2006（1）。

作出一般规定的意义在哪里？对于预备犯、未遂犯可以比照既遂犯从宽处罚的规定又该如何落实？”[①] 从某种意义上说，犯罪构成要件齐备说确实是犯罪既遂的形式标准，不过这种形式标准是以刑法分则对具体犯罪的规定为基础的，而对于行为的法益侵害（社会危害）严重程度的判断，具有法益侵害（社会危害）时是否值得动用刑罚处罚、应当给予何种刑罚处罚，在刑法分则对具体犯罪的规定上都有实质的理由，并通过具体的犯罪构成要件的设置和法定刑的配置予以体现。犯罪既遂的判断以刑法分则规定的具体犯罪的犯罪构成要件是否齐备为标准，实际上就不单纯是一个形式标准，而是以形式标准为表象，同时蕴含法益侵害（社会危害）程度的实质标准了。在刑法分则规定的具体犯罪是以犯罪既遂为模式的前提下，另设一个包括实质内容的犯罪既遂的标准，即使是对不同类型犯罪的既遂标准设立类型化既遂标准，虽然这种努力值得肯定，但是可以想见的是，这种标准也只能是抽象的，是否具有普适性值得怀疑。所以，犯罪构成要件齐备说看似是形式标准，但其实是以实质内容为基础的标准，是罪刑法定原则在犯罪既遂问题上的体现。

【要旨提示】

在犯罪既遂标准问题上，应坚持犯罪构成要件齐备说，即以行为人实施的行为已经具备了刑法分则条文规定的某种犯罪构成的全部要件作为犯罪既遂的标准。

37. 曹某故意杀人案[②]

——间接故意犯罪是否存在犯罪未完成形态

【案情介绍】

被告人曹某与熊某原有恋爱关系。2000 年 4 月，两人在广州分手后，曹某两次来某市找熊某，要求其回江西。熊某不愿意。2000 年 11 月 12 日下午 1 时许，曹某携带被其锯短枪管、子弹已上膛的单管猎枪及 4 发子弹再次来到某市，要求熊某跟其回家。熊某不肯。后熊某约其朋友郑某、高某、王某等人一起在市体育馆二楼台球室与曹某见面，熊某仍表示不愿随曹某回江西。当日傍晚，熊某等人离开体育馆，曹某跟随其后，在淮河中路中国人寿保险公司门前路段，熊某与郑某等人拦乘出租车欲离去时，曹某阻拦不成，遂掏出猎枪威逼熊某、郑某下车。郑某下车后趁曹某不备，扑上去抢夺曹某的猎枪。曹某急忙中对着郑某小腿内侧的地面扣动扳机，子弹打破了郑某的长裤，并在郑某的左膝内侧留下 3mm×5mm 表皮擦伤。后公安人员赶到，将已被郑某等人制服的曹某抓获。

检察机关以被告人曹某犯故意杀人罪（未遂），向人民法院提起公诉。一审法院依照《中华人民共和国刑法》第 128 条第 1 款、第 61 条、第 64 条的规定，判决如下：(1) 被告人曹某犯非法持有枪支、弹药罪，判处有期徒刑 5 年；(2) 没收猎枪 1 把，子弹 4 发。一审判决宣判后，曹某不服，提起上诉。二审法院经审理，依照 1996 年《中华人民共和国刑事诉讼法》第

---

① 王志祥：《危险犯研究》，201 页，北京，中国人民公安大学出版社，2004。

② 案例来源：最高人民法院刑事审判第一、二、三、四、五庭主办：《中国刑事审判指导案例（侵犯公民人身权利、民主权利罪）》，52～53 页，北京，法律出版社，2009。

189 条第 1 项的规定，裁定驳回上诉、维持原判。

【观点争议】

本案检察机关指控被告人犯故意杀人罪（未遂），而一、二审法院均以非法持有枪支、弹药罪定罪处罚。从表面上看这一不同认识仅仅是针对本案定性的，但由于本案的控诉机关和审判机关都认为在争夺枪支的过程中，曹某突然对郑某开枪的行为是一种不计后果的行为，在主观上为间接故意，因而控、审机关表面上的案件定性之争，实际上是对于间接故意犯罪是否存在犯罪未遂形态的不同认识。这涉及刑法学理论上的一个争议问题，即间接故意犯罪是否存在犯罪的未完成形态。

对于间接故意犯罪是否存在犯罪未完成形态的问题，我国刑法理论存在否定论和肯定论两种观点，其中，否定论为多数学者认同。

否定论一般认为，在主观上，间接故意犯罪根本谈不上对完成犯罪的追求，与犯罪的预备、未遂和中止形态的行为人追求犯罪目标实现不同；在客观上，间接故意犯罪由行为人的主观“放任”心理支配，在客观方面不可能存在未完成特定犯罪的状态，因为客观上出现的此种状态或彼种结局都是符合行为人的放任心理的，因而这种案件理应以行为的实际结局决定定罪问题。① 间接故意犯罪主观要件的特点是，表现为对于自己的行为所可能造成的一定危害结果的发生与否持“放任”的心理态度，即听之任之，发生与否都可以，根本谈不上对完成特定犯罪的追求，也就谈不上这种追求的实现与否。而犯罪的预备、未遂和中止形态的行为人，原本都存在着实施和完成特定犯罪的犯罪意志与追求心理，可见，间接故意犯罪行为人的主观上的放任心理是不符合犯罪未完成形态的主观特征的。犯罪未完成形态是由于行为人意志以外的原因的阻止或者行为人自动放弃犯罪意志，而使犯罪停止在未完成的状态下。间接故意犯罪由行为人主观放任的心理的支配，而在客观方面不可能存在未完成犯罪的状态，因为客观上出现的种种结局都是符合行为人的放任心理的。所以，间接故意犯罪里也就没有了犯罪未完成形态存在的余地。②

肯定论者认为：间接故意并非一概有犯罪目的和未遂，在实施非违法犯罪行为而放任某种危害结果发生的场合，间接故意犯罪无犯罪目的，也无未遂；在实施某种违法犯罪行为而放任另一种危害结果的场合，间接故意有犯罪目的，也有未遂，行为人实施危害行为所放任的结果，就是间接故意的犯罪目的，如果该目的未能实现，就是间接故意犯罪的未遂。③ 还有观点认为：司法实践中确实存在行为人放任结果发生，而结果没有发生，且值得科处刑罚的情况。从规范意义上说，间接故意犯罪与直接故意犯罪没有质的区别，没有理由仅处罚直接故意犯罪未遂而不处罚间接故意犯罪未遂；而且直接故意犯罪人和间接故意犯罪人可以成立共同犯罪，既然如此，在共同犯罪未遂的情况下，没有理由仅处罚直接故意犯罪人而不处罚间接故意犯罪人；在间接故意犯罪未遂的情况下，由于没有发生犯罪结果，难以认定行为人是否放任结果的发生，但这只是证据认定问题，而不是否认间接故意存在犯罪未遂与中止的理由。所以，间接故意犯罪也存在犯罪未遂与犯罪中止形态。由于犯罪预备以确定的犯意为前提，故间接故意犯

---

① 参见高铭暄、马克昌主编：《刑法学》（上编），259～260 页，北京，中国法制出版社，1999。

② 参见高铭暄主编：《刑法学原理》，第 2 卷，273 页，北京，中国人民大学出版社，1993。

③ 参见赵秉志主编：《犯罪停止形态适用中的疑难问题研究》，172 页，长春，吉林人民出版社，2001。

罪原则上没有犯罪预备形态。①

【法理分析】

间接故意之所以成为有别于直接故意的犯罪故意的独立的罪过形式，关键在于其意志因素中的“放任”。对于“放任”的内涵，一般认为，放任是指对危害结果持听之任之的态度，即在当时的情况下，行为人对危害结果是否真的发生，处于不能肯定的状态；行为人既不是希望危害结果发生，也不是希望危害结果不发生，但又不阻止危害结果的发生；结果发生也可以，不发生也可以，两种结局都不违背行为人的意志。② 受“放任”内涵的影响，间接故意的认识因素中对危害结果的发生只能是可能性认识，即危害结果的出现与否都是行为人“放任的内容”。既然危害结果没有出现，当然也可以理解为“不违背本意”或“正中下怀”或“在预料之中”。因此，如果处罚“放任了危害结果没有出现的情形”，不仅没有主观依据，而且也丧失了认定间接故意犯罪的客观基础。③

在间接故意的场合下，行为人所放任的危害结果未发生时，这种结局也就是行为人的放任心理所包含的，因此，由放任心理所包含的客观结局的多样性和不固定性所决定，根本就谈不上“犯罪未得逞”，犯罪“得逞”与否只能和追求特定犯罪结果发生或特定犯罪行为完成的心理相连。故，认为在实施某种违法犯罪行为而放任另一种危害结果的场合，间接故意有未遂的观点，实际上是错误理解了间接故意的内涵和犯罪未遂的特征。以本案为例，曹某对着郑某小腿内侧的地面射击，造成郑某的左膝内侧轻微伤。曹某的行为显然是出于间接故意，即造成郑某死亡、重伤、轻伤、轻微伤或者根本没有任何伤害的结局都是在其主观意料之中的，也都是符合其意志的。因此，根据主、客观相一致的原则，如果将曹某的行为认定为故意杀人罪，但因为其意志以外的原因而犯罪未遂，不仅没有客观事实的支撑，而且也不符合曹某的主观意志。

在司法实践中，如果没有发生特定的危害结果，就难以确定行为人在主观上是否存在放任这种危害结果的间接故意。这确实是证据认定问题。但是，在未发生危害结果的间接故意证据认定困难的背后，实际上存在更为深层次的原因。从规范意义上讲，刑法第 14 条第 1 款关于“明知自己的行为会发生危害社会的结果，并且希望或者放任这种结果发生，因而构成犯罪的，是故意犯罪”的规定，明确了在间接故意的场合，只有放任危害结果的实际发生，才能构成犯罪，而不是说放任结果的不发生也可构成犯罪。换言之，从放任发生的结果的性质上说，既可以是具有危害性的结果，也可以是中性结果，还可以是对社会有益的结果。后两种结果发生的情况是不受刑法评价的。间接故意犯罪中放任的结果一定是危害结果。④ 所以，司法实践中看似是由证据认定所引起的未发生危害结果就不能认定间接故意的问题，实际上是刑事立法所要求的，因此，由刑事立法所决定，间接故意犯罪只能是结果犯，且只有成立与否的区别，即：发生了特定的危害结果，则间接故意犯罪成立；未发生特定的危害结果，则间接故意犯罪不成立，包括犯罪预备、犯罪未遂和犯罪中止在内的间接故意犯罪的未完成形态都是不存在的。在共同犯罪场合，两个以上的行为人确实可以出于故意的不同罪过形式，即直接故意犯罪人和间

---

① 参见张明楷：《刑法学》，3 版，278 页，北京，法律出版社，2007。

② 参见赵秉志、吴振兴主编：《刑法学通论》，122 页，北京，高等教育出版社，1993。

③ 参见李兰英：《间接故意研究》，17 页，武汉，武汉大学出版社，2006。

④ 同上书，30 页。

接故意犯罪人之间可以成立共同犯罪，但是，由于受间接故意犯罪上述立法和理论的限制，可以推断，所谓故意的不同罪过形式之间成立的共同犯罪以及间接故意犯罪人与间接故意犯罪人之间成立的共同犯罪，一定是危害结果已经实际发生的“既遂犯”[①]，因为，在未发生特定危害结果的情况下，间接故意犯罪难以成立，以间接故意为前提的共同犯罪也就难以成立。

【要旨提示】

在间接故意的场合下，由于特定的危害结果的实际发生是间接故意犯罪成立的标志，故间接故意犯罪只有成立与否的问题，不存在犯罪未遂等犯罪停止形态，也不存在犯罪既遂的犯罪完成形态。对于实践中发生的间接故意犯罪，应当以特定危害结果的实际发生来确定间接故意犯罪的罪名，即以与发生的实际危害结果相对照的个罪来认定间接故意行为触犯的具体罪名。在没有发生任何刑法规定的具体危害结果的场合，表明刑法对这种行为不进行评价，故不能追究行为人的刑事责任。

38. 张甲等抢劫案[②]

——犯意表示与犯罪预备的区别

【案情介绍】

2006年11月初，被告人张甲、张乙因经济紧张，预谋到偏僻地段对单身女性行人实施抢劫，并购买了尖刀、透明胶带等作案工具。11月6日至9日，张甲、张乙每天晚上携带尖刀和透明胶带窜至某镇阳光工业园区附近，寻找作案目标，均因未找到合适的作案对象而未果。11月9日晚，张甲、张乙在伺机作案时提出如果遇到漂亮女性，就先抢劫后强奸，并采用手机游戏定输赢的方式确定由张甲先实施强奸行为。11月11日晚，张甲、张乙纠集被告人徐某参与抢劫作案，提出劫得的钱财3人平分。徐某同意参与抢劫作案，但表示不参与之后的强奸犯罪。张甲即交给徐某一把单刃尖刀。3人商定：发现作案目标后，由张乙、徐某各持一把尖刀将被害人逼至路边，张甲用胶带将其捆绑后实施抢劫。当晚，3人寻找作案目标未果。11月12日晚，张甲、张乙、徐某在铜山桥附近寻找作案目标时被公安巡逻队员抓获。

检察机关以被告人张甲、张乙、徐某犯抢劫罪（预备）、强奸罪（预备），提起公诉。一审法院经审理，依照《中华人民共和国刑法》第263条，第25条第1款，第27条，第22条，第17条第1款、第3款，第52条，第37条，最高人民法院《关于审理未成年人刑事案件具体应用法律若干问题的解释》第17条之规定，判决如下：（1）被告人张甲犯抢劫罪（犯罪预备），判处有期徒刑8个月，并处罚金人民币1 000元；（2）被告人张乙犯抢劫罪（犯罪预备），判处有期徒刑10个月，并处罚金人民币1 000元；（3）被告人徐某犯抢劫罪（犯罪预备），免予刑事处罚。

---

① 此处之所以在既遂犯上加引号，是因为对于间接故意犯罪而言，不存在犯罪未遂等犯罪未完成形态，故也不存在与犯罪未完成形态相对应而成立的犯罪既遂的犯罪完成形态。

② 案例来源：最高人民法院刑事审判第一、二、三、四、五庭主办：《中国刑事审判指导案例（危害国家安全罪·危害公共安全罪·侵犯财产罪·危害国防利益罪）》，450～541页，北京，法律出版社，2009。

【观点争议】

在本案中，检察机关指控被告人犯有抢劫罪（预备）和强奸罪（预备），而审判机关认为，被告人张甲和张乙在抢劫犯罪预备时产生在可能的条件下实施强奸犯罪的主观故意，但仅是强奸的犯意表示，不是强奸罪的预备行为。

具体而言，审判机关认为，基于禁止重复评价原则，同一行为既为抢劫犯罪的预备行为，又为强奸犯罪的预备行为时，不能为抢劫、强奸的犯罪构成所同时评价，也就是说不能同时成立抢劫罪（犯罪预备）和强奸罪（犯罪预备）。从本案整个行为过程看，被告人先后准备作案工具并伺机等候作案目标出现的行为应视为刑法意义上的一个行为，虽然既可以将三被告人的犯罪预备行为理解为抢劫犯罪准备工具、创造条件，也可视为强奸犯罪准备工具、创造条件，但从禁止重复评价原则出发，只能作为一个行为为一个犯罪构成所评价，而不能被两个犯罪构成予以重复评价，在刑法没有明文规定的情况下，不能既认定为抢劫罪的预备，又认定为强奸罪的预备，而应按照择一重罪的原则定罪处罚。从本案实际情况看，张甲、张乙的一系列准备工具、预谋分工、寻找作案目标等行为，对实施抢劫犯罪来说是确定的，而对是否实施强奸犯罪则是附条件的，因为二被告人预谋当抢劫对象是漂亮女性时才同时实施强奸犯罪，该条件是否能成就，取决于抢劫犯罪的实施情况及合适犯罪对象的出现与否，具有一定偶然性，因此从犯意确定角度看，以抢劫罪对二被告人定罪处罚更为准确。

【法理分析】

本案所反映的理论问题包括犯意表示与犯罪预备的区别以及阴谋行为的性质等问题。

所谓犯意表示，是犯意持有人将其单纯的犯罪意图以口头、书面或者象征性行为表露于外的一种情况。[①] 犯意表示具有以下特征：（1）犯意表示是人的犯罪意图的反映，如果主观上根本没有产生犯罪的意图，当然就无所谓犯意表示。（2）犯意表示是犯罪意图的外化，即犯罪意图已经通过一定的形式表露出来，是一种能够为人们所了解和掌握的东西。（3）犯意表示是一种表现为言辞的行为。犯意表示必须通过口头的、书面的或者其他的形式表现出来，而用语言、文字表达思想本身，就是人的身体活动。（4）犯意表示是单纯表露犯罪意图的行为，它不具有刑法意义上的社会危害性，是一种尚未对外界造成危害，因而不为刑法所禁止的行为。因此，犯意表示本身必须具有非传授性和非诱唆性的特点。[②]

所谓犯罪预备形态，是指行为人为实施犯罪而开始创造条件，由于行为人意志以外的原因而未能着手犯罪实行行为的犯罪形态。[③] 其中的犯罪预备行为，是指为了实行犯罪，实施的准备工具、制造条件的行为。

从犯意表示和犯罪预备的概念、特征出发，可以发现犯意表示与犯罪预备的区别为：

（1）主观内容不同。犯意表示虽然是犯罪意图的反映，但仅仅是单纯意图的表露。所谓单纯的犯罪意图，只是已产生的犯罪的想法或者念头，尚未发展到犯罪决意，或者虽形成犯罪决意，但尚未达到非用犯罪行为去实现的地步；而犯罪预备行为已经通过准备工具或者制造条件的行为表现其犯罪意图，这种犯罪意图虽然与实行和完成犯罪时的犯罪主观要素在确定性和坚

---

① 参见邢志人：《犯罪预备研究》，104页，北京，中国检察出版社，2001。

② 参见马克昌主编：《犯罪通论》，422页，武汉，武汉大学出版社，1999。

③ 参见高铭暄主编：《刑法学原理》，第2卷，302页，北京，中国人民大学出版社，1993。

定性程度上有差别，但已超出了单纯犯罪想法或念头的范畴，具备了“犯罪故意”的属性。①

（2）客观表现不同。犯意表示是通过口头或书面的形式，简单地流露犯罪意图；犯意表示停留在单纯表现犯罪思想的阶段，尚未通过实际的犯罪行为，将犯罪意图的实现付诸行动。犯罪预备是通过各种具体活动为实行犯罪创造条件，已经将犯罪目的与犯罪行为结合起来，直接开始实施犯罪的准备活动。因此，单纯的犯意表示，永远不可能实现主观上的犯罪意图，而犯罪预备行为已使犯罪意图的实现成为可能。

（3）危险性不同。严格地说，不能认为犯意表示行为没有一点社会危害性，但这种危害性是潜在的、纯粹精神上的威胁，并不包含对刑法所保护的社会关系的实际性威胁；而犯罪预备，由于行为人已实施了犯罪实行前的必要准备，甚至已携带犯罪工具前往犯罪现场、逼近犯罪对象，所以，已经使刑法所保护的社会关系面临实际威胁。②

在二人以上共同谋划犯罪的情况下，不仅涉及犯意表示与犯罪预备之间的关系问题，更涉及阴谋与犯罪预备、犯意表示的关系。所谓阴谋，是指二人以上就实行一定的犯罪共同进行谋议。其特点是：第一，必须是二人以上。一个人秘密图谋犯罪，不构成阴谋。第二，必须是为实行一定的犯罪进行谋议。第三，必须是共同进行谋议。③

关于阴谋的性质，有观点认为，二人就犯罪达成的协议，不属于为了实行犯罪而作准备的行为，而是为了实施预备犯而作准备的行为。换言之，预备犯并不包括比准备工具、制造条件的预备行为更为提前的犯罪协议行为。即使认为“制造条件”包含犯罪合意，也不能得出（二人以上）预备犯等同于共谋罪的结论，因为我国对预备犯没有设置类似于共谋罪的配套规则。④ 更为主流的观点认为，阴谋属于犯罪预备行为，因此，二人以上为实施一定的犯罪而进行了谋议，但由于意志以外的原因而未能着手实行的，应以预备犯论处。⑤

笔者认为：阴谋行为的性质，已经超出了犯意表示的范畴，也不属于为了实施预备犯而做准备的“预备的预备”即预备前阶段。理由如下：（1）如前所述，阴谋是就实施具体的犯罪进行谋议，显然不只是单纯的犯罪意思的流露。阴谋是为了实施具体犯罪而确定犯罪决意，拟定犯罪计划，寻找、勾结共犯的行为，无论从主观上还是从客观上都超出了犯意表示的范畴，因而不能将其视为犯意表示。“在单独犯罪的情况下，犯意表示属于思想的范畴，因为还没有发生社会关系，还只是个人犯罪意思的流露而已，所以不能认为是犯罪。而共同犯罪的犯意表示，二人以上通过交流犯罪思想而形成共同犯罪故意，这种思想交流已经发生了人与人之间的社会关系……在二人以上犯罪思想交流的基础上，往往对犯罪进行谋划、商议，决定共同实施犯罪，就是刑法上的共谋。显然，共谋是一种犯罪行为。”⑥ （2）我国刑法规定的预备行为包括制造条件和准备工具两种，对于制造条件的预备行为，不能认为只是包括物质预备行为，而不包括精神和心理预备行为，因此，勾结共犯、拟定犯罪计划的阴谋行为是制造条件的预备行为。（3）对于二人以上就实施具体的犯罪进行谋议的行为，没有理由认为这只是为了实施预备

① 参见邢志人：《犯罪预备研究》，108页，北京，中国检察出版社，2001。

② 参见马克昌主编：《犯罪通论》，424～425页，武汉，武汉大学出版社，1999。

③ 参见上书，426页。

④ 参见林俊辉：《中国刑法语境中的“共谋罪”考辨》，载《北方法学》，2009（2）。

⑤ 参见马克昌主编：《犯罪通论》，427页，武汉，武汉大学出版社，1999；邢志人：《犯罪预备研究》，162～164页，北京，中国检察出版社，2001；林亚刚：《犯罪预备与犯意表示、阴谋犯》，载《国家检察官学院学报》，2003（4）。

⑥ 陈兴良：《共同犯罪论》，73～74页，北京，中国人民大学出版社，2005。

犯而做准备的“预备的预备”行为。事实上，阴谋行为不仅对实施犯罪预备行为进行谋划，更重要的是对实施犯罪实行行为进行商议谋划，仅仅为了实施预备行为而进行的阴谋行为是不可想象的，也不是阴谋概念的应有之义。

事实上，在刑法学界关于预备行为的种类的论述中，勾结共犯行为都是一种常见的制造条件的犯罪预备行为，未见相反的观点存在，而勾结共犯行为就包含阴谋行为在内。

回到本案，从审判机关的裁判理由可以看出，审判机关认为，在被告人张甲、张乙议定如遇漂亮女性就先抢劫后强奸并商定了强奸行为实施顺序之后，被告人张甲、张乙的寻找作案目标伺机作案的行为兼有抢劫罪和强奸罪的犯罪预备行为的性质，只是基于禁止重复评价原则的要求，在刑法没有明文规定的情况下，不能既认定为抢劫罪的预备又认定为强奸罪的预备，而应按照择一重罪的原则定罪处罚，故审判机关以抢劫罪（预备）对二被告人定罪处罚。换言之，事实上，审判机关认为张甲等二被告人的谋议强奸以后的行为并不是犯意表示，而是强奸罪的预备行为。

笔者认为，在张甲、张乙两人商定先抢劫后强奸之后，其寻找作案目标伺机作案的行为确实兼有抢劫罪和强奸罪的预备行为的性质，故可成立抢劫罪的预备形态与强奸罪的预备形态的想象竞合犯，按照想象竞合犯的处断原则，应“从一重处罚”，不能数罪并罚。但是，审判机关对全案以抢劫罪一罪论处的判决，没有体现张甲、张乙二人就强奸进行阴谋行为这一事实的危害性。如前所述，从本案的具体案情看，张甲、张乙二人就强奸进行的阴谋行为，并非仅是强奸罪的犯意表示，而是强奸罪的预备行为之一，而这一阴谋行为是独立于之前与之后的抢劫罪预备行为的，并不能为抢劫罪的预备行为所包含，故需要在判决中予以评价，因而，应当认为张甲、张乙的阴谋行为成立强奸罪（预备），并与抢劫罪（预备）实行数罪并罚。所以，笔者认为，在本案中，检察机关对张甲、张乙行为的指控是正确的。

【要旨提示】

犯意表示只是单纯的犯罪意思的流露。对犯意表示，不能以犯罪论处。但是，二人以上就犯罪进行谋划的阴谋行为，不是犯意表示，而是犯罪预备行为，应当按照预备犯定罪处罚。

39. 杨某销售假冒注册商标的商品案①

——“着手”实行犯罪的认定

【案情介绍】

2005 年 10 月，被告人杨某租赁某市武夷路 491 弄 54 号 104 室，用于销售各类假冒注册商标的高尔夫用品。2006 年 2 月 22 日下午，某市工商行政管理局某区分局在上述地点进行执法检查时，查获待销售的假冒 PING、Titleist、ODYSSEY、TaylorMade、CLEVELAND、Callaway、NIKE 等商标的各类高尔夫球杆 1 755 根、球头 36 只、包 8 只、T 恤衫 4 件。经估价鉴定，上述高尔夫运动用品市场价值人民币超过 471 万元。

① 案例来源：最高人民法院刑事审判第一、二、三、四、五庭主办：《中国刑事审判指导案例（破坏社会主义市场经济秩序罪）》，357 页，北京，法律出版社，2009。

检察机关以被告人杨某犯销售假冒注册商标的商品罪向人民法院提起公诉。法院经审理，依照《中华人民共和国刑法》第214条、第23条、第53条、第64条，以及最高人民法院、最高人民检察院《关于办理侵犯知识产权刑事案件具体应用法律若干问题的解释》第2条之规定，判决如下：（1）被告人杨某犯销售假冒注册商标的商品罪，判处有期徒刑1年6个月，并处罚金人民币3万元。（2）扣押在案物品予以没收。

【观点争议】

刑法第214条规定："销售明知是假冒注册商标的商品，销售金额数额较大的，处三年以下有期徒刑或者拘役，并处或者单处罚金；销售金额数额巨大的，处三年以上七年以下有期徒刑，并处罚金。"在本案审理中，辩护人提出被告人杨某尚未着手实行销售行为，应以犯罪预备论处。对此，刑法理论也有观点认为，销售行为的实施应以买卖双方同时存在为前提，在销售者寻找到购买者之前，其"进货""寻找买主"等行为，均只能被认定为销售犯罪的预备行为。

审判机关认为，行为人为了销售假冒注册商标的商品而实施的购买行为，应当视为已经着手实行犯罪，而不是为了犯罪准备工具、制造条件的预备行为。首先，对销售行为应作为一个持续的、完整的过程来加以理解，进货、定价、寻找买主、买卖双方之间交易均应被视为销售行为通常的、必要的组成部分。其次，由买卖行为的对向性、密切关联性特点所决定，为了非法销售而实施的先行购买行为，是整个非法制售假冒注册商标的商品犯罪的重要环节。一旦实施，即将进入销售阶段，已经产生侵害法益的紧迫危险性，超出了预备犯的范畴。被告人杨某为销售假冒注册商标的商品而实施的购买大量假冒注册商标的商品的行为，应当被视为已经着手实行销售，构成犯罪未遂，而不是犯罪预备。

【法理分析】

本案争议的关键问题实际上是杨某是否已经着手实行销售假冒注册商标的商品罪的实行行为。如果认定杨某已经着手销售假冒注册商标的商品罪的实行行为，本案应认定为销售假冒注册商标的商品罪未遂；如果认定杨某尚未着手实行销售假冒注册商标的商品罪，则应认定为销售假冒注册商标的商品罪的犯罪预备。这涉及犯罪停止形态理论中一个存有争议的问题：如何认定"实行的着手"？

"着手"实行犯罪是犯罪未遂必不可少的特征，其理论意义在于，它既是预备阶段与实行阶段的分水岭，也是预备形态与未遂形态的区分标志之一。其法律意义在于，在对犯罪预备行为和未遂行为都予以处罚的国家，它是衡量危害程度并区别刑罚轻重的标志；在处罚犯罪未遂而不处罚犯罪预备的国家，它是区别罪与非罪的界限。①

在大陆法系刑法理论中，对于如何认定实行的着手，存在着主观说、客观说与折中说之争。主观说是主观主义犯罪理论所采取的学说，认为行为表现出行为人的危险性格时，或者说犯意在外部明确化时，就是实行的着手。客观说认为未遂犯的处罚根据不是犯罪意思的危险性，而是行为对法益侵害的危险性，因此，应以客观标准判断实行的着手。其中该说又有形式的客观说与实质的客观说之分。形式的客观说从构成要件上判断实行的着手，其基本观点是，

---

① 参见赵秉志主编：《刑法教学参考书》，161页，北京，中国人民大学出版社，2006。

形式上开始实施属于犯罪构成要件的行为时为实行的着手。实质的客观说从对法益侵害的危险性上判断实行的着手。折中说主张从主、客观两个方面判断实行的着手，其基本观点是，从行为人的全部犯罪意图（计划、打算）来看，法益侵害的危险性迫切时为着手。理由在于，未遂犯的行为必须具有法益侵害的危险性，这一点是应当肯定的；但究竟是什么犯罪的未遂，则要考虑行为人的主观方面；在判断实行的着手时，也不可避免地要考虑行为人的主观方面。①

在我国刑法理论上，关于着手实行犯罪，一般认为，是指行为人已经开始实施刑法分则规范中具体犯罪构成要件中的犯罪行为②，或者是指犯罪人开始实施刑法分则条文规定的具体犯罪的实行行为。③ 这种观点可谓是我国刑法理论关于着手实行犯罪的通说。刑法理论对此解释道："着手实行犯罪体现了具体犯罪构成要件的统一，它具备主观和客观两个基本特征：主观上，行为人实行具体犯罪的意志已经直接支配客观实行行为并通过后者开始充分表现出来，而不同于在此之前预备实行犯罪的意志。客观上，行为人已开始直接实行具体犯罪构成客观方面的行为，这种行为已不再属于为犯罪的实行创造便利条件的预备犯罪的性质，而属于实行行为的性质，这种行为已使刑法所保护的具体权益初步受到危害或面临实际存在的威胁。在有犯罪对象的场合，这种行为已直接指向犯罪对象。如果不出现行为人意志以外原因的阻碍或者行为人的自动中止犯罪，这种行为就会继续进行下去，直到完成犯罪即达到既遂；在犯罪既遂包含犯罪结果的犯罪中，还会发生犯罪结果。"④

对于刑法理论关于着手实行犯罪的通说观点，有观点提出质疑，认为通说的观点属于形式的客观说，存在着以下疑问：首先，没有从实质上说明什么是着手。说着手是实行行为的开始，实行行为是符合刑法分则所规定的构成要件的行为，只有开始实施符合分则规定的构成要件的行为时才是着手，这当然不存在逻辑上的缺陷，但问题在于：什么行为才是符合刑法分则规定的构成要件行为？形式的客观说却没有给予任何回答，因此，在许多情况下何时为着手仍然不明确。如从口袋中掏枪杀人的行为，是从将枪支掏出口袋时开始认定为杀人的实行行为，还是从已经对准目标，即将扣动扳机时才能认定呢？其次，在有些情况下，采取形式的客观说，会使着手提前。例如，刑法第 198 条规定的保险诈骗罪的客观要件中包括"故意造成财产损失的保险事故，骗取保险金"。根据形式的客观说，行为人先制造保险事故的，就是保险诈骗罪的着手，但这使着手过于提前。在某些情况下，形式的客观说又可能使着手推迟。例如，根据该说观点，故意杀人时，扣动扳机时才是着手。实际上，瞄准被害人就已经是杀人罪的着手了。由此，论者认为，实行行为只能是具有侵害法益的紧迫危险的行为，侵害法益达到紧迫程度（发生危险结果）时，就是实行行为的着手，即只有当行为产生了侵害法益的具体危险状态时，才是实行行为的着手。至于何种行为具有侵害法益的紧迫危险，则应根据不同犯罪、不同案件的具体情况综合考虑。⑤

笔者认为：上述对通说观点关于"着手实行"一般标准的表述提出的质疑实质上是实质客观说的观点，有一定的合理性。但是，这种质疑并非形式客观说所独有，其实在论者所提倡的实质客观说中，上述疑问仍然存在。例如，通说的观点强调着手实行犯罪不同于犯罪预备行

---

① 参见张明楷：《外国刑法纲要》，261～262 页，北京，清华大学出版社，1999。

② 参见高铭暄主编：《刑法学原理》，第 2 卷，312 页，北京，中国人民大学出版社，1993。

③ 参见马克昌主编：《犯罪通论》，439 页，武汉，武汉大学出版社，1999。

④ 高铭暄主编：《刑法学原理》，第 2 卷，314～315 页，北京，中国人民大学出版社，1993。

⑤ 参见张明楷：《刑法学》，5 版，342 页，北京，法律出版社，2016。

为，而是直接使刑法所保护的权益受到危害或者面临危险的威胁[①]："在行为人的行为对犯罪构成要件结果的实现具有实质的危险性时，就是'实行着手'的开始。"[②] 这与实质客观说提倡的"只有当行为产生了侵害法益的具体危险状态时，才是实行行为的着手"的观点无异，但是，由于表述的抽象性和实践中不同犯罪、不同案件的无限多样性，无论如何表述，都不能避免诸如从口袋中掏枪杀人的具体案件中何时着手的问题，所以，实质客观说在判断着手实行犯罪上，认为须"根据不同犯罪、不同案件的具体情况综合考虑"，而这一点正是通说所坚持的，"要正确而具体地认定犯罪的着手，必须分类把握具体犯罪构成实行行为及其着手的特点，必须借助于预备行为与实行行为的区别，必须正确地理解与把握犯罪的客体和客观诸要素对着手判定的意义。但是归根到底，还必须把这些概括性要点与具体犯罪构成和具体犯罪情况结合起来，运用具体问题具体分析这个法宝"[③]。

正是由于上述原因，通说的观点可能使着手提前或者推迟的问题其实也并不存在，通说要求在认定着手时必须以罪状为基础，根据犯罪行为的不同特点加以认定。对于并列的实行行为，如保险诈骗罪中通过虚构保险标的、保险事故或者制造保险事故等行为骗取保险金的，这类犯罪的成立要求同时具备两个行为，如果只有其中一个行为，则不能构成该罪。因此，开始实施索赔行为或者开始向保险公司提出支付保险金请求时，才能认定为保险诈骗罪的着手。[④]"由此可见，根据形式客观说来分析保险诈骗罪，并不会得出错误的结论。相反，形式的客观说主张结合具体犯罪的罪状加以分析的特点，更有利于保障结论的科学性。"[⑤]

尽管如此，质疑论者的观点仍然具有一定的合理性，对通说观点进行改造是必要的，特别是关于"着手实行"的一般标准的表述极易使人产生误解，应予修正。借鉴前述学者对着手实行的表述，笔者认为，着手实行犯罪是指行为人在犯罪意志支配下开始实施的具有侵害某一犯罪直接客体紧迫危险性的行为，它具有两个方面的特征：(1) 客观上，行为人必须已经开始实施具有侵害某一犯罪直接客体紧迫危险性的行为。通常来说，一个行为如果对刑法保护的某一具体的社会关系造成侵害，即是刑法分则规定的该罪客观要件的行为。至于如何理解紧迫的危险性，并没有统一的标准，而应具体问题具体分析。(2) 主观上，着手实行犯罪必须体现行为人的犯罪意图，犯罪行为是在其特定犯罪意志支配下实施的。犯罪行为是主、客观两方面要素的有机统一，缺一不可。只有体现了犯罪意图的实行行为才具有可罚的合理理由，并对具体区分某一犯罪的实行行为和预备行为具有实际意义。

回到本案，在销售假冒注册商标的商品罪中，为了销售假冒注册商标的商品而实施的购买行为是否属于刑法第 214 条规定的销售假冒注册商标的商品罪的实行行为？笔者的回答是否定的，理由是：

(1) 刑法第 214 条规定的本罪罪状是"销售"。按照一般理解，销售只是指卖出，不包括为了卖出而买入。根据法律语言学的一般理论，刑法中的术语和其他法律语言的术语一样，也包括常用术语、常用的但在刑法中有其专门含义的术语、专门刑法术语和技术型术语四种类型，在对这些不同种类的刑法术语进行解释时，应当根据其自身的特点确定其含义。对于常用

---

① 参见黄京平主编：《刑法学》，142 页，北京，中国人民大学出版社，2003。

② 曲新久主编：《刑法学》，145 页，北京，中国政法大学出版社，2009。

③ 赵秉志主编：《犯罪停止形态适用中的疑难问题研究》，57 页，长春，吉林人民出版社，2001。

④ 参见张永江：《未遂犯研究》，100 页，北京，法律出版社，2008。

⑤ 陈家林：《不能犯初论》，207 页，北京，中国人民公安大学出版社，2005。

术语，由于其含义为社会大众所公认，在对其进行解释时就只能取其为大众所公认的含义。常用术语往往是多义词，如何在其多种含义中进行选择，还需要借助论理解释的方法。[①] 这是因为刑法是行为规范，它为人们的行为提供方向和标准，使社会公众对人的社会行为的法律后果有所预见，以使人们的行为符合它所预期的要求。罪刑法定原则之所以是刑法的“帝王原则”，道理就在于此。对于刑法规定的常用术语的解释更应如此，不能超出社会公众对常用术语通常理解的含义，否则，就有违刑法的民主性。“销售”一词显然属于常用术语，应当按照社会大众所公认的含义确定其在刑法中的意义。“销售”的大众含义就是指卖出，不包括买入。所以，“销售”一词在刑法中的含义也应当是指卖出，不包括买入。

（2）如此理解“销售”，有体系解释的理由。在我国刑法中，关于买卖行为，刑法分则分别使用了以下术语：“销售”，如销售伪劣产品罪，销售假冒注册商标的商品罪；“买卖”，如非法买卖枪支、弹药、爆炸物罪；“出售”，如出售假币罪；“倒卖”，如倒卖车、船票罪；“拐卖”，如拐卖妇女罪；“贩卖”，如贩卖毒品罪。在这些术语中，应当认为包括三种情况：第一，“出售”“销售”，只包括卖出环节，不包括买入环节。第二，“贩卖”“倒卖”，既包括卖出环节，也包括买入环节，“拐卖”一语只在拐卖妇女、儿童罪中使用，从其用语的本来含义看，是拐骗和出卖行为的结合，即只包括出卖行为，但刑法第240条关于“拐卖妇女、儿童是指以出卖为目的，有拐骗、绑架、收买、贩卖、接送、中转妇女、儿童的行为之一的”规定，使拐卖包括了买入环节，这从另一侧面说明出卖并不包括买入的环节，作为出卖同义词的“出售”“销售”亦如此。第三，买卖，是指既包括卖出者的卖出行为，也包括买入者的买入行为，即对向性行为。刑法分则针对买卖行为的不同含义分别使用了不同用语，说明“销售”不包括为了卖出而买入的行为。

（3）或许有人会认为，如此理解“销售”，与最高人民法院、最高人民检察院《关于办理生产、销售伪劣商品刑事案件具体应用法律若干问题的解释》第2条第2款关于“伪劣产品尚未销售，货值金额达到刑法第一百四十条规定的销售金额三倍以上的，以生产、销售伪劣产品罪（未遂）定罪处罚”的规定相矛盾，因为伪劣产品尚未销售，货值金额达到一定数额的，就应以生产、销售伪劣产品罪未遂处罚，不是恰恰说明了为了卖出而买入属于“销售”的实行行为吗？对此，笔者认为，这一规定是针对生产、销售伪劣产品罪的特别规定，不具有普遍意义，凭此不足以改变“销售”的通常含义。易言之，如果没有这一规定，即使是生产、销售伪劣产品罪，伪劣产品尚未销售，而货值金额达到刑法第140条规定的销售金额3倍以上的情况，能以销售伪劣产品罪（未遂）定罪处罚吗？回答显然是否定的。再换言之，如果认为“销售”的实行行为本身就含有为了卖出而买入的意思，则根本没有作出上述司法解释的必要。所以，上述司法解释的规定，恰恰说明了“销售”的实行行为中并不含有为了卖出而买入之义。

（4）在销售假冒注册商标的商品罪中，为了卖出而买入假冒注册商标的商品，未及售出即被查获，此时行为并未直接指向犯罪客体，既没有破坏市场竞争秩序，也没有实际侵犯注册商标所有人的专属权益，即没有对刑法保护的注册商标专属权产生紧迫危险性，仍然属于为了实行犯罪而制造条件的预备阶段。

【要旨提示】

对于着手实行犯罪的认定，应当坚持行为人在犯罪意志支配下开始实施具有侵害某一犯罪

① 参见李希慧：《刑法解释论》，132页，北京，中国人民公安大学出版社，1995。

直接客体紧迫危险性的行为的标准，并结合具体犯罪的罪状，根据不同的案件，具体问题具体分析。

40. 胡某、张甲等故意杀人、运输毒品案[①]

——不能犯的认定

【案情介绍】

1997 年 11 月初，被告人胡某因赌博、购房等原因欠下债务，遂起图财害命之念，先后准备了羊角铁锤、纸箱、编织袋、打包机等作案工具，以合伙做黄鱼生意为名，骗取被害人韩某的信任。1997 年 11 月 29 日 14 时许，被害人韩某携带装有 19 万元人民币的密码箱，按约来到被告人胡某的住处。胡某趁给韩某倒茶水之机在茶水中放入 5 片安眠药，韩某喝后倒在客厅的沙发上昏睡。胡某见状即用事先准备好的羊角铁锤对韩某的头部猛击数下，致韩某倒地，又用尖刀乱刺韩某的背部，致使韩某因严重颅脑损伤合并血气胸而死亡。次日晨，被告人胡某用羊角铁锤和菜刀将被害人韩某的尸体肢解为 5 块，套上塑料袋后分别装入两只印有“球形门锁”字样的纸箱中，再用印有“申藤饲料”字样的编织袋套住并用打包机封住。嗣后，胡某以内装“毒品”为名，唆使被告人张甲和张乙帮其将两只包裹送往南京。被告人张甲、张乙按照胡某的旨意，于 1997 年 11 月 30 日中午从某市乘出租车驶抵南京，将两只包裹寄存于南京火车站小件寄存处。后因尸体腐烂，于 1998 年 4 月 8 日案发。

检察机关以被告人胡某犯故意杀人罪，被告人张甲、张乙犯运输毒品罪（未遂），向人民法院提起公诉。一审法院依照《中华人民共和国刑法》第 232 条，第 347 第 1 款、第 4 款，第 25 条，第 23 条，第 57 条第 1 款，第 64 条，第 36 条第 1 款和《中华人民共和国刑事诉讼法》（1996 年）第 108 条的规定，判决如下：（1）被告人胡某犯故意杀人罪，判处死刑，剥夺政治权利终身；（2）被告人张甲犯运输毒品罪，判处有期徒刑 2 年，并处罚金人民币 2 000 元，于判决生效后 1 个月内一次缴清；（3）被告人张乙犯运输毒品罪，判处有期徒刑 1 年 6 个月，并处罚金人民币 1 000 元，于判决生效后 1 个月内一次缴清；（4）查获的作案工具予以追缴；（5）被告人胡某赔偿附带民事诉讼原告人王某经济损失共计人民币 14.6 万元。一审宣判后，张甲不服，提起上诉；附带民事诉讼原告人王某亦提起上诉。二审法院经审理，依照《中华人民共和国刑事诉讼法》（1996 年）第 189 条第 1 项，裁定驳回上诉、维持原判。

【观点争议】

在本案中，被告人张甲、张乙误以尸块为毒品加以运输，实际上构成了刑法学理论上的“不能犯”。所谓不能犯，一般认为属于犯罪未遂的一种，即不能犯未遂。“不能犯未遂，是指因犯罪人对有关犯罪事实认识错误而使犯罪行为不可能既遂的情况。不能犯未遂这种未遂类型，主要又可进一步区分为工具不能犯与对象不能犯未遂两种。所谓工具不能犯的未遂，是指犯罪人由于认识错误用了按其客观性质不能实现行为人犯罪意图、不能构成既遂的犯罪工具，

① 案例来源：最高人民法院刑事审判第一、二、三、四、五庭主办：《中国刑事审判指导案例（妨害社会管理秩序罪）》，181～182 页，北京，法律出版社，2009。

以致未遂。例如，误把白糖等无毒物当作砒霜等毒药去杀人等。所谓对象不能犯，是指由于行为人的认识错误，使得犯罪行为所指向的犯罪对象在行为时不在犯罪行为的有效作用范围内，或者具有某种属性使得犯罪不能既遂只能未遂。例如，误认尸体为活人而开枪射杀、砍杀；误认为空包内有钱财而扒窃；误认为被害人在卧室而隔窗射击；误认男子为女子而着手实行强奸行为；等等。从主、客观统一上看，在一般情况下，能犯未遂往往比不能犯未遂具有较大的社会危害性。因此，对能犯未遂一般应较不能犯未遂从重处罚。"[①] 上述论述是我国刑法理论的通说，按照这一观点，不能犯是未遂犯的下位概念，不能犯也即不能犯未遂，是指因犯罪人对有关犯罪事实认识错误而使犯罪行为不可能达到既遂的情况。

上述关于不能犯的论述，在相当长的时间内是刑法学理论的通说，但在近年来，对上述通说进行质疑的观点越来越有力。这种观点主张将不能犯与未遂犯区分开来，对不能犯不应进行处罚。质疑的理由主要有：(1) 传统观点没有考虑行为在客观上是否侵犯了法益，导致客观上完全不可能侵犯法益的行为也成立犯罪未遂。事实上，不能犯的行为并非"只是由于对犯罪工具实际效能的误解而致使犯罪行为未发生犯罪结果"，而是由于行为人所实施的"行为"本身根本不具有侵害法益的任何危险性，才导致未发生犯罪结果。如果行为本身具有侵害法益的危险性，不管行为人主观上有无误解，都不可能影响行为的这种危险性。(2) 抽象的危险说不是根据行为的客观事实判断该行为有无侵害法益的危险，而是根据行为人的认识内容判断有无危险。于是，只要行为人对实行行为有认识（有故意），不管客观上有无实行行为，都认为有危险。这有主观归罪之嫌。(3) 传统观点不适当地扩大了刑法的处罚范围。这主要表现在，客观上完全没有危险性的行为，仅因为行为人的认识错误就被作为犯罪处罚。(4) 传统观点以不能犯出于认识错误肯定其可罚性，以迷信犯出于愚昧无知否定其可罚性。但不管是认识错误还是愚昧无知，都不能使没有任何危险的行为转变为具有危险的行为。所以，问题的关键在于行为本身是否具有侵害法益的危险性及其程度。[②]

在质疑通说的同时，关于未遂犯与不能犯区别的问题，该论者提出了自己的观点："只有当行为人主观上具有故意，客观上实施的行为具有侵害法益的紧迫危险时，才能认定为犯罪未遂；行为人主观上具有犯意，其客观行为没有侵害法益的任何危险时，就应认定为不可罚的不能犯，不以犯罪论处。至于客观行为是否具有侵害法益的紧迫危险，则应以行为时存在的所有客观事实为基础，站在行为时，根据客观的因果法则进行判断。"[③] 在不能犯危险性的判断上，还有观点坚持具体危险说，认为对不能犯中危险性有无的判断，应以行为人特别认识到的事实以及一般人能够认识到的事实为基础，以行为时为基准，从一般人的立场出发，在具有发生构成要件结果的现实危险性的场合，就是未遂犯；在没有现实危险性的场合，就是不能犯。[④] 对于具有具体的危险、应以未遂处罚的情况，称为不能未遂犯，即：不能未遂犯，是指行为人已经着手实行了犯罪行为，但由于对有关犯罪事实存在认识错误，致使行为不可能达到既遂状态，然而又因行为具有危险性而以未遂处罚的情况。[⑤]

在刑法理论上，也有观点在坚持刑法的客观主义立场上的主观未遂论的前提下，认为不能

---

① 高铭暄、马克昌主编：《刑法学》，7 版，157 页，北京，北京大学出版社、高等教育出版社，2016。

② 参见张明楷：《刑法学》，298～299 页，北京，法律出版社，2007。

③ 张明楷：《刑法学》，5 版，358 页，北京，法律出版社，2016。

④ 参见黎宏：《从一则案例看未遂犯和不能犯的区别》，载《中国刑事法杂志》，2001 (3)。

⑤ 参见郑军南：《不能未遂犯研究》，49、288～289 页，北京，中国检察出版社，2005。

犯都属于犯罪，是犯罪未遂的类型之一；但又强调危险性是不能犯的标志性特征，即有无危险性是区分不能犯是否可罚的标志。判断危险性有无的标准则坚持抽象的危险说，即以行为人在行为当时所认识的事实为基础，从一般人的立场来判断危险的有无；如果按照行为人的计划实施行为具有发生结果的危险性，那么就是未遂犯；即使按照行为人的计划实施行为也不具有发生结果的危险性时，则是无罪的行为。①

【法理分析】

上述关于不能犯问题的争论，主要可以归结为两个问题。

1. 不能犯与未遂犯的关系如何

按照通说的观点，所谓不能犯只是未遂犯的下位概念，即不能犯未遂，所以，所有的不能犯都是未遂犯，都是可罚的，不存在不可罚的不能犯的概念，而迷信犯等不可罚犯，都不是不能犯。按照张明楷教授等的观点，凡是可罚的不能犯都是未遂犯，不能犯的概念不宜作为犯罪未遂的一种类型来使用；事实上，未遂都是由于某种原因而不能既遂，故也没有必要将犯罪未遂分为能犯未遂与不能犯未遂，因此，不能犯是指不可罚的不能犯，不能犯是与未遂犯相对应的概念。② 还有观点认为，刑法中的不能犯分为两种：作为犯罪未遂类型之一的可罚的不能犯和不作为犯罪处理的不可罚的不能犯，即可罚的不能犯和不可罚的不能犯③，或称为不能未遂犯和不能犯。④ 在这种观点下，不能犯与未遂犯是两个交叉的概念。

笔者认为，这一问题看似是不能犯概念的外延问题，其实是不能犯的本质问题，即是否凡是因犯罪人对有关犯罪事实认识错误而使犯罪行为不可能既遂的情况都应以犯罪论处。通说的观点认为，凡是因犯罪人对有关犯罪事实认识错误而使犯罪行为不可能既遂的情况都是犯罪，只不过是处于犯罪未遂形态而已，故不能犯只是未遂犯的下位概念。而上述后两种观点认为，不是所有的因犯罪人对有关犯罪事实认识错误而使犯罪行为不可能既遂的情况都是犯罪，而是分为构成犯罪（可罚的）和不构成犯罪（不可罚的）两种情况，构成犯罪（可罚的）情况是犯罪未遂，而不构成犯罪（不可罚）的情况不是犯罪，因而不是犯罪未遂。可见，上述后两种观点在不能犯本质问题上立场一致，只是在不能犯概念的外延范围上存在分歧，即前者不承认可罚的不能犯概念，而后者认为不能犯分为可罚的不能犯和不可罚的不能犯两种。

2. 是否应当区分可罚的不能犯和不可罚的不能犯

这一问题实质上是关于不能犯与未遂犯区分应坚持何种立场，即在不能犯是否可罚的问题上，是否需要判断行为的危险性。关于不能犯与未遂犯的区别问题，理论上存在着主观说、客观危险说、抽象危险说和具体危险说等不同主张。主观说认为，只要将实现犯罪的意思表现为行为，不问该行为是否具有危险性，都成立未遂犯，但迷信犯不可罚。⑤ 主观说的主要问题在于不适当地夸大了犯罪意思在是否可罚问题上的作用，实际上导致了主观归罪。目前主观说的观点基本上没有市场。摒弃主观说之后，在不能犯是否可罚的问题上，就需要引入危险性的概

---

① 参见陈家林：《不能犯初论》，181、223 页，北京，中国人民公安大学出版社，2005。

②⑤ 参见张明楷：《刑法学》，5 版，352 页，北京，法律出版社，2016。

③ 参见陈家林：《不能犯初论》，180 页，北京，中国人民公安大学出版社，2005。

④ 参见郑军南：《不能未遂犯研究》，49 页，北京，中国检察出版社，2005。

念，以是否存在危险性来判断不能犯是否可罚。事实上，在我国刑法理论上，目前主要存在着具体危险说和客观危险说与抽象危险说之争。

具体危险说认为，“以行为时一般人能够认识的事实以及行为人特别认识到的事实为基础，站在一般人的角度判断具体的结果发生的危险性，如果危险性被肯定就是未遂犯”①。具体危险说主要存在的问题在于，危险判断资料存在着不确定性，即到底是以一般人能够认识的事实还是以行为人特别认识的事实作为基础来判断危险的存在有疑问。

客观危险说认为：行为人所意欲的侵害结果一开始就不可能实现（绝对不能）时，不具有危险性，成立不能犯；行为自身虽然具有实现侵害结果的可能性，但在特定状况下未能发生侵害结果（相对不能）时，具有危险性，成立未遂犯；认定是绝对不能还是相对不能时，应以行为时存在的一切客观情况为基础，事后以科学的因果法则为标准进行判断。②然而，这里存在的问题是，行为时存在的所有客观事实（包括事后查明的客观事实）与行为时的判断之间存在着不可避免的矛盾。“只有通过事后的调查，才可能发现行为时存在哪些客观事实。因此，只要将行为时所存在的所有客观事实作为判断资料，就意味着进行事后判断。”③

抽象危险说认为，以行为人在行为当时所认识的事实为基础，从一般人的立场来判断危险的有无：如果按照行为人的计划实施行为具有发生结果的危险性，那么就是未遂犯；即使按照行为人的计划实施行为也不具有发生结果的危险性的，则是无罪的行为。④ 以行为人在行为时所认识到的事实作为判断危险有无的基础，作出的结论兼具主观和客观基础，避免和克服了主观说和客观危险说对危险的判断只有主观基础或者客观基础的弊端。以抽象危险说判断不能犯的可罚性实际上是行为无价值的要求，同样，处罚没有发生危害结果的犯罪未遂也是行为无价值的表现结论，因而，以抽象危险说判断不能犯的可罚性与犯罪未遂制度之间存在着天然的理论联系。我国刑法以总则的方式普遍承认犯罪未遂的存在，但若以客观危险说普遍否认不能犯的可罚性，这是不可思议的；以一般人的立场来判断危险的有无，符合刑法不仅是裁判规范更是行为规范的特性。“刑法是裁判规范和行为规范的复合体……刑法在成为法官定罪量刑的判断标准的裁判规范之前，首先应看成是一般人预测自己行为后果的指南的行为规范。从这一意义上讲，对于刑法中的规定的意义的理解，首先必须以社会通常观念即一般人的理解为标准来判断。”⑤

综上所述，笔者认为，以抽象危险说判断不能犯中危险的存在与否是适当的。

回到本案，被告人在实施运输“毒品”行为时，主观上认识的事实是以编织袋包装并以打包机封住的物体就是毒品，而一般人根据行为人认识到的这种事实认为有运输毒品的可能，故存在运输毒品的抽象危险，因此成立可罚的不能犯，应以犯罪未遂处罚。

【要旨提示】

对于不能犯，应当区分可罚的不能犯和不可罚的不能犯，其可罚与否的标准在于是否存在

---

① 转引自陈家林：《不能犯初论》，216页，北京，中国人民公安大学出版社，2005。

② 参见张明楷：《刑法学》，5版，356页，北京，法律出版社，2016。

③ 陈家林：《不能犯初论》，221页，北京，中国人民公安大学出版社，2005。

④ 参见上书，181、223页。

⑤ 黎宏：《从一则案例看未遂犯和不能犯的区别》，载《中国刑事法杂志》，2001（3）。

发生危害结果的危险，危险的判断以行为人行为时认识到的事实为基础，以一般人的对这种事实是否存在危险的认识为立场：存在危险则为可罚的不能犯，成立犯罪未遂；不存在危险，则为不可罚的不能犯。

41. 吴某故意伤害案[①]

——教唆犯的停止形态

【案情介绍】

2001年1月上旬，被告人吴某雇请无业青年胡某、方某（均不满18周岁），欲重伤李某，并带领胡某、方某指认李某并告知李某回家的必经路线。当月12日晚，胡某、方某等人携带钢管在李某回家的路上守候。晚10时许，李某骑自行车路过，胡某、方某等人即持凶器上前殴打李某，把李某连人带车打翻在路边田地里，并从李身上劫走人民币580元。事后，吴某给付胡某等人“酬金”人民币600元。经法医鉴定，李某的伤情为轻微伤甲级。

检察机关以被告人吴某犯抢劫罪向人民法院提起公诉。法院经审理，依照《中华人民共和国刑法》第234条第1款，第25条第1款，第29条第1款、第2款的规定作出判决：被告人吴某犯故意伤害罪（教唆未遂），判处有期徒刑6个月。

【观点争议】

在本案审理过程中，关于对雇佣人是否追究刑事责任形成了两种意见：一种意见认为被雇佣人胡某等人实施的故意伤害行为，损伤程度为轻微伤甲级，尚不构成犯罪，故雇佣人吴某亦不构成犯罪。另一种意见则认为：被雇佣人已实施了被雇佣的故意伤害行为，无论被雇佣人是否构成犯罪，雇佣人都应负刑事责任，但被雇佣人实施的被雇佣行为产生的后果不严重的，可以对雇佣人从轻或减轻处罚。

刑法第29条第2款规定：“如果被教唆的人没有犯被教唆的罪，对于教唆犯，可以从轻或者减轻处罚。”这一规定在理论上被称为“教唆未遂”。本案中，被教唆人虽然实施了被教唆的行为，但不构成犯罪，因而对于教唆犯而言，构成了“教唆未遂”，事实上，本案的审判机关在判决中明确认定被告人的教唆行为属于“教唆未遂”。然而，我们知道，教唆犯是共同犯罪人之一种，教唆行为并不是共同犯罪的实行行为，而犯罪未遂要求必须在着手实施犯罪实行行为之后才能成立。如果被教唆人拒绝教唆或者虽然接受教唆但没有实施被教唆犯罪的实行行为，或者像本案这样，被教唆人实施的被教唆的行为根本就不构成犯罪，就意味着教唆犯所属的犯罪没有实行行为，那么，这种情况为什么被认为是教唆未遂呢？这涉及教唆犯的犯罪停止形态以及教唆犯的实行行为问题。

关于教唆犯的犯罪停止形态，理论上存在着以下几种观点：

（1）预备说，认为从教唆犯罪的特性上看，教唆犯对被教唆人实施教唆行为与为了犯罪而寻找共同犯罪人没有本质的区别，而寻找共同犯罪人正是犯罪预备的一种表现形式。在被教唆

① 案例来源：最高人民法院刑事审判第一、二、三、四、五庭主办：《中国刑事审判指导案例（侵犯公民人身权利、民主权利罪）》，263页，北京，法律出版社，2009。

的人没有犯被教唆的罪的情况下，犯罪尚未着手，故只能是处于犯罪预备阶段。还有观点认为，刑法第29条第2款的规定不是对教唆未遂犯的处罚原则，而是对教唆预备犯的处罚原则，因为刑法已统一规定了未遂犯的处罚原则，没有必要再对教唆未遂重复作同样的规定；而教唆犯罪预备比一般犯罪预备社会危害更大，因此有必要对它规定一个比一般预备犯处罚原则更为严厉的处罚方法。

（2）既遂说，认为教唆犯的教唆行为仅止于教唆，一经教唆完毕，其犯罪就已终了，不论被教唆的人是否实施了教唆犯教唆的犯罪，均成立犯罪既遂。

（3）成立说，认为在被教唆的人没有犯被教唆的罪的情况下，教唆犯不是犯罪的任何一个阶段，可以笼统地称为犯罪成立，而没有必要再认定其是犯罪的哪个阶段。

（4）特殊教唆犯说，认为在这种情况下，教唆犯不构成共同犯罪，是一种特殊教唆犯，应根据其本身的犯罪事实、犯罪性质、犯罪情节和社会危害程度，从轻或者减轻处罚。

（5）未遂说，认为在被教唆的人没有犯被教唆的罪的情况下，教唆犯由于其意志以外的原因而未得逞，应视为未遂，称为教唆犯的未遂。①

【法理分析】

教唆犯的犯罪停止形态问题，究其本质是教唆行为的行为属性问题，即教唆行为是共犯行为还是实行行为：若坚持前者的观点，则所谓“教唆未遂”中的教唆行为是所教唆犯罪的预备行为；若坚持后者的观点，则得出了“教唆未遂”即为教唆犯的未遂形态的结论。

关于教唆行为的行为属性，我国刑法理论主要围绕教唆行为是共犯行为还是实行行为而展开，主要观点包括共犯性语境下的从属性说、二重性说与独立构成语境下的实行行为说。（1）共犯行为说。该说认为，在教唆犯罪中，教唆行为因教唆者与被教唆者共同充足所教唆犯罪构成要件而具有共犯性地位。目前的通说坚持了共犯的二重性说，认为教唆犯既具有从属性、又具有独立性。② 坚持教唆犯的从属性与独立性分离说者则认为，教唆犯或者具有从属性，或者具有独立性，而不可能在具有从属性的同时，兼具独立性。③（2）实行行为说。认为实行行为性是教唆行为的必然属性。④

犯罪的实行行为，“是指蕴含于具体犯罪构成中具有法益侵害现实危险性的行为”。从形式上看，“在规范层面上，实行行为是指刑法分则各本条的刑法规范中的行为内容，即具体犯罪构成要件的行为”；从实质上看，实行行为性是一切实行行为共有的本质属性，“是行为自体独立地蕴含着能够相应导致法益侵害或现实紧迫危险的属性”⑤。教唆行为自身一般并不具备法益侵害的现实性，不具备认定实行行为的实质要件，所以，“教唆行为本身不是，也不可能是刑法意义上的实行犯罪的行为”⑥。对于教唆行为而言，形式上不具有构成要件定型性，实质上不具有侵害法益的现实危险性，其必须依附正犯的实行行为才能实现对法益的实际侵害，因而其本质上属于加担实行行为的共犯行为。将教唆行为定位为实行行为的见解不仅有违实定法

---

① 参见魏东：《教唆犯研究》，248～251页，北京，中国人民公安大学出版社，2002。

② 参见陈兴良：《共同犯罪论》，41页以下，北京，中国人民大学出版社，2006。

③ 参见余淦才：《试论教唆犯的刑事责任》，载《安徽大学学报》，1983（2）。

④ 参见李凤梅：《教唆行为：共犯行为抑或实行行为》，载《中国刑事法杂志》，2009（1）。

⑤ 范德繁：《犯罪实行行为论》，46、48、57页，北京，中国检察出版社，2005。

⑥ 姜伟：《犯罪形态论》，144页，北京，法律出版社，1994。

的规定，而且有消解实行行为与非实行行为概念区分之虞，显然有悖于共同犯罪的基本原理。[①] 因而，笔者认为，教唆行为不是独立的实行行为，而是共犯行为。

虽然承认教唆行为是共犯行为，但受教唆犯从属性与独立性二重性理论的影响，我国刑法理论通说认为，教唆犯具有独立性，教唆犯行为是教唆犯的犯罪构成客观要件，所以，教唆犯的着手实行犯罪是指教唆犯把教唆他人犯罪的目的付诸实施，而不是指实行犯是否着手教唆犯所教唆的犯罪。教唆犯具有从属性，实行犯的实行行为是教唆行为的结果，只有教唆行为和实行行为有机结合，才能成为教唆犯的犯罪构成的客观要件。在实行犯没有实行被教唆的犯罪的情况下，教唆犯所预期的教唆结果没有发生。教唆犯之所以没有得逞，是由于实行犯违背教唆犯的意志而没有实行其所教唆的犯罪，这对教唆犯来说是意志以外的原因。所以，在实行犯没有实行教唆犯所教唆的犯罪的情况下，教唆犯完全符合犯罪未遂的特征。[②] 由此可以推知，通说的观点虽然没有明确教唆行为就是实行行为，但其认为教唆犯的着手实行犯罪就是教唆行为的着手，所以，事实上，教唆犯从属性与独立性二重性的理论虽然认为教唆行为是共犯行为，但实际上这种理论下的教唆行为与教唆行为是实行行为在教唆犯的停止形态问题上没有区别，即教唆犯从属性与独立性二重性理论下的教唆行为实际上是没有贴上“标签”的实行行为。

但问题是，“独立性说和从属性说的基本理论表明，对于认定教唆犯的刑事责任，从立论根据、分析方法乃至如何适用刑罚，都是根本不同的；应用到具体案件上，结论有时甚至是相反的。在一部刑法里，要么采取独立性说，即完全以教唆人所教唆之罪作为定罪基础；要么采取从属性说，即完全以被教唆人所实施之罪作为定罪基础。很难想象，在一部刑法里可以合二为一，或者说具有所谓‘二重性’”[③]，而且，“倘若认为教唆犯的教唆行为亦为实行行为，就可能会出现如下不合理的结论：其一，在成立共犯教唆的场合，教唆犯的教唆行为和被教唆犯的实行行为也就都成了实行行为，这样两者均构成共同实行犯。这就意味着教唆者与被教唆者构成共犯的场合，教唆犯与被教唆犯有着各自独立的着手及未遂标准……其二，进一步地，假设甲教唆乙杀丙，乙持枪前往丙的单位时，因形迹可疑被保安询问，乙便如实交代全部犯罪事实。此种情形下乙的行为只是杀人预备行为，而甲的行为属于杀人未遂，这显然不合情理，亦有悖于罪责刑相适应的原则”[④]。因为教唆犯从属性与独立性二重性理论关于教唆犯“教唆未遂”问题的观点实际上是采用共犯独立性理论，故共犯独立性理论关于“教唆未遂”的观点存在上述同样的问题。

事实上，由于构成要件本身就是实行行为的定型，实行行为的类型化和明确性是罪刑法定原则的要求和实现前提，是刑法安定性的重要保证，所以，必须坚持实行行为的实质标准，不能认为教唆行为具有实行行为性。同时，教唆行为与实行行为同为共同犯罪行为的一部分，在共同犯罪中，教唆行为是通过实行行为实现犯罪的，因而，赋予教唆行为实质上的实行行为性，割裂了共同犯罪的犯罪共同性，因而不可取。即使所谓“独立教唆犯”，也是如此，因为“教唆犯是共同犯罪的一个范畴，凡与教唆犯有关的一切概念，当然受着共同犯罪的制约。即使是在被教唆的人没有犯被教唆的罪的情况下，教唆犯与被教唆的人虽然不构成共同犯罪，但这也是发生在共同犯罪中的一种特殊情形，是共同犯罪的伴生现象，它并不是与共同犯罪完全

---

① 参见钱叶六：《教唆行为的实行行为性之否定》，载《中国刑事法杂志》，2009（9）。

② 参见魏东：《教唆犯研究》，251页，北京，中国人民公安大学出版社，2002。

③ 余淦才：《试论教唆犯的刑事责任》，载《安徽大学学报》，1983（2）。

④ 钱叶六：《教唆行为的实行行为性之否定》，载《中国刑事法杂志》，2009（9）。

无关的一种独立的犯罪现象”①。

综上分析，笔者认为，教唆行为不具有实行行为性，它只是共同犯罪的预备行为，只不过教唆行为这种预备行为具有“制造犯罪者”的特点，“通过一个或多个代理人实现自己的意志，这说明他比他的受雇人在犯罪手法上更聪明、更巧妙”②。正是因为如此，教唆行为不同于一般的为了犯罪准备工具、制造条件的犯罪预备行为，“教唆未遂”情况下的教唆犯也因此具有较一般的预备犯更大的人身危险性，按照罪责刑相适应原则，应当给予这种预备犯比一般预备犯更重的刑事责任，故刑法第 29 条第 2 款规定，“如果被教唆的人没有犯被教唆的罪，对于教唆犯，可以从轻或者减轻处罚”，这一规定与刑法第 22 条第 2 款关于“对于预备犯，可以比照既遂犯从轻、减轻处罚或者免除处罚”的规定相比，刑事责任更重，因而，应当把刑法第 29 条第 2 款视为对教唆犯成立的共同犯罪预备犯的刑事责任的特别规定。刑事立法通过这一特别规定，要求司法者对于教唆犯成立的共同犯罪预备犯给予较一般预备犯更重的刑事责任，以体现罪责刑相适应原则。

通过上述分析可知，所谓“教唆未遂”的情况实际上是共同犯罪的预备犯，刑法理论将其称为“教唆未遂”并不准确。

有观点认为，将教唆行为理解成共同犯罪的预备行为，“教唆未遂”其实是共同犯罪的预备犯，但应按照刑法第 29 条第 2 款的规定处罚，但如果被教唆的人实施犯罪预备行为即因意志以外的原因而被迫停止，此时成立犯罪预备，教唆犯也成立犯罪预备，根据刑法第 22 条的规定，“对于预备犯，可以比照既遂犯从轻、减轻处罚或者免除处罚”。本来后者重于前者，可后者的处罚原则却轻于前者，导致了不协调。③

在被教唆的人成立预备犯、教唆犯亦成立预备犯的情况下，对教唆犯适用刑法第 22 条第 2 款的规定进行处罚，确实存在着不协调的问题，不过，依笔者之见，被教唆的人开始实施被教唆的罪的预备行为而被迫停止的，此时被教唆的人和教唆犯均成立预备犯，与被教唆的人没有实施任何被教唆的罪、教唆犯成立共同犯罪的预备犯的情况，对于教唆犯而言，都成立共同犯罪的预备犯，而且前者与后者相比，与危害结果更接近，对法益的侵害更紧迫，因此不能对前者适用一般预备犯的处罚规定，而对后者适用刑法第 29 条第 2 款处罚教唆犯成立共同犯罪预备犯的特别规定。问题的关键在于如何理解刑法第 29 条第 2 款中“如果被教唆的人没有犯被教唆的罪”的规定。对此，有观点从立法论的角度质疑刑法第 29 条第 2 款规定的合理性，认为这一规定画蛇添足，对于教唆犯成立共同犯罪的预备犯的情况应直接适用刑法第 22 条第 2 款的规定处罚。④ 然而，在笔者看来，这一观点虽然简单明快，但对于司法实践而言未免过于遥远，因为在立法不可能短期修改的情况下，仍需通过运用解释方法解决这一不协调之处。对此，有观点认为，解决这一不协调之处的方法在于将“如果被教唆的人没有犯被教唆的罪”限制解释为“被教唆的人没有犯被教唆的既遂罪”或“被教唆的人没有犯罪既遂”，即如果被教唆的人着手实行犯罪后，由于意志以外的原因未得逞（未遂）或者自动放弃或有效地防止结果发生（中止），对于教唆犯，可以从轻或者减轻处罚。⑤ 这一观点的要旨在于，如此限制解释

---

① 陈兴良：《共同犯罪论》，223～224 页，北京，中国人民大学出版社，2006。

② 陈雄飞：《论“教唆未遂”与“未遂的教唆”——三大法系比较研究》，载《西南政法大学学报》，2006（5）。

③ 参见张明楷：《刑法学》，339 页，北京，法律出版社，2007。

④ 参见钱叶六：《教唆行为的实行行为性之否定》，载《中国刑事法杂志》，2009（9）。

⑤ 参见张明楷：《刑法学》，342 页，北京，法律出版社，2007。

刑法第 29 条第 2 款的规定，使该款规定仅仅适用于教唆犯成立共同犯罪的犯罪未遂的情形，排除了教唆犯犯罪既遂和犯罪预备适用该款规定的可能性，使刑法第 29 条第 2 款真正成为教唆未遂的法律依据。

笔者赞同将刑法第 29 条第 2 款中“如果被教唆的人没有犯被教唆的罪”限制解释为“被教唆的人没有犯罪既遂”，如此一来，解决了前述处罚不协调的问题，但是，如果将教唆犯的犯罪预备形态也排除出刑法第 29 条第 2 款的适用范围，则无法体现立法认为教唆犯成立共同犯罪的预备犯较一般预备犯危害性更大的精神，故笔者认为，刑法第 29 条第 2 款中“如果被教唆的人没有犯被教唆的罪”是指被教唆的人没有犯罪既遂，具体包括以下两种情况：(1) 被教唆的人没有实施被教唆的犯罪实行行为和预备行为；(2) 虽然被教唆的人实施了被教唆的罪，但犯罪在犯罪预备、犯罪中止、犯罪未遂形态即已停止。对于这两种情况，都应适用刑法第 29 条第 2 款的规定，对于教唆犯，可以从轻或者减轻处罚。这样解释“如果被教唆的人没有犯被教唆的罪”的规定，使教唆犯成立预备犯和未遂犯的情形都适用刑法第 29 条第 2 款的规定，体现了对教唆犯从重的精神。当然，对于教唆犯成立预备犯和未遂犯的处罚，虽然都是“可以从轻或者减轻处罚”，但由于二者的危害性不同，应有所区别，好在“可以从轻或者减轻处罚”的规定，不仅是“可以”从轻或者减轻处罚，而且既包括从轻处罚，也包括减轻处罚，这样就为教唆犯成立预备犯和未遂犯的处罚上的区别对待提供了条件。

【要旨提示】

教唆行为是共犯行为，具体而言，教唆行为只是共同犯罪的预备行为。刑法第 29 条第 2 款关于“如果被教唆的人没有犯被教唆的罪，对于教唆犯，可以从轻或者减轻处罚”的规定，既应适用于教唆犯成立共同犯罪的预备犯的情况，也应适用于教唆犯成立共同犯罪的未遂犯的情况。

42. 王某等抢劫、故意杀人案[①]

——共同犯罪的犯罪中止的认定

【案情介绍】

2002 年 6 月 6 日，被告人王某主谋并纠集被告人邵某预谋实施抢劫。当日 10 时许，二人携带事先准备好的橡胶锤、绳子等作案工具，在某县鼓楼南大街骗租杨某驾驶的松花江牌小型客车。当车行至大水峪村路段时，经王某示意，邵某用橡胶锤猛击杨某头部数下，王某用手猛掐杨某的颈部，致杨某昏迷。二人抢得杨某驾驶的汽车及诺基亚牌 8210 型移动电话机 1 部、寻呼机 1 个等物品，共计价值人民币 42 000 元。王某与邵某见被害人杨某昏迷不醒，遂谋划用挖坑掩埋的方法将杨某杀死灭口。此时杨某已经苏醒但佯装昏迷，趁王某寻找作案工具、不在现场之机，哀求邵某放其逃走。邵某同意掩埋杨某时挖浅坑、少埋土，并承诺掩埋时将杨某的脸朝下。王某返回后，邵某未将杨某已清醒的情况告诉王某。当日 23 时许，二人将杨某运至

① 案例来源：最高人民法院刑事审判第一、二、三、四、五庭主办：《中国刑事审判指导案例（危害国家安全罪·危害公共安全罪·侵犯财产罪·危害国防利益罪）》，349～350 页，北京，法律出版社，2009。

某县金巨罗村朱家峪南山的土水渠处。邵某挖了一个浅坑，并向王某称其一人埋即可，便按与杨某的事先约定将杨某掩埋。王某、邵某离开后，杨某爬出土坑获救。经鉴定，杨某所受损伤为轻伤（上限）。

检察机关以被告人王某、邵某犯抢劫罪、故意杀人罪向人民法院提起公诉。一审法院经审理认为，虽然被告人王某、邵某二人杀人未遂，但王某所犯罪行情节严重，社会危害性极大，不足以从轻处罚。考虑邵某在故意杀人过程中的具体作用等情节，对其所犯故意杀人罪酌予从轻处罚。遂依法判决：(1) 被告人王某犯故意杀人罪（未遂），判处死刑，剥夺政治权利终身；犯抢劫罪，判处无期徒刑，剥夺政治权利终身，并处没收个人全部财产；决定执行死刑，剥夺政治权利终身，并处没收个人全部财产。(2) 被告人邵某犯故意杀人罪（未遂），判处无期徒刑，剥夺政治权利终身；犯抢劫罪，判处有期徒刑 15 年，剥夺政治权利 3 年，并处罚金人民币 3 万元；决定执行无期徒刑，剥夺政治权利终身，并处罚金人民币 3 万元。一审宣判后，王某不服，提起上诉。二审法院经审理认为，邵某的行为构成故意杀人罪的犯罪中止，应对其减轻处罚，故改判：邵某犯故意杀人罪，判处有期徒刑 7 年，剥夺政治权利 1 年；犯抢劫罪，判处有期徒刑 15 年，剥夺政治权利 3 年，并处罚金人民币 3 万元。决定执行有期徒刑 20 年，剥夺政治权利 4 年，并处罚金人民币 3 万元。并驳回王某的上诉，维持原判。

【观点争议】

本案一审法院在审理王某、邵某故意杀人的犯罪事实时，认定王某、邵某故意杀人犯罪均为犯罪未遂，并以犯罪未遂判处王某、邵某相应的刑罚。二审法院认为，在故意杀人的犯罪事实中，王某的行为构成了故意杀人罪未遂，而邵某在掩埋被告人杨某时挖浅坑、少埋土，并将杨某的脸朝下，其行为不构成故意杀人罪的未遂，而是构成犯罪中止，故依照刑法第 24 条的规定对邵某的故意杀人罪作出了减轻处罚的判决。

本案一、二审法院对邵某故意杀人行为的犯罪停止形态的不同认识，反映了我国刑法理论上对共同犯罪中个别共同犯罪人犯罪中止问题的不同观点。

对于共同犯罪中个别共犯人的犯罪中止成立的条件问题，我国刑法理论主要有以下几种观点。

(1) 整体中止论。共同犯罪行为具有整体性特征，那么，其犯罪中止的有效性也只能以整个共同犯罪是否最后达到完成状态来确定。个别共犯意图中止犯罪，必须在停止自己犯罪的同时，迫使其他共犯停止实施共同犯罪行为，或有效地防止共同犯罪结果的发生。倘若没有产生这种效果，共同犯罪完成时，个别共犯的犯罪中止就不能成立。

(2) 个别中止论。共同犯罪行为虽具有整体特征，但实际上是由每个共犯的独立行为组合而成的。其中个别共犯自动停止自己的犯罪，就与共同犯罪完全脱离了联系，之后与其他共犯就不再有任何关联，因此，其自动停止犯罪就应被视为犯罪中止。换言之，共犯只要停止自己的行为即可成立犯罪中止，而不论共同犯罪最后发展程度如何。

(3) 区别对待论。除主犯外，其他共犯中止的有效性，应以行为人力所能及的范围为限。如果努力阻止其他共犯继续实行犯罪，但因能力有限而阻止无效的，仍可成立犯罪中止。

(4) 切断因果关系论。共犯中止的有效性，应以行为人是否有效地切断自己以前的行为与危害结果之间的因果关系来确定。如果个别共犯以自己消极或积极的行为确实已切断其以前的犯罪行为同以后的危害结果之间的因果关系的，即使共同犯罪的危害结果最后由其他共犯促成发生，亦能成立中止犯。

（5）既遂原因力消除论。判断共犯中止有效性的标准是中止者必须使自己的行为与整体的共同犯罪行为解体，即主观上切断与其他共犯之间的共同故意联系，客观上抵消自己先前行为对共同行为所起的合力作用，使之消除对犯罪形成既遂的原因力。[①]

【法理分析】

从刑事政策的角度检视犯罪中止制度设立的理由，最著名的理由就是李斯特的“黄金桥”理论，即“在越过不处罚的预备行为与可罚的实行行为的界限的瞬间，为未遂所规定的处罚就具体化了。这一事实不会改变，不能溯及废止，也不能抹杀。然而，立法从刑事政策的根据出发，可以架设后退的黄金桥。立法将任意的中止规定为刑罚消灭事由，正是如此”[②]。尽管李斯特之后的刑法理论对“黄金桥”理论有过较多的修正和补充，但不可否认的是，“黄金桥”理论依然是刑法设立犯罪中止制度的刑事政策的主要依据之一，在我国也是如此：“犯罪中止制度的设立具有十分重要的意义：……第二，是贯彻罪刑相适应原则和刑罚目的的需要，因为中止犯与构成其他犯罪形态者具有不同程度的社会危害性和人身危险性，为使刑罚公正合理地适用并达到预防犯罪人再犯罪之功能，理应对犯罪中止作为独立的制度来区别对待……”[③]“对中止犯减免刑罚的根据来自三个方面：……（3）对中止犯减免刑罚，有利于鼓励犯罪人中止犯罪，避免给法益造成实际损害（相当于政策说）……政策说或许难以直接左右犯罪中止的具体条件，但有利于从宏观上放宽犯罪中止的认定。”[④] 由此可见，区别对待的刑事政策是我国刑法设立犯罪中止制度的理由之一。诚如论者所言，区别对待的刑事政策要求从宏观上放宽犯罪中止的认定，为中止犯架设回归社会的“黄金桥”。以区别对待的刑事政策检视前述几种共同犯罪中个别共犯人的犯罪中止成立的观点，可以发现，“整体中止论”对个别共犯人成立犯罪中止的要求显然过于严苛，不难想象的是，按照该种观点，个别共犯人欲成立犯罪中止何其之难，其后果可能是使相当数量的共犯人在如此严苛的犯罪中止条件下知难而退，继续参与共同犯罪行为，从而人为地限制了共犯中止的范围，不仅不利于刑法公正的实现，而且可能造成对社会更为严重的伤害。不仅如此，“整体中止论”过于强调了共同犯罪人之间的整体性和从属性，而忽视了共犯人的独立性，并不可取。

共同犯罪中个别共犯人犯罪中止问题，在刑法理论上实际上是一个犯罪中止和共同犯罪两种犯罪形态相交叉的问题，因此，共同犯罪中个别共犯人犯罪中止的条件，不仅要符合刑事立法和刑法理论关于犯罪中止的规定和阐释，而且也应符合刑事立法和刑法理论关于共同犯罪的规定和阐释。前述几种观点中，“个别中止论”看似符合犯罪中止的条件，且有利于鼓励个别共犯人犯罪中止，但是，该观点因为严重违背共同犯罪理论而不可取。在刑法理论上，一般认为，共同犯罪不是数个单独犯罪的简单相加，其有异于单独犯罪之处，除了犯罪主体之外，关键在于共同犯罪的整体性。共同犯罪的整体性主要表现为两点：第一，共同的犯罪行为，即各共犯人的行为都指向同一个犯罪，彼此联系、互相配合，成为一个有机的犯罪活动整体。在发生危害结果的场合，每个共犯人都与危害结果之间存在因果关系。“正因为如此，共犯人不仅要对自己的行为直接造成的结果承担责任，而且要对其他共犯人直接造成的但与自己的行为具

---

① 参见陈兴良主编：《刑事疑难案例评析》，48～49 页，北京，中国人民公安大学出版社，1998。

② 转引自程红：《中止犯基本问题研究》，28 页，北京，中国人民公安大学出版社，2007。

③ 高铭暄主编：《刑法学原理》，第 2 卷，331 页，中国人民大学出版社，1993。

④ 张明楷：《刑法学》，303 页，北京，法律出版社，2007。

有物理的或者心理的因果性的结果承担责任。"[①] 第二，共同的犯罪故意，即各共犯人通过犯意联系，明知自己与他人配合共同实施犯罪会造成某种危害结果，并且希望或者放任这种结果发生的心理态度。"共同犯罪故意是维系各共犯者的精神纽带。它把各共犯者的单个犯意联结成为一体，使其各人的行为在共同故意的支配下统一起来，成为协同合作、互相配合的犯罪活动。"[②] 显然，"个别中止论"的观点因为割裂了共同犯罪的整体性，完全将共同犯罪视为单独犯罪的简单叠加而不可取。此外，从博弈论角度分析，对于国家而言，犯罪中止意味着犯罪人中止犯罪行为，从而减少了对法益侵害的一种对等给付，但是如果采"个别中止论"，只要共犯人停止犯罪行为，国家给予减免处罚就依然是必需的，这时的减免处罚不再是一种对等给付，更大的可能是支付更大的代价。因此，"个别中止论"不会是国家的选择。[③]

"区别对待论"则犯了和"个别中止论"相反的错误。按照"区别对待论"，只有主犯的中止需要犯罪中止"有效性"的特征，其他共犯人的中止则不需具备这一特征即可成立犯罪中止。这直接违背了刑法第 24 条第 1 款关于犯罪中止条件的规定，因而对非主犯的犯罪人而言，根本就不是犯罪中止，只是停止自己参与共同犯罪活动而已，其先前的行为仍然是整个共同犯罪的组成部分。

"切断因果关系论"与"既遂原因力消除论"的思路基本一致，不过后者较前者更为全面。"切断因果关系论"强调了以个别共犯人以自己消极或积极的行为确实已切断其以前的犯罪行为同以后的危害结果之间的因果关系作为成立犯罪中止的条件，这是合理的。但是，如前所述，个别共犯人与共同犯罪整体之间的整体性不仅体现在共同犯罪行为的整体性上，还体现在共犯故意的整体性上。个别共犯人仅仅切断与共同犯罪整体后果的因果关系，仍然不足以体现犯罪中止所要求的"有效性"特征，故"切断因果关系论"是片面的。与"切断因果关系论"相比，"既遂原因力消除论"不仅考虑到在客观上个别共犯人须切断与共同犯罪的联系，而且须在主观上切断与其他共犯人的意思联络，才能成立个别共犯人的犯罪中止。[④] "中止犯罪的共同犯罪人必须有效地切断自己先前行为与共同犯罪整体行为的有机联系。"[⑤]

在共同犯罪中个别共犯人的犯罪中止的问题上，还需要讨论的是个别共犯人成立犯罪中止之后，其他共犯人的停止形态问题。有观点认为，对于大多数共同实行犯而言，存在一人既遂全体均为既遂的情况，也即一人成立中止，其他共犯人只能成立犯罪未遂。但是，对于犯罪行为具有不可替代性质的亲手犯而言，如强奸罪、脱逃罪等，个别共犯人只要自动中止了本人的犯罪行为，即使没有制止他人实行犯罪，也应以犯罪中止论处，也即呈现一人中止、其他共犯人成立犯罪既遂的状况。[⑥] 对此，笔者认为，对于亲手犯的共同犯罪个别共犯的中止而言，个别共犯人仍应在客观上切断与共同犯罪的联系，而且须在主观上切断与其他共犯人的意思联络，才能成立个别共犯人的犯罪中止。以强奸罪为例，尽管个别共同实行犯没有实施奸淫行为，但如果他对被害人实施了暴力、胁迫行为，而暴力、胁迫行为是其他共犯人实施奸淫行为的手段，则此种暴力、胁迫行为仍然对整个犯罪具有促成作用，也仍然是整个共同犯罪行为的

---

① 张明楷：《刑法学》，311 页，北京，法律出版社，2007。

② 高铭暄、马克昌主编：《刑法学》（上编），292 页，北京，中国法制出版社，1999。

③ 参见段启俊、彭伶俐：《共同犯罪中止的博弈分析》，载《中国刑事法杂志》，2010（7）。

④ 参见黎枫、谢如程：《共同犯罪案件中既遂与中止并存情形的探讨》，载《人民检察》，2008（10）。

⑤ 聂立泽：《刑法中主客观相统一原则研究》，186 页，北京，法律出版社，2004。

⑥ 参见陈兴良：《共同犯罪论》，372～373 页，北京，中国人民大学出版社，2006。

一部分，以犯罪中止“有效性”特征衡量，消极停止犯罪的个别共同实行犯仍然不具备“有效性”特征，不能成立犯罪中止。此外，我们换一个角度分析这一问题：如果强奸罪的帮助犯在实行犯着手实行犯罪之后，须及时制止实行犯的犯罪行为，且有效地防止犯罪结果发生，才能成立犯罪中止[1]，而对法益侵害更为直接的实行犯只需消极地停止自己的实行行为即可成立犯罪中止，这不仅有悖罪刑均衡，而且有失公平。

【要旨提示】

对于共同犯罪中个别共犯人的犯罪中止的成立，应坚持在客观上个别共犯人须切断与共同犯罪的联系，而且须在主观上切断与其他共犯人的意思联络。

---

① 参见陈兴良：《共同犯罪论》，377页，北京，中国人民大学出版社，2006。

第九章

共同犯罪形态

43. 章甲等绑架案[①]

——共同犯罪的本质及构成要件

【案情介绍】

被告人章甲承租某县中亚大酒店，因经营不善而严重亏损，遂产生绑架勒索财物的犯意。经考察，章甲选定该县摄影个体户吴甲之子吴乙为绑架对象，并对吴乙的活动规律进行跟踪了解。2000年1月14日上午，章甲向在自己承包的酒店做服务员的被告人王某提出：有人欠债不还，去把其子带来，逼其还债。王某表示同意。当日13时10分左右，章甲骑摩托车载着王某至县实验小学附近，将去学校上学的被害人吴乙指认给王某，王某即跟随吴乙至教室，将吴乙骗出。章甲骑摩托车与王某一起将吴乙带至中亚大酒店，用胶带将吴乙反绑，置于酒店贮藏室内关押。16时许，章甲给被告人章乙打电话，告诉章乙自己绑架了一个小孩，要求章乙帮助打电话给被害人家勒索财物，并将被害人家的电话号码以及勒索50万元人民币和一部手机等条件告诉章乙。章乙表示同意。当日16时至17时许，章乙共3次打电话给被害人家，提出了勒索50万元人民币和一部手机等条件。次日，章甲找到章乙，再次要求章乙继续给被害人家打电话勒索，章乙予以拒绝。因被害人家属报案，1月17日凌晨，被告人章甲、章乙、王某先后被公安机关抓获，被害人吴乙同时被解救。被害人吴乙被绑架长达63小时之久，送医院治疗5天，诊断为双腕软组织挫伤、轻度脱水。吴乙父母吴甲、马某为吴乙共花去医疗费总计人民币2 214.31元。

检察机关以被告人章甲、章乙、王某犯绑架罪，向人民法院提起公诉。一审法院依照《中华人民共和国刑法》第239条第1款、第238条第1款、第25条第1款、第26条第1款和第4款、第27条第1款和第2款、第57条第1款、第36条第1款和《中华人民共和国民法通则》第119条、第130条的规定，判决如下：(1) 被告人章甲犯绑架罪，判处无期徒刑，剥夺政治权利终身，并处没收财产。(2) 被告人章乙犯绑架罪，判处有期徒刑3年，并处罚金5 000元。

---

① 案例来源：最高人民法院刑事审判第一、二、三、四、五庭主办：《中国刑事审判指导案例（侵犯公民人身权利、民主权利罪）》，456～458页，北京，法律出版社，2009。

(3) 被告人王某犯非法拘禁罪，判处有期徒刑3年。(4) 被告人章甲、王某赔偿附带民事诉讼原告人吴甲、马某的经济损失2 553.49元，被告人章乙负连带责任。一审宣判后，附带民事诉讼原告人吴甲、马某不服，提起上诉，要求增加判决3名被告人赔偿精神损失50 000元，并提出被告人王某应构成绑架罪。二审法院经审理，依照1996年《中华人民共和国刑事诉讼法》第189条第1项的规定，裁定驳回上诉、维持原判。

【观点争议】

本案中的一个争议问题是，被告人王某是否构成绑架罪。检察机关认为王某与章甲一同实施绑架被害人的行为，与章甲构成共同犯罪，应以绑架罪对其定罪量刑；被害人的父母认为王某应构成绑架罪，并提起上诉。而被告人王某辩称自己没有绑架的故意；其辩护人也提出王某的绑架行为是在受骗的情况下实施的。法院经审理后认为，王某虽然与被告人章甲共同实施了“绑架”被害人的行为，但其主观上只有“索取债务”的目的而不具有勒索财物的目的，因此王某与章某之间不存在共同犯罪故意，不能成立共同犯罪，其行为不构成绑架罪，而应以非法拘禁罪对其定罪处罚。这里，涉及王某是否成立绑架罪的共犯问题，意见分歧的焦点在于王某是否具有绑架罪的共同犯罪故意。

共同犯罪是否以共同犯罪故意为必要条件，在刑法理论中不仅是共同犯罪的构成特征问题，从根本上说，还涉及共同犯罪的本质问题。

共同犯罪的本质，首先是就共同犯罪和单独犯罪的关系而言的。共同犯罪的特点，在于两人以上实施犯罪时具有共同关系。因此，什么是共同关系，成为认识共同犯罪的核心问题。关于这个问题，西方大陆法系刑法理论中存在着犯罪共同说与行为共同说的基本对立，这两个基本学说，主要是针对西方刑法理论中的共同正犯，即我国刑法理论中的共同实行犯而言的，讨论的是共同犯罪共同性问题。

1. 犯罪共同说

犯罪共同说，是客观主义的共犯理论。该说认为犯罪的本质是对法益的侵害，所以共犯是两人以上共同对同一法益实施犯罪的侵害。也就是说，数人共同实施的是同一犯罪，才能认定为共犯。共犯就是两个以上有刑事责任能力的人共同参与实施一个犯罪。所谓“共同”，就是以犯同一犯罪的意思，对同一犯罪事实的协同加功。[①]

犯罪共同说的主要理由在于：一是根据罪刑法定原则，成立犯罪要求行为具有构成要件符合性，共同犯罪的成立也不例外。就共同实行犯而言，只有当二人以上的行为符合刑法分则规定的构成要件时，才可能成立共同正犯；就其他共同犯罪而言，只有当至少一人的行为符合刑法分则规定的构成要件，其他共犯人的行为符合刑法总则规定的修正的构成要件时，才可能成立共同犯罪。二是犯罪共同说有利于严格划定共同犯罪的成立范围，从而有利于实现刑法的自由保障机能。[②]

根据犯罪共同说，共同犯罪的构成要件是：一是两人以上必须都是有责任能力者，二是要有针对同一犯罪的共同犯罪行为，三是要有针对同一犯罪的共同犯罪意思。

2. 行为共同说

行为共同说，是近代学派的共犯理论。该说认为：犯罪是行为人主观恶性的表现，所以，

---

① 参见马克昌：《比较刑法原理：外国刑法学总论》，653页，武汉，武汉大学出版社，2002。

② 参见张明楷：《部分犯罪共同说之提倡》，载《清华大学学报（哲学社会科学版）》，2001（1）。

共犯中的共同，不是两人以上共同犯一罪的关系，而是共同表现恶性的关系。共犯应理解为两人以上基于共同行为而各自实现自己的犯意。只要行为共同，不仅共犯一罪可以成立共犯，即使各自实施不同的犯罪，也不影响共犯的成立。[①] 也就是说，数人以各自的意图实施相同的行为，即成立共犯。这里所说的行为，不是构成要件中的行为，而是构成要件前自然意义上的行为。[②] 行为共同说的主要理由，就在于共同的行为表现出行为人的危险性质，不要求在构成要件之内。根据行为共同说，成立共犯，只需要两个条件：一是两人以上，二是有共同行为。[③]

另外，在大陆法系刑法理论中，针对犯罪共同说和行为共同说的不足，还分别出现了部分犯罪共同说和构成要件行为共同说。部分犯罪共同说是对犯罪共同说的修正，主要是为了解决具有重合关系的不同犯罪之间是否成立共同犯罪的问题。该说认为，二人以上共同实施的犯罪虽是不同的犯罪，但其之间具有重合的性质时，在重合的范围内成立共犯。例如，甲以杀人的故意、乙以伤害的故意共同加害于丙时，在故意伤害罪的范围内成立共犯。但由于甲具有杀人的故意与行为，对甲应认定为故意杀人罪。再如，甲教唆乙敲诈勒索他人财物，但乙实施了抢劫行为，甲、乙二人在重合的限度内即敲诈勒索罪的限度内成立共犯。但由于乙具有抢劫的故意和行为，对乙应认定为抢劫罪。构成要件的行为共同说，是对行为共同说的修正，认为共犯的成立不要求整个犯罪行为共同，只要有一部分构成要件的行为共同，就可以成立共犯。例如，甲教唆乙盗窃而乙实施了抢劫行为，甲在盗窃罪的限度内是抢劫犯乙的共犯。可见，构成要件的行为共同说与部分犯罪共同说虽然在论理根据上有差异，但得出的结论是相同的。[④]

【法理分析】

犯罪共同说和行为共同说分别是在不同的历史时期产生的刑法理论，各自反映了一定的时代要求，但都具有不合理之处。

犯罪共同说是资产阶级民主思想在刑法理论上的反映，它严格确定了共同犯罪成立的条件，对于反对封建主义的罪刑擅断具有积极意义。但这种理论也有缺陷：一是犯罪共同说虽然旨在限定共同犯罪的成立范围，但实际上并没有达到这一目的，反而扩大了共同犯罪的成立范围。例如，甲、乙二人分别以杀人和伤害的故意攻击丙时，犯罪共同说认为只能成立故意杀人罪的共同正犯，这便导致没有杀人故意的乙也成立故意杀人罪，因而不合适。二是犯罪共同说导致罪名与刑罚分离。例如，甲教唆乙盗窃，但乙实施了抢劫时，根据犯罪共同说，甲为抢劫罪的教唆犯，但又主张在盗窃罪的法定刑内处罚。也即罪名是抢劫罪，而适用盗窃罪的法定刑。三是犯罪共同说在部分场合又可能过于缩小共同犯罪的成立范围，导致处理上的不均衡。例如，甲、乙相约盗窃，甲实施盗窃行为，乙为其望风。但甲盗窃时，为抗拒抓捕而当场使用暴力，乙不知情。甲的行为显然应构成抢劫罪。按照犯罪共同说，甲与乙不成立共同犯罪，这样，乙的行为就不能作为犯罪处理。可是这就造成一个矛盾，即：如果甲仅实施了盗窃行为，乙作为共犯可被追究刑事责任。而甲实施了更为严重的抢劫行为时，乙反而不是共犯了。这是不合理的。[⑤]

---

① 参见马克昌：《比较刑法原理：外国刑法学总论》，654页，武汉，武汉大学出版社，2002。

② 参见张明楷：《外国刑法纲要》，294页，北京，清华大学出版社，1999。

③ 参见马克昌：《比较刑法原理：外国刑法学总论》，655页，武汉，武汉大学出版社，2002。

④⑤ 参见张明楷：《部分犯罪共同说之提倡》，载《清华大学学报（哲学社会科学版）》，2001（1）。

行为共同说放宽了共犯成立的条件，只从行为人的主观方面来区别正犯和从犯，而不考虑他们在客观方面的区别，有悖构成要件的原理，不当地扩大了共犯的范围，造成共同犯罪认定的随意性，实践中也存在明显的不合理之处，如：甲以杀人故意、乙以伤害故意，共同对丙实施暴力行为导致丙死亡。根据行为共同说，甲与乙成立共同正犯。但是，甲、乙二人是成立故意杀人罪的共同正犯，还是成立故意伤害致死罪的共同正犯？无论成立何种犯罪的共同正犯，都是不合理的。

在我国刑法理论中，对共同犯罪概念和本质的讨论，是以刑事立法为基础的。我国刑法第25条第1款规定，"共同犯罪是指二人以上共同故意犯罪"。同条第2款规定，"二人以上共同过失犯罪，不以共同犯罪论处"。这一定义科学地概括了共同犯罪的内在属性，体现了主观与客观相统一的原则。对共同犯罪的本质，只有坚持主观与客观相统一的原则，才能获得正确的理解。

根据我国刑法的规定，按照主观和客观相统一的原则，共同犯罪的构成特征包括三个方面：(1) 主体特征。根据我国刑法的规定，共同犯罪的主体必须是二人以上。共同犯罪的主体，既包括自然人，也包括单位。就自然人而言，共同犯罪主体都必须是达到刑事责任年龄、具有刑事责任能力的人。如果两个以上的行为人中有的不具有刑事责任能力，则不构成共同犯罪。如果有刑事责任能力的人教唆或帮助不具有刑事责任能力的人去实行犯罪，则前者属于间接实行犯或间接正犯，单独构成犯罪，不与后者构成共同犯罪。反过来，如果不具备刑事责任能力的人教唆或帮助有刑事责任能力的人实行犯罪，不构成共同犯罪，只有后者单独构成犯罪。(2) 客观方面特征。从共同犯罪的客观方面看，各共同犯罪人必须具有共同的犯罪行为，而且在发生危害结果的场合，其中每一个人的行为都与危害结果存在因果关系。(3) 主观方面特征。根据刑法的规定，共同犯罪必须是二人以上共同故意犯罪，所以，构成共同犯罪，在主观方面必须有共同犯罪故意。所谓共同犯罪故意，是指各行为人通过意思联络而形成的，明知自己是和他人配合共同实施犯罪，并且明知共同的犯罪行为会发生某种危害社会的结果，而希望或者放任这种危害结果发生的心理态度。

被告人章甲以勒索财物为目的，绑架他人，应构成绑架罪。被告人章乙在明知被告人章甲实施绑架行为后，打电话勒索财物，应构成绑架罪的共犯。理由在于：绑架罪与故意杀人罪等即成犯不同，它是继续犯。勒索型绑架罪是以勒索财物为目的的，绑架行为从绑架实施终了到实现其勒索目的止，一直处于继续状态。其间，明知绑架行为存在，仍帮助实施勒索行为的，构成绑架罪的共犯。本案中，虽然被告人章乙是在被告人章甲实施绑架行为之后才实施勒索行为的，但她也是利用了绑架行为实施勒索的，绑架与勒索均在其共同犯意之内。因此，对章乙应以绑架罪论处。

被告人王某不能构成绑架罪的共同犯罪，原因在于王某并不具有绑架罪的共同犯罪故意。根据刑法第238条第3款的规定，为索取债务非法扣押、拘禁他人的，以非法拘禁罪定罪处罚。根据刑法第239条的规定，以勒索财物为目的绑架他人的，以绑架罪定罪处罚。索债型非法拘禁罪和勒索型绑架罪在犯罪手段上都表现为非法剥夺他人人身自由，区别的关键是看行为人主观上是以索取债务为目的，还是以勒索财物为目的。本案中，被告人章甲对王某谎称有人欠债不还，去把其子带来，逼其还债。王某误以为章甲绑架被害人是为了索取债务，而不知道章甲是为了勒索财物。虽然王某与章甲一起共同实施了"绑架"被害人的犯罪行为，但二人没有共同的犯罪故意。因此，王某的行为符合索债型非法拘禁罪的特征。法院判决王某构成非法拘禁罪是正确的。

【要旨提示】

根据我国刑法关于共同犯罪的规定，按照主、客观相统一的原则，结合共同犯罪的构成要件，以下情形不构成共同犯罪：(1) 二人以上的共同过失犯罪，不构成共同犯罪。(2) 二人以上实施危害行为，但一人是故意、一人是过失的，不构成共同犯罪。例如，故意帮助他人实施某种过失犯罪，或者过失地帮助他人实施故意犯罪。(3) 二人以上实施危害行为，但一方故意，另一方没有罪过的，不成立共同犯罪。(4) 二人以上同时或者先后实施某种故意犯罪，但主观上缺乏联络的，不构成共同犯罪。(5) 超出共同故意范围的犯罪，不是共同犯罪。二人以上在共同故意实施犯罪过程中，个别共同犯罪人超出共同的犯罪故意，又犯其他罪的，就原有共同故意的犯罪而言，成立共同犯罪，但就该个别人所犯的其他罪来说，只能由实施该行为的人单独负责。(6) 二人以上共同实施没有重合内容的行为的不是共同犯罪。(7) 事前无通谋的窝藏、包庇、窝赃、销赃等行为与窝藏等行为指向的犯罪，不构成共同犯罪。

44. 王某等抢劫、故意伤害、盗窃案[①]

——把风行为与共同实行行为的认定

【案情介绍】

2000 年 7 月 4 日，被告人王某与被害人朱某因车辆碰撞发生争执，王某即持随身携带的尖刀向朱某胸部、腰部猛刺，致朱某失血性休克死亡。2000 年 7 月 22 日上午，被告人王某、李乙共同窃得一名游客的手机 1 部，价值人民币 1 600 元。被告人李甲明知该手机系盗窃所得，仍予以销赃。2000 年 7 月 22 日中午，被告人王某、李甲、李乙共谋盗窃，由王某在一饭馆内窃得一游客理光牌照相机 1 架、价值人民币 540 元，望远镜 1 架、价值人民币 268 元。2000 年 7 月 23 日 8 时许，被告人王某、李甲、李乙在某公园门口商定，由李甲负责望风，王某、李乙混入购票的人群中行窃。王某、李乙窃得游客曹某价值人民币 1 595 元的手机，欲逃离现场时被发现。派出所民警袁某与在场群众张某、何某上前抓捕。当袁某等人追赶王某等人时，王某掏出随身携带的尖刀刺破袁某腹主动脉，致袁某急性失血性休克死亡；将张某右臂及左胸刺伤，构成轻伤；将何某右前胸刺伤，构成轻微伤。李乙趁机逃跑，被在场群众抓获。后王某、李甲亦被抓获归案。

检察机关以被告人王某犯抢劫罪、故意伤害罪、盗窃罪，被告人李乙犯盗窃罪，被告人李甲犯盗窃罪、销售赃物罪，向人民法院提起公诉。一审法院依照《中华人民共和国刑法》第 269 条、第 263 条第 5 项、第 234 条第 2 款、第 264 条、第 312 条、第 57 条第 1 款、第 25 条第 1 款、第 67 条第 2 款、第 68 条第 1 款、第 69 条、第 64 条、第 61 条的规定，判决如下：(1) 被告人王某犯抢劫罪，判处死刑，剥夺政治权利终身，并处没收个人全部财产；犯故意伤害罪，判处无期徒刑，剥夺政治权利终身；犯盗窃罪，判处有期徒刑 2 年，并处罚金人民币 2 000 元。决定执行死刑，剥夺政治权利终身，并处没收个人全部财产。(2) 被告人李甲犯盗窃罪，判处

---

① 案例来源：最高人民法院刑事审判第一、二、三、四、五庭主办：《中国刑事审判指导案例（危害国家安全罪・危害公共安全罪・侵犯财产罪・危害国防利益罪）》，292～294 页，北京，法律出版社，2009。

有期徒刑1年，并处罚金人民币1 000元；犯销售赃物罪，判处有期徒刑6个月。并处罚金人民币1 000元。决定执行有期徒刑1年3个月，并处罚金人民币2 000元。（3）被告人李乙犯盗窃罪，判处有期徒刑6个月，并处罚金人民币1 000元。宣判后，王某提起上诉。二审法院经审理，依照《中华人民共和国刑事诉讼法》（1996年）第189条第1项的规定，裁定驳回上诉、维持原判。

【观点争议】

本案涉及若干理论问题，包括如何认定转化型抢劫罪，以及共同犯罪人对未共同实施的犯罪行为是否负刑事责任等。本案行为人王某在盗窃他人财物被发现后，以暴力抗拒抓捕，致一人死亡、两人受伤。其行为完全符合刑法关于盗窃罪转化为抢劫罪的构成要件，应以抢劫罪定罪处罚。而且，其行为应当被认定为刑法第263条规定的抢劫致人死亡。法院以抢劫罪判处其死刑，是符合刑法规定的。被告人李甲、李乙对于被告人王某因暴力抗拒抓捕而致人伤亡的行为，由于不存在共同犯罪故意，所以不是抢劫罪的共犯。以上问题不是本案例的讨论重点，本案例需要讨论的是：被告人李甲负责望风，王某、李乙混入购票人群行窃，李甲是否应对共同盗窃行为负刑事责任？如果构成共同犯罪，理论上如何予以解释？这就涉及共同犯罪中的把风行为及共同实行行为的认定问题。

共同犯罪中的把风行为，也称为望风行为。关于把风行为在共同犯罪中的性质，大陆法系国家有四种观点。第一，共同正犯说，认为把风行为是共同正犯。理由是从整体上观察各行为人的行为，即使没有直接下手，但由于共谋犯罪，而且分担了把风行为，所以认为是共同正犯。第二，认为把风行为是共谋共同正犯，即把风人没有实施构成要件的行为，但由于与正犯共谋，所以是共谋共同正犯。第三，帮助犯说，认为把风行为并不是符合基本构成要件的实行行为，所以只能以帮助犯论。但是，如果把风行为本身是实行行为，如在现场进行指挥形式的把风行为，其自身具有实行行为性，是共同正犯。第四，实质的客观说，认为关于把风行为的性质，要从把风行为在共同犯罪中所起的实质作用来判断：如果对犯罪的完成起到了重要作用，就是共同正犯；如果起到从属作用，就是帮助犯。而作用的判定，要看行为人对犯罪行为的意识、在共犯者内部的地位，以及对实行行为有无加功、加功的形态和程度来决定。例如，在日本，将赌博罪的把风行为认定为帮助犯，而将杀人罪、盗窃罪、抢劫罪的把风行为认定为共同正犯，其理由是把风行为本身是对实行行为的分担。①

在我国，对把风行为的性质，也有不同认识。一种是犯罪定型说，认为要根据不同犯罪类型具体分析把风行为的性质。在大多数犯罪中，如盗窃、抢劫、杀人、放火，其把风行为都可被视为实行行为的分担，因为，在这些犯罪中，各犯罪分子是围绕一个共同的犯罪目的而有分工地进行犯罪活动。但在某些犯罪行为具有他人不可替代的性质的犯罪中，把风行为只能被视为帮助行为。所以，对把风行为的性质要根据不同的犯罪类型加以具体分析。② 另一种是帮助犯说，认为区分共同犯罪中的实行行为与帮助行为的标准，就在于行为人的行为是否系刑法分则所规定的具体犯罪的构成要件行为。把风行为尽管是各犯罪分子围绕着一个共同的犯罪目的而进行的分工，但不是刑法分则所规定的具体犯罪的构成要件行为的，不是实行行为，只能是

---

① 参见张明楷：《外国刑法纲要》，322页，北京，清华大学出版社，1999。

② 参见陈兴良：《共同犯罪论》，63页，北京，中国社会科学出版社，1992。

帮助行为。[①]

【法理分析】

把风行为的性质，从根本上说，反映的是对共同实行行为的认识问题。共同犯罪行为是共同犯罪的构成特征之一。共同犯罪行为分为实行行为和非实行行为。实行行为就是刑法分则所规定的某种具体犯罪构成的行为。非实行行为是在刑法总则条文中加以规定的行为，它通常对实行行为起支配或者补充作用。非实行行为又可具体分为组织行为、帮助行为以及教唆行为。

共同犯罪中的实行行为，可以分为单独实行行为与共同实行行为。单独实行行为是在共同犯罪中由一个人单独实施的实行行为。共同犯罪中的单独实行行为，在形式上与单独的犯罪行为相同，但在实质上不同，它是作为共同犯罪行为的一个有机组成部分而存在的。共同实行行为，是指两个或两个以上的行为人共同实施刑法分则所规定的犯罪构成要件行为。共同实行行为既可以发生在复杂的共同犯罪中，也可以发生在简单共同犯罪中。

实行行为的认定，对于单独犯罪，以及对于共同犯罪中的单独实行行为来说，是较为明确的。无论是单独犯罪，还是共同犯罪中单个行为人实施刑法分则所规定的具体犯罪的构成要件行为，都是实行行为。但是，共同犯罪中的共同实行行为如何认定，问题就显得比较复杂。在我国刑法理论中，对共同实行行为的认定，一般坚持构成要件行为的标准，而对于什么是构成要件行为，则存在着不同的理解：一是广义说，认为所谓构成要件的行为，除发生犯罪结果的原因行为以外，还包括具有帮助性质而为完成犯罪所必不可少的发生在犯罪现场的其他行为。如在盗窃的共同犯罪中，直接动手窃取公私财物的人、站在墙外接运赃物的人，以及在场分散事主注意力的人，都是实行犯，这些人的行为都是秘密窃取财物的行为。二是狭义说，认为构成要件的行为，仅指发生犯罪结果的原因行为，即造成结果发生的直接原因行为，共同犯罪的结果是由实行行为直接引起的。广义说与狭义说在具体案件的处理上存在分歧。例如，在故意杀人的场合，甲按住被害人的手脚，乙持刀将被害人杀死。甲的行为，在广义说看来，是在现场帮助杀人的行为，是杀人行为不可缺少的一部分，是实行行为。而在狭义说看来，该行为不是被害人死亡的直接原因，应是帮助行为。三是具体区分说，认为狭义说过于狭窄，但广义说把所有帮助实行者都看作是实行犯又过于广泛，从而主张区分实行行为与非实行行为，要根据法律对犯罪构成要件的具体规定，结合案件的事实特征来判断，即：无身份者与有身份者共同实行有身份者才能构成的犯罪时，无身份者在现场进行帮助的行为，不是实行行为，而是帮助行为，如妇女帮助强奸；某些犯罪实行行为具有他人不可替代的性质，如脱逃，他人如果在现场帮助实施，不能认为是实行行为，而是帮助行为。除了上述两种情况之外，其他在现场帮助的行为，都可以看作是实行行为。[②]

笔者认为，对于共同实行行为的认定，上述具体区分说较为合理。主要理由是：第一，共同实行行为在本质上是构成要件行为，所以，在某些犯罪中，实行帮助行为者根本不具备该犯罪的主体身份，或者不可能实施该具体犯罪构成要件的行为，则其实施的带有帮助性质的行为就不具有实行行为性，不构成共同实行犯。第二，共同实行行为客观上存在着分工，而其中的分工行为是共同实行行为的有机组成部分。共同实行行为在整体上是构成要件行为，但是，与单独犯罪的实行行为和共同犯罪中的单独实行行为相比，共同实行行为具有不同的特点。单独

① 参见黄京平主编：《刑法总则案例分析》，141页，北京，中国人民大学出版社，2000。

② 参见陈兴良：《共同犯罪论》，61页，北京，中国社会科学出版社，1992。

犯罪中的实行行为和共同犯罪中的单独实行行为，都是由一个人实施构成要件行为，而共同实行行为则是由两个人共同实施构成要件行为，所以，在共同实行行为中，共同实行犯之间客观上存在着分工问题。“分担的共同实行行为是指各共同犯罪人在实行犯罪时，具有实行行为内部的分工，其犯罪行为以共同犯罪故意为纽带，互相利用和互相补充，共同实行行为。在共同实行行为中，就每一个共同犯罪人而言，不以实施全部犯罪构成要件的行为为必要，这是共同实行行为区别于单独实行行为的一个显著特征。”① 第三，如果不从整体上来认定共同实行行为，把一些共同实行行为看作是帮助犯，则可能会导致罪责不一致。根据我国刑法的规定，帮助犯属于从犯，作用较小，处罚较轻。但是，在实践中，有的行为比直接导致危害结果发生的行为作用要大。如在故意杀人中，制服体格强壮的被害人，要比单纯把被害人刺死作用大得多。对这种行为，如果认定为帮助犯，作为从犯处理，会导致罪责不一致。

在认定共同实行行为时，要特别注意两点：

（1）正确认识共同实行行为中的分工。犯罪共同说认为，所有共同者至少必须实施符合构成要件行为的一部分，才是实行犯罪。② 笔者认为：共同犯罪人实施符合构成要件行为的一部分，是共同实行行为内部分工的一种表现形式，但并不是其本质特点。共同实行行为中的分工，应从共同犯罪这样一个犯罪有机整体来认识。在共同实行行为中，各犯罪人的行为已经结成一个整体，不能分割开来孤立地加以考察。也就是说，共同实行犯这种在构成要件行为上的分工，是在共同犯罪前提下的分工，不能从形式上是否具有构成要件行为的一部分来判断，而要从实质意义判断是否成为一个实行行为的整体、是否成为其中不可少的部分。可以这样理解，在单独犯罪中实施构成要件行为时所必需的活动，由若干人来分担，这些分担的活动应当视为共同实行行为。例如，盗窃行为，在单独犯罪场合，行为人需要分散被害人的注意力、需要留意外部的情况，而在共同犯罪的场合，这些可能由若干人来分担。在这种情况下，各共同犯罪人分担的这些行为，应当被视为共同实行行为。

（2）在共同犯罪中，既存在实行行为同非实行行为之间的分工，也存在共同实行行为中的分工。这两种分工存在区别：前者存在于复杂共同犯罪中，是用于区分共同犯罪人的；后者存在于简单共同犯罪中，是针对共同实行行为的。也可以说，前者属于大分工，后者属于小分工。这两种分工的相同之处在于，都是在共同犯罪行为这个有机整体之下的分工，各种行为之间存在着互相配合、协调、补充的关系。二者的不同之处在于，非实行行为对实行行为具有一定的从属性，而共同实行行为之间不具有从属性，而是存在单纯的补充关系。“实行的共同，立于分工的原则上。共同者各自分担的行为，立于相互补充的关系，不是从属关系。分担的行为，其各个行为是独立的，作为全体具有结果发生的可能性就可以了。”③

本案中，李甲具有以非法占有为目的，以秘密手段窃取他人财物的共同犯罪故意，虽然未实施直接窃取财物的行为，但其把风行为是盗窃行为本身的内部分工，应当被视为共同实行行为，故李甲是共同实行犯而不是帮助犯。

【要旨提示】

对共同实行行为，应当根据刑法对犯罪构成要件的具体规定，从共同犯罪的整体上来考

---

① 陈兴良：《共同犯罪论》，92页，北京，中国社会科学出版社，1992。

② 参见马克昌：《比较刑法原理：外国刑法学总论》，677页，武汉，武汉大学出版社，2002。

③ 同上书。

察。相应地，对于把风行为，也就不能简单地看作是帮助行为或者实行行为，而应结合刑法关于具体犯罪的规定，以及把风行为在具体犯罪中的具体表现形式和作用来认定。

45. 陈某等故意杀人案①

——实行过限与共同犯罪的认定

【案情介绍】

被告人余某案发前在某鞋业有限公司务工。2005年9月29日晚，余某因怀疑同宿舍工友王某窃取其洗涤用品而与王某发生纠纷，遂打电话给在同市务工的被告人陈某，要陈某前来“教训”王某。次日晚上8时许，陈某携带尖刀伙同同乡吕某（另案处理）来到该鞋业公司门口与余某会合，此时王某与被害人胡某及武某正从门口经过，经余某指认，陈某上前责问并殴打胡某，余某、吕某也上前分别与武某、王某对打。其间，陈某持尖刀朝胡某的胸部、大腿等处连刺3刀，致被害人胡某左肺破裂、左股动静脉离断，急性失血性休克死亡。

检察机关以被告人陈某、余某犯故意杀人罪，向人民法院提起公诉。一审法院依照《中华人民共和国刑法》第232条、第25条第1款、第56条第1款、第57条第1款的规定，判决如下：(1) 被告人陈某犯故意杀人罪，判处死刑，剥夺政治权利终身；(2) 被告人余某犯故意杀人罪，判处有期徒刑15年，剥夺政治权利5年。一审宣判后，陈某、余某均以没有杀人的故意、定性不准、量刑过重为由提起上诉。二审法院经审理，依照1996年《中华人民共和国刑事诉讼法》第189条第1、2项，《中华人民共和国刑法》第232条、第234条、第56条第1款、第57条第1款的规定，判决如下：(1) 驳回陈某的上诉；(2) 撤销一审判决中对余某的定罪量刑部分；(3) 余某犯故意伤害罪，判处有期徒刑15年，剥夺政治权利5年。

【观点争议】

本案的争议问题是被告人余某是否成立故意杀人罪。检察机关和一审法院都认定余某构成故意杀人罪，而二审法院认定余某不构成故意杀人罪，而成立故意伤害罪。争议的实质在于余某的行为是否为陈某故意杀人罪的共同犯罪。这就涉及刑法理论中实行过限的罪责问题。所谓实行过限，又称为共同犯罪中的过剩行为，是指实行犯实施了超出共同犯罪故意的行为。实行过限的行为不属于共同犯罪，由实施该行为的行为人自己承担刑事责任。

实行过限的表现，是意思联络的不一致。但是，从更深层次上考察，实行犯之间意思联络不一致，意味着共犯人各自存在不同的犯罪故意，他们的行为属于不同的犯罪构成，所以，实行过限实际上反映的是不同犯罪构成之间能否成立共同犯罪的问题。

关于不同犯罪构成之间能否成立共同犯罪，在大陆法系的刑法理论中，犯罪共同说和行为共同说的结论是不同的。犯罪共同说认为，在共同正犯的场合，各犯罪人的实行行为要符合特定的一个犯罪构成要件，不同的几个犯罪构成要件间的共同正犯不可能成立。但按照行为共同说，共同犯罪是数人由共同的行为来完成各自意图的犯罪。而数人的共同行为，被认为可以跨

---

① 案例来源：最高人民法院刑事审判第一、二、三、四、五庭主办：《中国刑事审判指导案例（侵犯公民人身权利、民主权利罪）》，141～142页，北京，法律出版社，2009。

越数个犯罪而实施，即承认在不同构成要件间可能成立共同犯罪。

在我国，对于不同犯罪构成能否成立共同犯罪的问题，存在肯定说和否定说两种观点。

（1）肯定说，包括两种认识。一种肯定说认为，同一犯罪的不同构成之间可以成立共同犯罪。理由是：在刑法理论中，一个犯罪可以具有几个犯罪构成。以犯罪构成中行为的社会危害程度为标准，可以把犯罪构成分为普通构成与危害严重或危害较轻的犯罪构成。因此，当二人以上共同故意地实施某一犯罪时，各共同犯罪人可能具有不同的犯罪构成。例如，甲在乙的胁迫下，按住丙的手脚，由乙持刀将丙杀死。这种情况下，甲属于情节较轻的故意杀人罪，具备危害较轻的犯罪构成，乙则具备普通的犯罪构成，但甲、乙构成故意杀人罪的共同犯罪。[①] 另一种肯定说认为，同一犯罪是指同一罪质的犯罪，它包括而不等于符合同一犯罪构成要件的犯罪。罪质相同，犯罪构成要件也可能不同。如故意伤害的犯罪、故意伤害致人死亡的犯罪，它们的构成要件各不相同，但罪质相同，都是故意伤害罪。共同犯罪人的行为是为完成同一罪质的犯罪，尽管其具体构成要件不同，也可以构成共同犯罪。[②] 但这种观点没有说明上述行为是构成一般故意伤害罪的共同犯罪，还是构成故意伤害致死的共同犯罪。

（2）否定说，认为犯罪构成是刑事责任唯一根据的原则，应当毫无例外地也适用于共同犯罪。也就是说，共同犯罪必须以同一个犯罪构成为成立的前提。[③]

【法理分析】

笔者认为，首先，共同犯罪只能以同一犯罪构成为前提。其次，不同犯罪构成之间如果存在重合关系，在重合的范围内可以成立共同犯罪。

1. 共同犯罪只能以同一犯罪构成为前提

上述肯定说与否定说的分歧，实际是对犯罪构成的概念有不同认识。肯定说实际是将加重、减轻情节视为独立的犯罪构成，并以此为基础来讨论不同犯罪构成是否成立共同犯罪的问题。而否定说则是坚持同一犯罪只有一个构成要件，其加重、减轻情节是以这一个犯罪构成为基础的。例如，就故意杀人罪而言，肯定说认为有两个犯罪构成，而否定说认为只有一个犯罪构成。但是，无论是肯定说，还是否定说，都是赞成只能就同一犯罪成立共同犯罪。实际上，肯定说中所谓“同一犯罪的不同犯罪构成”提法本身是自相矛盾的。同一犯罪当然是指犯罪构成相同的一种犯罪，而相同罪质处罚轻重不同并不意味着犯罪构成不同。[④] 因此，以这种认识为根据，共同犯罪只能以同一犯罪为前提。如果共同犯罪不以同一犯罪构成为前提，对共犯人没有共同的惩罚规范，刑法规定的对主犯、从犯、胁从犯与教唆犯的处罚原则就失去了意义，量刑上也无法区别对待。

2. 如果不同犯罪构成之间存在重合关系，则在重合的范围内成立共同犯罪

共同犯罪以同一犯罪构成为前提，并不是说不同犯罪构成之间完全不能成立共同犯罪。实践中，客观存在着各行为人实施了不同构成的犯罪，且这些犯罪之间存在重合关系的情况。如甲教唆乙伤害丙，乙接受教唆后，在对丙实行伤害的过程中，因遇丙的反抗一时恼怒，将丙杀死。在此例中，乙超出了共同犯罪故意的范围，实施了过限行为，符合故意杀人罪的构成。如

---

① 参见陈兴良：《共同犯罪论》，76页，北京，中国社会科学出版社，1992。

② 参见樊凤林：《犯罪构成论》，260页，北京，法律出版社，1987。

③ 参见曾宪信、汪任天、朱继良：《犯罪构成论》，160～161页，武汉，武汉大学出版社，1988。

④ 参见高铭暄主编：《刑法专论》，上编，361页，北京，高等教育出版社，2002。

果按照犯罪共同说，甲、乙二人不构成共同犯罪。其把甲、乙二人的行为完全割裂开，作为纯粹的单独犯罪来看待，则属于被教唆人没有犯被教唆的罪的情形，按照刑法第 29 条第 2 款的规定，一般要从轻或者减轻处罚。但事实上，乙不仅已经实行了甲所教唆的罪，而且实行了比甲教唆的罪更重的罪，对甲从轻或减轻处罚显然不当。

部分犯罪共同说较为合理地解释了上述情况与共同犯罪的关系问题。该观点提出，各行为人实施了不同构成的犯罪，如果这些犯罪之间存在重合关系，则应当在重合关系的范围内成立共同犯罪。其理由是：共同犯罪是指二人以上共同故意犯罪，这表明二人以上以相同的故意实施了相同的犯罪行为，构成共同犯罪。但这并不意味着只有当二人以上的共同故意内容与行为内容完全相同时，才能成立共同犯罪。存在重合关系的不同犯罪，其重合的部分本身也是刑法所规定的一种犯罪。即使二人以上分别持甲罪与乙罪的故意，但就重合部分的犯罪，各行为人具有共同故意与共同行为，符合共同犯罪的构成特征，应认定为共同犯罪。① 应当注意的是，部分犯罪共同说，并不是说在不同犯罪构成的两个犯罪之间成立共同犯罪，而是在具备不同犯罪构成的两个犯罪相重合的部分，即构成要件相同的犯罪间成立共同犯罪。

3. 不同犯罪构成之间重合关系的几种情况②

第一，两个犯罪之间存在法条竞合关系。如甲谎称自己走私普通货物，要求乙为其运输提供方便，但甲实际上走私的是文物。乙由于对走私文物没有认识，不能成立走私文物罪的共犯。但甲、乙的行为在走私普通货物、物品罪的范围内具有重合的性质，所以在走私普通货物、物品罪上二人成立共同犯罪，同时，由于甲的行为另外触犯了走私文物罪，应认定为走私文物罪。

第二，虽然不存在法条竞合关系，但两种犯罪所侵犯的同类法益相同，一种犯罪较严重，包含了另一种犯罪内容。这种情况也存在重合性质，能够在重合范围内成立共同犯罪。如甲出于伤害丙的意思，乙基于杀害丙的意思，共同对丙实行侵害，致丙死亡。甲、乙在伤害的限度内有共同的意思联络和共同的行为，在伤害罪上成立共同犯罪。而乙在主观上超出故意伤害的故意，应单独构成杀人罪。对此可以理解为杀人行为吸收伤害行为而成立吸收犯。另外，甲教唆乙伤害丙，乙接受教唆后，在对丙实行伤害的过程中，因遇丙的反抗一时恼怒将丙杀死，也是这种情况。

第三，虽然不存在法条竞合关系，两种犯罪所侵犯的同类法益也不完全相同，但其中一种犯罪所侵犯的法益包含了另一犯罪所侵犯的法益，也能够在重合范围内成立共同犯罪。例如，放火罪与故意毁坏财物罪的同类法益不同，甲以为乙故意毁坏财物而实施了帮助行为，事实上乙犯了放火罪，乙与甲在故意毁坏财物罪的范围内成立共同犯罪，但乙的行为应认定为放火罪。

综上所述，实行过限问题本质上是不同犯罪构成之间的共同犯罪问题。按照部分犯罪共同说的原则，实行过限行为是超出共同犯罪故意的行为，应由实施过限行为的人独自承担刑事责任，其他共同犯罪人在共同犯罪故意范围内与过限行为人成立共同犯罪，承担相应的刑事责任。实行过限有以下几个构成特征：一是行为的实施者必须是实行犯。顾名思义，实行过限，就是实行犯实施的行为。二是实行犯在实施行为时存有罪过。实行犯在实施这一行为时，主观

① 参见张明楷：《部分犯罪共同说之提倡》，载《清华大学学报（哲学社会科学版）》，2001（1）。

② 参见上文；高铭暄主编：《刑法专论》，上编，361 页，北京，高等教育出版社，2002。

上必须处于故意或过失的心理状态。如果实行犯的超出共同犯罪故意的行为是由意外事件或者不可抗力造成的，则不是实行过限。应当注意，实行犯由于过失而实施了超出共同犯罪故意的行为，也构成实行过限。三是过限行为必须发生在共同犯罪过程中。四是实行犯的行为必须超出共同犯罪故意的范围。五是过限行为必须是犯罪行为。[①]

认定实行过限要把握好以下几种情形：

（1）实行犯对组织犯的实行过限。这是指实行犯实施的行为超出了其与组织犯共同约定的犯罪的范围的情形。如果犯罪集团中的个别成员实施了不是犯罪集团预谋的犯罪行为，超出了这个集团犯罪活动计划的范围，则应当由这个成员单独负责，组织犯对此不负刑事责任。

（2）实行犯对其他实行犯的实行过限。这是指某个实行犯实施的行为超出了其与其他实行犯约定的共同犯罪范围的情形。如甲、乙事先约定共同对丙实施伤害行为，其间，乙临时起意，拔刀将丙刺死。这种情况下，实施过限的实行犯对过限行为负责。在共同实行犯的场合，如果一方实施了超过预谋的犯罪行为，另一方在行为时并不知情，则成立实行过限，未实行的人不负刑事责任。但是，假如一方实施过限行为，而另一方知情但未实行，该另一方是否应负刑事责任？例如，甲、乙二人共谋强奸妇女丙，在强奸行为完成后，甲临时起意，在未同乙商量的情况下当着乙的面将丙杀死。显然，对甲应成立强奸罪与杀人罪数罪并罚，但乙是否应当对甲的杀人行为承担责任呢？对此存在一些不同认识。笔者认为，这种情况不是实行过限，未实行的一方也应就超出原先共同犯罪故意的行为承担刑事责任。这一方面是因为未实行者在现场而对该实行犯产生精神支持或鼓励，对被害人形成心理压力或恐惧，客观上形成精神帮助；另一方面是因为未实行者对超出原先共同犯罪故意的行为在主观上持一种容忍的态度。[②] 另外还要注意的是，在共同实行犯的情况下，一方临时起意实施了共同故意之外的犯罪行为，另一方也参与了实行的，如在聚众斗殴中，不存在实行过限。

（3）实行犯对教唆犯的实行过限。这是指实行犯的行为超出了与教唆犯约定的共同犯罪范围的情形。对教唆犯场合的实行过限，要注意明确性教唆、盖然性教唆和选择性教唆情况下的实行过限问题。第一，明确性教唆，是指教唆犯明确以某种犯罪为教唆内容，且对犯罪的具体目标、程度等都有比较明确的意思表示。在这种教唆犯罪中，如果被教唆人的行为超出教唆范围，即与教唆犯的意思表示不一致，属于实行过限。第二，盖然性教唆，是指教唆内容较为概括，犯罪的具体目标、程度等不太明确或毫不明确的教唆。在这种情况下，由于教唆的内容不明确，所以，一般来说，只要出于教唆犯的盖然性教唆而使被教唆的人产生了犯意，无论实施了何种犯罪，没有明显超过教唆范围的，都不应视为实行过限，而应成立共同犯罪。如甲让乙“收拾”丙，乙伤害或杀死丙，均应视为在教唆故意内容之内，不发生实行过限问题，其刑事责任由甲、乙共同承担。第三，选择性教唆，是指教唆具有让被教唆的人在几种犯罪之间进行选择的性质。在这种情况下，只要被教唆的人在被选择的范围内实施犯罪行为，就不发生实行过限的问题。

（4）实行犯对帮助犯的实行过限。这是指实行犯的行为超出了其与帮助犯约定的犯罪范围的情形。如果实行犯实施了帮助犯意图以外的其他性质的犯罪，或实施了超出帮助犯所意图侵害的对象、危害程度的犯罪，则违背帮助犯的主观意志，属于过限行为。如甲以为乙要实施抢夺行为而为其提供了犯罪工具，结果乙却实施了抢劫行为，则乙的行为构成了过限，甲对该过

① 参见梁剑、叶良芳：《实行过限行为研究》，载《中共中央党校学报》，2004（2）。

② 参见陈兴良：《共同犯罪论》，384～385页，北京，中国社会科学出版社，1992。

限行为不承担责任。

本案中，被告人陈某事先携带尖刀，在与被害人争吵中，连刺被害人3刀，其中左胸部、左大腿的两处创伤均为致命伤，足以证明陈某对被害人的死亡后果持放任心态，主观上具有间接故意，其行为应构成故意杀人罪。但是，被告人余某仅要求陈某前去“教训”被害人，余某也没有要求陈某携带凶器，且没有证据证明其知道陈某带凶器前往。虽然“教训”有多种具体含义，但没有证据证明余某要求陈某杀害他人，不应包括杀人的故意，这一故意内容在犯罪行为实施阶段也没有明显转化，仍停留在对被害人“教训”的认识内容上；并且余某在现场也未直接协助陈某殴打被害人。所以，不能认定被告人余某具有杀人的共同故意，余某也没有共同实施故意杀人行为，不应构成故意杀人共同犯罪。被告人陈某超出了伤害他人的共同犯罪故意，应属于实行过限。根据我国刑法主、客观相统一的原则，被告人余某的行为构成故意伤害罪，二审法院对其改判故意伤害罪是适当的。

另外，非实行犯实施了超过共同犯罪故意的帮助行为、教唆行为或组织行为，也存在一个过限的问题。如甲、乙相约伤害丙，约定由乙帮助提供可以致人失听的药物，但乙存杀丙之心，却提供了致死毒药，结果甲投毒后，致丙死亡。这种情况下是乙的帮助行为超过了共同犯罪故意。这种情况不是实行过限，但也属于不同构成要件是否构成共同犯罪的问题。依上述部分犯罪共同说，甲、乙的犯罪构成就故意伤害有重合，甲承担故意伤害的刑事责任，而乙承担故意杀人的刑事责任。

【要旨提示】

在实行过限情况下，实施过限行为的人与其他共同犯罪人，在共同犯罪故意的限度内构成共同犯罪；实行过限行为应当由实施实行过限行为的人单独承担刑事责任，其他共同犯罪人对过限行为不负刑事责任。实施过限行为的人会涉及两个以上的罪名，处理时应区别几种情况：一是过限行为所构成之罪与共同犯罪存在法条竞合关系，按照法条竞合的定罪原则进行定罪；二是过限行为所构成之罪与共同犯罪存在吸收关系，应当按吸收犯的原则定罪；三是过限行为所构成之罪与共同犯罪是并列的，应当数罪并罚。

46. 陈某等贪污案①

——身份与共同犯罪的认定

【案情介绍】

1995年春节前，被告人陈某向被告人钟某提议并多次密谋，打算制造抢劫假象，秘密窃取钟某所在的中国工商银行某县支行办事处的公款。同年2月3日上午，被告人陈某又邀被告人卢某一起作案，遭卢某的拒绝。钟某从陈某口中得知卢某不同意后，亦向陈某表示放弃作案。当日下午6时许，被告人陈某得知该办事处只有钟某、卢某两人当班时，即从钟某家骑走钟某的摩托车并携带行李袋及小刀一把，来到办事处。陈某敲门进屋后，叫钟某把办事处的公

① 案例来源：最高人民法院刑事审判第一、二、三、四、五庭主办：《中国刑事审判指导案例（贪污贿赂罪·渎职罪·军人违反职责罪）》，3～4页，北京，法律出版社，2009。

款装入行李袋。钟某未作任何反对，即打开钱柜，将公款装入行李袋。这时，陈某欲将办事处的电话线用手拉断，但未拉断。卢某向陈某指明报警线及桌上摆放的剪刀，陈某将报警线剪断。因陈某带来装钱的行李袋太小，陈某让钟某、卢某等着，自己又返回钟某家，取来另一个大行李袋，回到办事处丢给钟某，钟某便将公款27.3万元装给陈某。之后，为了制造被抢劫的假象，陈某将钟某、卢某叫进卫生间，向两人各打一拳，然后扣上卫生间门，携带赃款逃离现场。钟某在陈某逃离后，与卢某商议统一口径报假案，谎称被一持枪歹徒抢劫。后在公安机关的教育下，卢某、钟某先后供认了案件的真相。案发后全部赃款被追回。

检察机关以被告人陈某、钟某、卢某犯贪污罪，向人民法院提起公诉。人民法院依照《中华人民共和国刑法》第12条第1款、第26条、第27条，全国人大常委会《关于惩治违反公司法的犯罪的决定》第10条的规定，于1999年3月18日判决如下：(1)被告人陈某犯侵占罪，判处有期徒刑13年。(2)被告人钟某犯侵占罪，判处有期徒刑10年。(3)被告人卢某犯侵占罪，判处有期徒刑5年。一审宣判后，各被告人均服判，没有提起上诉。

【观点争议】

本案属于银行临时工与外部人员相互勾结、监守自盗的犯罪。根据现行刑法第382条的规定，受国家机关、国有公司、企业、事业单位、人民团体委托管理、经营国有财产的人员，利用职务上的便利，侵吞、窃取、骗取或者以其他手段非法占有国有财物的，以贪污论。与前述所列人员勾结，伙同贪污的，以共犯论处。因此，根据现行刑法，对本案三被告人均应以贪污罪定罪处罚。但是，本案的犯罪行为发生在1995年，依照刑法第12条第1款的规定，对三被告人的行为应适用1979年刑法及单行刑法。在定案中存在以下几种不同意见，体现了共同犯罪与身份关系的理论问题，值得讨论。

第一种意见认为，根据1985年最高人民法院、最高人民检察院《关于当前办理经济犯罪案件中具体应用法律的若干问题的解答（试行）》的规定，内外勾结进行贪污或盗窃活动的共同犯罪，应按其共同犯罪的基本特征定罪。共同犯罪的基本特征一般是由主犯的基本特征决定的，本案中被告人陈某的作用要大于钟某和卢某，因此，本案应定盗窃罪。

第二种意见认为，根据全国人大常委会1988年《关于惩治贪污罪贿赂罪的补充规定》（以下简称《补充规定》）第1条第2款的规定，与国家工作人员、集体经济组织工作人员或者其他经手、管理公共财物的人员勾结，伙同贪污的，以共犯论处。因此，三被告人应按贪污罪的共同犯罪定性。

第三种意见认为，被告人钟某、卢某为计划内临时工，不具有国家工作人员身份，不是贪污罪的主体。根据1995年全国人大常委会《关于惩治违反公司法的犯罪的决定》第14条的规定，有限责任公司、股份有限公司以外的企业职工，实施侵占犯罪行为的，适用该决定定罪处罚。因此，被告人钟某、卢某的行为构成侵占罪，陈某为共同犯罪人，应以侵占罪的共犯论处。

第四种意见认为，陈某、钟某曾合谋抢劫，陈某和卢某商量共同作案，遭到卢某的拒绝。在这种情况下，陈某带着小刀、行李袋到办事处之后，曾向钟某、卢某说过“我带着家伙的!”这样威胁的话，要他们快点装钱，可视为精神强制，使其不敢反抗。卢某和陈某、钟某并无共同犯罪故意，他只是在钟某的要求下报了假案。因此，被告人陈某、钟某构成抢劫罪，卢某构成包庇罪。

【法理分析】

上述意见中，第四种意见明显失当。本案中，被告人陈某选择钟某、卢某当班时作案，就是为了得到他们的配合，客观上钟、卢二人也确实配合了陈某实施犯罪。三被告人实际为共同犯罪。而且，从案件的全过程看，该案缺少暴力威胁的特征，陈某、钟某不应构成抢劫罪，卢某也不构成包庇罪。

本案值得讨论的问题是，被告人钟某、卢某作为中国工商银行计划内临时工，具有特殊身份，被告人陈某无特殊身份，三被告人共同实施有特殊身份的犯罪，涉及刑法理论中共同犯罪与身份的问题。

刑法中的身份，是指行为人所具有的影响定罪和量刑的特定资格或人身状况。行为人具有的特定资格或人身状况，是身份的事实特征；这种特定资格或人身状况影响定罪或量刑，是身份的法律特征。刑法中的身份，包括法律身份与事实身份。前者是指法律赋予的身份，如国家工作人员、鉴定人、记录人、翻译人等。后者是基于一定事实情况或关系而形成的身份，如男女身份等。

以对定罪量刑的影响为标准，刑法中的身份可分为三种情况。一是犯罪构成要件的身份，也称构成身份，即该身份是一定犯罪的犯罪构成要件。这种身份也称真正身份或纯正身份。二是影响刑罚轻重的身份，也称加减身份，即具有一定的身份的人犯某种罪时，法律规定予以从重、加重或从轻、减轻处罚。这种身份也称不真正身份或不纯正身份。如诬告陷害罪，刑法第243条第2款规定："国家机关工作人员犯前款罪的，从重处罚。"三是在国外的刑法中，还有排除行为犯罪性或可罚性的身份的情况。这种身份也称消极身份，即这种身份使所实施的行为不具有犯罪性或可罚性。如日本刑法第257条规定，直系血亲、配偶、同居的亲属及这些人的配偶之间，犯收受赃物、搬运、窝藏、购买赃物或代销赃物罪的，免除其刑罚。我国刑法没有类似的规定。

在单独犯罪中，身份问题并不复杂，但是在共同犯罪中，存在有的行为人具有特定身份、有的行为人无特定身份的情况，这些情况是否构成共同犯罪，如何定罪，就显得比较复杂。在共同犯罪中，重点研究的是构成身份与共同犯罪的关系问题，其中主要是以下两个问题：

（一）无身份者能否成为真正身份犯的共同实行犯

对于无身份者教唆、帮助有身份者实施真正身份犯罪的情况，在理论上没有争议，一般认为无身份者构成真正身份犯的教唆犯或帮助犯。这在司法解释中也有体现，如1998年最高人民法院《关于审理挪用公款案件具体应用法律若干问题的解释》第8条规定："挪用公款给他人使用，使用人与挪用人共谋，指使或者参与策划取得挪用款的，以挪用公款罪的共犯定罪处罚。"

但是，在真正身份犯的场合，无身份者可否实施有身份的犯罪，或者说，无身份者能否与有身份者构成共同实行犯，在理论上存在争议。对此，国外刑法理论中存在肯定与否定的观点。[①] 在我国刑法理论中，存在三种以下主要观点。

（1）肯定说。该说认为无身份者可以与有身份者构成共同实行犯。例如，强奸罪由两个环节的行为组成实行行为，即手段行为与奸淫行为，二者都是实行行为的一部分，既然妇女可以实施强奸罪的手段行为，虽然不能实施奸淫行为，但仍可构成强奸罪的实行犯。此外，在妇女

---

① 参见马克昌主编：《犯罪通论》，581页，武汉，武汉大学出版社，1999。

教唆强奸的情况下，如果被教唆者没有实施强奸罪，妇女仍然构成强奸未遂；在被教唆者不具有刑事责任能力而实施强奸的情况下，妇女则为强奸罪的间接正犯。[①]

（2）否定说。该说认为无身份者不可能实施真正身份犯的实行行为。无特定身份的人不能实施法律要求犯罪主体具有特定身份的犯罪的实行行为。主要理由是：身份是犯罪主体的构成要素之一，身份决定着犯罪主体的性质。身份尤其是法定身份总是和犯罪主体的权利与义务联系在一起的，法律在赋予其一定身份的同时，必然加诸一定的权利、义务，而且身份对犯罪行为的性质具有决定意义。针对非国家工作人员可以实施受贿罪实行行为的观点，否定说认为，这只看到了非国家工作人员的行为与国家工作人员的行为之间形式上的一致性，没有看到二者间的本质差别，错误地把二者混为一谈。[②]

（3）折中说。该说认为对这个问题应区分特殊主体犯罪实行行为的性质，予以不同的对待。某些要求特殊主体的犯罪的实行行为，从其性质上看，不可能由其他无特定身份者与有特定身份者一起实施实行行为，而只能由具备特定身份者实施；而另一些要求特殊主体的犯罪的实行行为，从其性质上看，可以由无特定身份者与特定身份者共同实施，这种情况下，应当承认无特定身份者可以与有特定身份者构成共同实行犯。[③]

（二）无身份者与有身份者共同实施犯罪如何定性

在这个问题上，理论和司法实践中存在不同观点。

（1）主犯决定说。该说认为应由主犯犯罪的基本特征来决定。例如，1985 年最高人民法院、最高人民检察院《关于当前办理经济犯罪案件中具体应用法律的若干问题的解答（试行）》指出："内外勾结进行贪污或者盗窃活动的共同犯罪（包括一般共同犯罪和集团犯罪），应按其共同犯罪的基本特征定罪。共同犯罪的基本特征一般是由主犯犯罪的基本特征决定的。如果共同犯罪中主犯犯罪的基本特征是贪污，同案犯中不具有贪污罪主体身份的人，应以贪污罪的共犯论处。""如果共同犯罪中主犯犯罪的基本特征是盗窃，同案犯中的国家工作人员不论是否利用职务上的便利，应以盗窃罪共犯论处。"上述第一种定案意见体现了这一观点。

（2）分别说。该说认为应根据犯罪主体的不同而区别对待，有身份者按特定犯罪处理，无身份者按普通犯罪论处。

（3）实行犯决定说。该说认为应以实行犯实行何种犯罪构成要件行为为根据来认定，而不以其他共同犯罪人在共同犯罪中所起作用的大小为转移。

（4）特殊身份说。该说认为无身份者教唆、帮助有身份者实施或与之共同实施真正身份犯的，均应依有身份的实行犯的实行行为来定罪。

（5）职务利用说。该说认为应把无身份者是否利用有身份者的职务之便作为标准。如果无身份者利用了有身份者的职务之便，对二者均应定有身份者的犯罪。例如，全国人大常委会 1988 年 1 月 21 日《关于惩治贪污罪贿赂罪的补充规定》第 1 条第 2 款规定，与国家工作人员、集体经济组织工作人员或者其他经手、管理公共财物的人员勾结，伙同贪污的，以共犯论处。根据该规定，内外勾结伙同贪污的，按贪污罪的共犯认定。1995 年 2 月 28 日全国人大常委会《关于惩治违反公司法的犯罪的决定》第 14 条规定，有限责任公司、股份有限公司以外的企业职工，实施侵占犯罪行为的，适用该决定定罪处罚。现行刑法第 382 条规定，与国家工作人员

① 参见赵廷光主编：《中国刑法原理》（各论卷），515 页，武汉，武汉大学出版社，1992。

② 参见陈兴良：《共同犯罪论》，356～357 页，北京，中国社会科学出版社，1992。

③ 参见马克昌主编：《犯罪通论》，582～583 页，武汉，武汉大学出版社，1999。

或受国家机关、国有公司、企业、事业单位、人民团体委托管理、经营国有财产的人员勾结，伙同贪污的，以共犯论处。上述第二、三种定案意见实际体现了这种观点。这两种意见的分歧主要是，对于钟某、卢某作为计划内临时工，第二种意见采取“干部身份”论，认为其不具有国家工作人员身份，应适用1995年《关于惩治违反公司法的犯罪的决定》，以侵占罪定罪处罚；而第三种意见则认为钟、卢二人具有国家工作人员身份，应适用1988年《关于惩治贪污罪贿赂罪的补充规定》，以贪污罪定罪处罚。

关于无身份者能否成为真正身份犯的共同实行犯的问题，笔者认为，上述三种观点中，折中说是合理的，符合司法实践的实际情况和刑法理论的要求。第一，在刑法中，有些以特殊主体作为构成要件的犯罪的实行行为，在性质上只能由具有该身份的人实施，而不可能由其他无该身份者与有身份者共同实施。如背叛国家罪的主体只能是中国人，外国人不能实施该罪的实行行为。所以，上述肯定说是不妥的。第二，在刑法中，客观存在着有的以特殊主体作为构成要件的犯罪，其实行行为可以由无该身份者与有身份者一起实施的情况，主要表现为两种情形：一是该犯罪是复合实行行为。如强奸罪，在客观方面表现为暴力、胁迫等强制手段与奸淫行为两部分，所以，虽然该罪一般由男子实行，但是妇女也可以实行该罪实行行为的手段行为，从而与男子构成共同实行犯。二是在一些职务犯罪中，无特定法律身份者也可以与有身份者共同实施犯罪的实行行为。① 所以，应当承认无身份者在一定情况下可以成为真正身份犯的共同实行犯。

关于无身份者与有身份者共同实施犯罪的定性问题，前述主犯决定说、分别说和实行犯决定说都存在明显的不合理之处。主犯决定说的问题在于，如果主犯不同，则定性不同，导致罪刑失当；如果主犯在二人以上，有的有身份，有的无身份，则难以解决定罪问题。分别说的问题在于，共同犯罪是一个有机整体，如果分别定罪，有悖于共同犯罪原则；分别定罪导致处刑悬殊，罪刑不均衡。实行犯决定说的问题在于，如果有两个以上实行犯，有的是有身份者，有的是无身份者，则无法解决定罪问题。

笔者认为，从共同犯罪的整体性出发来考察，无身份者与有身份者共同实施犯罪的定性，以特殊身份说为基础、职务利用说为补充加以解决。具体而言：第一，此类案件中，对各行为人一般应以有身份者所构成之罪定性。例如，无身份者与符合职务侵占罪主体身份的人共同作案，无身份者在共犯中连带地具备了职务侵占罪的主体资格，因而构成职务侵占罪的共犯。第二，应具体考察是否利用有身份者的职务之便。如果无身份者利用有身份者的职务之便，有身份者构成之罪为职务犯罪，则以职务犯罪定性。但是，如果各共同犯罪人未利用有身份者的职务之便，如国家工作人员与无业人员共同杀人，则以普通罪定性。第三，如果对共同犯罪人以有身份者构成之罪或职务犯罪定性比以无身份者所构成之罪定性处罚轻时，应以重罪定性。这符合想象竞合犯的定罪原则。

本案中，被告人陈某与被告人钟某、卢某内外勾结，相互配合，共同侵占银行的巨额现金。陈某虽不具有银行工作人员身份，但客观上是能够实施以银行工作人员作为特殊主体的犯罪行为，从而与钟某、卢某构成共同犯罪。三人是利用了钟某、卢某当班的职务之便来实施犯罪的，如果根据1995年全国人大常委会《关于惩治违反公司法的犯罪的决定》，其行为构成侵占罪。

要进一步说明的是，关于无身份者与有身份者共同实施犯罪的定性问题，除上述情形外，还有一种特殊情况，即两个以上不同特定身份者实施犯罪，并分别构成罪质相异的不同犯罪时

---

① 参见高铭暄主编：《刑法专论》，上编，385页，北京，高等教育出版社，2002。

如何定性的问题。这种情况下，不同的特定身份可以构成不同的犯罪。所以，在这种共同犯罪中，具有不同特定身份的人，相对于自己所具有的身份犯罪来说，都是有身份者，相对于对方所具有的身份犯罪来说，又都是无身份者。对这种情况的定性一般按以下原则处理：第一，不同身份所构成之罪在实行行为的内容方面相同相似，并且实施的是职务犯罪。例如，在混合所有制公司中，国有公司委派的职员与私企职员勾结，共同侵占公司财物。这种情况下，一般以利用了谁的职务之便来定性，即：如果利用了私企人员的职务便利，应定职务侵占罪；如果利用了国家工作人员的职务便利，应定贪污罪。但是，如果分别利用各自的职务便利，则以更为特殊的身份者所构成之罪定性，即定贪污罪。第二，不同身份所构成之罪在实行行为的内容方面相同相似，实施的不是职务犯罪。这种情况下，以更特殊身份者之罪定性。[①] 第三，不同身份所构成之罪在实行行为的内容方面完全不同。这种情况下，所构成的两罪之间具有牵连关系，一般以目的行为所构成之罪定性。如资产评估公司职员与投保人勾结，前者提供资产评估文件，帮助后者保险诈骗。二人共同构成中介组织人员提供虚假证明文件罪和保险诈骗罪，两罪名之间存在牵连关系，应当选择保险诈骗罪对共同犯罪定性。刑法第198条第4款也规定："保险事故的鉴定人、证明人、财产评估人故意提供虚假的证明文件，为他人诈骗提供条件的，以保险诈骗的共犯论处。"

【要旨提示】

对于无身份者与有身份者共同实施犯罪的案件，如果无身份者利用有身份者的职务之便，有身份者构成之罪为职务犯罪，则以职务犯罪定性；如果各共同犯罪人未利用有身份者的职务之便，则以普通罪定性；当对共同犯罪人以有身份者构成之罪或职务犯罪定性比以无身份者所构成之罪定性处罚轻时，应以重罪定性。

47. 唐某等强奸案[②]

——共同犯罪的停止形态

【案情介绍】

2003年4月28日凌晨1时许，被告人唐某、杨某从某市某娱乐场所将已经处于深度醉酒状态的女青年王某带至该市某浴室，在包间内，趁王某酒醉无知觉、无反抗能力之机，先后对其实施奸淫。唐某在对王某实施奸淫的过程中，由于其饮酒过多未能得逞；杨某奸淫得逞。案发后，唐某协助公安人员抓获同案犯杨某。

检察机关以被告人唐某、杨某犯强奸罪向人民法院提起公诉。一审法院依照《中华人民共和国刑法》第236条第3款第4项、第25条第1款、第23条、第68条第1款之规定，判决如下：(1) 被告人唐某犯强奸罪，判处有期徒刑7年。(2) 被告人杨某犯强奸罪，判处有期徒刑10年。一审宣判后，唐某、杨某不服，提起上诉。在二审法院审理过程中，唐某、杨某申请

---

① 参见高铭暄主编：《刑法专论》，上编，388页，北京，高等教育出版社，2002。

② 案例来源：最高人民法院刑事审判第一、二、三、四、五庭主办：《中国刑事审判指导案例（侵犯公民人身权利、民主权利罪）》，404页，北京，法律出版社，2009。

撤诉，二审法院裁定准许。一审判决发生法律效力。

【观点争议】

本案中，被告人唐某、杨某违背妇女意志，轮流奸淫妇女，其行为均已构成强奸罪。存在争议的问题是，被告人杨某实施完成了奸淫行为，而唐某未能实施完成奸淫行为，对此应如何认定和处理。这个问题在实践中认识不一。本案在审理过程中，就存在两种分歧观点。一种观点认为，轮奸也有既、未遂问题，其中一人由于意志以外的原因未得逞的，就应认定为强奸未遂。对强奸未遂的，可以比照轮奸既遂的刑罚予以从轻处罚。另一种观点认为，轮奸只是法律所规定的强奸罪的加重处罚情节之一，本身不存在既、未遂问题。同时，由于轮奸是基于共同奸淫认识的共同实行行为，按照强奸罪中认定既、未遂的一般原理，即只要实行犯强奸既遂的，对其他共犯，无论其为帮助犯、教唆犯、组织犯还是共同实行犯，都应按强奸罪既遂论。对个人奸淫未得逞的共同实行犯也可以酌定从轻处罚。

上述观点争议，反映了对简单共同犯罪中犯罪停止形态认识的分歧，这在刑法理论中也有体现。在简单共同犯罪中，各共同犯罪人都直接实行某一具体犯罪构成客观要件行为。如果各共同犯罪人的实行行为都未能得逞，从而使共同犯罪整体未能完成，则共同犯罪人都构成犯罪未遂。如甲、乙二人为杀丙，都向丙开枪，但都未命中，则甲、乙二人均构成犯罪未遂。对此，理论上不存在争议。但是，如果共同犯罪人中有的完成了犯罪行为或造成危害结果，有的未完成犯罪行为或对危害结果的发生未起到作用，在这种情况下，能否认定有的共同犯罪人既遂、有的未遂？换句话说，共同实行犯中可否既遂与未遂并存？理论上存在不同的认识。

（1）肯定的观点。一种肯定观点认为共同实行犯的犯罪未遂问题，可分为两种情况。在结果犯中，各共同犯罪人的行为是一个有机的整体，每个人的行为都是处于有机整体中而与犯罪结果具有因果联系。在这种情况下，共同正犯中只要有一人的行为造成了犯罪结果，就应认为全体共同正犯均为既遂。但是在行为犯中，每个人的行为具有不可替代的性质，而行为犯以实施一定的犯罪行为为其犯罪构成的充足要件。因此，在此类犯罪中，各共同正犯的既遂或未遂表现出各自的独立性。一个实行犯的未遂或既遂，并不标志着其他实行犯也是未遂或既遂，每个实行犯都只有在自己的行为直接完成了犯罪、符合具体罪既遂要件时才构成犯罪既遂。因此，在这类犯罪中，不但可能是全体共同实行犯都构成既遂或未遂，还可以出现未遂和既遂并存的情况，如轮奸，共同实行脱逃罪、偷越国（边）境罪。① 另外一种肯定观点认为：共同犯罪中犯罪未遂和犯罪既遂，只有在亲手犯的场合下才可以并存。亲手犯，是指在犯罪性质上通过他人的行为不能成为实行犯的犯罪。对亲手犯的实行犯，如果有人未完成犯罪，有人完成了犯罪，就应分别情况，对完成犯罪者论以犯罪既遂，对未完成犯罪者论以犯罪未遂。并举例说明：在押犯甲、乙二人密谋在牢房墙壁上挖洞脱逃，二人共同在墙上挖了个洞，甲穿洞逃走，乙正着手穿洞逃跑时被发现而未得逞，则甲构成脱逃罪既遂，乙构成脱逃罪未遂。②

（2）否定的观点。有观点认为：在共同实行的场合，如果某一个或某几个人的行为未遂，而其他某一个或某几个实行犯的行为则已经达到既遂的程度，那么，一般来说，该共同正犯的整体行为即应视为犯罪既遂，各共同正犯均应承担既遂犯的刑事责任。在共同正犯中一般不会

---

① 参见王作富主编：《中国刑法适用》，193 页，北京，中国人民公安大学出版社，1987；高铭暄主编：《刑法专论》，上编，324 页，北京，高等教育出版社，2002；陈兴良：《共同犯罪论》，398 页，北京，中国社会科学出版社，1992。

② 参见马克昌主编：《犯罪通论》，594 页，武汉，武汉大学出版社，1999。

存在既遂犯与未遂犯并存的局面。简单共同犯罪中，各共同犯罪人的行为互相配合、互相补充，结合为一个共同犯罪行为的整体，其中每个人的行为都是共同犯罪的一部分，因而对他们每个人的行为不能孤立地加以考察，所以在简单共同犯罪的场合，就其中某一个人的行为看，似乎是未遂；但从共同犯罪人全体的行为看，犯罪达到既遂时，即使其行为似乎是未遂的人，同样构成犯罪既遂，负既遂的刑事责任。① 另有观点认为：在共同实行的场合，包括共同实行的行为犯的情形，各个共犯的行为都是在同一个共同故意支配下，相互联系、相互支配、相互促进，而形成的一个有机的行为整体。每个人的行为不但是自己的行为，同时也是共同犯罪整体行为的一部分，都对其他人的实行行为的完成起到一定的原因力作用，其中任何一个共犯行为的既遂状态的出现，都包含了其他共犯的共同协力，其他共同实行犯也应被作为既遂犯看待。② 还有观点认为：共同犯罪责任的基本原则是部分行为全部责任，它应当普遍适用于共同犯罪，无论是结果犯、危险犯，还是行为犯。共犯具有一定的独立性不能成为部分共同犯罪的犯罪既遂与未遂标准可以予以变通的充足理由。在共同正犯中，个别实行犯自己的行为没有得逞，只是意味着其行为的未遂，但并不当然成立犯罪未遂。③

【法理分析】

上述两种观点中，否定说比较符合共同犯罪理论，强调共同犯罪的整体性，其讨论共同犯罪停止形态的基本立场，是将共同犯罪的参与者的行为作为一个有机整体来考虑的。肯定说比较符合犯罪停止形态理论，在坚持共同犯罪整体性的基础上，强调共同犯罪人个体行为的差别性，特别是用亲手犯的理论解释共同实行犯中可能出现既遂与未遂并存现象的主张，在理论上有一定说服力。上述两种观点都有一定的合理性，因此有观点提出，上述肯定说和否定说都有一定道理，对此问题还要进一步研究。④

对于共同实行犯中有的行为得逞、有的行为未得逞的情况，笔者倾向于否定说，即该共同犯罪整体为犯罪既遂，各共同正犯均应按既遂犯追究刑事责任。主要理由为：

（1）从共同犯罪的性质来看，共同犯罪的停止形态的问题讨论应坚持共同犯罪整体性的分析立场。

共同犯罪是各共同犯罪人的行为在同一个犯罪故意的支配下，互相配合、互为条件的一个整体，并不是各共同犯罪人行为的简单相加。每个共同犯罪人的行为都是共同犯罪整体的一个有机组成部分，不能割裂开来。其行为不但是自己的行为，也是共同犯罪整体行为的一部分，都对其他共同犯罪人行为的完成产生一定的影响。特别需要强调的是，在共同犯罪中，个别共同犯罪人的行为所谓“未遂”，并不是指犯罪未遂，而只是从各单个行为人的角度，其自身的行为未完成。其未遂行为这一概念中，并不包含行为人是否构成犯罪的价值评判。在单独犯罪中，其未遂行为经法律评价后即为犯罪未遂，而在共同犯罪中各共同犯罪人由于相互之间的行为结合成为一个有机整体，个别人的未遂行为对于共同犯罪的既遂或未遂并无影响。⑤ 因此，共同犯罪是作为一个整体呈现的，其停止形态首先表现为共同犯罪整体的停止形态。共同犯罪

---

① 参见李光灿等：《论共同犯罪》，156 页，北京，中国政法大学出版社，1987。

② 参见叶高峰主编：《共同犯罪理论及其运用》，238 页，郑州，河南人民出版社，1990。

③⑤ 参见朱本欣：《共同犯罪中犯罪未遂与中止的比较研究》，载《法学评论》，2003（3）。

④ 参见赵秉志主编：《刑法争议问题研究》，462 页，郑州，河南人民出版社，1996。

的整体性，决定了各共同犯罪人的犯罪停止形态，要受到共同犯罪整体停止形态的制约。也就是说，各共同犯罪人的个体行为是否完成，并不能决定该共同犯罪人的犯罪是否完成；具体共同犯罪人的犯罪处于何种停止形态，必须纳入共同犯罪整体的停止形态之中进行评价和考察。共同实行犯只要有一人既遂，共同犯罪整体即达到既遂，全体实行犯均应认定为既遂。当共同犯罪整体既遂时，各共同犯罪人不应当存在未完成犯罪形态；只有共同犯罪整体未完成时，才产生各共同犯罪人处于何种未完成形态的问题。

在共同犯罪中，亲手犯的场合的确有其特殊性。亲手犯，是指必须由实行犯自己实行的犯罪。[①] 亲手犯具有行为不可替代的性质。所以，亲手犯的共同实行犯的行为完成具有各自的独立性，如轮奸，共同实行脱逃罪、偷越国（边）境罪等。但是，即使在亲手犯的场合，也不能排除共同犯罪的整体性。在共同犯罪中，亲手犯也与其他共同犯罪人存在有机联系，相互影响，在其实施行为过程中，会受到其他共同犯罪人的帮助、鼓励。虽然其行为不可替代，但绝不能同其他共同犯罪人割裂开来看待。所以，其犯罪是否完成，并不由其行为是否完成决定，而应当由共同犯罪整体是否完成决定。

（2）从共同犯罪人的刑事责任追究来看，共同犯罪人停止形态的问题讨论应坚持罪责刑相适应的基本原则。

共同犯罪停止形态作为理论上需要讨论的问题，最终要着眼于各共同犯罪人的停止形态。这一方面是因为在共同犯罪内部，各共同犯罪人的行为形态客观上存在差异，从而影响到共同犯罪整体的状况，如有的共同犯罪人中止其行为，并劝阻其他共同犯罪人放弃犯罪，这就破坏了共同犯罪中相互支持、相互配合的整体性，并有可能阻止了共同犯罪的最终完成。另一方面是因为，共同犯罪停止形态的讨论，一个重要目的在于准确追究各共同犯罪人的刑事责任。无论是单独犯罪，还是共同犯罪，具体行为人都要对其所实施的犯罪行为承担刑事责任。按照罪责刑相适应原则，刑罚的轻重同犯罪行为和刑事责任程度相适应，犯多大的罪，就应承担多大的刑事责任，法院也应判处其相应轻重的刑罚，做到重罪重罚、轻罪轻罚，罪刑相称、罚当其罪；在分析罪重罪轻和刑事责任大小时，不仅要看犯罪的客观社会危害性，而且要结合考虑行为人的主观恶性和人身危险性，把握罪行和罪犯各方面因素综合体现的社会危害性程度，从而确定其刑事责任程度，适用相应轻重的刑罚。[②]

在共同犯罪中，罪责刑相适应原则的具体体现，就是对共同犯罪人的处罚应由其在共同犯罪中的作用决定。我国刑法中，按照作用标准把共同犯罪人划分为主犯、从犯、胁从犯，主犯因组织、领导犯罪集团进行犯罪活动或者在共同犯罪中起主要作用，对其要按照犯罪集团所犯的全部罪行或者按照其所参与的或者组织、指挥的全部犯罪处罚；从犯因在共同犯罪中起次要或者辅助作用，对其应当从轻、减轻处罚或者免除处罚；胁从犯因被胁迫参加犯罪，对其应当按照他的犯罪情节减轻处罚或者免除处罚。此外，按照分工标准划分了教唆犯。对于教唆犯，应当按照他在共同犯罪中所起的作用处罚；教唆不满18周岁的人犯罪的，应当从重处罚；如果被教唆的人没有犯被教唆的罪，对于教唆犯，可以从轻或者减轻处罚。以上这些，都充分体现了对于共同犯罪人的刑事责任，采取的是“部分行为全部责任”原则，并按照其在共同犯罪中所起的作用加以确定。这是符合罪责刑相适应的基本原则的。

在单独犯罪中，对于预备犯、未遂犯，可以比照既遂犯分别从轻、减轻处罚或者免除处

---

① 参见张明楷：《外国刑法纲要》，103页，北京，清华大学出版社，1999。

② 参见高铭暄、马克昌主编：《刑法学》，7版，29～30页，北京，北京大学出版社、高等教育出版社，2016。

罚；对于中止犯，根据不同情况分别应当免除或减轻处罚。这也体现了罪责刑相适应的基本原则。但是，在共同犯罪中，各共同犯罪人的行为形态与其在共同犯罪中所起的作用并非完全一致，对其刑事责任的追究不能套用上述规定，否则就可能违背罪责刑相适应原则。例如，被告人滕某与被害人王某系公媳关系，2001 年 8 月 18 日，被告人滕某、董某晚饭后乘凉时，滕某告诉董某，儿媳王某同他人有不正当两性关系，“只要是外人，都肯发生性关系”，自己多次想与她发生性关系均遭拒绝。滕某唆使董某与王某发生性关系，自己到时去捉奸，再迫使王某同意与自己发生性关系。董某答应去试试看。当日晚 9 时许，董某在王某房间内与其发生性关系后，滕某随即赶至现场捉奸，殴打王某，并以将王某拖回娘家相威胁，强行对被害人王某实施奸淫。因生理原因，滕某的强奸行为未能得逞。本案中，被告人滕某提出预谋、策划，并采用暴力、威胁手段，积极实施对被害人王某的奸淫行为，在共同犯罪中起主要作用，系主犯；董某参与预谋、策划，其与被害人发生性关系，虽系被害人自愿，但其行为客观上为滕某奸淫王某提供了便利条件，在共同犯罪中起辅助作用，系从犯。但是，如果强调滕某未能完成强奸行为，认定其为犯罪未遂，具有从宽处罚的事由。这就造成共同犯罪理论与犯罪停止形态理论的冲突。笔者认为，对于共同犯罪人应坚持部分行为全部责任，并按照其在共同犯罪中的作用来确定刑事责任。因此，当共同犯罪整体完成时，各共同犯罪人均应就犯罪既遂承担刑事责任，并综合各种因素考察其在共同犯罪中所起的作用，以确定其应承担的具体刑事责任。当共同犯罪整体未完成时，各共同犯罪人应就共同犯罪整体的预备、未遂或中止承担相应较轻的刑事责任，在内部再按照具体情况确定各自的犯罪未完成形态，并根据其所起的作用确定具体的刑事责任。

本案中，唐某与他人共同实施强奸，因为喝多了酒而未能得逞。对此，法院定案时认定唐某构成强奸罪既遂，同时考虑到其个人奸淫目的未得逞，并结合其他立功表现对其减轻处罚，是符合共同犯罪基本原理的，判决是合理的。

要进一步说明的是，共同犯罪的停止形态不同于单独犯罪的停止形态。共同犯罪的统一整体性与各共同犯罪人行为的个体差异性，造成了共同犯罪停止形态的复杂性。分析共同犯罪的停止形态问题，要注意以下问题。

1. 正确把握犯罪停止形态特征在共同犯罪中的特殊体现

犯罪停止形态特征包括犯罪着手、犯罪未得逞、意志以外的原因以及犯罪中止的彻底性等方面。在这些特征上，共同犯罪呈现出有别于单独犯罪的特点。

（1）犯罪的着手。在共同犯罪中，由于各共同犯罪人的行为构成有机统一的整体，所以，只要其中一人着手实行了犯罪，整个犯罪就视为已着手实行。

（2）意志以外的原因。犯罪停止形态中的意志以外的原因，是指存在于犯罪分子意志之外的，足以阻止犯罪意志和犯罪活动的各种主、客观因素。共同犯罪作为一个有机整体，其共同犯罪意志以外的原因，与单独犯罪是相同的。但是，就单个共同犯罪人而言，除了单独犯罪中的各种“意志以外的原因”外，其他共同犯罪人未完成犯罪的情况，也可能成为其意志以外的因素。如甲、乙二人盗窃，由于乙是锁匠，约定由乙打开保险门锁，甲进屋取财。但乙由于技术不够未能打开保险门，或者乙由于自身悔悟而放弃了犯罪，这些因素对于甲来说，都是意志以外的因素。

（3）犯罪未得逞。在共同犯罪中，犯罪是否得逞，应是指共同犯罪这个整体是否完成。在单独犯罪的情况下，犯罪未得逞的认定，因既遂形态的不同而不同。结果犯以犯罪结果发生与否来判定，行为犯以行为是否完成来判定。在共同犯罪的情况下，也存在这两种情况。但是，如前所述，无论以何种标准来判定，共同犯罪中的犯罪未得逞，都是就共同犯罪这个整体而言的，要以共同犯罪整体是否完成来判断。如果共同犯罪整体既遂，各共同犯罪人无论单个行为是否完成，都不存在犯罪未完成形态，而要就共同犯罪的既遂负刑事责任。只有共同犯罪整体在犯罪过程中停止下来，才涉及各共同犯罪人的未完成形态问题。共同犯罪中，如果其中一人或几人的行为导致犯罪结果的发生，或者导致犯罪行为的完成，整个共同犯罪就构成既遂，所有共同犯罪人都应承担犯罪既遂的责任。如果由于全体共同实行犯意志以外的原因，或者由于一个或几个实行犯自动中止犯罪，犯罪结果未发生，或者未能完成整体的犯罪行为，则整个共同犯罪未得逞。

（4）中止犯的彻底性。在共同犯罪中，成立犯罪中止的彻底性条件，不仅是自己彻底放弃犯罪，还要制止其他共同犯罪人彻底放弃犯罪，或者采取有效措施避免危害结果的发生。

2. 正确把握共同犯罪停止形态的具体情形

对于共同犯罪的停止形态，需要区分简单共同犯罪和复杂共同犯罪进行讨论。

（1）简单共同犯罪的停止形态。

1）简单共同犯罪的犯罪未遂。在简单共同犯罪中，如果各共同犯罪人的共同实行行为共同未能得逞时，共同犯罪人都构成犯罪未遂。如甲、乙二人为杀丙，都向丙开枪，但都未命中，则甲、乙二人均构成犯罪未遂。如果共同犯罪人中有一人行为造成危害结果，其他共同犯罪人的行为对危害结果的发生未起到作用，则该共同犯罪整体上构成既遂，并且根据共同实行犯“部分行为全部责任”的原则，所有共同犯罪人都以犯罪既遂追究刑事责任。

2）简单共同犯罪的犯罪中止。A. 共同犯罪人中有人自动放弃犯罪，并劝说其他共同犯罪人均放弃，以致共同犯罪整体上停止下来。这种共同犯罪的停止，是基于各共同犯罪人自身意志，所以各共同犯罪人都成立犯罪中止。B. 共同犯罪人中有人自动放弃犯罪，采取其他措施防止了犯罪结果发生。该共同犯罪人成立犯罪中止，其他共同犯罪人成立犯罪未遂。C. 共同犯罪人中有人自动放弃犯罪，并阻止其他实行犯继续实行犯罪，但未能阻止共同犯罪整体的完成，或者未能阻止共同犯罪危害结果的发生。对这种情况的处理，有不同观点①：一是客观说。该观点认为犯罪中止以彻底放弃犯罪或有效防止犯罪结果发生为必要条件，犯罪结果之所以没有发生，必须是由于其中止行为所致，否则，自动放弃者就不能构成犯罪中止。二是主观说。该观点认为刑法对犯罪中止之所以规定减轻或免除处罚，是因为中止犯的主观危险性较小，所以共同犯罪人中有人放弃其犯罪行为，即使未能防止结果发生，也应依犯罪中止处理。笔者认为，根据我国刑法，行为人中止犯罪，如果未能防止犯罪结果的发生，不能以犯罪中止处理。但是，中止行为和行为人为防止犯罪结果发生所作的努力，可以在量刑时予以考虑。

（2）复杂共同犯罪的犯罪停止形态

共同犯罪作为一个整体是否完成，决定于实行犯的行为是否完成，所以，复杂共同犯罪的犯罪停止形态要以实行犯的停止形态为核心。

1）实行犯着手实行犯罪并且完成了犯罪。此种情形下，不发生犯罪未得逞问题，实行犯、教唆犯、帮助犯都成立犯罪既遂。

2）实行犯着手实行犯罪但未完成犯罪。此种情形下，根据不同主、客观因素，存在以下具体情况：A. 实行犯未遂。实行犯未遂相对于帮助犯、教唆犯和其他实行犯是意志之外的原

① 参见马克昌主编：《犯罪通论》，595 页，武汉，武汉大学出版社，1999。

因所致，教唆犯、帮助犯和其他实行犯也成立未遂。B. 实行犯中止。在实行犯中止犯罪，从而使共同犯罪未完成的情形下，如何认定教唆犯、帮助犯和其他实行犯的停止形态，存在不同观点：一是认为也成立中止，理由是：在被教唆者犯了被教唆罪的情况下，应当把被教唆者的行为的社会危害性程度看作是其与教唆者共同造成的，因此，应当根据被教唆者在犯罪过程中的犯罪形态，来相应地确定教唆者的犯罪形态。二是认为成立未遂，理由是：被教唆者在实行犯罪过程中中止犯罪，是出于教唆者意志以外的原因，因此，对教唆者应认为是犯罪未遂。如果实行犯的中止，也是出于教唆犯的意志，教唆犯也就构成犯罪中止。[①] 笔者认为，在共同犯罪中，各共同犯罪人的行为也是影响其他共同犯罪人完成犯罪的客观因素。在共同犯罪整体未完成的情况下，认定各犯罪人是未遂还是中止，一方面要考察犯罪的停止是否出于自己的意志。实行犯的未遂或是中止，对教唆犯、帮助犯来说都是完成共同犯罪的不利因素。首先要判断这个不利因素是否符合其主观意志，如果不符合其主观意志，则是意志之外的原因，应成立未遂。另一方面，要考察实行犯未完成犯罪是否由教唆犯、帮助犯的中止行为造成。如果教唆犯、帮助犯自动放弃犯罪，也采取措施制止其他犯罪人继续犯罪，实行犯因此停止了犯罪，则符合犯罪中止的彻底性，成立犯罪中止。反之，如果实行犯是出于自己的原因而中止犯罪，或者是由于其他不利因素而未完成犯罪，则教唆犯、帮助犯不能成立犯罪中止，而是犯罪未遂。

3）实行犯已预备或已着手犯罪，教唆犯、帮助犯中止犯罪。A. 如果教唆犯、帮助犯通过实行犯意志之外的因素，阻止了实行犯继续犯罪，或有效阻止了犯罪结果的发生，则教唆犯、帮助犯成立中止，实行犯成立未遂。B. 如果教唆犯、帮助犯通过实行犯主观方面的因素，阻止其继续犯罪，或有效防止了犯罪结果的发生，实行犯经劝说也中止犯罪，则教唆犯、帮助犯、实行犯都成立中止。C. 如果教唆犯、帮助犯通过实行犯主观方面的因素阻止其继续犯罪，实行犯经劝说仍继续犯罪，却由于其他原因未完成犯罪，则教唆犯、帮助犯、实行犯都成立未遂。

【要旨提示】

在共同实行犯场合，如果有共同犯罪人完成其行为，无论行为是否具有不可替代的性质，各共同犯罪人均应被视为犯罪既遂。对于其中有的实行犯行为未完成的情形，可以结合其在共同犯罪中的作用，在量刑时考虑。

48. 冉甲等故意杀人、包庇案[②]

——事前通谋的共同犯罪

【案情介绍】

2001 年 4 月 10 日，被告人冉甲与本乡何某因赌博纠纷发生斗殴，冉甲被何某打伤，遂对何某怀恨在心，伺机报复。案发前，冉甲曾先后 3 次对其胞兄冉乙流露“要搞（指报复）何

① 参见马克昌主编：《犯罪通论》，595 页，武汉，武汉大学出版社，1999。

② 案例来源：最高人民法院刑事审判第一、二、三、四、五庭主办：《中国刑事审判指导案例（侵犯公民人身权利、民主权利罪）》，94～95 页，北京，法律出版社，2009。

某”，但冉乙对此一直未置可否。2002 年 9 月 11 日 23 时许，冉甲与冉乙、冉丙在其家中喝酒时，乡政府林业站打来电话，称有人在非法贩运木材，要求冉甲立即前去查处。接电话后，冉甲突发当晚杀死何某的念头，于是，便从家中携带一把砍刀，并邀约冉乙、冉丙陪同执行查处任务。冉乙看见冉甲携带的砍刀后，问为何带刀。冉甲含糊搪塞。执行完任务后，3 人到乡政府外小吃摊吃夜宵的过程中，冉甲借故离开，潜入在附近居住的被害人何某的卧室，持随身携带的砍刀向熟睡中的何某猛砍二十余刀，致其当即死亡。与此同时，乡政府干部罗某出来看见冉甲的摩托车后，向冉乙和冉丙打听冉甲的去向。冉乙便安排冉丙和罗某在附近寻找冉甲。不一会儿，三人听见从何某住房内传出砍杀声。冉乙当即意识到可能是冉甲在砍杀何某，遂叫冉丙和罗某到何某的卧室去“看一下”。二人赶到现场时，发现冉甲已将何某砍死。随后，冉甲安排冉丙用摩托车将冉乙和其本人送回家。之后，冉甲指使冉乙和冉丙将其杀人所用的砍刀等物转移至冉丙的养鸡场内藏匿。到养鸡场后，冉乙给冉甲打电话，授意冉甲将其作案时所穿的血衣和鞋子等物烧毁；同时，又安排冉丙用乙醇把冉甲杀人所用的砍刀上的血迹烧掉。但冉丙还未来得及行动，公安人员已闻讯赶来抓捕。冉乙把砍刀藏匿后，逃回家中与冉甲共商对策。冉乙认为冉甲“是国家干部，还有前途”，决定由自己为其顶罪，并和冉甲订立攻守同盟后外逃。当日，三被告人分别被公安机关抓获。

检察机关以被告人冉甲犯故意杀人罪，被告人冉乙、冉丙犯包庇罪，向人民法院提起公诉。法院经审理，依照《中华人民共和国刑法》第 232 条，第 310 条第 1 款，第 25 条，第 26 条第 3 款、第 4 款，第 27 条，第 57 条第 1 款，第 72 条，第 73 条的规定，判决如下：(1) 被告人冉甲犯故意杀人罪，判处死刑，剥夺政治权利终身；(2) 被告人冉乙犯包庇罪，判处有期徒刑 4 年；(3) 被告人冉丙犯包庇罪，判处有期徒刑 3 年，缓刑 3 年。

【观点争议】

在本案审理过程中主要就被告人冉乙是与被告人冉甲构成故意杀人罪的共犯还是与被告人冉丙构成包庇罪的共犯存在分歧。有意见认为，案发前，被告人冉甲在向冉乙流露其要报复被害人的念头之时，尽管其报复方式和内容尚未确定，但被告人冉乙主观上已经认识到冉甲将对被害人实施某种程度的侵害，能够以冉乙对此未置可否而推定其已默许了冉甲对被害人即将实施的报复，进而认定冉甲与冉乙之间已有通谋，并形成了共同报复被害人何某的共同犯罪故意。法院判决则表示：被告人冉乙明知被告人冉甲杀死何某后，仍受其指使，与冉丙一起转移、隐藏冉甲的杀人凶器，并与冉甲共谋逃避处罚的对策，故意制造是其本人杀人后畏罪潜逃的假象，转移侦查视线，同时授意被告人冉丙及冉甲毁灭杀人罪证，其行为已构成包庇罪。被告人冉乙、冉丙是包庇罪行特别严重的犯罪分子，情节严重。在共同包庇犯罪中，被告人冉乙起主要作用，是主犯。[①] 可以看到，本案争议的问题实际是，如果事后包庇要以之前犯罪的共犯论处，其事前通谋的认定标准应该如何把握。

【法理分析】

根据刑法第 25 条第 1 款的规定，共同犯罪系指二人以上共同故意犯罪。通说认为，共同犯罪是数行为人共同实施特定犯罪，以客观的共同犯罪行为和主观的共同犯罪故意为必要构成

① 参见最高人民法院刑事审判第一、二、三、四、五庭主办：《中国刑事审判指导案例（侵犯公民人身权利、民主权利罪）》，95～96 页，北京，法律出版社，2009。

条件，构成共同犯罪要求数行为人必须有实现特定危害社会结果的犯意联络。根据该犯意联络的形成时间，刑法理论将共同犯罪区分为事前有通谋的共同犯罪和事前无通谋的共同犯罪。着手实施犯罪之前各个共同犯罪人已经形成了共同犯罪的故意的，是事前有通谋的共同犯罪。通谋，是指各共同犯罪人在实行犯罪之前就共同犯罪进行了对议，一般表现为各共同犯罪人就实行犯罪进行了较长时间的策划、商议，以及实施了为实行犯罪准备工具、制造条件的行为。[①]具体到刑法第310条，该条第1款规定："明知是犯罪的人而为其提供隐藏处所、财物，帮助其逃匿或者作假证明包庇的，处三年以下有期徒刑、拘役或者管制；情节严重的，处三年以上十年以下有期徒刑。"第2款规定："犯前款罪，事前通谋的，以共同犯罪论处。"通常认为，这里的"事前通谋"是指行为人与犯罪的人在其犯罪前已经共同策划好，实施犯罪后由其帮助逃匿或作假证明帮助其逃避法律追究。[②] 通谋之后，共同犯罪人为共同犯罪故意所支配实施的行为均是共同犯罪行为，所以行为人所实施的包庇行为实际上是对所谋议之犯罪提供帮助，起码应当作为起辅助作用的从犯处理。[③]

问题是：如果行为人明知他人有意实施特定犯罪，虽在行为实施之前和之时未明确表态支持和积极参与实施，但仍在事后为其他犯罪人提供隐藏处所、财物，帮助其逃匿或者作假证明包庇的，是否应当以共同犯罪论处？根据笔者的看法，答案是否定的，主要理由如下所示。

其一，共同犯罪要求的犯意联络，应该兼有认识因素和意志因素两部分的内容。在认识因素方面，共同犯罪人既认识到自己在实施犯罪，也认识到其他人在实施犯罪，并且了解其共同实施的犯罪行为将引起危害社会的结果发生；在意志因素方面，共同犯罪人是决意为犯罪之参与，对危害社会结果的发生持希望或者放任态度。若是行为人已经了解他人将意在实施或者已经在实施犯罪行为，但自己没有形成参与犯罪之决意的，就不能肯定其共同犯罪故意的存在，不能因为其知情不举就肯定行为人主观上存在共同犯罪的故意。[④] 在本案中，被告人冉乙在听闻被告人冉甲所流露之犯罪意思时，其沉默表明通谋所要求的意思反馈欠缺。在案证据不足以判定冉乙是以默示方式表达了参与犯罪的意思。

其二，共同犯罪要求的共同犯罪行为，在事前通谋、事后包庇的情况下，至少要求通谋对犯罪实施存在一定程度的物理或者心理的加功（成立帮助犯）。帮助犯对犯罪的完成应该起辅助作用。如果对于正犯的犯罪实行没有加功的作用，就难以成立帮助犯。而事前通谋的包庇行为之所以应该以共同犯罪论处，就是因为此项就事后包庇而作的谋议对犯罪实施起到了心理的、精神的鼓励和支持作用。帮助行为只能是存在于他人实行犯罪过程之中，他人已经完成犯罪的，不再有帮助犯存在的余地。[⑤] 所以，事后包庇可能令犯罪人逃脱法律制裁的考虑不是共同犯罪的帮助犯问题。在本案中，被告人冉乙并未就冉甲杀害被害人何某提供任何的言语鼓励和行为支持，对何某被害的事实没有加功作用，其赶到现场时犯罪已经既遂，因此，冉乙不构成故意杀人罪的帮助犯。

---

① 参见曲新久：《刑法学》，148～149页，北京，中国政法大学出版社，2009。

② 参见全国人大常委会法制工作委员会刑法室编：《中华人民共和国刑法：条文说明、立法理由及相关规定》，310页，北京，北京大学出版社，2009。

③ 参与事前通谋又提供事后包庇，但未实际参与犯罪实行的行为人，可能因为在通谋过程中起到教唆、支配作用而成为共同犯罪的主犯。

④ 单纯的知情不举也不构成窝藏、包庇罪，因为在客观方面没有窝藏、包庇行为，在主观方面没有使犯罪分子逃避法律制裁的目的。

⑤ 参见曲新久：《刑法学》，153页，北京，中国政法大学出版社，2009。

其三，1985年12月28日最高人民法院《关于窝藏、包庇罪中“事前通谋的，以共同犯罪论处”如何理解的电话答复》指出：“我国刑法（指1979年刑法——引者注）第一百六十二条第三款所说的‘事前通谋’，是指窝藏、包庇犯与被窝藏、包庇的犯罪分子，在犯罪活动之前，就谋划或合谋，答应犯罪分子作案后，给以窝藏或者包庇的，这和刑法总则规定的主客观要件是一致的。如，反革命分子或其他刑事犯罪分子，在犯罪之前，与行为人进行策划，行为人分工承担窝藏，或者答应在追究刑事责任时提供虚假证明来掩盖罪行等等。因此如果只是知道作案人要去实施犯罪，事后予以窝藏、包庇或者事前知道作案人员要去实施犯罪，未去报案，犯罪发生后又窝藏、包庇犯罪分子，都不应以共同犯罪论处，而单独构成窝藏、包庇罪。”该司法解释已经就事前通谋如何进行认定问题作了说明。而最高人民法院《关于认真学习宣传贯彻修订的〈中华人民共和国刑法〉的通知》第5条表示：“修订的刑法实施后，对已明令废止的全国人大常委会有关决定和补充规定，最高人民法院原作出的有关司法解释不再适用。但是如果修订的刑法有关条文实质内容没有变化的，人民法院在刑事审判工作中，在没有新的司法解释前，可参照执行。其他对于与修订的刑法规定相抵触的司法解释，不再适用。”在这里，前述答复意见在1997年刑法修订后仍然具有权威的解释说服力，应当参照适用。

【要旨提示】

对于事前通谋的共同犯罪，应该从主观方面的犯意联络以及客观方面的共同犯罪行为进行认定。行为人明知他人有意实施特定犯罪，但未以明示或默示方式表示犯罪参与之决意的，不能认定为共同犯罪。事后包庇的，应当以包庇罪追究刑事责任。

49. 蒋某等过失致人死亡案[①]

——共同过失犯罪

【案情介绍】

被告人蒋某、李某受人雇佣，驾驶挂苏B-A2629号牌的农用车于2005年8月13日上午9时许在江苏省无锡市惠山区钱桥镇华新村戴巷桥村道上行驶时，与当地的徐某驾驶的农用车对向相遇，双方为了让道问题发生争执并扭打。而后，徐某持手机打电话，蒋某、李某以为徐某纠集人员，即上车调转车头，欲驾车离开现场。徐某见状，即冲上前拦在苏B-A2629的农用车前方并抓住右侧反光镜，意图阻止蒋某、李某离开。蒋某、李某将徐某拉至车后，由李某拉住徐某，蒋某上车驾驶该车以约二十公里的时速缓慢行驶。后李某放开徐某，跳上该车的后车厢。徐某见状，迅速追赶，双手抓住该车的右侧护栏欲爬上该车。蒋某在驾车过程中，从驾驶室的后视窗看到徐某的一只手抓在右侧护栏上，但未停车。李某为了阻止徐某爬进车厢，将徐某的双手沿护栏掰开。徐某因双手被掰开而右倾后倒地且脸朝下，被该车的右后轮当场碾轧致死。该车开出十余米时，李某拍打驾驶室车顶，将此事告知了蒋某，并下车先行离开。蒋某见

① 案例来源：最高人民法院刑事审判第一、二、三、四、五庭主办：《中国刑事审判指导案例（侵犯公民人身权利、民主权利罪）》，212～213页，北京，法律出版社，2009。

状，将农用车开到厂里后逃离无锡，后被公安机关抓获。同年8月18日，李某向公安机关投案并如实供述了上述犯罪事实。

检察机关以被告人蒋某、李某犯故意杀人罪向人民法院提起公诉。法院经审理，认为公诉机关指控蒋某、李某的行为构成故意杀人罪的定性不准，应予纠正，依照《中华人民共和国刑法》第233条、第67条第1款的规定，于2006年3月7日以过失致人死亡罪，分别判处被告人蒋某有期徒刑4年6个月、被告人李某有期徒刑3年6个月。

【观点争议】

在本案审理过程中主要就被告人蒋某、李某的行为是构成故意杀人罪还是过失致人死亡罪存在分歧。有意见认为，蒋某、李某在危险性存在的情况下，继续驾车而不采取相应的刹车措施以防止危害结果的发生，还在该车行驶过程中扳开被害人徐某的双手，从而使危害结果发生的可能性演变成为现实。蒋某、李某的行为均符合放任危害结果发生的间接故意形态，客观上导致徐某被车碾压致死结果的发生，由此构成了共同（间接）故意杀人罪。法院判决则表示：被告人蒋某、李某因让道问题与被害人徐某发生争执并扭打后，为了摆脱纠缠而驾车离开。蒋某在低速行驶过程中看到徐某的手抓住护栏，其应当预见驾车继续行驶可能发生危害结果，因急于摆脱徐某的纠缠，疏忽大意而没有预见。李某在车厢内掰徐某抓住护栏的双手时，已经预见到这一行为可能发生危害结果，但基于被告人蒋某驾车行驶的速度缓慢，轻信低速行驶过程中扳开徐某双手的行为能够避免危害结果的发生。综观被告人蒋某、李某各自的主、客观因素，可以认定共同的主观目的是摆脱徐某的纠缠，但二人之间并无意思上的沟通。在危害结果可能发生的情况下，分别违反了应有的预见义务和应尽的避免义务，从而导致了徐某死亡结果的发生。其行为均符合过失致人死亡罪的基本特征。①

笔者以为，本案中检察机关对被告人蒋某、李某就被害人徐某死亡结果的发生持共同间接故意的指控证据不足，而法院作出过失致人死亡的定性则是适当的。要进一步指出的是，就认定事实而言，被告人蒋某、李某的违反注意义务行为已经是彼此交错作用、紧密联系而共同引起了危害结果，只是法院判决并没有将其作为共同犯罪处理。这符合现行刑法第25条的规定和刑法理论的通说立场，但如果考虑到司法解释和审判实践已经在处理交通肇事罪问题上对有关共同过失犯罪的总则规定有所突破的情况，那么在更大范围内，共同过失犯罪（过失竞合）是否应该考虑作为共同犯罪处理，就值得予以重视。

【法理分析】

对于数人数行为因为彼此关联的过失而引起特定之构成要件结果，是以过失犯的单独犯分别处理，还是以共同犯罪处理，经常被文献归结为旧派客观主义刑法理论之犯罪共同说与新派主观主义刑法理论之行为共同说的立场对立。② 根据我国刑法第25条的规定，共同犯罪系指共同故意犯罪，而共同过失犯罪不以共同犯罪论处。这一般被认为是倾向于犯罪共同说的立场。

---

① 参见最高人民法院刑事审判第一、二、三、四、五庭主办：《中国刑事审判指导案例（侵犯公民人身权利、民主权利罪）》，212～213页，北京，法律出版社，2009。

② 参见张明楷：《刑法的基本立场》，259页，北京，中国法制出版社，2002。请注意，这仅是在学说史整理意义上言之。晚近有些学者站在客观主义立场赞同行为共同说，立论基础仍是客观主义的因果共犯论和法益侵害说，而非主观主义的人格危险说。

通说认为，共同犯罪是数行为人共同实施特定犯罪，以客观的共同犯罪行为和主观的共同犯罪故意为必要构成条件，数行为人必须有共同实现特定危害社会结果的意思联络。而过失犯罪是对注意义务的违反（不注意），行为人对构成要件结果无认识①，不可能发生意思联络，因而不构成共同犯罪，而是应该作为数过失犯的单独犯处理。但自 2000 年 11 月 20 日最高人民法院《关于审理交通肇事刑事案件具体应用法律若干问题的解释》颁行后，学界讨论日益复杂化，部分论者或以解释论或以立法论为自身叙说前提，就共同过失犯罪（过失竞合）应该被考虑作为共同犯罪处理的议题发表了意见。②

根据笔者的看法，将共同过失犯罪（过失竞合）作为共同犯罪处理的提议，在解释论和立法论上都欠缺紧迫必要性，现行刑法第 25 条对共同犯罪的界定仍然值得维持。

首先，立法机关设立共同犯罪规定主要是因为“共同故意犯罪比共同过失犯罪对社会的危害大，因此，他们所承担的责任也就不同。对共同过失犯罪的，不按共同犯罪论处，而是按照其各自所犯的罪分别处罚，而对共同犯罪则应予以严厉打击”③，那么，如果赞成应该追求足够的刑罚威慑及制裁效果，同时又要求合理地防范刑罚滥用危险这一刑事政策的基本任务，而不是否定了该价值设定的话，就不得不重视从实践效果出发来检视论者的论点及其论证。仍须知，理论学说纵然可以纷纭，但国家立法决策已经相对明晰，切不可脱离刑法总则规定的政策目标，亦不应该鼓励某些逾越权力限度的规则修正。

其次，可以看到，即便同属肯定共同过失犯罪应该作为共同犯罪处理的意见，也在内部分为主张共同过失犯罪仅是过失共同正犯的见解，和主张共同过失犯罪包括过失共同正犯、过失教唆犯、过失帮助犯的见解。笔者以为，应当重视这一分歧。其中，过失共同正犯显然是问题核心，必须首先考虑其定罪处刑规则的解释性问题，且无论是解释论还是立法论，均如是。至于过失教唆犯和过失帮助犯，其问题除了违反教唆和帮助都是有意识行为的语义限定④，可能与刑法第 15 条例外处罚过失犯的规定相抵触外⑤，还更多地表现为一种对处罚必要性的评估和判定。⑥ 如果否定了对过失共同正犯应该以共同犯罪处理的紧迫必要性，则过失教唆犯和过失帮助犯的问题也易解决。

再次，就共同犯罪规定的一般规则而言，何以能够要求在数正犯（实行犯）之间适用“部

---

① 在过于自信的过失（有认识的过失）的场合，行为人在行为时对构成要件结果持有的仍然是否定性认识，即认为构成要件结果不会发生。

② 就《关于审理交通肇事刑事案件具体应用法律若干问题的解释》发表意见，并倾向于区分解释论的不可行性和立法论的可行性的见解，主要参见侯国云：《交通肇事罪司法解释缺陷分析》，载《法学》，2002（7）；张明楷：《共同过失与共同犯罪》，载《吉林大学社会科学学报》，2003（2）。而在更早时候，刻意区分“过失共同犯罪”与刑法第 25 条第 2 款“共同过失犯罪”，以寻求解释论之操作空间的见解，参见冯军：《论过失共同犯罪》，载《西原先生古希祝贺论文集》，162～172 页，北京，法律出版社；东京，成文堂，1997。

③ 全国人大常委会法制工作委员会刑法室编：《中华人民共和国刑法：条纹说明·立法理由及相关规定》，25～26 页，北京，北京大学出版社，2009。

④ 参见张明楷：《共同过失与共同犯罪》，载《吉林大学社会科学学报》，2003（2）。

⑤ 参见黎宏：《刑法总则问题思考》，482 页，北京，中国人民大学出版社，2007。

⑥ 例如，冯军教授认为，过失的教唆行为或过失的帮助行为不应被纳入过失共同犯罪的内容之中。这是因为在教唆行为、帮助行为与危害结果的发生之间本来就只有间接性，如果这种带有间接性的教唆行为、帮助行为是源于行为人的过失，就不具有可罚性。参见冯军：《论过失共同犯罪》，载《西原先生古希祝贺论文集》，162～172 页，北京，法律出版社；东京，成文堂，1997。依笔者的见解，在具体的思考过程中，这一实质价值的考虑甚至可以决定前述语义限定与例外处罚规定的解释方向。

分实行全部责任”原则？何以能够要求教唆犯、帮助犯在没有亲为实行行为的情况下也就正犯（实行犯）所直接引起的结果负责（狭义共犯的从属性）？的确，在共同犯罪中，数行为人之间彼此联络、相互协作，部分的实行行为因此得到补充，间接的教唆、帮助行为因此得到延伸，从而制造了与危害社会结果的心理或物理因果联系。据此，重视因果关系的引起说似乎能为肯定共同过失犯罪提供论证，即认为如果不肯定为共同犯罪，就不能适用共同正犯、教唆犯、帮助犯的定罪处刑规则，就不能完成对因果关系的足够证明。但根据笔者的见解，这实际是僵化了刑法分则对特定犯罪之构成要件规定的理解。诚然，在故意犯的情况下，实施由罪状叙述的构成要件行为同时在事实和规范的意义上是引起危害社会结果的主要原因。例如，在抢劫罪的认定中，仅施行强制，或者仅着手取财，均不能充足刑法第 263 条所规定的犯罪构成，也没有确立判定抢劫罪既遂的起码前提。恰是通过在数正犯之间适用“部分实行全部责任”原则，令部分的实行行为片段基于共同犯罪故意（犯意联络）而实现了彼此联系、补充。又如，在盗窃罪的认定中，仅通过言语唆使引起他人的盗窃犯罪决意，或者是仅提供门外望风的辅助，如无正犯的秘密窃取财物行为，不但狭义共犯的客观危害效果不能实现，连其主观的非法占有目的也可能无从认定（在非为自己占有的情况）。但要注意的是，在过失犯的场合，情况就有所不同。注意义务的违反是过失犯构成的关键所在。行为人违反注意义务的身体动作引起了构成要件的结果，经常就可判断其行为已经充足了犯罪构成对实行行为的要求。这是因为，刑法分则虽对故意犯采相对详尽的罪状记述，但对过失犯的实行行为的规定相当缓和。就像在违章冒险作业引起的交通肇事案件中，实际操作交通工具的工作人员（直接过失）与负有监督、管理义务而实际指示、强令违章运营的单位主管人员（监督、管理过失）虽彼此交错作用、紧密联系而共同引起了危害结果，但仍然以数个交通肇事罪的单独犯处理[①]，因为这里单位主管人员违反注意义务的身体动静已经被认为充足了“违反交通运输管理法规”的实行行为的要求[②]，没有必要再借用“部分实行全部责任”原则而完成对法律适用的说明。

又次，就共同犯罪规定的个别问题而言，2000 年 11 月 20 日最高人民法院《关于审理交通肇事刑事案件具体应用法律若干问题的解释》（以下简称《解释》）的部分规定仍需斟酌：

其一，《解释》第 5 条第 2 款规定：“交通肇事后，单位主管人员、机动车辆所有人、承包人或者乘车人指使肇事人逃逸，致使被害人因得不到救助而死亡的，以交通肇事罪的共犯论处。”有论证意见指出，鉴于刑法第 133 条将逃逸行为规定为交通肇事罪的加重处罚情节，而且在肇事后逃逸的问题上，肇事人主观上是故意的，其他人指使其逃逸，具有共同的故意，当然符合共犯的构成条件。《解释》第 5 条的规定是符合立法本意的。[③] 但该项对司法解释的再解释很有疑问：第一，刑法第 133 条后段规定的逃逸致人死亡，现实生活中是否可能存在放任故意甚或希望故意的情况，《解释》没有明确表态。一是该加重犯适用 7 年以上有期徒刑，已经明显高于刑法第 115 条规定的过失以危险方法危害公共安全的犯罪，似乎表明其处罚对象不只是过失。二是经比对《解释》第 6 条再反观之，似乎在这里又有意回避了“逃逸致人死亡”存

---

① 参见“梁应金、周守金等交通肇事案”，载最高人民法院刑事审判第一、二、三、四、五庭主办：《中国刑事审判指导案例（危害国家安全罪·危害公共安全罪·侵犯财产罪·危害国防利益罪）》，92～93 页，北京，法律出版社，2009。

② 当然，在这里要考虑法定犯（行政法）的二次违法问题，应该首先就该行为的行政违法性判断提供必要规范依据。

③ 参见孙军工：《正确适用法律，严惩交通肇事犯罪——〈关于审理交通肇事刑事案件具体应用法律若干问题的解释〉的理解与适用》，载《人民司法》，2000（12）。

在的故意认定的问题。这大概是基于审判经验考虑而作出了事实存疑时的较模糊处理。若如此，指使逃逸而致人死亡就恐怕非如司法解释起草者所说明的故意加重犯的共犯。① 第二，刑法第133条后段规定的逃逸致人死亡，是交通肇事罪的加重情节。如果单位主管人员、乘车人、所有人、承包人不存在指使、强令违章驾驶，显然不构成本罪的基本犯，何以凭空地仅因为符合加重情节规定（假定这里允许教唆犯的存在）就判定够罪？如此说理实在令人怀疑。第三，即便赞成《解释》把交通肇事后逃逸看作一个定罪情节②，因为“违反交通运输管理法规，因而发生重大事故”这部分最关键的危害社会结果与单位主管人员、乘车人、所有人、承包人没有主客观的因果联系，所以恐怕不能要求其就此承担责任。

其二，《解释》第7条规定：“单位主管人员、机动车辆所有人或者机动车辆承包人指使、强令他人违章驾驶造成重大交通事故，具有本解释第二条规定情形之一的，以交通肇事罪定罪处罚。”有学者认为该司法解释明显确立了过失教唆犯的理论。③ 但第7条在这里并没有如第5条第2款使用“交通肇事罪的共犯”字样，所以，其是否仍属有意设定的共同过失犯罪，还有疑问。更重要的是，如果发生了单位主管人员、机动车辆所有人或者机动车辆承包人指使、强令他人违章驾驶造成重大交通事故，也就符合了“违反交通运输管理法规，因而发生重大交通事故”的基本犯构成要件，本身就可以认定为过失犯的注意义务违反。类似的例证，就是刑法第134条第2款的规定：“强令他人违章冒险作业，因而发生重大伤亡事故或者造成其他严重后果的，处五年以下有期徒刑或者拘役；情节特别恶劣的，处五年以上有期徒刑。”对这一指示、强令行为完全可能以过失犯的单独犯处理，并不发生共同犯罪的问题。

最后，要补充的是，对于某些过失竞合案件中各行为人之过失行为与构成要件结果之间的引起关系无法分别查清的情况④，因为单独犯的因果关系证明应该个别进行，所以在这里可能最终要作事实存疑时从无的处理，而不是勉强认定为共同犯罪后适用“部分实行全部责任”原则。这一点，应该从坚持无罪推定和罪刑法定，保障犯罪嫌疑人、被告人基本权利的角度来加以强调。

【要旨提示】

在现行立法条件下，二人以上共同过失犯罪（过失竞合）不以共同犯罪论处。对于司法实

---

① 请注意两点：一是刑法第14条、第15条对故意犯罪和过失犯罪的定义，所谓罪过应该是指向危害社会结果的发生而非危害行为的实施。二是《解释》第5条第2款讲的是“指使肇事人逃逸，致使被害人因得不到救助而死亡的，以交通肇事罪的共犯论处”，而非“指使肇事人逃逸的，以交通肇事罪的共犯论处”。该条所解释的并非刑法第133条中段的加重行为规定（“逃逸”），而是其后段加重情节规定（“逃逸”加“致人死亡”）。

② 这主要是指《解释》第2条第2款第6项将“为逃避法律追究逃离事故现场”规定为够罪的可能条件。

③ 参见侯国云：《交通肇事罪司法解释缺陷分析》，载《法学》，2002（7）。侯国云教授还指出，此处的教唆人由于没有预见到可能发生的危害结果，或者预见到了但轻信能够避免，才实施了教唆行为。此种过失教唆犯在主观上表现为过失地教唆他人过失犯罪。如果不是这样，而是故意地教唆他人过失犯罪，则不是过失教唆犯，而是故意教唆犯，应构成故意犯罪。笔者以为，对于故意利用他人过失行为的情况，应该考虑成立故意犯罪的间接正犯，而非狭义的教唆犯。

④ 典型案件是“南某等过失致人死亡案”：该案被告人南某与孔某两人相约在阳台上，以离阳台8.5米左右处一废瓷瓶为目标比赛枪法。两人轮流用一支JW-20型半自动步枪各射击子弹3发，均未打中。但其中一发子弹穿过树林，将离阳台百余米处的行人龙某射死，但未查清具体由谁持枪射出。一审法院和二审法院均认定两被告人构成过失致人死亡罪，分别判处4年有期徒刑，只是没有引述刑法总则有关共同犯罪的规定。案件的基本情况，参见最高人民法院中国应用法学研究所编：《人民法院案例选·刑事卷》（1992—1996合订本），256页，北京，人民法院出版社，1997。

践中出现的某行为人指使、强令其他行为人实施过失犯罪，以及数行为人协力实施特定行为，而过失地引起危害结果的情形，应该考虑从该行为人自身注意义务违反的角度，就是否构成过失犯的单独犯进行认定。

50. 黄某等故意伤害案[①]

——雇佣犯罪是否必然构成共同犯罪

【案情介绍】

2000年6月初，刘某（另案处理）被免去珠海市J集团总经理职务及法人代表资格后，由珠海市X控股有限公司董事长朱某兼任珠海市J集团总经理。同年6月上旬，被告人黄某找到刘某商量，提出找人，利用女色教训朱某。随后，黄某找到被告人洪某，商定由洪某负责具体实施。洪某提出要人民币4万元的报酬，先付人民币2万元，事成后再付人民币2万元。黄某与刘某商量后，决定由刘某利用其任Y公司董事长的职务便利，先从公司挪用这笔钱。同年6月8日，刘某写了一张人民币2万元的借据。次日由黄某凭该借据到Y公司财务开具了现金支票，并到深圳发展银行珠海支行K分理处支取了人民币2万元，分两次支付给了洪某。洪某收钱后，即着手寻觅机会利用女色来引诱朱某，但未能成功。于是，洪某打电话给黄某，提出不如改为找人打朱某一顿，黄某表示同意。之后，洪某以人民币1万元的价格雇佣被告人林甲去砍伤朱某。后黄某因害怕打伤朱某可能会造成的法律后果，又于7月初，两次打电话给洪某，明确要求洪某取消殴打朱某的计划，同时商定先期支付的2万元冲抵黄某欠洪某所开饭店的餐费。但洪某应承后却并未及时通知林甲停止伤人计划。林甲在找来被告人谢某、庞某、林乙后，准备了两把菜刀，于7月24日晚，一起潜入朱某住处楼下，等候朱某开车回家。晚上9点50分左右，朱某驾车回来，谢某乘朱某在住宅楼下开信箱之机，持菜刀朝朱某的背部连砍2刀、臀部砍了1刀，庞某则用菜刀往朱某的前额面部砍了1刀，将朱某砍致重伤。事后，洪某向黄某索要未付的人民币2万元。7月25日，黄某通过刘某从Y公司再次借出人民币2万元交给洪某。洪某将其中的1万元交给林甲作报酬，林甲分给谢某、庞某、林乙共4 500元，余款自己占有。

检察机关以被告人黄某、洪某、林甲、谢某、庞某、林乙犯故意伤害罪，向人民法院提起公诉。在诉讼过程中，附带民事诉讼原告人朱某提起附带民事诉讼。一审法院经公开审理，依照《中华人民共和国刑法》第234条、第272条第1款、第65条、第69条、第36条，《中华人民共和国民法通则》第119条的规定，判决如下：(1) 被告人黄某犯故意伤害罪，判处有期徒刑3年。(2) 被告人洪某犯故意伤害罪，判处有期徒刑5年。(3) 被告人林甲犯故意伤害罪，判处有期徒刑4年。(4) 被告人谢某犯故意伤害罪，判处有期徒刑4年。(5) 被告人庞某犯故意伤害罪，判处有期徒刑4年。(6) 被告人林乙犯故意伤害罪，判处有期徒刑3年。(7) 被告人黄某、洪某、林甲、谢某、庞某、林乙应赔偿附带民事诉讼原告人朱某医疗费人民币87 502.76元、护理费11 600元、营养费9 000元、误工费29 400元、残疾者生活补助费

---

① 案例来源：最高人民法院刑事审判第一、二、三、四、五庭主办：《中国刑事审判指导案例（侵犯公民人身权利、民主权利罪）》，258～260页，北京，法律出版社，2009。

45 106.56元，共人民币182 609.32元。被告人黄某承担90 000元，被告人洪某承担22 609.32元，被告人林甲、谢某、庞某各自承担20 000元，被告人林乙承担10 000元。上述各被告人对上述债务承担连带赔偿责任。一审宣判后，上述各被告人均未提起上诉，公诉机关亦未抗诉。判决刑事部分已发生法律效力。附带民事诉讼原告人就民事赔偿部分提起上诉，二审法院裁定维持原判。

【观点争议】

在本案审理过程中主要就黄某是否构成教唆犯的犯罪中止存在分歧。被告人黄某的辩护人辩称，黄某在犯罪预备阶段已自动放弃犯罪，是犯罪中止，应当免予刑事处罚。法院判决则表示：被告人黄某为帮人泄私愤，雇佣被告人洪某组织实施伤害犯罪，虽然其最终已打消犯意，但未能采取有效手段阻止其他被告人实施犯罪，导致犯罪结果发生。考虑到其在共同犯罪中的教唆地位和作用，其单个人放弃犯意的行为不能被认定为犯罪中止。[①]

笔者以为，对黄某行为的评价其实是刑法理论所谓“共犯的脱离”问题，即一开始是以共犯形式（广义的共犯）出现，在完成犯罪之前部分共犯人退出，即切断其与其他共犯人的关系，从而使先前成立的共犯转变为单独犯或者其他人的共同犯罪的情形。[②] 考虑到现行刑法有关中止犯的规定，即便发生了共犯的脱离尝试，只要犯罪结果没有被有效防止，就不存在法定的从宽处罚依据，只能够就个案作出酌情处理。因此，笔者基本同意本案法院判决的意见。而在这里要提出的问题，其实发生在对共犯脱离的讨论之前，即能否就本案构成共同犯罪这一条件作出判定。理论上有论者结合最高人民法院刑庭所发布的指导案例提出，所有的雇佣犯罪都成立共同犯罪，不存在所谓的受雇方不构成犯罪而雇主单独构成犯罪的情形。[③] 这一提法是否符合刑法学理解释和司法实践的情况？在笔者看来，尚有疑问。

【法理分析】

行为人（雇主）以钱款/财物雇请其他人（受雇人）实施刑法分则所规定的构成要件行为的情况，一般被司法实践和刑法理论称作雇佣犯罪。论及雇佣犯罪与共同犯罪的联系，现有观点很多都肯定雇佣犯罪完全符合共同犯罪的法律特征，是共同犯罪的特殊形式[④]，但也有意见表示雇佣犯罪通常是共同犯罪[⑤]，但在被雇佣人未达到刑事责任年龄和没有刑事责任能力时成立间接正犯。[⑥] 的确，讨论所使用的雇佣犯罪称谓仅是习惯概括，对此目前并无制定法规定，其指涉范围似不清楚，但如果考虑从“雇佣”及“犯罪”语词的使用来作出初步限定，要求存

---

① 参见最高人民法院刑事审判第一、二、三、四、五庭主办：《中国刑事审判指导案例（侵犯公民人身权利、民主权利罪）》，259页，北京，法律出版社，2009。

② 参见黎宏：《刑法总论问题思考》，535页，北京，中国人民大学出版社，2007。

③ 参见刘树德、喻海松：《中国刑事指导案例与规则：提炼·运用·说理》，144～146页，北京，法律出版社，2009。

④ 参见魏东：《论雇佣犯罪及其刑事责任》，载《云南法学》，1996（4）；刘文：《雇佣犯罪问题研究》，载《政治与法律》，2001（6）；宋红霞：《论雇佣犯罪的概念与本质》，载《法学家》，2002（2）。

⑤ 参见左坚卫：《论雇佣犯罪中雇主的刑事责任》，载《北京师范大学学报（社会科学版）》，2009（6）。在较早时候有意见认为，在受雇人实施犯罪后的犯罪结果大于雇主的要求，并且受雇人的主观故意有所改变的情况下不构成共同犯罪。参见龚明辉、沈汝清：《雇佣犯罪中雇主的刑事责任问题》，载《法制日报》，1996-01-25。

⑥ 参见刘凌梅：《雇佣犯罪若干问题刍议》，载《国家检察官学院学报》，2003（4）；马松建：《雇佣犯罪基本问题研究》，载《郑州大学学报（哲学社会科学版）》，2005（7）。

在以钱款/财物为交易对价的雇请行为，以及存在须追究刑事责任的犯罪事实，应该是分析的起码前提。

根据笔者的看法，雇佣犯罪在多数情况下是构成共同犯罪的，但至少在文理上不排除非共同犯罪的情况。结合已有观点，笔者认为司法实践和刑法理论所讨论的雇佣犯罪包括以下几种类型。[①]

一是雇主与受雇人构成共同犯罪，其中雇主承担教唆犯的刑事责任。雇主通常为自身利益而以钱款、财物等利益收买受雇人，使其产生犯罪决意，进而着手实行犯罪。这符合刑法第29条关于教唆犯的规定，因此，雇主通常是教唆犯。作为教唆犯的雇主，其主观恶性通常大于受雇人，其犯罪行为的客观危害通常也不小于受雇人，亦即其犯罪的社会危害性通常并不小于实行犯。因此，雇佣犯罪中的雇主通常属于主犯，其应当承担的刑事责任通常不宜小于主要实行犯。但是，如果有确凿的证据证明雇主的利诱行为对受雇人的影响很小，在整个犯罪中基本上只起到发起犯意的作用，就不宜认定其在共同犯罪中起了主要作用，也就不宜认定雇主对雇佣犯罪负主要刑事责任。[②]

二是雇主与受雇人构成共同犯罪，其中雇主承担帮助犯的刑事责任。在极少数情况下，雇主仅是受到受雇人主动要约而支付钱款，本身并不是犯意的发起者，亦未组织策划或参与实行犯罪，其主观恶性以及在共同犯罪中的客观作用都比较小，则属于在共同犯罪中起辅助作用的情况，是作为从犯的帮助犯。

三是雇主与受雇人构成共同犯罪，其中雇主承担正犯的刑事责任。这其实包括了两种情况。一种情况是雇主与受雇人共同实行该犯罪，显然属于共同正犯。另一种情况是雇主支付钱款，并积极地组织、策划、指挥他人实行犯罪，但自己并未亲为。根据判断正犯的实质客观说，正犯是出于亲自实现构成要件的意思实施具有实现构成要件的现实危险的行为的人[③]，所以，此刻雇主的作用就明显超出了教唆犯使被教唆人产生犯罪决意的程度，而具有与正犯相当的意义。此即所谓共谋共同正犯，在我国刑法理论中也被称作组织犯。[④] 其与作为主犯的某些教唆犯有别，但是刑法对共同犯罪刑事责任主要强调区分主从，使得司法实践对于作为主犯的教唆犯与作为主犯的共谋共同正犯的区别问题有所忽略。

四是雇主与受雇人不构成共同犯罪，而雇主承担正犯的刑事责任。这也就是部分论者提到的雇佣犯罪的间接正犯问题。所谓间接正犯，即将他人作为道具加以利用，从而符合构成要件的情况。一般认为利用无相应刑事责任能力者实施特定构成要件行为者是典型的间接正犯。有意见认为，雇佣犯罪中的受雇人必须是具有刑事责任能力的人，他在明知自己的行为是犯罪的情况下仍然实施犯罪行为，所以，他与雇主形成共同犯罪的关系，应对其追究刑事责任。而且雇佣犯罪中的雇佣性质也即雇主与受雇人之间存在的金钱交易在间接实行犯中也是一般不存在的。[⑤] 疑问是，有无刑事责任能力是规范推定，而能否了解行为危害、能否积极与雇主达成交易则首先是事实问题。就雇佣犯罪的用语而言，断然排除间接正犯的情况并无道理，甚至是刻

---

① 我国刑法对共同犯罪人类型的规定采作用分类（主犯、从犯、胁从犯）与分工分类（教唆犯）相结合的标准。笔者在这里则主要以分工分类标准（实行犯、教唆犯、帮助犯）来组织论述。

② 参见左坚卫：《论雇佣犯罪中雇主的刑事责任》，载《北京师范大学学报（社会科学版）》，2009（6）。

③ 参见［日］大谷实：《刑法讲义总论》，黎宏译，363页，北京，中国人民大学出版社，2008。

④ 通常认为，刑法第26条第3款对组织、领导犯罪集团的首要分子刑事责任的规定，即属组织犯。

⑤ 参见宋红霞：《论雇佣犯罪的概念与本质》，载《法学家》，2002（2）。

意裁剪问题以配合概念，有削足适履之嫌。因此，不排除受雇人未达到刑事责任年龄或者缺少刑事责任能力，此时的雇主成立所实施犯罪的间接正犯。

五是如果受雇人已经着手执行雇主的授意（如伤害），又超出雇主授意范围而实施其他行为（如抢劫），但伤害和取财行为都因为情节轻微而未作为犯罪处理的情况下，雇主的刑事责任如何认定？有意见认为，受雇人超过雇主授意范围而实施的抢劫行为属“实行过限”，对雇主应以故意伤害罪（教唆未遂）追究刑事责任。[①] 这一问题的解释与刑法第29条第2款所谓教唆未遂规定有关。该条款在司法实践中被认为确立了不存在共犯关系（因为被教唆的人没有犯被教唆的罪），对教唆犯应以单独犯罪论处的规则。[②] 但这很可能受到持共犯从属性立场的学说的批评。例如，许多论者站在共犯从属性立场提出对刑法第29条第2款作出限制性的解释，即主张将所谓“没有犯被教唆的罪”解释为仅包括被教唆人已经着手实行但未遂或中止的情形，而将被教唆人完全拒绝教唆犯的教唆，或者当时接受了教唆但根本没有任何行动的情况，排除在教唆犯的处罚范围之外。[③] 笔者以为，在现有的立法条件下，即使在学理上赞同共犯从属性的立场，也没有对刑法第29条第2款作特别限缩的紧迫必要，因为这会明显导致文理上的更大争议。考虑到唐律以来的“以先造意者为首，余并为从”的法制传统，以及现阶段的刑事政策[④]，立法特别设置教唆未遂的处罚规定未必不可。唯在司法实践处理具体案件时还应该注意联系刑法第13条但书规定来综合地予以把握。就雇佣犯罪的议题而言，在教唆未遂的场合，就存在着不构成共同犯罪，但仍得引刑法第29条第2款的规定进行处理的特别情况。

【要旨提示】

雇佣犯罪并不必然构成共同犯罪。这在司法实践中主要包括两种情况：一是受雇人未达到刑事责任年龄或者欠缺刑事责任能力，对雇主应当以间接正犯追究刑事责任；二是受雇人没有犯被授意实施的犯罪（包括因情节显著轻微不作为犯罪处理），对雇主应当引刑法第29条第2款关于教唆犯之未遂规定进行处理。

51. 深圳某科技有限公司及王某等人传播淫秽物品牟利案[⑤]

——中立的帮助行为

【案情介绍】

被告单位深圳某科技有限公司通过免费提供资源服务器程序和播放器程序的方式，为网络

---

① 参见“吴学友故意伤害案”，载最高人民法院刑事审判第一、二、三、四、五庭主办：《中国刑事审判指导案例（侵犯公民人身权利、民主权利罪）》，263页，北京，法律出版社，2009。

② 司法实践对教唆犯的所谓独立性，或者说教唆犯二重性中的独立性方面的理解，参见上书，264页。

③ 参见黎宏：《刑法总则问题思考》，514页，北京，中国人民大学出版社，2009；曲新久：《刑法学》，156～157页，北京，中国政法大学出版社，2009。

④ 参见高铭暄、赵秉志主编：《犯罪总论比较研究》，270页，北京，北京大学出版社，2008。

⑤ 案例来源：北京市第一中级人民法院（2016）京01刑终592号刑事裁定书。

用户提供网络视频服务。任何人均可通过其资源服务器程序发布自己所拥有的视频资源，具体方法是，“站长”选择要发布的视频文件，使用资源服务器程序生成该视频文件的特征码，导出包含特征码等信息的链接。“站长”把链接放到自己或他人的网站上，即可通过被告单位的中心调度服务器与点播用户分享该视频。这样，被告单位的中心调度服务器在站长与用户、用户与用户之间搭建了一个视频文件传输的平台。为提高热点视频下载速度，被告单位搭建了以缓存调度服务器为核心的平台，通过自有或与运营商合作的方式，在全国各地不同运营商处设置缓存服务器一千余台。在视频文件点播次数达到一定标准后，缓存调度服务器即指令处于适当位置的缓存服务器抓取、存储该视频文件。当用户再次点播该视频时，若下载速度慢，缓存调度服务器就会提供最佳路径，供用户建立链接，向缓存服务器调取该视频，提高用户下载速度。部分淫秽视频因用户的点播、下载次数较高而被缓存服务器自动存储，缓存服务器方便、加速了淫秽视频的下载、传播。

2012 年 8 月，深圳市公安局公安信息网络安全监察分局对被告单位进行检查，针对该公司未建立安全保护管理制度、未落实安全保护技术措施等问题，给予行政警告处罚，并责令整改。随后，深圳市网监将违法关键词和违法视频网站链接发给被告单位，要求采取措施过滤、屏蔽。2013 年 8 月 5 日，深圳市 A 区广电局执法人员对被告单位开展调查，在被告人牛某某在场的情况下，执法人员登录进入“超级雷达”，很快便找到了可播放的淫秽视频。10 月 11 日，A 区广电局对被告单位予以行政处罚。此后，被告单位的“110”平台工作依然搁置，检查、屏蔽工作依然没有有效落实。

被告单位直接负责的主管人员王某、吴某、张某某、牛某某，在明知被告单位擅自从事互联网视听节目服务、提供的视听节目含有色情等内容的情况下，未履行监管职责，放任淫秽视频在被告单位控制和管理的缓存服务器内存储并被下载，导致大量淫秽视频在网上传播。

2013 年上半年，北京某技术有限公司为解决使用播放器访问视频资源不流畅的问题，与被告单位联系技术解决方法，双方开展战略合作。根据双方协商，由北京某技术有限公司提供硬件设备即 4 台服务器，由被告单位提供内容数据源以及降低网络出口带宽、提升用户体验的数据传输技术解决方案，负责远程对软件系统及系统内容的维护。2013 年 8 月，北京某技术有限公司提供 4 台服务器开始上线测试，被告单位为 4 台服务器安装了被告单位的缓存服务器系统软件，并通过账号和密码远程登录进行维护。2013 年 11 月 18 日，北京市 B 区文化委员会在行政执法检查时，从北京某技术有限公司查获此 4 台服务器。2014 年 4 月 11 日，北京市公安局 B 分局决定对王某等人涉嫌传播淫秽物品牟利罪立案。经查，该 4 台服务器从 2013 年下半年投入使用，至 2013 年 11 月 18 日被扣押，存储的均为点击请求量达到一定频次以上的视频文件。公安机关从服务器里提取了 29 841 个视频文件进行鉴定，认定其中属于淫秽视频的文件为 21 251 个。

2013 年年底，为了规避版权和淫秽视频等法律风险，在王某的授意下，张某某领导的技术部门开始对缓存服务器的存储方式进行调整，将原有的完整视频文件存储变为多台服务器的碎片化存储，将一部视频改由多台服务器共同下载，每台服务器保存的均是 32M 大小的视频文件片段，用户点播时需通过多台服务器调取链接，集合为可完整播放的视频节目。

另查，被告单位的盈利主要来源于广告费、游戏分成、会员费和电子硬件等，公司事业部是被告单位盈利的主要部门。根据账目显示，事业部的主要收入来源于网络营销服务，其中资讯快播和第三方软件捆绑是最为主要的盈利方式。具体而言，被告单位向欲发布广告的公司收取广告费，用户使用播放器时，会有资讯窗口弹出，该窗口内除部分新闻外全是广告内容；被告单位还向一些软件开发公司收取合作费用，使用户安装播放器的同时捆绑安装一些合作公司的软件。被告单位营业收入逐年增长，至 2013 年仅事业部即实现营业收入人民币 1.4 亿余元，其中资讯营业收入七千余万元，第三方软件捆绑营业收入三千余万元。

检察机关以被告单位深圳某科技有限公司，被告人王某、吴某、张某某、牛某某犯传播淫秽物品牟利罪，提起公诉。一审法院经审理，依照《中华人民共和国刑法》第 363 条第 1 款、第 366 条、第 30 条、第 31 条、第 52 条、第 53 条之规定，判决如下：(1) 被告单位深圳某科技有限公司犯传播淫秽物品牟利罪，判处罚金人民币 1 000 万元。(2) 被告人王某犯传播淫秽物品牟利罪，判处有期徒刑 3 年 6 个月，罚金人民币 100 万元。(3) 被告人张某某犯传播淫秽物品牟利罪，判处有期徒刑 3 年 3 个月，罚金人民币 50 万元。(4) 被告人吴某犯传播淫秽物品牟利罪，判处有期徒刑 3 年 3 个月，罚金人民币 30 万元。(5) 被告人牛某某犯传播淫秽物品牟利罪，判处有期徒刑 3 年，罚金 20 万元。被告人吴某不服，提起上诉。二审法院根据《中华人民共和国刑事诉讼法》第 225 条第 1 款第 1 项的规定，裁定如下：驳回上诉，维持原判。

【观点争议】

针对本案中深圳某科技有限公司的行为是否属于技术中立行为、是否可以适用刑法中中立的帮助行为作为免责事由，控辩双方存在两种截然对立的观点。

第一种观点为辩护人所采纳，认为淫秽视频为“站长”所发布，深圳某科技有限公司提供的是技术服务，没有传播、发布、搜索淫秽视频的行为，也不存在帮助行为；播放器技术不是专门发布淫秽视频的工具，而是提供缓存服务以提高网络传输效率，为用户提供 P2P 视频点播技术服务；基于技术中立原则，对被告单位的行为应当适用“避风港”原则，被告单位不应为网络用户传播淫秽物品承担刑事责任。

第二种观点为检察机关和审判机关所采纳，认为被告单位的缓存服务器下载、存储并提供淫秽视频传播，属于传播淫秽视频的实行行为，且具有非法牟利的目的，不适用共同犯罪中的中立的帮助行为理论。

【法理分析】

“中立的帮助行为，也称为日常性行为，是指外观上的无害行为，例如生活行为、业务行为等，但在客观上对正犯行为、结果起到了促进作用的情形。应当指出，中立的帮助行为在性质上属于犯罪的帮助行为，只不过与一般的帮助行为相比，其具有中立性。”① 对于中立的帮助行为，均认为作为犯罪进行处罚显然是不合适的：“对于帮助犯的成立要件仅仅作形式化的理解，没有作实质的考量，导致了每个人都充当了警察的角色。此外，从经济发展的角度来看，这无疑让每个经营者对消费者的消费意图都具有审查的义务，制约市场的自由发展”②。

对于如何区分可罚的帮助行为和不可罚的中立的帮助行为，理论中存在诸多不同的判断标

---

① 陈兴良：《快播案一审判决的刑法教义学评判》，载《中外法学》，2017 (1)。

② 孙万怀、郑梦凌：《中立的帮助行为》，载《法学》，2016 (1)。

准，简单概括起来主要包括三种类型。一是主观说。主观说将行为人的“知”与“欲”作为判断标准，即认识到正犯要实施犯罪或者意图通过自己的行为积极推动犯罪结果发生的，成立帮助犯。二是客观说。客观说依一种客观的标准决定中立的帮助行为是否成立帮助犯，认为中立的或者职业范围内的行为（与职业相当的行为）应当排除在帮助犯之外。三是折中说。其主张将客观要素与主观要素联系在一起，判断其与犯罪的意义关联。如果行为人通过相应的援助行为有意识地直接促进犯罪，或者虽然援助行为本身是合法的，但行为人明知该行为的唯一目的是犯罪，那么应认定为帮助犯。①

上述标准中，主观说仅考虑行为人对正犯行为的主观认识，完全不考虑行为人所实施的行为是否在客观上实际起到了对正犯行为的帮助作用，显然不太合适，极有可能将客观上完全没有帮助效果的行为认定为帮助犯。客观说采用一种客观标准进行判断，或者说采取一种社会相当性标准来进行判断，即“认为中立行为所进行的帮助，是具有一般的社会相当性的，是属于一般的日常生活秩序范围以内的，所以不构成帮助犯”②。客观说的问题在于，这种客观的标准、社会相当性的标准的范围其实并不清晰，不同的人可能会得出完全不同的结论，看似有客观标准，实则完全是一种主观臆断。相较于主观说和客观说，折中说既考虑主观要素，也考虑客观要素，实现主、客观相统一，具有更大的合理性。但是主观上有认识、客观上有联系，即认为成立帮助犯，标准亦不明确，难以划出合适的区分界限。

综合考虑、分析上述观点的合理和不合理之处，笔者认为，应当从主、客观两个方面来确定中立的帮助行为的标准。主观上，行为人应当较为确定地认识到正犯的犯罪意图；客观上，行为人所实施的行为对于正犯行为实现法益侵害的紧迫性具有明显的促进作用。只有同时符合上述主观和客观标准，才能够被认定为可罚的帮助行为，反之，则为不可罚的中立的帮助行为。以此为标准，我们可以对本案中深圳某科技有限公司的行为是否属于中立的帮助行为进行判断。

本案中被告单位的行为主要是提供程序服务，这种程序服务的内容，又可以分为两个类别：一是与很多其他网络程序类似的上传和下载功能；二是其较为独特的功能，即根据点播数量的多少，缓存服务器主动抓取网络用户上传的资源并自动存储。

1. 针对上传、下载淫秽视频的功能，被告单位提供程序的行为成立中立的帮助行为。

淫秽视频的上传主体或发布者为网络用户，即所谓的“站长”，而并非被告单位深圳某科技有限公司。所以在此背景之下，被告单位不可能成为传播淫秽物品的正犯。但用以播放淫秽视频的播放器和上传后存储淫秽视频的资源服务器均是由被告单位所提供的。客观上，被告单位提供程序的行为对于实现淫秽物品在社会上广泛传播的法益侵害的紧迫性起着明显的促进作用，也即被告单位提供程序的行为客观上起到了对正犯行为的帮助作用。但是，并不能仅仅基于客观实际的帮助效果即断言这种提供程序的行为成立可罚的帮助行为，还需要对被告单位的主观要素进行认定。关于对主观要素的认定，笔者认为应当区分为两个阶段，即以行政执法机关检查、提出整改要求为时间节点划分为两个阶段。在行政执法机关检查、提出整改要求之前，上传、下载的视频并非仅仅是淫秽视频，还包括大量其他合法视频文件，此时很难（以证据证明或推定的方式）认定被告单位主观上对于网络用户传播淫秽视频的正犯行为有着明确的认识。而在第二阶段中，有学者认为，“行为人在多次接受处罚后，已经积极认识到提供工具

① 参见张明楷：《刑法学》（上），5版，424页，北京，法律出版社，2016。

② 孙万怀、郑梦凌：《中立的帮助行为》，载《法学》，2016（1）。

的行为是犯罪实现的一部分，或者对犯罪实现具有直接性作用。提供播放器会成为违法犯罪的工具，行为人对此有认识，在此基础上再继续提供播放器的，不能否定其行为的不法性"①，那么是否可以认为，被告单位已经对正犯的犯罪意图有了较为确定的认识。笔者认为，笔者赞成该学者的部分观点，经过行政处罚后，显然被告单位对于自己提供的程序被用作传播淫秽视频的工具有了认识，但是笔者并不赞成该学者依此即认定行为不法性的结论，好比某卖刀的人被告知，其卖出去的刀被他人用作了杀人工具杀害了他人，那么是否就意味着该卖刀的人以后一旦再有卖出去的刀被用作了杀人工具，该人即应当被认定为故意杀人罪的帮助犯？还是说，该卖刀的人以后应当对每一个买刀的客户进行严格审核？这显然是不合适的，原因在于这种对正犯犯罪意图的确定认识，不仅要认识到确定的犯罪意图，还应当认识到较为确定的犯罪人。在本案中，即使受到了行政处罚，认识到了传播淫秽视频的行为存在，被告单位仍无法确定未来还会有谁继续传播淫秽视频。所以不能认为其对正犯的犯罪意图有着较为确定的认识，即主观要素不满足前文所提出的判断标准，也即针对上传、下载淫秽视频的功能，被告单位提供程序的行为可以被认定为中立的帮助行为。

2. 针对抓取、缓存淫秽视频的功能，被告单位提供程序的行为是正犯行为，不属于中立的帮助行为。

与普通的上传和下载功能不同，被告单位所提供的程序还可以根据网络用户的点击量主动抓取并缓存相关视频，方便其他网络用户高速下载。虽然被告单位的资源服务器所抓取、缓存的视频的最根本源头仍然并非被告单位，但抓取、缓存以供下载的行为应当被认定为传播行为，而非帮助传播的行为，其传播的是来源于自己服务器的淫秽视频。

"不管'传播'采用何种定义，但其核心语义都有'分享信息'之意。"② 因此，传播应当指的是"通过播放、陈列、出租等方式使淫秽物品流传的行为"③。在上传、下载功能中，上传和下载的双方均是网络用户，被告单位是独立于传播者和接受者的第三人，是中介工具的提供者。然而，被告单位所提供的程序具有抓取、缓存功能，被告单位将抓取的视频文件存储在资源服务器中，供网络用户随时提取，"属于以陈列方式传播淫秽物品的行为"④。此时，显然被告单位"是淫秽物品的直接供应者，其不仅对用户提供技术支持，还将其服务器中贮存、陈列的淫秽物品提供给有特殊要求的客户"⑤。因此，被告单位提供程序的抓取、缓存功能决定了该行为并非辅助他人传播淫秽物品的帮助行为，而是独立传播淫秽物品的正犯行为，既然是正犯行为，当然不成立不可罚的中立的帮助行为。

【要旨提示】

中立的帮助行为，也称为日常性行为，是指外观上的无害行为，例如生活行为、业务行为等，但在客观上对正犯行为、结果起到了促进作用的情形。要成立中立的帮助行为，须具备两方面要件：主观上，行为人应当较为确定地认识到正犯的犯罪意图；客观上，行为人所实施的行为对于正犯行为实现法益侵害的紧迫性具有明显的促进作用。

---

①⑤ 周光权：《犯罪支配还是义务违反》，载《中外法学》，2017（1）。

② 毛玲玲：《传播淫秽物品罪中"传播"行为的性质认定》，载《东方法学》，2016（2）。

③ 高铭暄、马克昌：《刑法学》，7版，604页，北京，北京大学出版社、高等教育出版社，2016。

④ 张明楷：《快播案定罪量刑的简要分析》，载《人民法院报》，2016-09-14，3版。

52. 程甲等故意伤害案[①]

——共同犯罪案件附带民事诉讼

【案情介绍】

2006年4月9日晚21时许，被告人程甲因琐事与同在上海市某装潢有限公司打工的被害人张甲发生口角，程甲即纠集同在该公司打工的被告人程乙（程甲之弟）与被告人周某持铁方管等至该公司二楼张甲的住处，对张甲及与张甲同住的高某等人进行殴打。其间，程乙用手肘击打张甲的背部，周某用铁方管击打张甲的头部，致张甲死亡、高某头部轻微伤。三被告人作案后逃匿，在途中被抓获归案。经鉴定，张甲系被钝器打击头部致特重度颅脑损伤致中枢神经系统功能衰竭而死亡。三被告人的犯罪行为给附带民事诉讼原告人造成的经济损失共计人民币386 311元。

检察机关以被告人程甲、周某、程乙犯故意伤害罪，向人民法院提起公诉。附带民事诉讼原告人彭某（被害人之妻）、张乙（被害人之女）、张丙（被害人之女）要求判决三被告人共同赔偿各项经济损失，共计人民币392 900元。一审庭审后，附带民事诉讼原告人与被告人周某的亲属就民事赔偿达成调解协议，由周某的亲属一次性赔偿人民币6万元，附带民事诉讼原告人自愿撤回对周某的附带民事诉讼，放弃对周某所承担民事赔偿份额的赔偿请求。法院经审理认为，根据三被告人在共同犯罪中的地位、作用，被告人程甲、周某、程乙分别承担35%、35%、30%的赔偿份额，并均负连带赔偿责任。鉴于附带民事诉讼原告人在诉讼中与被告人周某的亲属达成调解协议，自愿申请撤回对周某的民事赔偿诉讼，被告人程甲、程乙对被告人周某所负担的赔偿份额不再承担连带赔偿责任。据此，依照《中华人民共和国刑法》第234条第2款、第25条第1款、第57条第1款、第56条第1款、第64条、第36条第1款，《中华人民共和国民法通则》第119条、第130条的规定，判决如下：(1) 被告人程甲犯故意伤害罪，判处无期徒刑，剥夺政治权利终身；(2) 被告人周某犯故意伤害罪，判处有期徒刑15年，剥夺政治权利4年；(3) 被告人程乙犯故意伤害罪，判处有期徒刑15年，剥夺政治权利4年；(4) 附带民事诉讼被告人程甲、程乙共同赔偿附带民事诉讼原告人彭某、张乙、张丙各项经济损失人民币251 102元。(5) 犯罪工具予以没收。

【观点争议】

在本案审理过程中主要就附带民事诉讼原告人与共同犯罪中部分被告人达成调解协议后应该采取何种方式结案存在分歧。司法实践中对附带民事部分达成调解协议的，通常有三种结案方式，即以调解笔录的方式结案、以刑事附带民事调解书的方式结案和以原告人撤回附带民事诉讼的方式结案，而本案实际是以附带民事诉讼人对部分被告人撤诉的方式进行处理的。[②]

笔者以为，考虑到本案的附带民事诉讼并非全案得到调解解决，法院制作刑事附带民事诉

① 案例来源：最高人民法院刑事审判第一、二、三、四、五庭主办：《中国刑事审判指导案例（侵犯公民人身权利、民主权利罪）》，371～372页，北京，法律出版社，2009。

② 参见上书，372～373页。

讼判决书不可避免，适用调解笔录或者调解书结案均有不妥，因此法院准许撤诉的程序处置是妥当的。而本案的程序争议，更反映了刑事责任与民事责任竞合的实体法问题，共同犯罪部分实行全部责任原则与共同侵权连带责任的比较亦与此有关。

【法理分析】

所谓法秩序，是由呈现阶层构造和领域划分的法规范通过实际运行而缔造的国家、社会生活的状态。就领域的横向划分而言，最基本的要求就是区别调整个人间关系的私法以及调整国家与其领域内个人关系的公法。其中，民法强调意思自治和法律关系的平等性，是私法；而刑法则强烈地体现了国家权力，有着鲜明的暴力属性，是公法的典型。又因为刑法是整体法秩序的保障法（也被称为最后法），其调整的社会关系极其广泛，所以，如果刑法与民法的调整对象发生重合，则可能引起刑事责任与民事责任的竞合，引出所谓刑民交叉案件的法律适用问题。典型的情况就是，部分民事的侵权行为和违约行为①因社会危害性太过严重而质变为犯罪，并适用刑事附带民事诉讼程序裁判之。刑事责任和民事责任的竞合是刑事附带民事诉讼程序存在的实体依据，但刑事责任和民事责任的相对独立性也不得不引起重视：

首先，所谓先刑后民是刑事诉讼法和 1998 年 4 月 21 日最高人民法院《关于在审理经济纠纷案件中涉及经济犯罪嫌疑若干问题的规定》确立的处理刑民交叉案件的一般原则，其含义，一是指刑事判决的效力应当高于民事判决，民事判决的既决内容不能约束刑事判决，相反，刑事判决的内容要对民事判决发生拘束力，即便民事判决已经先行作出并已生效，但刑事判决仍然可以将其推翻（位阶的刑事优先）；二是指在程序上刑事法律关系的确定应当优先于民事法律关系，应当优先适用刑事程序以确定被告人的刑事责任，或者在不妨碍刑事责任实现的前提下在刑事诉讼程序中附带处理民事责任问题（位序的刑事优先）。②

但是该项制度的意义不应该被无限夸大。③ 一方面，刑事附带民事诉讼制度将符合特定条件案件之刑事责任与民事责任在同一个诉讼程序中合并处理，对于提高诉讼效率、减轻当事人讼累、节约稀缺司法资源均具有特别意义；另一方面，由于刑事诉讼和民事诉讼毕竟是两种性质不同的程序，因而在某些情况下将民事诉讼强行附带于刑事诉讼程序中予以解决，将会大大增加法官审理的难度，同时，在民事法律关系本身较为复杂的情况下，刑事附带民事诉讼，不仅无法实现诉讼经济，反倒会拖延刑事诉讼的进行。④ 刑事责任与民事责任的竞合不否定二者的相对独立性，诉讼程序的附带进行不是刑事责任对民事责任的替代，或者是民事责任对刑事责任的绝对依附，所以，提出考虑在涉及民事确权问题的知识产权领域（如商标权、专利权的

---

① 能够被追究刑事责任的严重违约行为，在民法的领域也应该首先存在着与侵权责任的竞合。

② 对于所谓位阶的刑事优先，要注意的是，无罪判决并不意味着没有民事责任存在。这是因为：从实体上看，刑法所调整的是具有严重社会危害性的违法行为，有些社会危害性较轻的违法行为虽构不成犯罪，但同样侵犯了公民与法人的合法权益，已经构成了民法上的侵权，因此，虽然刑法上无罪，但民法上仍有责任；从程序上看，出于保障被告人人权的目的，刑事诉讼的证明标准严于民事诉讼，依照刑事诉讼的证明标准不能认定为有罪的案件，在民事诉讼中则很可能认定为有责任。参见万毅：《“先刑后民”原则的实践困境及其理论破解》，载《上海交通大学学报（哲学社会科学版）》，2007（2）。

③ 对刑事附带民事诉讼制度比较理想化的论证意见往往是：该制度使被告人应承担的刑事责任和民事责任一体化地予以解决，简化诉讼程序，提高办案效率，避免司法资源浪费，符合诉讼经济的价值，并且通过国家权力介入，加强对刑事被害人合法民事权益的保护，使被害人受损的权利得到及时补救。

④ 参见万毅：《“先刑后民”原则的实践困境及其理论破解》，载《上海交通大学学报（哲学社会科学版）》，2007（2）。

认定）、经济领域（如股权的认定）、婚姻家庭领域（如有效婚姻的认定）的刑民交叉案件的裁判中优先进行民事程序的意见[①]，具有合理性。此外，刑事责任与民事责任的相对独立性还表现在，在发生刑事责任和民事责任竞合时，刑事责任不因民事责任的处理而免除。处理刑民交叉案件，通常适用先刑后民的原则，但在经济诈骗性犯罪中，公诉前已因民事违法而被处理认定的数额，仍可以在刑事部分予以追究。[②]

其次，适用刑事附带民事诉讼制度，不否定刑事实体法、程序法和民事实体法、程序法各自的原理和规则。其表现，一是刑事附带民事诉讼的民事部分的当事人可能超出刑事追诉部分的被告人范围。根据最高人民法院《关于执行〈中华人民共和国刑事诉讼法〉若干问题的解释》第 86 条的规定，下列人员对被告人的犯罪行为造成的物质损失依法负有赔偿责任，可以成为附带民事诉讼被告人：刑事被告人及没有被追究刑事责任的其他共同致害人；未成年刑事被告人的监护人；已被执行死刑的罪犯的遗产继承人；共同犯罪案件中，案件审结前已死亡的被告人的遗产继承人；其他对刑事被告人的犯罪行为依法应当承担民事赔偿责任的单位和个人。而这里的“其他对刑事被告人的犯罪行为依法应当承担民事赔偿责任的单位和个人”，一般是指刑事被告人在其执行职务或者业务活动中实施了犯罪行为，其所属单位或者雇用他的个人对其犯罪行为所造成的物质损失应负有赔偿责任，如交通肇事案件中非刑事被告人的肇事车辆所有人。[③] 二是追究刑事责任必须坚持责任主义（主、客观相统一原则），刑事附带民事诉讼的损害赔偿不能适用一般的民事侵权责任的无过错责任和公平责任。民事领域（还有行政法领域）的过错推定也应该根据刑事证据规则由控方加以证明。例如，道路交通管理法律、法规中对肇事逃逸负事故全部责任的推定，与交通肇事案件中追究刑事责任所要求的负事故全部或主要责任的判断，应适用不同规则。三是对于无罪判决，不能以刑事无罪民事就不承担赔偿责任为理由，判决驳回诉讼请求或判决不予赔偿。因为刑事部分宣告无罪，不等于民事部分就无侵权责任，由于刑事和民事关于证据认定的规则是不同的，刑事部分因证据问题宣告无罪，而民事部分采取“优势证据规则”，从而认定民事侵权成立的情况是大量存在的。如果经审查认定公诉案件被告人的行为不构成犯罪，但民事侵权行为成立，对已提起的附带民事诉讼，可进行调解，调解不成的，应依据最高人民法院《关于审理人身损害赔偿案件适用法律若干问题的解释》所规定的赔偿标准，判决被告人赔偿经济损失。[④]

最后，共同犯罪引起的刑事附带民事诉讼案件存在法律责任竞合时，必须细致把握刑法意义的共同犯罪和民法意义的共同侵权行为的联系与区别。根据刑法第 25 条的规定和刑法理论通说，二人以上共同故意犯罪是共同犯罪，无犯意联络的共同过失犯罪和其他数犯罪行为不以共同犯罪论处。而民法意义的共同侵权行为，根据法律和司法解释，包括了共同故意致人损害、共同过失致人损害，以及虽无共同故意、共同过失，但加害行为直接结合，发生同一损害后果的共同危险行为。[⑤] 民法意义的共同侵权较刑法意义的共同犯罪构成条件更为宽松。据此，在刑事附带民事案件审理过程中应该区分清楚，即对共同侵害人的民事责任的追究与对共

---

① 参见薛进展、刘琪、王志坚：《刑事优先原则适用与限制的具体途径》，载《法学》，2006（2）。

② 参见苗跃进、朱帅：《刑事责任不因民事赔偿而免除》，载《人民司法·案例》，2009（24）。

③ 参见“刘某交通肇事案”，载最高人民法院刑事审判第一、二、三、四、五庭主办：《中国刑事审判指导案例（危害国家安全罪·危害公共安全罪·侵犯财产罪·危害国防利益罪）》，88～91 页，北京，法律出版社，2009。

④ 参见湛鸿伟、杨凯：《审理刑事附带民事案件若干疑难问题的探讨》，载《法律适用》，2006（2）。

⑤ 请注意侵权责任法第 8 条至第 11 条的规定。

同犯罪人的刑事责任追究，适用不同的法律构成标准。此其一。其二，追究刑事责任必须坚持罪责自负和个人责任的原则，刑事附带民事诉讼的损害赔偿则可能适用连带责任。就共同犯罪与共同加害行为（共同侵权）的竞合而言，在正犯之间适用“部分实行全部责任”原则；教唆犯、帮助犯没有亲自实行犯罪，但也要承担实行犯引起的责任，表面来看，这是要求行为人对自己之外的他人行为和结果承担责任，但如果看到是行为人有意识地利用了他人行为，并与危害社会结果存在因果的引起联系（共犯的处罚根据问题），那么，仍然可以把共同犯罪看成是个人实施犯罪的特殊形态，还是坚持了罪责自负和个人责任的原则，而非追究连带责任。而民事部分基于填补损害、及时救济被害人权益考虑，就共同侵权行为（共同犯罪的民事方面属性）要求各共同加害人承担连带责任，如本案中法院判决附带民事诉讼被告人程甲、程乙共同赔偿附带民事诉讼原告人彭某、张乙、张丙经济损失。其三，基于刑事责任与民事责任的相对独立性，允许就民事责任部分适用民法的意思自治原则和民事诉讼法的处分原则，允许民事诉讼原告与部分被告人达成损害赔偿的调解协议，并撤销对该被告人的附带民事起诉。例如，在本案中法院准许附带民事诉讼原告人撤回对周某的民事赔偿诉讼，也不要求被告人程甲、程乙对被告人周某所负担的赔偿份额承担连带赔偿责任。但这并不改变被告人程甲、程乙、周某就共同故意伤害行为承担相应的刑事责任。

【要旨提示】

共同犯罪案件附带民事诉讼旨在解决被告人以及对被告人的犯罪行为造成的物质损失依法负有赔偿责任的其他人所承担的共同侵权责任。如果附带民事诉讼原告人与部分被告人达成民事调解协议，人民法院可以准许附带民事诉讼原告人撤回对该被告人的附带民事起诉，但撤诉并不免除被告人作为共同犯罪人应当承担的刑事责任。

第十章

罪数形态

53. 张某等强奸、强制猥亵案①

——罪数判断标准

【案情介绍】

2000年5月16日下午，冯某（在逃）纠集张某、施某及“新新”（绰号，在逃）等人，强行将被害人曹某（女，21岁）带至某宾馆，进入以施某名义租用的客房。冯某、张某、施某等人使用暴力、威胁等手段，强迫曹某脱光衣服站在床铺上，并令其当众小便和洗澡。嗣后，张某对曹某实施了奸淫行为，在发现曹某有月经后停止奸淫；施某见曹某有月经在身，未实施奸淫，而强迫曹某采用其他方式使其发泄性欲。之后，冯某接到一电话，即带施某及“新新”外出，由张某继续看管曹某。约一小时后，冯某及施某返回客房，张某和施某等人又对曹某进行猥亵，直至发泄完性欲。2000年5月24日，施某在父母的规劝下到公安机关投案。

检察机关以被告人张某、施某犯强奸罪、强制猥亵妇女罪②，向人民法院提起公诉。一审法院根据《中华人民共和国刑法》第236条第1款、第237条第2款、第24条、第56条、第55条第1款、第25条第1款、第26条第1款和第4款、第27条、第67条第1款、第69条和最高人民法院《关于处理自首和立功具体应用法律若干问题的解释》第1条的规定，判决如下：(1) 被告人张某犯强奸罪，判处有期徒刑9年，剥夺政治权利2年；犯强制猥亵妇女罪，判处有期徒刑6年6个月；决定执行有期徒刑15年，剥夺政治权利2年。(2) 被告人施某犯强奸罪，判处有期徒刑1年6个月；犯强制猥亵妇女罪，判处有期徒刑6年；决定执行有期徒刑7年。被告人上诉、检察机关抗诉后，二审法院经审理，根据《中华人民共和国刑事诉讼法》(1996年) 第189条第2项，判决如下：(1) 驳回上诉人张某、施某之上诉。(2) 维持一审法院刑事判决的第一项。(3) 撤销一审法院刑事判决的第二项。(4) 上诉人施某犯强奸罪，判处有期徒刑4年；犯强制猥亵妇女罪，判处有期徒刑6年；决定执行有期徒刑9年。

---

① 案例来源：最高人民法院刑事审判第一庭、第二庭编：《刑事审判参考》，总第21辑，14～21页，北京，法律出版社，2001。

② 经2015年《刑法修正案（九）》修正，强制猥亵、侮辱妇女罪修改为强制猥亵、侮辱罪。

【观点争议】

本案除强奸罪共同犯罪人的犯罪中止问题外，还涉及罪数的判断标准问题。在本案审理过程中，对于二被告人行为是触犯一个罪名，还是两个罪名，存在两种不同意见。①

第一种意见认为：张某与被害人发生性关系时，由于发现被害人有经血，而停止奸淫（未射精）。在施某和冯某等人外出重回客房后，张某又与施某一起共同强制猥亵被害人，直至性欲得到满足。可见，张某是在未满足性欲的情况下，中断了奸淫行为。这是其继而猥亵被害人的主要原因，主观上始终是为了发泄性欲。其前后行为是一系列的连续行为，不能因时间的间隔而将它们割裂开来。所以，可以认为张某后来实施的猥亵行为是强奸行为的延续，能够为其强奸行为所吸收，不宜另定强制猥亵妇女罪。

第二种意见认为，本案二被告人的犯罪过程主要分为前后两阶段：前一阶段，他们共同实施奸淫曹某的行为，此行为符合强奸罪的犯罪构成，共同构成强奸罪。后一阶段，即在施某等人中途外出回到客房后，张某和施某又着手对曹某实施猥亵行为，以发泄其性欲，符合强制猥亵妇女罪的犯罪构成，成立强制猥亵妇女罪。虽然以上行为侵害的是同一犯罪对象，但这并不影响其犯罪构成的独立性。在着手强奸前及实行强奸过程中的强制猥亵行为应当为强奸所包容、吸收，因为这种强制猥亵可以理解为强奸罪的预备行为或实行行为中自然可能具有的附随行为，但在共同强奸行为完成后，另起犯意猥亵被害人，就不能为先前的强奸行为所包容、吸纳；此猥亵行为更不是强奸行为的必然延伸，二者之间不存在吸收或者牵连关系。所以，对被告人的行为应当定两罪。如果认为在先行强奸已经发泄完性欲情况下，再实行猥亵行为，就以二罪论，而在未发泄完性欲的情况下，再实施猥亵行为就定一罪，显然是有悖刑法理论的。

【法理分析】

本案在理论上主要涉及一罪与数罪的判断标准等问题，关于罪数的判断主要存在以下一些学说/观点。②

（1）行为说，主张以行为的数量为标准区分一罪与数罪，实施一个行为的为一罪，实施数个行为的为数罪，“无行为即无犯罪”；认为犯罪的本质是行为，因此犯罪的数决定于行为的数。

（2）结果说，主张犯罪的法律性质在于对他人的权利造成危害，给被害人、国家和社会带来一定的危害结果，因而必须以行为所造成的结果数作为判断罪数的标准，行为数、侵害法益数、犯意数均非所问。

（3）法益说，认为受到侵害的法益之数才是罪数的标准，对法益的侵害乃犯罪之实质，未造成法益侵害和未有侵害之虞者，非此所谓犯罪行为。

（4）犯意说，为主观主义者所主张，认为作为构成要件符合性、违法、有责的评价对象的行为的基础为犯罪的意思，它综合包含了构成犯罪的所有要素，故罪数应由犯意的数量决定。

---

① 参见最高人民法院刑事审判第一庭、第二庭编：《刑事审判参考》，总第 21 辑，14～21 页，北京，法律出版社，2001。

② 参见陈兴良：《刑法适用总论》，上卷，630～636 页，北京，法律出版社，1999；张明楷：《刑法学》，362～367 页，北京，法律出版社，2007；肖中华：《犯罪构成及其关系论》，北京，中国人民大学出版社，2000；［日］野村稔：《刑法总论》，全理其、何力译，446～447 页，北京，法律出版社，2000。

（5）构成要件说，这是大陆法系的通说，主张犯罪是该当构成要件的行为，以行为符合的构成要件数量为标准区分一罪与数罪，行为符合一个犯罪的构成要件为一罪，符合数个犯罪的构成要件为数罪。

（6）个别化说，主张不应该对犯罪的计数采用一刀切的标准，而应依不同种类采用不同的标准，以上各说的标准单一，无法说明所有的犯罪形态。

（7）犯罪构成说，为苏联学者与我国学者所采纳，它是在吸收、借鉴构成要件说的基础上发展而成的。由于大陆法系与我国在犯罪构成理论体系上存在重大差异，为了保持我国理论学说的前后一致，学者们认为应以符合犯罪构成的个数作为犯罪单复的判断标准，符合数个犯罪构成者为数罪，符合一个犯罪构成者为一罪。

罪数的诸标准均根源自对犯罪本质的理解。与大陆法系国家从形式上把握犯罪不同，依据我国刑法学说，犯罪是一切依照法律应当受刑罚处罚的危害社会的行为。犯罪的法律本质在于对社会关系或法益的侵害，社会危害性是其本质属性，这是对犯罪本质的一种实质把握。我们必须以主、客观相统一的原则为指导，避免客观归罪或主观归罪，从本质上辩证唯物地、全面地、发展地认识犯罪行为，综合考量行为所侵犯的社会权益与行为的方式、手段及造成的危害结果，行为人的人身危险性，行为人的主观心理因素等来认识行为的社会危害性，这也决定了犯罪构成的各要件也必须围绕该核心来说明犯罪的社会危害性，并从整体上共同指向行为的危害性本质。因此，犯罪数量的判断也无法离开这种犯罪的实质看法，而单纯地从自然行为本身、危害结果、犯罪侵犯的法益抑或行为人的主观意图上去衡量。只有集合犯罪成立所必需的所有要素，从实质上把握才能正确判断犯罪的单复数。可以说在我国刑法中，犯罪构成说是判断罪数标准的合适学说，符合刑法理论体系的基本原则与精神。

从某种程度上说，罪数论所要解决的最主要的问题就是一行为符合数个犯罪构成时的处理问题，因而正确解决行为的数和犯罪的数及其判断标准，对于我们恰当地说明罪数问题的疑点具有前提性作用。

现实生活情况万端，犯罪形态并不限于仅仅符合一个犯罪构成，更多的是复杂的形态，因而定罪也不应当仅着眼于典型一罪的认定，更主要的是犯罪复杂形态的确认，它不仅涉及罪与非罪、此罪与彼罪，同时也涉及一罪与数罪。所以，定罪应当具体区分“犯罪的成立”（即罪数的判断）与“罪名的认定”（涉及犯罪的宣告），不可混淆。犯罪构成是成立犯罪的充要条件，一旦充分犯罪构成即成立犯罪，符合数个犯罪构成者即应成立数个犯罪，构成数罪，这应无疑问。但在法的涵摄过程中经常“可以发现同一案例事实（S）可涵摄于不同的法律规范之下（T1、T2 或 T3）”[①] 而发生竞合，而符合数法律规范规定的数个犯罪构成的可能是一行为，也可能是数行为；数行为之间可能存有连续关系、牵连关系、结合关系或吸收关系等；数个犯罪构成之间也可能存在逻辑上的重合关系。因此成立的数罪可能仅为形式上的数罪，最终可能因为是实质一罪而事实上仅能依一罪处断（如法条竞合犯），或法律规定为一罪（如结合犯）；或实质上数罪而依法规定为一罪（如转化犯），或处断为一罪（如连续犯、牵连犯、想象竞合犯）。因此，在定罪过程中，犯罪的成立并不必然意味着犯罪（罪名）的最终确定，犯罪构成的符合对定罪有重要的影响，但仅是定罪中需要考虑的一个重要的方面，犯罪罪名的最终确定还需考虑其他的因素。当然，我们不能因为最终不以数罪论处的所谓“罪数不典型”便否认这

① 王泽鉴：《法律思维与民法实例——请求权基础理论体系》，202 页，北京，中国政法大学出版社，2001。

些犯罪形态“具有数罪的特征，甚至否定或部分否定、动摇犯罪构成说作为区分一罪与数罪的标准”[①]。显然，有论者提出以犯罪构成为标准的同时应考虑刑法的特殊规定和合理的司法实践经验[②]，明显混淆了上述关系，其提出的方法只会导致标准的泛化，并无实益；而其中所考虑的评价因素实际是罪数判断之后的罪名确认问题。

本案中，被告人张某强行将被害人曹某带至某宾馆，使用暴力、威胁等手段，强迫曹某脱光衣服站在床铺上，并着手实施奸淫行为，在实施奸淫过程中，发现自己下身沾有经血，遂停止奸淫。在这一阶段，张某具有奸淫的故意，并且完成了奸淫行为。强奸罪以插入说为既遂标准，故虽然张某最终没有满足性欲，但仍成立强奸罪既遂。此后，在冯某和施某重回客房后，张某与施某跟曹某同睡一床，并对其实施猥亵行为。在这一阶段张某具有猥亵的故意。因此，张某的行为同时符合了强奸罪与强制猥亵妇女罪两个犯罪构成要件，而且两阶段行为相互独立，当然成立数罪。施某在冯某的纠集下，共同将被害人挟持到宾馆，并在张某奸淫被害人时采用恶语相威胁。由于强奸罪不是亲手犯，施某参与了共同强奸曹某的行为，虽最终没有亲手实施奸淫行为，仍成立强奸罪的共犯。施某此后发现曹某身体不适就改变犯意，对其实施了猥亵行为，此行为又构成强制猥亵妇女罪。施某的行为也符合了强奸罪与强制猥亵妇女罪两个犯罪构成要件，成立数罪。

【要旨提示】

在定罪过程中，应遵循以下几个阶段：第一，类型化行为人的犯罪事实，从中归纳出具备刑法意义的事实要素。第二，类型化犯罪构成要件要素，并适当作出合理解释。第三，事实向规范的涵摄。确定现实中的犯罪构成事实与犯罪构成各要件的一致性，这属于狭义的犯罪论问题即确定犯罪成立的基本原理，所使用的方法是三段论的逻辑涵摄，这对于每一个罪名而言均是独立的。如果仅一个犯罪构成被符合，成立一罪，则依之确定罪名及刑罚的宣告自然顺理成章，并不产生数罪问题；但如果有数个犯罪构成被符合，则产生后继问题。第四，对于成立数罪的，结合罪数理论，依照具体犯罪形态最终确定犯罪的罪名与个数，这属于罪数论问题，它在于“确认犯罪的个数以及宣告何种罪名”。如果是实质数罪，则进行并罚；如果是其他“罪数不典型”，则依各自的适用原则处断，其中尤其应当注意双重评价禁止和充足评价等评价上必须遵循的原则，这是宪法中的比例原则与一行为不二罚、一事不再理原则等实体法和程序法的法治国基本要求在罪数论中的体现。

54. 古某等投放危险物质案[③]

——徐行犯

【案情介绍】

1997年6月28日，以古某为法定代表人的某市某科技发展有限公司与某军区总医院合作

① 肖中华：《犯罪构成及其关系论》，401页，北京，中国人民大学出版社，2000。

② 参见张明楷：《刑法学》，3版，364页，北京，法律出版社，2007。

③ 案例来源：最高人民法院刑事审判第一庭、第二庭编：《刑事审判参考》，总第46集，1～7页，北京，法律出版社，2006。

建立军区总医院激光医疗中心。在合作经营期间，古某与总医院负责该中心的整形外科主任刘某在内部管理和奖金发放、经济效益等问题上产生矛盾，古某对刘某怀恨在心，伺机报复。2002年3月，古某了解到采用放射性物质照射人体造成伤害的信息，产生采用这一方法伤害刘某的犯意。2002年4月下旬，古某打电话到某射线仪器集团有限公司核仪器厂，查询了购买铱（放射性同位素）射线工业探伤机的价格和手续。随后，古某化名为马某，伪造了一份宁夏回族自治区某地区卫生防疫站为宁夏某建筑安装公司购买铱射线工业探伤机的准购证，并自行填写了宁夏某建筑安装公司的介绍信。5月9日下午，古某到该射线仪器集团公司核仪器厂，使用上述伪造的准购证和介绍信，以人民币5.5万元购买了一台铱射线工业探伤机，并于次日携带该探伤机到北京市某研究设计所安装了铱放射源（源强为95居里）。同日，古某为便于将该机带回，遂打电话通知被告人方某当晚乘坐飞机到北京市与其会合。在两被告人携带该机乘火车回某市途中，古某将该机对人体的危害性以及准备使用该机照射被害人刘某的情况告知了方某。5月11日，两被告人携带该机回到总医院激光医疗中心古某的办公室。随后，古某叫方某购买了安装探伤机所需的三角铁架、塑料管等材料、工具，古某、方某利用该中心晚上无人上班之机，共同将该机的装源铅罐安装在古某的办公室内天花板上，将连接主机的前端管道从天花板上拉到刘某的办公桌上方的天花板上。5月15日，古某为防止探伤机的辐射伤害自己，又到本市某医疗用品有限公司，以人民币5 600元的价格购买了X光防护衣一套，存放在其办公室内。2002年5月中旬至2002年7月19日期间，古某、方某多次共同或单独趁刘某在办公室工作及中午休息之机，在古某的办公室内的暗室通过驱动探伤机施源器，将铅罐内的铱放射源输送到刘某的办公室天花板，使用铱源直接对刘某的身体进行照射，致使刘某及在该中心工作的七十多名医护人员受到放射源的辐射伤害。经法医鉴定，被害人刘某的损伤构成重伤；被害人江某、曾某等13人的损伤构成轻伤；被害人李某等61人的损伤构成轻微伤。

检察机关以被告人古某、方某犯投放危险物质罪向法院提起公诉。一审法院经审理，根据《中华人民共和国刑法修正案（三）》第2条和《中华人民共和国刑法》第26条第1款、第27条、第48条、第57条第1款、第56条第1款、第64条的规定，判决如下：被告人古某犯投放危险物质罪，判处死刑，缓期2年执行，剥夺政治权利终身；被告人方某犯投放危险物质罪，判处有期徒刑15年，剥夺政治权利5年。检察机关提起抗诉。二审法院经审理，根据1996年《中华人民共和国刑事诉讼法》第189条第1项的规定，裁定驳回抗诉、维持原判。

【观点争议】

在本案审理中，对于古某和方某故意伤害被害人刘某的行为，存在两种不同意见。[①]

第一种意见认为，192铱源是铱元素的放射性同位素，属于中毒组放射性核素，在没有屏蔽的情况下，对人或动物会产生严重辐射危害。古某是解剖和影像专业毕业的硕士研究生，出于泄愤的动机，为了报复刘某，利用其学到的专业知识实施新型犯罪，使用铱源对刘某进行照射，在军区医院内投放放射性物质连续犯罪长达两个多月，致刘某重伤。而且，根据被照射的剂量与个体身体差异，核辐射损伤还有远后效应和遗传效应，受害群体历经若干年后一部分人会出现癌症等恶性疾病。刘某染色体畸变数多，变化大，其造血系统、凝血系统、微循环系统、免疫系统、生殖系统等受损。专家注明该疾病远后效应潜在危险要比其他类型放射病严

① 参见最高人民法院刑事审判第一庭、第二庭编：《刑事审判参考》，总第46辑，1~7页，北京，法律出版社，2006。

重，尤其是今后发生再生障碍性贫血、白血病或恶性肿瘤等的可能性较大。因此，古某的伤害行为属于徐行犯，为单纯一罪，应直接在故意伤害致人重伤的法定刑幅度内考虑刑罚轻重。

第二种意见认为，古某基于同一故意，连续投放放射性物质，其行为成立连续犯，应当按故意伤害罪在致人重伤量刑幅度内从重处罚。

【法理分析】

关于徐行犯的概念，学界有的认为，徐行犯又称接续犯，系指犯罪行为本可即时完成，但行为人故意延长其犯罪时间，以缓慢之方式，完成犯罪行为；也有的认为接续犯实质上是连续犯，只不过连续的数个行为因为时间相隔较长一点，分别具有独立的形式而已，除时间的长短之外，二者没有多大的区别；有的认为徐行犯仅限定于采取徐缓的方式陆续达到犯罪目的，因此徐行犯与接续犯是种属关系[①]；有的认为接续犯乃行为人基于同一犯罪决意，利用同一机会实施相同构成要件之数个特定犯罪行为，而侵害法益同一性之犯罪。[②] 上述界定要么过于狭隘，要么过于宽泛，并不可取。笔者认为，徐行犯就是接续犯，是指行为人基于一个犯罪故意，连续实施数个在刑法上无独立意义的自然举动（动作）或危害行为，这些举动或危害行为的总和构成在刑法上具有独立意义的一个犯罪行为，因而触犯一个罪名的犯罪形态。

徐行犯具有以下特征：其一，犯罪行为的合成性。徐行犯的一个犯罪行为是由数个举动总合而成的，其每个举动都是该一犯罪行为的有机组成部分。其二，数个举动的密接性。徐行犯的数个举动之间必须具有紧密接续关系，这种密接性是以行为人反复相继实施数个举动为前提，其外在表现是时间、场所的接近性，即其数个举动是在同时同地或者时间场所较为接近的条件下实施的。其三，客观举动的同质性。数个举动的法律性质必须是相同的，但本身并没有符合构成要件，只有数个举动作为一个整体才最终构成犯罪。其四，主观故意的同一性。数个举动的实施必须基于一个犯罪故意。徐行犯主要包括两种情形：一是行为人主观上有意将本可以一次性完成的行为分解为数个举动或危害行为。比如，意图故意杀害他人，但是不采取直接一次杀死的手段，而是分多次使用一定剂量的毒药，最终导致被害人缓慢死亡。二是因客观因素或行为人意志以外因素的影响，行为人只能实施数个举动或危害行为而构成一个完整的犯罪行为。比如入户盗窃他人大米，但是由于大米太重，每次只能搬运其中部分，通过多次搬运行为，将他人大米全部窃取。

大陆法系刑法中并没有徐行犯或接续犯的概念，但在行为数的判断阶段，将其认定为所谓“自然的行为单数”，换句话说，虽然行为不是“自然意义上的单数”，也不是“构成要件上的单数”，但仍属于“行为单数”，成立一罪。成立“自然的行为单数”必须出于单一的犯罪意思，实施数个同种类的行为，个别举动之间具有紧密的时间与空间的联系，客观上从第三人角度观察亦可辨别出行为之间的相关性。其具体包括两种行为类型：其一是反复实现构成要件的行为，指行为人以数个相似而且迅速紧密连接的个别动作，一再实现同一构成要件。行为人的多数举动都是加剧对同一法益的侵害，从而提高了不法和罪责的量。其二是相续实现构成要件的行为。行为人基于单一的犯罪决意，经历不同的行为阶段，通过量上逐步提升的行为方式，实现构成要件，最终实现犯罪目的。相继性对时间的连续性要求相对宽松，即使从预备到既遂

---

① 参见吴振兴：《试论接续犯》，载《吉林大学社会科学学报》，1992（5）。

② 参见甘添贵：《罪数理论之研究》，39页，北京，中国人民大学出版社，2008。

费时较久也不影响。[①] 我国台湾地区有学者将接续犯区分为遂行接续犯与进展接续犯：遂行接续犯是行为人所实施之数个行为，均已充足犯罪构成要件，唯因行为人系以单一之意思接续进行，在时间、场所上极为密接，且在其主观上，此数个行为，仅为一个犯罪行为之数个动作而已。进展接续犯是行为人所实施之数个行为，均系为完成某犯罪而接续进行，唯仅最后之行为充足犯罪构成要件，其余之先行行为，则均未充足，仅止于预备或未遂而言。[②] 显然，所谓遂行的接续犯和构成要件的反复实现，都以数个举动行为本身已经符合犯罪构成为条件，因此，并不是真正意义上的徐行犯，而已经是连续犯。时间、场所上的密接性实际上是一个相对模糊的不确定概念，甚至要依赖于所谓一般社会健全观念加以认定。[③] 因此，相继性的构成要件实现是徐行犯的典型表现形式。比如行为人连续 5 天轮班日夜挖洞，最终挖通了一条 6.5 米长的地道通向监狱外，并通过此地道全部脱逃。[④]

徐行犯与集合犯不同，集合犯中所反复实施的数个行为举动，是该罪犯罪构成要件所预设的，也就是说行为举动的反复实施是成立该罪的常态；而徐行犯中接续实施的数个行为举动，并非构成要件所预设，而是在数个行为完成之后，事后加以观察，整体上将其包括地评价为一罪，因此，徐行犯只是实现犯罪的一种事实形态，并非规范形态。

关于徐行犯与连续犯的区别存在重大争议。有学者认为两者的区别在于法益：徐行犯的数个举动仅侵犯同一法益，连续犯既可以侵害同一法益，也可以侵犯数个性质相同的法益。但如果侵害同一法益，便无法从法益上加以区别，而应视行为人所实施的数个行为或举动是否具有密接的关联性：如果数个行为在时间和场所上甚为密接时，是接续犯；较为遥远的，是连续犯。如果侵害数个同性质的法益，即使具有密接性也仅成立连续犯。笔者认为，单纯从法益并未能全面界分徐行犯和连续犯。实际上，法益可以区分为人身专属性法益与非人身专属性法益。如果是侵害前者，即使连续侵害，也应当认定为数罪；如果是侵害后者，数个举动在紧密的时空联系中侵犯了不同法益主体的财产法益，其行为总和触犯了一个犯罪，也可以成立徐行犯。因此，笔者认为，徐行犯与连续犯的区别主要表现在：第一，客观上，徐行犯是刑法上具有独立意义的一个犯罪行为的各个组成要素呈连续状态的犯罪形态，连续犯是数个相对独立的犯罪呈连续状态的犯罪形态。第二，主观上，徐行犯是基于一个犯罪故意，该犯罪故意既可以是预谋故意或突发故意；连续犯是基于连续意图支配下的数个同一的犯罪故意，且数个犯罪故意均为预谋故意。第三，对象上，徐行犯的犯罪对象必须是同一的，连续犯的犯罪对象没有同一性要求。第四，罪数本质上，徐行犯是单纯一罪，连续犯是实质数罪、处断为一罪。第五，徐行犯虽然没有总则性规范的明文规定，但存在刑法分则性规范将其规定为一罪和处断为一罪的两种情形；连续犯则没有刑法的明确规定，是处断的一罪。第六，处罚原则上，徐行犯是单纯一罪，必须按一罪论处，并应在法定刑幅度内选择出与犯罪情节相适应的刑罚；连续犯则必须按一罪从重处罚或按一罪作为加重构成要件处罚。

立法上，徐行犯包括纯粹徐行犯与非纯粹徐行犯，虐待罪是典型的纯粹徐行犯。本案中，两被告人采用投放放射性物质的手段，连续数月对被害人进行照射，最终导致被害人重伤，属

① 参见林钰雄：《新刑法总论》，560～564 页，台北，自版，2006。

② 参见甘添贵：《罪数理论之研究》，39～40 页，北京，中国人民大学出版社，2008。

③ 参见上书，43 页。

④ 参见“陈维任等脱逃案”，载最高人民法院刑事审判第一庭、第二庭编：《刑事审判参考》，总第 14 辑，36～41 页，北京，法律出版社，2001。

于非纯粹的徐行犯。

【要旨提示】

徐行犯就是接续犯，徐行犯必须出于一个犯罪故意，连续实施的数个举动具有时间、场所上的密接性，每个举动单独不构成犯罪，其总体符合一个犯罪构成。徐行犯是单纯一罪，直接按一罪在法定刑幅度内选择判处刑罚。

55. 郭某等诈骗案[①]

——惯犯

【案情介绍】

被告人郭某、袁某、仇某与阮某（另案处理）结伙，于2002年11月5日，由阮某出面搭识被害人徐某，由袁某冒充阮某的表哥，在徐某面前向阮某称其妻被老板玩弄，要找一赌博高手用赌博的方法骗该老板的钱财以报复该老板。阮某即电话通知假冒赌博高手的郭某到场，并当着徐某的面表演用带有磁性的骰子和吸铁石作弊的方法，利用同性相斥、异性相吸的磁性原理，使徐某确信按此方法能控制骰子的单双数。赌局以双数为赢，单数为输。之后，郭某、袁某及阮某等人诱使徐某与其一起至一宾馆与假冒老板的仇某掷骰子对赌，仇某故意输掉几千元钱，然后称押的钱太少，要赌必须加大赌注，即离开该宾馆。郭某等人即向徐某提出借钱参赌，徐某借来人民币70 000元后，郭某等人又叫来仇某至该市另一宾馆假装对赌。开始仇某仍然故意输掉少部分钱款，当徐某掷骰子时，仇某即加大赌注，郭某趁机偷换了另一磁性骰子，使徐某掷出的骰子数为单数，从而骗得徐某人民币70 000元。郭某、袁某、仇某还共同或分别与其他人结伙，采用同样方法骗取他人钱财，其中郭某共参与诈骗9次，共计骗得人民币475 700元、美元300元及财物若干（包括骗徐某的一次）；袁某、仇某均参与诈骗2次，各骗得人民币共计140 000元（包括骗徐某的一次）。

检察机关以被告人郭某、袁某、仇某犯诈骗罪向人民法院提起公诉。一审法院经审理，根据《中华人民共和国刑法》第266条、第25条第1款及第64条之规定，作出如下判决：(1) 郭某犯诈骗罪，判处有期徒刑11年，并处罚金人民币10万元。(2) 袁某犯诈骗罪，判处有期徒刑6年，并处罚金人民币6万元。(3) 仇某犯诈骗罪，判处有期徒刑6年，并处罚金人民币6万元。(4) 没有追缴的赃款赃物继续予以追缴，发还给各被害人。被告人上诉后，二审法院经审理，根据1996年《中华人民共和国刑事诉讼法》第189条第1项的规定，裁定驳回上诉、维持原判。

【观点争议】

在本案审理过程中，关于对三被告人的行为如何定性，存在不同意见。[②]

---

① 案例来源：国家法官学院、中国人民大学法学院编：《中国审判案例要览（2004年刑事审判案例卷）》，290～293页，北京，人民法院出版社，2005。

② 参见上书，290～293页。

第一种意见是辩护方的意见，该意见认为被告人虽然采用了虚构事实、隐瞒真相的方法诱骗被害人参与赌博，但其没有诈骗的故意，不构成诈骗罪，且并非惯犯，其赌博的次数应考虑为从重情节。理由主要是：(1) 被害人在参赌之前就知道骰子作了手脚，被告人虽然设骗局诱使被害人参与赌博，但是是否参与及是否中途退出，均由被害人自己决定。各被害人均亲自参与了赌博，各被告人对赌局的输赢不能完全控制，不是通过虚构事实、隐瞒真相的方法直接让被害人交出钱财，而是在赌博过程中赢取被害人的钱财。(2) 根据1995年11月6日最高人民法院《关于对设置圈套诱骗他人参赌又向索还钱财的受骗者施以暴力或暴力威胁的行为应如何定罪问题的批复》的规定，行为人设置圈套诱骗他人参赌获取钱财的，属赌博行为，构成犯罪的，应当以赌博罪定罪处罚。参赌者识破骗局，要求退还所输钱财，设赌者又使用暴力或者以暴力相威胁，拒绝退还的，应以赌博罪从重处罚；致参赌者伤害或者死亡的，应以赌博罪和故意伤害罪或者故意杀人罪，依法实行数罪并罚。综合以上因素，各被告人的行为构成赌博罪，而不构成诈骗罪。

第二种意见认为，三被告人的行为构成赌博罪，成立惯犯，应当从重处罚。

第三种意见是裁判方的意见，该意见认为三被告人的行为构成诈骗罪。主要理由是：(1) 共同预谋，精心策划，主动搭识被害人，设法骗取其信任，然后编造亲属被所谓的“老板”欺负，需要用赌博的方法报复“老板”的谎言，博得其同情，再在被害人面前演示赌博作弊的方法，使其误以为包赢不输，诱骗本无赌博意图和陋习的被害人进入其精心设置的赌博圈套，在赌博中瞒着被害人偷换骰子，以赌博之名，行诈骗之实，其行为完全符合诈骗罪的构成要件。(2) 本案的各被害人本来并无赌博的意图和陋习，其参与赌博系郭某等人使用种种圈套诱骗所致，故被害人参与赌博的行为与一般的赌博行为是有区别的，如果将本案定性为赌博罪，显然是对被害人的一种不公，亦是对三人犯罪行为的轻纵，不符合我国刑法罪刑相适应的原则。(3) 最高人民法院司法解释针对的案情，主要是一些在街头或公共交通工具上公开进行的、被害人系不特定的公众、被害人参赌的数额较小的赌博行为，被害人参与赌博虽有受诱骗的因素，但主要是在贪利心理的支配下进行的。本案的犯罪对象系特定的，其行为亦是秘密进行，被害人参与赌博的原因主要是三人诱骗，而且涉案金额很大，故本案不应适用该司法解释。

【法理分析】

本案涉及惯犯问题。惯犯是指以某种犯罪为常业，或以犯罪所得为主要生活来源或腐化生活来源，或者犯罪已成习性，在较长时间内反复、多次实施同种犯罪行为，刑法明文规定对其以一罪论处的犯罪形态。

在大陆法系刑法中，惯犯属于集合犯的一种形态，集合犯是指反复实施同种犯罪行为，或者虽然只实施一次，但确有反复实施意图，因而包括地评价为一罪[①]，如常习犯、营业犯、职业犯等。集合犯是构成要件的集合行为，立法者在犯罪构成要件中所描述和所预设的行为本身就具有不断反复实施的特性。常习犯是指犯罪构成要件设定具有常习性的行为人反复多次实施行为的犯罪。营业犯是犯罪构成要件设定以营利为目的而反复实施的犯罪。职业犯是指犯罪构成要件设定以一定的犯罪作为职业和业务反复实施的犯罪。我国刑法也存在职业犯，比如没有取得医生执业资格的人把行医作为一种业务，反复从事行医活动，才构成非法行医罪。判定行

① 参见吴振兴：《罪数形态论》，208页，北京，中国检察出版社，1996。

为是否是集合行为，可以从文义的角度进行，如日常用语所说的集邮行为，就是一种集合行为；也可以根据法律的明文规定，比如明文规定的常业犯，我国旧刑法规定的以投机倒把为常业的犯罪。此外，还可以根据规范的目的和实际生活事实来解释，虽然文义没有必然要多次反复实施，但通常很难想象实际生活中以单个自然行为来触犯的，可以列为集合行为。比如伪造行为，如果伪造文书，则不一定要求反复实施；但如果是伪造货币的行为，则很难想象行为人弄来伪造器材而只印一张钞票，或者只印一天。所以伪造货币罪的构成要件行为本身就是处罚行为人反复实施的行为，因此，如果行为人一个月内反复多次共印出 1 000 张假币，只是构成一个伪造货币的行为。

一般认为，惯犯必须具备客观上犯罪行为的惯常性和主观上犯罪心理习癖性的基本特征。[①] 亦有学者认为，“即使现实只有一个犯罪行为，但犯罪人有惯行的职业的意思，根据其历史上已受刑事处分或其他处分的行为的事实，足以认定其有惯常性者，也可以成立惯犯”[②]。学界有认为惯犯不以法律规定为必要，只要符合惯犯的特征，都可以认定为惯犯。[③] 笔者认为，惯犯是法定的一罪，如果没有刑法的特别规定，数个行为都构成犯罪的，可按连续犯处理；对于单个行为未构成犯罪的，可按接续犯处理。对于刑法明文规定之外的，比如抢劫、强奸等，也可能存在反复多次实施同种犯罪行为的情况，但不能按惯犯处理。[④] 对于惯犯是否具有独立的构成要件、惯犯的每次行为是否可以构成犯罪，学界有的认为可以独立构成犯罪，或部分构成犯罪[⑤]，也有的认为必须“构成多数的同种罪”[⑥]，笔者认为，惯犯是刑法将行为人反复多次实施的行为类型化为一个犯罪的构成，因此，每一次的行为并不必然地构成犯罪，惯常的行为作为整体才具有刑法上的评价意义，否则，无法正确区分惯犯与累犯、连续犯。

惯犯属于形式上的一罪、实质上的一罪而法定为一罪，1979 年刑法规定惯犯条文共有 4 条、6 种犯罪，包括第 118 条以走私、投机倒把为常业的犯罪，第 152 条惯窃和惯骗犯罪，第 168 条以赌博为常业，第 171 条一贯制造、贩卖、运输鸦片、海洛因、吗啡等毒品的犯罪。1997 年刑法废除了大部分的惯犯规定，只保留了第 303 条的赌博罪。2006 年 6 月 29 日《中华人民共和国刑法修正案（六）》第 18 条作出修订，规定赌博罪是以营利为目的，聚众赌博或者以赌博为业的行为，第 2 款规定开设赌场罪。本罪主要处罚的是“赌头”和“赌棍”。所谓聚众赌博，是指以公开或者秘密的方式聚集不特定多人从事赌博，组织者、召集者和积极参与者都可以构成本罪。所谓以赌博为业，是指嗜赌成性，以赌博为常业，把赌博获取的收入作为主要的生活来源或者腐化生活来源；或者虽然有正当的谋生职业，但是以赌博为兼业，长期在业余时间从事赌博，其赌博数额远远超过正当收入。

被告人的行为是否属于诈骗罪，尚有争议。第一种观点认为：如果参与人一方使用诈术支

---

① 参见陈兴良：《刑法适用总论》，上卷，2 版，613～614 页，北京，中国人民大学出版社，2006。

② 顾肖荣：《刑法中的一罪与数罪问题》，57～58 页，上海，学林出版社，1986。

③ 参见陈兴良：《刑法适用总论》，上卷，2 版，614 页，北京，中国人民大学出版社，2006；赵秉志主编：《中国刑法案例与学理研究·总则篇》，下卷，183 页，北京，法律出版社，2001。

④ 参见顾肖荣：《刑法中的一罪与数罪问题》，56 页，上海，学林出版社，1986；吴振兴：《罪数形态论》，212 页，北京，中国检察出版社，1996；高铭暄：《刑法学原理》，第 2 卷，558 页，北京，中国人民大学出版社，1993。

⑤ 参见张明楷：《犯罪论原理》，429 页，武汉，武汉大学出版社，1991；陈浩然：《理论刑法学》，311 页，上海，上海人民出版社，2000。

⑥ 马克昌：《犯罪通论》，637 页，武汉，武汉大学出版社，1991。

配胜负，名虽赌博实乃诈欺，应论以诈欺罪，他方则为诈欺之被害人，不成立赌博罪。[①] 第二种观点认为，使用欺诈手段的人成立诈骗罪，而其他人仍成立赌博罪。[②] 第三种观点认为，虽然赌博一方使用欺诈手段，但仍是赌博行为，被骗方应构成赌博罪，而欺诈方只是使用了赌博方式进行诈骗。行为人既构成诈骗罪，又构成赌博罪，两者是牵连关系，构成牵连犯。[③] 第四种观点认为，"即使有参与赌博者通过诈术行为成功排除（全部或是大部分的）偶然因素，也不会使得赌博的性质丧失"，因此"如果设置赌博人有欺诈的情事"，成立诈骗罪与赌博罪的想象竞合，这是德国学界通说。[④] 笔者认为，赌博最重要的特征就是偶然性，而且是行为人主观上的偶然性，并不以客观上是否具备偶然事实为必要。对于参与赌博而被骗者而言，主观上仍认为具有侥幸取胜的偶然性，因此从质上说仍是赌博，自然可以成立单独赌博罪；而对于诈骗者而言，其以非法占有为目的，使用诈欺的手段，使赌局的胜负在其支配下，主观上并没有偶然性存在，自不能再视为赌博，仅能论以诈骗罪。[⑤]

本案中，三被告人的行为在客观表现上是设置骗局，聚集多人参与赌博，即使成立赌博罪，也只是聚众赌博行为，并非以赌博为常业的赌博惯犯。被告人先通过虚构的事实骗取被害人的信任而博得同情，并通过演示赌博作弊的方法，诱骗本无赌博意图和陋习的被害人进入赌博圈套。进而在表象的赌博过程中，被告人使用作弊手段，完全能控制赌博的输赢，已完全无输赢概率，这种所谓的"赌博"已经完全失去了赌博应具有的靠赌技和偶然性来决定输赢的性质。因此，从被告人角度出发，已经不具备赌博性质，仅成立诈骗罪。至于被害人是否中途退出赌博，并不影响本案诈骗罪的成立，而是诈骗是否既遂的问题。

【要旨提示】

成立惯犯必须注意以下几点：（1）构成惯犯，必须以现行行为符合惯犯的基本特征或特定构成要件为前提。（2）行为人既往是否因某种相应的犯罪而受过处罚或是否具有其他情节，只是认定惯犯所应考虑的因素，作为判断行为人是否具有惯犯固有的主观恶性深、人身危险性大、难以改造等主观特征的辅助标准。（3）对于仅符合某种犯罪基本构成要件，不符合某种惯犯特定构成要件的犯罪行为，不应以惯犯论处。

56. 黄某抢劫案[⑥]

——结果加重犯

【案情介绍】

1999年11月4日晚，被告人黄某在其家中与陈某（未满14周岁）预谋杀人抢劫摩托车和

① 参见我国台湾地区"法务部"犯罪问题研究中心：《赌博犯罪研究》，5页，台北，法务通讯杂志社，1997。

② 参见张明楷：《外国刑法纲要》，730页，北京，清华大学出版社，1999。

③ 参见董玉庭：《赌博犯罪研究》，载《当代法学》，1999（4）。

④ 参见陈子平：《赌博罪保护法益之探讨》，载《罪与刑——林山田教授六十岁生日祝贺论文集》，268页，台北，三民书局，1998。

⑤ 参见陈毅坚：《赌博犯罪比较研究》，载于志刚主编：《刑法问题与争鸣》，总第8辑，北京，中国方正出版社，2003。

⑥ 案例来源：国家法官学院、中国人民大学法学院编：《中国审判案例要览（2001年刑事审判案例卷）》，229～232页，北京，中国人民大学出版社，2002。

手机。次日，被告人黄某携带一把土制匕首，与陈某一同到县城玩。傍晚6时许，两人雇请受害人李某的摩托车回某镇，当车行至某村大桥附近路段时，黄某以抽烟为借口叫车主李某停车，在准备继续上路时，黄某趁李某发动摩托车之机，持刀猛刺李某后颈部1刀，李某转身反抗，又被刺2刀，李某受轻微伤（偏重），黄某和陈某逃离现场。

检察机关以被告人黄某犯故意杀人罪（未遂）向人民法院提起公诉。一审法院经不公开审理，根据《中华人民共和国刑法》第232条，第17条第2、3款，第23条，第25条第1款，第16条第1款的规定，以故意杀人罪判处被告人黄某有期徒刑6年。被告人上诉后，二审法院经审理，根据《中华人民共和国刑事诉讼法》（1996年）第189条第2项和《中华人民共和国刑法》第262条，第17条第1、2款，第23条的规定，判决如下：（1）撤销一审法院刑事判决；（2）上诉人黄某犯抢劫罪，判处有期徒刑3年。

【观点争议】

在本案审理过程中存在几种处理意见。

第一种意见是控诉方和一审法院的意见，该意见认为：被告人黄某和陈某共谋，采取先杀死被害人再抢其摩托车，为劫取他人财物而故意非法剥夺他人生命，只是在实施过程中由于被害人的反抗，只将被害人致伤，未能劫取摩托车，构成故意杀人罪（未遂）。①

第二种意见认为，从杀人与占有财物的不可分割的直接联系看，是一个行为同时触犯故意杀人罪（图财杀人）和抢劫罪（杀人抢劫）两个罪名，符合想象竞合犯的特征。从有利于打击犯罪出发，应当从一重处断，而不是只能定抢劫罪。②

第三种意见是二审法院的意见，该意见认为，在实施抢劫财物过程中致人死亡，包括使用暴力，如殴打、伤害、捆绑、禁闭等故意伤害行为，而致人伤亡的，以及为抢财物不顾他人死活而直接使用暴力或间接故意杀人、直接故意杀人而致人死亡的，都是抢劫暴力犯罪的一种结果，是抢劫罪中使用暴力的组成部分，均应定抢劫罪一罪。③ 但对于应否适用结果加重犯的量刑档次，以及是否成立结果加重犯的未遂，仍有不同观点：（1）在属于第二量刑档次的结果加重犯和情节加重犯的抢劫罪中，只要实施了该8种加重情节之一的，无论财物是否抢到手，都属于结果加重犯的既遂，结果加重犯和情节加重犯不存在未遂问题。④ 如果没有产生法定的加重结果，则直接按照基本犯的既遂或未遂处理。⑤（2）结果加重犯具备劫取到他人财物或者给他人人身权利造成轻伤以上危害结果两者之一的，都是抢劫既遂；虽然没有抢劫到财物，但导致他人重伤、死亡的加重结果的，是抢劫罪结果加重犯的既遂；既未劫取到他人财物，又未给

---

① 参见国家法官学院、中国人民大学法学院编：《中国审判案例要览（2001年刑事审判案例卷）》，230～231页，北京，中国人民大学出版社，2002。

② 参见王作富：《刑法论衡》，351页，北京，法律出版社，2004。

③ 参见国家法官学院、中国人民大学法学院编：《中国审判案例要览（2001年刑事审判案例卷）》，232页，北京，中国人民大学出版社，2002。

④ 参见最高人民法院中国应用法学研究所编：《人民法院案例选（2004年刑事专辑）》，299页，北京，人民法院出版社，2005。

⑤ 参见国家法官学院、中国人民大学法学院编：《中国审判案例要览（2000年刑事审判案例卷）》，207页，北京，中国人民大学出版社，2002。

他人人身权利造成危害后果的，属抢劫基本犯的未遂。[①]（3）为劫取财物，故意造成加重结果，却没有发生加重结果的，应认定成立结果加重犯的未遂。[②]

【法理分析】

本案涉及的主要是结果加重犯是否存在未遂形态的问题，学界主要存在全面否定说、全面肯定说和部分肯定说。

全面否定说认为，加重构成犯是指出现了基本构成条款不能包括而为加重刑罚条款所特别规定的严重结果或严重情节。这种严重结果或者情节既是加重构成犯成立的要件，也是其齐备的标志，因此，加重构成犯只有构成与否的问题，没有既/未遂问题，作为加重构成犯之一的结果加重犯也没有未遂形态。[③] 结果加重犯与基本犯罪属于两个相对独立的犯罪构成，结果加重犯有自己独特的构成要件，基本犯罪的未遂不是结果加重犯未遂的标志。没有出现加重结果就不齐备结果加重犯的构成，出现加重结果，即使基本犯未遂，结果加重犯的构成已齐备，成立结果加重犯的既遂。[④]

全面肯定说认为，加重结果是"客观的处罚条件"，结果加重犯并未发生犯罪构成的变化，仍然依附于基本犯罪，所以基本犯罪未遂，即使出现加重结果，结果加重犯也未遂。[⑤] 对加重结果基于故意的结果加重犯，重结果的未发生就是结果加重犯的未遂。也有认为结果加重犯的加重结果的罪过形式只能是过失，所以结果加重犯的未遂只是基本犯的未遂，不可能是加重结果的未发生。[⑥]

部分肯定说主张结果加重犯区分为广义和狭义两种类型，狭义的结果加重犯是基本故意行为发生了超越其故意的危害结果，刑法规定加重其法定刑的情况，即过失的结果加重犯。广义的结果加重犯还包括故意造成加重结果的情形。[⑦] 该说论者认为基本犯未遂，而重的结果发生，结果加重犯仍既遂，基本犯罪的结果是否发生是结果加重犯的酌定量刑情节，而不是其构成结果，不影响结果加重犯的既未遂，但可以影响量刑。基本犯罪结果发生，加重结果未发生，如果行为人对加重结果只是出于过失，没有发生加重结果就表明结果加重犯不能成立，只构成基本犯，不是结果加重犯的未遂；如果对加重结果是出于故意，该结果未发生是结果加重犯的未遂，基本犯罪的结果发生与否并不影响结果加重犯未遂的成立。[⑧]

所谓结果加重犯，亦称加重结果犯，是指法律上规定的一个犯罪行为，由于发生了严重结果而加重其法定刑的情形。对结果加重犯的既遂与未遂形态存在较大争议，其主要原因在于对结果加重犯的结构形态理解上的差异。结果加重犯的结构由基本犯罪与加重结果构成，因此，对基本犯罪及其结果和加重结果所持有的主观心态，导致结果加重犯结构的分歧。对于基本犯

① 参见最高人民法院中国应用法学研究所编：《人民法院案例选（2004年刑事专辑）》，298～303页，北京，人民法院出版社，2005。

② 参见许发民：《结果加重犯的构成结构探析》，载《法律科学》，2006（2）。

③ 参见赵秉志：《侵犯财产罪研究》，87页，北京，中国法制出版社，1998。

④ 参见吴振兴：《罪数形态论》，113～117页，北京，中国检察出版社，1996；姜伟：《犯罪形态通论》，378～381页，北京，法律出版社，1994。

⑤ 参见赵秉志等编：《全国刑法硕士论文荟萃》，659页，北京，中国人民公安大学出版社，1989。

⑥ 参见杨敦先：《试论抢劫罪的几个问题》，载《法学研究》，1983（2）。

⑦ 参见赵秉志等编：《全国刑法硕士论文荟萃》，321～322页，北京，中国人民公安大学出版社，1989。

⑧ 参见李邦友：《结果加重犯基本理论研究》，131～137页，武汉，武汉大学出版社，2001。

罪的罪过形式，有观点认为只能是故意[1]，有观点认为过失也可构成。[2] 对于加重结果的罪过，各国立法例模式不同，理论上也存在争议，一般认为有以下三种不同的形态：一是偶然的结果加重犯，即行为人对加重结果既没有故意也没有过失；二是过失的结果加重犯，即行为人对加重结果具有过失；三是故意的结果加重犯，即行为人对加重结果具有故意。[3] 因此，根据行为人对基本犯罪的结果和加重结果的主观罪过，结果加重犯可形成以下四种结构，即故意—故意型、故意—过失型、过失—故意型、过失—过失型。

笔者认为，所谓偶然的结果加重犯不是真正意义的结果加重犯，否则，便明显违反了罪责原则，不符合主客观相统一原则。过失—故意型也不是结果加重犯的形态，实际上是基本犯罪与以加重结果为基本犯罪的犯罪之间的想象竞合犯，如果造成加重结果已经超出了基本犯罪必然发展所可能产生的结果，而是基于故意实施的，就已经是对该加重结果的结果犯，不能再认定为结果加重犯。

我国刑法中只有故意犯罪存在犯罪停止形态，因此，对结果加重犯的结构的不同理解，就形成了对其是否存在未遂形态的不同见解。对于过失—过失型的结果加重犯，由于过失并不存在未遂，只要加重结果发生，就成立犯罪既遂，所以这类结果加重犯无犯罪未遂可言。

但对于故意—故意型和故意—过失型的结果加重犯，就涉及结果加重犯的未遂问题。(1) 故意—过失型。存在两种情况：其一，故意基本犯罪的结果发生了，但过失的加重结果没有发生。加重结果并没有发生，也就没有符合加重的犯罪构成，而且对于过失的行为也不可能存在未遂，因此只构成了基本犯罪，而根本不成立结果加重犯，更无从谈起既、未遂问题。其二，故意基本犯罪的结果没有发生，而过失造成的加重结果发生了，如强奸或者抢劫未遂却致人死亡，依照构成要件齐备说，仍属于结果加重犯的构成要件未能全部齐备，属犯罪未遂形态，适用结果加重犯的量刑幅度，并同时适用未遂的处罚规定。应当说，对于这种情形本质上可以解释为故意犯基本犯罪和过失犯加重犯罪的想象竞合犯，只要从一重即达到评价目的，但对于这种经常发生的想象竞合犯，基于基本行为与加重结果之间的重要联系，刑法通过加重其法定刑，以立法拟制的方式予以特别规定，所以应当根据刑法特别规定的结果加重犯，适用特别的加重法定刑。这称为“未遂犯的结果加重犯”。(2) 故意—故意型。存在两种情况：其一，故意基本犯罪的结果发生了，但故意的加重结果没有发生，即基本犯罪既遂而加重结果未出现。比如以故意杀人的方式抢劫财物，只是将被害人打成轻伤，但成功劫取了财物。其二，故意基本犯罪的结果没有发生，故意的加重结果也没有发生，即基本犯罪未遂且加重结果未出现。比如以故意杀人的方式抢劫财物，但只是将被害人打成轻伤，而且未成功劫取财物便被制服。这两种情况下，行为人对加重结果具有至少是放任的故意，但加重结果最终没有出现，因此是犯罪的未遂形态，成立结果加重犯的未遂。这称为“加重结果犯的未遂犯”。

2001 年 5 月 23 日最高人民法院《关于抢劫过程中故意杀人案件如何定罪问题的批复》，行为人为劫取财物而预谋故意杀人，或者在劫取财物过程中，为制服被害人反抗而故意杀人的，以抢劫罪定罪处罚。在本案中，被告人黄某在主观上有劫取财物的目的，客观上为了劫取财物

① 参见顾肖荣：《试论结果加重犯》，载《法学研究》，1984 (4)。

② 参见吴振兴：《罪数形态论》，87 页，北京，中国检察出版社，1996。

③ 参见张明楷：《外国刑法纲要》，254 页，北京，清华大学出版社，1999。也有的学说区分为纯正加重结果犯、不纯正加重结果犯和危险犯的加重结果犯等。参见柯耀程：《变动中的刑法思想》，126 页以下，北京，中国政法大学出版社，2003。

事先预谋故意杀人，并实施了故意杀人的行为，因此，具备抢劫的故意和杀人的故意，属于故意—故意型的结果加重犯。但最终没有劫取到财物，因此基本犯罪的结果没有发生；同时，故意杀人的行为只是造成了被害人的轻微伤，因此致人死亡的加重结果也没有发生，是“加重结果犯的未遂犯”，应当根据抢劫罪的结果加重犯，对其适用“十年以上有期徒刑、无期徒刑或者死刑，并处罚金或者没收财产”的法定刑，并可以比照既遂犯从轻或者减轻处罚。

【要旨提示】

结果加重犯存在故意—故意型、故意—过失型、过失—过失型三种基本形态，其中故意—故意型、故意—过失型两种形态存在未遂问题。在故意—过失型的结果加重犯中，如果基本犯罪未遂，即使出现了过失的加重结果，仍属于结果加重犯的未遂，是“未遂犯的结果加重犯”。在故意—故意型的结果加重犯中，如果故意的加重结果没有发生，无论基本犯罪既遂或者未遂，都成立结果加重犯的未遂，是“加重结果犯的未遂犯”。结果加重犯的两种未遂形态，都应当根据加重的量刑幅度加以处罚，同时适用刑法关于犯罪未遂的规定，可以比照结果加重犯的犯罪既遂从轻或者减轻处罚。

57. 梁某招摇撞骗案①

——法条竞合犯

【案情介绍】

2001年11月，被告人梁某与王某相识，梁某谎称自己是安徽省公安厅刑警队重案组组长，骗得王某与其恋爱并租房同居。其间，梁某又先后对王某谎称自己任省公安厅厅长助理、池州市公安局副局长等职。为骗取王某及其家人、亲戚的信任，梁某先后伪造了安徽省公安厅文件、通知、荣誉证书、审查登记表，印制了职务为池州市公安局副局长的名片和刑警执法证，购买了仿真玩具手枪等。2001年10月至2002年8月梁某多次从合肥、池州等地公安机关盗取数件警服、警帽、持枪证以及相关材料；多次租用京GD6798号出租车，冒充是省公安厅为其配备。在骗取王某及其家人、亲戚的信任后，2002年4月至2002年8月期间梁某以种种谎言骗得王某家人及亲戚现金39 750元，并挥霍。2002年5月，梁某又冒充安徽省公安厅刑警，骗取另一受害人张某与其恋爱并发生性关系。后以请人吃饭为由，骗取张某现金500元。2002年8月初，梁某冒充池州市公安局副局长前往潜山县，骗取了该县人大、公安局有关领导的信任，陪同其游玩。

检察机关以被告人梁某犯招摇撞骗罪向人民法院提起公诉。一审法院经审理，根据《中华人民共和国刑法》第279条、第64条、第65条第1款之规定，判决如下：(1) 被告人梁某犯招摇撞骗罪，判处有期徒刑10年；(2) 追缴被告人梁某违法所得人民币40 250元；(3) 没收作案工具玩具手枪一把及伪造的文件等。被告人梁某不服，提起上诉。在二审审理期间，梁某申请撤回上诉，二审法院裁定予以准许。

---

① 案例来源：最高人民法院刑事审判第一庭、第二庭编：《刑事审判参考》，总第34集，34～42页，北京，法律出版社，2004。

【观点争议】

本案除了连续犯和被告人伪造公文、证件的行为与其招摇撞骗行为之间的牵连关系等问题外，主要涉及的是诈骗罪与招摇撞骗罪之间的法条竞合关系。在本案审理过程中，存在几种不同的处理意见。

第一种意见认为，如果行为人冒充国家机关工作人员的身份或职称去骗取财物，一行为同时触犯招摇撞骗罪和诈骗罪两个罪名，是想象竞合犯，应从一重罪处断。①

第二种意见认为，在犯罪手段上，诈骗罪可以采取任何一种虚构事实或者隐瞒真相的方法，当然可以涵盖招摇撞骗罪中“冒充国家机关工作人员”这一特殊手段。而在犯罪目的上，招摇撞骗罪的目的可以是骗取多种类型的非法利益，自然也可以包含诈骗罪中的“骗取公私财物目的”在内。当行为人以冒充国家机关工作人员身份的手段，非法骗取他人数额较大以上的财物时，就会既符合诈骗罪的犯罪构成又符合招摇撞骗罪的犯罪构成，这就是法条竞合。招摇撞骗罪与诈骗罪两个法条的全部构成内容不能形成全包容的重合关系，即诈骗罪不能全包含招摇撞骗罪。只有当招摇撞骗行为表现为骗取数额较大以上的财物时，才可能与诈骗罪形成交叉重叠关系的法条竞合，即交叉竞合。②

当然，虽然同样采取这种意见，承认两罪属于交叉竞合的法条竞合关系，但对于最终的法律适用，仍存在分歧：

第一种观点认为，刑法第 266 条诈骗罪后半段明确规定有“本法另有规定的，依照规定”，据此，当行为人的行为同时符合该两法条规定的犯罪构成时，应当一律适用刑法第 279 条的规定，以招摇撞骗罪追究其刑事责任。③

第二种观点认为，交叉竞合的适用原则是重法条优于轻法条，即选择适用法定刑较重的法条。当诈骗罪和以骗取财物为目的的招摇撞骗罪出现交叉竞合时，可具体分析如下：(1) 骗取财物数额较大的。招摇撞骗罪有两档法定刑：情节一般的，法定刑为 3 年以下有期徒刑、拘役、管制或者剥夺政治权利；情节严重的，法定刑为 3 年以上 10 年以下有期徒刑。而诈骗罪的法定刑为 3 年以下有期徒刑、拘役或管制，并处或者单处罚金，重于情节一般的招摇撞骗罪的法定刑，又轻于情节严重的招摇撞骗罪的法定刑。由此，根据具体案情，如判定属于情节严重的招摇撞骗行为，应以招摇撞骗罪论处，反之，则应以诈骗罪论处。通常而言，招摇撞骗罪同时又是一种破坏国家机关威信的行为，当行为人冒充国家机关工作人员招摇撞骗，骗取数额较大的财物时，从责任评价上理应重于不是采用冒充国家机关工作人员的方法骗取同等数额财物的普通诈骗罪，因而，在这种情况下，可视为招摇撞骗情节严重，适用招摇撞骗罪的第二档法定刑定罪量刑。(2) 骗取财物数额巨大的。诈骗罪的法定刑为 3 年以上 10 年以下有期徒刑，并处罚金，而招摇撞骗罪没有罚金的规定，因此，诈骗罪是重法条，应以诈骗罪论处。同理，当骗取财物数额特别巨大时，更应以诈骗罪论处。④

---

① 参见何秉松：《刑法教科书》，865 页，北京，中国法制出版社，1997。

②④ 参见“李志远招摇撞骗、诈骗案”，载最高人民法院刑事审判第一、二、三、四、五庭主办：《中国刑事审判指导案例（妨害社会管理秩序罪）》，34～37 页，北京，法律出版社，2009。

③ 参见最高人民法院刑事审判第一庭、第二庭编：《刑事审判参考》，总第 34 集，34～42 页，北京，法律出版社，2004。

第三种观点认为，应以特别法优于普通法为原则，以重法优于轻法为补充。具体而言：冒充国家机关工作人员骗取数额巨大的财物，也应依照刑法第266条后半段所确立的特别法优于普通法的原则，以招摇撞骗罪论处；只有在冒充国家机关工作人员骗取数额特别巨大的财物的情况下，才认为此种行为已超出招摇撞骗罪所能评价的范围，而只符合诈骗罪的构成要件。理由主要是：（1）无论行为人招摇撞骗了多少财物，均以招摇撞骗罪论处，会导致罪刑显失均衡。因为骗取同样数额的财物，行为人以一般方式行骗的，最高可处无期徒刑，而行为人以冒充国家机关工作人员身份这一性质更为恶劣、危害性更为严重的方式行骗的，反而最高只能处10年有期徒刑。（2）在行为人冒充国家机关工作人员骗取财物，数额并非特别巨大的情况下，以刑法第279条“情节严重”的招摇撞骗罪追究其刑事责任，不导致罪刑明显失衡。（3）招摇撞骗数额巨大公私财物的，二罪之区别仅在于是否并处罚金，论以招摇撞骗罪“情节严重”更能全面地反映行为人之行为的性质、特点。[①]

第三种意见认为，两罪是排斥关系，不发生法条竞合。冒充国家机关工作人员招摇撞骗，原则上不包括骗取财物的现象，即使认为包括，也不包括骗取数额较大的情况，否则，不利于正确处理招摇撞骗罪和诈骗罪的关系。理由主要是：（1）诈骗罪的适用有特别规定“本法另有规定的，依照规定”。如果两罪是法条竞合关系，就意味着只能采取特别法优于普通法的原则，即诈骗行为符合其他条文规定的，应依照其他条文规定处理。这会造成明显的罪刑不均衡现象，有违公平、正义的司法理念。[②]（2）根据诈骗罪和招摇撞骗罪的法益可以作出将骗取财物排除在招摇撞骗罪范围之外的限制解释。（3）若招摇撞骗罪的行为对象包含财物，则行为人冒充国家机关工作人员骗取财物，为窝藏赃物、抗拒抓捕或者毁灭证据，而当场使用暴力或者以暴力相威胁时，难以适用我国刑法有关转化的抢劫罪的规定，这显然不公平。因为按照法律“另有规定的，依照规定”的立法要求，上述骗财行为只能构成招摇撞骗罪，而非转化型抢劫罪所要求的诈骗罪，这就会导致出现一般骗取财物的转化为抢劫罪，而冒充国家机关工作人员骗取财物的，却不能转化为抢劫罪的不合理现象。[③]

【法理分析】

本案涉及法条竞合问题。法条竞合又称法规竞合、法规单一[④]、假性或表面竞合、不纯正竞合等。笔者认为有必要区分法条竞合与法条竞合犯两个不同的概念：法条竞合是指数法条所规定的数个犯罪构成之间存在逻辑上的包容或交叉重合关系的法律现象。法条竞合犯是指行为人的一个行为，同时符合具有逻辑重合关系的数法条所规定的数个犯罪构成，虽数个犯罪构成对其均有所涵摄，但仅能适用其中最恰当评价的法条，排斥其他法条适用的一种特殊犯罪形态。概言之，法条之间的逻辑关系是法条竞合及法条竞合犯的法律逻辑前提，法条竞合是一种条文形态，而法条竞合犯是在法条竞合的基础上形成的特殊犯罪形态。

---

① 参见最高人民法院刑事审判第一庭、第二庭编：《刑事审判参考》，总第34集，34～42页，北京，法律出版社，2004。

② 参见张明楷：《刑法学》，5版，1037页，北京，法律出版社，2016。

③ 参见张明楷：《刑法分则解释原理》，117～118页，北京，中国人民大学出版社，2004。

④ 目前德国学理上渐渐使用“法规单一”的称谓，正如耶赛克所言：“由于只适用主要的刑法法规，且被排除的法律并不出现在有罪判决中，用‘法规单一’来替代传统的但误导性的表述‘法条竞合’，看起来似乎是适当的。”（［德］汉斯·海因里希·耶赛克、托马斯·魏根特：《德国刑法教科书》，徐久生译，北京，中国法制出版社，2001。）

我国大部分的学者认为法条竞合解决的是法律适用的问题[①]，显然这并不确切，因为在没有发生一定的需要刑法评价的犯罪行为之前，谈法律的适用都是虚无的，没有任何法条会被必然地适用或必然地排斥，否则，其存在便失去规范的意义，成为具文。只有出现需要法律规制的行为时，才会有到底依哪个法条加以定罪量刑的适用问题，一行为符合一个犯罪构成如此，一行为符合数个犯罪构成亦然。所以我们无法仅以法条及其关系解决复杂的犯罪形态，更无法作出到底适用哪个、排斥哪个的判断。而只有一行为实际发生并符合了具有法条竞合关系的数法条之后，才可能出现法条的适用问题。

关于法条竞合的本质，主要存在条文竞合说[②]、罪名竞合说[③]、法律竞合说[④]、法律适用说[⑤]、（犯罪）构成要件说[⑥]、犯罪构成竞合说[⑦]等不同观点，笔者基本赞同犯罪构成竞合说，法条竞合的本质是法条所规定的数个犯罪构成之间在逻辑上的重合（包容或交叉）关系。竞合的法条之间由于存在特殊主体、特殊对象、特殊行为方式、复合行为、复合罪过、复合客体等因素，产生犯罪构成之间的同一关系、包容关系、交叉关系和排斥关系等逻辑关系。[⑧]

关于法条竞合的类型，主要有以下几种看法：（1）一元说，有人认为仅存在交叉关系，特别关系的法条竞合实质上也应归入交叉关系中[⑨]；有人认为仅存在特别关系，在交叉关系中仅为某些要素的重叠，并不可能形成法条竞合。[⑩]（2）二元说，有分为特别关系和吸收关系者，有分为全部包容和部分包容者，后者又称法规交叉。[⑪]（3）三元说，有分为特殊性法规竞合、补助性法规竞合、消耗性法规竞合者，有分为特别关系、吸收关系和择一关系者。（4）四元说，分为独立竞合、包容竞合、交互竞合与偏一竞合。[⑫]（5）五元说，分为特别法与普通法、吸收法与被吸收法、重法与轻法、新法与旧法、基本法与单行法等关系。

笔者认为，法条竞合以具体犯罪构成要件之间的逻辑重合关系即包容关系和交叉关系为基础，因此，主要存在特别关系、交叉关系、补充关系三种。（1）特别关系。以具体犯罪构成之间的包容关系为基础，包容关系的具体犯罪构成之间存在着完全的依附与被依附关系，行为符合特别法条的犯罪构成，则逻辑上也必然符合普通法条的犯罪构成。（2）交叉关系。以具体犯罪构成之间的交叉关系为基础，在外延上表现为两个具体犯罪构成存在部分重合之处，假若犯罪行为实施，则必然符合数个犯罪构成。（3）补充关系。一法条处于其他法条的补充地位，只

---

① 参见马克昌：《想象的数罪与法规竞合》，载《法学》，1982（1）。

② 参见顾肖荣：《刑法中的一罪与数罪问题》，61页，上海，学林出版社，1986；马克昌：《想象的数罪与法规竞合》，载《法学》，1982（1）。

③ 参见陈兴良：《刑法适用总论》，上卷，741页，北京，法律出版社，1999。

④ 参见田禾、戴绍泉：《论我国刑法中的法律规范的竞合》，载《社会科学战线》，1989（2）。

⑤ 参见张灏：《中国刑法理论及实用》，291页，台北，三民书局，1980；柯耀程：《罪数论根源与发展之探索》，载《月旦法学杂志》，第75期。

⑥ 参见肖中华：《犯罪构成及其关系论》，北京，中国人民大学出版社，2000；冯凡英、曹艳芝：《法条竞合新探》，载《法学评论》，1995（4）；魏琼：《论刑事法律规范的竞合》，载《广西民族学院学报（哲社版）》，1995（5）。

⑦ 参见刘明祥：《法条竞合的范围和适用原则》，载《检察理论研究》，1999（2）。

⑧ 参见陈毅坚：《法条竞合的概念和本质辨析》，载《中山大学法律评论》，总第3卷，208～241页，北京，法律出版社，2002。

⑨ 参见魏琼：《论刑事法律规范的竞合》，载《广西民族学院学报（哲社版）》，1995（5）。

⑩ 参见柯耀程：《刑法竞合论》，96页以下，北京，中国人民大学出版社，2008。

⑪ 参见高铭暄、王作富主编：《新中国刑法的理论与实践》，373页，石家庄，河北人民出版社，1988。

⑫ 参见陈兴良：《刑法适用总论》，上卷，746页，北京，法律出版社，1999。

有当其他法条无法适用时方得以适用。补充关系仍以具体犯罪构成之间的包容关系或交叉关系为基础，在逻辑上两个具体犯罪构成之间本应形成特别关系或交叉关系，但由于立法或司法因素的介入其转化为补充关系。特别关系和交叉关系是法条竞合的主类型，补充关系是亚类型。补充关系主要分为明示的补充关系与默示的补充关系。明示的补充关系，是指刑法立法以明示的特别规定所确定的补充关系，主要表现在刑法条文中明确规定“本法另有规定的，依照规定”。默示的补充关系，是指刑法立法未作明确规定，而主要由刑法司法解释所确定或依据刑法司法解释推断确定的补充关系。

法条竞合犯的类型与法条竞合的种类并非一一对应。笔者认为，法条竞合犯包括独立竞合犯、交互竞合犯和偏一竞合犯三种类型。[①]（1）独立竞合犯。独立竞合犯的行为恰好符合特别关系的两个具体犯罪构成的重合部分，或者超出重合部分的不具有法律意义。例如，盗窃军用物资情节严重的行为，属于同时触犯盗窃罪与盗窃军用物资罪的独立竞合犯；盗伐林木数额较大的行为，是属于特别关系法条竞合的盗窃罪与盗伐林木罪的独立竞合犯。（2）交互竞合犯。交叉竞合犯的行为恰好符合有交叉关系的两个具体犯罪构成的重合部分，或者超出重合部分的不具有法律意义。（3）偏一竞合犯。第一种类型是以交叉关系为基础，处于交叉关系的数法条中的某一具体犯罪构成要件具有或然性要件，从而使符合该具体犯罪构成的行为存在多种可能性，但只有一个法条能够更全面评价该行为。第二种类型是以补充关系为基础，由于补充关系是特别关系或交叉关系转化而成的亚形态，所以，应关注其中制约转化的因素及其所导致的结果。在明示补充关系中，由于立法将存在竞合关系的数个法条之一明确为处于补充地位，所以严格依据立法确定法条适用逻辑顺序，成为司法层面的当然选择。例如，交通肇事罪与过失致人死亡罪存在交叉关系，交通肇事罪的法定结果包括致人重伤、致人死亡、造成财产重大损失等或然性，所以有可能形成由交通肇事行为构成的交互竞合犯，但基于过失致人死亡罪明文规定该法条处于补充地位，最终使得因交通肇事致人死亡的案件实际由交互竞合犯转化为偏一竞合犯。同样，独立竞合犯也可以转化为偏一竞合犯。在默示的补充关系中，司法解释的规定或者依据司法解释而衍生的司法惯例，使得原本的特别关系或交叉关系转化成补充关系，从而也使得在符合条件的情况下，独立竞合犯或者交互竞合犯最终转化为偏一竞合犯。

关于法条竞合犯的法律适用原则，学界有特别法优于普通法、狭义法优于广义法、全部法优于一部法、实害法优于危险法、基本法优于补充法、新法优于旧法、吸收法优于被吸收法、变态法优于常态法、重法优于轻法等观点及其组合。笔者认为：（1）独立竞合犯适用特别法优于普通法；（2）交互竞合犯适用重法优于轻法；（3）基于交叉关系的偏一竞合犯适用全部法优于部分法；（4）基于补充关系的偏一竞合犯适用基本法优于补充法。

本案涉及招摇撞骗罪与诈骗罪的复杂法条关系。第一种意见认为两罪是想象竞合犯，显然忽视了两个法条所具有的逻辑上的交叉重合关系，并不恰当。第三种意见通过解释招摇撞骗罪的构成要件，使两罪犯罪构成呈现排斥关系，也存在问题。首先，根据招摇撞骗罪的罪状，无法将骗取财物排除出去，而为了处理招摇撞骗罪与诈骗罪的关系，将招摇撞骗行为限制解释为不包括骗取财物的观点，未免牵强。[②] 虽然招摇撞骗罪的行为人主要是骗取财物以外的其他非法利益，包括爱情、职位、荣誉、资格等利益以及一些不直接表现为财物但又具有一定财产性的利益如劳务、消费，但从犯罪学角度出发，并不排除在招摇撞骗中骗取一定量的财物，而且

---

① 参见黄京平、陈毅坚：《法条竞合犯的类型及其法律适用》，载《中国刑事法杂志》，2007（4）。

② 参见王作富：《刑法分则实务研究》，1379～1380页，北京，中国方正出版社，2003。

实践中的案例，基本上都同时招摇撞骗财物以及非财产性利益。恰因为如此，招摇撞骗罪的犯罪构成在骗取财物数额方面没有特别的要求，其社会危害性主要表现在对国家机关的威信和社会公共秩序所造成的破坏和恶劣影响。其次，至于刑法有关“本法另有规定的，依照规定”的规定，立法者的本意在于将合同诈骗罪、金融诈骗罪与诈骗罪区别开来，并非对招摇撞骗罪与诈骗罪的规定。① 第二种意见的第一种法律适用观点犯了同样的错误。再次，认为承认法条竞合会使招摇撞骗行为无法转化为抢劫罪，是没有道理的。因为合同诈骗罪、金融诈骗罪与诈骗罪同样存在法条竞合关系，同样适用法律另有规定的依照规定的要求，那么，犯合同诈骗罪、金融诈骗罪，行为人当场使用暴力同样无法转化为抢劫罪，是否也不合理？另外，如果认为转化型抢劫所要涉及的诈骗犯罪并非仅指刑法第266条规定的诈骗罪，合同诈骗罪、金融诈骗罪可以转化为抢劫罪，那么，招摇撞骗罪同样可以转化为抢劫罪。最后，如果行为人只是单纯招摇撞骗财物，只要达到了数额较大，必然同时符合招摇撞骗罪与诈骗罪的构成要件，这是交互竞合犯，应当从一重论处，并不会出现罪刑不均衡现象。第二种意见的第三种法律适用观点，与第三种意见实际上异曲同工，只是对于不构成招摇撞骗罪时诈骗财物的数额的高低有不同认识，因此，存在与第三种意见同样的问题。

笔者认为，由于行为人具体行为方式的不同，招摇撞骗罪与诈骗罪之间可能出现交互竞合犯与基于交叉关系的偏一竞合犯两种法条竞合犯类型。

(1) 当行为人只是单纯冒充国家机关工作人员，招摇撞骗财物数额达到较大以上时，成立交互竞合犯。从构成要件分析，诈骗罪不包括招摇撞骗罪中“冒充国家机关工作人员”以及诈骗非财产性利益这些构成要件要素，而招摇撞骗罪也不要求诈骗罪中的诈骗财物数额较大要素，因此两者存在逻辑上的交叉关系，行为人冒充国家机关工作人员单纯诈骗数额较大财物的行为，恰好处于两罪的交叉、重叠之处，成立交互竞合犯。对于交互竞合犯，由于两个构成要件均能全面、充足地评价行为的不法与罪责，应从一重处断。这种情况下，第二种意见的第二种法律适用观点是正确的。

(2) 当行为人不仅冒充国家机关工作人员，招摇撞骗财物数额达到较大以上，同时还诈骗非财产性利益时，则成立基于交叉关系的偏一竞合犯。招摇撞骗罪具备诈骗财物与诈骗非财产性利益的或然性选择要件，从而出现偏一竞合犯。对于偏一竞合犯，并非两个构成要件均能全面、充足地评价行为的不法与罪责，实际上只存在一个全面的构成要件，因此，应当适用全部法优于部分法，以招摇撞骗罪论处。显然，在这种情况下，如果冒充国家机关工作人员，招摇撞骗财物数额较大，同时诈骗非财产性利益，实际上，招摇撞骗罪还是重法，因此，以全部法——招摇撞骗罪论处并不会出现量刑不均衡；但是如果冒充国家机关工作人员，招摇撞骗财物数额达到巨大以上，同时诈骗非财产性利益，则诈骗罪是重法，但诈骗罪的构成要件无法全面评价行为，仍然只能认定为招摇撞骗罪，这是唯一可能出现量刑不均衡的情形。笔者认为，处理偏一竞合犯应注意两点：第一，适用何种法条能够保证否定评价更为全面。这无疑是确定任何法条竞合犯法条适用规则时应当坚持的精神，就基于交叉关系的偏一竞合犯而言，关键是看处于平等地位的两个特别法条中哪个更能实现相对全面的否定评价，足以相对全面评价的法条是全部法，与之相对的是部分法，全部法必须优先被适用。第二，适用何种法条能够更有利于被告人。立法上设置具有交叉关系的法条，其功用之一就是避免犯罪行为人受到不当的重复

① 参见马克昌：《犯罪通论》，631页，武汉，武汉大学出版社，1999。

评价，而该立法功能的实现，必须以择一适用数个具有交叉关系的法条为前提。所以，基于交叉关系的偏一竞合犯适用全部法优于部分法原则，不仅有助于实现相对全面的否定评价，而且是有利于犯罪行为人的选择。因此，在这种情况下，必须仍以招摇撞骗罪论处。

【要旨提示】

法条竞合与法条竞合犯是两个不同层面的问题，法条竞合是静态的、仅存在于立法层面的条文形态，不涉及法条适用的选择问题；法条竞合犯是只存在于司法层面且必然表现为由具体犯罪行为的动态过程及结果所构成的犯罪形态，它无法回避法条适用的选择问题。法条竞合犯包括独立竞合犯、交互竞合犯和偏一竞合犯。诈骗罪与招摇撞骗罪的犯罪构成存在交叉关系，是交叉关系的法条竞合。如果行为人冒充国家机关工作人员招摇撞骗骗取的财物没有达到数额较大的程度，或者单纯招摇撞骗非财产性利益，不存在法条竞合，直接以招摇诈骗罪论处便能全面评价该行为。两罪的法条竞合犯存在于两种不同类型：其一，在行为人只是单纯冒充国家机关工作人员，招摇撞骗财物数额达到较大以上时，成立交互竞合犯，从一重处断。具体而言：骗取财物数额较大的，适用招摇撞骗罪的第二档法定刑定罪量刑；骗取财物数额巨大以上的，应以诈骗罪论处。其二，如果行为人不仅冒充国家机关工作人员，招摇撞骗财物数额达到较大以上，而且诈骗非财产性利益，则成立基于交叉关系的偏一竞合犯，以作为全部法的招摇撞骗罪论处。

58. 陈某投放危险物质案[①]

——想象竞合犯

【案情介绍】

被告人陈某与被害人陆某两家东西相邻。2002 年 7 月下旬，两人因修路及其他琐事多次发生口角并相互谩骂，陈某遂怀恨在心，决意报复。2002 年 7 月 25 日晚 9 时许，陈某从自家水池边找来一支一次性注射器，再从家中柴房内的甲胺磷农药瓶中抽取半针筒甲胺磷农药后，潜行至陆某家门前丝瓜棚处，将农药打入瓜藤上所结的多条丝瓜中。次日晚，陆某及其外孙女黄某食用了被注射有甲胺磷农药的丝瓜后，出现上吐下泻等中毒症状。其中，黄某经抢救后脱险；陆某在被送往医院抢救后，因甲胺磷农药中毒引发糖尿病高渗性昏迷低钾血症，医院对此诊断不当，而仅以糖尿病和高血压症进行救治，陆某因抢救无效于次日早晨死亡。

检察机关以被告人陈某犯投放危险物质罪，向人民法院提起公诉。法院经审理，根据《中华人民共和国刑法修正案（三）》第 2 条，《中华人民共和国刑法》第 115 条第 1 款、第 48 条第 1 款、第 57 条第 2 款、第 36 条第 1 款，《中华人民共和国民法通则》第 119 条的规定，以投放危险物质罪判处被告人陈某死刑，缓期 2 年执行，剥夺政治权利终身。

【观点争议】

在本案审理中，关于对被告人涉案行为的定性，也存在不同意见。

---

① 案例来源：最高人民法院刑事审判第一庭、第二庭编：《刑事审判参考》，总第 36 集，1～10 页，北京，法律出版社，2004。

第一种意见认为：陈某为泄私愤投毒杀人，侵害对象特定，侵犯客体是特定被害人陆某的生命、健康权，故应定故意杀人罪。

第二种意见认为：使用放火、爆炸等危险方法，意图杀人，而严重危害公共安全的，就按照危害公共安全罪有关罪名定罪处罚。如果以放火为手段的故意杀人行为危害了公共安全，则构成放火罪；如果只侵犯特定人的生命权利或者身体健康权利的，则构成故意杀人罪或故意伤害罪。①

第三种意见认为：行为人基于一个杀人的故意而实施了爆炸等危害公共安全的行为，同时触犯了爆炸罪等危害公共安全犯罪与故意杀人罪，是法条竞合犯，应按照法条竞合犯的一般处理原则以爆炸罪等危害公共安全的犯罪定罪处罚。②

第四种意见认为：本案属于想象竞合犯，应“从一重处断”，以投放危险物质罪论处。主要理由是：（1）对于以杀害特定少数人为目的而实施投放危险物质行为的定性，关键在于要对下列事实形成准确判断，即行为人所实施的投放危险物质的行为，除了可能造成其意图杀害的特定少数人死亡的结果外，是否具有同时威胁或危害其他不特定人的生命、健康或者财产安全即危害公共安全的危险性质。如果有，且行为人对此有认识，则说明行为人在积极追求特定少数人死亡结果发生的同时，还存在放任危害公共安全结果发生的心态，属于（间接故意）投放危险物质罪与（直接故意）故意杀人罪的想象竞合犯。本案中，陈某的行为在触犯故意杀人罪的同时，还符合投放危险物质罪的犯罪构成。（2）投放危险物质罪与故意杀人罪的法定刑虽然完全相同，但危害公共安全罪在整体上要重于侵犯公民人身权利、民主权利罪（一般认为，我国刑法分则章节基本上是按由重至轻的顺序排列的），故意杀人罪的减轻构成（属于结果犯）要比投放危险物质罪的基本构成（属于危险犯）相对更为严格；在观念上，一般认为投放危险物质罪要比故意杀人罪更为严重，因此，在两罪发生想象竞合的情况下，按照“从一重处断”的原则，应当对行为人以投放危险物质罪论处。③

【法理分析】

本案涉及想象竞合犯问题。所谓想象竞合犯，亦称想象数罪，是指行为人基于一个犯罪意图所支配下的数个不同的罪过，实施一个危害行为，而触犯两个以上异种罪名的犯罪形态。④

关于想象竞合犯的罪数本质，刑法学界存在几种不同的主张：实质数罪说认为想象竞合犯是实质的数罪，只是处断上作为一罪即从一重罪处罚。想象竞合犯的一个危害行为，产生重复、交叉作用，满足数个犯罪构成，本质是数罪而非一罪。⑤ 形式数罪说主张行为人仅实施一个危害行为，形式上符合数个犯罪构成，但并非真正数罪，实质为一罪。⑥ 折中说认为想象竞

---

① 参见高铭暄、马克昌主编：《刑法学》，下编，613页，北京，中国法制出版社，1999。

② 参见最高人民法院刑事审判第一庭、第二庭编：《刑事审判参考》，总第22辑，4页，北京，法律出版社，2001。

③ 参见最高人民法院刑事审判第一庭、第二庭编：《刑事审判参考》，总第36集，1～10页，北京，法律出版社，2004。

④ 参见高铭暄主编：《刑法专论》，上编，392页，北京，高等教育出版社，2002。

⑤ 参见高铭暄主编：《中国刑法学》，216～217页，北京，中国人民大学出版社，1989。

⑥ 参见赵秉志主编：《新刑法教程》，226页，北京，中国人民大学出版社，1997；陈兴良、曲新久：《案例刑法教程》，483页，北京，中国政法大学出版社，1994。

合犯的本质既非实质一罪，也非实质数罪，或认为是不完整的数罪。[①] 法律竞合说认为，想象竞合犯是数个刑法条文的竞合，是法条竞合而不是犯罪的竞合。[②] 笔者认为，想象竞合犯是形式的数罪、实质的数罪、处断为一罪。这里涉及双重类型性的问题，即数个不同犯罪构成“共用”构成要件。所谓行为的双重类型性，是指行为既为一构成要件之行为要素，又为另一构成要件的行为要素，且行为要素相互重叠[③]，犯罪构成的其他要件要素亦同。犯罪构成是一种类型化的抽象，而犯罪行为情形多变，因而数个犯罪构成在外延上包括一个犯罪行为是被允许的，尤其在具有交叉关系的数个犯罪构成之间。这种“共用”仅在罪数成立的判断阶段，并未涉及罪名的确定、罪刑的宣告等问题，因而并未违背“双重评价禁止”原则。

第一种意见只认识到行为人最终的主观目的，忽视了行为的客观意义。第二种意见单纯从客观行为入手，忽视了行为人的主观故意。两种意见均不合理。第三种意见认为是法条竞合犯，明显混淆了法条竞合犯、结果加重犯和想象竞合犯的区别。法条竞合是法律的竞合，并不以犯罪的存在而转移，而是犯罪构成要件之间的逻辑重合关系，可以通过规范的逻辑分析得出。想象竞合犯则是犯罪的竞合，同一行为所触犯的数个犯罪及其构成之间并不具有逻辑重合关系，“即使是从法条关系上毫不相干的两个犯罪，也可能由一个行为同时触犯两个以上罪名，从而成立想象竞合犯”[④]。

投放危险物质尚未造成严重后果的危险犯与故意杀人的构成要件之间没有任何逻辑重合关系，并不成立法条竞合；投放危险物质致人死亡可以说是投放危险物质罪的结果加重犯，而故意杀人罪中致人死亡是基本结果，它同时也是投放危险物质罪结果加重犯的加重结果，那么故意杀人罪是否与投放危险物质罪结果加重犯之间存在法条竞合，学界也是有争议的。笔者认为，如果仅从结果加重犯的加重犯罪构成入手，以放火、投放危险物质等方式危害公共安全并致人死亡可以说是故意杀人罪的一种特殊形式，然而，这种所谓加重犯罪构成并非独立的犯罪构成，它只是放火罪、投放危险物质罪犯罪构成的内部分类，对于法条竞合只能够通过基本的犯罪构成之间的逻辑关系来认识，而不能认为结果加重犯的加重构成要件与以该结果加重犯的加重结果为基本结果的另一犯罪构成之间存在法条竞合。比如，故意伤害致人死亡，是故意伤害罪的结果加重犯，形式上可以说也是过失致人死亡的特殊形式，但并不能因此认为故意伤害罪与过失致人死亡罪是法条竞合。因此，不能因为存在同时具有两个犯罪构成要件属性的行为，或者说存在同时属于数个犯罪构成的行为外延中的一行为，比如确实存在以投放危险物质的方式危害公共安全并故意杀人的行为，就反过来认为该数个犯罪构成具有逻辑重合关系，进而得出法条竞合的结论。其实，想象竞合犯所说明的，正是数个在逻辑上没有关联，从而不成立法条竞合的犯罪构成之间，存在一个行为同时归属于该数个被符合的犯罪构成要件行为的外延范围。[⑤]

在本案中，客观上，陈某为了杀人而实施投毒的行为，虽然从自然的角度考察只是一个行为，但在规范上，该犯罪行为具有危害公共安全的性质与剥夺他人生命的杀人性质双重属性。

---

① 参见赵秉志主编：《刑法争议问题研究》，上卷，470页，郑州，河南人民出版社，1996。

② 参见王瑾：《中华刑法论》，718页，北京，中华书局，1930。

③ 参见柯耀程：《刑法“法律竞合”问题思辨》，载《东海大学法学研究》，总第15期。

④ 张明楷：《犯罪之间的界限与竞合》，载《中国法学》，2008（4）。

⑤ 参见陈毅坚：《法条竞合的概念及本质辨析》，载《中山大学法律评论》，总第3卷，北京，法律出版社，2002。

从被告人陈某和被害人陆某二人所处村落的实际情况看，当地村民居住相对集中，相互往来频繁，各家于户外的自留地、宅基地上种植的瓜果蔬菜虽主要用于自家食用，但亦不排除被左邻右舍摘食，或者被用来招待客人的可能，甚至随时有可能被当作商品在市场上进行出售。这样，一旦这些瓜果蔬菜被注射进有毒农药，那么，其所可能毒害的对象、所可能造成的严重结果，就是投毒人事先所根本无法确定和控制的，换言之，其就有可能危及或者危害到不特定公众的生命、健康安全，具备了危害公共安全的危险性质。主观上，“很难想象在这种场合下，行为人放火、爆炸会想不到可能造成人身伤亡，或者说对这种后果既不希望也不放任其发生”[①]。事实上，陈某对于其所选择的作案手段及其可能产生的危害后果有明确认识，即对于有毒丝瓜可能被其所意欲报复杀害的陆某之外的其他不特定人食用这一事实有相应的认识，但仍然决意采取该手段杀害陆某，显然，其对于可能产生的危害公共安全的结果采取放任态度。因此，陈某除具有杀害陆某的直接故意外，还有放任危害公共安全结果发生的间接故意，同时符合投放危险物质罪与故意杀人罪两个罪名，符合想象竞合犯的特征。从这个意义上说，第四种意见是正确的。

对于想象竞合犯的处断原则，理论界和实务界都认为应当采取“从一重处断”的原则，即无须实行数罪并罚，而应按照其犯罪行为所触犯的数罪中法定刑最重的犯罪论处。具体而言，第一，应当就所触犯的数个罪名中最重的一个罪名定罪。第二，应当在所触犯的数个犯罪中最重之罪的法定刑限度内酌情判处刑罚。第三，从一重处断，同时还必须考虑所触犯的轻罪，若在裁判之前，重罪遇有赦免等免予处罚事项，还必须就其他余罪即轻罪处断；所触犯的轻罪中有应予以没收之物的，仍须依照刑法第 64 条的规定予以没收；数个犯罪行为触犯数个罪名，且数罪名中有告诉才处理的，若最重之罪须告诉才处理但缺乏告诉的，仍可就非告诉才处理的轻罪比较轻重，从一重处断；若须告诉才处理但缺乏告诉的犯罪仅余一罪，应对该余罪予以处罚；若所触犯的数罪均为告诉才处理的，只能就其中已告诉的犯罪予以论处，如均未告诉，则不得定罪判刑。第四，想象竞合犯触犯的数个罪名都必须在判决中加以述明，这是想象竞合犯不同于法条竞合犯的“厘清机能”，在按照最重之罪定罪量刑的同时，其余的轻罪可作为量刑情节考虑，轻罪的法定最低刑还有“封锁效应”[②]，即如果轻罪的法定最低刑比重罪的法定最低刑高的话，只能在轻罪的法定最低刑与重罪的法定最高刑之间裁量。

本案中，行为人同时触犯了投放危险物质罪和故意杀人罪，是两罪的想象竞合犯，因此最终如何定罪在于判定何为重罪。一般通说认为危害公共安全的犯罪比故意杀人罪严重[③]，笔者认为不然，从法定刑上看，刑法第 115 条对放火、爆炸等罪的结果加重犯（“致人重伤、死亡或者使公私财产遭受重大损失”）所规定的法定刑是“十年以上有期徒刑、无期徒刑或者死刑”；刑法第 232 条对非情节轻微的故意杀人罪所规定的法定刑是“死刑、无期徒刑或者十年以上有期徒刑”。虽然从表面上看，两者的法定最高刑都是死刑，两者的法定最低刑都是 10 年有期徒刑，但是，首先，刑法第 115 条是针对结果加重犯规定的法定刑，而刑法第 232 条是针对非情节轻微的基本犯所规定的法定刑。虽然故意杀人罪不可能有结果加重犯，但从总体上说，故意杀人罪重于放火、爆炸等罪。其次，两者的刑种排列顺序并不相同：刑法第 115 条的

---

① 王作富：《中国刑法研究》，417 页，北京，中国人民大学出版社，1988。

② 柯耀程：《刑法竞合论》，192 页，北京，中国人民大学出版社，2008。

③ 参见王作富：《中国刑法研究》，417 页，北京，中国人民大学出版社，1988；高铭暄主编：《中国刑法学》，375 页，北京，中国人民大学出版社，1989。

排列顺序是由轻到重，而刑法第232条的排列顺序是由重到轻。排列顺序不同的取向是，司法机关在通常情况下应当按照先后顺序选择刑罚。实际上刑法典中唯独故意杀人罪是由重到轻排列。这说明立法者认为，故意杀人罪重于其他相同法定刑的犯罪。最后，如果为了杀人而实施了爆炸、投放危险物质等行为，但没有造成严重的后果，那么对于爆炸罪、投放危险物质罪只能根据刑法第114条的规定，在3年以上10年以下有期徒刑中量刑；而故意杀人未遂，可以比照既遂从轻或者减轻处罚，所以对于故意杀人罪的处罚也将更重些。因此，笔者认为，故意杀人罪比投放危险物质罪更为严重，为了杀人实施投放危险物质行为的，如果没有危害公共安全，不属于想象竞合犯，只依据故意杀人罪论处即可；如果同时危害公共安全，则属于想象竞合犯，应当从一重罪即以故意杀人罪论处。第四种意见也是值得商榷的。

【要旨提示】

以杀害特定少数人为目的，通过放火、爆炸、投放危险物质等手段，致人伤亡，如果没有危害公共安全，只构成故意杀人罪；如果同时危害公共安全的，同时构成故意杀人罪与投放危险物质罪等危害公共安全的犯罪，属于想象竞合犯。基于想象竞合犯的“厘清”机能，在判文中必须明确同时符合的数个犯罪构成，但从一重论处，而故意杀人罪比投放危险物质罪等危害公共安全的犯罪更为严重，应当以故意杀人罪论处。

59. 魏某抢劫、放火案[①]

——结合犯

【案情介绍】

2004年10月21日，被告人魏某听说同村村民刘某代收了电费款后，遂萌生抢劫之念。次日2时许，魏某携带农用三轮车半轴、刮脸刀片、皮手套等作案工具，翻墙进入刘某家，发现刘某正在东屋睡觉，便打开西屋窗户，用刮脸刀片划破纱窗后钻入西屋，翻找钱款未果，又至东屋寻找，刘某被惊醒。魏某持农用三轮车半轴朝刘某头部猛击，见刘某不动，在认为刘某已死亡的情况下，使用刘家的钳子将写字台抽屉锁撬开将里面的3 700元电费款拿走。为毁灭罪证、掩盖罪行，魏某用随身携带的打火机点燃一纤维编织袋扔在刘某所盖的被子上，又将西屋炕上的被子和床单点燃，导致刘某颅脑损伤后吸入一氧化碳窒息死亡，价值729元的物品被烧毁。案发后，追缴赃款2 000元，其余被魏某挥霍。

检察机关以被告人魏某犯故意杀人罪、抢劫罪，向人民法院提起公诉。一审法院经审理，根据《中华人民共和国刑法》第263条第1项、第115条第1款、第57条第1款、第69条之规定，判决如下：被告人魏某犯抢劫罪，判处死刑，剥夺政治权利终身，并处没收个人全部财产；犯放火罪，判处有期徒刑3年。决定执行死刑，剥夺政治权利终身，并处没收个人全部财产。被告人上诉后，二审法院经审理，根据1996年《中华人民共和国刑事诉讼法》第189条第1项的规定，裁定驳回上诉、维持原判，并依法核准对被告人魏某的死刑判决。

---

① 案例来源：最高人民法院刑事审判第一庭、第二庭编：《刑事审判参考》，总第51集，9～14页，北京，法律出版社，2006。

【观点争议】

在本案审理过程中，对于被告人抢劫过程中致人重伤，以为被害人已经死亡，进而放火毁灭罪证，从而致人窒息死亡如何定性，存在几种不同意见。[①]

第一种意见认为，行为人在实施放火行为前主观上认为被害人已经死亡，实施放火行为时不具备杀人的主观故意，故行为人构成抢劫罪、放火罪。

第二种意见认为，被害人系颅脑损伤后吸入一氧化碳窒息死亡，故行为人构成抢劫罪、故意杀人罪。

第三种意见认为，行为人在抢劫后的放火行为系毁尸灭迹，没有危害公共安全的故意，故行为人仅构成抢劫罪。

第四种意见认为，行为人在抢劫过程中实施杀人行为，并进而实施放火行为，应当认定为结合犯，成立抢劫杀人罪、抢劫放火罪。

【法理分析】

本案涉及结合犯问题。结合犯属于法定一罪，它是基于刑法明文规定的具有独立构成要件且性质各异的数个犯罪（即原罪或被结合之罪）之间的客观联系，依据刑事法律的规定，将其结合为另一包含与原罪相对应的且彼此相对独立的数个构成要件的犯罪（即新罪或结合之罪），而行为人以数个性质不同且能单独成罪的危害行为触犯这一新罪名的犯罪形态。

我国是否存在结合犯？有观点提出 1979 年刑法典中破坏邮电通讯罪与盗窃罪可结合为贪污罪。[②] 刑法修订后有观点认为 1997 年刑法第 229 条第 2 款规定了受贿提供虚假证明文件罪，是故意提供虚假证明文件罪和受贿罪合成的结合犯[③]；还有观点认为刑法第 239 条规定的绑架勒索罪是典型的结合犯，是敲诈勒索罪与非法剥夺他人自由罪的结合。[④] 笔者认为，严格说来，第一、二种观点主张的罪名并非结合犯的立法例。绑架勒索罪是以勒索财物为目的的绑架行为，是意图犯中的短缩二行为犯，并不以同时实施绑架行为和勒索行为，符合绑架罪和敲诈勒索罪的犯罪构成要件为前提，不是结合犯。

关于被结合的数罪的犯罪对象是否必须同一，日本和我国台湾地区都认为结合犯的被害人不限于同一人[⑤]，笔者认为，结合犯基于数罪之间的客观关联性结合而成，通常表现为牵连关系、并发关系与因果关系[⑥]，目的在于设定较重的刑罚，因此结合犯的被害人必须同一，不能随意地排除数罪并罚而适用更重刑罚。

关于数个结合之罪是否必须具备时空上的紧密性，肯定说认为，结合关系是指同一时间与同一处所之关系，亦即两个相结合之行为，必须相继在同一时间且在同一现场实施。[⑦] 否定说认为，结合犯两罪之犯罪地点不限在同一场所，如在强盗罪中实施杀人或者强制性性交可

---

① 参见最高人民法院刑事审判第一庭、第二庭编：《刑事审判参考》，总第 51 集，9～14 页，北京，法律出版社，2006。

② 参见高铭暄主编：《中国刑法学》，220～221 页，北京，中国人民大学出版社，1989。

③ 参见周振想主编：《刑法学教程》，204 页，北京，中国人民公安大学出版社，1997。

④ 参见孙建国、汤留生主编：《新刑法原理与实务》，106 页，成都，四川人民出版社，1997。

⑤ 参见韩忠谟：《刑法各论》，425 页，台北，三民书局，1982。

⑥ 参见喻伟：《结合犯新探》，载《中国法学》，1990 (5)。

⑦ 参见蔡墩铭：《刑法精义》，113 页，台北，汉林出版社，1999。

能在同一场所为之，亦可能转往其他场所为之。[1] 折中说认为，如果基础犯罪是即成犯，那么相结合之罪与基础犯罪应有同一犯罪场所。如果基础犯罪是继续犯，那么相结合之罪与基础犯罪的犯罪场所可以不同一。[2] 笔者认为，原则上结合犯的基本数罪必须具备时空上的紧密性，这是结合犯加重处罚的事实根据；但应实质理解时空紧密性，被结合之罪在事物的本质上看就具备时空上的连续性，比如非法拘禁、绑架、抢劫等，成立基本犯罪本身可能存在时间和场所的连续转换，那么在基本犯罪的整个过程中所实施的另一被结合之罪，同样可以成立结合犯。

关于被结合的数罪是否必须有严格先后顺序，有观点认为：结合犯所结合的两个犯罪，有前后顺序的规定，而非任意的结合。例如，日本刑法中的强盗强奸罪，必须是强盗犯人在强盗的机会中实施强奸行为，而非强奸犯人在强奸的机会中实施强盗行为，后者成立数罪而非结合犯。[3] 有观点认为狭义结合犯是在保护对等的双法益，无论是先侵害了哪一个法益，都是抵触了狭义结合犯的保护目的，因此，在基本的法律关系上，自然没有限制两个单一行为先后顺序的必要。[4] 笔者认为：并不强制要求遵循结合罪先于被结合罪的顺序，而应根据结合犯的事物本质进行理解，比如强盗罪的结合犯，包括强盗放火罪、强盗强奸罪、强盗掳人勒索罪、强盗杀人罪等，都不要求有先后顺序。而强奸杀人罪则只能在实施强奸罪之后杀人，不可能实施杀人行为之后进行强奸。

关于结合犯的性质，有观点认为，结合犯是法条形态，属于法规竞合范畴。[5] 笔者认为，结合犯是法条形态与罪数形态的统一，但与法条竞合存在重大区别，因为法条竞合的成立前提是行为单数，而结合犯恰恰要求行为人具有符合数个独立构成要件的复数行为，本质上是牵连犯、实质数罪等罪数形态的法定结合形式，因此实质上是数罪，只是法定为一罪。

关于结合犯的形式，大陆法系刑法一般归类于“构成要件的行为单数”，结合犯就是法律把两个独立的犯罪结合而规定成为一个新的犯罪类型。[6] 结合犯可以区分为实质的结合犯和形式的结合犯。实质的结合犯是指立法者将两个本质上可以各自评价的多个构成要件行为，结合成为一个新的独立的构成要件，结合后已经成为独立的单一构成要件，因此只成立该罪。比如，我国台湾地区的掳人勒赎罪是妨害自由罪和恐吓取财行为的结合，强盗罪是强制罪和盗窃罪的结合等。形式的结合犯只是法条形式上结合了两个不同的构成要件，但是没有自己独立的构成要件，因此判断是否成立形式结合犯，必须根据被结合的罪名各自的构成要件进行考察，只是在处刑上，立法者认为仅进行数罪并罚还不够，这么严重的罪行必须独立地规定加重的刑罚，从而排除数罪并罚。例如，我国台湾地区的强盗强奸罪、日本刑法中的强奸杀人罪都是典型的形式结合犯，认定上仍然必须分别考察强盗罪和强奸罪、强奸罪和杀人罪。[7] 所谓实质结合犯本质上与复合行为犯性质相同，形式结合犯则强调结合罪没有独立的构成要件，因此，并不同于我国刑法对结合犯的理解。

我国学界认为结合犯存在以下几种形式：其一，简单复合式，是指新罪罪名是原罪罪名的

---

① 参见陈焕生：《结合犯适用法律之研究》，载《刑事法杂志》，1987（3）。

② 参见高秀杏：《论掳人勒索罪》，136页，台北，成功大学法律学研究所，2002。

③ 参见张明楷：《绑架罪中“杀害被绑架人”研究》，载《法学评论》，2006（3）。

④ 参见黄荣坚：《犯罪的结合与竞合》，载《台大法学论丛》，1993（2）。

⑤ 参见［苏］B.И.库德里亚采夫：《定罪通论》，263页，北京，中国展望出版社，1989。

⑥ 参见林山田：《刑法通论》，4版，127页，台北，三民书局，1986。

⑦ 参见林钰雄：《新刑法总论》，553页，台北，自版，2006。

简单复合，它直接反映了参加结合的原罪罪名，即：甲罪＋乙罪＝甲乙罪，如日本刑法第241条规定的强盗强奸罪。其二，融合创新式，是指新罪罪名与原罪罪名相比较，从字面上看是弃旧更新，没有反映出原罪罪名，即：甲罪＋乙罪＝丙罪，如我国台湾地区的掳人勒赎罪。其三，划入旧罪式，是指对于结合而成的新罪，刑法并没有规定专门的罪名，而将新结合的罪状规定在参与结合的原罪条文中，成为原罪的加重情况之一，即：甲罪＋乙罪＝甲罪（或乙罪）的加重情况。① 基于此，我国有学者认为刑法中规定的绑架杀害被绑架人的是结合犯，强奸后迫使卖淫、奸淫被拐卖的妇女等也是结合犯。② 笔者认为，绑架杀人不是结合犯。首先，简单复合式是结合犯的典型形式，创新式只是复合行为犯，划入旧罪式不符合结合犯的特征，因为结合之罪必须是独立于被结合之罪的新罪。其次，划入旧罪式往往与结果加重犯、情节加重犯一并规定，但结合犯与结果加重犯不同，结合犯是数行为与数结果的因果关系，结果加重犯是基本犯的一行为与基本结果、加重结果的因果关系，只存在一个罪名，这也与结合犯加重刑罚的立法目的不一致。最后，论者提出绑架杀人是结合犯，其主要目的是解决绑架时杀人未遂的情形。但我国实践中对绑架中杀人未遂的处理，有的认为以绑架罪和故意伤害罪或故意杀人（未遂）罪，择一重罪定罪处罚或实行数罪并罚的③；也有的认为“杀害被绑架人”包括杀害被绑架人未遂的④，但均未从结合犯的角度认定，而经由解释犯罪的构成要件入手，分析“杀害被绑架人”的含义。由于结合犯及其未遂理论本身存在诸多争议，也并不完善，牵强使用结合犯的范畴反而不利于实践中问题的解决。

我国是否有设置结合犯的必要？关于结合犯的立法价值，我国台湾地区学界存在“恶性之深、实害之巨论”“衡平论”“边际阻遏论”等解释，我国大陆有观点认为，设置结合犯的立法意义在于克服运用现行刑罚制度惩罚特定数罪的不足，以加重犯罪人的刑事责任，在立法技术上具有坚实的理论根基。⑤ 笔者认为：制约刑法设置结合犯条款的规律，是罪刑之间的均衡关系。⑥ 设置结合犯条款，是为了达到罪责刑相适应的结果，实现犯罪预防的目的。在现存法定刑和相应刑罚制度下，对于具有一定客观联系的犯罪，选择适用相应的处断原则可以达到罪责刑相适应的要求，便无设置结合犯条款的必要。按照我国现行刑法的规定，立法建议涉及的结合犯中，被结合之罪，除非法侵入住宅罪的最高法定刑为3年有期徒刑外，其他犯罪即抢劫、杀人、重伤、强奸、放火、盗窃罪的最高法定刑都是死刑。严厉的、足以容纳严重犯罪并可使处刑结果符合罪刑相适应要求的法定刑条件，排除了设置结合犯的必要性。

本案中，被告人发生了因果关系的认识错误，但根据通说，并不影响其故意杀人罪既遂的成立，因此，其在实施放火行为之时不具备杀人的主观故意，并非抢劫完成后为了灭口而故意杀人，不另外构成故意杀人罪，而应从整体上把握其故意杀人的行为，认为是抢劫过程中为制服被害人反抗而故意杀人既遂。我国刑法并未规定抢劫杀人罪的结合犯，第263条也明确规定“抢劫致人重伤、死亡的”，“处十年以上有期徒刑、无期徒刑或者死刑”。这里的“致人重伤、

---

① 参见吴振兴：《罪数形态论》，185～186页，北京，中国检察出版社，1996。

② 参见张明楷：《刑法学》，5版，467页，北京，法律出版社，2016。

③ 参见“吴德桥绑架案”，载最高人民法院刑事审判第一、二、三、四、五庭主办：《中国刑事审判指导案例（侵犯公民人身权利、民主权利罪）》，472～474页，北京，法律出版社，2009。

④ 参见“王建平绑架案”，载上书，478～480页。

⑤ 参见陆诗忠：《论结合犯的立法意义》，载《法学评论》，2007（5）。

⑥ 参见赵秉志主编：《刑法争议问题研究》，上卷，476页，郑州，河南人民出版社，1996。

死亡”，是结果加重犯，应该包括故意与过失致人重伤、死亡，以故意杀人为手段劫取财物的，构成抢劫罪的结果加重犯。至于是否应当规定抢劫杀人罪的结合犯，关键在于刑法设置结合条款的规律，即罪刑之间的均衡关系。笔者认为，从故意杀人罪与抢劫罪的法定刑以及我国刑法实行吸收加重原则的数罪并罚制度出发，抢劫罪的杀人行为完全可以在抢劫罪基本犯和加重犯规定的法定刑幅度内得以体现，没有必要将故意杀人罪与抢劫罪结合规定为抢劫杀人罪。因此，本案应按抢劫罪的结果加重犯处理。同样，我国也没有规定抢劫放火罪，对于抢劫致人死亡后放火以毁灭罪证的，应当以抢劫罪和放火罪数罪并罚。

【要旨提示】

我国不存在结合犯的立法例，设置结合犯关键在于考量罪刑之间的均衡关系和犯罪的预防效果，我国并不存在设置结合犯的必要。结合犯与结果加重犯的主要区别在于基础行为与加重结果之间是否存在因果关系。行为人为劫取财物而预谋故意杀人，或者在劫取财物过程中，为制服被害人反抗而故意杀人的，是抢劫罪的结果加重犯，以抢劫罪定罪处罚；实施抢劫后，为灭口而故意杀人的，以抢劫罪和故意杀人罪定罪，实行数罪并罚。两者都不是结合犯。

60. 林某等出售伪造的增值税专用发票案[①]

——吸收犯

【案情介绍】

1999 年年初至 2000 年 8 月份，被告人林某以每本 100 元人民币的价格，先后由其本人和指使被告人陈某帮其向曾某购买了伪造的增值税专用发票共 95 本、共计 2 375 份，林某将购得的伪造增值税专用发票，以每本 120 元人民币的价格贩卖给“周亚二”（具体真实姓名、地址不详）10 本，共计 250 份，收取人民币 1 200 元；以每本 150 元人民币价格，先后由其本人和指使陈某帮其卖给普宁人“姐夫”（具体真实姓名、地址不详）共 25 本，共计 625 份，收取人民币 3 750 元，共从中非法牟利人民币 4 950 元。1999 年年底至 2000 年 8 月份，被告人连某以每份 12 元人民币的价格，先后向彭某（在逃）购买了伪造的电脑万元版广东省增值税专用发票 18 份，伪造的广东省、湖北省、天津市增值税专用发票各 1 本，共 75 份，将 18 份伪造的电脑万元版广东省增值税专用发票交由廖某打印内容后，以每份 24 元人民币的价格出售给欧某（在逃），非法牟利人民币 432 元。2000 年 3 月下旬，被告人张某以每本 65 元人民币的价格，向曾某购买增值税专用发票 40 本，共计 1 000 份（尚未付款），藏放在家中准备伺机销售。

检察机关以林某、陈某、连某犯购买伪造的增值税专用发票罪、出售伪造的增值税专用发票罪，张某犯购买伪造的增值税专用发票罪，向人民法院提起公诉。法院经审理，根据《中华人民共和国刑法》第 206 条第 1 款、第 2 款（已删除），第 208 条第 1 款、第 2 款，第 209 条第 2 款，第 25 条第 1 款，第 26 条第 1 款，第 27 条，第 57 条第 1 款，第 64 条的规定，判决如下：(1) 被告人林某犯出售伪造的增值税专用发票罪，判处有期徒刑 15 年，并处罚金人民币 20 万

---

① 案例来源：最高人民法院刑事审判第一庭、第二庭编：《刑事审判参考》，总第 33 辑，7～19 页，北京，法律出版社，2003。

元。(2) 被告人陈某犯出售伪造的增值税专用发票罪，判处有期徒刑 8 年，并处罚金人民币 5 万元。(3) 被告人连某犯出售伪造的增值税专用发票罪，判处有期徒刑 3 年，并处罚金人民币 5 万元。(4) 被告人张某犯购买伪造的增值税专用发票罪，判处有期徒刑 3 年，并处罚金人民币 3 万元。(5) 随案移送的公安机关提收本案被告人作案工具、赃款赃物，予以没收，上缴国库。

【观点争议】

在本案审理过程中，对张某购买伪造的增值税专用发票后没有出售，尚未给国家税款流失造成实际损害后果的行为，构成购买伪造的增值税专用发票罪，没有异议，但关于对林某、陈某、连某非法购买伪造的增值税专用发票又出售的行为应该如何定性，形成三种意见。[①]

第一种意见为公诉机关的意见，该意见认为林某、陈某、连某的行为触犯了刑法第 208 条、第 206 条第 1 款的规定，构成购买伪造的增值税专用发票罪和出售伪造的增值税专用发票罪，应当进行数罪并罚。

第二种意见为辩护方与裁判方的意见，该意见认为，林某、陈某、连某的非法购买伪造的增值税专用发票又出售的行为，均应以出售伪造的增值税专用发票罪定罪处罚。理由主要是：(1) 刑法第 208 条第 2 款明确规定："非法购买增值税专用发票或者购买伪造的增值税专用发票又虚开或者出售的，分别依照本法第二百零五条、第二百零六条、第二百零七条的规定定罪处罚。"该条规定的是对非法购买增值税专用发票罪或者购买伪造的增值税专用发票罪与虚开增值税专用发票罪、非法出售增值税专用发票罪或者出售伪造的增值税专用发票罪的牵连犯的定罪处罚原则。在行为人购买的手段行为与虚开、出售的目的行为均单独成立犯罪，从而形成牵连犯罪的情况下，应以目的行为的罪名定罪处罚。因为根据我国刑法的规定，相对于手段行为构成的犯罪来说，目的行为构成的犯罪处罚更重。这也是牵连犯从一重罪论处一般原则的要求。因此，行为人购买伪造的增值税专用发票又出售的，如果购买与出售伪造的增值税专用发票行为均成立犯罪，则应以出售伪造的增值税专用发票罪定罪处罚。只有购买伪造的增值税专用发票尚未出售或者出售行为尚未达到追究刑事责任的数额标准的情况下，考虑到犯罪行为的想象竞合和吸收关系，才以购买伪造的增值税专用发票罪定罪处罚。对于本案林某、陈某、连某购买伪造的增值税专用发票又出售的行为，因为其出售伪造的增值税专用发票的份数已经达到参照执行的 1996 年最高人民法院《关于适用〈全国人民代表大会常务委员会关于惩治虚开、伪造和非法出售增值税专用发票犯罪的决定〉的若干问题的解释》规定的追究刑事责任的数额标准，应以出售伪造的增值税专用发票罪定罪处罚。(2) 以出售伪造的增值税专用发票罪定罪处罚，不会带来轻纵犯罪分子的结果，因为在出售行为成立犯罪的情况下，已经购买要出售但尚未出售的伪造的增值税专用发票数额应计入其出售的犯罪数额，将出售伪造的增值税专用发票罪的犯罪数额与其购买的数额等同，可将其视为犯罪未遂的数额，作为量刑情节予以考虑，实现量刑适当。

第三种意见认为，刑法第 208 条第 2 款规定的是对非法购买伪造的增值税专用发票又全部出售行为的定罪处罚原则，对于像本案中林某、陈某、连某非法购买大量伪造的增值税专用发票只出售少部分的，不应完全适用该条款。对于林某、陈某，因为其出售数额特别巨大，定出售伪造的增值税专用发票罪；对于连某，由于其出售数额太少而购买份数较多，应以购买伪造

---

① 参见最高人民法院刑事审判第一庭、第二庭编：《刑事审判参考》，总第 33 辑，7～19 页，北京，法律出版社，2003。

的增值税专用发票罪定罪处罚，否则，会因出售犯罪数额少而造成轻纵被告人的结果。

【法理分析】

本案涉及吸收犯问题。吸收犯是指行为人实施数个犯罪行为，因其所符合的数个犯罪构成要件具有特定的依附与被依附关系，导致其中一个不具有独立性的犯罪行为，被另一个具有独立性的犯罪行为吸收，对行为人仅以吸收之罪论处，而对被吸收之罪置之不论的犯罪形态。

吸收犯的特征如下：首先，必须由数个犯罪行为构成。比如本案中张某为了出售而购买了伪造的增值税专用发票尚未实施出售，可以认为是出售伪造的增值税专用发票的预备行为，但只是一个行为，因此不是吸收犯，充其量只能成立想象竞合犯，从一重罪论处。其次，数行为必须符合构成要件。审判实践中，认为共同犯罪人帮助其他共犯人毁灭证据的行为，犯罪（包括与他人实施共同犯罪）后自行藏匿或者毁灭、伪造证据的行为，实际上是其先行犯罪的自然延伸，二者存在依附从属和阶段性关系，从犯罪阶段来看存在两个犯罪行为，是吸收犯。[①] 对此，笔者认为并不恰当，因为基于期待可能性，刑法并未规定行为人自己毁灭证据的行为是独立的犯罪，共同犯罪人帮助其他共犯人毁灭证据实际上也是犯罪当事人单纯毁灭证据的行为，并不是刑法意义上的“帮助毁灭证据”的行为，因此后行为并没有符合独立的犯罪构成要件，不是吸收犯。再次，数个犯罪行为的性质如何存在争议。有观点认为数行为必须触犯不同的罪名[②]；有观点认为数个行为必须属于同一罪质，一般表现为触犯同一罪名[③]；有观点认为同一性质不同形态的数个犯罪行为、不同性质的犯罪行为，均可以成立吸收犯。[④] 笔者认为，成立吸收犯的关键在于数罪之间的吸收关系，即前行为是后行为发展的必经阶段或后行为是前行为发展的自然结果，而不要求必须分属不同罪名或基本性质一致。最后，吸收关系的判断，存在一般观念与法律条文结合说和主观说之争。一般观念与法律条文结合说主张“根据一般观念和法律条文的内容予以判断”[⑤]，主观说主张一罪是否为他罪必由之方法或必得之结果应当从犯罪构成的主观方面去判断。[⑥] 笔者认为，只有以客观方面的依附与被依附关系为基础，结合行为人主观构成特征和侵犯客体、加害对象，才能准确认定是否具有吸收关系。

关于吸收关系的形式存在重大分歧，有人认为只存在重行为吸收轻行为一种形式[⑦]；有人认为主要是重行为吸收轻行为、实行行为吸收预备行为[⑧]；有人认为包括重罪吸收轻罪、前行为吸收后行为（即“当然结果”的行为被吸收）、后行为吸收前行为（即“必经阶段”的行为被吸收）[⑨]；有人认为包括重行为吸收轻行为、主行为吸收从行为、实行行为吸收预备行为[⑩]；有人认为包括实害行为吸收危险行为、高度行为吸收低度行为，后者又可区分为后行为吸收前

---

① 参见“于爱银、戴永阳故意杀人案”，载最高人民法院刑事审判第一庭、第二庭编：《刑事审判参考》，总第49集，17～25页，北京，法律出版社，2006。

② 参见张明楷：《刑法学》，5版，885页，北京，法律出版社，2016。

③ 参见姜伟：《犯罪形态通论》，358页，北京，法律出版社，1994。

④ 参见林亚刚：《论吸收犯的若干问题》，载《政治与法律》，2004（2）。

⑤ 顾肖荣：《刑法中的一罪与数罪问题》，26～27页，上海，学林出版社，1986。

⑥ 参见曲新久：《论吸收犯》，载《中国法学》，1992（2）。

⑦ 参见张明楷：《刑法学》，3版，377页，北京，法律出版社，2007。

⑧ 参见林准编：《新刑法教程》，222页，北京，人民法院出版社，1989。

⑨ 参见马克昌主编：《犯罪通论》，667页，武汉，武汉大学出版社，1999。

⑩ 参见陈兴良：《刑法适用总论》，上卷，705～706页，北京，法律出版社，1999。

行为、重行为吸收轻行为。[①] 笔者认为，吸收犯包括具有同一基本犯罪构成要件的情形和虽属不同犯罪构成但具有随附关系的情形。[②] 前者包括重行为吸收轻行为、主行为吸收从行为和实行行为吸收非实行行为，后者则包括方法行为与目的行为的吸收和目的行为与结果行为的吸收。

吸收犯与其他的罪数形态的关系错综复杂。有学者将吸收犯限定于同一罪名的吸收，认为“完成行为吸收未完成行为”这种情况完全属于连续犯[③]；有学者认为“吸收犯之本质与牵连犯无殊”[④]；更有学者指出：吸收犯仅依法律上或习惯上之理由，认为一方吸收于他方，较为适当而已，故吸收犯与想象竞合犯、牵连犯在本质上并无任何差异[⑤]；亦有观点认为，在某种意义上说，牵连犯也是吸收犯，反之则不然，吸收犯揭示了高度行为与低度行为之间的吸收关系[⑥]；在承认吸收关系之法条竞合的前提下，有学者认为吸收犯与法条竞合之吸收关系，实属同一概念，并无加以区别之必要。[⑦] 正是由于吸收犯与其他罪数形态之间的界限模糊，有学者主张应当废除吸收犯。[⑧] 笔者认为：想象竞合犯和法条竞合犯都基于一个犯罪行为，与吸收犯要求数个犯罪行为的界限明显；成立连续犯在于其犯意产生的“一次性”和数行为实施的“连续性”，如果行为人犯意的产生并非出于一次性，在数行为触犯同一罪名时，比如在第一次杀人未遂后，进而产生犯罪决意，再次实施杀人行为，最终达致既遂，则只能认定为吸收犯。对于吸收犯与牵连犯，在触犯同一罪名的情况下，显然只能成立吸收犯；在触犯不同罪名时，牵连犯是以实施某一犯罪为目的，而其方法行为或结果行为又触犯其他罪名的犯罪形态，因此，即使先后实施的数个犯罪行为客观上似乎存在一定的牵连关系，但并非基于一个犯罪目的的，也不宜认定为牵连犯。

本案中，第一种意见主张数罪并罚，没有认识到出售行为与购买行为之间的吸收关系，显然不当。第二种意见认为刑法第 208 条第 2 款适用于所有的非法购买伪造的增值税专用发票又出售的行为，对此笔者认为并不恰当：（1）该条规定的并非牵连犯的处断原则，购买行为虽然确实有可能是手段行为，虚开、出售行为有可能是目的行为，但这种手段与目的关系是否现实存在牵连关系，关键在于具体案件中行为人是否基于一个犯罪目的，利用手段行为和目的行为的牵连来实现最终的犯罪目的。如果无法证明行为人出售伪造的增值税专用发票的最终目的，则不能成立牵连犯，尤其是在购买了伪造的增值税专用发票后尚未出售的情况下，出售的目的通常很难证明，比如本案中张某的行为。（2）根据刑法第 208 条第 1 款和第 206 条第 1 款的规定，非法购买伪造的增值税专用发票的法定最高刑是 5 年以下有期徒刑，出售伪造的增值税专用发票的第一个量刑幅度的最高刑为 3 年以下有期徒刑，而根据 2010 年 5 月 7 日最高人民检察院、公安部《关于公安机关管辖的刑事案件立案追诉标准的规定（二）》第 62 条、第 64 条的规定，出售伪造的增值税专用发票和非法购买伪造的增值税专用发票两罪的追诉标准均为 25 份以上或票面额累计 10 万元以上。因此，在出售伪造的增值税专用发票数额没有达到较大的情况下，实际上购买伪造的增值税专用发票罪的处罚比出售伪造的增值税专用发票罪的处罚更重。即使认为两罪之间是牵连犯，根据从一重处罚原则，也不应以轻罪——出售伪造的增值税专用

① 参见高仰止：《刑法总则之理论与实用》，347 页以下，台北，五南图书出版公司，1994。
② 参见阴剑峰：《略论吸收犯》，载《法学家》，1998（6）。
③ 参见吴振兴：《罪数形态论》，309 页，北京，中国检察出版社，1996。
④ 谢兆吉、刁荣华：《刑法学说与案例研究》，188 页，台北，汉林出版社，1976。
⑤ 参见韩忠谟：《刑法原理》，250 页，北京，中国政法大学出版社，2002。
⑥ 参见陈兴良：《本体刑法学》，618 页，北京，商务印书馆，2001。
⑦ 参见甘添贵：《罪数理论之研究》，94 页，北京，中国人民大学出版社，2008。
⑧ 参见童伟华：《吸收犯学说述评》，载《华侨大学学报（人文社科版）》，2001（2）。

发票罪论处。(3) 即使将已经购买要出售但尚未出售的伪造的增值税专用发票数额视为出售伪造的增值税专用发票罪犯罪未遂的数额，也无法避免罪刑不均衡。因为如果为了出售而购买的伪造的增值税专用发票虽然达到了25份以上或票面额累计10万元以上，但总额非常少，比如本案中连某的行为，即使全部售出或者将未售出的视为未遂，适用刑法第206条第1款规定的第一个量刑幅度，也仍然轻于刑法第208条。

笔者认为，伪造的增值税专用发票的购买行为与出售行为之间，客观上具有非常紧密的依附关系，出售行为作为后行为实际上是作为前行为的购买行为发展的当然结果，购买行为是出售行为的必经阶段。因此这是方法行为和目的行为间的吸收犯。理论和实践中通常也是以出售行为吸收购买行为，比如购买了假币之后又加以出售的，则出售假币罪吸收了购买假币罪；又比如根据最高人民法院在1994年颁布的《关于适用〈全国人民代表大会常务委员会关于禁毒的决定〉的若干问题的解释》，"贩卖毒品"包括了"以贩卖为目的而非法收买毒品的行为"，司法实践也认为"为贩卖而非法购买毒品的行为，此类犯罪，不以行为人买入毒品后是否来得及转手倒卖为条件"[①]"如果行为人购买毒品的目的是出于贩卖，或者有证据证明行为人是为了贩卖而去购买毒品的，构成贩卖毒品罪"[②]。显然，购买为出售所吸收，类似的情形又比如运输毒品罪自然吸收非法持有毒品罪。[③] 如果不是出于一个犯罪目的，审判实践也认为不构成牵连犯，比如行为人收买了被拐卖的妇女后，基于被害人的请求，临时起意，再将妇女转卖，则行为人先行收买被拐卖妇女的行为，应当为其再出卖自己收买的被拐卖妇女的行为所吸收。[④]

笔者同时还认为，吸收犯的形式必须以吸收之罪重于被吸收之罪为必要条件，而实际犯罪的复杂性以及刑法规定的特殊性，往往会导致形式上的吸收之罪轻于被吸收之罪，造成吸收不能的状态。此种情形下，必须以重罪吸收轻罪的原则，作为确定犯罪之间吸收关系的标准，对基本的、常见的吸收关系作适当调整或修正。[⑤] 显然，在购买和出售的总额较少的情况下，出售伪造的增值税专用发票罪与购买伪造的增值税专用发票罪之间便出现这种去除吸收关系的吸收不能。第二种意见没有正确把握出售与购买的吸收关系，而僵化地适用刑法第208条第2款的规定。第三种意见认识到了可能出现的量刑不均衡和不适当，但对量刑不均衡和法律适用上的理解仍不准确。笔者认为，刑法对出售伪造的增值税专用发票罪规定了三个量刑幅度，其中第一个量刑幅度低于购买伪造的增值税专用发票罪，因此，在购买并且出售的情况下，出现量刑不均衡的情形并非出售数额的大小或者出售数额与购买数额、份数之间的比例大小，而是购买和出售的总数较小的情形。也就是说，根据第二种意见，如果购买的总量较小并且进而全部或部分出售的，仍定出售伪造的增值税专用发票罪；但如果不是为了出售或无法证明是为了出售而购买伪造的增值税专用发票数量较小，则应定购买伪造的增值税专用发票罪，并根据第一个量刑幅度量刑。此时，前者购买并出售的行为在定罪量刑上就会反而比后者单纯的购买行为

---

① "苏永清贩卖毒品案"，载最高人民法院刑事审判第一、二、三、四、五庭主办：《中国刑事审判指导案例（妨害社会管理秩序罪）》，199～201页，北京，法律出版社，2009。

② "宋国华贩卖毒品案"，载上书，221～223页。

③ 参见"向灵、刘永超挪用资金、职务侵占案"，载最高人民法院刑事审判第一、二、三、四、五庭主办：《中国刑事审判指导案例（危害国家安全罪·危害公共安全罪·侵犯财产罪·危害国防利益罪）》，715～718页，北京，法律出版社，2009。

④ 参见最高人民法院刑事审判第一庭、第二庭编：《刑事审判参考》，总第30辑，69～71页，北京，法律出版社，2003。

⑤ 参见赵秉志主编：《犯罪总论问题探索》，633～634页，北京，法律出版社，2003。

轻，这是不合理的。但是，如果购买的总量较大但出售的较少，则未出售的部分可以作为未遂计入出售伪造的增值税专用发票中，适用第二个量刑幅度，此时，则并不会出现量刑不适当问题。因此，只有在购买和出售的总量较少的情况下，如果定出售伪造的增值税专用发票罪，才可能出现量刑的不均衡。

本案中，林某、陈某非法购买大量伪造的增值税专用发票，且出售数额特别巨大，应定出售伪造的增值税专用发票罪；连某虽出售数额太少，但购买份数较多，对于购买了但未出售的部分应作为出售伪造的增值税专用发票罪未遂定罪处罚。

【要旨提示】

伪造的增值税专用发票的出售行为和购买行为之间具有吸收关系，即购买伪造的增值税专用发票后再出售的，成立吸收犯。购买和出售的总量达到数额较大以上的，根据刑法第208条第2款的规定，如果全部售出，则依总量以出售伪造的增值税专用发票罪（既遂）论处；如果部分售出，依总量以出售伪造的增值税专用发票罪（既遂）论处，其中尚未售出部分视为犯罪未遂的数额，作为量刑情节予以考虑。购买和出售的总量数额较小的，属于吸收不能，应当去除吸收关系，以购买伪造的增值税专用发票罪论处。无法证明为了出售目的而购买伪造的增值税专用发票，没有出售行为的，应当以购买伪造的增值税专用发票罪论处。可以证明为了出售目的而购买伪造的增值税专用发票，但全部尚未出售的，是出售伪造的增值税专用发票罪（预备）与购买伪造的增值税专用发票罪的想象竞合犯，应从一重处断。

61. 倪某等聚众斗殴案[①]

——转化犯

【案情介绍】

被告人夏某等人与徐某（另案处理）等人发生矛盾，徐某等人多次准备殴打夏某。2004年2月15日下午2时许，被告人倪某及其“老大”张丙（在逃）出面处理此事，与徐某等人的“老大”赵某（另案处理）在某浴室门口发生争执，赵某用刀将张丙的裤子戳坏，倪某等人认为自己的“老大”丢了面子，遂联系汪某（在逃），商定为张丙报仇。后倪某和汪某先后召集被告人韩某、张甲、刘甲、周某、胡某、夏某、朱某、王某以及刘乙（在逃）等二十余人，于2004年2月15日下午6时许，携带砍刀准备到某网吧寻找赵某等“东边”的人殴打。倪某等人行至众小门东时，遇到被害人张乙，听说张乙也是他们要寻找的“东边”的人，包括9名被告人在内的二十多人即围住张乙，其中倪某、韩某、张甲、刘甲、周某、胡某及汪某、刘乙等人用砍刀将张乙砍致重伤，夏某、朱某、王某三人虽然追赶张乙，并一起围住张乙，但没有用砍刀砍张乙。约十五分钟后，包括9名被告人在内的二十多人又窜至距离500米远的网吧，汪某、刘乙及倪某、胡某等人在网吧内砍打徐某、丁某等人，韩某、张甲、刘甲、周某在网吧外追砍陈某等人，王某欲用刀砍人时刀被夏某夺去，夏某、朱某在网吧门口持刀砍人。在本次

---

① 案例来源：最高人民法院刑事审判第一庭、第二庭编：《刑事审判参考》，总第44集，71～84页，北京，法律出版社，2006。

殴斗中，徐某、丁某等人被砍致轻伤或轻微伤。

检察机关以倪某、韩某、张甲、刘甲、周某、胡某、夏某、朱某、王某犯故意伤害罪、聚众斗殴罪向人民法院提起公诉。法院经审理，根据《中华人民共和国刑法》第292条，第234条第1、2款，第17条第1、3款，第25条第1款，第26条第1、4款，第27条，第36条第1款，第55条第1款，第56条第1款，第65条第1款，第67条第1款，第69条，《中华人民共和国民法通则》第130条、第133条第1款，最高人民法院《关于贯彻执行〈中华人民共和国民法通则〉若干问题的意见（试行）》第161条第1款，最高人民法院《关于审理人身损害赔偿案件适用法律若干问题的解释》第5条之规定，判决如下：（1）被告人倪某犯故意伤害罪，判处有期徒刑6年；犯聚众斗殴罪，判处有期徒刑6年，剥夺政治权利1年。决定执行有期徒刑11年，剥夺政治权利1年。（2）被告人韩某犯故意伤害罪，判处有期徒刑4年；犯聚众斗殴罪，判处有期徒刑5年6个月。决定执行有期徒刑9年。（3）被告人张甲犯故意伤害罪，判处有期徒刑4年；犯聚众斗殴罪，判处有期徒刑3年。决定执行有期徒刑6年6个月。（4）被告人刘甲犯故意伤害罪，判处有期徒刑3年；犯聚众斗殴罪，判处有期徒刑3年。决定执行有期徒刑5年6个月。（5）被告人周某犯故意伤害罪，判处有期徒刑2年6个月；犯聚众斗殴罪，判处有期徒刑3年。决定执行有期徒刑5年。（6）被告人胡某犯故意伤害罪，判处有期徒刑2年；犯聚众斗殴罪，判处有期徒刑2年。决定执行有期徒刑3年。（7）被告人夏某犯聚众斗殴罪，判处有期徒刑2年。（8）被告人朱某犯聚众斗殴罪，判处有期徒刑1年。（9）被告人王某犯聚众斗殴罪，判处有期徒刑8个月。

【观点争议】

本案主要涉及聚众斗殴罪的犯罪构成及转化要件。对于如何认定本案，存在几种不同意见。

第一种意见为“全案转化说”，认为：凡积极参加聚众斗殴的人员，不论其是否直接造成了重伤、死亡的后果，均应对聚众斗殴造成的重伤、死亡后果承担刑事责任，应全案转化为故意伤害罪或故意杀人罪。[①] 如果仅将直接实施伤害、杀害行为的犯罪成员以转化犯对待，而对其他共同犯罪人仍然以聚众斗殴罪处罚，无异于承认行为人具有不同的犯罪故意，并进而否认了聚众斗殴的共同犯罪性质。[②] 起诉方基本上采取此种观点。

第二种意见为“部分转化说”，认为：应坚持罪责自负的原则，由具体实施行为人承担故意杀人或故意伤害的刑事责任。具体有几种认定方法：（1）只对直接致人重伤、死亡的行为人定故意伤害或者故意杀人罪。[③]（2）除了直接致人重伤、死亡的行为人外，对首要分子一般情况下也应认定为故意伤害或者故意杀人罪，对其他行为人仍应认定为聚众斗殴罪。[④] 裁判方基本上采取了这一种观点，认为首要分子对全部犯罪事实负责，倪某作为首要分子，无论其是否实施实行行为，应转化为故意伤害。在众小门东倪某、韩某、张甲、刘甲、周某、胡某与在逃的汪某、刘乙等均对张乙实施了砍打行为，主观上具有殴打故意，对于殴打张乙的后果均持放任心理，客观上相互配合，实施拖拽、砍、打的行为，尽管行为人所处的地位、具体分工、参与程度可能不同，但行为指向的目标相同，为达到同一目的，每一个人的行为都是整个加害行

---

① 参见黄生林、糜方强、邓楚开：《论聚众斗殴罪的若干问题》，载《人民检察》，2002（3）。

② 参见周少华：《现行刑法中的转化犯之立法检讨》，载《法律科学》，2000（5）。

③ 参见魏克家、谷福生：《中国刑法实用辞典》，688～689页，北京，警官教育出版社，1998。

④ 参见李宇先：《聚众犯罪研究》，346～351页，长沙，湖南人民出版社，2004。

为的有机组成部分，因此共同行为人的行为与张乙重伤的结果之间互为因果关系。本案中又难以分清致张乙重伤的直接责任人，所以、韩某、张甲、刘甲、周某、胡某参与砍打张某的行为均应转化为故意伤害罪。而夏某、朱某、王某没有对张乙实施拖拽、砍、打的客观行为，故三人仍只应定聚众斗殴罪。[①]（3）对于聚众斗殴的首要分子按故意伤害罪、故意杀人罪论处，对于其他积极参加者，应考虑其主观上是否具有与其他行为人共同伤害、杀人的故意和其客观行为与造成重伤、死亡结果之间是否具有因果关系而分别确定。[②]

【法理分析】

本案涉及聚众犯罪转化犯问题。

所谓转化犯，我国台湾地区刑法学者又称“追并犯”[③]，是指行为人在实施符合某一较轻犯罪的构成要件的行为时，由于其实行行为在持续过程中又同时符合了另一较重犯罪的构成要件，因而法律特别规定以较重的犯罪论处的犯罪形态。在我国刑法中，转化犯主要包括刑法第238条（非法拘禁罪转化为故意伤害罪、故意杀人罪）、刑法第247条（刑讯逼供罪、暴力取证罪转化为故意伤害罪、故意杀人罪）、刑法第248条（虐待被监管人罪转化为故意伤害罪、故意杀人罪）、刑法第292条（聚众斗殴罪转化为故意伤害罪、故意杀人罪）等。

转化犯具备以下特征：（1）法定性。转化犯必须由法律明文规定，立法上常采用“论处”“定罪处罚”加以明示。刑法没有规定法定转化的所谓犯罪的自然转化或事实转化犯[④]，实质上属于吸收犯或实质数罪，并非转化犯。

（2）转化性。第一，时间性条件，指行为质的转化处于行为持续过程之中，如果转化发生在基本犯罪行为实行之前，或者基本犯罪行为实行完成之后，均不是转化犯。比如在实施非法拘禁行为之前，行为人为了剥夺被害人人身自由，故意使用暴力重伤被害人，在被害人失去反抗能力之后，再将被害人拘禁起来，是两个行为符合两个犯罪构成要件，应以故意伤害罪与非法拘禁罪实行并罚；又比如行为人将被害人拘禁起来后，产生故意伤害或者故意杀人的犯意，进而使用暴力导致被害人重伤或者死亡的，是行为人另行起意实施的独立于非法拘禁行为的另一个行为，应该以非法拘禁罪与故意伤害罪或故意杀人罪数罪并罚。

第二，实质性条件，指行为必须发生质的转化。转化犯的整体行为是否应当完全符合转化罪的构成要件？有论者将转化犯区分为标准的转化犯与法律拟制的转化犯，前者要求整体行为符合转化罪的罪质，后者则并不符合转化罪的罪质，只是法律将其拟制为该罪。[⑤]甚至有论者只承认法律拟制的转化犯或转化型准犯，比如刑法第267条第2款规定的携带凶器抢夺以抢劫罪定罪。[⑥]有学者认为刑法第238条第2款后段的规定是法律拟制，而非注意规定，只要非法拘禁的行为人使用暴力致人死亡的，即使其没有杀人的故意，也应认定为故意杀人罪。这里所

---

① 参见最高人民法院刑事审判第一庭、第二庭编：《刑事审判参考》，总第44集，71～84页，北京，法律出版社，2006。

② 参见赵桂民：《扰乱公共秩序和司法活动犯罪司法适用》（下），503页，北京，法律出版社，2006。

③ 陈朴生：《刑法总论》，168页，台北，正中书局，1969。陈氏认为，追并犯是指原罪依法律之特别规定，因与犯罪后之行为合并变成他罪的犯罪形态。

④ 参见张昌文、范德繁：《犯罪转化论要》，载《吉林大学社会科学学报》，2002（6）。

⑤ 参见杨旺年：《转化犯探析》，载《法律科学》，1992（6）。

⑥ 参见刘士心：《竞合犯研究》，199页，北京，中国检察出版社，2005。

指的暴力是超出拘禁行为所必需范围的暴力。[①] 也就是说采取非法拘禁行为以外的暴力行为，即使是过失致人死亡，也应认定为故意杀人罪。笔者认为，这种处理违背了刑法的罪责自负原则和犯罪构成要件的定型机能，也导致罪刑的不均衡。从本质上说，转化犯所涉及的基本犯罪与转化犯罪在原本形态上是想象竞合犯，应该从一重处罚，只是因为立法者根据想象竞合犯的从一重处罚原则，替代司法者在刑法中特别规定了应该适用的法条，从而使得司法者在出现竞合问题时，不必再进行找法活动，以及进而依据竞合理论决定法律适用，因此，转化犯的规定并非法律的拟制，而只是注意性规定。这种立法处理，虽然在统一法条的适用上有一定的意义，但是，一方面，立法者在选择重法时，有可能会出现错误；另一方面，立法在规定转化犯时，对转化的条件表述不够清楚，容易产生混淆，因此，有论者认为应该废除转化犯的概念，将相应的规定作为吸收犯、想象竞合犯、牵连犯和法律拟制加以处理。[②] 笔者认为，关键问题不在于是否废除转化犯，而是如何合理理解转化犯。立法中应该减少转化犯的规定，在出现犯罪竞合的情况时，直接根据想象竞合犯等竞合原理处理；释义学上对转化犯的适用条件进行严格的限缩解释，将转化犯限制在原本成立想象竞合犯的竞合情形中。因此，一方面，转化型准犯并不属于转化犯；另一方面，发生转化时，一个实行行为必须同时符合基本犯罪和转化犯罪两个犯罪构成要件，比如在非法拘禁持续过程中，如果不是故意（直接故意和间接故意）导致他人伤残、死亡的，只能根据刑法第 238 条第 2 款前段构成结果加重犯。这在司法实践中也经常出现，比如暴力取证致人伤残、死亡的，行为人对证人施暴虽是故意的、有目的的，但对致证人伤害，一般都不是持积极希望或追求态度的，而多是放任，甚至可能是过失的。因此，司法审判实践认为，“使用暴力致人伤残、死亡”应属于故意犯罪范畴，即施暴人对其暴力行为可能致人伤残、死亡应是出于希望或放任的心理态度。这是立法规定“使用暴力致人伤残、死亡”应转化为故意伤害罪或故意杀人罪的原因所在。而非法拘禁中“致人重伤”“死亡”，则是指过失致人重伤、死亡，即行为人故意实施了非法拘禁的犯罪行为，在非法拘禁中又因过失而造成被拘禁人重伤、死亡的严重后果。如在捆绑、关押过程中过失地引起被害人死亡，被害人在拘禁过程中因不堪行为人的折磨而自杀身亡，等等。[③]

（3）递进性。转化前后的行为具有渐趋重性，由轻罪（刑）向重罪（刑）转化。转化犯本质上是一种想象竞合犯，比如，在没有法定转化的情况下，寻衅滋事，将他人殴打致重伤或死亡的，应该成立寻衅滋事罪与故意伤害罪或故意杀人罪的想象竞合犯，从一重处断。同样，为进行非法拘禁，故意使用暴力导致他人重伤、死亡的，也是非法拘禁罪与故意伤害罪或故意杀人罪的想象竞合犯，但刑法明确规定转化为其他犯罪，因此，转化犯罪应该是重罪，才符合竞合论的基本原理和实现罪刑均衡。

聚众犯罪的转化犯有其特殊性，刑法第 292 条第 2 款规定“聚众斗殴，致人重伤、死亡”的，依照故意伤害罪、故意杀人罪定罪处罚。这是典型的聚众犯罪转化犯，是共同犯罪与罪数理论的竞合，主要解决当部分共同犯罪人具备转化条件时，其他不具备转化条件的参与者是否也成立转化犯。“全部转化说”过分强调行为的社会危害性，忽视了罪刑法定主义的要求，违

---

① 参见张明楷，《刑法学》，3 版，665 页，北京，法律出版社，2007。

② 参见刘天虹：《转化犯概念废除论》，载《广西政法管理干部学院学报》，2007（4）。

③ 参见“周建忠暴力取证案”“田磊等绑架案”，载最高人民法院刑事审判第一、二、三、四、五庭主办：《中国刑事审判指导案例（侵犯公民人身权利、民主权利罪）》，492～494、465～468 页，北京，法律出版社，2009。

反了罪责自负原则；“部分转化说”虽然认识到只有具备转化条件的行为人才能够适用转化犯的规定，但没有准确把握共同犯罪的构成要求。学界一般将转化犯的共犯区分为共同正犯的转化犯、非实行共犯的转化犯与聚众性共犯的转化犯三种不同类型进行说明。[①] 笔者认为这种区分没有意义，因为它主要根据的是基本犯罪的共同犯罪情形，但转化犯的转化条件是个人处罚事由，共同参与者是否能够作为转化犯处理，关键不在于其对基本犯罪的参与形式，而在于其对转化犯罪的参与形式，必须正确区分基本犯罪本身的共同犯罪与转化犯罪的共同犯罪的界限。虽然聚众斗殴罪是典型的必要共同犯罪，但并不意味着其中发生的故意致人重伤、死亡的行为也是必要的共同犯罪，恰恰相反，必须根据聚众斗殴罪的参与者在聚众斗殴过程中实行的故意重伤或故意杀人行为的具体参与形态，来决定是否成立转化犯。

因此，对于直接实施致人重伤、死亡行为的聚众斗殴者，根据转化犯认定为故意伤害罪、故意杀人罪，学界没有任何异议。

没有直接实施故意伤害、故意杀人行为的斗殴者能否成立转化犯，关键在于他人实施的符合转化条件的行为能否归责于他，易言之，不直接实行转化行为者与直接实行转化行为者是否成立共同正犯（共同实行犯）。根据通说的犯行支配理论，成立共同正犯的基本条件是，2 人以上以共同实行的犯罪决意，通过功能性支配的分工合作与角色分配，共同分担犯罪的实行。分担共同实行，并不要求参与实施构成要件实行行为，参与实行行为之外的行为，只要具备功能性支配，同样可以成立共同正犯。判断对犯罪结果是否具备功能性支配，主要在于是否在犯罪的实行阶段提供了实现犯罪必不可少的行为贡献。[②] 成立共同正犯，则应当适用共同正犯的直接交互归责原则，成立转化犯。在聚众斗殴致人重伤、死亡的情况中，即使无法明确认定导致他人重伤、死亡的直接行为人，只要能够认定成立共同正犯，则全部共同正犯者都应当为重伤、死亡结果承担责任。

聚众斗殴罪一般聚集多人参加，情况复杂，本身是一种具有高度危险性的犯罪，极易引发和转化为更为严重的犯罪，因此，在实施聚众斗殴犯罪行为过程中，共同参与者对于斗殴行为可能致人重伤、死亡的结果，一般情况下不仅有认识，而且至少放任该结果的发生，具有共同的（间接）故意。在认定共同的实行分担上，对于没有直接实施故意伤害、故意杀人行为的积极参加者，首先，由于在其他参与者实行转化行为时都同时在场，即使没有亲自直接实施符合故意伤害罪、故意杀人罪犯罪构成要件的实行行为，同样对犯罪的最终实现分担了功能性支配的作用，可以成立故意伤害、故意杀人的共同正犯，适用转化犯规定。其次，如果积极参加者明确表示不得采取致人重伤或死亡的暴力行为，则由于缺乏共同故意，不成立转化犯；但是，如果在斗殴过程中，认识到他人实施了超越聚众斗殴的致人重伤或死亡的过激暴力行为而默示许可，仍成立转化犯。

对于首要分子，情况则更为复杂：首先，如果首要分子除了实施组织、指挥、策划行为之外，同时也参与了斗殴行为，则处理情况与其他的积极参与者相同；其次，如果首要分子只是单纯地实施事前的组织、指挥、策划，并未直接参与斗殴行为的实行，也没有通过诸如无线电遥控等其他方式控制斗殴的实行行为，则由于单纯的组织行为、指挥行为、策划行为并不成立正犯[③]，首要分子并不成立转化犯。

---

① 参见刘士心：《竞合犯研究》，216～218 页，北京，中国检察出版社，2005。

② 参见林钰雄：《新刑法总论》，418～426 页，台北，自版，2006。

③ 参见陈毅坚：《共谋共同正犯——一个多余的法范畴》，载《北大法律评论》，第 11 卷第 1 辑，239～263 页，北京，北京大学出版社，2010。

对于不构成聚众斗殴罪的一般参加者，如果参加者直接导致了他人重伤、死亡的结果，则直接成立故意伤害罪、故意杀人罪，不必适用转化犯规定；对于其他的积极参加者和首要分子，如果能够认定为共同正犯，应根据转化犯处理。如果一般参加者没有直接导致重伤、死亡结果，同样应当根据一般参加者就故意伤害、故意杀人行为是否成立共同正犯，决定一般参加者能否直接成立故意伤害罪、故意杀人罪。

成立聚众斗殴罪，只要双方或一方采用暴力方式进行殴斗，不论采用何种暴力方式，都是结伙殴斗行为。本案中，9名被告人为替“老大”报仇，纠集二十多人结伙持刀等械具在街道、网吧寻找，并随意殴斗不特定的“东边人”，均符合聚众斗殴罪的构成要件。倪某认为自己的“老大”丢了面子，联系其他被告人，共谋商定为“老大”报仇，并进而召集二十余人，携带砍刀殴打、砍打他人致重伤，其既是聚众斗殴的首要分子，又是故意伤害的实行犯，因此成立聚众斗殴罪的转化犯，依照故意伤害罪定罪处罚。韩某、张甲、刘甲、周某、胡某等人在倪某的纠集下，积极参与了斗殴行为，也成立聚众斗殴罪；而且在经过众小门东时，将张乙围住，并用砍刀将其砍成重伤，虽然无法明确被害人的重伤由哪个被告人导致，但是韩某、张甲、刘甲、周某、胡某直接共同实施了砍打他人的行为，成立共同正犯，均应对重伤害结果负责，成立聚众斗殴罪的转化犯。夏某、朱某、王某虽然没有对张乙实施拖拽、砍、打的客观行为，但是，作为聚众斗殴罪的积极参加者，事前参与了倪某召集的商议行为，客观上携带了可能致人重伤的砍刀，具备致人重伤的间接故意；在其他被告人着手实施故意重伤行为时，夏某、朱某、王某也都在场并将被害人围住，虽然没有直接实施故意伤害的实行行为，但对故意伤害结果的最终发生具有功能性支配作用，故也成立故意伤害罪的共同正犯，应按照聚众斗殴罪的转化犯处理。对此，法院的判决是值得商榷的。

【要旨提示】

对聚众斗殴罪的转化犯，必须正确区分基本犯罪本身的共同犯罪与转化犯罪的共同犯罪的界限。根据聚众斗殴罪的参与者对在聚众斗殴过程中实施的故意重伤或故意杀人行为的具体参与形态，决定是否成立转化犯。直接实施致人重伤、死亡行为的斗殴者，应当根据转化犯认定为故意伤害罪、故意杀人罪。没有直接实施故意伤害、故意杀人行为的斗殴者，无论是积极参加者、首要分子、其他参加者，都根据与直接实施转化行为者是否成立共同正犯（共同实行犯），独立判断是否成立转化犯。

62. 蒙某受贿案[①]

——牵连犯

【案情介绍】

1997年12月间，被告人蒙某任某市地方税务局岭南分局局长职务，在职务工作中，从某市信用联社的纳税申报表中发现该联社及其下属信用社尚欠应缴税款共计95 018.14元。其便

① 案例来源：最高人民法院刑事审判第一庭、第二庭编：《刑事审判参考》，总第33辑，46～52页，北京，法律出版社，2003。

主动找到某市信用联社的领导及财务科科长，以分局经费紧张为借口，要求该社赞助6万元现金，就不再征收应缴的95 018.14元税款。对方表示同意其要求后，蒙某即指使岭南分局副局长潘某及自己的弟弟分别到信用社财务科收取4万元和2万元现金。潘某收得4万元现金中的1.2万元及蒙某弟弟所收2万元，根据蒙某的安排交给了蒙某。上述6万元的“赞助费”，没有入单位账户，其中的3.2万元被蒙某个人挥霍。蒙某决定不再追缴信用社应缴全部税款。案发后，被告人的亲属已代其退还赃款3.2万元。

检察机关以蒙某犯徇私舞弊不征、少征税款罪，向人民法院提起公诉。法院经审理，根据《中华人民共和国刑法》第385条第1款，第386条，第383条第1款第3项，第72条第1款，第73条第2、3款，第64条的规定，判决如下：(1) 被告人蒙某犯受贿罪，判处有期徒刑2年6个月，缓刑3年。(2) 赃款3.2万元，予以追缴，上缴国库。

【观点争议】

本案除了6万元“赞助费”中剩余2.8万元的归属、是否成立单位受贿罪外，主要涉及受贿犯罪与渎职犯罪等其他犯罪的竞合问题，尤其是收受贿赂型的受贿罪。对此，主要存在以下几种意见。

第一种意见认为，受贿行为构成受贿罪，受贿人“为他人谋取利益”的行为又构成滥用职权罪，一行为同时触犯两个罪名是想象竞合犯，属裁判上的一罪。① 适用处罚较重的罪予以处断就能对其进行全面评价，适用数法条违背了双重评价禁止原则。② 审判实践在处理受贿罪与放纵走私罪时，也认为放纵他人走私行为既是受贿罪的必备条件，又是放纵走私罪的客观要件，一个行为触犯两个法条，是想象竞合犯。③

第二种意见认为，既然收受财物构成受贿罪要以“为他人谋取利益”为要件，如果“为他人谋取利益”的行为构成犯罪，本身就属于受贿罪的内容，属于法条竞合。具体的法条适用上，有学者认为应认定为受贿罪一罪④；有学者认为应按照全部法优于部分法为原则，以重法优先为补充⑤；也有学者认为应按照与犯罪行为最相当的法条加以适用。⑥

第三种意见认为，应构成数罪，进行数罪并罚。理由主要是：(1) 刑法第386条删除了《关于惩治贪污罪贿赂罪的补充规定》第5条第2款关于“因受贿而进行违法活动构成其他罪的，依照数罪并罚的规定处罚”的规定，是从立法技术角度考虑的，并不是说对这种情况不再适用数罪并罚的规定。实践中行为人收受贿赂后，利用职务便利帮助当事人伪造证据，以受贿罪和帮助伪造证据罪并罚。⑦ (2) 最高人民法院刑事审判第一庭审判长会议在讨论受贿罪与徇私舞弊减刑、假释罪时认为，不同的犯罪构成要件是区分一罪与数罪的根本标准，受贿罪与徇

① 参见孙谦：《国家工作人员职务犯罪研究》，114页，北京，法律出版社，1998。

② 参见游伟、谢锡美：《双重评价禁止与充分评价原则剖析——关于刑法中牵连犯处断的思考》，载《法律适用》，2007 (11)。

③ 参见刘树德：《刑法诸问题案解》，121页，北京，人民法院出版社，2003。

④ 参见黄奇中：《刑法第399条第4款的理解与适用》，载《中国刑事法杂志》，2004 (4)。

⑤ 参见冯亚东：《受贿罪与渎职罪的竞合问题》，载《法学研究》，2000 (1)；夏恩静：《论滥用职权罪与受贿罪的竞合》，载《国家检察官学院学报》，2002 (4)。

⑥ 参见“陈光明篡改案犯的年龄和犯罪情节徇私舞弊案”，载最高人民法院中国应用法学研究所编：《人民法院案例选 (1992—1999年合订本)》，刑事卷 (下)，1488页，北京，中国法制出版社，2000。

⑦ 参见最高人民法院刑事审判第一庭、第二庭编：《刑事审判案例》，607～610页，北京，法律出版社，2002。

私舞弊减刑、假释罪既非法条竞合关系，也非刑法意义上的牵连关系。受贿兼有徇私舞弊减刑、假释的，同时符合两罪的构成，应当认定为两罪。（3）“为他人谋取利益”只是受贿罪的主观要件，并不要求受贿人已为他人谋取了非法利益，满足了行贿人的要求，因此，受贿人利用职务便利所实施的徇私舞弊滥用职权行为是独立于受贿罪构成要件之外的行为，实行数罪并罚并不违反同一行为禁止重复评判的原则。①

第四种意见认为，滥用职权的行为与收受贿赂的行为具有手段行为和目的行为的关系，两者具有牵连关系。至于具体的法律适用，有学者认为应从一重处罚。② 有学者认为对于牵连犯，除了现行刑法及有效司法解释明确规定应实行数罪并罚的以外，应采取“择一重罪从重处罚”的原则，选择被告人行为所触犯的法条中法定刑较重的法条定罪并从重处罚，对于因受贿而进行其他犯罪活动的行为，亦应择一重罪从重处罚③；也有学者认为是牵连犯，但应数罪并罚。④

第五种意见认为，应认定为徇私犯罪，因为徇私已包含贪赃受贿的内容，受贿应作为徇私的情节，在量刑时从重处罚。⑤

【法理分析】

本案涉及牵连犯问题，根据刑法第385条的规定，受贿犯罪可以区分为主动型受贿犯罪与被动型受贿犯罪（或者索要型和收受型），其中为他人谋取利益都是一个很重要的因素。对于主动型受贿，虽然构成受贿罪并不要求“为他人谋取利益”，但受贿人索要财物一般是已经或正在为他人谋取利益，或者以将来为他人谋取利益为对价，比如，本案中被告人向行贿人索要贿赂，同时承诺不征收对方应缴税款，并进而为他人谋取了非法利益。而在被动型受贿犯罪中，“为他人谋取利益”是构成受贿罪的必要构成要件之一，“为他人谋取利益”包括为他人谋取合法利益和为他人谋取非法利益两种情形，前者具体表现为受贿人利用自己掌握的职权，后者表现为违反法律、政策规定，超越、玩弄职权，故意不履行或不正确履行职权等形式。而在利用职权为他人谋取利益尤其是非法利益的过程中，往往又构成其他犯罪，其中最为普遍的是国家机关工作人员故意实施的渎职犯罪行为，这就涉及如何处理受贿犯罪与其他犯罪竞合的问题。

所谓牵连犯，是指行为人实施某种犯罪（本罪），而方法行为或结果行为又触犯其他罪名（他罪）的犯罪形态。牵连犯理论具有其科学性，应当继续作为我国刑法学罪数形态论的有机组成部分而存在，不应废除。⑥ 关于牵连关系的标准，有客观说、主观说、折中说的分歧，客观说具体区分为包容为一说和不可分割说。⑦ 笔者认为牵连关系是主、客观方面的统一，主观上表现为牵连意图，是一个最终犯罪目的支配下的数个犯罪意图，行为人将数个犯罪行为分别

---

① 参见最高人民法院刑事审判第一庭、第二庭编：《刑事审判参考》，总第14辑，74～75页，北京，法律出版社，2001。

② 参见敬大力：《渎职罪》，403页，北京，中国人民公安大学出版社，1999。

③ 参见最高人民法院刑事审判第一庭、第二庭编：《刑事审判参考》，总第33辑，52页，北京，法律出版社，2003。

④ 参见陈兴良：《受贿罪研究》，载陈兴良主编：《刑事法判解》，第3卷，北京，法律出版社，2001；于志刚：《受贿后滥用职权的罪数》，载《国家检察官学院学报》，2009（5）。

⑤ 参见最高人民法院刑事审判第一庭、第二庭编：《刑事审判参考》，总第14辑，74页，北京，法律出版社，2001。

⑥ 参见黄京平：《罪数与并罚研究》，中国人民大学1995年博士学位论文。

⑦ 参见吴振兴：《罪数形态论》，227页，北京，中国检察出版社，1996。

确定为方法行为与目的行为，或者原因行为与结果行为；客观上表现为牵连行为，即两个以上具有方法与目的或者原因与结果的牵连关系的相对独立的危害社会的行为，法律要件上表现为对异质之罪的侵犯。

（1）牵连犯与想象竞合犯和法条竞合犯不同，前者触犯数个犯罪构成的是数个行为，而后两者则只存在一个犯罪行为。要正确处理渎职罪与受贿罪的关系，关键在于认识受贿行为与渎职行为的性质。

（2）受贿罪中的索贿与受贿行为，与渎职犯罪中滥用职权的行为，是两种性质截然不同的行为。有论者认为“滥用职权行为相对于受贿罪不是一个独立的危害社会的行为，也不存在手段与目的或原因与结果的内在联系”①。笔者认为不然，在此存在刑法意义上的数个犯罪行为同时符合了数个犯罪构成。首先，客观上，向他人索取贿赂或非法收受他人财物的行为是受贿罪客观方面要件的主要方面，也是受贿行为的实质所在。只要主观上具有“为他人谋取利益”的犯罪意图，并实际上收受了他人的财物，或者向他人索要了贿赂，就可以构成受贿罪既遂，而客观上是否确实为他人谋取了利益、谋取了什么利益，并不影响受贿罪的成立。因此，为他人谋取利益的行为并非受贿罪构成要件所能够涵括评价的行为。其次，侵犯客体上，两者不存在逻辑上的重合关系。受贿罪侵犯的客体主要是国家工作人员职务行为的廉洁性和不可收买性，而渎职犯罪侵犯的则是国家机关的正常活动与公众对国家机关工作人员职务活动客观公正性的信赖。因此只要索取了财物或非法收受了他人财物实际上已经是对国家工作人员的职务行为廉洁性的违背，可见受贿罪的犯罪构成并不足以全面评价既实施了收受他人财物的行为，又实施了滥用其职权为他人谋取了利益并造成公共财产、国家和人民利益重大损失的行为。是否实施了渎职行为为他人谋取利益，以及是否造成公共财产、国家和人民利益重大损失，可以作为受贿罪的量刑情节加以考虑，也可以作为独立的渎职犯罪加以评价，显然并没有否认渎职行为的独立性。因此，无论是从行为的自然属性还是从行为的社会价值属性，还是从犯罪构成的评价机制，均不能忽视数个犯罪行为的存在。认为两者成立法条竞合犯或想象竞合犯的观点是不正确的。

（3）受贿行为和渎职行为是基于一个最终的犯罪目的支配下的数个犯罪意图，两者存在紧密的原因与结果的牵连关系。两者并不是手段与目的的联系，渎职行为并不是为了受贿而实施，其直接目的不是收受财物，而是为他人谋取非法利益；渎职行为也不是受贿行为的手段，而是收受他人贿赂所引发的结果行为。

（4）牵连犯的处罚原则，学界有三种不同的观点：一是从一重处断原则②，二是并罚原则③，三是双重处断原则（从一重处断与数罪并罚择一原则）。④ 笔者认为：牵连犯应以从一重处断为原则，以依法数罪并罚为补充。虽然刑法中有部分牵连犯罪规定应数罪并罚，但在法律没有特别规定的情况下，应从一重处理。渎职罪与受贿罪的牵连也应该遵循这个原则，采取数罪并罚原则必然违背双重评价之禁止原则。虽然刑法没有对受贿罪的牵连犯如何定罪处罚作明确规定，但这种精神也为立法所接受。1985 年最高人民法院、最高人民检察院《关于当前办理经济犯罪案件中具体应用法律的若干问题解答（试行）》指出，犯受贿罪，同时犯投机倒把罪、诈骗罪、贪污罪的，应依法实行数罪并罚；1988 年全国人大常委会《关于惩治贪污罪贿

---

① 夏恩静：《论滥用职权罪与受贿罪的竞合》，载《国家检察官学院学报》，2002（4）。

② 参见吴振兴：《罪数形态论》，287 页，北京，中国检察出版社，1996。

③ 参见高铭暄主编：《新中国刑法科学简史》，143 页，北京，中国人民公安大学出版社，1999。

④ 参见赵秉志主编：《刑法争议问题研究》，上卷，487 页，郑州，河南人民出版社，1996。

赂罪的补充规定》规定："因受贿而进行违法活动构成其他罪的，依照数罪并罚的规定处罚。"现行刑法在前述补充规定的基础上规定受贿罪，但并没有吸收上述内容。同时，刑法第399条及《修正案（四）》中明确规定："司法工作人员收受贿赂，有前三款行为的，同时又构成本法第三百八十五条规定之罪（即受贿罪——引者注）的，依照处罚较重的规定定罪处罚。"这个规定应当视为提示性的"注意规定"。可见，刑法对于受贿罪的竞合采取了从一重处罚的基本精神。申言之，主要区分以下几种情形区别处理：第一，受贿数额特别巨大的，滥用职权中法定最高刑为10年有期徒刑，而第383条第1款第3项规定的法定最高刑为无期徒刑和死刑，因此，在这种情况下一律适用受贿罪定罪处罚。第二，受贿数额巨大的，滥用职权罪和受贿罪的最高法定刑均为10年有期徒刑，但如果滥用职权造成重大损失的后果能够认定为第383条第1款第3项中的"其他特别严重情节"时，受贿罪法定最高刑为无期徒刑，应当按照受贿罪定罪处罚；而将非法收受他人财物作为"徇私"的法定加重情节定滥用职权罪时，其法定最低刑为拘役，此时应当认定为受贿罪，如果能够认定为"情节特别严重的"，滥用职权罪的法定最低刑为5年有期徒刑，此时则应当认定为滥用职权罪。第三，受贿数额较大的，受贿罪的法定最高刑为3年有期徒刑，将非法收受他人财物作为"徇私"的法定加重情节定滥用职权罪时，其法定最高刑为5年有期徒刑，此时应当认定为滥用职权罪，而如果滥用职权造成重大损失的后果能够认定为第383条第1款第2项的"其他严重情节"时，受贿罪的法定最高刑为10年有期徒刑，则应当认定为受贿罪。

本案中被告人以提供赞助费为要求，向他人索要贿赂，用于自己挥霍和归单位所有，构成了受贿罪与单位受贿罪；进而徇私舞弊，对行贿人不再征收应缴税款，同时构成了徇私舞弊不征税款罪，是牵连犯。本案的牵连犯形态应该说有一定的特殊性，主要在于被告人追求的是受贿、单位受贿两个犯罪目的，不同于一般意义上牵连犯追求的是一个犯罪目的，但这并不影响受贿罪、单位受贿罪两罪（本罪）与徇私舞弊不征税款罪（他罪）之间的牵连关系，是两个本罪与一个他罪的牵连，应当将受贿罪与单位受贿罪并罚后的刑罚与徇私舞弊不征税款罪的刑罚进行轻重比较，从一重处罚。

【要旨提示】

受贿行为与渎职行为等犯罪行为是两个性质不同的行为，具有原因与结果上的牵连关系，属于牵连犯。牵连犯，应当以从一重处断为原则，以依法数罪并罚为补充。受贿罪与渎职罪的牵连犯应当从一重处断，根据具体的情形确定最终的罪名；在法律有特别规定的情况下，根据法律规定进行数罪并罚。

63. 贺某抢劫案[①]

——连续犯

【案情介绍】

2003年10月21日，被告人贺某与同乡逄某（另行处理）在某麦当劳快餐厅内，趁正在用

① 案例来源：最高人民法院刑事审判第一庭、第二庭编：《刑事审判参考》，总第38集，116～121页，北京，法律出版社，2004。

餐的潘某不备之机，从潘某挂在椅背上的夹克衫内侧口袋里窃取皮夹一只塞进自己的牛津包，随即离开麦当劳快餐厅，又至附近商厦地下一楼肯德基快餐厅内欲再次行窃未果。当其欲离开商厦时，早已跟踪伏击的两名公安执勤人员陈某、邢某即上前抓捕。贺某为抗拒抓捕，脚蹬抱住其双腿的陈某右眼部，同时从裤袋内掏出一把弹簧折刀，欲打开行凶。后被过路青年李某一拳击中脸部，震落其手中的弹簧刀。其在众人协助下被制服，在其携带的牛津包内查获被窃的皮夹一只，内有人民币 1 970 元，价值人民币百余元的公共交通卡一张，以及设有密码、内存有人民币 6 088.03 元的工商银行浦江卡一张等物品。

检察机关以贺某犯抢劫罪向人民法院提起公诉。法院经审理，根据《中华人民共和国刑法》第 269 条、第 263 条之规定，以被告人贺某犯抢劫罪，判处有期徒刑 3 年 6 个月，并处罚金人民币 4 000 元。

【观点争议】

关于本案性质的认定存在以下几种不同意见。①

第一种意见是辩护方的意见，认为贺某在麦当劳快餐厅内实施盗窃的过程已经结束，其抗拒抓捕的行为与其在麦当劳快餐厅内的盗窃行为，在时空上缺乏紧密性，因此，其抗拒抓捕行为的现场不能视为转化型抢劫罪中的“当场”，其行为不符合转化型抢劫罪的构成条件，应当以盗窃罪论处。

第二种意见是裁判方的意见，认为贺某在麦当劳快餐厅内的盗窃行为虽已结束，但其盗窃行为始终在公安执勤人员的监控之下。贺某盗窃得手后迅速离开麦当劳快餐厅，继而转至相邻的肯德基快餐厅欲再行窃，应视为盗窃现场的延伸。当其盗窃未成欲离开时，被跟踪的公安执勤人员抓捕。此时，贺某即采取脚踹、拔刀准备行刺等方式加以抗拒，应认定为“当场”使用暴力。因此，其行为完全符合刑法第 269 条规定的转化型抢劫罪的特点，应以抢劫罪追究其刑事责任。

第三种意见认为，贺某实际有两次盗窃行为：前一次盗窃行为是在麦当劳快餐厅实施，已构成既遂；后一次是在相邻的肯德基快餐厅，属于犯罪预备。贺某的两次盗窃，符合连续犯的特点。连续犯是裁判上的一罪，应作为一个整体进行刑法评价。申言之，对贺某的两次盗窃行为在裁判上应作为一个盗窃罪评价。基于此，应当以其后一次盗窃行为的实施现场为基点并适当向前延伸进行考察，判断其后来实施的暴力行为是否犯盗窃罪的“当场”。

【法理分析】

本案涉及连续犯的问题。连续犯是指基于数个同一或者概括的犯罪故意，连续多次实施数个同一性质的犯罪行为，触犯同一罪名的犯罪形态。我国刑法中并未直接规定连续犯，只在涉及时效问题时提及连续犯罪的问题，比如，最高人民检察院于 1997 年 10 月 6 日作出的《关于检察工作中具体适用修订刑法第十二条若干问题的通知》第 3 条指出，对发生在 1997 年 9 月 30 日以前，1997 年 10 月 1 日后尚未处理或者正在处理的行为，如果当时的法律不认为是犯罪，修订刑法认为是犯罪的，适用当时的法律；但行为连续或者继续到 1997 年 10 月 1 日以后的，对 10 月 1 日以后构成犯罪的行为适用修订刑法追究刑事责任。刑法第 89 条也规定连续犯

---

① 参见最高人民法院刑事审判第一庭、第二庭编：《刑事审判参考》，总第 38 集，116～121 页，北京，法律出版社，2004。

的追诉期限应从犯罪行为终了之日起计算。这表明刑法以及司法解释都认为连续犯应以一罪论处。[①] 有论者认为其是“数行为在刑法上规定为一罪的情况”或“法定的一罪”[②]。笔者认为，连续犯是形式上的数罪、实质上的数罪，处断为一罪，刑法并未对连续犯的犯罪形态以及处理原则作出法定的规定。

关于连续犯的连续行为是否必须独立成罪，存在不同观点：第一种观点认为，数行为必须在刑法上单独成罪，即使存在数行为中一个行为已构成犯罪，也不能按连续犯处理。[③] 第二种观点认为，多次实施盗窃行为，并不意味着每次盗窃行为均构成犯罪才能构成连续犯。[④] 第三种观点认为，连续犯一般仅限于每次行为能独立构成犯罪而言，但是从我国刑法的规定看，连续犯的数次行为，应包括数次行为都独立构成犯罪，数次行为都不独立构成犯罪，数次行为中有的独立构成犯罪、有的不独立构成犯罪三种情况，比如连续诈骗的行为，每次诈骗数额都较大，或者整体上达到数额较大，或者有的达到数额较大、有的没有达到数额较大，都是诈骗罪的连续犯。[⑤] 笔者认为：连续犯是犯罪的连续，如果每次行为都不构成犯罪，即使这些行为之间有连续，也不能构成连续犯，以免与接续犯、徐行犯相混同。至于数额犯与情节犯的追诉时效问题，可以参照连续犯来解决，但在不符合连续犯特征的情况下，不得视为连续犯。

关于连续犯的连续意图，存在不同观点[⑥]：续行同一犯意说认为前行为与后行为只要存在同一犯意的连续，就具备连续犯主观条件；实现一个决意说认为数行为需要具有一个总体性意图或总体性预见方构成连续犯；自始预定计划说认为连续犯自始即有预定的计划，数行为应在预定的计划范围内。笔者认为：连续意图是行为人在着手实施一系列犯罪行为之前，对于即将实行的数个性质相同的犯罪行为的连续性的认识，并基于此种认识决意追求数个相对独立的犯罪连续进行状态实际发生的心理态度。数行为具有一个总体性的犯意才能构成连续犯，即对于数个犯罪行为之间的连续关系都有所预见，并且对各个具体犯罪的连续进行状态持希望发生或者追求其发生的心理态度。连续意图必须形成于一系列呈连续状态的犯罪行为实施之前，并在终了之前始终起支配作用，否则，在某一特定连续意图形成之前或者在某一特定连续意图支配下的最后一个犯罪行为实行终了之后产生的犯罪故意及其支配的行为，或者在实施过程中所产生的新的犯罪故意及其支配的行为，都不成立以特定连续意图为必要构成要件的连续犯。

关于触犯同一罪名的确定标准，存在同一法益说、同种法益说、同一罪质说、结果单一说、同一构成要件说、同名说、同条说、同章说等观点。[⑦] 笔者认为：同一罪名仅指同一具体罪名，而不包括触犯同类罪名的情况。比如，连续实施合同诈骗行为与票据诈骗行为，虽然具有同类的罪质，但属于不同的罪名，不能认为两者是连续关系，应数罪并罚。同一罪名所侵犯的法益应当不包括高度人身专属性法益，比如身体完整性、生命、性的自我决定权等，因此，如果连续杀害三人的，应成立数罪，进行并罚；如果侵犯的是财产性法益等非高度人身专属性法益，则成立连续犯，比如连续诈骗数个不同的被害人。由于我国还存在同一条文规定不同具

---

① 参见张明楷：《犯罪论原理》，442页，武汉，武汉大学出版社，1991；陈兴良主编：《刑法案例教程》，149页，北京，中国法制出版社，2003。

② 张明楷：《刑法学》（上），329页，北京，法律出版社，1997。

③ 参见顾肖荣：《刑法中的一罪与数罪问题》，101页，上海，学林出版社，1986。

④ 参见王作富：《中国刑法研究》，276页，北京，中国人民大学出版社，1988。

⑤ 参见张明楷，《刑法学》，5版，478页，北京，法律出版社，2016。

⑥ 参见吴振兴：《罪数形态论》，229～230页，北京，中国检察出版社，1996。

⑦ 参见马克昌：《犯罪通论》，698页，武汉，武汉大学出版社，1999。

体犯罪，以及选择性罪名的，不能直接根据条文来判断是否为同一罪名。比如，行为人先非法剥夺公民宗教信仰自由，进而又侵犯其少数民族风俗习惯，虽然都是触犯刑法第 251 条，但成立两个独立犯罪，不是连续犯。

数个犯罪行为相隔时间的长短，并非决定犯罪之间连续关系的独立因素，只是从属于连续意图和连续状态相统一标准的附属因素。连续行为存在间断，即在犯罪连续过程中存在其他异质犯罪行为，并不影响连续犯的成立。比如行为人先后连续间隔实施了多次票据诈骗行为和多次合同诈骗行为，但各自仍然属于连续犯。

连续犯的处断原则，应按一罪从重处罚或作为加重构成要件处罚，即在对连续犯按一罪论处的前提下，按照行为人触犯罪名从重处罚或作为加重构成要件酌情判处刑罚。

本案中第一种意见和第二种意见的分歧在于对转化型抢劫的“当场”要件的理解。我国刑法第 269 条规定，“犯盗窃、诈骗、抢夺罪，为窝藏赃物、抗拒抓捕或者毁灭罪证而当场使用暴力或者以暴力相威胁的”，依照抢劫罪的规定定罪处罚。所谓“当场”，大致有以下几种观点：其一，认为指实施盗窃、诈骗、抢夺行为的现场。其二，认为指窝藏赃物、抗拒抓捕、毁灭罪证有关的地方。时间上，可以是盗窃等行为实施时或刚实施完不久，也可以是数天、数月后；空间上，可以是盗窃等的犯罪地，也可以是离开盗窃等犯罪地的途中，还可以是行为人的住所等地。其三，认为除了实施盗窃、诈骗、抢夺的现场之外，还包括以犯罪现场为中心与犯罪分子活动有关的一定空间范围。只要犯罪分子尚未摆脱监视者力所能及的范围（包括各种仪器、工具的监测范围），都应属于“当场”。其四，认为是指实施盗窃、诈骗、抢夺行为的现场，以及行为人刚一离开现场就被人及时发觉而立即被追捕的场所。① 第四种观点为学界通说，当场必须包括实施犯罪行为的现场，以及作适当的延伸，即其后的暴力或以暴力相威胁的行为，与先行的盗窃等行为在时空上具有连续性和关联性的范围内。第一种意见过于狭隘地理解当场的范围，第二种意见则理解得过于宽泛，显然不恰当。实际上，本案被告人在麦当劳实施第一次盗窃行为既遂后离开麦当劳，客观上没有任何抓捕与抗拒抓捕的行为，因而，单纯从这个角度看，对于此次盗窃行为已经不再具备当场要素。但是，在实施完第一个盗窃行为之后，又连续实施了第二个盗窃行为的预备行为，在主观上，两个盗窃行为具有连续意图支配下的数个同一的盗窃故意；在客观上，两个盗窃行为也都独立符合盗窃罪的构成要件，具有连续关系，因此，属于连续犯，应当作为一个整体加以评价，因此，贺某连续盗窃行为的结束应当以第二次盗窃终了时为基点。而转化型抢劫也要求使用暴力与先行盗窃等行为之间的时空紧密性，因此，在连续实施的盗窃行为结束后，在最后一个行为的现场及与之在时空上有连续性和关联性的范围内，使用暴力抗拒抓捕的，连续的盗窃行为整体可以转化为抢劫罪。

【要旨提示】

成立连续犯，必须主观上具备连续意图，客观上实施连续行为。连续犯要求连续行为独立成罪，但同时也允许实行行为与预备行为之间的连续。时空的紧密性并非判断连续行为连续性的根本标准，但具备时空紧密性可以成为触犯同一犯罪构成要件的犯罪行为之间的连续性的间接证明。在转化型抢劫的情况下，先行实施的数个盗窃行为的连续犯，如果连续盗窃之间具有紧密的时空连续性和关联性，在最后一次盗窃行为结束后的现场或者适当延伸的范围内，使用

① 参见周振想、林维：《抢劫罪特别类型研究》，载《人民检察》，1999（1）。

暴力抗拒抓捕的，则整体连续盗窃行为成立转化型抢劫，定抢劫罪一罪，从重处罚。如果连续盗窃之间缺乏紧密的时空连续性和关联性，而转化型抢劫本身对时空紧密性有严格要求，则只最后一次盗窃行为成立转化型抢劫，因此，这是犯罪的部分连续，只对盗窃罪部分成立连续犯。在判文中，应明确行为构成盗窃罪与抢劫罪数个犯罪构成，但根据抢劫罪定罪，从重处罚。

64. 顾某等组织他人偷越国（边）境案[①]

——短缩的二行为犯

【案情介绍】

2002年9月30日，被告人顾某、王甲及王乙（另案处理）共同出资10万元注册成立了某市某经济技术合作有限公司。公司成立后，顾某、王甲在明知到马来西亚办不到劳务签证，而且知悉公司无对外劳务合作经营权和签约权及我国政府与马来西亚无劳务合作关系的情况下，伙同王乙从2002年10月31日起至2003年4月8日止，擅自招收和通过他人招收赴马来西亚的出国劳务人员，先后11次组织一百四十余人以旅游的形式出境赴马来西亚非法务工，收取每人人民币2.8万元至3.5万元不等的费用，并通过某市建筑职工中等专业学校在未经任何培训的情况下，为出国劳务人员先后5次非法办理了“职业资格证书”和“职业岗位技能证书”，又出高价请他人为劳务人员办理了赴马来西亚的旅游签证和飞机票。当劳务人员抵达马来西亚后，由王乙为他们安排工作，并通过马来西亚的关系人“阿曼”“谢老板”以非正常途径办理了所谓的“工作准证”“安全证”。

检察机关以顾某、王甲犯组织他人偷越国（边）境罪向人民法院提起公诉。法院经审理，根据《中华人民共和国刑事诉讼法》（1996年）第189条第2项，《中华人民共和国刑法》第318条第1款第2项、第25条第1款、第26条第4款、第68条第1款、第64条，最高人民法院《关于审理组织、运送他人偷越国（边）境等刑事案件适用法律若干问题的解释》第2条之规定，终审判决如下：(1)顾某犯组织他人偷越国（边）境罪，判处有期徒刑10年，并处罚金人民币10万元；(2)王甲犯组织他人偷越国（边）境罪，判处有期徒刑11年，并处罚金人民币10万元；(3)没收已被公安机关追缴的非法所得人民币589 880元，上缴国库。

【观点争议】

本案存在的争议问题较多：不具备合法出境资格，以骗得的合法出境证件出境的，应认为属于刑法规定的“偷越国（边）境行为”。虽两被告人是在成立法人公司后，以公司的名义实施组织他人在马来西亚打工、非法逗留在国外的行为，但该公司成立即是以非法输出劳务为目的，成立后亦确实主要实施了该犯罪行为，根据最高人民法院《关于审理单位犯罪案件具体应用法律有关问题的解释》的规定，个人为进行违法犯罪活动而设立的公司、企业、事业单位实施犯罪的，或者公司、企业、事业单位设立后，以实施犯罪为主要活动的，不以单位犯罪论

---

① 案例来源：最高人民法院刑事审判第一庭、第二庭编：《刑事审判参考》，总第38集，143～152页，北京，法律出版社，2004。

处，因此，两被告人的行为不属于职务行为，两被告人符合刑法第 318 条组织他人偷越国（边）境罪成立的主体要件。

被告人的行为显然符合组织他人偷越国（边）境罪的犯罪构成要件，但为组织他人偷越国（边）境使用，而以旅游名义骗取出境证件，并进而组织他人偷越国（边）境的行为，应如何定性？在审理过程中，对此存在几种不同的意见。①

第一种意见认为：从立法上看，骗取出境证件实质上是组织他人偷越国（边）境行为的一种特殊情况，只是由于这种犯罪日益猖獗，法律才将它规定为独立犯罪，两者为特殊与普通的关系，因此，本案构成骗取出境证件罪。

第二种意见认为：被告人用骗取的旅游签证，以“合法”的形式组织他人非法出境打工，构成组织他人偷越国（边）境罪。而其犯罪预备行为即骗取出境证件，又触犯骗取出境证件罪。但两罪为吸收关系，根据“高度行为吸收低度行为”的原则，应以组织他人偷越国（边）境罪定罪。

第三种意见认为：被告人骗取出境证件的行为，构成骗取出境证件罪；而利用骗得的证件组织他人偷越国（边）境的，同时又触犯组织他人偷越国（边）境罪。但是根据刑法的规定，组织他人偷越国（边）境是行为人骗取出境证件的目的，当骗取出境证件后，行为人又实际组织他人偷越国（边）境，则组织他人偷越的行为是实现其骗取出境证件之目的行为，“骗证”与组织他人“偷越”的行为间显然是手段行为与目的行为的关系。因此，虽然从犯罪的发展阶段看，骗取出境证件为组织他人偷越国（边）境的预备行为，但两者间手段与目的的关系，使之更符合牵连犯的特征，因此，应根据牵连犯“从一重罪处罚”的原则，以组织他人偷越国（边）境罪论。

【法理分析】

本案涉及意图犯中的“短缩二行为犯”及其罪数问题的处理。

所谓意图犯，又称为目的犯，是指以具有超过客观要素的一定主观目的的行为为必要的犯罪。② 换句话说，即行为人的主观意图超越了客观的构成要件要素，进而指向范围更广的结果，一般也被称为具备过剩的内心倾向的犯罪。③ 此所谓意图或目的，不同于直接故意的意志因素，而是没有对应特定的客观构成要件要素的主观超过要素，是特殊的主观构成要件要素。

意图犯具体区分为两种：其一是短缩的二行为犯④，又称不完全的二行为犯，指行为人除了实施符合构成要件的行为之外，还需要行为人或第三人实施另一个不同于构成要件的行为，才能实现行为人所意图的目的或结果。但此第二个实际上更为重要的行为并不需要真正现实地被实行，只要以此行为的实行为目的就已经符合该构成要件。比如，我国刑法第 152 条规定的“以牟利或者传播为目的”走私淫秽物品，即使实施了符合构成要件的走私淫秽物品的行为，还不能直接实现牟利或者传播的目的，只有在走私行为完成之后实施其他相关行为，才能实现牟利或者传播的目的，但成立走私淫秽物品罪并不以走私后实际实施牟利或传播行为为必要，

---

① 参见最高人民法院刑事审判第一庭、第二庭编：《刑事审判参考》，总第 38 集，143～152 页，北京，法律出版社，2004；曹坚：《骗取出境证件后组织他人偷越国境如何定性》，载《检察日报》，2003-09-02。

② 参见［日］小野清一郎：《犯罪构成要件理论》，王泰译，35 页，北京，中国人民公安大学出版社，1991。

③ Roxin，Strafrecht，ATBandI，4. Aufl.，Munich，S. 318.

④ Stratenwerth/Kuhlen，StrafrechtAT，5. Aufl.，Berlin，SS. 130-131.

而只要以牟利或传播行为为意图或目的就足够。其二是截断的结果犯，只要行为人实施了符合构成要件的行为，并不需要其他附加的行为，所意图的目的或结果就可以实现。典型的就是盗窃罪中以“非法占有为目的”，只要实施了盗窃行为，非法占有的目的就有可能实现，但客观上最终是否实现了非法占有的目的，对于成立盗窃罪并没有影响。日本学者称前者为“间接目的犯”，称后者为“直接目的犯”①。我国台湾地区学者也有的把前者界定为“溢出保护法益之外的内在意向”，把后者界定为“所计划之法益侵害本身的意图类型”②。

短缩二行为犯只以实施第二个行为为意图，但并不要求该行为现实地被实行；该第二个行为可以是构成犯罪的行为，也可以不是犯罪行为。但是如果行为人不仅以实施第二个行为为目的，而且客观上也已经现实地实施了第二个行为，而此第二个行为同时又符合了刑法所规定的另一个犯罪构成要件，那么应如何处理其罪数形态？这便是本案所涉及的问题。

1. 短缩的二行为犯的罪数处理原理

对于短缩的二行为犯的罪数本质及处理原理，学界及实务部门均存在分歧。（1）牵连关系。意图犯是典型的刑法规范所预设牵连关系的主观保留形态。意图犯的构成要件，因意图的内在意向关系，常为方法要件；而意图内容的实现，如另有加以规定时，成为目的要件。此时存在实现方法要件之行为与实现目的要件之行为，二行为具有不可分割关联性。其意图内容与故意内容所针对之对象不同，意图所指向的客体，并未在基本构成要件中被评价，故如意图实现即与基本构成要件形成不可分割的牵连关系，而二者连接之基础，则在主观的意图，因此，成立牵连关系。③（2）吸收犯。我国台湾地区的学界通说与实务界认为，意图实现是吸收犯，比如意图供行使而伪造货币，则对意图行使而伪造的行为与伪造后的行使行为，以高度行为吸收低度行为的吸收犯处理。④（3）想象竞合犯。德国刑法判例承认意图犯的整体判断关系属于“方法—目的关系”，但此种类型的关系仍只是想象竞合的一种特殊类型。⑤（4）区别说。我国学者主张根据不同的情况区别处理：第一种观点认为，构成要件行为与目的实现行为之间有两类：其一为不可罚的事后行为，比如使用伪造的货币的行为，对于伪造货币罪来说，是不可罚的事后行为；其二为牵连关系，比如受贿罪中为他人谋取非法利益，可能构成其他犯罪，两罪之间成立牵连犯。⑥ 第二种观点认为，在行为人实施了第二个行为的情况下可以区分为四类：其一，第一个行为与第二个行为侵犯的是相同法益，两个行为属于选择性罪名或者概括性罪名时，仍然成立一罪，比如违规制造、销售枪支罪中的“以非法销售为目的”。其二，在第二个行为可以被评价在第一个行为中或者被第一个行为吸收时，仅成立第一个行为的犯罪。比如以勒索财物为目的绑架他人，进而向被绑架人的近亲属或其他人勒索财物，甚至已经取得赎金的，也只成立绑架罪。其三，虽然第一个行为与第二个行为侵犯的是同类法益，但第二个行为对法益的侵害重于第一个行为时，应根据第二个行为的性质定罪。比如，以使用为目的伪造信用卡后，又使用所伪造的信用卡骗取他人财物的，应认定为信用卡诈骗罪。其四，第二个行为侵犯了新的法益，由于符合数个犯罪构成，应当认定为数罪。以牟利或者传播为目的，从境外走私

---

① ［日］大塚仁：《刑法概论（总论）》，冯军译，124页，北京，中国人民大学出版社，2003。

② 柯耀程：《刑法竞合论》，211～212页，北京，中国人民大学出版社，2008。

③ 参见上书，210页以下；柯耀程：《变动中的刑法思想》，258～259页，北京，中国政法大学出版社，2003。

④ 参见林钰雄：《新刑法总论》，555页，台北，自版，2006。

⑤ Wessels，StrafrechtAT，36. Aufl.，Heidelberg，S. 244.

⑥ 参见陈兴良：《目的犯的法理探究》，载《法学研究》，2004（3）。

淫秽物品，然后在境内贩卖、传播走私入境的淫秽物品的，应当实行数罪并罚。[1]

笔者认为：（1）学界关于吸收犯、牵连犯、不可罚事后行为、想象竞合犯或实质竞合等观点的争议，关键在于短缩的二行为犯之意图实现行为同时触犯另一犯罪构成要件时，对行为数的认定不同。吸收犯、牵连犯、不可罚事后行为、实质竞合均以存在数个行为为前提。首先，即使是承认短缩的二行为犯成立吸收犯的我国台湾地区实务界，也认为此种情况下只存在一行为，概念上应归纳入“构成要件的行为单数”。而且我国台湾地区实务界对何为高度行为或低度行为并没有统一标准，比如在伪造文书情形中，又认为行使是高度行为，吸收伪造这一低度行为；而吸收犯与法律竞合中的吸收关系的区别也很模糊。[2] 其次，主张成立牵连犯的学者认为只有目的犯才存在牵连犯。一方面，这明显缩小了牵连犯成立的范围，实际上，只要事实上存在手段与目的、原因与结果的牵连关系，就可以成立牵连犯；另一方面，恰恰刑法规范预先保留了特定的犯罪目的，从而方法行为与目的行为之间的牵连关系被整体上统一地评价为一整个实现意图的构成要件行为，如果认为这种已经类型化的“方法—目的关系”仍成立牵连犯，则必然不恰当地扩大牵连犯的成立范围；另外，该观点是在日本刑法和我国台湾地区“旧刑法”承认牵连犯的背景下提出的，在明确废除牵连犯概念后，此种理论也缺乏法律上的依据。最后，主张区别处理的第二种观点也不恰当。有学者所指出的第一种情形实际上并不是真正的短缩的二行为犯，因为违规制造、销售枪支罪的构成要件中已经同时预设了以销售为目的的制造行为和销售行为，如果制造后进行销售的，并没有另外触犯另一个独立的犯罪构成要件，实际上，不论是单纯实施制造行为，还是单纯实施销售行为，抑或同时实施制造、销售行为，都同样地被评价为一罪，因此，不符合短缩的二行为犯的概念。第二种和第三种情形实际上是通说所称的牵连犯，论者只是指出应当根据重的行为定罪，至于从重处理的根据何在，则语焉不详。侵犯法益的多寡并非认定一罪或数罪的标准，实际上，一方面，论者指出的第三种情形的伪造信用卡并进行诈骗的，同样侵犯了数个法益，但却被作为一罪处理；另一方面，作为一罪的想象竞合犯同样侵犯了数个不同的法益。因此，如何处理短缩的二行为犯的罪数问题，关键在于认定行为数。

（2）短缩的二行为犯的第二个意图实现行为与第一个基本构成要件行为，从自然意义上看虽然是两个行为，但由于法律规范的预先设定，从法律的规范评价上说，只是一行为，属于构成要件上的行为单数，或者称法上的行为单数。因为意图要素只是为了将犯罪的形式上的既遂提前前置，从本质上说，意图要素的实现仍然归属于基本犯罪的实现。比如，以行使或流通为目的，伪造货币的，只是将伪造和行使货币的犯罪行为的既遂提前到货币的伪造，只要实施了伪造货币的行为，犯罪就既遂了，但是犯罪最终的完成仍在于犯罪意图的最终实现，即将伪造的货币投入流通使用，因此，行使意图的实现本质上就是行为人伪造货币犯罪的实现。犯罪的既遂与犯罪的完成是两个不同的阶段，既遂与完成之间的区分对于正当防卫中侵害的现时性、区分犯罪的帮助与包庇等具有重要意义。犯罪形式上的既遂与实质的完成之间的阶段，可以归属于犯罪的实行行为，因此，基本犯罪与继续实施的意图实现行为具有行为上的部分重叠，可以认为是构成要件上的一行为，或法律评价上的一行为。

（3）构成要件上的一行为，符合基本构成要件与意图实现的构成要件的，可以成立想象竞合犯。比如，以勒索财物为目的，绑架他人，进而实施勒索财物行为的，只是将绑架罪的既遂

① 参见张明楷：《论短缩的二行犯》，载《中国法学》，2004（3）。

② 参见林钰雄：《新刑法总论》，555页，台北，自版，2006。

提前到被害人被绑架，从而丧失行动自由而处于犯罪分子的实际支配之下的时点，但是绑架行为在本质上只有实施了勒索财物行为时才真正完成，因此，在绑架罪既遂之后实施的勒索财物的行为，也可以被视为绑架的实行行为，是构成要件上的一行为，成立绑架罪与敲诈勒索罪的想象竞合犯，从一重处断，定绑架罪。我国的审判实践也采取这种观点，认为在实施了绑架他人的行为且既遂之后，在绑架行为持续过程中，任何事前无通谋的人明知绑架行为存在，仍加入并帮助绑架行为人实施勒索行为的，构成绑架罪的承继的共同犯罪，应以绑架罪论处。[①] 这说明，绑架既遂之后进行的敲诈勒索行为，在性质上仍属于绑架的实行行为，如果同一行为人实施绑架并进而勒索财物的，属于一行为触犯数罪，成立想象竞合犯。同样，以牟利或者传播为目的，从境外走私淫秽物品，然后在境内贩卖、传播走私入境的淫秽物品的，也应从一重处断，认定为走私淫秽物品罪。

2. 骗取出境证件罪是意图犯之短缩的二行为犯

刑法第 319 条的规定，骗取出境证件罪的客观构成要件是以劳务输出、经贸往来或者其他名义，弄虚作假，骗取护照、签证等出境证件，为组织他人偷越国（边）境使用的行为。“为组织他人偷越国（边）境使用”是主观要件还是客观要件？学界存在争议：“客观要件说”认为，只有行为人客观上实施了骗取出境证件，并且为组织他人偷越国（边）境使用的，才构成本罪。主要理由是：(1) 从语法解释和刑法规定相结合上分析，“为组织他人偷越国（边）境使用”中的“为”字应当是动词，将其作主观要件认定不妥；(2) 从历史解释的方法分析，骗取出境证件罪是新增罪名，属于妨害国（边）境管理罪中的一种，立法者的重点在于惩治组织他人偷越国（边）境的行为，因此，该要件应是客观方面的组成部分之一；(3) 从司法实践看，如果将其理解为主观特征，无疑会增加司法机关的负担，同时，由于主观目的不容易确定，也容易导致放纵犯罪分子。[②]“主观要件说”主张本罪主观方面是故意，并具有为组织他人偷越国（边）境使用的目的。[③] 当“为”与其后面的词语而构成介词短语时，一般是表示行为者的某种目的。将此种结构放置句子的后面，不影响表述其目的性，从其表现的语法意义来看，还带有一种强调目的性。[④]

笔者认为，首先，从语言学上说，“为”既可以是表示目的，也可以表示动作，当其后面跟随另一个动词时，应当解释为实施此另一动作的目的，比如，刑法第 389 条行贿罪规定的“为谋取不正当利益”中“为”与动词“谋取”的搭配同样表达的是目的；相反，如果不是直接跟随动词，则不一定表示目的，比如，刑法第 385 条受贿罪规定中的“为他人谋取利益”的“为”并不必然地解释为“以为他人谋取利益为目的”。其次，骗取出境证件的行为，从客观上可以说是组织他人偷越国（边）境的预备行为，如果要求行为人将骗取的出境证件已经使用于组织他人偷越国（边）境，则该条实际上成为规定以骗取出境证件的方式组织他人偷越国（边）境的犯罪，其实行行为为组织他人偷越国（边）境。骗取出境证件的行为就基本上丧失了独立的意义，该条就没有存在的必要，也无法与组织他人偷越国（边）境罪相

---

① 参见“章浩等绑架案”，载最高人民法院刑事审判第一、二、三、四、五庭主办：《中国刑事审判指导案例（侵犯公民人身权利、民主权利罪）》，456～460 页，北京，法律出版社，2009。

② 参见郭立新、杨迎泽：《刑法分则适用疑难问题解》，314～315 页，北京，中国检察出版社，2001。

③ 参见苏惠渔：《刑法学》，742 页，北京，中国政法大学出版社，1999。

④ 参见孟庆华：《骗取出境证件罪的几个司法认定问题探讨》，载《江西公安专科学校学报》，2004 (1)。

区别。[1] 最后，如果认为该要件是客观要件，则骗取出境证件罪成为组织他人偷越国（边）境罪的特别法条，成立法条竞合的关系，从而排斥组织他人偷越国（边）境罪的适用。这也是第一种意见的基本思路。但这种理解是不恰当的，骗取出境证件罪的法定刑明显低于组织他人偷越国（边）境罪的法定刑，将其理解为特殊法条并不合适，而且也徒增法条适用的复杂性。

因此，"为组织他人偷越国（边）境使用"是主观构成要件，骗取出境证件罪属于短缩的二行为犯，成立该罪只要求以组织他人偷越国（边）境使用，即只要求以骗取出境证件为意图，并不要求现实地实施组织他人偷越国（边）境的行为。有学者认为，如果实际上还没有用于组织他人偷越国（边）境的，是组织他人偷越国（边）境罪的预备犯与骗取出境证件罪的既遂犯的竞合，应认定为骗取出境证件罪。[2] 笔者认为并无必要承认此种竞合形态，骗取出境证件罪是短缩的二行为犯，如果行为人没有实施组织他人偷越国（边）境的行为，当然只成立骗取出境证件罪。

如果为组织他人偷越国（边）境使用，骗取出境证件，进而又使用该证件组织他人偷越国（边）境的，是一行为触犯组织他人偷越国（边）境罪与骗取出境证件罪，应当从一重处断，认定为犯组织他人偷越国（边）境罪。骗取出境证件的行为人帮助他人实施组织偷越国（边）境的行为，也是组织他人偷越国（边）境罪的帮助犯与骗取出境证件罪的正犯的想象竞合犯，有学者认为应"认定为骗取出境证件罪"[3]。笔者认为，并不必然认定为骗取出境证件罪，而应根据具体案件，从一重罪处断。

【要旨提示】

意图犯中短缩的二行为犯只要求以实施第二个行为为意图，并不要求该行为现实地被实行。如果行为人客观上也已经现实地实施了第二个行为，且该行为符合了刑法所规定的另一个犯罪构成要件，属于构成要件上的一行为，同时触犯数罪，成立想象竞合犯，从一重处断。骗取出境证件罪是短缩的二行为犯，"为组织他人偷越国（边）境使用"是主观构成要件。如果行为人出于组织他人偷越国（边）境的目的，采取手段骗取护照、签证等出境证件，但实际上还没有用于组织他人偷越国（边）境的，则只成立骗取出境证件罪。如果行为人进而自己又使用该证件组织他人偷越国（边）境的，则是想象竞合犯，从一重处断，认定为组织他人偷越国（边）境罪；如果行为人将该出境证件提供给其他人使用于组织偷越国（边）境的，则是组织他人偷越国（边）境罪的帮助犯与骗取出境证件罪的正犯的想象竞合犯，根据具体案件，从一重罪处断。

65. 周甲等侮辱案[4]

——继续犯与状态犯的竞合

【案情介绍】

2001年8月1日晚11时许，被告人周甲邀约其父母倪某、周乙等人到某市某镇简家村其

---

①② 参见张明楷：《刑法学》，5版，1112～1113页，北京，法律出版社，2016。

③ 同上书，1112页。

④ 案例来源：最高人民法院刑事审判第一庭、第二庭编：《刑事审判参考》，总第26集，85～87页，北京，法律出版社，2004。

家中，捉其丈夫钱某与别人通奸。周甲等人冲进房后，见钱某与妇女林某正睡在一起，即上前掀开被单，抓住林某的头发往客厅拖，边拖边用手抽打林某的脸部，用脚踢林某的身体。倪某在帮忙拖拉林某的过程中，剥光了林某身上的睡衣，致林某全身赤裸。钱某欲上前制止时，遭到周乙的殴打，便从二楼跳窗逃走。嗣后，周乙让周甲母女用塑料绳和包装带将赤裸的林某捆绑起来，置于客厅。周甲又在客厅里装上灯泡并点亮。期间虽有邻居规劝周甲、倪某、周乙让林某某穿上衣服，但三人执意不肯，并扬言该女与钱某通奸，要出出该女的洋相，让她现现丑，待天亮后再将其扔到户外公路上给大家看。直至次日凌晨3时许，经众邻居的再三劝说，周甲等人才让林某穿上衣服。其间，林某被全身赤裸捆绑的时间长达2个小时左右，围观村民十余人。后经他人干预，周乙才将捆绑林某的绳子解开。

检察机关以非法拘禁罪对被告人周甲、倪某、周乙犯提起公诉。法院经审理，根据《中华人民共和国刑法》第246条第1款、第25条第1款、第72条第1款和第73条第3款的规定，判决如下：被告人周甲犯侮辱罪，判处拘役6个月；被告人倪某、周乙犯侮辱罪，分别判处拘役6个月，缓刑1年。

【观点争议】

在本案审理过程中，对三名被告人的行为如何定罪处罚形成了三种意见。①

第一种意见是控诉方的意见，认为三名被告人以殴打、捆绑的方法，非法剥夺被害人林某的人身自由，其行为已构成非法拘禁罪，且应当认定本案具有殴打、侮辱情节，应在刑法第238条第1款规定的法定刑幅度内从重处罚。

第二种意见认为，三名被告人的行为在构成非法拘禁罪的同时又构成侮辱罪，应实行数罪并罚。

第三种意见是裁判方的意见，认为三被告人应认定为侮辱罪。理由主要是：（1）三被告人在捉奸中使用暴力殴打林某，用塑料绳和包装带强行将全身赤裸的林某捆绑于客厅里，点亮灯泡，让十余名村民围观。该行为具有双重属性，以贬低、损害他人人格，破坏他人名誉为目的，侵犯了公民的人格和名誉权利，情节严重，已构成侮辱罪，同时又剥夺了被害人的人身自由。侮辱犯罪过程中实施捆绑的行为，是为达到侮辱被害人的目的，是实现侮辱的暴力手段，使用的方法又牵连非法拘禁罪，属牵连犯。（2）对于牵连犯，一般应择一重罪处罚。但其手段行为和目的行为所触犯罪名的法定刑相同，应以目的行为的侮辱罪定罪处罚。（3）侮辱罪一般是告诉才处理的案件，但严重危害社会秩序和国家利益的，也可以由检察机关提起公诉。本案中检察机关已就被告人的侮辱犯罪事实提起公诉，应当变更公诉机关非法拘禁罪的指控罪名，改以侮辱罪定罪处罚。

【法理分析】

本案涉及继续犯与状态犯的竞合问题。继续犯在犯罪行为既遂之后至行为终了之前，行为及其所引起的不法状态同时处于持续过程中，在此持续过程中，行为人有可能实施另外的犯罪行为而触犯其他的犯罪构成要件，不可避免地产生复杂的竞合问题。

继续犯，又称持续犯，是指犯罪行为自着手之时直至其构成既遂，且通常在既遂以后至犯

---

① 参见最高人民法院刑事审判第一庭、第二庭编：《刑事审判参考》，总第26集，85～88页，北京，法律出版社，2004。

罪行为终了的一段时间内，该犯罪行为及其引起的不法状态同时处于持续过程中的犯罪形态。与继续犯相对的是状态犯，指实施一定侵害行为之后，其对合法权益的不法侵害处于继续状态的犯罪，是即成犯的下位概念。继续犯与状态犯区分的关键点在于：继续犯行为与不法状态的产生、持续和终止必然是同步或者基本同步，而状态犯则不同步。

关于继续犯竞合的罪数本质及处理，学界存在不同观点：（1）牵连犯。我国台湾地区学者认为，这是客观判断上的牵连形态，属于刑法规范所预设的牵连关系的客观保留形态，如在继续行为中发生他行为，而实现他构成要件时，例如剥夺他人行动自由，在此期间又伤害被害人，则伤害行为是在剥夺自由的继续行为中所为，该伤害行为与继续犯，在客观上具有相互串联的事实行为存在，具有不可分割的评价关系，属于牵连犯。① 我国实务界也有按牵连犯处理的，比如行为人将被害人劫持至车上，用宽胶带将其眼睛、双手缠住，挟持至一旅馆内非法拘禁，向其索要钱物，持续3日后将被害人挟持回其住处，从其存折中支取现金5 000元后，将其释放。② 裁判意见认为：被害人回到住处取出存折、提取现金直至将现金交付给被告人的整个过程，始终处于被告人的持续暴力胁迫之下，符合当场使用暴力、胁迫等抢劫罪的手段要件。被告人暴力劫持被害人并予以较长时间的非法拘禁，同时还构成非法拘禁罪。但非法拘禁与抢劫之间存在目的与手段上的牵连关系，根据牵连犯择一重罪从重处罚的一般处理原则，应以抢劫罪一罪从重处罚。③

（2）兼容犯。兼容犯是指因部分犯罪构成要件的事实发生交叉重叠而形成的犯罪形态，“择一重从重”处罚。④ 虽然该论者并没有用兼容犯处理继续犯的竞合问题，但其对兼容犯的理解可以适用于继续犯的竞合。

（3）数罪并罚。有学者认为如果行为人在非法拘禁过程中，产生杀人故意并实施杀人行为的，应以非法拘禁罪和故意杀人罪实行并罚。持续犯成立犯罪时，就已经既遂。在非法拘禁既遂并持续期间，行为人侵犯被害人的另一法益的，理应认定为独立的新罪。例如，在非法拘禁期间强奸被害人的，应以非法拘禁罪与强奸罪实行并罚。⑤ 行为人绑架他人后，故意实施伤害（包括故意伤害致死）、强奸等行为的，应实行数罪并罚。⑥ 我国台湾地区实务界也认为，行为人为一继续行为，又于继续状态持续中，为他行为时，即以所谓“另行起意”认定，视为实质竞合。⑦

（4）区别对待。我国审判实践中也有人认为：在绑架过程中或是在绑架状态持续过程中，如绑架人对被绑架人又实施伤害（仅指未致死）、杀害（仅指未遂）行为的，如果尚未造成特别严重后果，论罪应当判处无期徒刑以下刑罚的，杀伤行为可以认为已被包括在绑架罪“暴力手段”的构成要件之内，可以以绑架罪一罪论处。但如果行为人伤害手段特别残忍，致人重伤且造成严重残疾，或者杀害未遂，但手段特别恶劣、后果特别严重，论罪应当判处死刑的，则不宜为绑架罪“暴力手段”所包括，而有必要单独评价，以绑架罪和故意伤害罪或故意杀人罪

---

① 参见柯耀程：《刑法竞合论》，212页以下，北京，中国人民大学出版社，2008。

② 参见最高人民法院刑事审判第一庭、第二庭编：《刑事审判参考》，总第35集，43～46页，北京，法律出版社，2003。

③ 参见上书，48页。

④ 参见刘树德：《刑法诸问题案解》，120页以下，北京，人民法院出版社，2003。

⑤ 参见张明楷，《刑法学》，5版，885页，北京，法律出版社，2016。

⑥ 参见张明楷，《刑法学》，3版，668页，北京，法律出版社，2007。

⑦ 参见柯耀程：《刑法竞合论》，213页，注释，北京，中国人民大学出版社，2008。

实行数罪并罚。[①]

笔者认为：首先，继续犯的竞合与牵连犯不同。牵连犯客观上要求具有两个以上相互独立的具备方法与目的、原因与结果等牵连关系的行为，先后触犯数个不同的犯罪构成。因此，方法行为与目的行为、原因行为与结果行为一般是先后实行，不具备同时性；而且两个行为是相互独立的，不存在实行行为上的交叉、重叠。而继续犯的竞合发生在继续犯所导致的不法状态持续的过程中，因此符合数个犯罪构成，触犯数个法条具有同时性，可以认为是构成要件上的行为单数；而且继续犯与符合其他构成要件行为的实行行为之间存在全部或部分的交叉重叠。

其次，并无另外创设兼容犯的必要。实际上，兼容犯所涉及的犯罪形态完全可以运用想象竞合犯、吸收犯或实质数罪等理论加以处理。在数罪的实行行为仅具有部分重叠的情形下，理论上也承认成立想象竞合犯。[②] 因为想象竞合犯的存在目的，就在于避免对“同一”不法要素进行重复或过度评价，而刑法评价的对象就是行为，不法要素的联结也是行为，因此，在实行行为全部或局部同一的情形下，仅从一重处断的效果就能避免重复评价。[③] 实际上，兼容犯的处理原则最终也是借鉴牵连犯，采取从一重处断。

再次，继续犯不法状态持续过程中所发生的犯罪竞合，触犯数法条的同时性并非充要条件。相反，如果行为在实现一个构成要件的同时，也全部或部分地符合了另一个构成要件，但犯罪的实行行为并没有发生重叠，则即使具备同时性，也不能成立想象竞合犯，否则必然导致对行为评价的不充分，因此，只能成立实质竞合，从而数罪并罚。比如，非法侵入住宅并实施强奸行为的，即使侵入住宅就是为了实施强奸行为，虽然触犯数个法条具有同时性，由于不具备实行行为上的重叠，仍应数罪并罚，否则，如果所有在继续犯的持续时间内所实施的触犯其他犯罪构成要件的行为都属于想象竞合犯，必然无限扩大想象竞合犯的适用范围，这并不恰当。

因此，是否成立想象竞合犯，关键必须符合两大条件：第一，出于一个犯罪意思决定。如果行为人在继续犯不法状态持续过程中，另行起意实施符合另一个犯罪构成要件的行为，虽然具有同时性，仍属于数罪。第二，犯罪构成要件的实行行为之间必须存在一定的重叠，否则，即使实行行为之间有手段—目的关系，继续犯为状态犯的实施创造了一定的条件，都不能成立想象竞合犯，如为了抢劫的目的而侵入他人住宅，或者为了故意杀人而持有枪支，因为犯罪构成要件的实行行为之间没有一定的重叠，所以，不成立想象竞合犯，而成立实质数罪。又比如，我国刑法第 321 条第 3 款规定，运送他人偷越国（边）境过程中，“对被运送人有杀害、伤害、强奸、拐卖等犯罪行为，或者对检查人员有杀害、伤害等犯罪行为的，依照数罪并罚的规定处罚”，就充分说明了成立想象竞合犯要求实行行为之间存在重叠。

最后，对于继续犯的竞合，具体可区分以下几种情形。

第一，如果状态犯是为了维持通过继续犯所制造的违法状态，状态犯与继续犯可以成立想象竞合犯。比如，非法侵入他人住宅的行为人为了不被房主驱逐出住宅而殴打房主。显然，在这种情况下，故意伤害行为的目的在于实现非法侵入住宅，它是继续维持和实现侵入他人住宅的违法状态的组成部分和手段，因此，故意伤害罪与非法侵入他人住宅罪的实行行为存在部分

---

① 参见“吴德桥绑架案”，载最高人民法院刑事审判第一、二、三、四、五庭主办：《中国刑事审判指导案例（侵犯公民人身权利、民主权利罪）》，473～474 页，北京，法律出版社，2009。

② Roxin，Strafrecht，ATB and II，Munich，2003，S. 821.

③ 参见林钰雄：《新刑法总论》，581 页，台北，自版，2006。

的重叠。又比如，非法拘禁他人的行为人，为了阻止被害人脱逃，而使用暴力伤害被害人，则故意伤害行为的目的在于继续维持非法剥夺他人自由的违法状态，因此，实行行为之间存在重叠，本质上属于想象竞合犯，但刑法第238条第2款后段规定了转化犯，即“使用暴力致人伤残、死亡的”，依照故意伤害罪、故意杀人罪定罪处罚，因此，此时应认定为故意伤害罪。

相反，如果状态犯是为了给继续犯的实施创造条件，或者状态犯是在继续犯的持续过程中另行起意实施的，则应数罪并罚。比如，行为人使用暴力将被害人打成重伤，进而以勒索财物为目的绑架被害人的，应当以故意伤害罪与绑架罪数罪并罚。又比如，行为人将被害人拘禁起来后，在非法拘禁的不法状态持续过程中产生故意伤害或者故意杀人的犯意，进而使用暴力导致被害人重伤或者死亡的，使用暴力的伤害或杀害行为，是行为人另行起意实施的独立于非法拘禁行为的另一个行为，应该以非法拘禁罪与故意伤害罪或故意杀人罪数罪并罚。同理，非法拘禁过程中，另行起意实施抢劫、强奸等行为的，也应数罪并罚；绑架过程中另行起意实施强奸、故意伤害行为的，也应数罪并罚。

因此，前述的区别对待说并不恰当，关键不在于行为人故意伤害的手段是否特别残忍，致人重伤且造成严重残疾，该行为是否应当判处死刑，而是行为人实施故意伤害行为主观上是否出于另一个独立的犯罪决意，客观上与绑架行为是否具有实行行为的部分重叠。如果故意伤害的行为只是为了维持绑架罪所引起的不法状态，则应是想象竞合犯；如果是在以勒索财物为目的的绑架过程中，行为人另行起意故意伤害被绑架人的，则应数罪并罚。

第二，如果继续犯是状态犯实行行为的组成部分，则状态犯与继续犯可以成立想象竞合犯。比如，通过使用暴力非法拘禁，剥夺他人自由，进而实施抢劫行为或强奸行为的，实际上，非法拘禁的行为已经属于抢劫或强奸中的使用暴力、胁迫的行为，因此，实行行为之间存在部分重叠，应成立想象竞合犯。比如，2001年11月8日最高人民法院《关于对在绑架过程中以暴力、胁迫等手段当场劫取被害人财物的行为如何适用法律问题的答复》中指出：“行为人在绑架过程中，又以暴力、胁迫等手段当场劫取被害人财物，构成犯罪的，择一重罪处罚。”这承认了想象竞合犯的成立。

我国审判实践中，在处理虐待过程中又实施故意伤害行为时指出，如果行为人对被虐待人有故意伤害行为，但没有给被害人造成轻伤以上伤害后果的，应将其视为虐待方法之一，认定为虐待罪；在经常性虐待过程中，其中一次行为人明知其行为会给被害人身体造成伤害，且客观上已经给被害人造成伤害后果的，应当认定为故意伤害罪；如果将该伤害行为分离出来、独立评价后，其他虐待行为能够充足虐待罪构成要件的，则应当以虐待罪与故意伤害罪实行两罪并罚。如果将伤害行为分离后，其余虐待行为不构成虐待罪的，则只能以故意伤害罪处罚。[①]笔者认为，如果虐待行为或故意伤害行为其中之一不构成犯罪的，当然不产生竞合问题，比如上述第一种和第四种情形。但如果同时符合了两罪的，则应区别情况处理：如果故意伤害行为是为了维持虐待罪所造成的不法状态，为虐待罪创造条件，则是想象竞合犯；如果虐待行为是最终故意伤害行为的组成部分，则虐待行为已经可以被视为故意伤害的暴力使用，也是想象竞合犯；如果在虐待过程中另行产生故意伤害的意图，则应当数罪并罚。

本案中裁判理由所指出的犯罪行为的两重性，正说明了非法拘禁行为与侮辱行为之间在实行行为上具有部分的重叠，可以认为是一行为。而被告人对被害人实施捆绑的行为，实际上是

---

① 参见“蔡世祥故意伤害案”，载最高人民法院刑事审判第一庭、第二庭编：《刑事审判参考》，总第52集，11～15页，北京，法律出版社，2007。

为了达到侮辱被害人的目的，即作为继续犯的非法拘禁行为，是作为状态犯的侮辱行为的组成部分，应当成立想象竞合犯，而不是牵连犯。

第三，如果数个继续犯的实行行为全部或者部分发生重叠或同一，可以成立想象竞合犯。比如非法侵入他人住宅后，通过反锁房门的方式，阻止他人离开，从而非法剥夺他人人身自由的，则非法侵入他人住宅罪与非法拘禁罪发生想象竞合。相反，比如，非法侵入住宅同时还非法持有枪支，虽然实现不同的犯罪构成要件具有时间上的同时性，但是，实行行为之间并没有同一性，因此，不成立想象竞合犯，应数罪并罚。

第四，如果刑法规范对于犯罪的认定作出了特别的规定，在合理解释法律规定的前提下，应例外根据刑法的规定进行定罪处刑。比如，非法拘禁过程中使用暴力伤害或杀害被害人而发生转化的，应该仅限于为了实现非法拘禁而使用暴力，以及为了维持非法拘禁状态而使用暴力。

【要旨提示】

在继续犯的不法状态持续过程中，行为人又实施另一个行为，符合另一个犯罪构成要件，如果是出于一个犯罪决意，而且实行行为之间存在至少局部的重叠，则成立想象竞合犯，从一重处断，否则，应数罪并罚。如果状态犯是为了维持通过继续犯所制造的违法状态，可以成立想象竞合犯；相反，如果状态犯是为了给继续犯的实施创造条件，或者状态犯是在继续犯的持续过程中另行起意实施的，则应数罪并罚。如果继续犯是状态犯实行行为的组成部分，可以成立想象竞合犯。如果数个继续犯的实行行为全部或者部分发生重叠或同一，可以成立想象竞合犯。如果刑法规范对于犯罪的认定作出了特别的规定，在合理解释法律规定的前提下，应例外地根据刑法的规定进行定罪处刑。

66. 南甲等盗窃案[①]

——同种数罪

【案情介绍】

1998 年 3 月，被告人南甲、南乙在某市开山屯镇光新村盗窃一头耕牛，价值人民币 2 500 元。销赃后，赃款由二被告人挥霍。1998 年 9 月，南乙伙同他人（已死亡），在某市开山屯镇济东村盗窃一头耕牛，价值人民币 1 200 元，并将耕牛屠宰后食用。2003 年 8 月 8 日，南甲、南乙在某市市东盛涌镇长南村附近盗窃 4 头耕牛，共计价值人民币 6 800 元。

检察机关以被告人南甲、南乙犯盗窃罪，向人民法院提起公诉。法院经审理，根据《中华人民共和国刑法》第 264 条、第 87 条第 1 项、第 25 条第 1 款、第 52 条、第 64 条，以及最高人民法院《关于处理自首和立功具体应用法律若干问题的解释》第 4 条之规定，判决如下：(1) 被告人南甲犯盗窃罪，判处有期徒刑 2 年，并处罚金 6 000 元；(2) 被告人南乙犯盗窃罪，判处有期徒刑 3 年，并处罚金 8 000 元；(3) 追缴非法所得 1 000 元，予以没收，上缴国库。

① 案例来源：最高人民法院刑事审判第一庭、第二庭编：《刑事审判参考》，总第 35 集，49～54 页，北京，法律出版社，2004。

【观点争议】

本案中，南甲于1998年3月伙同他人实施的盗窃行为是否已过追诉期限，是争议的关键。

根据刑法第87条的规定，追诉期限可分为四个不同档次：法定最高刑不满5年有期徒刑的，追诉期限为5年；法定最高刑在5年以上不满10年有期徒刑的，追诉期限为10年；法定最高刑在10年以上有期徒刑的，追诉期限为15年；法定最高刑为无期徒刑或者死刑的，追诉期限为20年，如果20年以后认为必须追诉的，须报请最高人民检察院核准。超过上述追诉期限的，除法定最高刑为无期徒刑或者死刑，且经最高人民检察院特别核准追诉的之外，均不应再追究犯罪分子的刑事责任。本案南甲伙同南乙于1998年3月盗窃他人耕牛，价值人民币2 500元，按照有关司法解释的规定，属盗窃公私财物数额较大，其行为已构成盗窃罪。刑法第264条对于盗窃数额较大规定的法定最高刑为3年有期徒刑，该起盗窃犯罪行为的追诉时效应为5年，而南甲直至2003年8月才被立案侦查，在此之前，没有发生在司法机关立案侦查以后逃避侦查以及被害人对其提出控告但司法机关不予立案等可导致追诉期限延长的法定事由，因此，就南甲该起盗窃行为而言，明显已过追诉期限。但是，南甲2003年8月又实施盗窃行为，根据刑法第89条第1款关于"犯罪行为有连续或者继续状态的，从犯罪行为终了之日起计算"的规定，如果其行为属于连续犯或继续犯，则有可能以最后一次盗窃行为终了之日计算全部犯罪行为的追诉时效，对其1998年3月实施的盗窃行为就应当加以追诉。

在本案审理过程中，存在不同的意见①：第一种意见认为，南甲两次盗窃耕牛的行为是连续犯，对其1998年3月所实施盗窃行为的追诉时效应自2003年8月新罪实施终了之日起算，故应追究其全部行为的刑事责任。第二种意见认为，南甲实施的两次盗窃行为不是连续犯，不能以犯后罪为由重新起算其前罪的追诉期限，依法不应追究其1998年盗窃行为的刑事责任。

【法理分析】

本案涉及连续犯与同种数罪的区分问题。

实质数罪可以区分为异种数罪与同种数罪。异种数罪是指行为人的犯罪事实充足符合数个性质不同的犯罪构成的犯罪形态，同种数罪是指行为人的犯罪事实充足符合数个性质相同的犯罪构成的犯罪形态，两者在法律特征上的区别就是数个犯罪行为所触犯的罪名是否相同。连续犯是指基于数个同一或者概况的犯罪故意，连续多次实施数个同一性质的犯罪行为，触犯同一罪名的犯罪形态。连续犯与同种数罪具有相似性，都是行为人实施数个犯罪行为并触犯同种罪名的犯罪形态。对连续犯的理解不同，必然导致对连续犯与同种数罪关系的不同结论。比如，有观点认为，连续犯的数次行为，应包括数次行为都独立构成犯罪，数次行为都不独立构成犯罪，数次行为中有的构成犯罪、有的不独立构成犯罪三种情况。② 根据这种观点，连续犯与同种数罪之间就存在交叉关系，比如行为人三个连续实施的同种性质的行为中，一个独立构成犯罪，而另外两个不能独立构成犯罪，则是连续犯，但不是实质数罪。

笔者认为，连续犯应只限于数个犯罪行为均构成犯罪的情形，因此，连续犯与同种数罪的区别在于：第一，是否具有连续意图。连续意图指行为人在着手实施一系列犯罪行为之前，对

---

① 参见最高人民法院刑事审判第一庭、第二庭编：《刑事审判参考》，总第35集，49～54页，北京，法律出版社，2004。

② 参见张明楷：《刑法学》，5版，478页，北京，法律出版社，2016。

于即将实行的数个性质相同的犯罪行为的连续性的认识，并基于此种认识决定追求数个相对独立的犯罪行为连续进行状态实际发生的心理态度。连续犯性质同一的犯罪故意必须受连续意图的支配；同种数罪各个具体犯罪的罪过形式必须一致，但可以是同一的故意，也可以是同一的过失，且不受连续意图支配。第二，是否存在连续关系。连续关系是犯罪的连续意图与连续行为的统一。连续犯的数个相对独立的犯罪之间必须有特定的连续性，而同种数罪的各个犯罪之间并不存在特定的连续性。第三，处断原则不同。连续犯属于处断一罪，一般按一罪从重处罚或按一罪作为加重构成情节处罚；对于同种数罪，判决宣告以前实施的，原则上不并罚，除非不并罚不能体现罪刑相适应原则。判决宣告后、刑罚尚未执行完毕以前发现的同种漏罪和再犯的同种新罪应实行并罚。

当然，对于判决宣告前的同种数罪是否应当实行并罚，学界存在争议：第一，一罚说，即否定说。该说论者认为同种数罪无须并罚，只需按一罪酌情从重处罚，即只需将同种数罪作为一罪的从重情节或者加重构成情节处罚。理由主要有：首先，新中国成立以来的刑事立法与司法审判，对于同种数罪并不并罚，只是从重处罚。其次，我国现行刑法分则条款，规定了多个量刑幅度，基本上能够解决同种数罪不并罚的公正处罚问题。再次，否定同种数罪并罚并不会轻纵罪犯，能够满足罪责刑相适应的公正需要，倒是并罚肯定论者有时会轻纵罪犯。如多次普通强奸罪，若按照并罚论，则只能判处有期徒刑，而依照一罚说中的加重情节处理，则可判处无期徒刑或者死刑。又次，刑法理论上，一般认为惯犯、连续犯等犯罪形态实为一人犯有数罪的情形，无须并罚。若肯定同种数罪的并罚性，则会出现部分同种数罪需并罚，而另一些同种数罪不并罚的矛盾现象。最后，国外的立法例一般认为，数罪并罚原则中的数罪，不包括同种数罪。[①] 第二，并罚说，即肯定说，明确主张同种数罪应毫无例外地实行并罚。主要理由为：首先，我国刑法没有明确规定数罪并罚之数罪仅限于异种数罪，而根据我国刑法理论通说的罪数认定标准，同种数罪也为数罪，故没有理由将同种数罪排除出去。其次，对同种数罪实行并罚较一罪从重处罚更有利于打击犯罪，不会出现轻纵罪犯的不良后果。最后，对同种数罪实行并罚在惩罚力度上并未超出合理范围。[②] 第三，折中说。主张对同种数罪是否实行并罚不能一概而论，而应以能否达到罪刑相适应为标准，决定对具体的同种数罪是否实行并罚。对于能够达到罪刑相适应的，无须并罚，反之，则应实行并罚。[③]

笔者认为，对于判决前发现的同种数罪的情况，目前在司法实践中，原则上不并罚[④]，除非不并罚不能体现罪刑相适应原则。具体包括以下几种方式：（1）刑法明文规定加重处罚，如刑法第 263 条规定的“多次抢劫”，依照刑法规定加重处罚。（2）刑法明文规定或司法解释规定累计处罚，比如第 383 条规定的“对多次贪污未经处理的，按照累计贪污数额处罚”；最高人民法院《关于审理挪用公款案件具体应用法律若干问题的解释》中规定“多次挪用公款不还，挪用公款数额累计计算”等，依照刑法规定累计处罚。一般根据累计要件所对应的量刑幅度来进行量刑。（3）如果该罪具有不同的量刑幅度，则分别确定每次犯罪的量刑幅度，且由高幅度吸收低幅度，并从重处罚。如果这些犯罪在同一幅度内，则在这一幅度内从重处罚。

---

① 参见赵炳寿、田宏杰：《论我国数罪并罚制度的完善》，载《现代法学》，1995（4）。

② 参见熊立荣：《同种数罪处罚原则新说》，载《广西政法管理干部学院学报》，2003（4）。

③ 参见贾连君：《论同种数罪应当并罚》，载《法律科学》，1995（2）。

④ 参见“李志远招摇撞骗、诈骗案”，载最高人民法院刑事审判第一、二、三、四、五庭主办：《中国刑事审判指导案例（妨害社会管理秩序罪）》，34～37 页，北京，法律出版社，2009。

关于同种漏罪或又犯同种新罪，是否一定要并罚，也有不同意见，有人认为对于同种漏罪数罪并罚，违背了立法的本意；如果前罪和漏罪属同种罪，且为不分档的量刑之罪，则可能出现违法判决的情形；如果同种漏罪为分档量刑之罪，就会出现放纵犯罪的情况。[①] 笔者认为，判决宣告后、刑罚尚未执行完毕以前发现的同种漏罪和再犯的同种新罪应实行并罚。

本案中，南甲前后两个盗窃行为时间间隔在5年以上，虽均独立构成盗窃罪没有疑问，但是否属于连续犯，关键还在于判断数个犯罪行为之间是否存在连续性、行为人所实施的数个犯罪行为是否基于同一或者概括的犯罪故意，也就是说，行为人所实施的数个犯罪行为之间是否具有主观故意上的连续意图的支配，当然，时间先后在这里可以作为外在的间接证据。本案很难认定其在实施前次盗窃犯罪时，对5年之后再次实施的盗窃犯罪已经具有主观上的连续意图，因此，不成立连续犯，其第一个盗窃行为已过追诉时效，不再予以追究刑事责任。

【要旨提示】

连续犯实质上是同种数罪，但处断为一罪。连续犯与同种数罪的区别关键在于判断是否存在主观故意上的连续意图和客观行为上的连续关系。时空的紧密性并非主要的判断要素，但可以作为间接证据。连续犯从犯罪行为终了之日起计算追诉时效，同种数罪则独立计算每次犯罪行为的追诉时效。判决前发现的同种数罪，原则上不并罚，除非不并罚不能体现罪刑相适应原则，并根据刑法对多次行为的累计处理加以从重处罚；判决宣告后、刑罚尚未执行完毕以前发现的同种漏罪和再犯的同种新罪应实行并罚。

---

① 参见齐涛：《同种漏罪不应数罪并罚》，载《焦作工学院学报（社会科学版）》，2003（4）。

第十一章

排除犯罪性行为

67. 范甲故意伤害案[①]

——正当防卫中不法侵害的认定

【案情介绍】

被告人范甲与被害人范乙系同胞兄弟。范乙患精神病近十年，因不能辨认和控制自己的行为，经常无故殴打他人。2003年9月5日上午8时许，范乙先追打其侄女范某某，又手持木棒、砖头在公路上追撵其兄范甲。范甲在跑了几圈之后，因无力跑动，便停了下来，转身抓住范乙的头发将其按倒在地，并夺下木棒朝持砖欲起身的范乙头部打了两棒，致范乙当即倒在地上。后范甲把木棒、砖头捡回家。约一个小时后，范甲见范乙未回家，即到打架现场用板车将范乙拉到范乙的住处。范乙于上午11时许死亡。下午3时许，被告人范甲向村治保主任唐某投案。

检察机关以范甲犯故意伤害罪向法院提起公诉。法院经审理认为，被告人范甲为了使自己的人身权利免受正在进行的不法侵害，而持械伤害他人身体，造成他人死亡的后果，属明显超过必要限度造成他人损害，其行为已构成故意伤害罪。公诉机关指控的罪名成立。被告人作案后投案自首，依法应从轻处罚。被告人范甲辩解称其用木棒致死被害人不是故意的，是不得已而为之的自卫行为的理由，与庭审查明的事实相符，依法应当减轻处罚。鉴于被告人的悔罪表现，可对被告人适用缓刑。遂依照《中华人民共和国刑法》第234条第2款、第20条第2款、第72条之规定，于2003年12月27日判决被告人范甲犯故意伤害罪，判处有期徒刑3年，缓刑3年。

【观点争议】

本案争议的焦点在于：无刑事责任能力的精神病人实施的侵害行为是否属于刑法第20条第1款规定的不法侵害？在审理过程中存在以下三种观点。

---

① 案例来源：最高人民法院刑事审判第一、二、三、四、五庭主办：《中国刑事审判指导案例（侵犯公民人身权利、民主权利罪）》，322～324页，北京，法律出版社，2009。

第一种意见认为：不能辨认或者不能控制自己行为的精神病人，属于无刑事责任能力的人，根据刑法第18条第1款的规定，即使其造成危害结果的，也不负刑事责任。因此，精神病人实施的侵害行为不属于刑法第20条第1款规定的“不法侵害”，制止精神病人实施的侵害行为不构成正当防卫。被告人范甲从被害人范乙手中夺下木棒后，虽然被害人当时手持砖头又欲起身，但由于被害人范乙是精神病人，不符合正当防卫的对象条件，且又未当场击打被告人，而被告人对被害人头部连续击打两棒致其死亡，可见，被告人范甲的行为存在明显的伤害故意，构成故意伤害罪。

第二种意见认为：精神病人实施的侵害行为不属于不法侵害，不能成为正当防卫的抗辩事由，但被害人范乙持木棒追打被告人的行为，已对被告人的人身权利造成了现实的紧迫危险，被告人是为了防止发生危险状况而采取的避险行为，只是超过了必要限度，属紧急避险过当行为，故本案定故意伤害罪符合实际。

第三种意见认为：精神病人的侵害行为也是不法侵害，可以对其进行防卫。被告人范甲为使自己免受正在进行的不法人身侵害而实施自卫行为，夺下被害人范乙手中的木棒并朝其头部击打两下，是防卫行为，但因造成被害人死亡的后果，属防卫过当，构成故意伤害罪。

【法理分析】

不难看出，以上三种观点争议的焦点在于对于无刑事责任能力人实施的侵害行为能否进行正当防卫。笔者同意第三种观点，认为对精神病人实施的不法侵害行为也可以进行正当防卫。

所谓无刑事责任能力人，是指未达到刑事责任年龄的人和虽然达到刑事责任年龄但欠缺辨认和控制能力的精神病人。关于对无刑事责任能力人的侵害行为能否进行正当防卫，理论界的观点并不统一，大致有否定说、肯定说、区别说三种观点：否定说认为，侵害行为是由无刑事责任能力的人实施的，根据刑法规定，这不属于犯罪行为的范畴，因而不可实行正当防卫。肯定说认为，正当防卫人即使明知侵害者是无刑事责任能力的人，也可以实行正当防卫，并且在要求上同对其他人的防卫没有区别。区别对待说则认为，对于无刑事责任能力人，应根据不同情况区别对待。如果知道侵害者是无刑事责任能力人，则不能实行正当防卫，但可以紧急避险；如果不知道，应允许实行正当防卫。①

上述三种观点的争议在于对刑法第20条第1款中“不法侵害”一词的理解。对此，有学者指出，不法侵害中的“不法”，是违法或非法的同义词，是指某种行为危害社会，为现行法律所不容许。但是，对“不法”的理解，亦即“不法”是仅指客观上的违法，还是除了客观上的违法，行为人的主观上亦需有不法的认识，历来有客观说与主观说之争。客观说认为，不法侵害是指在客观上危害社会并且违法的行为，不以侵害人是否具备责任能力和责任意思为要件。主观说认为，行为是否不法，不能仅就行为本身来认定，而且应当根据行为人的主观情况来认定，即必须是客观上危害社会，而主观上又具备罪过，行为人具有责任能力，其行为才能构成不法侵害。②

对比以上三种观点，不难发现否定说在违法性的认定上采取了主观说，肯定说在违法性的认定上采取了否定说。区别对待说一方面主张如果知道侵害者是无刑事责任能力人，则不能实行正当防卫，但可以紧急避险，似乎采取了主观说；但另一方面还认为，如果确实不知道侵害

---

① 参见马克昌、杨春洗、吕继贵主编：《刑法学全书》，116页，上海，上海科学技术文献出版社，1993。

② 参见马克昌主编：《犯罪通论》，3版，722页，武汉，武汉大学出版社，2001。

是无刑事责任能力人，则应允许实行正当防卫，似乎又采取了客观说。

笔者认为，对不法侵害中的不法，应当作客观的理解。这是因为：首先，“正当防卫中的不法侵害之‘不法’，不应包括行为人的主观方面及责任能力的内容。违法是指行为人的行为在客观方面对法律所保护的权益的侵害。众所周知，法律是国家用于维护和发展国家赖以生存的社会关系，建立和维护符合统治阶级的法律秩序的。这个法律秩序，是社会上全体公民进行正常的生活、工作、学习和其他社会活动的保障。因此，行为是否违法，应取决于行为是否违反法律所确定的法律秩序的范围和内容，是否会给法律所保护的权益带来危害。所以，只要行为人的行为对法律所保护的权益具有损害的危险就是违法”①。否定说实质上是将不法侵害等同于犯罪行为，这是不可取的。在正当防卫中，不法侵害并不等同于犯罪行为，其在质的规定性和量的范围上都要比犯罪行为广泛得多。正因为如此，刑法理论才认为刑法第 20 条第 1 款中规定的不法侵害既包括犯罪行为，也包括其他一般违法行为。其次，如果说被侵害人在面临无刑事责任能力人的不法侵害情况下，只能退避，不能防卫的话，这与正当防卫的本旨不相符合。正当防卫是公民的一项权利，规定正当防卫制度，是在法律上确认公民合法权益的不可侵犯性，使公民在面临不法侵害时能及时、有效地保护自己的权益不被侵害。无刑事责任能力人的侵害行为同样是对被侵害人合法权益的侵害，理当允许被侵害人加以防卫。最后，“如果认为不法侵害必须是不法侵害人具备责任能力且对自己的不法行为有所认识，势必会严重限制正当防卫的范围，使正当防卫的权利得不到充分的行使。因为按照主观说的观点，势必要求正当防卫人在实行正当防卫之前，必须了解侵害人是否具备责任能力和主观认识……况且，正当防卫是在不法侵害行为正在进行之际，损害的危险迫在眉睫、稍微迟缓就会发生的情况下实施的，正当防卫人不可能，也无义务去查明不法侵害人是否具备责任能力和主观认识。因此，只要不法侵害在客观上是现实的、正在进行的，如果不及时制止，让其发展下去，势必会对法律所保护的合法权益造成损害，那么，任何公民为了保护公共利益、本人或他人的合法权益不受侵害，对该不法侵害均可进行正当防卫，而不问不法行为人主观意识如何”②。

正因为如此，德、日刑法理论一般认为无刑事责任能力人的侵害行为可以作为不法侵害的来源。如有德国学者认为，在有人受到未成年人攻击时，从一般预防上要求，就应当将其防卫承认为正当防卫。③ 也有德国学者认为违法并不要求行为是有责的，即使针对精神病人造成的侵害也允许进行正当防卫。④ 类似地，也有日本学者认为没有刑事责任能力人的侵害行为也是正当防卫对象。⑤

综上所述，在违法性的认定上宜采客观说较为合适，对于无刑事责任能力人的不法侵害行为理当允许被侵害人进行正当防卫。前已述及，区别对待说在违法性的判断上，实际采取了双重标准。这种做法不仅加重了防卫当时防卫人的负担，也加重了事后司法机关的证明义务，是不合适的。不过，“由于法益应当尽可能受到全面保护，在回避未达到法定年龄、无责任能力的人的不法侵害并不存在特别负担的情况下，不宜进行正当防卫。换言之，面对未达到法定年

---

① 马克昌主编：《犯罪通论》，3 版，722～723 页，武汉，武汉大学出版社，2001。

② 同上书，723～724 页。

③ 参见［德］克劳斯·罗克辛：《德国刑法学总论》，第 1 卷，王世洲译，431 页，北京，法律出版社，2005。

④ 参见［德］汉斯·海因里希·耶赛克、托马斯·魏根特：《德国刑法教科书》，徐久生译，408 页，北京，中国法制出版社，2001。

⑤ 参见［日］大谷实：《刑法总论》，黎宏译，212 页，北京，法律出版社，2003。

龄、无责任能力的人的不法侵害时，对防卫的必要性应当予以限制，虽然不要求只能在不得已的情况下才进行防卫，但应尽量限制在必要的场合”①。

具体到本案来讲，被告人范甲明知自己的弟弟范乙系无刑事责任能力的精神病人，在被其追打而无力继续奔跑的情况下，为使自己的人身免受不法侵害而击打范乙，是符合正当防卫条件的，可以对其进行正当防卫。但在被告人已将被害人按倒在地后，被害人对被告人的人身危险性已大大减弱时，被告人使用木棒两次击打被害人的要害部位，并导致被害人死亡，则明显超过必要的限度，属于防卫过当，应负故意伤害罪的刑事责任。

需要注意的是，既然肯定了范甲的行为系防卫过当，那么其行为肯定不再构成紧急避险。正当防卫与紧急避险最重要的一点区别在于损害对象不同。紧急避险损害的是与造成危险无关的第三者的合法权益，而正当防卫损害的则是不法侵害者的利益。本案中，被害人范乙持木棒追打被告人，被告人为了保护自己的人身权利免受被害人的侵害而将被害人按倒在地、夺下被害人的木棒并棒击被害人的头部，即被告人是对侵害行为人采取了制止行为。因此，范甲制止侵害的行为不属于紧急避险。

【要旨提示】

不法侵害是指在客观上危害社会并且违法的行为，不以侵害人是否具备刑事责任能力和责任意思为要件。对于精神病患者等无刑事责任能力人的侵害行为同样可以实施正当防卫。

68. 张某某被控故意伤害宣告无罪案②

——正当防卫意图

【案情介绍】

1998年7月13日19时许，被告人张某某到朝阳区安慧北里某酒楼与马某某、付某某一起饮酒。当日21时许，张某某与马某某在该酒楼卫生间内与同在酒楼饮酒的徐某某（曾是张某某的邻居）相遇。张某某遂同徐某某戏言：“待会儿你把我们那桌的账也结了。”欲出卫生间的徐某某闻听此言又转身返回，对张某某进行辱骂并质问说：“你刚才说什么呢？我凭什么给你结账？”徐某某边说边扑向张某某并掐住张某某的脖子，张某某即推挡徐某某。在场的马某某将张、徐二人劝开。徐某某离开卫生间返回到饮酒处，抄起两个空啤酒瓶，将酒瓶磕碎后即寻找张某某。当张某某从酒楼走出时，徐某某嘴里说“扎死你”，即手持碎酒瓶向张某某面部扎去。张某某躲闪不及，被扎伤左颈、面部（现留有明显疤痕，长约12cm）。后张某某双手抱住徐某某的腰部将徐某某摔倒在地，致使徐某某被自持的碎酒瓶刺伤左下肢动、静脉，造成失血性休克，经医院抢救无效死亡。被告人张某某于当日夜到医院疗伤时，被公安民警传唤归案。

检察机关以被告人张某某犯故意伤害罪，向法院提起公诉。一审法院经审理认为：徐某

---

① 张明楷：《刑法学》，5版，199页，北京，法律出版社，2016。

② 案例来源：最高人民法院刑事审判第一、二、三、四、五庭主办：《中国刑事审判指导案例（侵犯公民人身权利、民主权利罪）》，230～232页，北京，法律出版社，2009。

某、张某某两人因一句戏言发生争执，在被他人劝开后，徐某某持碎酒瓶伤害被告人张某某的行为属不法侵害。被告人张某某在被徐某某扎伤左颈、面部的情况下，为阻止徐某某继续实施伤害行为，躲至徐某某身后，抱住徐某某的腰并将徐某某摔倒在地，致使徐某某被自持的碎酒瓶扎伤致死。被告人张某某为使本人的人身免受正在进行的不法侵害而采取的制止不法侵害的行为，属正当防卫，对不法侵害人造成的损害，不负刑事责任，亦不承担民事赔偿责任。遂依照《中华人民共和国刑法》第 20 条第 1 款的规定，于 1999 年 8 月 13 日判决被告人张某某无罪，不承担民事赔偿责任。一审宣判后，附带民事诉讼原告人黎某某以张某某应承担民事赔偿责任为由，提起上诉。检察机关以被告人张某某的行为属于互殴中故意伤害他人、已构成故意伤害罪，不属于正当防卫为由提起抗诉，于 1999 年 11 月 11 日决定撤回对该案的抗诉。二审法院经审理于 1999 年 12 月 16 日作出裁定，准许检察机关撤回抗诉，并驳回附带民事诉讼原告人的上诉。

【观点争议】

在本案审理过程中，关于对行为人张某某的行为定性在处理上有两种不同的意见。

第一种意见认为，行为人张某某因琐事与被害人徐某某发生互殴，在相互斗殴过程中张某某故意伤害他人致人死亡，不存在正当的防卫的意图，成立故意伤害罪。

第二种意见认为，行为人张某某因琐事与被害人徐某某发生互殴，互殴停止后张某某受到徐某某的暴力袭击，出于防卫目的，抱住徐某某的腰并将徐某某摔倒在地，致使徐某某被自持的碎酒瓶扎伤致死，属于正当防卫，不负刑事责任。

【法理分析】

本案中，两种观点争议的焦点在于互殴过程中是否一律不存在正当防卫意图。笔者同意第二种观点，张某某系在与徐某某互殴停止后遭遇徐某某暴力袭击情况下，出于防卫目的，抱住徐某某的腰并将徐某某摔倒在地，致使徐某某被自持的碎酒瓶扎伤致死，属于正当防卫，不负刑事责任。理由如下：

通说认为，正当防卫的成立要求防卫人必须具有正当防卫的意图。正当防卫意图，是指防卫人对正在进行的不法侵害有明确的认识，并希望以防卫手段制止不法侵害，保护合法权益的心理状态。正当防卫意图包括防卫认识和防卫目的两方面的内容。

防卫认识即防卫人对正在进行的不法侵害的认识，它包括对不法侵害的诸多事实因素的认识，其基本内容应当有：其一，明确认识侵害合法权益的不法行为的存在；其二，明确认识不法侵害正在进行；其三，明确认识不法侵害者；其四，明确认识不法侵害的紧迫性，且能够以防卫手段加以制止。此外，还应大体认识到防卫行为所需要的手段、强度及可能造成的必要的损害后果。

防卫目的，即防卫人以防卫手段制止不法侵害，以保护合法权益的心理愿望。凡正当的防卫意图都必须以保护合法权益、制止不法侵害为目的。防卫目的是确定防卫意图的关键。正当防卫意图包括两个层次：第一层次是制止不法侵害；第二层次是通过制止不法侵害，保护合法权益。

正当防卫意图作为正当防卫的主观要件，对于正当防卫的成立具有重要意义。司法实践中，经常存在这样的情形：某些行为，从形式上看似乎符合正当防卫的客观要件，但由于其主观上并不具备正当的防卫意图，因而不能认定为正当防卫。典型的如相互的非法侵害行为，如双方都出于侵害对方的非法意图而发生的互相侵害行为，如相互斗殴行为。在相互的非法侵害行为中，双方都有侵害对方的非法意图，都在积极地追求非法损害对方利益的结果，因而根本不存在正当防卫的前提条件。尽管侵害行为在时间上可能有先后之序，侵害结果在程度上可能有轻重之分，但双方行为都不存在构成正当防卫的前提，双方都应当就自己的非法侵害行为承担法律责任。①

这方面的典型案例如苏某某故意伤害案：1997 年 12 月间，泉州市卫生学校 1997 级学生平某某在泉州市某饭店歌舞厅跳舞时，先后认识了苏某某和张阳某，并同时交往。交往中，张阳某感觉平某某对其若即若离，即怀疑是苏某某与其争女友所致，遂心怀不满。1998 年 7 月 11 日晚，张阳某以“去找一个女的”为由，叫了其弟张秋某和同乡尤某某、谢某某、邱某某一起来到鲤城区米仓巷某大学租用的宿舍，将苏某某叫出，责问其与平某某的关系。双方发生争执，争执中，双方互用手指指着对方。尤某某见状，冲上前去踢了苏某某一脚，欲出手时，被张阳某拦住，言明事情没搞清楚不要打。随后，苏某某返回宿舍。张阳某等人站在门外。苏某某回到宿舍向同学要了一把多功能折叠式水果刀，并张开刀刃插在后裤袋里，叫平某某与其一起出去。在门口不远处，苏某某与张阳某再次争执，互不相让，并用中指比画，责骂对方。当张阳某威胁：“真的要打架吗?”苏某某即言：“打就打!”张阳某即出拳击打苏某某，苏某某亦还手，二人互殴。被害人张秋某见其兄与苏某某对打，随上前帮助其兄。苏某某边打边退，尤某某、谢某某等人见状围追苏某某。苏某某即拔出张开刀刃的水果刀朝冲在最前面的被害人张秋某猛刺一刀，致其倒地，后被送往医院经抢救无效死亡。当地法院即以苏某某系在与张阳某的相互斗殴过程中，出于逞能，持刀刺死帮助其兄斗殴的被害人张秋某，不具有防卫过当所应具有的防卫性和目的的正当性为由，认定苏某某成立故意伤害罪。②

需要注意的是，在斗殴过程中，也可能出现正当防卫的前提条件，因而也可能进行正当防卫。司法实践中常见的有这么两种情形：一种是相互斗殴已经停止，一方出于报复或者其他动机，突然对对方发动袭击，如果这种袭击形成紧迫性的不法侵害，那么另外一方自然可以进行正当防卫。但这已经不是“相互斗殴”过程中的正当防卫了。另外一种是一方的攻击强度明显超过另外一方的预期且呈急剧加重情形时，另外一方可以进行正当防卫。③ 如在一般性的轻微斗殴中，甲突然使用杀伤力很强的凶器，乙方生命受到严重威胁，由于乙方并不承诺对生命和

---

① 参见高铭暄、马克昌主编：《刑法学》，7 版，131 页，北京，北京大学出版社，2016。需要注意的是，正当防卫意图在大陆法系刑法中被称作防卫意识或者防卫意思（主观的正当化要素），尽管国外刑法一般对正当防卫规定了“为了排除……”或者“为了保护……”等主观要素，但刑法理论上对防卫意识是否必要存在激烈争论。必要说认为：行为是主观与客观的统一体，防卫行为亦如此，如果没有防卫意识就不成立正当防卫。不要说则认为：只要行为符合正当防卫的客观条件，即使行为人没有防卫意识，其行为客观上也保护了法益免受不法侵害；既然如此，该行为就缺乏违法性的根据（法益侵害），不具有违法性，故不成立犯罪。在张明楷教授看来，认为只有主、客观相统一的正当行为才排除犯罪的成立的说法存在疑问，因为成立犯罪要求主、客观相统一，并不意味着不成立犯罪的行为也必须主、客观相统一；只要不符合犯罪成立条件，就不成立犯罪，至于它是否主、客观相统一，则不应在考虑之列。其次，退一步而言，即使将防卫意识视为正当防卫的条件，充其量也只能说不具有防卫意识的行为不成立正当防卫，而不能直接得出该行为成立犯罪的结论。此外，对我国刑法第 20 条中的“为了保护……”的表述，可以理解为正当防卫是客观上排除不法侵害或者保护法益的行为。参见张明楷：《刑法学》，3 版，180 页，北京，法律出版社，2007。

② 参见最高人民法院刑事审判第一、二、三、四、五庭主办：《中国刑事审判指导案例（侵犯公民人身权利、民主权利罪）》，233～235 页，北京，法律出版社，2009。

③ 参见陈兴良主编：《刑法学》，117 页，上海，复旦大学出版社，2005。

身体的重大侵害，甲方的行为属于不法侵害，乙方可以进行正当防卫。①

正如最高人民法院刑事审判业务部门所认为的那样：本案的发展过程实际可以分为两个阶段。第一阶段即争执阶段。徐某某酒后因对被告人张某某的一句戏言不满，与张某某发生争执打斗。此时，双方相互争执，行为性质属于互殴。第二阶段即争执结束后的阶段。经人劝解，徐某某与张某某分开，互殴结束。但徐某某并不善罢甘休，而是抄起两个空酒瓶，将酒瓶磕碎后持碎酒瓶寻衅滋事。徐某某看见张某某从酒楼出来，口中说“扎死你”，手则持碎酒瓶向张某某面部扎去。张某某躲闪不及，被扎伤左颈、面部。这属于互殴停止后，一方又进行突然袭击的情形。此时，因互殴已经停止，张某某被迫进行防卫，而徐某某属于不法侵害人。面对不法侵害，张某某当然有正当防卫的权利。从实际情况来看，张某某在意识到不法侵害正在发生后，为制止不法侵害，采取了抱住徐某某后腰将徐某某摔倒的防卫方法。张某某出于防卫目的而实施的制止徐某某不法侵害的行为，具备法律规定的正当防卫的条件，而且防卫手段、强度亦未超过必要的限度。徐某某被自己手持的碎酒瓶扎伤致死是张某某本人意料不到的。②

综上，张某某在互殴停止后制止徐某某突然袭击的行为系正当防卫。对防卫行为造成的后果，张某某不负刑事责任，亦不承担民事责任。一审法院的判决及二审法院的裁定均是正确的。

【要旨提示】

在相互斗殴的场合，双方都有加害对方的意图，并且客观上都实施了侵害对方的行为，欠缺正当防卫的主观要件，因而不成立正当防卫。但在相互斗殴停止后，一方出于报复或者其他动机，突然对对方发动袭击且形成紧迫性侵害的，或者斗殴过程中，一方的攻击强度明显超过另外一方的预期且呈急剧加重情形的，另外一方可以进行正当防卫。

69. 陈某某故意伤害案③

——防卫不适时

【案情介绍】

被告人陈某某15岁的女儿朱某某于2003年2月8日被被害人黄某某私自带至贵州省贵阳市同居并怀孕，8月下旬朱某某与黄某某回到江苏省如皋市老家。朱某某回家后于8月29日进行了人工流产手术。此后，黄某某仍多次到陈某某家中纠缠朱某某，遭到被告人陈某某的拒绝。2003年9月2日凌晨2时许，黄某某挖墙洞进入朱某某房间，用语言威逼朱某某，企图将其带走。朱某某不从，借开门之机叫醒其母，并说家中有坏人。被告人陈某某遂与其丈夫朱某一起将黄某某的手脚捆绑，被告人陈某某用钢筋、木板殴打黄某某，用手揪住黄某某的头发将其头部向地上撞击，其丈夫朱某也用手打黄某某的嘴巴、用脚踢黄某某的臀部和腿部。被告人陈某某叫丈夫朱某打电话报警，同时又对黄某某实施殴打，致黄某某受伤，造成其颞顶枕部帽

---

① 参见张明楷：《刑法学》，5版，206页，北京，法律出版社，2016。

② 参见最高人民法院刑事审判第一、二、三、四、五庭主办：《中国刑事审判指导案例（侵犯公民人身权利、民主权利罪）》，232页，北京，法律出版社，2009。

③ 案例来源：国家法官学院、中国人民大学法学院编：《中国审判案例要览（2006年刑事审判案例卷）》，41～44页，北京，中国人民大学出版社，2006。

状腱膜广泛出血、左颞顶部硬膜下血肿、左顶枕叶外伤性蛛网膜下腔出血。2003 年 9 月 2 日 5 时 30 分许，黄某某被接到报警的公安人员带到派出所；6 时许，黄某某称身体不舒服，公安人员即将其送往医院治疗；早晨 7 时许，黄某某经医院抢救无效死亡。经法医鉴定，黄某某系顶部遭具有平面钝性物体打击造成严重颅脑损伤死亡。案发后，被告人陈某某于当日主动到公安机关投案。

检察机关以被告人陈某某犯故意伤害罪向法院提起公诉。一审法院经审理后认为：被告人陈某某故意伤害他人身体，致人死亡，其行为已触犯刑律，构成故意伤害罪。公诉机关指控被告人犯故意伤害罪，事实清楚，证据确实、充分，予以采纳。被告人陈某某明知持械殴打他人，会造成他人伤亡后果，但为泄愤仍然为之，其行为完全符合刑法关于故意伤害罪的构成要件，故对被告人陈某某的辩解不予采纳。在本案的起因上，被害人黄某某有明显过错，应相应减轻被告人陈某某的罪责。案发后，被告人主动投案，如实供述自己的犯罪事实，是自首，可以减轻处罚。被告人陈某某故意伤害他人身体，致人死亡，社会危害大，对其不能适用缓刑。故对辩护人认为被害人黄某某有严重过错，被告人陈某某有自首情节的辩护意见予以采纳，对建议判处缓刑的意见不予采纳。根据《中华人民共和国刑法》第 234 条、第 67 条第 1 款之规定，判决如下：被告人陈某某犯故意伤害罪，判处有期徒刑 8 年。一审宣判后，被告人陈某某以原审认定事实不清、自己自始至终没有打被害人为由提起上诉，要求发回重审或改判无罪。二审法院经审理后认为：原审判决认定事实基本清楚，证据确实、充分，审判程序合法，在法定刑幅度以下对其减轻处罚并无不当。同时认为一审法院认定陈某某具有自首情节也无不当，但上诉人陈某某在二审期间，推翻原来的供述，否认其实施过犯罪行为，属于拒绝接受司法机关的审理和裁判的行为，故其自首不能成立。根据 1996 年《中华人民共和国刑事诉讼法》第 189 条第 1 项之规定，裁定驳回上诉、维持原判。

【观点争议】

在本案审理过程中，关于对行为人陈某某的行为定性有四种不同的意见。

第一种意见认为，行为人陈某某因被害人深夜持刀破墙入室欲挟持其女出走，在阻止犯罪过程中出于义愤将被害人打伤后致死，属正当防卫。

第二种意见认为，行为人在将被害人捆绑并有效阻止犯罪后将被害人打死系防卫过当。

第三种意见认为，行为人在将被害人捆绑后殴打，自认为是正当防卫，实际上是对自身行为的错误认识，属假想防卫。

第四种意见认为，行为人出于防卫将被害人制服，不法侵害所造成的实际危险此时已消失，无须再行防卫，也无实施防卫的前提与基础。被告人在此情况下，又持械殴打被害人并致其死亡，直接伤害的故意明显，应构成故意伤害罪。

【法理分析】

笔者同意第四种观点，陈某某的行为系防卫不适时中的事后防卫，构成故意伤害罪。理由如下。

1. 陈某某的行为不成立正当防卫

刑法第 20 条规定："为了使国家、公共利益、本人或者他人的人身、财产和其他权利免受正在进行的不法侵害，而采取的制止不法侵害的行为，对不法侵害人造成损害的，属于正当防卫，不负刑事责任。"这就是理论上所谓的正当防卫。一般认为，正当防卫的成立需具备如下五个条件：(1) 前提条件：客观上必须存在现实的不法侵害；(2) 时间条件：不法侵害必须正在进行；（3）主观条件：具备正当的防卫意识；（4）对象条件：必须针对不法侵害者本人；（5）限度条件：没有超过必要限度造成重大损害。这五个条件，缺一不可。本案中，被害人黄某某深夜入室，欲将陈某某之女挟持，客观上实施了不法侵害。在此情况下，被告人陈某某与丈夫朱某临危不惧，实施法律赋予公民的正当防卫权利，将被害人黄某某制服后予以捆绑。至此，陈某某的行为完全符合正当防卫的五个条件。但此后，陈某某出于义愤，用钢筋、木板殴打黄某某，致被害人伤重，不治而亡。尽管此时行为人的行为系针对被害人的不法侵害而实施，同时也是针对不法侵害者本人实施，但行为人针对的不是正在进行的不法侵害，而是业已完成的不法侵害。此时被害人的不法侵害行为已经被制服，行为人在这种情况下再对被害人实施殴打行为，不符合正当防卫的时间条件，不成立正当防卫。

2. 陈某某的行为不成立防卫过当

刑法第 20 条第 2 款规定："正当防卫明显超过必要限度造成重大损害的，应当负刑事责任……"理论上将此规定称为防卫过当。防卫过当与正当防卫既有联系又有区别。首先，防卫过当与正当防卫一样，都具有行为的防卫性。这是二者的共同之处。要想成立防卫过当，防卫人的防卫行为也必须是针对正在进行的不法侵害，目的是制止不法侵害、保护合法权益，针对的对象是不法侵害者本人。因此，防卫过当不同于一般的犯罪行为，在危害社会的同时又具有有益于社会的一面，因此，我国刑法规定对防卫过当行为应当减轻或者免除处罚。其次，防卫过当与正当防卫的区别之处在于，防卫过当具有客观危害性与主观罪过性。客观上，防卫过当在行为强度和后果上，明显超过防卫的必要限度，使防卫由正当变为过当，具有社会危害性。主观上，防卫过当人在实施防卫的同时，对防卫结果要么持过失心态，要么持放任心态。因此，在防卫过当的场合行为人具有罪责，理当对其追究刑事责任。一般认为，防卫过当与正当防卫的成立条件仅在于防卫限度上不同，其他条件并无二致。防卫过当的成立条件应是：第一，必须有不法侵害存在；第二，必须是不法侵害正在进行；第三，必须针对不法侵害人实施防卫行为；第四，必须出于防卫的认识与防卫的目的；第五，防卫行为必须明显超过必要限度，造成重大损害。[①]本案中，行为人打击的是一个被捆绑的对象，被害人在此情形下已无现实危险性和针对被告人的动态侵害行为，自然也就没有了实施防卫行为的必要和前提，且其行为也不是为阻止被害人挖洞入室挟持被告人之女离家出走而进行的制服、捆绑等防卫行为的延续。既然行为人不具备正当防卫的前提，所谓超出正当防卫限度的防卫过当也就没有存在的合理基础了。

3. 陈某某的行为不成立假想防卫

正当防卫的成立要求不法侵害的存在必须具有现实性，即不法侵害必须客观、真实地存在，而不是行为人所臆想或推测的。如果行为人反击了主观臆测的"正在进行不法侵害"的人，那他的行为就是假想防卫。假想防卫具有三个基本特征：其一，行为人主观存在防卫意图，以为自己是对不法侵害人实行正当防卫。这是假想防卫的前提条件。其二，假想防卫客观上损害了未实施不法侵害或未正在实施不法侵害的人的人身权利，具有社会危害性。这是假想防卫的本质特征。其三，行为人的防卫认识产生了错误，使正当防卫意图造成了危害社会的结果。这是假想防卫的表现形式。[②]

基于认识错误而实施所谓的正当防卫行为，是假想防卫的本质特征。本案中，被害人实施的不法侵害客观存在，行为人对此并没有产生认识错误。陈某某将被害人制服、捆绑后，已经

① 参见彭卫东：《论防卫过当》，载《法学评论》，1998（4）。

② 参见高铭暄、马克昌主编：《刑法学》，7 版，132 页，北京，北京大学出版社，2016。

认识到被害人丧失了反抗能力，在此基础上出于报复的目的又对被害人实施殴打行为，自然不成立假想防卫。

4. 陈某某的行为成立事后防卫

如前所述，正当防卫的成立必须满足正当防卫的时间条件。所谓正当防卫的时间条件，是指可以实施正当防卫的时间，通说认为是指不法侵害正处于已经开始并且尚未结束的进行阶段。所谓不法侵害已经开始，一般说来，可以理解为侵害人已经着手直接实行侵害行为。不法侵害尚未结束，是指不法侵害行为或其导致的危险状态尚在继续中，防卫人可以用防卫手段予以制止或排除。理论上将不符合正当防卫时间条件的防卫行为称为防卫不适时。防卫不适时，包括事先防卫与事后防卫。所谓事先防卫，即在不法侵害尚处于预备阶段或犯意表示阶段，对合法权益的威胁并未达到现实状态时，就对其采取某种损害权益的行为。所谓事后防卫，即在不法侵害已经结束的情况下，对侵害人的某种权益进行打击的行为。在事后防卫的情况下，不法侵害已经结束，侵害行为或其导致的危险状态已经不能通过防卫来制止或排除，已经不存在正当防卫的时机条件。从司法实践来看，不法侵害的结束一般有下列四种情况：一是侵害者自动中止不法侵害行为；二是不法侵害者已经被制服；三是不法侵害者已经丧失侵害能力；四是侵害行为已经实施完毕，危害结果已经发生，无法挽回。事后防卫实际上大多数是报复性的侵害，但也不排除行为人出于认识错误的可能性。对于报复性的事后防卫构成犯罪的，应以故意犯罪论处；对于认识错误的事后防卫，则应按照处理认识错误的原则，根据防卫人主观上是否有过失，分别按照过失犯罪或意外事件处理。①

本案中，被害人黄某某非法入室在先，行为人出于正当防卫的动机将其制服并予以捆绑。应当说，此时被害人的不法侵害已经结束，正当防卫的时机条件已经消失。在此之后，行为人出于泄愤的目的，故意用钢筋、木板殴打被害人，致被害人死亡。此时，行为人的主观心理态度已经由防卫心理转化为伤害故意，其行为性质也由正当防卫转化为故意伤害，具有一定的社会危害性，完全符合刑法第234条规定的故意伤害罪的犯罪构成，理当承担故意伤害罪的刑事责任。可见第四种观点是正确的。

【要旨提示】

正当防卫的成立必须具备时间要件，即不法侵害已经开始且尚未结束。防卫行为不符合正当防卫时间条件的，称为防卫不适时。防卫不适时包括事先防卫与事后防卫。防卫不适时构成犯罪的，应当承担刑事责任。

70. 李某故意伤害案②

——预先携带防卫工具行为的认定

【案情介绍】

2002年9月17日凌晨，被告人李某与其同事王某某、张某（另案处理）、孙某某等人在北

① 参见高铭暄、马克昌主编：《刑法学》，7版，134页，北京，北京大学出版社，2016。

② 案例来源：最高人民法院刑事审判第一、二、三、四、五庭主办：《中国刑事审判指导案例（侵犯公民人身权利、民主权利罪）》，361～363页，北京，法律出版社，2009。

京市海淀区双泉堡环球迪厅娱乐时，遇到本单位女服务员王某菲及其朋友王某伟（另案处理）等人。王某伟对李某等人与王某菲等人跳舞感到不满，遂故意撞了李某一下，李某对王某伟说："刚才你撞到我了。"王某伟说："喝多了，对不起。"两人未发生进一步争执。李某供称其感觉对方怀有敌意，为防身，遂返回其住处取尖刀一把并再次来到环球迪厅。其间，王某伟打电话叫来张某某、董某某等3人（另案处理）帮其报复对方，该三人赶到环球迪厅时李某已离去，张某某等人即离开迪厅。李某取刀返回迪厅后，王某伟即打电话叫张某某等人返回迪厅，并向张某某指认了李某，指使张某某等人在北沙滩桥附近的过街天桥下伺机报复李某。当日凌晨1时许，李某、王某某、张某、孙某某等人返回单位，途经京昌高速公路辅路北沙滩桥附近的过街天桥时，张某某、董某某等人即持棍对李某等人进行殴打。孙某某先被打倒，李某、王某某、张某进行反击。其间，李某持尖刀刺中张某某胸部、腿部数刀。张某某因被刺伤胸部，伤及肺脏、心脏，致失血性休克死亡。孙某某所受损伤经鉴定为轻伤。李某作案后被抓获。

检察机关以李某犯故意伤害罪向人民法院提起公诉。一审法院认为：被告人李某故意伤害他人身体，致人死亡，其行为已构成故意伤害罪，犯罪后果特别严重，依法应予惩处。鉴于被害人对本案的发生负有重大过错，故依法对被告人李某予以从轻处罚。检察机关指控被告人李某犯故意伤害罪的事实清楚，证据确凿，指控罪名成立。对于被告人李某的辩护人提出的李某行为本身是正当防卫，只是由于没有积极救治被害人导致李某承担间接故意伤害的法律后果的辩护意见，经查：正当防卫成立的要件之一即防卫行为的直接目的是制止不法侵害，不法侵害被制止后不能继续实施防卫行为，而被告人李某持刀连续刺扎被害人张某某要害部位胸部数刀，在被害人倒地后还对其进行殴打，故李某具有明显伤害他人的故意，其行为符合故意伤害罪的犯罪构成，辩护人的此项辩护意见不能成立，不予采纳。根据被告人李某犯罪的事实、犯罪的性质、情节和对于社会的危害程度，依照《中华人民共和国刑法》第234条第2款、第56条、第61条之规定，于2003年5月13日判决如下：李某犯故意伤害罪，判处有期徒刑15年，剥夺政治权利3年。

一审宣判后，李某不服，提起上诉。二审法院认为，上诉人李某为制止正在进行的不法侵害而故意伤害不法侵害者的身体，其行为属于正当防卫，但其防卫明显超过必要限度，造成被害人死亡的重大损害后果，其行为构成故意伤害罪，依法应予减轻处罚。李某及其辩护人所提李某的行为属于防卫过当、原判对其量刑过重的上诉理由和辩护意见成立，予以采纳。原审人民法院认定李某犯故意伤害罪正确且审判程序合法，但对本案部分情节的认定有误，适用法律不当，对李某的量刑过重，依法应予改判。据此，依照《中华人民共和国刑事诉讼法》（1996年）第189条第2项及《中华人民共和国刑法》第234条第2款、第20条第2款、第61条之规定，于2003年8月5日判决如下：（1）撤销一审刑事判决。（2）上诉人李某犯故意伤害罪，判处有期徒刑5年。

【观点争议】

本案争议的焦点在于被告人为预防不法侵害而预先携带防卫工具的行为能否阻却正当防卫的成立。对此存在以下两种不同的意见。

第一种意见认为：被告人李某在与王某伟发生争执后，返回住处携带刀具。据此可认定李某有伤害他人的意图，其行为不成立正当防卫，而为互殴。

第二种意见认为：李某预先携带刀具，是在察觉到王某伟可能对其侵害的情况下所采取的防卫准备。李某只有防卫的意图，而无伤害他人的故意，其预先携带防卫工具，在遭遇不法侵害时使用该工具展开防卫的行为，仍成立正当防卫，但系防卫过当。

【法理分析】

笔者同意第二种意见，被告人李某为预防不法侵害而预先携带防卫工具的行为并不能阻却正当防卫的成立。本案中，被告人李某虽事先携带了防卫工具，但综合全案来看，李某只有防卫的意图，而无伤害他人的故意，其致张某某死亡的行为系防卫过当。理由如下。

1. 李某具备正当防卫的意图

正当防卫是否必须存在防卫意识？对此，德、日刑法学中存在激烈争论。必要说认为，行为是主观与客观的统一体，防卫行为也是如此，如果没有防卫意识就不成立正当防卫。与此相对，不要说则认为，只要行为符合正当防卫的客观条件，即使行为人没有防卫意识，其行为客观上也保护了法益免受不法侵害；既然如此，该行为就缺乏违法性的根据（法益侵害），不具有违法性，故不成立犯罪。[①] 我国刑法第20条明文指出，“为了使国家、公共利益、本人或者他人的人身、财产和其他权利免受正在进行的不法侵害，而采取的制止不法侵害的行为，对不法侵害人造成损害的，属于正当防卫，不负刑事责任”。亦即，刑法条文明确规定了正当防卫意图的具备是正当防卫成立的首要前提条件。正因为如此，我国刑法理论界的通说认为，正当防卫的条件是主观意图与客观行为的统一，正当防卫意图理应成为正当防卫的主观要件。[②]

正当防卫意图，是指防卫人对正在进行的不法侵害有明确认识，并希望以防卫手段制止不法侵害，保护合法权益的心理状态。它包括防卫认识和防卫目的两方面的内容。所谓防卫认识，是指防卫人对正在进行的不法侵害的认识，它包括对不法侵害的诸多事实因素的认识。其基本内容应当有：其一，明确认识侵害合法权益的不法行为的存在；其二，明确认识不法侵害正在进行；其三，明确认识不法侵害者；其四，明确认识不法侵害的紧迫性，且能够以防卫手段加以制止。此外，还应大体认识到防卫行为所需要的手段、强度及可能造成的必要损害后果。所谓防卫目的，是指防卫人以防卫手段制止不法侵害，以保护合法权益的心理愿望。凡正当的防卫意图都必须以保护合法权益、制止不法侵害为目的。在这两者之中，防卫目的是确定防卫意图的关键。具体说来，防卫意图包括两个层次：第一层次是制止不法侵害；第二层次是通过制止不法侵害，保护合法权益。

本案中，被告人李某在与对自己抱有敌意的王某伟发生摩擦后，预感到可能要发生意外，遂返回自己的住所准备好刀具防身，并在张某某等人对自己实施突袭过程中使用了该刀具。对此，前述第一种意见认为李某事先准备好了防卫工具，不具有正当防卫的意图，因此李某的行为不能被认定为正当防卫。笔者认为，这一观点有待商榷。防卫人是否事先准备好防卫工具与防卫人是否具有正当防卫意图不可混为一谈。

相对于不法侵害行为而言，正当防卫的发起具有被动性，正当防卫的成立要求不法侵害正在进行。但“防卫人是否预见到不法侵害正在发生，以及防卫人事先是否携带了某种可用于防卫的工具，不影响不法侵害正在进行的认定。换言之，只要是客观上正在进行的不法侵害，不管行为人事先是否已经预见、事先做好防卫准备，都可以进行正当防卫。因为不法侵害行为的

---

① 参见张明楷：《刑法学》，5版，208页，北京，法律出版社，2016。

② 参见高铭暄主编：《刑法学原理》，第2卷，201页，北京，中国人民大学出版社，1993。

紧迫性是一种客观事实，并不取决于防卫人是否已经预见”[①]。具体到本案来看，被告人李某尽管事先携带了防卫工具，但其目的是防备未来王某伟等人可能发生的侵袭行为。亦即，如果张某某等人此后并未在王某伟授意下对李某实施侵袭行为，李某事先准备的防卫工具并不会派上用场。此后的事态发展表明，李某并未主动实施侵袭行为，而是在张某某等人持棍发动突袭后，为了避免自己及同行之人免受更为严重的人身伤害，才使用了事先准备好的防卫工具进行反击，具有正当防卫的意图，符合正当防卫的主观条件。

2. 李某的行为不属于互殴

正当防卫意图作为正当防卫的主观要件，对于正当防卫的成立具有重要意义。正因为如此，通说认为互殴行为不能成立正当防卫。本案审理过程中，有人认为李某的行为属于互殴。对此，笔者持反对意见。所谓互殴，是指双方都出于侵害对方的非法意图而发生的互相侵害行为。司法实践中，判断某一行为属于互殴还是正当防卫，一般从认识因素和意志因素两方面来进行。首先，从认识因素上来看，互殴行为一般多具有预谋性，行为人对互殴的时间、地点、相对人往往比较明确，有相对具体的计划，行为人往往为之作出充分准备，并很可能携带互殴所需凶器等。而正当防卫行为一般多具有突发性，防卫人对该侵害事件发生的时间、地点以及相对人事先往往并不明知。其次，从意志因素上来看，互殴行为具有主动性和不法侵害性，互殴双方主观上都有侵害对方的故意，在此意图支配下，行为人的行为往往表现出明显的主动性，积极采取各种措施以使对方遭受侵害，并积极追求或放任对方伤害结果的发生。而正当防卫行为则具有被动性和防卫性。在突遭他人不法侵害的情况下，防卫人往往没有选择的余地，只能被动地采取措施，加入事件中来。在此过程中，防卫人可能被动地防御，也可能辅之以主动反击，但不管以何种方式，行为人的主观目的在于制止不法侵害、保护合法权益，其行为往往表现出防卫性和一定的节制性。[②]

具体到本案来看，被告人李某在与王某伟发生冲突后尽管事先准备好了防卫工具，但在整个事件进行过程中，李某既未使用事先准备好的刀具主动伤害王某伟，也未对在场的同事讲述曾与王某伟有过冲突一事，可见其取刀正如李某自己所说的那样，是在察觉到王某伟可能对其实施侵袭的情况下所采取的防卫准备，其主观上并没有非法侵害他人的意图，也未曾让自己的一干朋友做好斗殴的准备。就此看来，被告人李某等的行为不属于互殴。

此后，被害人张某某等人在王某伟的指使下，预先埋伏在李某返回住处的途中，突然对正常行走的李某等人持棍发动袭击。先将孙某某打倒在地，此后又连续殴打李某、王某某、张某等人。面对张某某等人发动的突然袭击，李某等人为了使己方免受正在进行的不法侵害而采取防卫行为，符合正当防卫的时间条件，系被动地加入伤害事件中来，属于正当防卫。但在此后的防卫过程中，李某使用其事先准备好的防卫工具对张某某进行防卫的行为明显超过了必要限度。正如审理本案的实务部门所查明的那样，被害人张某某在对李某实施不法侵害时，并没有手持凶器，而是徒手进行。被告人李某持刀对张某某连刺数刀，并在张某某停止侵害且身受重伤的情况下，继续追赶并踢打张某某，其行为明显超过了制止不法侵害所需要的必要限度，并最终直接造成张某某死亡的严重后果。因此，李某的防卫行为过当，依照刑法的规定，构成故意伤害罪，但是应当减轻处罚。

---

① 张明楷：《刑法学》，5版，203页，北京，法律出版社，2016。

② 参见最高人民法院刑事审判第一、二、三、四、五庭主办：《中国刑事审判指导案例（侵犯公民人身权利、民主权利罪）》，230～232页，北京，法律出版社，2009。

【要旨提示】

不法侵害行为的紧迫性是一种客观事实，预先准备防卫工具并不影响正当防卫行为的成立。只要是客观上正在进行的不法侵害，不管行为人事先是否已经预见或者做好防卫准备，凡符合正当防卫条件的防卫人都可以进行正当防卫。

71. 王某某故意伤害案①

——防卫过当

【案情介绍】

2000年1月23日上午11时许，被告人王某某骑一辆凤凰28型自行车从外地赶回家中，半小时后，发现停放在院里的自行车不见了，便在院内寻找。后见到煤房小巷内有一小偷（死者，无名氏，约二十岁的男青年）正在撬被盗自行车的锁。当小偷发现王某某去抓他时，便用手中的起子朝王某某的下肋部刺来。被告人王某某躲过后，从地上捡起一根约一米长的木棍打过去，木棍打在墙上断成两截，王某某便用手中的一截木棍向小偷打去。之后，王某某见小偷仍未丢掉起子，便继续用手中的木棍对小偷一顿乱打，小偷便坐在了煤房的墙边。此时，被告人王某某从巷子里推出自行车去外面吃午饭。午饭回来后，被告人王某某看见小偷仍坐在那里，便拿出身上仅有的20元钱，叫同一单元的陈某某和其儿子用板车将小偷拉到诊所治病。因听说是小偷，诊所医生没有给他看病，小偷于当晚死亡。

检察机关以王某某犯故意伤害罪为由向法院提起公诉。一审法院经审理后认为：被告人王某某用木棍打击已停止侵害的无名氏小偷，该行为已超过了正当防卫的必要限度，构成故意伤害罪，且系累犯，本应从重处罚，但鉴于被告人王某某在公安机关尚未发现其罪行，因形迹可疑被传唤后，能主动交代自己的罪行，视为自动投案，成立自首，应当减轻处罚。被告人王某某及辩护人提出的王某某不是伤害的故意、是过失行为的理由不符合客观事实，不予采信；另提出的尸检报告不能证实小偷被王某某打伤之前是否遭受过他人的伤害及其他外力打击的理由，没有事实依据，不予支持。根据《中华人民共和国刑法》第234条第2款、第20条第2款、第65条、第67条之规定，判决王某某犯故意伤害罪，判处有期徒刑3年。一审宣判后，检察机关提出抗诉，被告人提起上诉。二审法院经公开审理后认为：原审被告人王某某持木棍打击已经停止侵害的小偷，该行为已经超出了正当防卫的必要限度，其行为已构成故意伤害罪。经查，本案公安机关的侦破是根据群众举报，原审被告人王某某的犯罪事实已被公安干警掌握的情况下，公安机关依法将被告人王某某抓获归案的。原审认定被告人王某某在公安机关尚未发觉其罪行，因形迹可疑被传唤问话后，能主动交代自己的罪行，应视为自动投案与事实不符。检察机关关于不能认定被告人王某某有“自首”情节的抗诉理由成立。但本案是因正当防卫明显超过必要限度造成的伤亡案件，法律规定应当减轻或免除处罚。原判量刑亦在幅度之内，且在本案中被告人王某某对被害人实施了一定的救治，认罪态度好，而被害人的死亡与未

---

① 案例来源：国家法官学院、中国人民大学法学院编：《中国刑事审判案例要览（2001年刑事审判案例卷）》，48～52页，北京，中国人民大学出版社，2002。

得到有关部门及时救治也有一定关系，因此，检察机关提出“对被告人王某某量刑畸轻”的抗诉理由不予采纳；辩护人提出的“被害人的行为已由盗窃转化为抢劫，被告人王某某的行为属正当防卫，不属防卫过当，不负刑事责任”的理由与事实不符，其提出的被害人的死亡与有关职能部门不实施救治有一定关系的辩护理由，予以采纳。根据《中华人民共和国刑法》第234条第2款、第20条第2款、第65条第1款，及《中华人民共和国刑事诉讼法》（1996年）第189条第1项之规定，裁定驳回抗诉、维持原判。

【观点争议】

在本案审理过程中，有两种观点。

第一种观点认为：被告人王某某发现自己的自行车不见了，去找时发现了小偷的不法行为。此时小偷不仅没有放弃作案，还拿起起子朝王某某刺来，被告人王某某当时正处于危险状态，故被告人王某某用木棍打击小偷的行为成立正当防卫。

第二种观点认为：被告人王某某发现自己的自行车不见了，去找时发现了小偷的不法行为。此时小偷拿起起子朝王某某刺来，被告人王某某捡起地上一根木棍朝小偷打过去。当木棍打在墙上断成两截后，王某某便用手中剩余的一截木棍对小偷一顿乱打，致小偷死亡。王某某的行为系防卫过当，理当成立故意伤害罪。

【法理分析】

笔者同意第二种观点：王某的行为系防卫过当，理当成立故意伤害罪。理由如下。

根据刑法第20条的规定，所谓防卫过当是指防卫明显超过必要限度，造成重大损害，应当负刑事责任的行为。防卫过当与正当防卫既有联系又有区别。防卫过当与正当防卫一样，都具有行为的防卫性。要成立防卫过当，也必须是在不法侵害正在进行，为了制止不法侵害、保护合法权益，针对不法侵害人的前提下实施的，只是因为防卫行为明显超过了必要限度造成了重大损害，才使防卫由正当变为过当、由合法变为非法。二者的区别体现在：与正当防卫相比，防卫过当在客观上有危害性、在主观上有罪过性，从总体上来看是一种非法侵害行为。正因为如此，刑法才规定对防卫过当的行为应当减轻或者免除处罚。

如何认定正当防卫的必要限度？我国刑法并未作具体规定，理论界主要存在三种观点：（1）必需说，认为防卫强度是制止不法侵害所必需的，即使防卫在强度、后果等方面超过对方可能造成的损害，也不能认为是超过了必要限度。（2）基本相适应说，认为正当防卫是否超过必要限度，应将防卫行为与不法侵害行为在方式、强度和后果等方面加以比较，看是否相适应。（3）相当说，认为必要限度原则上应以制止不法侵害所必需为标准，同时要求防卫行为与不法侵害行为在手段、强度等方面，不存在过于悬殊的差异。有学者对上述三种观点进行了比较，认为：基本相适应说提出了必要限度的具体特征，既承认相适应不是绝对等同，而是可以超过，又强调不能超过太多，反差太大，因而既有利于保障公民正当防卫权的行使，又有利于防止防卫者滥用权利。但它仅从防卫和侵害两方面的性质、强度等客观上加以权衡，没有观察防卫者的主观目的，仅仅要求以牙还牙的“同态防卫”。必需说从防卫目的的正当性出发，抓住了理解必要限度的关键，但这种观点过分强调了必需，而完全忽视防卫与侵害在客观上的相当性，没有对防卫者设定必要的约束。相当说，实际上是客观必需说和基本相适应说的折中，既抓住了理解必要限度的本质、关键的特征，有利于鼓励公民实行正当防卫，又提出了对防卫人的必要约束，有利于保障正当防卫的正确行使。因而相当说是合理、可行的。[①] 目前，相当说这种观点是理论界的通说。

在司法实践中如何认定正当防卫的限度条件？通说认为这需要从实际情况出发，实事求是地分析侵害和防卫双方的力量对比关系。事实上，分析侵害和防卫双方的强度对比关系，是一项细致、复杂的工作。强度是一个综合性的指标，在分析强度对比关系时，既要分析不法侵害的性质、手段、缓急、参加人数以及侵害人的体力、性格等情况，又要分析防卫的时间、地点、手段、后果、人数以及防卫人的体力和心理状态，特别还要考虑所保护权益的性质和大小。经过分析和综合研究，如果认为防卫强度与侵害强度基本相当，那就不存在超过正当防卫限度条件的问题；虽然防卫强度超过侵害强度，但是，这种强度显然是制止不法侵害所必需的，也表明没有超过正当防卫的限度条件；只有防卫强度非常明显地大于侵害强度，而这种强度显然不是制止不法侵害行为所必需的，也即是过分悬殊的、完全多余的，才能认为是超过了正当防卫的限度条件。一般说来，为了制止强度较小的不法侵害，不允许采取强度较大的防卫行为，如果非较大的防卫强度不足以制止不法侵害，可以采取较大的防卫强度；采取较缓和的防卫手段可以制止不法侵害时，不允许采取较激烈的防卫手段，如果非较激烈的防卫手段不足以制止不法侵害，可以采取较激烈的防卫手段；为了保护较小的合法权益，不得造成重大的人身损害。当然，对正当防卫的限度条件不能要求过严，只要防卫行为的损害程度与侵害行为可能造成的损害程度不是相差得很悬殊，就不属于防卫过当。[②]

具体到本案来讲，行为人王某某为了保护本人的财产免受不法侵害人的侵害，而对其采取必要的防卫行为自然成立正当防卫。但在小偷停止还击时王某某还继续用木棍朝小偷身上乱打，此时，其行为既不是制止不法侵害行为所必需的，也是完全多余的，其行为明显超过了必要限度，理应成立防卫过当。

在防卫过当的场合，防卫人对于过当的结果是具有罪过心理的。然而，防卫过当的罪过形式究竟是什么？理论界存在争议，大致有以下几种看法：第一，故意、过失并存说。持这种观点的学者认为防卫过当的罪过形式既可能是故意（包括直接故意和间接故意），也可能是过失（包括疏忽大意的过失和过于自信的过失），但是不存在无罪过的情形。第二，间接故意和过失并存说。这种观点认为，防卫过当的罪过形式不可能是直接故意，但可能是过失。第三，疏忽大意的过失说。这种观点认为，防卫过当的罪过形式只能是疏忽大意的过失，故意和过于自信的过失不能成为防卫过当的罪过形式。第四，间接故意说。第五，全面过失说。这种观点认为防卫过当的罪过形式只能是过失，既包括疏忽大意的过失，也包括过于自信的过失。第六，过失、故意与意外事件并存说。这种观点认为防卫过当的罪过形式可以是过失，也可以是故意，除此之外，还存在着意外事件的防卫过当。其中，第二种观点是通说。在防卫过当的场合，一般是过失，但也不排除间接故意。理由如下[③]：首先，防卫过当的罪过形式不可能是直接故意。这是由犯罪的直接故意和防卫过当的特点所决定的。通说认为，防卫行为不论是否过当，行为人在主观上都具有防卫的意图。同时，通说还认为在直接故意犯罪中，行为人都具有犯罪目的。正当的防卫意图与犯罪目的不可能在一个人的头脑中同时存在。其次，防卫过当不可能是意外事件。防卫过当是有罪过并且依法应当负刑事责任的行为，而意外事件是无罪过行为。

---

① 参见高铭暄、马克昌主编：《刑法学》，7版，135页，北京，北京大学出版社，2016。

② 参见高铭暄主编：《刑法专论》，上编，443～444页，北京，高等教育出版社，2002。

③ 参见上书，447页。

如果认为存在着意外事件的防卫过当，无异于认为防卫过当分为两种：一种是应负刑事责任的防卫过当，一种是不负刑事责任的防卫过当。这显然违背了刑法第 20 条第 2 款的规定。

本案中，行为人王某某躲过小偷刺来的起子后，激于气愤，捡起地上一根约一米长的木棍即朝小偷打去，结果竟打在墙上致木棍断折，可见其力道之猛，已非一般的“教训教训”的行为。此后王某某用手中剩余的一截木棍继续朝小偷身体不分部位地一通“乱打”，直至将其打得“坐在了煤房的墙边”，不能说其没有放任伤害结果发生的故意。由此看来，王某某的行为理当成立故意伤害罪，一、二审法院的判决是正确的。

【要旨提示】

正当防卫的限度要件要求防卫行为不能明显超过必要限度，造成不应有的损害，否则即成立防卫过当，应当负刑事责任。必要限度原则上应以制止不法侵害所必需为标准，同时要求防卫行为与不法侵害行为在手段、强度等方面，不存在过于悬殊的差异。防卫过当的场合，行为人对其过当行为及其结果既可能是间接故意，也可能是过失。

72. 谢某过失致人重伤案①

——假想防卫过当

【案情介绍】

1999 年 12 月 6 日晚 11 时许，被告人谢某出外如厕，见有陌生人史某骑自行车从其居住的无锡市新市场后 1 号门经过，认为其形迹可疑，遂尾随其后查看，见史某向前骑至一拐角处，将自行车停靠在该处路灯下，右向拐进小弄，至新市场后 7 号门口，用手推开门旁的窗户。谢某跟至史某身后五六米处停下，查问史某是干什么的，史某答：“你管我是干什么的！”谢某听后未作声，反身至一邻居家，对邻居讲：“有贼，快跟我去捉贼！”并从门后取得一根晾衣用的铁叉返回现场，见史某正欲推自行车离开，遂用铁叉向史某头部打去，正击中史某的嘴部，致史某 7 颗牙齿脱落。随后赶至的邻居认出史某系送奶员，谢某也发现了自行车倒下后从篓筐中散落在地的牛奶瓶，才知道史某原来是送牛奶的。经法医鉴定，史某的损伤已构成重伤。案发后，谢某已赔偿史某经济损失 1 万元人民币。

检察机关以被告人谢某犯故意伤害罪向法院提起公诉。一审法院经审理，根据《中华人民共和国刑法》第 235 条之规定，判决被告人谢某犯过失致人重伤罪，判处有期徒刑 1 年。宣判后，检察机关以原审判决认定罪名不正确，提出抗诉。二审法院经审理，依照《中华人民共和国刑事诉讼法》（1996 年）第 189 条第 2 项，《中华人民共和国刑法》第 235 条、第 72 条第 1 款的规定，判决如下：（1）维持一审法院刑事判决中的定性部分。（2）撤销一审判决中的量刑部分。（3）被告人谢某犯过失致人重伤罪，判处有期徒刑 1 年，缓刑 1 年。

【观点争议】

本案争议的焦点在于被告人的行为是否成立假想防卫，具体争议的问题有两个：（1）假想

---

① 案例来源：最高人民法院中国应用法学研究所编：《人民法院案例选》，总第 41 辑，35～42 页，北京，人民法院出版社，2003。

防卫不适时的情况下，行为人的行为是否成立假想防卫？（2）假想防卫过当的情况下，行为人的罪过是故意还是过失？

检察机关认为谢某的行为不成立假想防卫，理由是：被告人谢某持铁叉返回现场时，史某已经欲推车离去，当时并不存在不法侵害，其用铁叉对史某要害部位打击，致史某重伤，并非出于防卫的目的，而是明知自己的行为会发生危害社会的结果，却希望这种结果发生，主观上具有伤害他人身体的故意，应以故意伤害罪定罪，当处3年以上10年以下有期徒刑。

法院认为谢某的行为成立假想防卫，理由是：谢某基于臆断，将事实上并不存在的不法侵害误认为存在，出于防卫的目的致人重伤。被告人谢某对此应当预见而未预见，属疏忽大意的过失，已构成过失致人重伤罪。

【法理分析】

笔者认为，谢某的行为成立假想防卫，但同时构成故意伤害罪。控、审双方的观点都有偏颇之处，简要理由如下。

1. 谢某的行为成立假想防卫

正当防卫的成立要求不法侵害的存在必须具有现实性，即不法侵害必须客观、真实地存在，而不是行为人所臆想或推测的。如果行为人反击了主观臆测的“正在进行不法侵害”的人，那他的行为就是假想防卫。通说认为，假想防卫具有三个基本特征：其一，行为人主观上存在防卫意图，以为自己是对不法侵害人实行的正当防卫。这是假想防卫的前提条件。其二，假想防卫客观上损害了未实施不法侵害或未正在实施不法侵害的人的人身权利，具有社会危害性。这是假想防卫的本质特征。其三，行为人的防卫认识产生了错误，使正当防卫意图造成了危害社会的结果。这是假想防卫的表现形式。[①] 具体到本案来讲，谢某的行为完全符合上述三个特征。

其一，谢某的行为符合假想防卫的前提条件。主观上谢某具有抓小偷的意识，其目的是制止“不法侵害”。这一点可由以下事实得以证明：“首先，案件的发生有特定的时间和环境，在冬天的深夜，被害人在这个时间段送牛奶，不合常理；其次，被害人本身的行为也误导了被告人，一般送牛奶是投放于订户的奶桶中，而被害人却开窗投放；最后，尽管双方有过对话，但双方对话的内容并不足以让谢某澄清被害人的身份，而且从现场勘查的情况看，路灯装在拐角的另一侧，无法照到被害人所在的位置，谢某在被害人身后四五米，处在背光的位置，也不可能清楚地看到被害人所有动作的细节及手中的奶瓶。从当时特定的时间、环境条件并结合普通人在这种条件下的一般反应，谢某产生认识错误具有可能性，能够得到合理的解释。谢某其后对邻居讲‘有贼，快跟我去抓贼’的言行，足以证明当时谢某的确将被害人认作小偷，存在着认识错误。”[②]

其二，谢某的行为符合假想防卫的本质特征。基于认识错误而实施所谓的正当防卫行为，是假想防卫的本质特征。这一点理论界已经达成了共识，问题在于：假想防卫不适时的情况下，是否成立假想防卫？本案检察机关即认为谢某的行为不成立假想防卫，理由是“被告人谢某持铁叉返回现场时，史某已经欲推车离去，当时并不存在不法侵害，其用铁叉对史某要害部

---

① 参见高铭暄、马克昌主编：《刑法学》，5版，132页，北京，北京大学出版社，2016。

② 最高人民法院中国应用法学研究所编：《人民法院案例选》，总第41辑，39页，北京，人民法院出版社，2003。

位打击，致史某重伤，并非出于防卫的目的，而是明知自己的行为会发生危害社会的结果，却希望这种结果发生，主观上具有伤害他人身体的故意，应以故意伤害罪定罪”。笔者认为，这一观点并不成立。在假想防卫成立的场合，假想防卫人肯定是把并没有现实存在的“不法侵害”臆测或推断为正在进行的“不法侵害”。如果假想防卫人认识到自己所臆想的不法侵害并没有正在进行而进行事前或事后防卫的话，自然成立故意犯罪。但本案中，谢某的行为并不存在所谓的“假想防卫不适时”。认为谢某成立假想防卫不适时的观点“实际上把盗窃的着手与正在进行的不法侵害行为等同了。‘正在进行’是指行为‘已经开始而且尚未结束’，是一个阶段，而非仅指‘正在着手’；不法侵害也不仅指盗窃行为的着手实行行为，还包括实施盗窃后将赃物带离等后续行为”[①]。“在财产性违法犯罪情况下，行为虽然已经既遂，但在现场还来得及挽回损失的，应当认为不法侵害尚未结束，可以实行正当防卫。”[②] 盗窃罪是一种财产犯罪，在盗窃行为人虽已窃得财物但随即被发现或追捕的场合，理论上一般认为不法侵害尚未结束，视为现场的延伸。此种情况下实施防卫的，并不存在所谓的防卫不适时。亦即，即使客观上史某的“盗窃行为”真的存在，谢某的行为也不属于防卫不适时，理当允许其进行正当防卫。

其三，谢某的行为符合假想防卫的表现形式。本案中，谢某基于正当防卫的意图侵害了无辜者史某的利益，造成了危害社会的结果，具有社会危害性。

综上所述，本案中谢某的行为并不存在“假想防卫不适时”的情形，成立假想防卫。

2. 谢某的行为成立故意伤害罪

对于不法侵害并没有现实存在，行为人误以为存在，基于防卫的意图进行防卫，但防卫限度明显超过必要限度，造成重大损害的情形，我国刑法理论称为假想防卫过当，德、日刑法理论上称为“误想的过剩防卫”。假想防卫过当具有三个重要特征：一是不法侵害本不存在而行为人误以为存在。这是假想防卫过当成立的前提条件。二是行为人主观上具有防卫意图。三是“防卫”行为明显超过了必要限度，造成了重大损害。这是指不法侵害即使按照行为人所误想的那样客观存在着，从制止此种不法侵害的需要而论，行为人的“防卫”行为也明显超过了必要限度，造成了不应有的损害。[③] 本案中，谢某的行为完全符合上述三个特征。或许有人认为假想防卫并不存在限度上的要求。笔者反对这种看法，假想防卫并非没有限度要求。我们可以设想，如果谢某不是将史某打伤，而是将其打死，难道也不存在过当吗？事实上，对一个简单的盗窃行为根本没有必要造成如此重大的伤害结果，谢某的行为成立假想防卫过当。

需要注意的是，假想防卫过当与假想防卫和防卫过当虽然有某些相同之处，但又与两者有重要差别。首先，与假想防卫不同的是，假想防卫过当表面上不仅存在假想防卫的现象，而且还存在防卫过当的问题。其次，与防卫过当不同的是，假想防卫过当是以不法侵害本不存在但行为人以为存在为成立的前提条件的，而防卫过当却是以不法侵害客观存在，并有必要实施相关的防卫行为予以制止为前提条件的。此外，假想防卫过当也不是假想防卫和防卫过当的简单相加，而是一种有别于两者的错误现象。[④]

既然假想防卫过当明显不同于假想防卫，那么通说关于假想防卫要么成立过失犯罪要么成

---

① 最高人民法院中国应用法学研究所编：《人民法院案例选》，总第41辑，39页，北京，人民法院出版社，2003。

② 张明楷：《刑法学》，7版，202页，北京，法律出版社，2016。

③④ 参见刘明祥：《刑法中错误论》，2版，132页，北京，中国检察出版社，2004。

立意外事件的说法就不能简单套用。关于假想防卫过当的罪过形式必须结合假想防卫过当的表现形式予以区分。

假想防卫过当总体上可以分为两类：一是“双重错误”形式的假想防卫过当。行为人不仅误想不法侵害存在，而且误认为自己所采取的“防卫行为”是制止不法侵害所必需的。但实际上不法侵害并不存在，另外，他对自己所选择的工具的性质、手段的强度等发生了错误认识，导致所采取的“防卫”行为明显超过了制止其假想的不法侵害所“必需”的限度并造成了重大损害。亦即，行为人既误认不法侵害存在，又对防卫的必要限度有错误认识，所以是一种陷入“双重错误”的情形。此种情况下，不得作为故意犯罪处理。因为故意是以行为人明知自己的行为是危害社会的行为为成立前提条件的，行为人既误想不法侵害存在，又误认为自己的行为是制止“不法侵害”所必需的，这种“双重错误”，使行为人把自己所实施的本来有社会危害性的行为，误认为是对社会有益的正当防卫行为。这种行为性质认识错误，当然阻却故意的成立。在行为人主观上有过失，而刑法又有处罚过失犯的规定的条件下，可以成立过失犯。二是“单一错误”形式的假想防卫过当。行为人虽然误认为不法侵害存在，但对自己所采取的“防卫”行为明显超过制止此种“不法侵害”所必要的限度并会造成重大损害有明确的认识。亦即，行为人只是对不法侵害存在有错误认识，对防卫明显超过了必要限度有明确认识，所以只是一种“单一错误”。在存在“单一错误”的假想防卫过当中，行为人误认为不法侵害存在，表面上看。这是一种行为性质认识错误，存在过失的问题。但实际上，行为人对于自己所实施的“防卫”行为明显超出制止“不法侵害”的必要限度有清醒的认识，也就是说，他明知自己的“防卫行为”明显超过必要限度会造成不应有的重大损害而仍然去实施，就此而论，这是一种故意犯罪的心理，理应按故意罪追究刑事责任。从这种意义上讲，“单一错误”形式的假想防卫过当，并不属于严格意义上的行为性质错误的范畴，因此，不阻却故意犯罪的成立。如果不承认这一点，就会出现悖论。假想防卫过当同那种不法侵害确实存在，行为人在防卫过程中故意实施了明显超过必要限度的防卫行为的防卫过当相比，其主观恶性和社会危害性都要大得多。但是如果把假想防卫过当作为过失犯处罚，而对防卫过当以故意犯罪论处，这就意味着罪行重的处罚轻、罪行轻的处罚重，显然与罪刑相适应原则不符。①

具体到本案来讲，谢某作为一个理智正常的成年人，理当明知即使史某是一个小偷，自己用铁叉致人重伤的行为也显系过当。在这种认识的支配下，谢某仍然去实施这一行为，因此，并不阻却故意的成立，理当成立故意伤害罪。

有论者主张，假想防卫阻却故意。在行为人出于正当防卫意识和防卫目的，误认为他追求的结果有益于社会，从而没有认识到危害社会的结果的情况下，行为人的主观认识与客观事实产生了不一致，客观事实明显超出了行为人主观认识的范围，根据主客观相一致的原则，行为人只可能存在过失。如果行为人无法避免认识错误，则属于意外事件。② 笔者认为，这种观点是不正确的。持此论者没有看到假想防卫与假想防卫过当的区别。在行为人的假想防卫行为没有过当的情况下自然是正确的，但在行为人对假想防卫过当结果有明确认识仍然实施的情况下则是错误的。事实上，完全存在这种基于防卫意图而对他人进行“防卫”，同时又认识到自己的“防卫行为”过当仍然予以实施的情形。对这种过当结果而言，理论上是不阻却故意犯罪成立的。

---

① 关于假想防卫过当的形式及罪过的讨论，参见刘明祥：《刑法中错误论》，2版，133～136页，北京，中国检察出版社，2004。

② 参见最高人民法院中国应用法学研究所编：《人民法院案例选》，总第41辑，41页，北京，人民法院出版社，2003。

3. 对谢某可以从轻或者减轻处罚

刑法第20条第2款规定：正当防卫明显超过必要限度，造成重大损害的，应当负刑事责任，但是应当减轻或者免除处罚。对假想防卫过当能否适用这一规定？

对此，早已有学者指出假想防卫过当不能适用刑法关于防卫过当减免刑罚的规定，理由如下：第一，如果对存在“双重错误”的假想防卫过当者适用上述规定，那就会出现过失程度严重、主观恶性较大的防卫过当，反而比过失程度较轻、主观恶性小的假想防卫处罚更轻的不合理现象。因为“双重错误”的假想防卫过当与假想防卫在构成犯罪的条件下都只能是过失犯罪。而在通常情况下，假想防卫并不能减轻刑罚。若对“双重错误”的假想防卫过当者适用关于防卫过当的处罚规定，那就应当减轻或者免除处罚，其处理结果就会比假想防卫轻得多，显然有失公允。第二，如果对存在“单一错误”的假想防卫过当者适用刑法关于防卫过当减免处罚的规定，也有可能出现在其他情节相同的情况下，对作为故意犯罪的假想防卫过当反而比作为过失犯罪的假想防卫过当处罚还轻的失衡现象。第三，刑法第20条第2款之所以作出对防卫过当者要减免处罚的规定，除了主观方面的原因外，还因为在客观方面，防卫过当是对不法侵害者造成了损害，其中有一部分是制止不法侵害所必需的应有的损害，防卫人对此不应负刑事责任，另一部分是过当部分即造成了不应有的损害部分，防卫人对此应负刑事责任。但立法者考虑到，在实际案件中，这两部分损害很难划清，所以，法律规定对于防卫过当应当减轻或者免除处罚，以保证行为人只对其所造成的不应造成的危害承担刑事责任。①

需要注意的是：在假想防卫过当的情况下，尽管出现了过当结果，但行为人毕竟是在出于防卫的意图、对假想的不法侵害行为进行防卫的基础上造成了这一结果。行为人主观恶性较小，根据罪刑相适应原则，可以考虑对其从轻或者减轻处罚。具体到本案来讲，笔者认为谢某成立故意伤害罪，但可以从轻或者减轻处罚。

【要旨提示】

在假想防卫过当的情况下，行为人是否一概成立过失犯罪不可一概而论，必须结合假想防卫过当的情形加以具体分析。在“双重错误”形式的假想防卫过当情况下，不得作为故意犯罪处理。在“单一错误”形式的假想防卫过当情况下，行为人对于自己所实施的“防卫”行为明显超出制止“不法侵害”的必要限度有清醒的认识，因此，不阻却故意犯罪的成立，但考虑到行为人主观恶性较小，可以考虑对其从轻或者减轻处罚。

73. 李某龙等被控故意伤害宣告无罪案②

——特殊正当防卫

【案情介绍】

2000年8月13日晚21时许，某杂技团在文化广场进行商业演出。所在乡村民徐某某、王

① 参见刘明祥：《刑法中错误论》，2版，136～137页，北京，中国检察出版社，2004。

② 案例来源：最高人民法院刑事审判第一、二、三、四、五庭主办：《中国刑事审判指导案例（侵犯公民人身权利、民主权利罪）》，292～295页，北京，法律出版社，2009。

某军、王某富等人不仅自己不买票欲强行入场，还强拉他人入场看表演，被在门口检票的被告人李某民阻拦。徐某某不满，挥拳击打李某民头部，致李某民倒地，王某富亦持石块击打李某民。被告人李某伟闻讯赶来，扯开徐某某、王某富，双方发生厮打。其后，徐某某、王某军分别从其他地方找来木棒、钢筋，与手拿鼓架子的被告人靳某某、李某领对打。当王某富手持菜刀再次冲进现场时，赶来的被告人李某龙见状，即持“T”型钢管座腿，朝王某富头部猛击一下，致其倒地。王某富因伤势过重被送往医院，抢救无效死亡。经法医鉴定，王某富系外伤性颅脑损伤，硬脑膜外出血死亡。徐某某在厮打中被致轻伤。

检察机关以被告人犯故意伤害罪提起公诉。一审法院经审理后认为：被告人李某龙、李某民、李某伟、靳某某、李某领在遭被害人方滋扰引起厮打后，其行为不克制，持械故意伤害他人，致人死亡，后果严重。其行为均已构成故意伤害罪。被告人李某龙在共同犯罪中，行为积极、主动，持械殴打致人死亡，系本案主犯，应从严惩处。被告人李某民、李某伟、靳某某、李某领在共同犯罪中，起辅助作用，系本案从犯。考虑被害人方在本案中应负相当的过错责任，对各被告人可减轻处罚。各被告人的犯罪行为使被害人及其家庭所遭受的物质损失，应依法据实判赔。遂根据《中华人民共和国刑法》第 234 条第 2 款、第 25 条第 1 款、第 26 条第 1 款、第 27 条和《中华人民共和国民法通则》第 119 条之规定，于 2001 年 6 月 22 日判决如下：(1) 被告人李某龙犯故意伤害罪，判处有期徒刑 14 年。(2) 被告人李某民犯故意伤害罪，判处有期徒刑 9 年。(3) 被告人李某伟犯故意伤害罪，判处有期徒刑 7 年。(4) 被告人靳某某、李某领犯故意伤害罪，各判处有期徒刑 4 年。(5) 李某龙等五被告人共同赔偿附带民事诉讼原告人王某某医疗费 710.2 元、丧葬费 1 200 元、死亡补偿费 7 000 元。五被告人互负连带责任。被告人上诉后，二审法院经审理后认为：在本案中，被告人一方是经政府部门批准的合法演出单位。被害人一方既不买票，又强拉他人入场看表演。被告人李某民见状，要求被害人等人在原来票价一半的基础上购票观看演出，又遭拒绝，并首先遭到徐某某的击打，引发事端。双方在互殴中，被害人持木棒、钢筋等物殴打上诉人。当王某富持菜刀冲进现场行凶时，被李某龙用钢管座腿击打到头部而倒地。此后，李某龙等人对王某富再未施加伤害行为。王某富的死亡，系李某龙的正当防卫行为所致。徐某某的轻伤系双方互殴中所致。本案中，被害人一方首先挑起事端，在实施不法侵害行为时，使用了凶器木棒、钢筋、菜刀等物，其所实施的不法侵害行为无论强度还是情节都甚为严重；并且在整个发案过程中，被害人一方始终未停止过不法侵害行为，五上诉人也始终处于被动、防御的地位。遂依照《中华人民共和国刑事诉讼法》(1996 年) 第 189 条第 2 项、第 197 条及《中华人民共和国刑法》第 20 条第 1、3 款之规定，于 2002 年 11 月 14 日判决如下：(1) 撤销一审刑事附带民事判决；(2) 对上诉人（原审被告人）李某龙、李某民、李某伟、靳某某、李某领宣告无罪。

【观点争议】

在本案审理过程中，关于对李某龙等五被告人行为的定性在处理上有两种不同的意见。

一审法院认为，被告人李某龙、李某民、李某伟、靳某某、李某领在遭被害人方滋扰，引起厮打后，其行为不克制，持械故意伤害他人，致人死亡，后果严重。其行为均已构成故意伤害罪。

二审法院则认为，五被告人系在受到王某富等人的严重危及人身安全的暴力侵害的情况下，被动防御、反击，其行为符合刑法第 20 条第 3 款的规定，成立正当防卫，不负刑事责任。

【法理分析】

笔者同意二审法院的观点，李某龙等五被告人的行为成立特殊正当防卫，不负刑事责任。理由如下。

鉴于严重危及人身安全的暴力犯罪的严重社会危害性，以及其对被害人的潜在性严重危害后果，为鼓励公民同违法犯罪行为作斗争，保护国家、公共利益、本人或者他人的人身、财产和其他合法权利不受侵害，我国刑法第 20 条第 3 款规定："对正在进行行凶、杀人、抢劫、强奸、绑架以及其他严重危及人身安全的暴力犯罪，采取防卫行为，造成不法侵害人伤亡的，不属于防卫过当，不负刑事责任。"本条即理论界所谓的特殊正当防卫，也有的学者将其称为无限制防卫或者无过当防卫。

特殊正当防卫与一般正当防卫在成立条件上有两个区别：(1) 特殊正当防卫所针对的只能是正在进行的行凶、杀人、抢劫、强奸、绑架以及其他严重危及人身安全的暴力犯罪，而一般正当防卫所针对的是需要防卫的任何犯罪与其他违法行为（以需要防卫为前提），因此，只有保护人身安全时，才可能属于特殊正当防卫；保护其他法益时，则不能进行特殊正当防卫。(2) 特殊正当防卫没有必要限度，因而不存在防卫过当；一般正当防卫具有必要限度，因而存在防卫过当。①

特殊正当防卫的成立必须满足以下三个条件。

首先，必须是正在进行的不法侵害。如上所述，特殊正当防卫同一般正当防卫相比，最重要的区别有两点：一是对象仅限于正在进行的行凶、杀人、抢劫、强奸、绑架以及其他严重危及人身安全的暴力犯罪；二是在防卫限度上有所差别。除此之外，特殊正当防卫与一般正当防卫并无二致。因此，如同一般正当防卫，这里所谓正在进行的不法侵害，同样是指不法侵害已经开始且尚未结束。因此，即使是严重危及人身安全的暴力犯罪，在暴力犯罪已经结束的情况下，也不得因为防卫行为原本针对的是严重危及人身安全的暴力犯罪，而继续进行所谓"防卫"直至不法侵害者死亡。例如，在杀人犯已被防卫人制服的情况下，防卫人应停止防卫行为。继续进行所谓"防卫"的，便是防卫不适时，不能适用正当防卫的规定。②

其次，必须是严重危及人身安全的暴力犯罪。亦即对于非暴力犯罪、一般违法暴力行为、轻微暴力犯罪以及一般暴力犯罪实施的防卫，不适用特殊正当防卫的规定，仍然存在防卫过当问题；只有对严重危及人身安全的暴力犯罪进行防卫，才不存在防卫过当。③ 人身安全，从广义上讲，包括生命、健康、性自由、行动自由、住宅、人格、名誉等的安全在内。但是，从严格的意义上讲，住宅、人格、名誉等安全只是与人身安全密切相关，并不直接涉及人的身体本身的安全问题，而且它们的价值也与人的生命、健康和性自由安全相差过于悬殊，因此，允许防卫人针对犯罪分子采用暴力手段严重危及被害人这些所谓的与人身相关的权利的行为实行特殊防卫就缺乏价值基础，防卫行为就显得过剩，而且也与目前通行的社会观念相悖。这样不仅容易导致滥用防卫权，而且对犯罪分子来说也是过于苛刻了。④ 这里的人身安全，应仅限于生命与重大的身体安全。暴力犯罪一般性地危及人身安全的，即造成死亡或者严重重伤的危险并

---

① 参见张明楷：《刑法学》，5 版，215 页，北京，法律出版社，2016。

② 参见上书，217 页。

③ 参见上书，216 页。

④ 参见赵秉志、刘志伟：《正当防卫理论若干争议问题研究》，载《法律科学》，2001 (2)。

不紧迫时，不属于严重危及人身安全的暴力犯罪。例如，行为人以抢劫故意采用麻醉方法取得他人财物的，属于抢劫罪，但这种行为并非严重危及人身安全的暴力犯罪，对之进行防卫的，不适用特殊正当防卫的规定。再如，以一般暴力行为实施绑架行为，但并没有以杀害或者严重重伤相威胁的，也不属于严重危及人身安全的暴力犯罪。只有导致死亡或者严重重伤的危险很紧迫时，才能称为严重危及人身安全的暴力犯罪。[①]

最后，这里的严重危及人身安全的暴力包括刑法条文列举的“行凶、杀人、抢劫、强奸、绑架”五种犯罪，但不限于这五种犯罪，也不限于直接对人的身体行使有形力的暴力犯罪，如果对物行使有形力但严重危及人身安全的，也属于严重危及人身安全的暴力犯罪，如严重放火罪、爆炸罪，等等。[②] 根据有关学者的观点，这里的“杀人”限于故意杀人。至于对刑法规定的转化型杀人、抢劫等能否进行特殊正当防卫，则应具体分析，关键在于是否严重危及人身安全，而不能以其行为最终成立何种罪名为标准得出结论。对于条文中的“行凶”可以同时从两个方面进行理解：一方面，行凶包含了杀人与伤害界限不明，但有很大可能造成他人严重的重伤或者死亡的行为，所以，暴力造成一般重伤的，不宜包含在“行凶”之内。例如，根据《人体重伤鉴定标准》，“任何一手拇指缺失超过指间关节”即属于重伤，但当不法侵害人只是意欲使用暴力砍掉被害人的拇指时，不宜适用特殊正当防卫的规定。另一方面，“行凶”也是对暴力犯罪方式的举例，即对以行凶方式实施的杀人、抢劫、强奸、绑架等暴力犯罪，适用特殊正当防卫的规定。[③] 在司法实务中，要考察某一不法侵害行为是否属于刑法意义上的行凶，应结合不法侵害人的行为强度、是否使用器具、打击部位以及不法侵害者的人格等因素综合考虑：不法侵害人的施暴强度是猛击还是一般地拍打；是否使用器具（当然这不是行凶的必备要件），如果使用器具，其属于足以致他人重伤或死亡的凶器还是一般的非致命物品，凶器是早有准备还是在现场偶然取得；侵害的部位是致命的关键部位还是非致命部位；侵害行为实施的现场对侵害人有利还是对防卫人有利；不法侵害者人数的多少等。[④]

具体到本案来看，首先，在案发原因上，是被害人一方仗势欺人、寻衅滋事，首先挑起事端。被害人等一干人非但自己不买票，还强拉他人入场看表演。当杂技团负责人李某民为息事宁人作出让步，要求被害人等人在原来票价一半的基础上购票看演出时，又遭到被害人方的不法侵害。明显看出是被害人一方寻衅滋事在先，被告人一方防卫反击在后。其次，从行为上看，被害人一方在被告人方进行防卫反击时又找来木棒、钢筋、菜刀等足以严重危及他人重大人身安全的凶器，意欲进一步加害被告人方。而且在整个发案过程中，被害人一方始终未停止过不法侵害行为，五被告人也始终处于被动、防御的地位。如此一来，就使被告人一方的重大人身安全处于现实的、急迫的、严重的危险之下。此时，应当认定被害人等实施的行为符合刑法第20条第3款中“行凶”的规定。这种情况下，被告人李某龙为保护自己及他人的重大人身安全，用钢管座腿击打王某富的头部，符合特殊正当防卫的条件，虽然致王某富死亡，但依法不负刑事责任。本案其他被告人在防卫反击中，致徐某某轻伤，防卫行为既没有明显超过必要限度，也未造成不法侵害人重大损害，故同样不负刑事责任。二审法院依法宣告本案各被告人无罪的判决是正确的。

---

①②③　参见张明楷：《刑法学》，5版，216页，北京，法律出版社，2016。

④　参见周光权：《刑法总论》，217页，北京，中国人民大学出版社，2007。

【要旨提示】

特殊正当防卫所针对的只能是正在进行的行凶、杀人、抢劫、强奸、绑架以及其他严重危及人身安全的暴力犯罪；与一般正当防卫相比，特殊正当防卫没有必要限度的限制。

74. 薛某等放火案[①]

——被胁迫参加犯罪行为的认定

【案情介绍】

2003年3月3日早晨6时许，天津轻纺商城某公司的法人代表李某，携带4桶共100公斤的汽油到了公司。当日，李某因为租赁房屋等问题情绪十分低落。进到公司后，李某便将汽油泼洒在公司员工薛某及王某的身上，然后，手持打火机逼迫薛某和王某二人将剩余的汽油洒满公司。薛某和王某在李某的胁迫下，将汽油洒到公司的一、二楼各处以及李某的身上。而后，薛、王二人离开李某七八米。这时，李某自己引燃了汽油并最终丧生。火灾使得轻纺商城损失惨重，轻纺商城租赁柜台的经营者自报损失达一百九十余万元。事发后，薛、王二人迅速逃离了现场，且当时均未报警。当天上午，思虑一番的薛某到公安机关投了案。一个多月后，先是逃回原籍山东后又潜回天津市的王某被抓获归案。

检察机关认为，二被告人向屋子及楼道泼洒汽油的行为虽是受到李某的胁迫，且后来由李某实施了放火行为，但二被告人的行为均已构成放火罪，属于在共同犯罪中处于胁从地位。亦即，二被告人受李某胁迫，与李某共同实施了放火行为，应以放火罪追究二被告人的刑事责任。被告人的辩护律师则提出了无罪辩护，认为：二被告人的行为属于紧急避险，薛某、王某是在其人身完全被李某控制和剥夺的情况下泼洒汽油的，其行为不能反映其个人意志，理当属于紧急避险。而紧急避险依法不负刑事责任。对此，检察机关反驳称：紧急避险是保护最大利益、牺牲最小利益的行为，被告人的行为是为保护自己的利益，与紧急避险不相干。被告人的辩护人称，薛某等人没有犯罪的主观故意。而检察机关则认为，薛某等人明知自己的行为会造成极为严重的后果，但却为了保全自己，对可能给周围群众造成的损失不予理睬，放任后果的发生，他们的行为完全符合刑事犯罪中的“间接故意”。2003年10月27日，法院对本案作出一审判决，以放火罪判处被告人薛某有期徒刑7个月，以放火罪判处王某有期徒刑1年。

【观点争议】

在本案审理过程中存在两种意见：第一种意见认为：薛某、王某二人系被胁迫参加犯罪，其人身虽受到一定胁迫，但并未达到丧失意志自由的程度，理应成立胁从犯，而非紧急避险，故对二人的行为应以放火罪论处。

第二种意见认为：薛某、王某是在其人身完全被李某控制和剥夺的情况下泼洒汽油的，其行为不能反映其个人意志，属于紧急避险，故薛、王二人依法不应当承担刑事责任。

---

① 案例来源：《人民法院报》，2003-12-11。

【法理分析】

笔者同意第一种意见，薛某、王某系胁从犯，理当成立放火罪。理由如下。

根据刑法第 21 条的规定，紧急避险是指为了使国家、公共利益、本人或者他人的人身、财产和其他权利免受正在发生的危险，不得已而采取的损害另一较小的合法权益的行为。紧急避险的成立必须满足以下条件：第一，避险意图：行为人必须具有正当的避险意图①；第二，避险起因：只有合法权益遭受损害危险时，才可以实施紧急避险；第三，避险时间：要求损害危险正在发生或迫在眉睫，对合法权益形成了紧迫的、直接的危险；第四，避险对象：紧急避险针对的是第三者的合法权益；第五，避险限度：紧急避险不能超过必要限度、造成不必要的损害；第六，避险限制：只能在不得已的情况下实施；第七，避险禁止：关于避免本人危险的规定，不适用于职务上、业务上负有特定责任的人。②

通说认为，紧急避险的本质在于通过损害一个较小的合法权益来保护一个较大的合法权益。正如张明楷教授所言：法益均受法律保护，如果能以不损害法益的方法保护法益，就不允许以损害一种法益的方法保护另一法益。只有当法益面临正在发生的危险，没有其他合理办法可以排除危险时，才可以实施紧急避险。在可以或者具有其他合理方法避免危险的情况下，行为人采取避险行为的，应视行为的具体性质、情节以及行为人的责任形式分别认定为故意犯罪、过失犯罪或者意外事件。③ 本案中，李某将汽油泼洒在公司员工薛某及王某的身上，然后手持打火机逼迫薛某和王某二人将剩余的汽油洒满公司。此种情况下，薛某和王某虽受到了胁迫，但并非除将汽油洒满公司外别无他法。“在可以选择实施或不实施的情况下，二被告人却实施了泼洒汽油的行为，且在案发后逃离现场，不尽报警职责，对于火灾的发生有间接故意，故依法应定为胁从犯。”④

根据刑法第 28 条的规定，胁从犯是被胁迫参加犯罪的人，即在他人威胁下不完全自愿地参加共同犯罪，并在共同犯罪中起较小作用的人。⑤ 行为人在身体完全强制、完全丧失意志自由或者符合紧急避险条件实施了某种行为的，不构成胁从犯。例如，抢劫犯持枪劫持出租车司机，令司机将其送往某银行实施抢劫行为的，出租车司机因为完全丧失意志，不构成抢劫的胁从犯。再如，民航飞机在飞行中突遭歹徒劫持，机长为避免机毁人亡，不得已将飞机开往歹徒指定地点。机长的行为是紧急避险，不是劫机犯的胁从犯。⑥

胁从犯之所以参加犯罪，是因为受到了胁迫。所谓胁迫，是指以剥夺生命、损害健康、揭发隐私、毁坏财物等对行为人进行精神上的强制。胁从犯所受到的胁迫必须能够达到抑制其意志自由的程度。⑦ 诚如本案审判长所言，被告人的行为是否构成胁从犯，关键要看行为人是否

---

① 必须指出的是，所谓正当的避险意图，既包括使自己的利益，也包括使国家、公共或者他人的人身财产和其他权利免受正在发生的危险。本案中，公诉机关反驳称，紧急避险是保护最大利益、牺牲最小利益的行为，被告人的行为是为了保护自己的利益，与紧急避险不相干。这一观点是错误的。紧急避险人可以为了保护自己的利益而实施紧急避险行为。如后所述，本案中二被告人的行为之所以不成立紧急避险，是因为不具备紧急避险的限制性条件。

② 参见高铭暄、马克昌主编：《刑法学》，5 版，138～141 页，北京，北京大学出版社，2016。

③ 参见张明楷：《刑法学》，5 版，220 页，北京，法律出版社，2016。

④ 张晓敏、赵杰：《是胁从犯罪？还是紧急避险?》，载《人民法院报》，2003-12-11。

⑤ 参见张明楷：《刑法学》，3 版，360 页，北京，法律出版社，2007。

⑥ 参见王作富：《中国刑法研究》，257 页，北京，中国人民大学出版社，1988。

⑦ 参见刘骁军、刘培峰：《论胁从犯的几个问题》，载《中国刑事法杂志》，2000 (4)。

完全失去意志自由：如果其行为完全不受意志支配，那么其行为不构成犯罪，但反之则构成胁从犯。具体到本案来看，二被告人在与李某“二对一”的力量对比中，并未完全失去意志自由。在李某的胁迫下，二被告人却实施了泼洒汽油的行为，且在案发后逃离现场，不尽报警职责，对于火灾的发生有间接故意，故依法应认定为胁从犯。

需要指出的是，在本案审理过程中，有人认为，紧急避险与胁从犯的界限在于行为人造成损害的程度是否小于他所保护的利益，如果损害大于他所欲保护的利益，则属于胁从犯。[①] 对此，笔者持反对意见。如果紧急避险者所损害的法益大于其保护的法益，自然不成立紧急避险，但这并不意味着只要行为人所造成的损害大于他所欲保护的法益，就一定成立胁从犯。如上所述，紧急避险与胁从犯区分的关键之处在于行为人是否丧失了意志自由，而不在于行为人造成的损害是否小于他所保护的利益。即使紧急避险者所造成的损害小于他所欲保护的法益，但在紧急避险者并未完全丧失意志自由的情况下，紧急避险者仍然成立胁从犯。

本案中，二被告人在生命受到威胁，可以采取其他办法避免损害的情况下，为了保护本人的利益，置大量的公私财产及他人的生命于不顾，其行为并非紧急避险而系胁从犯。客观上，二被告人泼洒汽油的行为与重大财产损失的社会危害结果之间存在因果关系，且其后二被告人在案发后逃离现场，不尽报警职责，对于火灾的发生具有间接故意。综上，二被告人的行为均已构成放火罪。考虑到二被告人属胁从犯，且薛某在案发当日上午有自首情节，故法院依法对其减轻处罚的做法是正确的。

【要旨提示】

紧急避险是通过损害一个较小合法权益保护一个较大合法权益的行为，只能在不得已的情况下实施。紧急避险与胁从犯区分的关键之处在于行为人是否丧失了意志自由。在行为人可以采取其他办法避免损失，却在犯罪分子的胁迫之下实施了犯罪行为的情况下，行为人的行为不成立紧急避险，而是胁从犯。

75. 王某某破坏交通设施案[②]

——紧急避险行为能否成为不作为犯罪的义务来源

【案情介绍】

“红花碛 2 号”航标船标示出该处的水下深度和暗碛的概貌及船只航行的侧面界限，系国家交管部门为保障过往船只的航行安全而设置的交通设施。2003 年 7 月 28 日 16 时许，被告人王某某驾驶机动渔船至该航标船附近时，见本村渔民王某等人从渔船上撒网，致使“网爬子”（浮于水面的网上浮标）挂住了固定该航标船的钢缆绳，即驾船前往帮助摘取。当王某某驾驶的渔船靠近航标船时，其渔船的螺旋桨被该航标船的钢缆绳缠住。王某某为使渔船及本人摆脱困境，持刀砍钢缆绳未果，又登上该航标船，将钢缆绳解开后驾船驶离现场，致使脱离钢缆绳

① 参见张晓敏、赵杰：《是胁从犯罪？还是紧急避险？》，载《人民法院报》，2003-12-11。

② 案例来源：最高人民法院刑事审判第一、二、三、四、五庭主办：《中国刑事审判指导案例（危害国家安全罪·危害公共安全罪·侵犯财产罪·危害国防利益罪）》，54～57 页，北京，法律出版社，2009。

的“红花碛2号”航标船顺江漂流至下游两公里的锦滩回水沱。17时许，重庆航道局木洞航标站接到群众报案后，巡查到漂流的航标船，并于当日18时许将航标船复位，造成直接经济损失人民币1 555.50元。

检察机关以被告人王某某犯破坏交通设施罪向法院提起公诉。一审法院经审理认为：被告人王某某为自身利益，竟不顾公共航行安全，故意破坏交通设施航标船，致其漂离原定位置，其行为已构成破坏交通设施罪，公诉机关指控的罪名成立。鉴于被告人认罪态度较好，未造成严重后果，可从轻处罚。依照《中华人民共和国刑法》第117条的规定，判决被告人王某某犯破坏交通设施罪，判处有期徒刑3年。一审宣判后，王某某不服，以其行为属紧急避险、不负刑事责任为由，提起上诉。其辩护人亦提出相同的辩护意见。二审法院经审理查明：上诉人王某某驾驶的机动渔船上除王某某外还有王某某的妻子胡某及帮工王某书，王某某是在渔船存在翻沉危险的情况下，才解开航标船的钢缆绳。上诉人王某某在其渔船存在翻沉的现实危险下，不得已解开航标船钢缆绳来保护其与他人人身及渔船财产的行为，虽系紧急避险，但在危险消除后，明知航标船漂离会造成船舶发生倾覆、毁坏危险，负有采取相应积极救济措施消除危险状态的义务，王某某能够履行该义务而未履行，属不作为，其行为构成了破坏交通设施罪，应负刑事责任。原判认定事实清楚，审判程序合法。鉴于本案未发生严重后果，上诉人王某某认罪态度较好，对其适用缓刑不致再危害社会，可适用缓刑。依照《中华人民共和国刑事诉讼法》(1996年）第189条第1项和《中华人民共和国刑法》第117条、第72条、第73条的规定，于2004年4月1日判决如下：上诉人王某某犯破坏交通设施罪，判处有期徒刑3年，宣告缓刑3年。

【观点争议】

在本案审理中，关于对被告人王某某的行为如何定性及量刑有两种意见。

第一种意见认为：被告人王某某解开航标船钢缆绳的先前行为属紧急避险，但王某某在其危险解除后，明知航标船漂离会造成其他过往船舶在通过该航标船流域时发生危险，故其负有立即向航道管理部门报告以防止危害发生的义务，王某某未履行该义务，其不作为的行为构成了破坏交通设施罪，应负刑事责任。鉴于本案未发生严重后果，被告人王某某认罪态度较好，对其适用缓刑不致再危害社会，可适用缓刑。

第二种意见认为：破坏交通设施罪的危险犯是行为人采取了某种破坏手段的犯罪行为而造成的一种危险状态，被告人王某某所实施的“破坏”行为即解开航标船钢缆绳的行为，已被确认为紧急避险行为，其本身是合法行为而非犯罪行为，而本案危险状态的发生是由其合法行为引起的，而不是不作为行为引起的，且本案亦没有危害后果发生，因此，被告人王某某的行为不构成犯罪，其不应负刑事责任。

【法理分析】

笔者同意第一种观点，紧急避险行为可以成为不作为犯罪的义务来源。被告人王某某解开航标船钢缆绳的先前行为属紧急避险，但王某某在其危险解除后，未向航道管理部门报告以防止危害发生，其不作为的行为构成了破坏交通设施罪，应当承担刑事责任。

根据刑法第21条的规定，紧急避险是指为了使国家、公共利益、本人或者他人的人身、财产和其他权利免受正在发生的危险，不得已而采取的损害另一较小的合法权益的行为。紧急避险的成立必须满足以下条件：第一，避险意图：行为人必须具有正当的避险意图。第二，避险起因：只有合法权益遭受损害危险时，才可以实施紧急避险。第三，避险时间：要求损害危险正在发生或迫在眉睫，对合法权益形成了紧迫的、直接的危险。第四，避险对象：紧急避险针对的是第三者的合法权益。第五，避险限度：紧急避险不能超过必要限度，造成不必要的损害。第六，避险限制：只有在不得已的情况下才可以实施。第七，避险禁止：关于避免本人危险的规定，不适用于职务上、业务上负有特定责任的人。①

本案中，当王某某驾驶的渔船靠近航标船时，其渔船的螺旋桨被该航标船的钢缆绳缠住。为了使其渔船不致翻沉，王某某不得已解开航标船钢缆绳来保护自己与他人人身及渔船财产的行为，完全符合紧急避险的上述七个条件，成立紧急避险。

通说认为，所谓不作为，是指行为人负有实施某种行为的特定义务，能够履行而不履行的危害行为。成立不作为，在客观方面应当具备以下三个条件：首先，行为人负有实施某种作为的特定法律义务，这是构成不作为的前提条件。没有法律特定义务，也就没有不作为的行为形式。其次，行为人有能力履行特定法律义务，这是不作为成立的重要条件。最后，行为人没有履行作为的特定法律义务，这是不作为成立的关键条件。作为义务的来源包括以下四种情形：（1）法律的明文规定；（2）职务或者业务上的要求；（3）法律行为；（4）先行行为。

所谓先前行为引起的义务，是指由于行为人的某种行为使刑法所保护的社会关系处于危险状态时，行为人负有采取有效措施以排除危险或防止结果发生的特定义务。若行为人不履行这种义务，就是以不作为的形式实施的危害行为。能够引起此类特定义务的先行行为很多，例如，成年人带小孩去游泳，负有保护小孩安全的义务；交通肇事撞伤人而使被害人有生命危险时，行为人有立即将受伤人送往医院救治的义务等。②

问题是先行行为引起的义务是否包括刑法中的正当化行为，理论界并非没有争议。对此，张明楷教授指出，一般来说，只要制造了危险，不问是否正当，都会成为不作为义务的来源。③ 周光权教授也指出，先行行为能否成为不作为义务的来源，关键不在于行为本身是合法行为还是违法行为，而在于其所产生的结果是否超出了合理范围而增加了行为之外的危险，因而要求行为人对其加以防止。如果其所发生的结果并未超出行为性质所能包含的结果而产生不合理的危险，该先行行为当然不能成为不作为的义务来源。如果行为虽然合法，但其所产生的结果属于行为人必须加以防止的危险结果，该先行行为就可能成为不作为的义务来源。例如，医生将病人胸腔打开后，当然对其负有进行继续抢救的义务，否则就可能构成不作为的犯罪。④ 由此看来，紧急避险行为本身的合法性，并不意味着在任何情况下紧急避险行为都不能成为不作为义务的来源。紧急避险只要制造了危险，完全可以成为不作为犯罪的义务来源。正如林山田先生所言："在攻击性之紧急避险之情形，行为人只有透过牺牲与危难无关之他人利益，方能使本身利益不遭受损害，虽然法律衡量双方之利益，认为行为人所保全之利益显然优越于他人牺牲之利益，可依阻却违法之紧急避难，而阻却违法，但由于被救助人产生之救助需求乃是由于避难人所导致，故避难人有义务排除被牺牲人损失继续扩大。"⑤

必须指出的是，一般来说，只要制造了危险，不问先行行为是否正当，都会成为作为义务

① 参见高铭暄、马克昌主编：《刑法学》，7 版，138～141 页，北京，北京大学出版社、高等教育出版社，2016。
② 参见上书，69 页。
③ 参见张明楷：《刑法学》，3 版，144 页，北京，法律出版社，2007。
④ 参见陈兴良、周光权：《刑法学的现代展开》，110 页，北京，中国人民大学出版社，2006。
⑤ 林山田：《刑法通论》，下册，222 页，台北，台湾大学法学院图书部，2001。

的来源，但是正当防卫行为不能成为不作为义务的来源。“正当防卫者的保证人地位，应当是否定的。不法侵害他人权利，必须预估遭到反击的后果，并自行承担此项后果。对于陌生人，任何人都没有保证人地位，没有救助义务；如果认为防卫者对于不法侵害者有保证人地位，无异于承认侵害者的法律地位高于陌生人。逾越必要程度的防卫（过当防卫），才可能有保证人地位，例如，弱女子顺手牵羊，店员竟持棒球棍重击，店员必须将伤者送医。承认恰当防卫者有保证人地位，将使正当防卫形同防卫过当，甚至将正当防卫者与不法侵害者同等看待。这对于正当防卫者是不公道的看待。”①

如前所述，被告人王某某的先行行为确实成立紧急避险，不具有违法性，但在危险消除后，王某某明知航标船漂离会造成船舶发生倾覆、毁坏危险，此时行为人就负有采取相应积极救济措施消除危险状态的义务，王某某能够履行该义务而不履行，属不作为。其行为构成了破坏交通设施罪，应当负刑事责任。

【要旨提示】

先行行为能否成为不作为义务的来源，关键不在于该行为本身是合法行为还是违法行为，而在于其所产生的结果是否超出了合理范围，进而增加了行为之外的危险，因而要求行为人对其加以防止。紧急避险可以成为不作为犯罪的义务来源，但正当防卫行为并不能成为不作为犯罪的义务来源。

76. 李某某拐卖妇女案②

——被害人承诺的限度

【案情介绍】

××××年4月间，“黄振仪”（在逃，真实姓名身份不详）在广西某市汽车站以介绍工作为名，将从某县农村出来找工作的妇女刘某某、黄某某妯娌二人拐骗到刘某胜（同案被告人，已判刑）家。刘某胜伙同他人将黄某某卖给了王某某为妻，在欲将刘某某卖给一名年龄较大的男人为妻时，由于刘某某哭闹不愿而未得逞。此后，刘某胜找到被告人李某某，商定以人民币1 700元的价格将刘某某卖给李某某做“小妾”，并可随后付款。李某某将刘某某带回家中后，遭到了其妻的强烈反对；同时又得知刘某某已结婚，且已生育，遂表示要么将刘某某送回家，要么将其退回给刘某胜。刘某某因黄某某随其一道出来也被拐卖掉，既怕一人回家无法交代，又怕被送回刘某胜处被刘某胜殴打，故要求李某某将其再转卖他人。李某某遂将刘某某以人民币1 800元转卖给刘振某为妻，所得款1 800 元除付给刘某胜1 700 元外，剩余的100元自得。

检察机关以被告人李某某犯拐卖妇女罪向法院提起公诉。一审法院经审理后认为：被告人李某某明知刘某某系被拐卖的妇女，收买后又将其转卖给他人为妻的行为，已构成拐卖妇女罪。依照《中华人民共和国刑法》第12条第1款和全国人民代表大会《关于严惩拐卖、绑架

① 林东茂：《刑法综览》，122页，北京，中国人民大学出版社，2009。

② 案例来源：最高人民法院刑事审判第一、二、三、四、五庭主办：《中国刑事审判指导案例（侵犯公民人身权利、民主权利罪）》，490～491页，北京，法律出版社，2009。

妇女、儿童的犯罪分子的决定》的规定，于2002年5月21日判决：被告人李某某犯拐卖妇女罪，判处有期徒刑5年，并处罚金人民币1 000元。被告人上诉后，二审法院经审理后认为：上诉人李某某将收买的被拐卖的妇女刘某某转卖给他人为妻的行为，已构成拐卖妇女罪。鉴于其在收买刘某某之后，曾表示愿意将刘某某送返回家，只是应刘某某要求才将其转卖他人，主观恶性不大，犯罪情节轻微。依照《中华人民共和国刑法》第12条第1款、第240条和全国人民代表大会《关于严惩拐卖、绑架妇女、儿童的犯罪分子的决定》以及《中华人民共和国刑事诉讼法》（1996年）第189条第2项的规定，于2002年9月17日判决：撤销原审对李某某的量刑部分，改判上诉人李某某犯拐卖妇女罪，免予刑事处罚。

【观点争议】

在本案审理过程中，关于对被告人李某某的行为定性在处理上有两种不同的意见。

第一种意见认为：被告人李某某收买被拐卖的妇女刘某某的行为成立收买被拐卖的妇女罪，此后李某某表示愿将刘某某送回家，只是应刘某某的要求才将其转卖给他人，亦即被害妇女刘某某自愿同意被告人李某某将其转卖，系被害人承诺，故李某某只成立收买被拐卖的妇女罪。

第二种意见认为：被告人李某某收买被拐卖的妇女刘某某之后，确曾表示愿意将刘某某送返回家，应刘某某的要求才将其转卖给他人。尽管被害妇女刘某某自愿同意被告人李某某将其转卖，某种程度上可视为其真实意图的反映，但是我们也应看到，刘某某的自主选择权受到主客观的限制，并非自愿承诺，且李某某对刘某某的再卖行为有违社会公序良俗，具有社会危害性，同样为法律所禁止。因此，对被告人李某某应以拐卖妇女罪定罪。

【法理分析】

本案中，两种观点争议的焦点在于刘某某同意李某某将自己出卖的行为是否成立被害人承诺，从而阻却出卖行为的违法性。笔者同意第一种观点，李某某应被害妇女的要求将其再卖的行为成立被害人承诺，李某某的行为只成立收买被拐卖的妇女罪。理由如下：

被害人承诺，又称被害人同意，是指法益主体对他人侵害自己能够支配的利益表示允诺或者同意。[①] 作为一种排除犯罪性的事由，被害人承诺被国内外刑法学界广泛接受。[②] 但被害人承诺的行为为什么不构成犯罪，在刑法理论上却是一个颇有争议的问题。目的说认为，它是实现国家所承认的共同生活目的的合适手段；社会相当性说认为，从法律理念来看，它

---

① 参见黎宏：《被害人承诺问题研究》，载《法学研究》，2007（1）。

② 需要注意的是，在对被害人承诺研究较多的德国和日本，一般从两个不同的角度对这个问题进行说明：一是从排除违法性事由的角度，二是从排除构成要件符合性事由的角度。从被害人承诺在犯罪论上的地位来看，具体可以分为以下几种类型：第一是排除构成要件符合性的被害人承诺。如在侵入他人住宅罪、强奸罪、盗窃罪等中，违反被害人意思是该罪的构成要件要素，被害人只要具有承诺，行为人的行为就不符合构成要件，因此，不用等到违法性判断阶段，就可以先在构成要件符合性判断的阶段上确定该行为不构成犯罪。第二是在构成要件符合性判断上没有任何意义的被害人承诺。如在对不满14周岁（有的国家规定为13周岁）的幼女实施强奸、猥亵，或者在诱拐未成年人等的犯罪中，被害人是否承诺，对于行为人的行为是否成立犯罪没有任何影响。即便被害人表示同意，行为人的行为仍然构成犯罪。第三是作为构成要件要素的被害人承诺，承诺杀人罪、承诺堕胎罪就是其体现。在这种犯罪中，被害人承诺是构成要件内容，因此，没有得到被害人承诺而实施上述行为的话，就不符合本罪的构成要件，不成立本罪。第四是作为排除违法性事由的被害人承诺。[详见上文。] 由于我们国家通说采用的是四要件的犯罪构成体系，符合犯罪构成的行为一定是实质上具有社会危害性的行为，融实质判断与形式判断为一体，故笔者不再作上述区分。

是具有社会相当性的行为；法益衡量说认为，法益主体即被害人同意放弃自己能够处分的利益的时候，受保护的利益就消失不存在了，没有必要适用保护该法益的法律，对行为人进行处罚（利益的放弃）；另外，个人自由和侵害利益比较衡量说强调“自己决定的自由”，主张将被害人自主放弃利益的自己决定自由和由于该决定而被侵害的法益的价值进行比较衡量，在个人自己决定自由优越于行为所引起的法益侵害的时候，被害人承诺的行为能够被正当化，等等。①

对此，笔者同意黎宏教授的结论：法益衡量说具有合理性。所谓法益，就是刑法所保护的利益。刑法之所以将某种利益作为法益加以保护，主要因为其是个人自己决定或者说自我实现（人格发展和完成）所必不可少的前提，是实现该种目标的必要条件，因此，法益只有在对人的自我实现具有积极意义的限度内，才具有作为法益而受到刑法保护的意义。相反地，如果保护某种法益成为个人自己决定或者自我实现的障碍或者说是负面因素的话，就没有必要对其进行法律保护。在这种场合，尊重个人的意愿，任其放弃可以自由处分的利益，实际上，就是其个人自我实现的体现。所以，被害人自愿放弃其能够处分的利益，在以个人的自我实现作为刑法的终极目的的现代刑法中应当允许，对侵害该种被放弃的利益的行为，不能作为犯罪而加以处罚。②

具体到本案来讲，首先要解决的问题是：拐卖妇女、儿童罪所保护的法益是什么？这一法益能否放弃？能否以所谓的公序良俗原则来反对被害人对这一法益的放弃？

“我国的社会制度决定了我国是一个以人的全面自由发展作为终极目标的社会，我国刑法虽然没有像有些国家那样，将被害人承诺明文规定为排除犯罪性事由，但是，从我国刑法没有将违反社会伦理规范的被害人放弃自己利益的行为，如自杀、卖淫、通奸、吸毒等规定为犯罪，同时，将违反被害人意志理解为盗窃、强奸、非法侵入他人住宅等犯罪的犯罪构成要件要素的现状来看，应当说，我国刑法借鉴和吸收了在战后西方社会中占主导地位的个人主义刑法观；同时，我国刑法学界也普遍接受了体现尊重个人自决权的被害人承诺原理。既然如此，在被害人承诺原理的理解和适用上，也应当尽量体现这种原理的宗旨和内容，在个人放弃其能够支配的利益，并不妨害他人和公共利益的时候，应当尽量认可，而不要人为地附加一些限定条件。详言之，被害人承诺的基础，是保护被害人的自由决定权；被害人承诺的适用范围，是除了生命之外的其他所有个人利益；影响被害人承诺效力的，只限于其对所放弃利益具有误解的

---

① 参见王政勋：《正当行为论》，451～452页，北京，法律出版社，2000。

② 对其他几种学说的缺陷，黎宏教授进行了详尽的分析：“目的说”和“社会相当性说”在实体内容上并没有多大差别，二者重视的都是行为是否符合法规范的要求，以承诺行为的目的和手段的妥当性以及社会相当性来说明其阻却违法的根据。但是，从违反规范的角度来说明被害人承诺行为的性质，会引起以下问题：首先，难以对被害人承诺作出妥当的解释。其次，轻视被害人承诺自身的意义。相反地，重视被害人承诺对法益的影响结果的“法益衡量说”以及“个人自由和侵害利益比较衡量说”，则彻底将个人的自主决定自由作为高于一般生活利益的法益，认为在被害人承诺的场合，值得刑法处罚的法益侵害不存在这一点上，具有共性。从刑法目的在于保护人们的生活利益即法益，而不是维持国家的道德伦理秩序的近代刑法观来看，应当说，以法益的比较衡量为核心的“法益衡量说”和“个人自由和侵害利益比较衡量说”更加恰当，值得支持。“个人自由和侵害利益比较衡量说”，在强调被害人的自己决定自由（自主决定权）也是应当受到保护的重要法益这一点上，具有妥当之处。但是，因为没有采用“承诺无侵害”即被害人同意他人侵害自己利益的时候，自己决定自由的利益就不存在的构成，所以，自由决定的利益和所侵害的利益的比较衡量，事实上，就是在同一人格主体即被害人内部进行的。这种做法难免会让人觉得，刑法的任务是保护和“个人自由”无关（有时候，还与个人自由对立）的法益。详细论证，参见黎宏：《被害人承诺问题研究》，载《法学研究》，2007（1）。

场合。”[①]

拐卖妇女、儿童罪所保护的法益应为被拐取人的人身自由。既然本罪的法益是被拐取人的人身自由，并非生命，对这一法益的放弃并不会妨害他人和公共利益，就理当允许妇女的同意阻却构成要件符合性。所以，如果拐卖行为得到了妇女的同意，就阻却行为的构成要件符合性，不应以犯罪论处，但是，拐卖儿童的，即使得到了儿童的同意，也成立拐卖儿童罪。[②] 能否以所谓的公序良俗原则来反对承诺拐卖行为违法阻却的成立呢？笔者认为这一观点是不成立的。被害人承诺的适用范围，是除了生命之外的其他所有个人利益；影响被害人承诺效力的，只限于其对所放弃利益具有误解的场合。以是否违反公序良俗作为判断承诺拐卖行为是否违法的标准，实质上会淹没或者掩盖被害人承诺的意义和作用。因为，在公序良俗说之下，不仅要考虑被害人承诺的主观动机是不是合法和合乎道德，还要考虑加害人的拐卖行为是否合乎社会公德和国家法律规定。问题是：被害人承诺拐卖自己，就意味着被害人放弃了自己的人身自由这一法益，从刑法的任务在于保护法益的立场来看，承诺的对方即加害人的拐卖行为并没有侵害他人的人身自由，应当是不构成犯罪才对，为何还要考虑被害人的动机、行为人的加害方式、程度之类呢？因此，以违反公序良俗作为处罚承诺拐卖行为的基础，实质上将拐卖妇女罪的保护法益变相地转变成被害人人身自由之外的伦理秩序，偏离了刑法中拐卖妇女、儿童罪的主旨。

由此看来，既然人身自由可以承诺，且不得以违反公序良俗原则来反对拐卖妇女罪中被害人承诺的成立，那么所谓的“李某某对刘某某的再卖行为有违社会公序良俗，具有社会危害性，同样为法律所禁止”[③] 的说法自然是错误的。明确了这一前提之后，我们再来看被害人承诺成立的条件。

经被害人承诺的行为只有符合下列条件时，才阻却行为的违法性：第一，承诺者对被侵害的权益具有处分权限（承诺范围）。第二，承诺者必须对所承诺事项的意义、范围具有理解能力（承诺范围）。第三，承诺者不仅承诺行为，而且承诺行为的结果（承诺对象）。第四，承诺必须出于被害人的真实意志，戏言性的承诺、基于强制或者威压作出的承诺不阻却违法。第五，必须存在现实的承诺。第六，承诺至迟必须存在于结果发生时，被害人在结果发生前变更承诺的，原来的承诺无效。事后承诺不影响犯罪行为的成立。第七，经承诺实施的行为不得超出承诺的范围。[④] 具体到本案来讲，成立被害人承诺的第一、二、三、五、六项条件都具备了，唯一需要笔者证明的即是被害人刘某某的承诺是否是其真实意志的体现。

笔者认为，刘某某的承诺是其真实意志的体现。正如二审法院查明的事实那样：李某某系在将刘某某带回家中后，遭到了其妻的强烈反对，同时又得知刘某某已结婚，且已生育的情况下，表示要么将刘某某送回家，要么将其退回给刘某胜。而“刘某某因黄某某随其一道出来也被拐卖掉，既怕一人回家无法交代，又怕被送回刘某胜处被刘某胜殴打，故要求李某某将其再转卖他人”[⑤]，亦即，刘某某的被转卖他人的决定系其自行决定，并非在李某某的强制或者威

---

① 黎宏：《被害人承诺问题研究》，载《法学研究》，2007（1）。

② 参见张明楷：《刑法学》，5版，895页，北京，法律出版社，2016。

③ 最高人民法院刑事审判第一、二、三、四、五庭主办：《中国刑事审判指导案例（侵犯公民人身权利、民主权利罪）》，491页，北京，法律出版社，2009。

④ 参见张明楷：《刑法学》，5版，224～226页，北京，法律出版社，2016。

⑤ 最高人民法院刑事审判第一、二、三、四、五庭主办：《中国刑事审判指导案例（侵犯公民人身权利、民主权利罪）》，490页，北京，法律出版社，2009。

压下作出，完全符合被害人承诺的成立条件，不宜认定其行为成立拐卖妇女罪。

需要注意的是，笔者主张对李某某不宜认定为拐卖妇女罪并不意味着李某某不成立其他犯罪。事实上，李某某收买刘某某的行为已经符合了收买被拐卖的妇女罪，只是其转手倒卖行为系被害人自己主动要求的，成立被害人承诺，故其行为不符合刑法第 241 条第 5 款“收买被拐卖的妇女、儿童又出卖的”规定，阻却拐卖妇女罪的成立。

【要旨提示】

拐卖妇女、儿童罪的法益是被拐卖妇女、儿童的人身自由。如果拐卖行为得到了被害妇女的同意，就阻却行为的违法性，不应以犯罪论处。但是，拐卖儿童的行为，即使征得儿童的同意，也成立拐卖儿童罪。

77. 王某故意伤害案①

——自救行为

【案情介绍】

2005 年 6 月 26 日晚 11 时许，被告人刘某和妻子听到自家房上有响动，出门查看，发现有人影从自家房上离开。次日，刘某上房查看，发现屋顶上有脚印，房瓦有损坏，遂通知了本村联防队员，约好晚上再有异常，即共同抓捕。当晚 11 时许，刘某再次感觉屋顶有人，在电话通知联防队员后，手持一根铁管上了屋顶，后看见一个人影在自家南房上并向东跑，刘某追过去用棍子打了那人一下，那人顺着刘某家东南侧往同村王某家跑去，刘某继续追赶，追至王某家房上后又用铁管打了那人两下，那人大声喊叫，刘某发现其是本村人，遂停止殴打，与赶来的联防队员将其抬下屋顶。经查，屋顶上的人系崔某，本村人，是与刘某隔一房居住的王某的侄子。崔某辩解没有上过刘某家的房，其是在自己叔叔王某家的屋顶上乘凉。但多名证人证实，看见崔某当时是从刘某家屋顶跑回王某家屋顶的，且刘某家与王某家并不相邻，其间有一胡同相隔，但从王某家房顶顺着别人家后墙可以走到刘某家房顶。经过鉴定，崔某右侧肱骨骨折，参照《人体轻伤鉴定标准（试行）》之有关规定，属轻伤（偏重）。

检察机关以被告人刘某犯故意伤害罪向人民法院提起公诉，被告人刘某对自己打伤崔某的事实没有异议，但认为崔某三更半夜数次跑到自家屋顶肯定不干好事，妨害了自己和家人的生活和居住安全，自己如果不采取措施就无法保证自家的安全，对于因此给崔某造成的人身伤害，可以适当赔付医药费，但不应被追究刑事责任。法院经过审理认为，被告人故意伤害他人身体，致人轻伤，其行为已构成故意伤害罪，遂判处拘役 6 个月，缓刑 6 个月。

【观点争议】

本案的争议问题是：对于刘某因崔某侵犯其权利而进行的自救行为应如何评价？主要有三种观点。

第一种观点认为：被告人刘某的行为实施之时，崔某的不法侵害尚未结束，此时仍符合正

---

① 案例来源：孙力主编：《刑事疑难案例研究》，43～46 页，北京，法律出版社，2008。

当防卫的时间条件，刘某的行为系正当防卫，不应追究其刑事责任。

第二种观点认为：被告人刘某的行为并未超过自救行为的界限，不应当承担刑事责任。

第三种观点认为：被告人刘某因崔某侵犯其权利而进行的致他人轻伤害的行为超过了自救行为的界限，应当以故意伤害罪追究其刑事责任。

【法理分析】

笔者认为，上述三种观点均有偏颇之处，被告人刘某的行为既不成立正当防卫，也不成立自救（当然也不成立自救过当），而是扭送过当，应当以故意伤害罪追究其刑事责任。理由如下。

刑法中的自救行为，是指行为人为了保护自己的合法权利，以不法侵害状态存在且被侵害的权利能够恢复为前提，在来不及请求国家机关救助的紧急情况下，依靠自己的力量保全自己的权利并使之恢复原状且为法律和社会公德所认可的行为。[①] 自救行为的成立需满足以下条件。

第一，前提条件。实施自救行为的前提是必须有不法侵害状态的存在且被侵害的权利能够被恢复。对于合法的行为，不允许实施自救。这里的不法侵害既包括犯罪行为，又包括一般违法行为。需要注意的是，自救行为是恢复合法权利的行为而非报复行为。如果合法权利被侵害后所侵害的权利已完全消灭或按该权利的性质不可能使之得到回复，则不允许实施自救。

第二，主观条件。实施自救必须是为了保护自己的合法权利。如果保护的不是自己的合法权利而是他人的合法权利，不能成立自救行为。但对此的理解也不能过于机械。

第三，时机条件。自救行为只有在紧急情况下才能实施。所谓情况紧急，就是指行为人的权利遭受侵害，来不及受到国家机关救助，而且如果当时不自力救助，则其权利丧失或保全明显困难的紧急程度。

第四，限度条件。自救行为必须具有社会相当性，即自救行为在手段或方法上必须与实现自己的权利相适应，不允许为了恢复自己的权利而过度地使用暴力，其强度须能为法律和社会公德所认可。实践中，自救人可对侵害人的财产采取扣押、毁损等强制行为，也可对侵害人的人身实施拘禁、搜查等强制行为。判断其行为是否具有社会相当性，即是否超过保护请求权所必需的程度，应结合自救行为的性质、实施的时间与地点、不法侵害者的反抗程度、公共秩序、善良风俗等综合判断。[②]

首先，刘某的行为不成正当防卫。自救行为与正当防卫的区别表现在：第一，自救的目的是保护自己的权利，而正当防卫的目的既可以是保护自己的权利，也可以是保护国家、公共利益或者他人权利。第二，实施自救的前提是有不法侵害状态的存在且被侵害的权利可以被恢复，其发生在不法侵害结束之后，必须是在来不及请求国家机关救助的紧急情况下实施，系对不法侵害的事后救助。而正当防卫是在不法侵害行为正在进行中实施的，属于对不法侵害已经开始但尚未结束的事中救助。第三，我国刑法典未对自救行为予以规制，其限度须为法律和社会公德所认可。它一般仅限于对不法侵害者的人身自由和财产进行拘禁、扣押、毁损等。只有在不法侵害者有反抗时，才能对人身加以伤害。正当防卫不能明显超过必要限度造成不应有的损害。防卫行为只要是制止不法侵害所必需的，即防卫行为的强度与不法侵害的强度基本相适

---

①② 参见贺秋华：《自救行为论》，载《中国刑事法杂志》，2005（4）。

应，就认为未超过必要限度。因此，正当防卫可以对不法侵害者的人身、财产进行直接的损害，甚至予以杀害。①

本案中，被害人崔某在夜间爬上被告人刘某家屋顶，侵犯了刘某家的住宅安宁，给刘某及其家人带来了心理上的恐慌。这显然是一种不法侵害，但这种侵害至多构成非法侵入住宅罪。② 退一步讲，即使崔某的行为真的构成非法侵入住宅罪，由于该罪系侵犯人身权利的犯罪，行为人一经退出，其犯罪行为即告结束，对法益侵害的状态随之结束，危险亦被排除，正当防卫的时间条件就不存在了，刘某自然就不能再对其实施所谓的正当防卫。可见，第一种观点是错误的。

其次，刘某的行为也不成立自救。如前所述，刑法中的自救行为，是指行为人为了保护自己的合法权利，以不法侵害状态存在且被侵害的权利能够恢复为前提，在来不及请求国家机关救助的紧急情况下依靠自己的力量保全自己的权利并使之恢复原状且为法律和社会公德所认可的行为。自救行为的成立以不法侵害状态存在且被侵害的权利能够恢复为前提。正是因为如此，自救行为“一般仅限于对不法侵害者的人身自由和财产进行拘禁、扣押、毁损等。只有在不法侵害者有反抗时，才能对人身加以伤害”③。前已述及，本案中崔某实施的是一种扰乱他人生活安宁的行为，至多构成非法侵入住宅罪，该罪属于侵犯人身权利的犯罪，系继续犯，即犯罪行为与不法状态同时处于持续状态。这就意味着一旦犯罪行为结束，不法状态即告结束。此时，刘某的住宅安宁权已经受到侵害且无法恢复，自然也就不具备自救行为的前提条件了。这和甲用刀故意重伤乙的身体之后，乙不能以自救为由去故意伤害甲的身体是一样的道理，因为，此时健康权已经受到了侵害且无法恢复。因此，本案中刘某的行为不成立自救。既然不成立自救，那么刘某的行为也就不存在所谓的自救过当了。可见，第二、三种观点也是错误的。

最后，刘某的行为成立扭送过当。1996 年《中华人民共和国刑事诉讼法》第 63 条（2012 年变更为第 82 条）规定：“对于有下列情形的人，任何公民都可以立即扭送公安机关、人民检察院或者人民法院处理：（一）正在实行犯罪或者在犯罪后即时被发觉的；（二）通缉在案的；（三）越狱逃跑的；（四）正在被追捕的。”扭送是指公民使用强制手段，将特定的犯罪嫌疑人、罪犯送交公安机关、人民检察院或人民法院处理的行为。扭送具有下列特征：第一，扭送的主体为任何公民，不包括公安、司法机关。第二，扭送的对象限于 1996 年刑事诉讼法第 63 条（现为第 82 条）规定的 4 种人。第三，扭送的目的是将有关人员送交公安机关、人民检察院或者人民法院处理。扭送在实质上是帮助司法机关及时制止犯罪，防止犯罪后果的扩大，维护国家公共利益和保护他人合法权益。第四，扭送的手段可允许存在一定的强制力。尽管法律并未规定公民在扭送过程中可以实施一定的强制手段，但从现实生活看，犯罪嫌疑人、罪犯在实行犯罪、被通缉、越狱及被追捕后，并不会轻易束手就擒，因此公民在扭送时有时必须采取强制手段。③ 扭送与自救存在一定的竞合关系，尤其是被害人的扭送行为与盗窃罪、诈骗罪、抢夺罪中被害人的自救行为容易相混淆。司法实践中，经常出现被害人为了夺回自己的财物，而对侵害者实施一定程度的暴力，将其制服后送交司法机关处理的情况。但这既不意味着所有的扭送都是自救，也不意味着所有的自救都是扭送。需要注意的是，尽管在扭送过程中，公民可以

---

①③　参见贺秋华：《自救行为论》，载《中国刑事法杂志》，2005（4）。

②　非法侵入住宅罪中的“住宅”不要求是建筑物的全部，住宅的屋顶、周围相对封闭的环绕地，同样可以成为本罪的对象。参见张明楷：《刑法学》，5 版，907 页，北京，法律出版社，2016。

③　参见张少林：《自救行为法定化与抓捕行为规范化的区分》，载《吉林公安高等专科学校学报》，2008（12）。

对具有 1996 年刑事诉讼法第 63 条（现为第 82 条）规定情形的四种人实施一定程度的强制力，但这种强制力也是有限度的，否则，就有可能侵害到被扭送者的人身权利。

具体到本案来讲，刘某在崔某的不法侵害行为及自己的住宅安宁权受侵害的状态结束后，为了将崔某抓获，实现法律赋予自己的扭送权，对崔某实施了一定程度的暴力，但这种暴力明显超过了必要限度，理当成立故意伤害罪。

【要旨提示】

刑法中自救行为的成立以不法侵害状态存在且被侵害的权利能够恢复为前提，扭送与自救存在一定的竞合关系，但并非所有的扭送行为都成立自救。扭送者可以对被扭送人实施一定程度的强制力，但扭送过当的，应当承担刑事责任。

第十二章

刑罚种类

78. 杨某等故意杀人案[①]

——对审判时怀孕的妇女不适用死刑

【案情介绍】

章某与张某系母女。张某与同学杨某关系较密，因杨某多次向张某借钱后不还，章某非常不满，遂到杨家干涉，并阻止张某与杨某交往。杨某对章某怀恨在心。2000年7月，杨某对张某谈起张母章某如死亡，张某则可获自由，且可继承遗产。张某亦认为母亲管束过严。两人遂共谋杀害章某。同年8月23日晚，张某在上海市永兴路××弄家中给其母章某服下安眠药，趁章某昏睡之际，将杨某提供的胰岛素注入章某体内。因章某不死，张某又用木凳等物砸章某头部。次日中午，杨某至张某家，见章某仍未死亡，即与张某共同捆绑章某的手，张某用木凳猛砸章某头部。被害人章某终因颅脑损伤而死亡。嗣后，张某、杨某两人取走章某的存折、股票磁卡等，由杨某藏匿。张某购买水泥，并将章某的尸体掩埋于家中阳台上。10月8日，公安机关在对犯罪嫌疑人张某采取强制措施后，又查证杨某涉嫌参与共同杀人。但其时杨某正怀孕，故未对其采取相应的强制措施。10月20日杨某产下一男婴并将其遗弃（此节因证据原因未予指控），公安机关遂于10月30日将其刑事拘留。

检察机关以被告人张某、杨某犯故意杀人罪提起公诉。一审法院经审理后认为：被告人张某、杨某共同故意杀死一人，其中，被告人张某实施杀人行为；被告人杨某在犯罪中出谋划策，并捆绑被害人，共同致人死亡。两被告人的行为均已构成故意杀人罪。杨某的辩护人提出杨某在共同犯罪中起次要作用的辩护意见与事实不符，不予采纳。张某系限定刑事责任能力的精神病人，依照刑法第18条第3款的规定，对张某从轻处罚。公安机关已掌握杨某涉嫌参与杀人的犯罪事实，又得知杨某怀孕，遂暂缓采取强制措施，依照刑法第49条的规定，对杨某仍可视为"审判的时候怀孕的妇女，不适用死刑"。杨某的辩护人提出对杨某不应适用死刑的辩护意见可予采纳。遂依照《中华人民共和国刑法》第232条、第57条第1款、第18条第3

---

① 案例来源：最高人民法院刑事审判第一、二、三、四、五庭主办：《中国刑事审判指导案例（侵犯公民人身权利、民主权利罪）》，85～87页，北京，法律出版社，2009。

款、第 49 条、第 25 条第 1 款、第 64 条的规定，于 2001 年 6 月 19 日以故意杀人罪分别判处被告人张某、杨某无期徒刑，剥夺政治权利终身；违法所得予以追缴。被告人上诉后，二审法院经审理认为：张某、杨某因怨恨章某，杨某提议将章某杀害，张某不仅表示同意，且与杨某共同至医院配得安眠药，并直接实施杀人犯罪行为。2000 年 8 月 23 日晚，杨某不在场，张某单独给章某服用安眠药，又用木凳猛砸章某的头部，其故意杀人的行为主动积极。原判根据张某、杨某的犯罪事实和各自具备的法定从轻情节，以故意杀人罪判处两人无期徒刑，适用法律正确，张某的上诉理由不能成立，其要求再从轻、减轻处罚的意见，不予采纳。原判认定事实清楚，证据确实、充分，定罪准确，量刑适当，审判程序合法。故依照 1996 年《中华人民共和国刑事诉讼法》第 189 条第 1 项的规定，于 2001 年 9 月 17 日裁定驳回上诉、维持原判。

【观点争议】

在本案审理过程中，关于对被告人杨某是否应判处死刑存在两种意见。

第一种意见认为：刑法第 49 条规定："审判的时候怀孕的妇女，不适用死刑。"按照司法解释的规定，这里的审判时应扩大解释到羁押期间，但即使按照司法解释的规定，将审判时扩大解释到羁押期间。本案中公安机关是待犯罪嫌疑人杨某分娩后才采取的强制措施，此时并不属于羁押期间怀孕的情形，因此，对被告人杨某可依法判处死刑。

第二种意见认为：本案中，公安机关已明知涉案的嫌疑人怀孕但不对其采取有关强制措施，而是待其分娩后再予拘押。这使在表面上杨某不再具有依据法律规定原本应当具有的特别保护条件。但这一情形并非因法律规定所致，而是公安机关基于某种原因未能严格依照刑事诉讼法以及公安部的有关规定，及时对杨某采取相关强制措施所致，由此产生的后果也就当然不应由被告人杨某来承担。因此，对杨某不能判处死刑。

【法理分析】

笔者同意第二种观点，对杨某不得判处死刑。简要理由如下。

我国刑法第 49 条明确规定："犯罪的时候不满十八周岁的人和审判的时候怀孕的妇女，不适用死刑。"审判时怀孕的妇女不适用死刑，其理论依据主要有：首先，保护胎儿的考虑。对审判的时候怀孕的妇女不适用死刑主要是从保护胎儿的角度考虑的，怀孕妇女有罪，而胎儿是无辜的，不能因为其母有罪而诛及胎儿。① 其次，人道主义的考虑。对怀孕的妇女不适用死刑是人道主义的起码要求，那种要求对孕妇适用死刑的观点是违背起码的人道主义的。在社会群体中，妇女本身就是弱者，法律应予以特别保护。② 最后，与国际接轨的考虑。我国已经加入《公民权利与政治权利国际公约》，该公约第 6 条第 5 款明确规定："对孕妇不得执行死刑。"③

如何理解"审判的时候怀孕的妇女"？目前尚无立法解释，相关的司法解释均主张要对其作扩大解释。如最高人民法院在 1983 年作出的《关于人民法院审判严重刑事犯罪案件中具体应用法律的若干问题的答复》中，针对刑法的有关规定，作出进一步的解释，即：人民法院对审判时怀孕的妇女，不适用死刑；如果在审判时发现，在羁押受审时已是孕妇的仍应不适用死刑，即使是被人工流产的，亦应视为"审判的时候怀孕的妇女"。1991 年最高人民法院研究室

① 参见高铭暄主编：《刑法学原理》，第 3 卷，143 页，北京，中国人民大学出版社，1994。

② 参见赵秉志主编：《刑法争议问题研究》，上卷，638～639 页，郑州，河南人民出版社，1996。

③ 陈兴良：《刑法适用总论》，上卷，141 页，北京，法律出版社，1999。

《关于如何理解“审判的时候怀孕的妇女不适用死刑”问题的电话答复》也指出，在羁押期间已是孕妇的被告人，无论其怀孕是否属于违反国家计划生育政策，也不论其是否自然流产或者人工流产以及流产后移送起诉或审判期间的长短，仍应执行我院（83）法研字第18号《关于人民法院审判严重刑事犯罪案件中具体应用法律的若干问题的答复》中对第三个问题的答复：人民法院对“审判的时候怀孕的妇女，不适用死刑”。如果人民法院在审判时发现，在羁押受审时已是孕妇的，仍应依照上述法律规定，不适用死刑。1997年刑法修订实施后，最高人民法院在《关于对怀孕妇女在羁押期间自然流产审判时是否适用死刑问题的批复》[法释（1998）18号]中又一次指出：怀孕妇女因涉嫌犯罪在羁押期间自然流产后，又因同一事实被起诉、交付审判的，应当视为“审判的时候怀孕的妇女”，依法不适用死刑。可见3次司法解释都在强调要对“审判的时候”作广义理解，具体是指从犯罪嫌疑人涉嫌犯罪而被羁押时起至人民法院依法作出的判决生效时止的刑事诉讼全过程。

根据刑事诉讼法以及公安部《关于公安机关办理刑事案件程序规定》的规定，公安机关主动发现犯罪线索或接受公民个人和法人组织报案后，均应积极作为而正确履行立案、侦查、拘捕犯罪嫌疑人、依法取证等法定职责，对犯罪嫌疑人依法先予羁押，若发现系怀孕妇女，依据1996年刑事诉讼法第60条（现第72条）的规定，可改变羁押或者采取取保候审、监视居住等强制措施。本案中，张某到案后，在监房内向他人流露了受杨某指使而将其母亲杀害的事实。10月8日，警方得知杨某涉嫌参与共同杀人，此情况于10月9日又从张某处得以证实，同时又得知杨某正怀孕在身，但未对杨某采取相应的取保候审等强制措施，而只是在外围进一步取证，最终未有突破性进展。直至10月30日在杨某分娩后第十天对其拘捕时，才从杨家查获了对其及时拘押就可发现的涉案赃物。此种情形下，正如法院法官所言：本案已有犯罪现场，张某亦到案，且已证实杨某涉嫌犯罪。在拘捕之前，警方明知这一点，却因某种情形不对杨某实施拘捕，若及时拘捕，亦可从杨家查获涉案赃物，事实真相大白，人证、物证齐全，此时杨某是一名怀孕的妇女。而事后抓获杨某时，其已分娩，若将其不视为“审判的时候怀孕的妇女”，从表面而言，公诉机关的意见有一定的道理。但问题实质是：公安机关已明知涉案人员怀孕而不抓捕，待其分娩后再拘押，是怕“麻烦”？当然亦不排除部分司法人员出于本能的“义愤”而希望犯罪分子受严厉惩处，故意地不作为。但无论何种情形，均不影响被告人杨某系怀孕妇女的客观事实。这种不作为的过错责任在于公安机关，对当事人来说，事实上被告人杨某犯罪后亦没有逃离。本案是司法实践中出现的一种新情况。刑法第49条规定的“审判的时候怀孕的妇女”是一个客观的条件，只要被告人具备此条件，处罚时就应不适用死刑。即使在羁押期间，当事人非法怀孕的，亦应被视为“审判的时候怀孕的妇女”。公安机关发现犯罪线索以及嫌疑人后，无论出于何种原因的不作为，都是与法律规定不相符的。刑法规定当事人应享有的权利或条件不能因此丧失。刑事诉讼法规定的法定职责，司法机关更应该正确履行。本案公安机关对犯罪嫌疑人延缓采取强制措施不当。故从刑事诉讼有利于当事人出发，将被告人杨某视为“审判的时候怀孕的妇女”而不适用死刑是正确的。①

事实上，如果允许司法机关此种情况下消极不作为的话，就会导致刑法第49条的规定形同具文。亦即，只要办案机关想判某个涉嫌犯罪的怀孕妇女死刑的话，就可以故意对其不采取羁押措施，直至其分娩（或流产）后再采取羁押措施（或者再提起公诉）。这显然是不合适的。

① 参见张华：《从张、杨共同杀人案谈如何理解“审判时怀孕的妇女”》，载《政治与法律》，2002（3）。

正是因为如此，才有学者大声疾呼："审判的时候怀孕的妇女"的范围应予明确。审判前的羁押只是临时性的强制措施，只要行为人在案，其"怀孕的事实"不会因其被羁押与否而改变。建议尽快出台立法解释或司法解释，将"审判的时候怀孕的妇女"界定为"在案期间怀孕的妇女"。这样规定，包括了审判时怀孕的情形，也包括了审判前流产或分娩的情形，既体现了对审判时或羁押期间怀孕妇女的保护，也体现了对未被羁押但在案的怀孕妇女的保护，同时也可切实解决在司法实践中认识不一的问题。①

【要旨提示】

刑法第 49 条规定的"审判的时候怀孕的妇女"应作扩大解释，包括羁押期间怀孕的情形。公安机关明知涉案嫌疑人怀孕而不对其采取有关强制措施，待其分娩后再予拘押的，嫌疑人仍应被视为"审判的时候怀孕的妇女"，不得适用死刑。

79. 王某故意杀人案②

——死缓限制减刑的法律性质

【案情介绍】

被告人王某与被害人赵某某在山东省潍坊市某学院同学期间建立恋爱关系。2005 年，王某毕业后参加工作，赵某某考入山东省某大学继续专升本学习。2007 年赵某某毕业参加工作后，王某与赵某某商议结婚事宜，因赵某某家人不同意，赵某某多次提出分手，但在王某的坚持下二人继续保持联系。2008 年 10 月 9 日中午，王某在赵某某的集体宿舍再次谈及婚恋问题，因赵某某明确表示二人不可能在一起，王某感到绝望，愤而产生杀死赵某某然后自杀的念头，即持赵某某宿舍内的一把单刃尖刀，朝赵的颈部、胸腹部、背部连续捅刺，致其失血性休克死亡。次日 8 时 30 分许，王某服农药自杀未遂，被公安机关抓获归案。王某平时表现较好，归案后如实供述自己罪行，并与其亲属积极赔偿，但未与被害人亲属达成赔偿协议。

检察机关对被告人王某以故意杀人罪，提起公诉。一审法院于 2009 年 10 月 14 日作出刑事判决，认定被告人王某犯故意杀人罪，判处死刑，剥夺政治权利终身。宣判后，王某提起上诉。二审法院于 2010 年 6 月 18 日裁定驳回上诉、维持原判，并依法报请最高人民法院核准。最高人民法院根据复核确认的事实，裁定不核准被告人王某死刑，发回二审法院重新审判。二审法院经依法重新审理，于 2011 年 5 月 3 日作出刑事判决，以故意杀人罪改判被告人王某死刑，缓期 2 年执行，剥夺政治权利终身，同时决定对其限制减刑。

【观点争议】

本案中是在判决王某死缓的同时决定对其限制减刑。但对于何时对死缓犯罪人作出限制减刑的决定，以及对于死缓限制减刑的法律性质，理论界和实务界存在不同的认识。

一种观点认为，刑法第 50 条第 2 款规定的死缓限制减刑是一种实体性规定，是死缓考验

---

① 参见熊皓：《"审判时怀孕的妇女"范围应明确》，载《检察日报》，2006-04-26。

② 案例来源：最高人民法院第 4 号指导性案例。

期满后的一种法律后果，所以对罪犯之死缓限制减刑的决定应当在对罪犯宣告死缓的同时作出。这种观点为司法实务界所采纳。2011 年 4 月 20 日最高人民法院《关于死刑缓期执行限制减刑案件审理程序若干问题的规定》第 1 条规定，对被判处死缓的累犯以及因故意杀人、强奸、抢劫、绑架、放火、爆炸、投放危险物质或者有组织的暴力性犯罪被判处死缓的犯罪分子，人民法院根据犯罪情节、人身危险性等情况，可以在作出裁判的同时决定对其限制减刑。

另一种观点认为，刑法第 50 条第 2 款规定的死缓限制减刑是一种程序性规定，是一种特殊的执行方式，所以对罪犯之死缓限制减刑的决定应当在罪犯死缓考验期满裁定减刑的时候作出。这种观点为学界不少学者所认可。

【法理分析】

最高人民法院之所以将死缓限制减刑界定为实体性规定，并认为应当在死缓判决的同时作出宣告，主要基于以下几点原因：第一，符合立法本意。最高人民法院 2007 年提出延长部分死缓犯实际执行期的立法建议。该立法建议采取的宣告模式就是由人民法院在作出死刑缓期执行的判决书中一并宣告，而不是在刑罚执行过程中另行宣告。第二，有利于保障被告人的合法权益。将死缓限制减刑界定为实体性权利，被告人可以针对其进行上诉，检察机关可以针对其提出抗诉，法院可以针对其撤销判决、直接改判等。第三，能够很好解决判处死刑缓期执行与同时决定限制减刑之间的逻辑关系。在判决书中宣告限制减刑，并不等于该项判决内容已经生效，最终是否对被告人限制减刑，只有在终局判决作出之后才能确定，并在判决生效后才能执行。①

虽然不少学者并不赞成将死缓限制减刑界定为实体性规定，但是有学者同时也认为，即使将其界定为实体性规定，不作为死缓的法律后果，在实施效果上也不会出现什么实质性的差别。首先，限制减刑的依据并非死缓考验期间被告人的表现，而是其在判处死缓之前的表现。尽管它被规定在死缓的法律后果部分，却完全可以与死缓的法律后果无关。其次，死缓限制减刑无论在适用条件还是法律后果上，均与死缓存在较大区别。从后果上讲，死缓限制减刑比死缓要重得多。因此，虽说死缓限制减刑是死缓的一种类型，但其实并不完全属于死缓，而是介于死刑立即执行和死缓之间的一个过渡层次。最后，死缓限制减刑的立法目的并非单纯加重"生刑"，而是为进一步严格执行死刑政策创造法律和制度条件。通过部分延长死缓罪犯的实际执行期限，加重死缓的严厉性，改变以往"死刑过重、生刑过轻"的刑罚执行不平衡现象。②

笔者赞同学界主流观点，认为死缓限制减刑应当是程序性规定而非实体性规定。理由如下。

首先，从死缓限制减刑的条文位置及与其他相关条文的关系上看，死缓限制减刑应当是程序性规定。死缓限制减刑被规定在刑法第 50 条第 2 款，修正前该条（也即现刑法第 50 条第 1 款）所规定的内容是死缓的法律后果：或因为没有故意犯罪，在两年期满后，减为无期徒刑；或因有重大立功表现，两年期满以后减为 25 年有期徒刑；或者因故意犯罪情节恶劣，报请最高人民法院核准后执行死刑；或者故意犯罪虽未执行死刑，但死缓考验期重新计算。死缓限制

---

① 参见高贵君、马岩、方文军：《〈关于死刑缓期执行限制减刑案件审理程序若干问题的规定〉的理解与适用》，载《人民司法》，2011（11）。

② 参见黎宏：《死缓限制减刑及其适用》，载《法学研究》，2013（5）。

减刑并未单独规定一个条文，如第 50 条之一，而是被规定在第 50 条当中，所以死缓限制减刑应当也作为死缓的法律后果的相关内容。

其次，如果将死缓限制减刑作为实体性规定，在刑罚裁量阶段就对其作出决定，逻辑上可能出现问题。根据刑法第 50 条第 1 款的规定，死缓的法律后果包括四种情形，分别为减为无期徒刑、减为 25 年有期徒刑、核准执行死刑、死缓考验期重新计算。其中只有减为无期徒刑或 25 年有期徒刑，才可能适用限制减刑，然而，并非所有的死缓法律后果都存在着适用限制减刑的可能。在对被告人宣告死缓时，法院并不确定死缓罪犯未来可能的后果，此时同时宣告其限制减刑，并不妥当。如果罪犯未来因故意犯罪被核准执行死刑，原判决中的限制减刑岂不是成了一句空话？这有违判决的权威性和确定性。对于此问题，最高人民法院认为，"虽然存在因死刑缓期执行期间故意犯罪被核准死刑的情况，但这种情况毕竟很少，一旦出现，原作出的限制减刑判决自然无须再执行"[①]。这种解释不具有说服力：第一，情况很少并不意味着没有；第二，原限制减刑判决不需执行，只是客观操作方式，并不能用以说明内在逻辑矛盾之处。

再次，决定是否限制减刑并不仅仅是考虑是否是累犯，是否实施的是故意杀人、强奸、抢劫、绑架、放火、爆炸、投放危险物质或者有组织的暴力性犯罪。单纯从刑法第 50 条第 2 款的规定上看，似乎如有些学者所言，"决定是否判处死缓限制减刑的标准不是罪犯在死缓考验期内的表现，而是其在被判处死缓之前的表现，即是否是'累犯'、是否有'故意杀人、强奸、抢劫、绑架、放火、爆炸、投放危险物质或者有组织的暴力性犯罪'的情节"[②]。但这种理解，显然割裂了刑法第 50 条第 1 款和第 2 款之间的内在逻辑关系。"对该条第 2 款（即限制减刑）的理解和解释，应在其所处语境下进行分析。第 2 款所处语境即应结合第 1 款规定加以明确。"[③] 如前所述，死缓的法律后果有多种情形，其中死缓真正能够客观效果上实现限制减刑的前提是两年考验期内罪犯没有被核准执行死刑或者重新计算考验期，即其必须是在两年考验期中并未故意犯罪或者有重大立功表现。所以，在对罪犯在客观上真正能够适用限制减刑的情形中，实际上考虑了两个方面的内容：第一，罪犯在考验期间的行为表现；第二，罪犯在死缓考验期之前的表现。

最后，有学者认为，死缓限制减刑的适用对象是那些根据原来刑法规定判处死刑偏重、判处死缓偏轻的犯罪人[④]，"通过延长被判处死缓的罪犯实际执行的刑期来增加死缓的严厉性，进而减少死刑立即执行的适用"[⑤]。根据这种立法目的，死缓限制减刑决定不应当在死缓考验期满裁定减刑的时候才作出，而是应当在死缓宣告的时候一并作出。但笔者认为，迫于被害人及其家属或者舆论的压力，对本不应判处死刑的案件作出死刑判决，本来就是有违法律规定的表现，是法律以外的因素影响着最终的判决，以此为理由论证本就基础不够扎实。即使真的需要考量此因素，在死缓宣告时即作出限制减刑的决定，是否又可能产生给被害人及其家属或者普通民众带来死缓就是绝对死不了的印象，否则为什么要在死缓考验期尚未开始之时即提出对

① 高贵君、马岩、方文军：《〈关于死刑缓期执行限制减刑案件审理程序若干问题的规定〉的理解与适用》，载《人民司法》，2011（11）。

② 黎宏：《死缓限制减刑及其适用》，载《法学研究》，2013（5）。

③ 时延安：《论死缓犯限制减刑的程序问题》，载《法学》，2012（5）。

④ 参见方文军：《死刑缓期执行限制减刑制度的司法适用》，载《法律适用》，2011（8）。

⑤ 叶良芳、应玉倩：《死缓限制减刑的司法适用》，载《浙江社会科学》，2013（2）。

其限制减刑；而且，死缓限制减刑较之于普通死缓减刑后的实际执行刑期一般相差8年左右，这多出的8年刑期，对于真正要求死刑立即执行的被害人及其家属或者舆论又能起到多大的作用？

综上，笔者认为，死缓限制减刑应当是一项程序性的规定，应当在裁定死缓减刑的同时作出决定。

【要旨提示】

从死缓限制减刑的条文位置及与其他条文之间的关系、死缓限制减刑与死缓法律后果之间的内在联系等考虑，死缓限制减刑应当是一项程序性规定而非实体性规定，应当在死缓考验期结束后裁定减刑时作出是否限制减刑的决定。

80. 张某故意杀人案①

——死缓限制减刑中的“民间矛盾”

【案情介绍】

2009年8月30日18时30分许，被告人张某因女友于某提出与其分手而产生不满，在吉林省吉林市船营区某铁道口北100米处，用随身携带的卡簧刀朝于某的左腋部、上腹部、左侧大腿外侧捅刺4刀后逃离现场。被害人于某经送医院抢救无效死亡。

检察机关对张某以故意杀人罪提起公诉。一审法院经审理，根据《中华人民共和国刑法》第232条、第57条第1款的规定，判决如下：判处被告人张某死刑，剥夺政治权利终身。被告人张某不服一审判决，提起上诉。二审法院经审理，根据《中华人民共和国刑事诉讼法》（1996年）第189条第1项的规定，裁定驳回上诉、维持原判，并依法报请最高人民法院核准。最高人民法院经复核，根据《中华人民共和国刑事诉讼法》（1996年）第199条、最高人民法院《关于复核死刑案件若干问题的规定》第4条的规定，裁定不核准二审法院的裁定，撤销裁定，发回重审。二审法院经重新审理，判处被告人张某死刑，缓期2年执行，剥夺政治权利终身，并依法对其限制减刑。

【观点争议】

本案中对于被告人张某构成故意杀人罪并无争议，争议焦点在于是否应当对被告人张某适用死刑立即执行。对此在案件审理过程中，存在两种不同的意见。

第一种意见认为，被告人张某因恋爱不成而故意杀人，动机卑劣，而且手段残忍，应当认定为罪行极其严重，依法应当判处死刑立即执行。

第二种意见认为，本案系婚恋纠纷所引发，张某的人身危险性和社会危害性与普通的故意杀人者应当有所区别，依据刑法和现行的相关刑事政策，对被告人张某可以不适用死刑立即执行，应适用死刑缓期执行并限制减刑。

---

① 案例来源：江媞：《故意杀人案中限制减刑的适用》，载《人民司法》，2012（4）。

【法理分析】

本案中的争议焦点在于类似于婚恋纠纷等民间矛盾对犯罪人刑事责任的影响问题。最高人民法院发布的指导性案例中，有两个指导性案例直接涉及婚恋纠纷等民间矛盾对刑事责任的影响。第一个是第 4 号指导性案例“王志才故意杀人案”，其裁判要旨指出“因恋爱、婚姻矛盾激化引发的故意杀人案件，被告人犯罪手段残忍，论罪应当判处死刑，但被告人具有坦白悔罪、积极赔偿等从轻处罚情节，同时被害人亲属要求严惩的，人民法院根据案件性质、犯罪情节、危害后果和被告人的主观恶性及人身危险性，可以依法判处被告人死刑，缓期二年执行，同时决定限制减刑，以有效化解社会矛盾，促进社会和谐”。另一个是第 12 号指导性案例“李飞故意杀人案”，其裁判要旨指出：“被告人李飞的行为已构成故意杀人罪，罪行极其严重，论罪应当判处死刑。但本案系因民间矛盾引发的犯罪；案发后李飞的母亲梁某某在得知李飞杀人后的行踪时，主动、及时到公安机关反映情况，并积极配合公安机关将李飞抓获归案；李飞在公安机关对其进行抓捕时，顺从归案，没有反抗行为，并在归案后始终如实供述自己的犯罪事实，认罪态度好；在本案审理期间，李飞的母亲代为赔偿被害方经济损失；李飞虽系累犯，但此前所犯盗窃罪的情节较轻。综合考虑上述情节，可以对李飞酌情从宽处罚，对其可不判处死刑立即执行。同时，鉴于其故意杀人手段残忍，又系累犯，且被害人亲属不予谅解，故依法判处被告人李飞死刑，缓期二年执行，并决定对其限制减刑。”“从两个案例来看，均包含法定或酌定从轻量刑情节与法定或酌定从重量刑情节，从轻与从重量刑情节‘折抵’后，可以基本上得出‘婚恋纠纷’这一民间矛盾是两个案件被判处死缓限制减刑的最主要依据。”①

除此之外，最高司法机关的不少文件也都将民间矛盾作为是否适用死刑时应当考虑的重要从轻情节加以规定。如 1999 年 10 月 27 日最高人民法院发布的《全国法院维护农村稳定刑事审判工作座谈会纪要》指出：“对故意杀人犯罪是否判处死刑，不仅要看是否造成了被害人死亡结果，还要综合考虑案件的全部情况。对于因婚姻家庭、邻里纠纷等民间矛盾激化引发的故意杀人犯罪，适用死刑一定要十分慎重，应当与发生在社会上的严重危害社会治安的其他故意杀人犯罪案件有所区别。对于被害人一方有明显过错或对矛盾激化负有直接责任，或者被告人有法定从轻处罚情节的，一般不应判处死刑立即执行。”2007 年 1 月 15 日，最高人民法院发布的《关于为构建社会主义和谐社会提供司法保障的若干意见》第 18 条指出：“对于因婚姻家庭、邻里纠纷等民间矛盾激化引发的案件，因被害方的过错行为引发的案件，案发后真诚悔罪并积极赔偿被害人损失的案件，应慎用死刑立即执行。”

婚恋纠纷等民间矛盾之所以能够影响死刑案件的判决，原因在于，由婚恋纠纷等民间矛盾引发的死刑案件较之于一般的死刑案件而言，虽然客观上都造成了他人的死亡，但是从主观恶性和人身危险性的角度看，前者的社会危害性②更小，不属于必须立即执行的死刑案件。

首先，相较于一般的死刑案件，婚恋纠纷等民间矛盾所引发的死刑案件中，犯罪人的主观恶性较小。民间矛盾所引发的死刑案件，属于“事出有因”，而且对象特定，即针对矛盾另外一方，较之于仇视社会、国家而随意挑选杀害对象的案件，行为人的主观恶性显然更小。此外，此类案件中行为人通常并无预谋或长期谋划，而是在特定场合、特定环境的刺激之下，情

① 姜涛：《死缓限制减刑中的“民间矛盾”》，载《政治与法律》，2015（4）。

② 此处的社会危害性为广义的社会危害性，即包括客观的社会损害结果、主观恶性以及人身危险性。

绪冲动而不顾及后果地实施犯罪行为，甚至行为人抱着同归于尽的心态，如最高人民法院第4号指导性案例中王志才即存有自杀殉情的念头和行为，显然其主观恶性要更小。

其次，相较于一般的死刑案件，婚恋纠纷等民间矛盾所引发的死刑案件中，行为人的人身危险性较小。正是因为此类案件“事出有因”，行为人未来再次因为类似原因而实施类似犯罪行为的可能性较小；而且，由于行为的无预谋性或突发性，行为人往往在事后对自己之前的冲突行为感到后悔，并积极赔偿被害人及其家属的损失，未来极可能不会再次实施类似行为。

最后，相较于一般的死刑案件，婚恋纠纷等民间矛盾所引发的死刑案件中，社会关系修复的可能性更大。对犯罪人进行处罚，预防其再次实施犯罪行为是对犯罪人进行刑事处罚的重要目的，但对于修复或恢复已经遭到破坏的社会关系毫无作用。相较于单纯地对犯罪人进行刑事处罚，修复或恢复社会关系显然更加重要。“矛盾纠纷的存在必然对其今后生活、交往产生较大的影响，容易滋生新的矛盾，影响社会稳定”①，为了实现后者，即使让渡一部分刑罚权也未尝不可。比如刑事诉讼法中即规定因民间纠纷②引起，涉嫌刑法分则第四章、第五章规定的犯罪案件，可能判处3年有期徒刑以下刑罚的，可以进行刑事和解。婚恋纠纷、邻里纠纷等民间矛盾的主体双方在社会生活中应当被划归为“熟人”而非陌生人。正是这样一种熟人关系的存在，在中国传统的熟人社会的社会结构之下，为修复或恢复遭到破坏的社会关系提供了必要性和充分的可行性。

虽然民间矛盾能够作为从轻情节来影响死刑案件的处理，但并非所有民众之间的矛盾都属于应当进行考量的民间矛盾，对于是否是死刑案件中的民间矛盾，应当明确判断标准。笔者认为，能够作为从轻情节的民间矛盾应当满足以下条件。

第一，双方关系的特定性。从前述指导性案例和最高司法机关的相关文件，可以看出，民间矛盾的典型例子为婚姻、恋爱、家庭、邻里纠纷，这些纠纷显然都是熟人纠纷，也就意味着民间矛盾应当是发生在熟人之间的纠纷或矛盾。本案以及第4号、第12号指导性案例中，双方之间均之前存在恋爱关系，如果甲与乙并不相识，甲欲追求乙，遭乙拒绝，后将乙杀害，虽然该纠纷与恋爱有关，但是由于双方之间并非熟人关系，故不属于民间矛盾。

第二，纠纷内容的特定性。民间矛盾的纠纷内容应当“包括家庭婚姻、邻里纠纷等‘家长里短’的常见矛盾，也包括民间借贷、买卖纠纷等‘生产经营性’的矛盾，亦包括偶发性、突发性的口角等引发的矛盾纠纷”③。虽然民间矛盾的具体纠纷内容可以很宽泛，但是仍然必须坚持一个最基本的要求：即这些纠纷必须限于程度较轻的范围，不可以达到涉及刑事案件的程度。

第三，与刑事案件关联的特定性，即刑事案件的发生应当与该民间矛盾直接关联，而不能与该民间矛盾无关。如甲男乙女曾系恋人关系，后因双方性格不合而分手。某日甲男因心情不好，酒后在路上袭击过路女性，恰巧乙女路过，甲男将乙女杀害。虽然甲男与乙女之间存在婚恋纠纷，但是甲男故意杀害乙女的行为与该婚恋纠纷并无关联，不能将其认定为案件中的民间矛盾。

---

① 关振海：《刑事和解法律文本中“民间纠纷”的规范分析》，载《西南政法大学学报》，2013（5）。

② 本质上民间纠纷和民间矛盾没有差别，仅是用语表述不同。

③ 陈瑜、米卿：《刑事和解中民间纠纷认定问题分析》，载《中国检察官》，2013（11）。

【要旨提示】

从行为人的主观恶性、人身危险性以及社会关系的修复可能性考虑，婚恋纠纷等民间矛盾能够作为从轻情节，在死刑案件中影响案件的量刑结论。此类民间矛盾必须满足以下条件：纠纷双方的关系必须是熟人关系；纠纷内容不能达到涉及刑事案件的程度；与刑事案件的发生具有关联性。

81. 扎西某某等抢劫案[①]

——对未成年人能否判处无期徒刑

【案情介绍】

2000年9月23日15时许，被告人扎西某某等人在一块闲聊时，议论到新疆某勘探集团公司退休职工翁某有许多钱。在索朗某某的提议下，四被告人预谋抢劫翁某的钱财。之后，扎西某某安排次仁某某去翁某的住房周围察看情况兼望风，自己则伙同索朗某某、尼玛某某借故进入翁某的住处。当听到次仁某某按约定发出附近无人的信号后，扎西某某又让索朗某某将次仁某某也叫进屋里。扎西某某随即按原定计划从背后用手勒住翁某的脖子，尼玛某某则持事先准备好的石块击打翁某的额部、脸部，后二人又共同将翁某摁倒在床上，使其不能反抗。其间，索朗某某、次仁某某则在屋里四处搜寻财物。翁某高声呼救。扎西某某询问他人要不要把翁某杀掉，尼玛某某等人起初不同意，后见翁某仍在继续喊叫，唯恐事情败露，便示意扎西某某下手杀死翁某。于是，扎西某某用匕首朝翁某的颈部、胸部、腹部等处连捅7刀，致其死亡。在杀死被害人后，4被告人用被子、大衣覆盖在尸身上，将匕首及被害人的身份证等物品扔入附近的厕所或藏匿在墙缝中，携带从被害人处劫取的现金共计人民币8 700元逃离现场。同年10月9日，公安人员将潜逃至外地的四被告人全部抓获归案，并查获部分赃款人民币3 233.5元及用赃款购买的赃物。

检察机关以被告人扎西某某、索朗某某、尼玛某某和次仁某某犯抢劫罪，向法院提起公诉。一审法院依照《中华人民共和国刑法》第263条第1项、第5项，第57条第1款，第25条第1款，第26条第1款，第27条，第49条，第17条第1款、第2款、第3款，第64条的规定，于2001年6月16日判决如下：(1) 被告人扎西某某犯抢劫罪，判处无期徒刑，剥夺政治权利终身，并处罚金3 000元；(2) 被告人索朗某某犯抢劫罪，判处无期徒刑，剥夺政治权利终身，并处罚金3 000元；(3) 被告人尼玛某某犯抢劫罪，判处无期徒刑，剥夺政治权利终身，并处罚金3 000元；(4) 被告人次仁某某犯抢劫罪，判处有期徒刑4年，并处罚金1 000元；(5) 追缴的赃款人民币3 233.5元依法退还被害人亲属，作案工具依法予以没收。被告人尼玛某某上诉后，二审法院经审理，依照1996年《中华人民共和国刑事诉讼法》第189条第2项和《中华人民共和国刑法》第263条第1项、第4项、第5项，第25条第1款，第26条第1款、第4款，第27条，第49条，第17条第1款、第2款、第3款，第52条，第64条的规

① 案例来源：最高人民法院刑事审判第一、二、三、四、五庭主办：《中国刑事审判指导案例（危害国家安全罪·危害公共安全罪·侵犯财产罪·危害国防利益罪）》，323～326页，北京，法律出版社，2009。

定，于2001年10月23日判决如下：（1）维持一审法院刑事判决对原审被告人扎西某某、次仁某某的定罪量刑和追缴赃款、没收犯罪工具部分；（2）撤销一审法院刑事判决中对上诉人尼玛某某及原审被告人索朗某某的量刑部分；（3）被告人尼玛某某犯抢劫罪，判处有期徒刑15年，并处罚金人民币3 000元；（4）被告人索朗某某犯抢劫罪，判处有期徒刑15年，并处罚金人民币3 000元。

【观点争议】

本案除涉及主、从犯的司法认定问题之外，最为关键且存有争议的问题是，对罪行极其严重的未成年人能否判处无期徒刑。对此，理论界存在三种观点。

第一种观点为否定说，主张对未成年被告人不应判处无期徒刑。主要理由是：虽然我国刑法没有明确规定未成年人可适用的最高刑种或刑期，但是我国刑法第49条规定，“犯罪的时候不满十八周岁的人和审判的时候怀孕的妇女，不适用死刑”。也就是说无论社会危害程度多么严重，对未成年被告人量刑最高刑只能从无期徒刑开始考虑。同时我国刑法第17条第3款规定：“已满十四周岁不满十八周岁的人犯罪，应当从轻或者减轻处罚。”而我国刑法第62条规定，从轻处罚，是指在法定刑幅度以内判处较轻的刑种或较短的刑期；第63条规定，减轻处罚，是指在法定刑幅度以下判处刑罚。由于刑法第17条第3款规定的是“应当”，而不是“可以”，所以，不论未成年人论罪当处的量刑幅度为何，无期徒刑是没有刑罚幅度的刑种，若从轻处罚，只能判处有期徒刑；减轻处罚的，更不可能判处无期徒刑。因此，对未成年被告人不应当判处无期徒刑。[①]

第二种观点为修正的否定说，主张对未成年人犯罪一般情况下不能判处无期徒刑，但是若在未成年人犯罪案件中同时存在刑法规定的“应当从重”的处罚情节的，仍可以判处无期徒刑。同否定论者一样，修正的否定论者首先从刑法第49条与刑法第17条第3款的规定得出对未成年犯应当在无期徒刑以下量刑（不应含无期徒刑），接下来又从刑法第5条规定的罪刑相适应原则入手，主张如果在未成年人犯罪案件中，有刑法规定的“应当从重”处罚的法定情节，比如累犯等，那么此“从重”处罚的情况便与刑法第17条第3款规定的应当从轻、减轻相抵销，仍可以判处无期徒刑。[②]

第三种观点为肯定说，主张对未成年犯罪人可以判处无期徒刑，但仅限于极其严重的罪行。主要理由为：刑法典是一个具有内在逻辑结构的有机整体。在这个整体中，各个刑法规定并不是孤立存在的，刑法规定之间总是存在着这样或那样的联系。虽然刑法第17条第3款的规定与第49条的规定看起来没有什么关系，但若将之放在整个刑法典的逻辑语境中考察，则可见其相互间存在着逻辑上的内在连接。犯罪、刑事责任、刑罚是刑法典的三个基本范畴，三者之间具有内在的逻辑关系——犯罪是因，刑事责任是果，刑罚作为刑事责任的主要承担方式，也是犯罪之果。因此，刑法第17条第3款的规定和第49条的规定之间存在着前因后果的关系，即是说，从“已满十四周岁不满十八周岁的人犯罪，应当从轻或者减轻处罚”这一“前因”应当结出“犯罪的时候不满十八周岁的人不适用死刑”这一从宽处罚的“后果”。正因为这样，对论罪当死的未成年犯不适用死刑而适用无期徒刑，本身就是对未成年人犯罪从宽处罚的结果。若对其再按照刑法第17条第3款的规定予以从轻或者减轻处罚，则是对未成年人犯

---

① 参见卢建平、刘再杰：《对未成被告人不应判处无期徒刑》，载《人民检察》，2005（4）。

② 参见王伟兰、杜铁军：《未成年人犯罪能否适用无期徒刑》，载《人民法院报》，2002-07-09。

罪的再次从宽。这违反了刑法上的禁止重复评价原则。在此基础上，考虑到对未成年犯适用无期徒刑会带来一些问题，尽管对未成年人犯罪可以判处无期徒刑，但仅限于罪行极其严重的情形。[①]

【法理分析】

笔者同意肯定论的观点，认为对未成年人犯罪可以适用无期徒刑，但仅限于罪行极其严重的情形。简要理由如下。

首先，从立法者的立法原意来看，对未成年人犯罪可以适用无期徒刑。实际上早在 20 世纪 50 年代我国就有学者主张对未成年人犯罪不宜适用无期徒刑的观点[②]，但这一观点并没有为立法者采纳。这一点可以从立法者对未成年人犯罪死缓问题的处理得到印证。1979 年刑法第 43 条规定：死刑只适用于罪大恶极的犯罪分子。对于应当判处死刑的犯罪分子，如果不是必须立即执行的，可以判处死刑同时宣告缓期 2 年执行，实行劳动改造，以观后效。随着理论界的呼吁，1997 年刑法修订时立法者在刑法第 49 条明确规定，犯罪的时候不满 18 周岁的人和审判时怀孕的妇女，不适用死刑。这取消了 1979 年刑法第 43 条对未成年犯罪人可以判处死缓的规定，顺应了时代发展的潮流。一个不可否认的事实是：无论是 1979 年刑法还是 1997 年刑法，都没有作出对未成年人犯罪禁止适用无期徒刑的规定。如果立法者同意对未成年犯罪人禁止适用无期徒刑的话，为何不在 1997 年刑法中予以明确规定呢？

事实上，现行司法解释也明确支持对未成年人犯罪可以适用无期徒刑。2006 年 1 月 11 日最高人民法院《关于审理未成年人刑事案件具体应用法律若干问题的解释》第 13 条明确规定：未成年人犯罪只有罪行极其严重的，才可以适用无期徒刑。对已满 14 周岁不满 16 周岁的人犯罪一般不判处无期徒刑。

其次，对未成年人犯罪适用无期徒刑并不违反国际文件的规定。否定论者主张对未成年人犯罪适用无期徒刑违反一些国际文件的规定。如联合国《儿童权利公约》第 37 条明确规定："对未满 18 岁的人所犯罪行不得判以死刑或无释放可能的无期徒刑。"2004 年 9 月，在北京召开的第 17 届国际刑法大会也作出了《国内法与国际法下的未成年人刑事责任决议》，除了重申联合国《儿童权利公约》的规定外，更在决议第 10 条和第 11 条强调："对犯罪时未成年的人不得判处死刑；禁止任何形式的终身监禁、肉刑、酷刑或者其他任何不人道的待遇。监禁最长不超过 15 年。"问题在于，国际上对未成年人犯罪禁止适用的仅仅是"无释放可能的无期徒刑"，而我国刑法所规定的无期徒刑，由于减刑、假释制度的存在，不属于"无释放可能的无期徒刑"。即使有人担忧对未成年犯罪人的监禁超过 15 年，我们也可以通过司法解释来对其予以限制。

最后，对未成年人犯罪适用无期徒刑是当前社会治安形势的需要。一个不可否认的事实是当前我国青少年犯罪率日益上升，由未成年人犯罪引发的恶性案件经常发生。尽管对未成年人犯罪禁止适用无期徒刑是一个国际趋势，但在我国目前的社会治安情况下，无论是为了维护社会正义和秩序，还是为了实现罪刑相当的刑法基本原则，对一些犯罪动机恶劣、犯罪手段残忍、犯罪后果严重的未成年人犯罪适用无期徒刑仍然是合理的、必要的。同时，这也是与我国刑法规定对未成年人犯罪不适用死刑相适应，使法定刑配置合理，发挥刑罚功能，实现刑罚目

---

① 参见彭辅顺：《论对未成年人犯罪适用无期徒刑》，载《东北大学学报（社会科学版）》，2005（1）。

② 参见赵秉志：《未成年人犯罪的刑事责任问题研究（三）》，载《山东公安专科学校学报》，2001（4）。

的所必需的。

需要注意的是，上述否定论者经由刑法第 49 条及第 17 条第 3 款、第 62 条、第 63 条关系下的逻辑推理所得出的结论是不容辩驳的，亦即，经由法条之间逻辑关系的推理我们完全可以得出对未成年人犯罪禁止适用无期徒刑的结论。同时，肯定论者所谓的“重复适用”的说法是不尽科学的：“刑法在规定对未成年犯罪人不适用死刑的同时又规定对未成年犯罪人应当从轻处罚，前者为死刑排除规则，实质上是宣布对未成年犯罪人取消死刑（包括死缓），并将其法定最高刑限制在无期徒刑以内。后者则为具体量刑时应当把握的法定情节，旨在突出对未成年犯罪人与成年犯罪人区别对待的刑事政策，体现对未成年犯罪人从宽量刑的立法精神。这是两个层次上的问题，并非所谓的‘重复适用’，否则刑法就完全可以规定是可以从轻而非应当从轻。”[①] 如何解决这一难题？

笔者认为对此可以经由补正解释得以解决。所谓补正解释，即在刑法文字表述等发生错误时，统观刑法全文加以补正，以阐明刑法真实含义的解释方法。如认为刑法第 63 条中的“以下”不包括本数，则是补正解释。大量事实表明，立法者是人不是神，所以刑法在文字表述等方面完全可能存在错误。[②] 此时，就需要人们以补正解释的办法对刑法规定予以完善。

尽管立法与司法解释及国际文件都没有禁止对未成年人犯罪适用无期徒刑，但这并不意味着对未成年人犯罪适用无期徒刑可以不加限制。对此，肯定论者指出[③]：

第一，无期徒刑的性质决定了对未成年犯应限制适用。无期徒刑是剥夺犯罪分子终身人身自由、实行强制劳动改造的刑罚方法，并且依照现行刑法的规定必须附带剥夺政治权利终身。其终身剥夺人身自由的特点决定了其严厉性仅次于死刑，犯罪人所受到的剥夺性痛苦甚至超过死刑犯所承受的死刑痛苦。正是因为如此，才有学者主张把无期徒刑作为死刑废除后的替代措施。因此，在对未成年人犯罪禁止适用死刑的情况下，对未成年人犯罪适用无期徒刑也应进行严格限制，本着“教育为主、处罚为辅”的原则，尽量少适用。即使不得已适用时，也应注意依法从宽掌握刑罚执行中减刑、假释的适用，做到宽严相济。只有这样，才能体现出对未成年人犯罪刑罚的合理性、正当性。

第二，无期徒刑的弊端决定了对未成年犯应限制适用。无期徒刑具有不可分性，适用中无法做到罪责刑相适应和刑罚个别化。这种有失公正性的刑罚，用在未成年犯身上，其公正性的丧失更加明显。此外，无期徒刑的处罚无期性容易泯灭罪犯再生的希望，从而会使其丧失接受矫正改造的积极性和主动性，陷入自暴自弃状态，轻则消极抵触，重则抗拒改造。对于被处以无期徒刑的未成年犯来说，其心理的脆弱性更容易使其陷入这种消极状态，从而使对未成年犯适用刑罚的目的难以实现。

第三，未成年人犯罪的特殊性决定了对未成年人犯罪适用无期徒刑应严格限制。未成年人犯罪与成年人犯罪相比，其特殊性主要在于犯罪主体的特殊性。未成年人犯罪主体是已满 14 周岁不满 18 周岁的未成年人，他们与成年人相比，无论是生理还是心理方面，都具有不同于成年人的特点。未成年人处于身心成长时期，生理、心理发育均不成熟，社会经验不足，辨别是非的能力较差，自制力低，具有相当大的可塑性。这种身心特点具有双面影响：一方面，未

---

① 最高人民法院刑事审判第一、二、三、四、五庭主办：《中国刑事审判指导案例（危害国家安全罪·危害公共安全罪·侵犯财产罪·危害国防利益罪）》，326 页，北京，法律出版社，2009。

② 参见张明楷：《刑法分则的解释原理》，22 页，北京，中国人民大学出版社，2004。

③ 参见彭辅顺：《论对未成年人犯罪适用无期徒刑》，载《东北大学学报（社会科学版）》，2005（1）。

成年人发育的不成熟，辨别是非的能力较差，使未成年人容易受外界环境影响。这样，如果对未成年犯适用无期徒刑，则其在改造场所受到交叉感染的可能性比成年犯更大。另一方面，未成年人具有相当大的可塑性特点又是对未成年犯进行教育改造的有利因素。如果对未成年犯不适用无期徒刑，而适用其他刑罚，可能更有利于对未成年犯的改造。因此，对未成年犯尽量少用甚至不用无期徒刑符合未成年犯的身心特点，有利于对其进行教育改造。

正是因为如此，2006 年 1 月 11 日最高人民法院《关于审理未成年人刑事案件具体应用法律若干问题的解释》才在第 13 条明确规定："未成年人犯罪只有罪行极其严重的，才可以适用无期徒刑。对已满 14 周岁不满 16 周岁的人犯罪一般不判处无期徒刑。"

何谓罪行极其严重？笔者认为不宜作过于具体的规定，可以在考虑一个基本原则的前提下把自由裁量权下放给审理具体案件的法官。对此，不妨参照 2006 年 1 月 11 日最高人民法院《关于审理未成年人刑事案件具体应用法律若干问题的解释》第 11 条的规定：对未成年罪犯适用刑罚，应当充分考虑是否有利于未成年罪犯的教育和矫正。量刑时应当依照刑法第 61 条的规定，并充分考虑未成年人实施犯罪行为的动机和目的、犯罪时的年龄、是否初次犯罪、犯罪后的悔罪表现、个人成长经历和一贯表现等因素，综合决定对其是否适用无期徒刑。

综上，对未成年人犯罪可以适用无期徒刑，但仅限于罪行极其严重的情形。

刑法第 263 条规定："以暴力、胁迫或者其他方法抢劫公私财物的……有下列情形之一的，处十年以上有期徒刑、无期徒刑或者死刑，并处罚金或没收财产：（一）入户抢劫的……（四）多次抢劫或者抢劫数额巨大的；（五）抢劫致人重伤、死亡的……"理论上，对抢劫罪而言，只要行为人的行为符合上述 8 种加重情节中的任何一种，依法就应当处以 10 年以上有期徒刑、无期徒刑或死刑，并处罚金或者没收财产。本案正如最高人民法院刑事审判业务部门所主张的那样：扎西某某等四名未成年被告人经共同预谋后，入室进行抢劫，在抢劫过程中多次持械伤害被害人，后又将被害人杀死，且抢劫数额巨大，犯罪手段残忍，情节十分恶劣，后果极其严重，同时具有上述的多项严重情节，属罪行极其严重的犯罪分子，依法应予从严惩处。被告人索朗某某、尼玛某某在共同犯罪中虽起主要作用，且对造成被害人死亡负有共同责任，但与本案第一主犯相比，仍有适用从轻处罚的余地，故二审法院以抢劫罪分别改判被告人索朗某某、尼玛某某有期徒刑 15 年是适宜的。至于本案第一主犯即故意杀人的实行犯，二审法院考虑到本案毕竟具有多个从重情节，故维持对其无期徒刑的判决也还是可以的。①

【要旨提示】

对未成年人犯罪可以适用无期徒刑，但仅限于罪行极其严重的情况。对于刑法条文出现的未成年人犯罪不能适用无期徒刑的逻辑漏洞，可以考虑通过补正解释加以解决。对未成年犯适用刑罚，应本着是否有利于未成年犯的教育和矫正的原则，依照刑法第 61 条的规定，并充分考虑未成年犯实施犯罪行为的动机和目的、犯罪时的年龄、是否初次犯罪、犯罪后的悔罪表现、个人成长经历和一贯表现等因素，综合决定是否对其适用无期徒刑。

---

① 参见最高人民法院刑事审判第一、二、三、四、五庭主办：《中国刑事审判指导案例（危害国家安全罪·危害公共安全罪·侵犯财产罪·危害国防利益罪）》，324～326 页，北京，法律出版社，2009。

82. 焦某盗窃案[①]

——剥夺政治权利执行期间重新犯罪如何计算剩余刑期

【案情介绍】

焦某于2005年10月8日15时许，在北京市顺义区某饭店经理室内，窃走王某的小灵通电话一部，后以人民币100元的价格销售；于2005年11月份的一天，到北京市顺义区某小区45－5－402室刘某某家，撬锁窃得摩托罗拉V290型移动电话机一部及项链、戒指等物，物品价值人民币789元；于2005年11月份的一天9时许，进入北京市顺义区医院某宿舍内，窃得刘某三星牌X458型移动电话机一部，价值人民币1 238元；于2006年2月2日9时许，撬门进入北京市朝阳区某小区19－7－201室，窃得黄某某工商银行卡、存折、居民身份证及人民币100元；于2006年3月份的一天，伙同学某、小某（均另案处理）到北京市顺义区某小区27－2－502室，盗走周某某家人民币1 500元、银行储蓄卡3张等物品，后三人从邮政储蓄卡内提取人民币1 100元；于2006年4月21日14时许，伙同学某、小某到北京市朝阳区某小区，进入10－5－67室，窃得曾某某人民币3 900元及惠普牌笔记本电脑1台、移动电话机1部等物，赃款及赃物共计价值人民币12 230元。其还坦白交代，于2006年1月、5月，先后到北京市朝阳区某小区4－3－312室，顺义区某小区28－1－302室，分别窃走赵某某房产本1本、身份证等物，窃走荆某某联想计算机1台、三星X199型移动电话机1部（价值人民币240元）。上述赃款均被挥霍，赃物亦未追回。

检察机关以被告人焦某犯盗窃罪向法院提起公诉。法院经审理后认为：被告人焦某以非法占有为目的，单独或伙同他人，秘密窃取公民财物，数额巨大，其行为已构成盗窃罪，依法应予惩处，应与其原犯盗窃罪未执行完毕的剥夺政治权利并罚。被告人焦某曾因犯罪被判处刑罚，在刑满释放后5年内，又犯应当判处有期徒刑以上刑罚之罪，系累犯，应从重处罚。鉴于其在被抓获后，能主动供述公安机关尚未掌握的部分盗窃事实，系坦白，酌情从轻处罚。遂依据《中华人民共和国刑法》第264条、第65条第1款、第69条第2款、第70条、第64条，以及最高人民法院《关于处理自首和立功具体应用法律若干问题的解释》第4条，于2006年12月8日判决如下：(1）被告人焦某犯盗窃罪，判处有期徒刑4年6个月，并处罚金人民币5 000元，与原犯盗窃罪未执行完毕的剥夺政治权利1年3个月19天并罚，决定执行有期徒刑4年6个月，并处罚金人民币5 000元，剥夺政治权利1年3个月19天。(2）被告人焦某的非法所得17 297元继续予以追缴，追缴后发还各被害人。(3）起获的赵某某户口簿发还被害人赵某某，起获的身份证分别发还孙某、黄某某、周某某、赵某某。(4）作案工具改锥1把、铁钩1个、工具10件予以没收。

【观点争议】

案件审理当时，最高人民法院《关于在执行附加刑剥夺政治权利期间犯新罪应如何处理的

① 案例来源：最高人民法院刑事审判第一、二、三、四、五庭主办：《中国刑事审判指导案例（危害国家安全罪·危害公共安全罪·侵犯财产罪·危害国防利益罪）》，587～589页，北京，法律出版社，2009。

批复》（以下简称 2009 年《批复》）[①] 尚未出台，可供实务部门参考的司法解释只有最高人民法院《关于在附加剥夺政治权利执行期间重新犯罪的被告人是否适用数罪并罚问题的批复》（以下简称 1994 年《批复》）。1994 年《批复》仅仅指出：在对被告人所犯新罪作出判决时，应将新罪所判处的刑罚和前罪没有执行完毕的附加刑剥夺政治权利，按照数罪并罚原则，决定执行的刑罚。但是，对于如何准确计算前罪尚未执行完毕的剥夺政治权利的刑期，1994 年《批复》没有涉及，本案审理中对此存在较大的分歧。具体说来，争议的焦点有如下两个。

（1）在被告人因重新犯罪被羁押后，前罪尚未执行完毕的剥夺政治权利的执行是否停止？

第一种意见认为，剥夺政治权利的执行不能停止。理由是：刑罚的执行能否停止应当根据法律的规定进行，只有在法律有明确规定的情况下才能依法停止执行，如管制的执行因为后罪被判处有期徒刑而停止，死刑立即执行因出现罪犯正在怀孕等法定情形而发生停止等，而法律及司法解释均没有明确规定剥夺政治权利的执行可以停止。而且，剥夺政治权利的执行在一定期限内具有持续性的特点，不同于其他附加刑如罚金、没收财产，如果停止剥夺政治权利的执行，会导致被告人一段时间内能行使政治权利、一段时间内又不能行使，不利于执行机关的执行。

第二种意见认为，剥夺政治权利的执行可以停止，这既符合剥夺政治权利的执行特点，也不违背相关的法律规定，可以避免产生法律适用上的冲突。

（2）如何计算前罪尚未执行完毕的剥夺政治权利的刑期？

第一种意见认为，前罪附加刑剥夺政治权利，应从新罪的主刑有期徒刑执行之日起停止计算，如判决前先行羁押的，应从涉嫌犯新罪被羁押之日起停止计算。

第二种意见认为，应从新罪一审判决之日起停止计算。

第三种意见认为，应从新罪判决生效之日起停止计算，因为罪犯在新罪判决生效之前，其被剥夺政治权利的根据只能是前罪正执行的附加刑。

【法理分析】

1. 剥夺政治权利的执行可以停止

就第一个问题，笔者同意第二种观点，即在被告人因重新犯罪被羁押后，前罪尚未执行完毕的剥夺政治权利的执行可以停止。对此，实务部门的同志罗列出以下三点理由。[②]

首先，剥夺政治权利可以停止符合剥夺政治权利执行的特点。根据法律规定，剥夺政治权利的执行机关是被告人住所地的公安机关，对于服刑的罪犯，由于其住所地的变更，对其政治

---

① 最高人民法院《关于在执行附加刑剥夺政治权利期间犯新罪应如何处理的批复》于 2009 年 5 月 25 日公布，2009 年 6 月 10 日起施行。该批复内容如下：“上海市高级人民法院：你院《关于被告人在执行附加刑剥夺政治权利期间重新犯罪适用法律问题的请示》（沪高法〔2008〕24 号）收悉。经研究，批复如下：一、对判处有期徒刑并处剥夺政治权利的罪犯，主刑已执行完毕，在执行附加刑剥夺政治权利期间又犯新罪，如果所犯新罪无须附加剥夺政治权利的，依照刑法第七十一条的规定数罪并罚。二、前罪尚未执行完毕的附加刑剥夺政治权利的刑期从新罪的主刑有期徒刑执行之日起停止计算，并依照刑法第五十八条规定从新罪的主刑有期徒刑执行完毕之日或者假释之日起继续计算；附加刑剥夺政治权利的效力施用于新罪的主刑执行期间。三、对判处有期徒刑的罪犯，主刑已执行完毕，在执行附加刑剥夺政治权利期间又犯新罪，如果所犯新罪也剥夺政治权利的，依照刑法第五十五条、第五十七条、第七十一条的规定并罚。”

② 参见最高人民法院刑事审判第一、二、三、四、五庭主办：《中国刑事审判指导案例（危害国家安全罪·危害公共安全罪·侵犯财产罪·危害国防利益罪）》，588～589 页，北京，法律出版社，2009。

权利的剥夺则由其服刑地的看守所或者监狱执行。实践中，对于在押被告人需要剥夺政治权利的，由羁押场所担任执行机关。在法律没有规定剥夺政治权利的执行可以移转或代为执行的情况下，当被告人被强制性地改变其处所时，原来的执行机关即住所地的公安机关实际上无从对罪犯执行前罪附加刑剥夺政治权利，而其被羁押场所却没有对其剥夺政治权利的法律依据，如果不认为剥夺政治权利可以停止，将会放任因重新犯罪而被异地羁押的被告人在剥夺政治权利期间对其政治权利的行使。

有意见认为，被告人被羁押后，其政治权利实际上处于一种近乎被剥夺的状态，即使后罪不附加剥夺政治权利，停止与否都没有太大的实际意义。笔者认为，尽管实践中较少出现被告人主动要求行使其政治权利的现象，较为常见的也只是涉及选举权的行使问题，在后罪尚未宣判时，一般由法院或检察院根据案件的具体情况决定是否对在押被告人停权，但是，无须停权的在押被告人享有政治权利，实践中至少可以行使选举权，而且也曾出现在押被告人主动要求行使出版权的情况，因此，剥夺政治权利进行停止有其必要性。

其次，剥夺政治权利可以停止也不违背相关法律的规定。在对后罪进行判决时，被告人被判处有期徒刑的，有期徒刑主刑的刑期从判决生效之日起计算，但被告人被实际羁押的时间折抵刑期，因此在计算刑期的起止日期时均是将被羁押之日作为刑期的起算日期，也就是说后罪主刑的起算日期实际上为重新犯罪后被羁押的时间。在后罪被判处附加剥夺政治权利的情况下，根据刑法第 58 条第 1 款的规定，“剥夺政治权利的效力当然施用于主刑执行期间”，那么后罪主刑即有期徒刑的执行期间被告人的政治权利同样被剥夺。如果不停止对前罪的附加刑剥夺政治权利的执行，由于在数罪并罚时，是将后罪所附加的剥夺政治权利与前罪未执行完毕的剥夺政治权利实行限制加重，理论上就会出现剥夺政治权利的重复执行或者说剥夺政治权利期限的重合，将导致被告人剥夺政治权利实际刑期的缩短。这显然不符合立法本意，有违公正。至于不同意见所提剥夺政治权利执行停止于法无据的问题，可以通过合乎目的性的解释来予以解决。正如服刑期间罪犯脱逃的，法律亦未明确规定执行停止，但停止执行是不言自明的。

最后，如果不停止执行前罪附加刑剥夺政治权利，将使后罪的一、二审仅仅因为在判决时前罪尚未执行的剥夺政治权利的刑期的不同而作出不同的判决。对于前罪剥夺政治权利持续到一审宣判后的，一审宣判时与二审宣判时尚未执行完毕的剥夺政治权利的刑期就会出现不同的结果，二审法院就必须就此作出不同的判决。如被告人前罪被判处附加剥夺政治权利 2 年，因重新犯罪在前罪剥夺政治权利执行期间被羁押，如果后罪不附加剥夺政治权利，一审判决的时间为前罪剥夺政治权利尚余 1 年未执行时，则一审判决决定执行的刑罚应为剥夺政治权利 1 年；如果二审法院在 3 个月以后进行结案，即使一审在后罪的事实、证据、量刑、适用法律、审判程序上均无不当，由于前罪至此时尚未执行完毕的剥夺政治权利的刑期仅余 9 个月，二审也必须予以改判，即剥夺政治权利 9 个月。这显然不符合法律规定，也是不合理的。

综上，剥夺政治权利的执行可以停止，而且这种观点也得到了司法解释的支持。2009 年《批复》第 2 条就明确规定，“前罪尚未执行完毕的附加刑剥夺政治权利的刑期从新罪的主刑有期徒刑执行之日起停止计算”。

2. 如何计算前罪尚未执行完毕的剥夺政治权利的刑期

对此，刑法和司法解释没有明确规定，2009 年《批复》综合考虑上述三种意见后规定：前罪尚未执行完毕的附加刑剥夺政治权利的刑期从新罪的主刑有期徒刑执行之日起停止计算，并依照刑法第 58 条的规定从新罪的主刑有期徒刑执行完毕之日或者假释之日起继续计算。其主要理由如下。[①]

其一，符合刑法“剥夺政治权利的效力当然施用于主刑执行期间”“有期徒刑的刑期，从判决执行之日起计算”的规定，有利于维护剥夺政治权利的连续性。

其二，符合1994年《批复》所作“在新罪所判处的刑罚执行完毕以后，继续执行前罪没有执行完毕的附加刑剥夺政治权利”规定的精神。

其三，有利于维护尚未执行完毕的剥夺政治权利停止计算标准的统一性。如果不停止计算前罪的剥夺政治权利，就造成一、二审仅因为判决时前罪尚未执行的剥夺政治权利刑期的不同而作出不同的判决，显然不利于维护判决的稳定性和权威性。如果将判决生效时间作为停止计算时间，则一审判决时无法知道是否将经过二审程序和二审宣判时间，也就无法确定尚未执行完毕的剥夺政治权利的刑期。

需要指出的是，在具体适用“前罪尚未执行完毕的附加刑剥夺政治权利的刑期从新罪的主刑有期徒刑执行之日起停止计算”时，实际上有如下两种情形。[②]

一是对于判决以前先行羁押的，前罪尚未执行完毕的附加刑剥夺政治权利的刑期可从因涉嫌犯新罪被羁押之日起停止计算。这样，一方面可以与主刑刑期的实际起算时间一致。刑法第47条规定，有期徒刑刑期的计算从判决执行之日起计算，判决执行前先行羁押的，羁押1日折抵刑期1日。因此对于先行羁押的，新罪所判处有期徒刑的刑期实际上从羁押之日起算。2009年《批复》将羁押之日作为停止计算时间，便于计算剥夺政治权利的执行期间。另一方面，也符合剥夺政治权利的实际执行情况，有利于执行机关执行。剥夺政治权利的执行，由罪犯居住地县级公安机关指定派出所执行，基层组织或罪犯的原所在单位协助进行监督。因此，罪犯在因犯新罪被羁押后，原执行机关实际上难以对其继续执行前罪附加刑剥夺政治权利。

二是对于判决前未予羁押的，可以将一审判决作出之日作为前罪尚未执行完毕的剥夺政治权利停止计算的时间点，从而确定尚未执行完毕的刑期。罪犯犯新罪后，其原有的被剥夺政治权利状态不应因犯新罪而改变。因此，在新罪判决的有期徒刑执行之日前，都是前罪剥夺政治权利的执行期间。同时，新罪的一审判决作出时，尚无法确定新罪的有期徒刑执行之日，也就无法确定尚未执行的剥夺政治权利的剩余刑期。为解决这一问题，在技术操作上，可以将一审判决作出之日作为前罪尚未执行的剥夺政治权利停止计算的时间点，并将应当从尚未执行的刑期中扣除的自一审判决作出之日至新罪有期徒刑执行之日的期间，计算在新判决确定的剥夺政治权利的刑期以内。当然，如果在一审判决之后、新罪有期徒刑执行之日前，前罪的剥夺政治权利执行完毕，则不存在再执行前罪的剥夺政治权利问题。

具体到本案来看，被告人焦某于2005年9月1日被刑满释放后，依照刑法第58条第1款的规定，附加剥夺政治权利的刑期，从有期徒刑执行完毕之日起计算，即从2005年9月1日起开始执行附加刑剥夺政治权利2年，执行期满日期为2007年8月31日。焦某于2006年5月12日因重新犯盗窃罪被羁押，故前罪附加刑剥夺政治权利的停止时间应当是2006年5月12日，且焦某此后一直处于被羁押的状态，故还剩余1年3个月19天未执行，因此，法院判决继续执行剥夺政治权利1年3个月19天是正确的。

---

①② 参见《最高人民法院刑五庭负责人就〈批复〉答记者问》，载《人民法院报》，2009-06-10。

【要旨提示】

被判处有期徒刑并处剥夺政治权利的罪犯，主刑已执行完毕，在执行附加刑剥夺政治权利期间又犯新罪，如果所犯新罪无须附加剥夺政治权利的，依照刑法第 71 条的规定数罪并罚，前罪尚未执行完毕的附加刑剥夺政治权利的刑期从新罪的主刑有期徒刑执行之日起停止计算，并依照刑法第 58 条的规定，从新罪的主刑有期徒刑执行完毕之日或者假释之日起继续计算；附加刑剥夺政治权利的效力施用于新罪的主刑执行期间。

83. 龙某罚金执行终结案[①]

——罚金刑的减免

【案情介绍】

被执行人龙某因抢夺罪被上海市 A 区人民法院于 2007 年 5 月判处有期徒刑 2 年，罚金人民币 2 000 元。本案判决生效后，罪犯龙某被移送至上海市 B 监狱服刑；该案罚金尚未缴纳，已由 A 区人民法院刑庭移交执行庭立案执行。执行过程中，被执行人龙某以其家庭在“5·12”地震中受灾严重、无力缴纳罚金，且本人在服刑过程中能认罪服法、认真改造为由，向 A 区人民法院提出免除罚金刑的请求。上海市 B 监狱及上海市 C 区人民检察院核查了龙某的服刑改造情况，并通过地震灾区四川省某镇政府查明，被执行人龙某家庭 4 间房屋全部毁损，其妻在地震前因病死亡，家中老父老母和两个 11 岁的女儿依靠政府救济。后上海市 C 区检察院依据龙某的申请，向 A 区人民法院提交了对龙某终结执行罚金刑的检察建议书。

法院经审查认为，被执行人龙某确系我国“5·12”汶川大地震灾区籍罪犯，其家庭在地震中受灾严重，所居住房屋全部毁损，现居住于政府救济的过渡房内，无经济收入，已经丧失履行罚金刑的经济能力和客观条件，属于法律规定的遭遇不能抗拒的灾祸、缴纳确实有困难的情形。依照刑法第 53 条、刑事诉讼法（1996 年）第 219 条和最高人民法院《关于适用财产刑若干问题的规定》第 6 条之规定作出裁定：对被执行人龙某的罚金人民币 2 000 元终结执行。

【观点争议】

我国刑法第 53 条规定：罚金在判决指定的期限内一次或者分期缴纳。期满不缴纳的，强制缴纳。对于不能全部缴纳罚金的，人民法院在任何时候发现被执行人有可供执行的财产，应当随时追缴。如果由于遭遇不能抗拒的灾祸等原因缴纳确实有困难的，经人民法院裁定，可以延期缴纳、酌情减少或免除。[②] 最高人民法院《关于适用财产刑若干问题的规定》（以下简称

---

① 案例来源：《人民司法》，2009（4）。

② 本条为《刑法修正案（九）》修正，修正前条文为：“罚金在判决指定的期限内一次或者分期缴纳。期满不缴纳的，强制缴纳。对于不能全部缴纳罚金的，人民法院在任何时候发现被执行人有可以供执行的财产，应当随时追缴。如果由于遭遇不能抗拒的灾祸缴纳确实有困难的，可以酌情减少或免除。”

《规定》）第 6 条指出：刑法第 53 条规定的“由于遭遇不能抗拒的灾祸缴纳确实有困难的”，主要是指因遭受火灾、水灾、地震等灾害而丧失财产；罪犯因重病、伤残等而丧失劳动能力，或者需要罪犯抚养的近亲属患有重病，需支付巨额医药费等，确实没有财产可供执行的情形。具有刑法第 53 条规定的“可以酌情减少或者免除”事由的，由罪犯本人、亲属或者犯罪单位向负责执行人民法院提出书面申请，并提供相应的证明材料。人民法院审查以后，根据实际情况，裁定减少或者免除应当缴纳的罚金数额。本案中，被执行人龙某因其家庭在“5·12”大地震中遭受巨大损失，理当属于遭遇不能抗拒的灾祸的情形，符合提起减免罚金申请的条件。问题在于《规定》仅仅在第 10 条规定：财产刑由第一审人民法院执行。犯罪分子的财产在异地的，第一审人民法院可以委托财产所在地人民法院代为执行。类似地，1996 年刑事诉讼法也仅仅在第 219 条（现第 260 条）规定：如果由于遭遇不能抗拒的灾祸，缴纳确实有困难的，可以裁定减少或者免除。但两者均未规定罚金执行和减免的具体职能部门，而罚金刑兼具财产属性和刑罚属性双重特征，司法实践中各地法院做法不一。有的法院由刑事审判庭直接执行，有的法院则由专门的执行部门——执行庭（局）执行，还有的法院由司法警察执行。[①] 亦即，司法实践中关于罚金刑的执行实际上出现了刑庭主导制、执行庭主导制和司法警察主导制三种模式。何者为是？

【法理分析】

经过分析，笔者同意第二种模式：罚金刑应由第一审人民法院的执行庭（局）主导执行。理由如下。

首先，由刑庭执行罚金刑存在一定的弊端。第一，违背了“审执分离”的原则。尽管关于执行权属于行政权还是司法权，抑或两种属性兼有，理论界存在争议，但在审判权与执行权是两种性质完全不同的权力、应由不同的部门行使的问题上，理论界已经达成了共识。刑事审判庭自审自执，容易导致缺乏权力之间的监督，屡屡被人诟病。正因为如此，《人民法院第二个五年改革纲要》第 17 条明确提出：“各级人民法院执行机构负责民事、行政案件判决裁定和其他法定执行依据的执行事项，以及刑事案件判决裁定中关于财产部分的执行事项（含财产刑）。”[②] 第二，程序上难以做到合法。司法实践中，审执合一会出现如下程序上的问题：一是使刑事审判庭在裁判时往往会考虑裁判能否执行、能否在执行中获利而影响公正裁判。二是个别刑事审判庭为了能及时完成罚金刑执行的任务，往往会出现“未审先执”的现象。三是如果刑事审判庭的法官直接负责罚金刑的执行的话，易陷司法裁判权于被动，从而失却司法裁判的威严。第三，审判效率会大幅降低。客观而言，在人民法院内部成立执行庭（局）以前，罚金刑的执行基本上由刑事审判庭自行执行。但这多是由过去的条件所致：当时实行的是计划经济，刑法中配有罚金刑的罪名较少，且其适用方式都是得并制，而无必并制。因此，为了避免空判，法官对罚金刑往往比较少用，甚至弃而不用。[③] 但随着形势的发展，1997 年刑法颁行后，司法实践中适用罚金刑的案件数量急剧上升，而地方各级法院的刑事审判任务一般都比较重，加之刑事审判庭没有专门的执行人员、车辆和经费，日常刑事案件的审理尚且自顾不暇，如果再负责执行罚金刑，无形中就会降低审判效率。

---

① 参见李希慧：《罚金刑执行难的原因与对策》，载《湖北警官学院学报》，2007（6）。

② 事实上，由官方的这一规定来看，其是认为执行权应为一种司法权而非行政权。

③ 参见钱叶六：《论中国罚金刑的改革与完善》，载《法学论坛》，2007（4）。

其次，由司法警察负责罚金刑的执行同样存在一定的弊端。第一，没有法律的授权。最高人民法院《人民法院司法警察暂行条例》规定了人民法院中的司法警察有8项职责：(1) 警卫法庭，维护审判秩序；(2) 值庭时负责传带证人、鉴定人，传递证据材料；(3) 送达法律文书；(4) 执行传唤、拘传、拘留；(5) 提解、押送、看管被告人或者罪犯；(6) 参与对判决、裁定的财产查封、扣押、冻结或没收活动；(7) 执行死刑；(8) 法律、法规规定的其他职责。其中，没有任何一项明确指出司法警察有执行罚金刑的权力。或许有人认为，第六项“参与对判决、裁定的财产查封、扣押、冻结或没收活动”暗含了司法警察执行罚金刑的规定。对此，笔者的答复是：即使认为“对判决、裁定的财产查封、扣押、冻结或没收活动”包括了罚金的执行活动，该文件也仅仅是规定了司法警察有“参与”的职责，而未规定司法警察有权力“单独”执行罚金。第二，司法警察不具有执行罚金刑所必需的专门知识、经验。罚金刑的执行是一项专门性非常强的活动。罚金刑的执行应统一由人民法院的执行部门即执行庭或者执行局负责，因为法院的执行庭或者执行局是专门负责执行工作的，既有执行工作经验，也有完成执行任务的时间保证。而司法警察无力独自承担财产刑的执行，只能为执行部门做一些协助性的工作。①

最后，由人民法院的执行庭（局）负责罚金刑的执行合理、合法。第一，符合法律的规定。民事诉讼法（1991年）第207条（现第224条）规定，发生法律效力的民事判决、裁定，以及刑事判决、裁定中的财产部分，由第一审人民法院执行。人民法院组织法（2006年）第40条也规定，地方各级人民法院设执行员，办理民事案件判决和裁定的执行事项，办理刑事案件判决和裁定中关于财产部分的执行事项。第二，符合审执分离的司法原理。审判权与执行权是两种不同性质的权力，应由不同的职能部门行使。刑事审判庭自审自执，不仅缺乏权力之间的监督，容易招致诟病，也势必牵扯合议庭大量精力，降低审判效率。第三，具有一定的制度基础。现在全国法院适用的人民法院案件审判流程管理系统中已经有相应的技术性程序设计，案号系统中设有专门的刑事财产刑执行案号字头，即“××执刑字”案件序号，这为执行庭执行财产刑奠定了制度基础。②

综上所述，笔者认为由第一审法院执行庭（局）执行罚金刑是可行的。

本案中，上海市A区人民法院刑事审判庭在案件生效后将该案件移交立案庭，立案庭审查后依据执行案件立案流程使用“×执刑字”案号立案，从而使该案进入执行程序。诚如该案执行庭同志所言，既然执行庭是执行罚金刑的职能机构，那么罚金刑进入执行程序后相应的中止、终结等程序问题，一审法院的执行机构就有了审查决定权。民事诉讼法（1991年）第235条（现第257条）规定：“有下列情形之一的，人民法院裁定终结执行：……（五）作为被执行人的公民因生活困难无力偿还借款，无收入来源，又丧失劳动能力的；（六）人民法院认为应当终结执行的其他情形。”本案中，被执行人龙某遭受不能抵抗的自然灾害，上海市A区人民法院执行庭依照刑法免除其罚金，应当认为是符合终结执行的法律规定的。从而将对被执行人依法免除罚金的实体问题转化为终结执行罚金刑的程序问题，并使其得到了有效解决。这一做法不仅宣示了刑法的人道主义精神，也体现了党和政府对灾区籍罪犯的关怀、体恤，有利于对犯罪分子的教育、感化，是值得我们肯定的。

---

① 参见李希慧：《罚金刑执行难的原因与对策》，载《湖北警官学院学报》，2007 (6)。

② 参见陆文德、马超杰、肖波、杨军华：《罚金刑减免的程序操作》，载《人民司法》，2009 (4)。

【要旨提示】

罚金刑的执行与减免在司法实践中存在刑庭主导制、执行庭主导制和司法警察主导制三种模式。结合罚金刑执行与减免的理论及我国的司法实践来看，罚金刑的执行和减免宜由第一审人民法院的执行庭（局）主导执行。

84. 张甲等生产、销售有毒、有害食品罪[①]

——从业禁止的适用

【案情介绍】

2011 年 4 月，被告人张甲、钱某夫妇在启东市××镇××村六组某菜市场经营熟食店，加工并销售烤鸭、鸡爪等熟食。2012 年下半年，被告人张丙至上述熟食店，帮助被告人张甲、钱某销售店内加工的熟食。2014 年 10 月，被告人张甲、钱某获悉在加工熟食过程中向腌制烤鸭等熟食的汤料中添加罂粟壳能使熟食更香的制作工艺。被告人张甲即通过老乡联系到安徽省无为县经营香料的章某凡、范某（均另案处理）夫妇，采用物流托运的方法向其购买罂粟壳。2014 年 10 月，被告人张甲、钱某开始在加工烤鸭、鸡爪等熟食过程中添加罂粟壳，并销售以此方法制作的烤鸭、鸡爪等熟食。被告人张丙于 2014 年年底获悉被告人张甲、钱某在加工烤鸭、鸡爪等熟食过程中添加罂粟壳后，仍销售以此方法制作的熟食。

被告人张甲在经营上述熟食店期间，于 2015 年 8 月初在启东市 Y 镇某市场经营烤鸭店，并雇佣被告人张乙在该烤鸭店加工、销售烤鸭等熟食。被告人张乙在该烤鸭店加工烤鸭等熟食过程中添加罂粟壳。被告人张乙于 2015 年 8 月中旬经被告人张甲告知，获悉腌制烤鸭、鸡爪等熟食的香料包内添加了罂粟壳，仍继续帮助加工、销售添加罂粟壳的烤鸭、鸡爪等熟食。

检察机关以生产、销售有毒、有害食品罪对张甲等人提起公诉。一审法院经审理，根据《中华人民共和国刑法》第 144 条，第 67 条第 3 款，第 72 条第 1、3 款，第 73 条第 2、3 款，第 37 条之一，第 64 条，最高人民法院、最高人民检察院《关于办理危害食品安全刑事案件适用法律若干问题的解释》第 18 条之规定，判决如下：(1) 被告人张甲犯生产、销售有毒、有害食品罪，判处有期徒刑 1 年 6 个月，缓刑 2 年，并处罚金人民币 1 万元（已缴纳）。被告人钱某犯生产、销售有毒、有害食品罪，判处有期徒刑 1 年 3 个月，缓刑 1 年 6 个月，并处罚金人民币 8 000 元（已缴纳）。被告人张乙犯生产、销售有毒、有害食品罪，判处有期徒刑 1 年，缓刑 1 年 6 个月，并处罚金人民币 5 000 元（已缴纳）。被告人张丙犯销售有毒、有害食品罪，判处有期徒刑 9 个月，缓刑 1 年，并处罚金人民币 5 000 元（已缴纳）。（缓刑考验期限，均从判决确定之日起计算）。(2) 禁止被告人张甲、钱某、张乙、张丙在缓刑期内及刑罚执行完毕后 3 年内从事食品生产、销售及相关活动。

【观点争议】

本案的处理涉及对我国刑法第 37 条之一规定的从业禁止的理解与适用。2015 年《刑法修

---

① 案例来源：江苏省启东市人民法院（2016）苏 0681 刑初 255 号刑事判决书。

正案（九）》新增刑法第 37 条之一，规定，“因利用职业便利实施犯罪，或者实施违背职业要求的特定义务的犯罪被判处刑罚的，人民法院可以根据犯罪情况和预防再犯罪的需要，禁止其自刑罚执行完毕之日或者假释之日起从事相关职业，期限为三年至五年。被禁止从事相关职业的人违反人民法院依照前款规定作出的决定的，由公安机关依法给予处罚；情节严重的，依照本法第三百一十三条的规定定罪处罚”，从而正式确立了我国刑法中的从业禁止制度。《刑法修正案（九）》新增刑法第 37 条之一的从业禁止规定之前，因受过刑事处罚而从业禁止的相关规范分散规定于相关行业的法律、行政法规中。如教师法第 14 条规定：“受到剥夺政治权利或者故意犯罪受到有期徒刑以上刑事处罚的，不能取得教师资格；已经取得教师资格的，丧失教师资格。”检察官法第 11 条规定：“下列人员不得担任检察官：（一）曾因受过刑事处罚的……”律师法第 7 条规定：“申请人有下列情形之一的，不予颁发律师执业证书：……（二）受过刑事处罚的，但过失犯罪的除外…… ”刑法中的从业禁止与其他法律、行政法规中所规定的从业禁止，在效果上均表现为剥夺他人从事相关职业的资格，是对他人从业的一种禁止性规定，且原因都在于受过刑事处罚。对于刑法中从业禁止的性质，具体而言，是否与其他法律、行政法规中所规定的从业禁止具有本质区别，理论界存在两种完全不同的观点。

第一种观点认为刑法中的从业禁止与其他法律、行政法规中所规定的从业禁止并无本质上的区别，两者的不同之处只是在于“将对有前科者的从业禁止规定定位为一种刑事司法处分抑或是行政法上的处罚规定……在适用程序上，前者由司法机关依据刑事诉讼法所规定的程序予以适用，而后者则由相关行业行政主管部门依照简单的行政程序直接适用。显而易见，前者的强制性与严厉程度远高于后者，因而也更为强烈地传递出法律对此类与职业相关犯罪行为的否定评价态度与打击威慑力度”①。

第二种观点认为刑法中的从业禁止与其他法律、行政法规中所规定的从业禁止有着本质的区别，不能简单作形式上的区分。其认为刑法中的从业禁止是刑罚的附随处分，而后者是刑罚的一种附随后果。②

【法理分析】

1. 刑法中从业禁止与其他法律、行政法规中从业禁止的区别

虽然刑法中的从业禁止与其他法律、行政法规中的从业禁止存在着一定的相似之处，但是两者也存在着众多区别，决定了两者并非简单地只是形式上的差别。

首先，其他法律、行政法规中的从业禁止，“虽然也表现为基于定罪量刑记录而剥夺某人一定的法律资格或者权益，但这种剥夺并不是量刑的一部分，而是受到刑罚处罚之后而产生的后果”③，其“源于犯罪人受过刑罚处罚所形成的前科地位，是前罪刑罚的一种后遗效应”④，必然地伴随着前罪而出现。而刑法中的从业禁止，是法院司法裁判的一部分，在司法裁判中选择性地与定罪量刑的结论同时作出，作为非刑罚处置措施与刑罚后果共同作用于犯罪人。

---

① 叶良芳、应家赟：《论有前科者从业禁止及其适用》，载《华北水利水电大学学报》，2015（4）.

② 参见林维：《刑法中的从业禁止研究》，载《江西警察学院学报》，2016（1）。

③ 同上文。

④ 于志刚：《从业禁止制度的定位与资格限制、剥夺制度的体系化——以〈刑法修正案（九）〉从业禁止制度的规范解读为切入点》，载《法学评论》，2016（1）。

其次，虽然两者都能够通过禁止犯罪人未来从事相关职业来达到预防再犯的效果，但是两者的出发点或考量因素并不完全相同。刑法中的从业禁止，必须与被禁止从事的相关职业的“职业便利”或“职业要求的特定义务”相关，即必须具有职业内容的一致性。不能因为利用A职业的职业便利，或者实施违背A职业要求的特定义务的犯罪，而禁止犯罪人从事完全不相关的B职业。而大部分其他法律、行政法规中所规定的从业禁止，与犯罪人因实施何种犯罪受到刑事处罚并无关联性。所以，前者是因为犯罪人已经实施了与职业便利或要求的特定义务有关的犯罪，即基于已然之罪而对未来再次实施同类犯罪的可能性进行预防。而后者“属于以社会一般执业观念为价值取向的禁止性规定”①。犯罪人因为实施过犯罪行为，被认为不具备从事某些职业的基本素养要求，如教师法第10条规定取得教师资格的前提是“遵守宪法和法律，热爱教育事业，具有良好的思想品德”，检察官法第10条规定“担任检察官必须具备下列条件：……（四）有良好的政治、业务素质和良好的品行……”，律师法第5条规定“申请律师执业，应当具备下列条件：……（四）品行良好……”，而并非考虑其极有可能未来会利用职业便利或违背职业要求的特定义务实施犯罪。

最后，其他法律、行政法规中的从业禁止，“往往具有被动触发性或消极性，即被判处过刑罚的人员只是不具备某种任职资格”②。一方面，“相关机构并不会主动、积极地去进行禁止的确认，而是在特定人员在进行某种资格确认时，予以排除即可”③；另一方面，虽然刑法规定了前科报告义务，但受过刑罚的人员并不负有主动避免从事该职业的责任，这些法律、行政法规也并未规定任何不利后果。而被处以刑法上从业禁止的人员必须主动遵守法院作出的决定，不得违反该决定从事相关职业，否则将会受到行政处罚或被以刑法第313条拒不执行判决、裁定罪定罪处罚。

从上述区别可以看出，刑法中的从业禁止与其他法律、行政法规中所规定的从业禁止显然不能等量齐观，两者具有本质的不同，前者是作为非刑罚处置措施的从业禁止，后者则是作为前科附随后果的从业禁止。

2. 刑法中从业禁止与其他法律、行政法规中从业禁止的适用关系

刑法第37条之一第3款规定，当其他法律、行政法规对于犯罪人从事相关职业另有禁止或者限制性规定的，应当遵从其他法律、行政法规的规定。“从其规定”阐明了在适用中如何处理刑法第37条之一规定的从业禁止与其他法律、行政法规规定的从业禁止之间的关系。有学者认为，“‘从其规定’只是意味着在行为构成犯罪并且应当适用职业禁止的前提下，人民法院仅就职业禁止的适用条件和期限依照其他法律、行政法规的规定作出适用决定。换言之，当其他法律、行政法规对职业禁止的适用条件和期限另有规定时，便不受我国刑法第37条之一规定的‘禁止其自刑罚执行完毕之日或者假释之日起从事相关职业，期限为三年至五年’的限制”④。笔者认为，该观点的表述并不准确。刑法中的从业禁止的适用条件包括两个方面：一是适用前提或主体条件，即禁止对象应当因相关职业犯罪被判处刑罚；二是实质根据或条件，即根据犯罪情况和预防再犯罪的需要。如果按照该学者的观点，则适用前提和实质根据都应当是其他法律、行政法规的规定，不需受刑法第37条之一的限制，也就意味着不需要受限于职业犯罪、犯罪情况和预防再犯罪的需要等条件，但这显然不符合刑法第37条之一的规范目的。

---

① 刘斯凡：《论对有前科者就业的限制与保护》，载《河南警察学院学报》，2015（1）。

②③ 林维：《刑法中的从业禁止研究》，载《江西警察学院学报》，2016（1）。

④ 武晓雯：《论〈刑法修正案（九）〉关于职业禁止的规定》，载《政治与法律》，2016（2）。

从刑法第37条之一的文字表述上看，第1款和第3款的衔接之处在于"其"字，即第1款中的"禁止其自刑罚执行完毕……"、第3款中的"……对其从事……"，这两个"其"所指代的对象应当具有同一性。第1款中的"其"指代的对象显然是因利用职业便利实施犯罪，或者实施违背职业要求的特定义务的犯罪而被判处刑罚的人，第3款中的"其"所指的也应该是此类人。如此，"另有禁止或者限制性规定"的针对内容应当不包括职业犯罪，而涉及的是犯罪情况和预防再犯罪的需要等内容，即适用其他法律、行政法规中从业禁止的规定，必须以实施职业犯罪为前提，但法院可能并不需要考虑犯罪情况和预防再犯罪的需要。如2006年《娱乐场所管理条例》第5条规定，因犯罪曾被剥夺政治权利的，不得开办娱乐场所或者在娱乐场所内从业。人民法院对于因利用娱乐场所的便利实施犯罪的开办者或从业者，应当判处附加或独立适用剥夺政治权利的，不需要考虑犯罪和预防再犯罪的需要，不受3年至5年的期限限制，应当宣告犯罪人终身禁止开办娱乐场所或者在娱乐场所内从业。

有学者质疑，根据刑法第37条之一第3款的规定，"在刑法与行政法同时规定职业禁止的情况下，应当依照行政法的规定。既然两种处罚的本质与目的各不相同，刑法中职业禁止的效力为什么要低于其他法律甚至法规中的行政处罚呢"①？在这两种责任的关系上，完全可以是聚合关系，而非竞合关系。一定程度上，笔者赞同该观点。如前文所述，刑法中的从业禁止和其他法律、行政法规中的从业禁止的出发点和责任主体完全不同，针对犯罪人同时存在两种性质不同的从业禁止也的确是完全可行的。但是，如果认可这种各自独立的适用方式，那么刑法第37条之一第3款中的"从其规定"便成为一纸具文，毫无意义。

笔者认为，在客观存在"从其规定"适用原则的前提下，对于"从其规定"导致的两种不同性质的从业禁止之间的关系，既不能认为是聚合关系，也不能简单认为是一种竞合关系，而是通过适用"从其规定"，实现两者的综合化。这种综合化并非简单的形式上的并列，亦并非责任主体的单纯转移，而是意味着其他法律、行政法规中从业禁止的实质效果的两面化。具体而言，通过"从其规定"的适用，人民法院根据其他法律、行政法规中的相关规定对犯罪人宣告从业禁止，对其他法律、行政法规中的从业禁止的实质效果实现了相同期限的非刑罚性处置措施和前科附随后果的综合。如义务教育法第24条第3款规定，学校不得聘用曾经因故意犯罪而被依法剥夺政治权利的人担任工作人员。该条款实际上禁止了因故意犯罪被依法剥夺政治权利的人从事学校工作人员的职业，不考虑与刑法中的从业禁止的适用关系，该从业禁止的责任主体并非犯罪人，而是学校。如果有人因利用学校工作人员的便利条件实施故意犯罪而被依法剥夺政治权利，则人民法院应当遵从该条款规定，宣告禁止该犯罪人终身不得从事学校工作人员的职业。此时，该从业禁止的责任主体不仅包括学校，学校仍然需要遵循该条款规定，在聘用相关人员时严格审核其是否符合要求，而且还包括犯罪人本人，即犯罪人不得主动寻求在学校担任工作人员。该条款原有的前科附随后果仍然存在，同时，因为刑法第37条之一第3款"从其规定"的适用，又衍生出非刑罚性处置措施的效果，两种效果针对不同责任主体同时存在，且期限相同。

【要旨提示】

刑法中的从业禁止与其他法律、行政法规中的从业禁止有着本质的区别，前者是作为非刑

① 刘夏：《保安处分视角下的职业禁止研究》，载《政法论丛》，2015（6）。

罚处置措施，后者则是作为前科附随后果。通过刑法第 37 条之一第 3 款中“从其规定”的规定，人民法院根据其他法律、行政法规中的相关规定对犯罪人宣告从业禁止，对其他法律、行政法规中的从业禁止的实质效果实现了相同期限的非刑罚性处置措施和前科附随后果的综合。

85. 董某某、宋某某抢劫案[①]

——禁止令的法律性质

【案情介绍】

被告人董某某、宋某某迷恋网络游戏，平时经常结伴到网吧上网，时常彻夜不归。2010 年 7 月 27 日 11 时许，因在网吧上网的网费用完，二被告人即伙同王某（作案时未达到刑事责任年龄）到河南省平顶山市某社区健身器材处，持刀对被害人张某某和王某某实施抢劫，抢走张某某 5 元现金及手机一部，后将所抢的手机卖掉，所得赃款用于上网。

检察机关对董某某、宋某某以抢劫罪提起公诉。一审法院经审理，根据《中华人民共和国刑法》第 72 条、第 73 条、第 263 条，判决如下：被告人董某某、宋某某犯抢劫罪，分别判处有期徒刑 2 年 6 个月，缓刑 3 年，并处罚金人民币 1 000 元。同时禁止董某某和宋某某在 36 个月内进入网吧、游戏机房等场所。

【观点争议】

2011 年刑法修正案（八）在刑法中增设禁止令制度，规定，法院对于被判处管制和被宣告缓刑的犯罪分子，可以同时禁止其在执行期间或者缓刑考验期限内“从事特定活动，进入特定区域、场所，接触特定的人”。对于禁止令的性质，理论上存在着不小的争议。

第一种观点是“保安处分说”，即认为“我国刑法的禁止令是犯罪分子在管制执行期间和缓刑考察期间的一种补充义务，本质上应属于保安处分”[②]。

第二种观点是“义务说”，即认为“禁止令是人民法院为了实现预防犯罪的目的，根据罪犯的犯罪事实，依法要求罪犯在管制、缓刑考验期内必须遵循的义务”[③]。

第三种观点是“综合性处遇制度说”，即认为“禁止令是一种对犯罪分子兼具刑罚性和非刑罚性的综合性处遇制度”[④]。

第四种观点是“特定刑罚制度说”，即认为“我国的刑法禁止令制度，在性质上类似于国外刑法当中的缓刑指示制度，属于对管制犯、缓刑犯的执行加强监督和管理的特定的刑罚制度”[⑤]。

---

① 案例来源：最高人民法院第 14 号指导性案例。

② 叶良芳：《禁止令的法律性质及其司法适用》，载《浙江学刊》，2014（4）。

③ 陈鹏展：《对禁止令的理解与适用》，载《人民法院报》，2011－05－04，6 版。

④ 李怀胜：《禁止令的法律性质及其改革方向》，载《中国刑事法杂志》，2011（11）。

⑤ 余剑、邵旻：《刑法禁止令制度的价值与适用》，载《法学》，2011（11）。

【法理分析】

在针对禁止令的法律性质的四种观点中，可以大致分为两个类别：一是认为禁止令的本质属性是一种附随于管制和缓刑等刑罚制度的义务。上述第一种和第二种观点即持此态度，只不过第一种观点将此种义务界定为保安处分，第二种观点则未作进一步的说明。二是认为禁止令具有刑罚属性。第三种观点和第四种观点都持此态度，两者的不同之处在于，第三种观点还认为禁止令兼具非刑罚属性。可见，确定禁止令的法律性质为何，首先必须明确第一个问题，即禁止令是否具有刑罚属性，还是仅是一种附随刑罚的义务；之后我们才能进一步讨论第二个问题，如果禁止令具有刑罚属性，其是否还兼具非刑罚属性，或者如果禁止令是一种附随刑罚的义务，那么这种义务是否可以被认为是保安处分？

1. 禁止令不具有刑罚属性

禁止令并非规定在刑法第33条、第34条有关主刑和附加刑的种类的相关条款中，所以很显然其并非一项新的刑罚种类。禁止令也并非一种刑罚执行方式。虽然最高人民法院负责人在回答记者提问时，陈述道，“禁止令不是一种新的刑罚，而是对管制犯、缓刑犯具体执行监管措施的革新”①，但这并不意味着，禁止令本质上就是一种新设计的刑罚执行方式。刑罚执行方式的目的在于创造良好的执行秩序，确保刑罚顺利和有效执行，鼓励犯罪人积极改造、顺利回归社会。而禁止令在管制和缓刑不予关押期间，禁止犯罪人从事特定活动、进入特定区域以及接触特定的人。显然，其目标并不在于鼓励犯罪人改造、帮助其回归社会。综上所述，禁止令并不具有刑罚属性，不是一项刑罚制度。

2. 禁止令是保安处分法律化的结果

在对犯罪人的处遇问题上，刑罚和保安处分是两项重要的处遇手段。刑罚和保安处分代表着旧派和新派的争论，前者更关注犯罪行为本身，而后者更加关注犯罪行为人。对犯罪人的处遇，过去采用更多的方式是刑罚，“随着刑法学新旧学派的融合，基于人权保障和社会防卫双重价值的保安处分更多地满足了多元化的社会实践需求”②，保安处分也逐渐受到了更多的认可和关注。正是基于刑罚和保安处分的关注点上的差异，“刑罚与保安处分的基本区别在于，刑罚以过去的行为罪责为前提及上限，保安处分则与行为人之罪责无关，而以行为人未来的危险性（或行为的严重性）为基础”③。

2011年5月1日最高人民法院、最高人民检察院、公安部、司法部《关于对判处管制、宣告缓刑的犯罪分子适用禁止令有关问题的规定（试行）》第1条规定：“对判处管制、宣告缓刑的犯罪分子，人民法院根据犯罪情况，认为从促进犯罪分子教育矫正、有效维护社会秩序的需要出发，确有必要禁止其在管制执行期间、缓刑考验期间内从事特定活动，进入特定区域、场所，接触特定人的，可以根据刑法第38条第2款、第72条第2款的规定，同时宣告禁止令。”可以看出，适用禁止令的主要考量因素在于有效维护社会秩序，即防止犯罪人再次实施危害社会秩序的行为。这个结论在该规定第5条表现得更为明显：“人民法院可以根据犯罪情况，禁止判处管制、宣告缓刑的犯罪分子在管制执行期间、缓刑考验期限内接触以下一类或者几类人

① 《相关负责人就管制犯缓刑犯适用禁止令规定答问》，载中新网，http://www.chinanews.com/fz/2011/05-04/3015211.shtml。

② 张勇：《禁止令：保安处分刑法化的试金石》，载《湖南师范大学学报》，2011（6）。

③ 时延安：《隐性双轨制：刑法中保安处分的教义学阐释》，载《法学研究》，2013（3）。

员：……（五）禁止接触其他可能遭受其侵害、滋扰的人或者可能诱发其再次危害社会的人。”所以，禁止令的适用是以犯罪人的人身危险性或再犯可能性为考量因素，关键在于行为人，而非行为。

判断一项预防性措施是否属于保安处分，应当依据“是否归属于司法权，决定权是否属于法院，其决定过程是否被诉讼化，其执行是否由法定的职能部门来监督”[①]的标准。禁止令由人民法院在刑事诉讼活动中以判决的方式进行决定，由司法行政机关指定管理的社区矫正机构负责执行。因此，应当将禁止令认定为一项保安处分措施。

【要旨提示】

禁止令不是一项刑罚制度，其满足保安处分的形式和实质特征，所以是一项保安处分措施。形式上，其由人民法院在刑事诉讼活动中以判决的方式进行决定，由司法行政机关指定管理的社区矫正机构负责执行。实质上，其适用的考量因素为行为人的再犯可能性，以特殊预防为主要目标。

86. 白某受贿、巨额财产来源不明案[②]

——终身监禁的适用

【案情介绍】

2000 年至 2013 年，被告人白某先后利用担任 A 省省委书记、B 省省委书记、全国人大某会副主任委员等职务上的便利以及职权和地位形成的便利条件，为他人在房地产开发、获取矿权、职务晋升等事项上谋取利益，直接或者通过其妻非法收受他人财物，共计折合人民币 2.467 645 11 亿元；白某还有巨额财产明显超过合法收入，差额特别巨大，不能说明来源。

检察机关对被告人白某以受贿罪、巨额财产来源不明罪，提起公诉。一审法院经审理，根据《中华人民共和国刑法》第 385 条、第 383 条、第 395 条第 1 款，判决如下：以受贿罪判处死刑，缓期 2 年执行，剥夺政治权利终身，并处没收个人全部财产，在其死刑缓期执行 2 年期满依法减为无期徒刑后，终身监禁，不得减刑、假释；以巨额财产来源不明罪判处有期徒刑 10 年。决定执行死刑，缓期 2 年执行，剥夺政治权利终身，并处没收个人全部财产，在其死刑缓期执行 2 年期满依法减为无期徒刑后，终身监禁，不得减刑、假释。

【观点争议】

本案涉及的是 2015 年《刑法修正案（九）》中设置的终身监禁制度的适用问题。针对本案中是否能够适用终身监禁，存在以下三种争议意见。[③]

第一种意见认为，本案不应适用终身监禁，因为终身监禁的规定实质上提高了对贪污受贿

---

① 时延安：《保安处分的刑事法律化》，载《中国人民大学学报》，2013（2）。

② 案例来源：刘子阳：《全国人大环资委原副主任委员白恩培一审被判死缓》，载《法制日报》，2016-10-10，1 版。

③ 参见赵秉志：《终身监禁第一案之观察》，载《人民法院报》，2016-10-10，2 版。

犯罪刑罚处罚的严厉程度，较之于修正之前对贪污受贿犯罪的处罚，属于重法。

第二种意见认为，本案应当适用终身监禁，因为《刑法修正案（九）》提高了贪污受贿犯罪判处死刑的门槛，并将犯罪后、被提起公诉前如实供述罪行，真诚认罪、悔罪，积极退赃以及避免、减少损害结果发生等原来的酌定从宽情节，改定为法定从宽情节，其有关贪污受贿犯罪量刑的规定（包括终身监禁新规）从总体上看更有利于被告人，属于轻法。

第三种意见则认为，本案是否可以适用终身监禁，应当区分情况分别对待，应当结合终身监禁新规慎用死刑立即执行的立法本意、贪污受贿定罪量刑标准的立法修改与司法规则调整、贪污受贿案件酌定从宽情节修改为法定从宽情节等方面，来综合衡量终身监禁新规与原有刑法规范规定的刑罚轻重。如果按照本案情节，适用修正前刑法应当判处死刑立即执行的，则可以适用终身监禁；如果依照修正前刑法本就应当判处死缓的，则不应适用终身监禁。

【法理分析】

上述三种意见中，笔者认为，第三种意见较为合适。

第一，《刑法修正案（九）》规定终身监禁的立法原意，可以概括为：对于本应当判处死刑立即执行的重、特大贪污受贿犯罪人，慎用死刑（该语境下即慎用死刑立即执行）。终身监禁，是罪刑相适应的刑法基本原则的体现。[①] 简言之，以修正后刑法中的终身监禁，替代修正前刑法中的死刑立即执行，符合宽严相济刑事政策和罪刑相适应原则。

第二，终身监禁实际是介于死刑立即执行与纯粹死刑缓期执行之间的中间刑罚，其适用对象为，判处死刑立即执行偏重，单纯判处死刑缓期执行偏轻，适用终身监禁罚当其罪的贪污受贿犯罪人。换言之，对于根据修正前刑法原本应当判处死刑立即执行者，依据修正后刑法判处死刑缓期执行并适用终身监禁，符合有利于被告的从旧兼从轻原则。

第三，终身监禁适用的时间效力，与贪污受贿犯罪定罪量刑标准的立法规范修改和司法规则调整，存在紧密联系。确切地讲，《刑法修正案（九）》增设终身监禁，是以修改贪污受贿犯罪的定罪量刑标准为基础的；在立法将原有定罪量刑标准修改为“数额加情节”的概括性定罪量刑标准之后，具体的定罪量刑标准实际上由细化的司法规则调控，或由司法机关根据案件的具体情况掌握，或由最高司法机关通过制定司法解释予以确定。[②] 2016 年 4 月 18 日最高人民法院、最高人民检察院《关于办理贪污贿赂刑事案件适用法律若干问题的解释》较大幅度地提高了贪污受贿犯罪的定罪量刑标准。根据该解释，相当数量或绝大多数最为严重的、原本应当判处死刑立即执行的贪污受贿犯罪，或判处死刑缓期执行并同时决定适用终身监禁，或单纯判处死刑缓期执行，即可实现罚当其罪，且符合有利于被告原则。

第四，从严格意义上讲，刑法第 383 条第 3 款的规定——“犯第一款罪，在提起公诉前如实供述自己罪行、真诚悔罪、积极退赃，避免、减少损害结果的发生，有第一项规定情形的，可以从轻、减轻或者免除处罚；有第二项、第三项规定情形的，可以从轻处罚”。——是《刑

---

① 参见《全国人民代表大会法律委员会关于〈中华人民共和国刑法修正案（九）（草案）〉审议结果的报告》中的第八项修改意见，载 http：//news. 163. com/15/0824/15/B1PV0PUA00014JB5. html，2015 年 9 月 28 日访问。

② 参见《关于〈中华人民共和国刑法修正案（九）（草案）〉的说明》，载 http：//www. npc. gov. cn/npc/lfzt/rlys/2014—11/03/content _ 1885123. htm，2015 年 9 月 28 日访问。

法修正案（九）》增设的从宽处罚情节。该款规定，将酌定从宽处罚情节明确规定为法定从宽处罚情节，如将真诚悔罪、积极退赃明确规定为从宽处罚情节；使法定从宽处罚情节覆盖所有情形的贪污受贿犯罪，如对于符合该条第 1 款第 3 项规定情形的犯罪即最严重贪污受贿犯罪，具有法定情节的，也可以从轻处罚；对既有的总则性法定从宽处罚情节降低适用条件，扩大从宽处罚程度，如具有减少损害结果发生的情节，且犯罪较轻的，可以从轻、减轻或者免除处罚。查处贪污受贿犯罪的司法案例显示，相当数量的贪污受贿犯罪人不同程度具有这些从宽处罚情节，或者说这些法定从宽处罚情节事实上覆盖了绝大多数贪污受贿犯罪案件。这就决定了，相当数量甚至绝大多数实施最为严重的贪污受贿犯罪、依据修正前刑法原本应当被判处死刑立即执行者，由于具备修正后刑法第 383 条第 3 款规定的从宽处罚情节，而有更多机会根据修正后刑法被判处死刑缓期执行并被同时决定适用终身监禁，或被单纯判处死刑缓期执行，即仅依据修正后刑法第 383 条第 3 款的规定，就会产生有利于被告的裁判结果。

综合上述分析，依据罪刑法定原则，以及从旧兼从轻原则，《刑法修正案（九）》施行之后，终身监禁的适用能否溯及既往，应当明确以下规则：(1) 对于 2015 年 10 月 31 日以前犯贪污罪、受贿罪，根据修正前刑法应当判处死刑立即执行，而根据修正后刑法判处死刑缓期执行同时决定在其死刑缓期执行 2 年期满依法减为无期徒刑后，终身监禁，不得减刑、假释，可以罚当其罪的，适用修正后刑法第 383 条第 4 款的规定。(2) 对于 2015 年 10 月 31 日以前犯贪污罪、受贿罪，根据修正前刑法应当判处死刑缓期执行的，不适用修正后刑法第 383 条第 4 款的规定。

本案中，白某受贿金额高达人民币 2.467 645 11 亿元，且还有巨额财产来源不明，根据修正前刑法第 383 条的规定，应当依法被适用死刑立即执行。然而，根据修正后刑法的规定，白某同时具有坦白、认罪悔罪、赃款赃物全部追缴等法定、酌定的从宽情节，应当被判处死刑缓期执行并附加终身监禁。显然依据修正前刑法处罚更重，应当适用修正后刑法对白某进行处理。所以本案的审理结果“兼顾了慎用死刑立即执行与严惩腐败犯罪的双重需要，应当予以充分肯定”①。

【要旨提示】

终身监禁是依附于死刑缓期执行制度、无期徒刑执行制度存在的特殊刑罚措施，是介于死刑立即执行与纯粹死刑缓期执行之间的中间刑罚，兼顾作为废除死刑和限制死刑的替代措施的双重功能。其适用对象为，判处死刑立即执行偏重，单纯判处死刑缓期执行偏轻，适用终身监禁罚当其罪的贪污受贿犯罪人。

① 赵秉志：《终身监禁第一案之观察》，载《人民法院报》，2016－10－10，2 版。

第十三章 刑罚裁量制度

87. 钱某等盗窃案①

——基准刑的确定及多种量刑情节的适用

【案情介绍】

被告人钱某1990年因犯抢劫罪、盗窃罪被判处有期徒刑5年6个月，1999年9月因犯盗窃罪被判处有期徒刑2年，2006年9月因犯盗窃罪被判处有期徒刑6个月，2006年11月16日刑满释放。

2008年4月17日10时许，被告人钱某、夏某一起至某美术学校，窃得富士达牌电动自行车一辆，价值1 805元。2008年11月5日晚，被告人钱某、夏某又至该美术学校，窃得爱玛牌电动自行车一辆，价值1 530元；窃得捷派牌电动自行车一辆，价值1 615元。2008年11月12日，二人再次行窃时被群众发现，被告人钱某被当场抓获，被告人夏某逃离现场，后被抓获。

检察机关以被告人钱某、夏某犯盗窃罪向法院提起公诉。法院经审理认为，在共同犯罪中被告人钱某是主犯；被告人夏某是从犯，依法应当从轻处罚；被告人钱某是累犯，依法应当从重处罚；两被告人案发后冒用他人身份，阻碍侦查活动展开，可酌情从重处罚；被告人钱某归案后，主动交代司法机关未掌握的自己的同种较重罪行，应当从轻处罚。两被告人积极退赃，审理中能自愿认罪，均可作酌情从轻处罚。遂根据《中华人民共和国刑法》第264条、第25条第1款、第26条、第27条、第65条第1款，最高人民法院《关于处理自首和立功具体应用法律若干问题的解释》第4条及最高人民法院、最高人民检察院、司法部《关于适用简易程序审理公诉案件的若干意见》第9条之规定，判决如下：（1）被告人钱某犯盗窃罪，判处有期徒刑1年6个月，并处罚金人民币3 800元；（2）被告人夏某犯盗窃罪，判处有期徒刑9个月，并处罚金人民币2 850元。

量刑步骤如下：第一，确定法定刑幅度。根据《中华人民共和国刑法》第264条及江苏省

① 案例来源：江苏省姜堰市人民法院刑事判决书（2009）姜刑初字第0070号，载最高人民法院量刑规范化项目组编：《量刑规范化改革——内容与解读》，225页，北京，国家法官学院出版社，2009。

相关文件，盗窃金额在 1 000 元以上 10 000 元以下的，属于数额较大，应当判处 3 年以下有期徒刑、拘役、管制，并处或者单处 1 000 元以上 9 900 元以下罚金。第二，确定基准刑。首先寻找量刑起点。根据 2009 年 4 月 1 日施行的《人民法院量刑指导意见（试行）》（以下简称《量刑意见》）的规定，盗窃数额超过数额较大起点，并达到数额巨大起点的 1/3 的，量刑起点为 1 年有期徒刑。两被告人盗窃数额超过数额巨大起点 1/3，故两被告人的量刑起点均为有期徒刑 1 年。其次，确定基准刑。《量刑意见》规定盗窃数额超过或者低于数额巨大起点的 1/3 的，可相应地增加或者减少刑罚量确定基准刑。按照（3 300÷12=）275 元的标准计算，两被告人盗窃数额在 3 300 元的基础上增加 1 650 元，应增加刑罚量 6 个月。另外，两被告人最后一次盗窃未遂，可在确定基准刑时相应增加刑罚量 2 个月。综上，确定两被告人的基准刑为 20 个月。第三，依次确定两被告人的宣告刑。钱某的宣告刑确定过程如下：（1）根据《量刑意见》和本案量刑情节调节基准刑。1）累犯，增加基准刑的 40%。2）坦白，减少基准刑的 20%。3）积极退赃，亲属代为退赃，减少基准刑的 25%。4）当庭认罪，减少基准刑的 5%。根据《量刑意见》第二部分第 3 条规定的同向相加方法，累计减少基准刑的 50%；根据逆向相减的方法，最终累计减少基准刑的 10%。（2）拟定宣告刑。基准刑 20 个月乘以 90%等于 18 个月，即 1 年 6 个月。（3）确定宣告刑。根据《量刑意见》第二部分第 4 条的规定，量刑情节对基准刑的调整在法定刑幅度内的，可以直接作为宣告刑。故而，把 1 年 6 个月作为钱某的宣告刑。夏某的宣告刑确定过程如下：（1）根据《量刑意见》和本案量刑情节调节基准刑。1）从犯，减少基准刑的 30%。2）主动退赃，减少基准刑的 20%。3）当庭认罪，减少基准刑的 5%。累计减少 55%。（2）拟定宣告刑。基准刑 20 个月乘以 45%等于 9 个月。（3）确定宣告刑。因量刑情节对基准刑的调整在法定刑的幅度内，故把 9 个月作为夏某的宣告刑。

【观点争议】

对于量刑问题，争议集中在如何确定基准刑以及如何适用量刑情节两个问题上。

第一个问题是如何确定基准刑。对此问题最初存在顶线论、中线论和底线论三种观点。顶线论以法定刑的最高点为量刑基准，底线论认为基准刑就是法定刑起点，中线论观点主张在法定刑的 1/2 处确定量刑基准。此外，还存在分格论、形势论、主要因素论、重心论、危害行为论等几种观点。① 分格论将法定刑分为轻轻、轻重、重轻、重重四个格子确定量刑基准，形势论主张根据犯罪的形势分别确立量刑基准；重心论主张起主要作用的因素是个罪的重心，应以此为依据确立量刑基准；主要因素论认为应以社会危害性大小为主要因素确立量刑基准，危害行为论则将主要因素限制在危害行为上来确立量刑基准。在如何确定基准刑问题上主要存在演绎和归纳两种方法。一种观点认为基准刑是针对抽象个罪而言的，一个法定刑幅度内有一个基准刑，这个基准刑是不变的；还有一种观点认为基准刑是针对具体犯罪而言的，不同的犯罪有不同的基准刑，需要根据犯罪事实去寻找并确定基准刑。② 也有学者主张量刑基准应当结合法官经验确定，认为量刑基准不同于法定刑起点，应来源于几十年来刑事法官的实践经验，是从若干具体案例中总结出来的对该类犯罪的一般既遂状态犯罪构成要件所判处刑罚量的平均值，在缺乏系统实证分析的情况下，主要表现为群体法官的经验总结。另外，还存在量刑基准是点

① 参见林亚刚、邹佳铭：《关于量刑基准的几个基本问题》，载《学术界》，2009（3）。

② 参见戴长林：《量刑方法及其应用》，载《法律适用》，2009（8）。

还是一个幅度的争论。[①]

第二个问题是如何适用量刑情节，尤其是存在逆向量刑情节时如何适用。对此学界存在争议，有抵销说、优势情节适用说、综合判断说等各种观点。[②] 还有观点主张情节比较法，认为各种情节发生竞合时，应该根据各情节的性质，区分出适用的先后顺序。比如有学者主张在可以型与应当型情节并存时，首先应该考虑应当型情节，然后再考虑可以型情节。[③] 当减轻情节与从轻情节发生竞合时，有学者主张“必须遵循减轻情节优于从轻情节”这一原则。[④] 在法定情节与酌定情节发生竞合时，法定情节优于酌定情节，这也是理论界的共识。实践中对量刑情节的具体适用存在连乘法、绝对加减法、基数递增减法（先增加后减少或者先减少后增加）、增减分开法等不同的计算方法。[⑤]《量刑意见》确立了量刑情节调节基准刑的方法：（1）多种量刑情节并存时，可以采用同向相加、逆向相减的方法确定量刑情节对基准刑的调节比例。（2）多个量刑情节与免除处罚情节并存时，应当综合考虑全案情况和法律规定，决定是否免除处罚。（3）同一行为涉及不同量刑情节时，不得重复适用。根据该意见确立的方法，有学者认为，从轻情节与减轻情节并存时，不再需要考虑先从轻处罚再减轻处罚还是先减轻处罚再从轻处罚的先后顺序，当然，宣告刑必须体现出减轻处罚。[⑥]

【法理分析】

笔者赞同以演绎与归纳相结合的方法来寻找量刑基准的思路，认为《量刑意见》所规定的量刑指导精神与操作方法的总体方向是正确的。

第一，在确定基准刑时既需要演绎推理的方法，也需要实证归纳的方法。

首先，演绎推理方法的作用在于能建立一个统一的罪刑参照体系，该罪刑参照体系体现了国家对量刑的宏观控制，是国家理想化的量刑标准，能基本保证全国法院量刑的统一。而且，相对于法定刑而言，该罪刑参照体系尽量地缩小了刑罚幅度，以便更加准确地确定量刑基准，从而减少刑事司法实践中的量刑差异。当然，这种演绎推理所依据的标准也和司法实践有密切关系。《量刑意见》认为基准刑是在不考虑各种法定和酌定量刑情节的前提下，根据基本犯罪事实的既遂状态所应判处的刑罚，而基本犯罪事实包括基本犯罪构成事实和其他影响犯罪构成的犯罪数额、犯罪次数、犯罪后果等犯罪事实。具体而言，就是以综合分析和数额计算两种方法确定基准刑，前者适用于无法用数额体现的绝大多数犯罪，后者主要适用于财产犯罪。这种标准尽管同样存在下文分析中提到的缺陷，但《量刑意见》所确立的标准在目前司法实践中具有的指导意义是不能忽视的。

其次，量刑基准的确定更要强调实证归纳的方法。笔者认为，在最根本的意义上，量刑基准的确定必须来源于具体的刑事司法实践经验。基准刑是针对具体犯罪而言的，不同的犯罪有不同的基准刑，需要根据犯罪事实去寻找并确定。在本质上，基准刑是司法实践经验的总结，需要在一定的司法区内、在法律规定的刑罚幅度的框架内，根据本地区的社会/经济发展情况、

---

① 参见汤建国：《量刑规范化中的量刑基准与基准刑的确定》，载《人民法院报》，2009-11-04。

② 参见刘宪权主编：《刑法学》，316～317页，上海，上海人民出版社，2005。

③ 参见陈兴良：《本体刑法学》，773页，北京，商务印书馆，2001。

④ 参见蒋明：《量刑情节研究》，221页，北京，中国方正出版社，2004。

⑤ 参见戴长林：《量刑方法及其应用》，载《法律适用》，2009（8）。

⑥ 参见陈学勇：《谈量刑情节的适用》，载《法律适用》，2009（8）。

社会治安状况、某类案件发生的频率等因素，总结该地区刑事法官的实践经验，从若干具体案例中总结出来对该类犯罪的一般既遂状态犯罪构成要件所判处刑罚量的平均值。这就决定了顶线论、中线论和底线论观点是不正确的，在实践中也不具有可操作性。而分格论、主要因素论和重心论都存在一个根本缺陷，就是没有提出一个可操作的决定量刑基准点的因素，所以还是没有解决问题。① 形势论中的形势只是确定量刑幅度时应当考虑的一个因素，而不能作为量刑的基本因素，况且，治安形势的好坏可能更多地与国家打击刑事犯罪的整体方略（刑事政策）有关，同量刑基准问题并无直接的瓜葛。② 危害行为论的特点在于以危害行为作为确立量刑基准点所应考虑的最根本和最重要的因素，问题是：危害行为本身能否充分反映犯罪行为的社会危害程度？③ 在样态复杂的犯罪中单纯地强调某一方面作为基准刑的确立标准是有问题的。

其实，确立量刑基准的演绎方法和归纳方法并不矛盾，二者可以互相配合、相互补充，共同确立既有普适性又有特殊性的准确的基准刑，关键是逻辑演绎的方法必须建立在实证经验的基础上，而归纳的方法也必须接受演绎方法的评价与概括。有学者通过研究就发现，司法实践中宣告刑的平均值的轻重顺序基本符合法定刑的轻重顺序，因此，以示范性案例的平均刑量为量刑基准，与以法定刑各种程度等分线或中线为量刑基准互不排斥，而是相互参照。④ 这既说明演绎方法的可行性，也说明司法实践中法官群体依法量刑努力的一致性。

另外，在量刑基准是点还是一个幅度的问题上，要结合司法区的大小来认定。就全国法院而言，量刑基准肯定是一个幅度，只有这样，才能让地方法院结合本地区的实践经验等情况进行调整，做到原则性和灵活性的统一。对于地方初级法院而言，量刑基准可能就是一个点或者一个更小的幅度，以保证法律更精确地适用。从目前试点法院的试点情况来看，大部分都将量刑基准确定到具体的点。最高人民法院试点文本对量刑起点以一个相对于法定刑幅度较小的幅度形式出现，各地方法院要在最高人民法院确定的幅度内进一步精确化。

第二，关于量刑情节的适用问题。因为量刑方法的不同，理论界传统的观点和《量刑意见》的规定有许多地方不一致，比如各种不同性质情节的适用顺序等。传统的观点认为量刑情节有适用的先后顺序，即在适用各种情节时，应该优先考虑适用法定量刑情节、应当型量刑情节和优先考虑减轻处罚情节。但是也有观点认为法定量刑情节对被告人刑罚量的影响不必然大于酌定量刑情节，应当型量刑情节与可以型量刑情节对被告人的刑罚量的影响也要具体情况具体分析，应当型量刑情节对被告人刑罚量的影响不一定比可以型量刑情节大。⑤ 笔者认为这两种观点都是正确的，实际上二者所讨论的问题并不相同：前者讨论的是在情节发生竞合时谁优先适用的问题，而后者讨论的是各量刑情节对被告人刑罚量的影响问题，两者并不冲突。在适用量刑情节时，还是应当优先适用法定量刑情节、应当型情节和减轻处罚情节，再考虑酌定量刑情节、可以型情节和从轻处罚情节。在考虑各情节对被告人刑罚量的影响程度时，要结合案

---

① 参见林亚刚、邹佳铭：《关于量刑基准的几个基本问题》，载《学术界》，2009（3）。

② 参见朱建华：《量刑的理论与实践研究——量刑基准的确立》，载《河北法学》，2006（12）。

③ 参见陈学勇：《关于量刑基准问题的新思考》，载《人民司法》，2008（3）。

④ 参见白建军：《量刑基准实证研究》载《法学研究》，2008（1）。

⑤ 参见最高人民法院量刑规范化项目组编：《量刑规范化改革——内容与解读》，68～69页，北京，国家法官学院出版社，2009。

件的具体情况进行分析，在很多的案件中酌定量刑情节可能会比法定量刑情节对刑罚量的影响大，这属于正常现象。但是，还是需要注意，在一般司法实践中，法定量刑情节比酌定量刑情节、应当型量刑情节比可以型量刑情节对刑罚量的影响要大。

就本案而言，其基准刑的确定参照了《量刑意见》关于盗窃罪情节一般基准刑的规定，并结合本地区经济发展水平，对超过的数额进行了量化，增加了相应的刑罚量，比较合理。在量刑情节适用时，一方面遵循了《量刑意见》对相关情节规定的幅度范围，另一方面也遵循了优先适用法定量刑情节、后适用酌定量刑情节的原则，也是正确的做法。

【要旨提示】

在适用量刑情节时，应该按照优先适用法定量刑情节、应当型量刑情节和减轻处罚情节，再考虑酌定量刑情节、可以型量刑情节和从轻处罚情节的顺序。在确定各情节对被告人刑罚量的影响程度时，在一般司法实践中法定量刑情节比酌定量刑情节、应当型量刑情节比可以型量刑情节对刑罚量的影响要大，但是不能绝对化，应该结合案件的具体情况进行分析。在决定各情节对刑罚量的调节比值后，根据同向相加、逆向相减的方法得出对基准刑的调节比例，并据此得出最终的宣告刑。

88. 阿里克谢·波坡高夫故意伤害案[①]

——外国人犯罪案件量刑是否考虑其所属国刑法的规定

【案情介绍】

2007年1月12日1时许，被告人阿里克谢·波坡高夫与俄籍船员安得列·莫伊谢耶夫至上海市崇明县城桥镇A酒吧消费。因被害人斯塔尼萨·拉佰沙及菲律宾籍船员戴亚哥·让·达利瓦酒后手扶门框站在酒吧门口，莫伊谢耶夫推开拉佰沙以进入酒吧。当波坡高夫随后进入酒吧时，无端被人从身后用酒瓶砸中头部。波坡高夫、莫伊谢耶夫即与拉佰沙、达利瓦等菲律宾籍船员发生争执。之后，因被多名菲律宾籍船员追赶，波坡高夫逃至附近的堤坝，莫伊谢耶夫则至附近的B酒吧告诉俄籍船员叶夫盖涅·季莫什科夫他们与菲律宾籍船员发生争执等情况。尔后，莫伊谢耶夫、季莫什科夫与同在B酒吧的俄籍船员沙士罗·伊格里·阿列克谢耶维奇先后走出酒吧，与已聚集在酒吧门口的多名手持酒瓶、石块等物的菲律宾籍船员对峙。当菲律宾籍船员向俄籍船员叫骂并投掷酒瓶等物后，双方随即发生互殴。波坡高夫此时从堤坝赶来参与斗殴，并捡起砖块从拉佰沙右后方砸向其头部右侧，致其倒地。拉佰沙倒地后另有他人朝其头部踢踩。随后，波坡高夫等人逃离现场。被害人斯塔尼萨·拉佰沙昏迷不醒，被送往上海交通大学医学院附属仁济医院崇明分院抢救，同年1月19日因救治无效而死亡，尸体检验结论系因头面部遭受钝性外力作用致颅脑损伤而死亡。

检察机关以被告人阿里克谢·波坡高夫犯故意伤害罪向人民法院提起公诉。一审法院经审理认为，被告人阿里克谢·波坡高夫构成故意伤害罪，遂依照刑法第6条第1款、第234条、第35条之规定，以被告人阿里克谢·波坡高夫犯故意伤害罪判处有期徒刑14年并处驱逐出

① 案例来源：《人民司法》，2009（16）。

境。上诉后，二审法院鉴于本案被害人斯塔尼萨·拉佰沙在事件的起因上存在过错、其死亡的结果亦存在多因一果的可能性、上诉人到案后认罪态度较好且有悔罪表现等因素，以及被告人所属国俄罗斯的刑法对类似情况规定的法定刑较轻，依照刑事诉讼法（1996）第189条第2项，刑法第6条第1款、第234条第2款、第63条第2款、第35条之规定，作出如下判决：（1）撤销一审法院刑事判决，即被告人阿里克谢·波坡高夫犯故意伤害罪，判处有期徒刑14年，并处驱逐出境；（2）上诉人阿里克谢·波坡高夫犯故意伤害罪，判处有期徒刑7年，并处驱逐出境，并报请中华人民共和国最高人民法院核准。最高人民法院复核后，依照刑法第63条第2款、最高人民法院《关于执行〈中华人民共和国刑事诉讼法〉若干问题的解释》第270条的规定，作出如下裁定：核准二审法院以故意伤害罪在法定刑以下判处被告人阿里克谢·波坡高夫有期徒刑7年，并处驱逐出境的刑事判决。

【观点争议】

本案的争议问题是：对外国籍被告人裁量刑罚时，是否应当考虑被告人所属国的有关刑法规定？对此问题，存在两种相反的观点。

第一种观点认为：包括刑罚裁量权在内的刑事审判权是我国国家主权的重要体现。根据国家主权原则及刑法面前人人平等原则，对外国籍被告人裁量刑罚应当严格依照我国法律的规定，不应当考虑被告人所属国的有关刑法规定。①

第二种观点认为，应当考虑被告人所属国的有关刑法规定。对外国籍被告人裁量刑罚既要考虑我国国家主权原则、国民待遇原则，同时也要在刑罚个别化原则下兼顾被告人所属国的刑事法律规定。具体而言，在对被告人裁量刑罚时，首先，必须按照我国刑法规定，根据被告人犯罪的事实、犯罪的性质和对社会的危害程度，依法在我国刑法规定的法定刑幅度内确定对被告人应当被判处的刑罚，被告人没有减轻处罚情节的，非经法定核准程序，不得在法定刑幅度以下判处刑罚。其次，如果被告人所属国法律的相关规定轻于我国刑法规定，甚至不认为是犯罪的，一般情况下在对被告人量刑时应当酌情从轻。因为在通常情况下被告人受其所属国法律的影响较深，被告人所属国法律的相关规定能够反映被告人人身危险性的大小。如果被告人所属国对其所犯罪行的刑罚规定较轻，甚至不认为构成犯罪，说明被告人的主观恶性和人身危险性均较小，从刑罚个别化及罪刑相适应原则出发，可以对被告人酌情从轻判处。这样的判决也容易使被告人及其所属国接受，同时又可以降低司法成本。但是，如果被告人所属国法律的相关刑罚规定重于我国刑罚规定的，不得以此为由对被告人酌情从重处罚，这是由我国罪刑法定原则所决定的。应当指出的是，考虑被告人所属国的有关刑法规定并不违反刑法面前人人平等原则，因为被告人所属国有关刑法规定只是作为一个酌定量刑情节起作用，这正是刑罚个别化的体现。事实上，我国刑法有些规定也体现了考虑外国刑法规定的立法价值取向，如刑法第8条规定：“外国人在中华人民共和国领域外对中华人民共和国国家或者公民犯罪，而按照本法规定的最低刑为三年以上有期徒刑的，可以适用本法，但是按照犯罪地的法律不受处罚的除外。”这一规定针对的虽然是在我国领域外外国人对我国国家或者公民实施的犯罪，但其中体现的考虑外国人所属国刑法规定的精神还是不容否认的。②

---

①② 参见肖晚祥、邱胜冬：《对外国籍被告人量刑时应当考虑其所属国的有关刑法规定》，载《人民司法》，2009（16）。

【法理分析】

笔者认为，对于外国人触犯我国刑法的案件是否应该参照外国籍被告人所在国刑法的规定要区分情况而定：对于侵犯我国国家、社会或者公民个人利益的外国籍犯罪人以及共同犯罪中有中国人参与的案件，即使外国籍被告人所在国刑罚处罚较轻，也不能参照外国籍被告人所在国刑法的规定。对于在我国领域以内发生的没有侵犯我国国家、社会或者公民个人利益的外国籍犯罪人案件，原则上不能考虑外国籍被告人所在国刑法的规定。如有特殊情况，在被害的国家、个人或者近亲属同意的前提下，如果外国籍被告人所在国刑罚处罚较轻，可以（而不是应当）参照外国籍被告人所在国刑法的规定。

第一，对于侵犯我国国家、社会或者公民个人利益的外国籍犯罪人，以及共同犯罪中有中国人参与的案件，即使外国籍被告人所在国刑罚处罚较轻，也不能参照外国籍被告人所在国刑法的规定。这是基于对我国国家、社会和公民个人利益的保护原则以及处罚公平得出的合理结论，不论案件发生在我国领域之内，还是发生在我国领域之外。特别需要强调的是，对于发生在我国领域以外侵犯我国国家、社会和公民个人利益的外国人犯罪案件，我国刑法可以行使管辖权的，不应考虑外国籍被告人所在国刑法的规定。我国刑法第 8 条规定："外国人在中华人民共和国领域外对中华人民共和国国家或者公民犯罪，而按本法规定的最低刑为三年以上有期徒刑的，可以适用本法，但是按照犯罪地的法律不受处罚的除外。"原则上，对于所有侵犯我国国家、社会或者公民个人利益的犯罪，我国都应有权管辖，但是考虑到管辖的现实可能性，以及外国人所属国刑法的特殊性，我国刑法进行了限制规定，因为外国人在国外时只需要遵守所在国的法律，不能要求一个人在任何一个地方遵守一切国家的法律。在符合管辖条件的前提下，就不能再考虑犯罪人所属国刑法刑罚轻重因素的影响，以保护我国国家、社会利益和我国驻外工作人员、考察访问人员、留学生、侨民等个人的利益。在共同犯罪中，如果有中国国籍犯罪人参与，也不能考虑外国籍犯罪人所在国家刑法的规定，否则，会造成处罚上的不公平。

第二，对于发生在我国领域以内的案件，原则上不能参照外国籍被告人所在国刑法的规定。这是国家主权原则和刑法面前人人平等原则的体现。根据国家主权原则，对于发生在我国领域内的犯罪，除法律另有规定的以外，都适用我国刑法。就外国人而言，除了享有外交特权和豁免权的以外，都要受到我国刑法的管辖，并不会因为是外国人而享有免除刑罚或者减免刑罚的特权。这是国家主权的应有要求，外国人进入中国领域，就理应遵守中国法律。同样道理，对发生在我国领域内的案件的外国籍犯罪人和我国公民犯罪人同样处罚，也是我国刑法面前人人平等原则的体现。我国刑法第 5 条规定："刑罚的轻重，应当与犯罪分子所犯罪行和承担的刑事责任相适应。"对于发生在我国领域内的犯罪，对其罪行和刑事责任的评价应该以我国的刑法规定和司法实践为准，无论中、外犯罪人，都应一视同仁，以体现刑法面前人人平等的原则。

第三，特殊情况下，在获得被害的国家、个人或者近亲属同意的前提下，可以考虑外国籍被告人所在国刑法的规定，以实现司法公正和取得良好的国际影响。首先，对于发生在我国领域以内，或者我国领域以外、适用普遍管辖原则管辖的案件，犯罪人和被害人都有同一国家国籍，或者侵犯了自己国家的国家利益的，可以考虑适用处罚较轻的外国籍被告人所在国刑法的规定。这种状况下的案件因为犯罪人和被害人都是同一国家公民，尽管案件发生在中国，但考虑到犯罪人和被害人受所属国法律的影响较深，对自己国家法律的认同感更大，适当考虑外国籍被告人所在国刑法的规定更能实现刑法的目的，更易为犯罪人和被害人接受，也能取得良好的国际影响。其次，对于发生在我国领域以内，或者我国领域以外、适用普遍管辖原则管辖的案件，如果犯罪人和被害人是不同国家外国人，或者侵犯了别国的国家利益，基于对外国国家和公民利益的同等保护理念，对犯罪人和被害人原则上要适用我国刑法。但是，如果情况比较特殊，又能得到受害国家、被害人或者近亲属同意的，可以考虑外国籍被告人所在国处罚较轻的刑法规定。这样既能维护我国国家主权和司法权的完整，又能平衡犯罪人和被害者双方的利益。当然，即使情况特殊而且能得到被害者的同意，也只能是“可以”而不能是“应当”参照外国籍被告人所在国处罚较轻的刑法规定。就本案而言，犯罪发生在我国领域以内，犯罪人是俄罗斯人，被害人是菲律宾人，在没有得到被害人的近亲属的同意下，不能参照适用俄罗斯刑法中处罚较轻的规定，否则，会造成对菲律宾国民利益保护的不足，违反对外国国家和公民利益同等保护的原则。

【要旨提示】

对于侵犯我国国家、社会或者公民个人利益的外国人犯罪案件，或者有中国国籍犯罪人参与的共同犯罪案件，不能参照外国籍被告人所在国处罚较轻的刑法规定。对于发生在我国领域以内的案件，原则上不能参照外国籍被告人所在国处罚较轻的刑法规定。在特殊情况下，比如外国籍犯罪人侵犯了本国国家利益、本国公民个人利益，或者外国籍犯罪人侵犯了别的外国国家利益、外国公民个人利益，在被害国家、公民个人或者近亲属同意的前提下，可以参照外国籍被告人所在国处罚较轻的刑法规定。需要注意的是，即使情况特殊，也只能是“可以”而不能是“应当”参照外国籍被告人所在国处罚较轻的刑法规定。

89. 许某盗窃案①

——特别减轻处罚的适用

【案情介绍】

2006年1月，被告人许某被某物业有限公司聘任为保安员。同年4月21日21时许，许某持自己不具备透支功能、余额为176.97元的银行卡，到某商业银行自动柜员机前准备取款100元，同行的郭某（已判刑）在附近等候。当许某在自动柜员机上无意中输入取款1 000元的指令后，柜员机即出钞1 000元。许某经查询，发现其银行卡中仍有一百七十余元，意识到银行自动柜员机发生故障，能够超出账户余款取款且不如实扣账。于是，许某先后于21时57分至22时19分、23时13分至19分、次日零时26分至1时06分的三个时间段内，在该自动柜员机170次主动指令取款174 000元，而其账户实际被扣账174元。郭某从许某处得知该台自动柜员机出现异常后，亦采用同样手段先后取款19 000元。同月24日下午，许某辞职后携款逃匿。2007年5月22日，公安人员将许某抓获归案。

检察机关以许某犯盗窃罪向法院提起公诉。一审法院于2007年11月20日作出刑事判决，认定被告人许某犯盗窃罪，判处无期徒刑，剥夺政治权利终身，并处没收个人全部财产。宣判

① 案例来源：最高人民法院（2008）刑核字第18号。

后，许某提起上诉。二审法院于2008年1月9日作出刑事裁定，撤销原判，发回重审。一审法院依法另行组成合议庭进行重新审理后，于2008年3月31日作出刑事判决，认定被告人许某犯盗窃罪，在法定刑以下判处有期徒刑5年，并处罚金人民币2万元。宣判后，许某提起上诉。二审法院于2008年5月23日作出刑事裁定，驳回上诉，维持原判，并依法报请最高人民法院核准。最高人民法院依照《中华人民共和国刑法》第63条第2款和最高人民法院《关于执行〈中华人民共和国刑事诉讼法〉若干问题的解释》第270条的规定，裁定如下：核准该高级人民法院维持第一审以盗窃罪在法定刑以下判处被告人许某有期徒刑5年，并处罚金人民币2万元的刑事裁定。

【观点争议】

本案除了在定罪上存在争议以外，另外的问题是本案能否适用刑法第63条第2款规定的特别减轻处罚权，以及能否对许某判处5年有期徒刑。

对于第一个问题，存在两种观点。第一种观点认为可以适用刑法第63条第2款规定的特殊减轻制度，认为刑法第63条第2款规定的特殊情况，虽然立法的初衷是指案件的特殊性如涉及政治、外交等情况，但在司法实践中已有适用于一般的判处法定最低刑仍然偏重的案件，报请最高人民法院核准得以适用特殊减轻的先例。特殊减轻的规定具有某种对过于僵硬的刑法进行补救的机能，对判处法定最低刑仍然明显过重的案件也能适用特殊减轻制度，而不是只适用于涉及政治、外交等情况的案件。就本案而言，适用特殊减轻的理由有三：一是银行明显存在过错。这一过错虽然不能成为许某无罪的理由，却可以成为适用特殊减轻制度的根据。二是违法程度较轻。许某是利用自动柜员机的故障而窃取财物，这和破坏自动取款机甚至非法潜入金融机构的盗窃行为相比，客观违法程度较轻。三是责任程度较轻。银行的过错产生了巨大的金钱诱惑，从而诱发了许某的犯罪。从期待可能性上来说，存在着自动柜员机故障这一附随状况而使期待可能性程度有所降低，由此可以减轻许某的责任。① 第二种观点认为，即使法院要适用特殊减轻刑罚的条款，也必须遵循一些基本的量刑准则。例如酌定减轻情节应当与那些法定减轻情节保持大体上的平衡，使这些情节与法定减轻情节处于同一层次上，法院根据“酌定减轻情节”选择具体的量刑种类和量刑幅度时，也应当与法定减轻情节的适用保持一致，不应无原则地降格适用刑罚。再如，法院对其所选择的酌定减轻情节以及减轻刑罚的幅度，应当有较为充分的裁判理由，并进行必要的法律推理。但是，对许某作出酌定减刑处罚的裁决，其所依据的量刑情节与刑法所确立的法定减轻情节根本不相对称，降低两个量刑档次的理由明显难以令人信服。假如许某真的构成“盗窃罪”，那么，许某就存在着多个足以构成“从重量刑”的情节，法院对许某就不仅不应减轻处罚，反而应当从重处罚。这显然说明，法院在许某案的改判问题上没有遵循基本的量刑准则，有滥用自由裁量权之嫌。②

对于第二个问题，也存在两种相反的观点。第一种是肯定的观点，以最高人民法院为代表，认为许某盗窃金融机构，数额特别巨大，依法本应判处无期徒刑以上刑罚，但考虑到许某是在发现自动柜员机发生故障的情况下临时起意盗窃，其行为具有一定的偶然性，与有预谋、有准备盗窃金融机构的犯罪相比，主观恶性相对较小。许某是趁自动柜员机发生故障之机，采用输入指令取款的方法窃取款项，与采取破坏手段盗取钱财相比，犯罪情节相对较轻，因而5

---

① 参见陈兴良：《许霆案的法理分析》，载《人民法院报》，2008-04-01。

② 参见陈瑞华：《脱缰的野马——从许霆案看法院的自由裁量权》，载《中外法学》，2009 (1)。

年有期徒刑量刑适当。第二种是否定的观点，认为本案尽管可以适用特殊减轻处罚制度，但是在本案中许某既无自首、立功的行为，又无退赔等减轻处罚的情节，对许某只能按降一格的规格减轻处罚，否则，就有违背刑法中罪责刑相适应原则的嫌疑。[①]

【法理分析】

笔者主张，对该案可以适用刑法第 63 条第 2 款规定的特殊减轻制度，但是减轻处罚 5 年属于量刑偏轻。具体理由如下：

第一，对该案适用刑法第 63 条第 2 款具有正当性与合法性。正所谓量刑问题是刑法理论的缩影，对行为人能否减轻处罚取决于刑法理论。正像第一种观点所言，本案存在各种特殊原因，导致行为人的违法程度和责任程度都较轻，这正是在没有法定减轻处罚情节下能对被告人适用刑法第 63 条第 2 款进行特殊减轻处罚的主要原因。我国刑法第 5 条规定："刑罚的轻重，应当与犯罪分子所犯罪行和承担的刑事责任相适应。"这一规定，实际上是要求刑罚的轻重必须与罪行的轻重以及犯罪人的人身危险性（表现为再犯罪的可能性大小）相适应。这既体现了报应刑的要求，也体现了目的刑的要求，正是比较流行的并合主义刑罚理论所主张的。刑法第 61 条规定："对于犯罪分子决定刑罚的时候，应当根据犯罪的事实、犯罪的性质、情节和对于社会的危害程度，依照本法的有关规定判处。"该条似乎只强调了量刑的根据是报应或者社会危害性，但是在司法实践中，大多都考虑了犯罪分子的人身危险性。[②] 也有学者认为并不能以违法性较轻作为减轻处罚的根据，因为本案违法性并没有减轻，但是可以依期待实施合法行为的可能性降低以及该案特殊预防与一般预防的必要性都比较小来减轻处罚。因为一方面，许某是初犯，是偶犯，不是累犯，没有任何事实表明其再犯罪的可能性大；另一方面，许某利用自动柜员机的故障实施盗窃行为，得到了社会一般人的"宽恕"，既使一般预防的必要性减少，也使报应的必要性减少，因而可以减轻处罚。[③] 所以，该案适用第 63 条第 2 款并无不当。更重要的是，制定第 63 条第 2 款的目的是限制法院过大的自由裁量权，避免自由裁量权的滥用；此外，还有罪刑法定的要求，但从理论上，罪刑法定的原则是限制法官于被告不利的自由裁量权，于被告有利的自由裁量权并不违背罪刑法定原则。[④] 所以，根据本案的特殊情况，对许某适用刑法第 63 条第 2 款进行减轻处罚是合法、合理的。

第二，适用刑法第 63 条第 2 款进行特殊的减轻处罚，判处 5 年有期徒刑属于量刑偏轻，有损刑法的安定性。在本案事实依然认定为"盗窃金融机构，数额特别巨大"的情况下，对许某依法判处无期徒刑以上刑罚是必然的选择。这么高起点的刑罚决定了即使有法定的减轻处罚情节，也不会判刑太低。因为法律没有规定减轻处罚的幅度，对此问题历来就存在争议，但是多数学者认为还是应该有减轻处罚的幅度限制。比如有学者主张在现行立法条件下，减轻处罚仍宜采取限制格的方法，法定最低刑为无期徒刑的，可以在无期徒刑以下、10 年有期徒刑以上判处刑罚。[⑤] 在有法定减轻处罚情节时如此，在没有法定减轻处罚情节，只有酌定减轻处罚情节时，也应该如此。在酌定减轻情节与法定减轻情节之间保持必要的平衡，使这些酌定情节

---

① 参见徐立、胡剑波：《"许霆案"减轻处罚的根据与幅度分析》，载《法商研究》，2009（5）。

② 参见胡云腾主编：《刑法条文案例精解》，88～89 页，北京，法律出版社，2004。

③ 参见张明楷：《许霆案减轻处罚的思考》，载《法律适用》，2008（9）。

④ 参见张军等：《刑法纵横谈（总则部分）》，371 页，北京，法律出版社，2003。

⑤ 参见马克昌主编：《刑罚通论》，2 版，346 页，武汉，武汉大学出版社，1999。

与法定减轻情节处于同一层次上，是司法公正的必要保障。换言之，酌定减轻情节在减轻的幅度上比法定减轻情节适当小一点是允许的，但是在一般情况下，酌定减轻情节在减轻的幅度上比法定减轻情节大就会丧失量刑的公正、合理性。本案恰恰就出现酌定减轻处罚情节减轻处罚的幅度比法定减轻处罚情节还要大。本案的情节尽管具有一定的特殊性，但是毕竟还没有特殊到这么大幅度减轻处罚的程度，更何况本案还有许多酌情从重处罚的情节。总体而言，本案判处5年有期徒刑，虽然因为法律没有明文规定减轻处罚的下限不能算违法，但是毕竟量刑畸轻，不符合量刑均衡的原则。

【要旨提示】

刑法第63条第2款规定的特殊减轻制度适用于犯罪分子虽然不具有刑法规定的减轻处罚情节，但因为案件情况特殊，经最高人民法院核准，也可以在法定刑以下判处刑罚。这里的特殊情况，除了包括涉及政治、外交、宗教、民族事务等特殊情况以外，也可以包括一些影响重大，因违法程度和责任程度降低，或者预防的需要降低，判处重刑不符合社会相当性的案件，尤其是涉及公民的法感情不能接受过于严苛的刑罚的情况。但是，适用特殊减轻处罚权在减轻处罚时也要遵循平衡的原则，保持酌定减轻处罚情节和法定减轻处罚情节的平衡，不得超过相应法定减轻处罚情节减轻的幅度，以做到罪刑均衡。

90. 周某盗窃案[①]

——累犯能否加重处罚

【案情介绍】

被告人周某于2002年11月因犯盗窃罪被判处有期徒刑1年6个月并处罚金人民币2 000元，2003年12月23日刑满释放。

被告人周某于2005年8月间，到邻居陆某家盗窃作案4次，共窃得人民币七千余元。案发后，被告人周某向被害人承认盗窃犯罪事实，并退还被害人赃款800元。

检察机关以被告人周某犯盗窃罪向法院提起公诉。法院经审理认为被告人周某刑满释放后法定期限内又重新故意犯罪，系累犯，属于有其他严重情节。被告人周某归案后，认罪态度较好，酌情从轻处罚。遂依照《中华人民共和国刑法》第264条、第65条第1款、第64条及最高人民法院《关于审理盗窃案件具体应用法律若干问题的解释》第6条第3款之规定，于2006年2月23日判决如下：(1) 被告人周某犯盗窃罪，判处有期徒刑3年，并处罚金人民币3 000元。(2) 向被告人周某继续追缴人民币6 200元，发还被害人。周某上诉后，二审法院经审理，认为周某系累犯，应当从重处罚，遂依照《中华人民共和国刑事诉讼法》(1996年) 第189条第2项，《中华人民共和国刑法》第264条、第65条第1款、第64条之规定，于2006年3月31日判决如下：(1) 撤销一审法院刑事判决对上诉人周某的量刑部分。(2) 上诉人周某犯盗窃罪，判处有期徒刑2年，并处罚金人民币2 000元。(3) 未追缴之赃款人民币6 200元继续

---

① 案例来源：最高人民法院刑事审判庭第一、二、三、四、五庭主办：《刑事审判参考》，总第55集，41～42页，北京，法律出版社，2007。

予以追缴，并发还被害人。

【观点争议】

本案除了被告人向被害人承认盗窃犯罪事实并书写保证书是否构成自首的问题之外，另一个更重要的问题是如何对盗窃犯罪的累犯进行处罚，尤其是能否进行加重处罚。这涉及对1998年最高人民法院《关于审理盗窃案件具体应用法律若干问题的解释》（以下简称《盗窃解释》）第6条第3项的理解。对此有四种观点。

第一种观点是否定说，认为该解释与刑法总则的规定相冲突，超过了司法解释的范畴，也违背了罪责刑相适应原则。[①]

第二种观点是肯定说，认为：盗窃数额达到“数额较大”的标准，将累犯作为认定具有“其他严重情节”；盗窃数额达到“数额巨大”的标准，将累犯作为认定具有“其他特别严重情节”，与刑法中累犯应当从重处罚的有关规定是不违背的，实际上是刑法有关规定的具体化，在具体处罚时，不必在“其他严重情节”和“其他特别严重情节”的幅度内再从重处罚。[②]

第三种观点是折中说，认为：尽管有争议，但是在一些特殊案件中，比如盗窃数额接近非常巨大（9 900元），如果不考虑累犯的情节，将初犯和累犯只能判处最高3年，则无法体现累犯从重的思想。如果把累犯作为具有“其他严重情节”的情形，依法在数额巨大对应的刑罚幅度内从重量刑，既体现了对累犯的依法从重，也符合公平、正义的要求。所以，在特殊情况下将累犯作为加重情节在一定情况下是合理的。[③]

第四种观点是司法创制说，认为《盗窃解释》第6条第3项通过司法解释的规定改变了累犯制度的刑罚适用原则，认为该解释将累犯的处罚原则由“应当从重处罚”异化为“在加重的基础上从重处罚”，实际上属于一种在司法上创制特别累犯的立法活动，即创制了一种司法型的特殊累犯制度：盗窃型累犯。[④]

【法理分析】

以上四种观点引发出来两个问题：第一，《盗窃解释》第6条第3项规定累犯可以作为“其他严重情节”或者“其他特别严重情节”，是否是加重处罚？第二，如果不是加重处罚，将累犯作为衡量“其他严重情节”和“其他特别严重情节”的事由考虑是否合适？笔者认为，《盗窃解释》第6条第3项的规定不是加重处罚，但是，将累犯作为衡量“其他严重情节”和“其他特别严重情节”的事由考虑并不合适。具体理由如下。

第一，不能简单地将《盗窃解释》第6条第3项关于累犯可以作为“其他严重情节”或者“其他特别严重情节”的规定视为加重处罚。上述第二种观点认为《盗窃解释》第6条第3项的规定不是加重处罚，因为在把累犯作为“其他严重情节”和“其他特别严重情节”考虑后，在具体处罚时不必再在上述两个幅度内从重处罚，不存在情节被重复评价的问题，因而与刑法中累犯应当从重处罚的有关规定不相违背。然而，这种解释并不能令人满意，因为即使不在上

---

① 参见胡乾辉、明新春：《盗窃犯罪累犯不宜加重处罚》，载《人民检察》，2006（4）。

② 参见张军主编：《解读最高人民法院司法解释》（刑事卷），358页，北京，人民法院出版社，2006。

③ 参见最高人民法院刑事审判庭第一、二、三、四、五庭主办：《刑事审判参考》，总第55集，47～48页，北京，法律出版社，2007。

④ 参见赵秉志主编：《刑罚总论问题探索》，365～366页，北京，法律出版社，2003。

述两个幅度内再从重处罚，也没有回答是否是加重处罚这一关键问题。按照我国理论界的通说，尽管对累犯在理论上存在从重主义、加重主义、变更主义等各种观点，但我国刑法采取的是从重主义。[①] 根据我国刑法规定，从重处罚只能在法定刑幅度内判处较重的刑罚，不能超出法定刑的幅度，否则就变成了加重处罚。而把累犯作为“其他严重情节”和“其他特别严重情节”已经提高了盗窃罪法定刑限度，属于变相地加重处罚。

针对这个疑问，有学者主张对“法定刑的限度”必须进行新的解释，即应该根据正义观念以及具体案情作两种解释：在不会导致刑罚不均衡的时候，通说的理解是有效的，法定刑的限度是指具体的犯罪情节相对应的具体法定刑限度；但当无法在具体的犯罪情节（犯罪事实）相对应的具体法定刑限度合理地进行从轻、从重处罚时，此时的法定刑限度是指的整个罪名的法定刑幅度，允许在具体的法定刑限度之外，“有客观限度地”进行升格或者降格处理。[②] 如果对法定刑的限度作出如此解释的话，那么无论是升格还是降格，只要是该罪名所包含的刑罚，就都没有超出法定刑的范围。但是如此一来，我国刑法中规定的从重、从轻和减轻就没有区分的合理标准了，在更多的案件中会导致更大的不公。

对此，该学者又提出了一个新的思路，认为：在法律明文规定盗窃罪的量刑情节中，数额也不是量刑的唯一标准。法律的明文规定是“数额巨大或者有其他严重情节的”“数额特别巨大或者有其他特别严重情节的”，因此在量刑时，也应该将法律明文规定的“数额巨大”或者“其他情节严重”“数额特别巨大”或者“其他情节特别严重”结合起来进行综合考虑以便选择法定刑幅度。从这个角度来看，司法解释将盗窃数额较大的累犯作为“其他严重情节”和将盗窃数额巨大的累犯作为“其他特别严重情节”的规定，并不意味着规定了“累犯加重处罚”[③]。这个思路应该受到重视，因为刑法第 264 条的确是把数额和情节用“或”字相连，这意味着只要具备其中之一的标准即可构成犯罪或者处以相应的法定刑。从这点上讲，简单地认为《盗窃解释》第 6 条第 3 项将累犯视为“其他严重情节”和“其他特别严重情节”而作为加重处罚事由，或者认为通过司法解释的规定改变了累犯制度的刑罚适用原则，或者认为该解释将累犯的处罚原则由“应当从重处罚”异化为“在加重的基础上从重处罚”的观点是不妥当的。

第二，将累犯作为衡量“其他严重情节”和“其他特别严重情节”的事由并不合适。有学者以 1996 年 12 月 16 日最高人民法院《关于审理诈骗案件具体应用法律的若干问题的解释》为根据，认为将累犯作为衡量“其他严重情节”和“其他特别严重情节”的事由并无不适。该解释规定诈骗数额在 10 万元以上，又具有下列情况之一的，应认定为“情节特别严重”（即刑法第 266 条规定的“有其他特别严重情节”），其中第 7 项就是曾因诈骗受过刑事处罚。此处的“曾因诈骗受过刑事处罚”情节就包含累犯，可以被认定为“情节特别严重”。有观点就认为在诈骗罪中有类似的规定，实践证明是好的。[④] 诈骗罪可以，盗窃罪为什么不可以呢？问题是，在 1996 年的司法解释中，前面已有诈骗数额 10 万元以上这一条件，即使不考虑后面的各种情节，依然可以在 10 年有期徒刑或者无期徒刑并处罚金或者没收财产这一刑罚幅度内量刑，不存在加重处罚的问题。而在 1998 年《盗窃解释》中，盗窃数额只是达到“数额较大”或者“数额巨大”，如具备了累犯的条件，则要分别认定为“其他严重情节”或者“其他特别严重情

---

① 参见胡云腾主编：《刑法条文案例精解》，94 页，北京，法律出版社，2004。

②③ 参见周详、齐文远：《刑事司法解释中的“累犯加重犯”之研究》，载《法学家》，2008（5）。

④ 参见张军主编：《解读最高人民法院司法解释》（刑事卷），358 页，北京，人民法院出版社，2006。

节”，要在更高一级的刑罚幅度内量刑。以1996年关于诈骗罪的司法解释来论证1998年《盗窃解释》的合理性并不充分。

也有学者主张如果说该解释意味着创造了“累犯加重处罚”，那么该解释中的其他7种情形，诸如“犯罪集团的首要分子或者共同犯罪中情节严重的主犯”“盗窃金融机构”等，又何尝不是“加重处罚”？如果认为“累犯加重处罚”的司法解释违反了罪刑法定原则，侵犯了立法权，那么该司法解释中的所有其他情节的解释都违反了罪刑法定原则，侵犯了立法权，因为刑法总则中根本就没有规定这些情节可以“加重处罚”。如果真是如此，那么对于盗窃罪中明文规定的“其他严重情节”“其他特别严重情节”，就不能作出任何特定的解释。如此，按照通说的观点，实际上刑法分则诸多罪名中规定的“其他严重情节”“其他特别严重情节”，实际上都是无效的，无法给出任何具体的解释，只要给出具体的解释，就必然会违反罪刑法定原则。[①] 这个观点也有一定道理，我国刑法中有许多情节犯，对这些情节的解释是司法的任务之一，而这些情节不可能在立法中一一予以列举，只能在司法实践中探索和总结。但是，以《盗窃解释》中的其他7种情形来论证累犯升级法定刑的合理性并不正确。其实，同样的问题依然存在，在其他的7种情形中，也不一定都符合法律规定，这涉及对犯罪情节的正确理解与区分。

犯罪情节也就是犯罪的情状。我国刑法中的犯罪情节可以分为定罪情节和量刑情节，定罪情节又可以分为基本情节与加重或者减轻情节，基本情节是区分罪与非罪的情节，加重或者减轻情节是区分轻罪与重罪的情节。这里的情节是指基本情节，也就是作为罪量要素的情节。这种情节是指刑法明文规定，表明行为的法益侵害程度而为犯罪成立所必需的一系列主观与客观的情状。[②] 由此可以看出，定罪情节的作用是衡量犯罪对法益的侵害程度，从而决定是否构成犯罪，或者构成重罪或轻罪。而量刑情节是在已经构成犯罪、确定是重罪或者轻罪的前提下体现犯罪严重程度，据以决定对犯罪人是否处刑以及处刑轻重的各种事实情况。有学者进一步区分定罪情节和量刑情节，认为：（1）定罪情节是犯罪构成要件所涵盖的内容和行为之间成立某种犯罪的事实根据，它表明并揭示犯罪的共性；而量刑情节则表明个案之间的特点与差异，揭示同种犯罪中不同案犯的个性。（2）定罪情节不仅决定犯罪的性质，而且决定对该种犯罪追究刑事责任的统一标准和范围，同法定刑有着必然的联系；而量刑情节则以某种法定刑为适用的前提和基础，是刑罚个别化的唯一根据，同宣告刑有着必然的联系。（3）定罪情节只限于罪中情节，外延比较窄；而量刑情节则包括罪中情节、罪前情节和罪后情节，外延比较宽广。[③] 由此可以看出，量刑情节只有在构成犯罪而且已经确定法定刑适用幅度的情况下才可以发挥作用。当然，定罪情节和量刑情节在有些情况下会发生竞合，有的情节兼有影响定罪与量刑的双重功能，比如危害社会的结果等。[④] 根据犯罪情节的界定，累犯只适宜作为量刑情节而不能同时作为定罪情节，理由在于：首先，累犯明显属于罪前情节，在衡量是否构成犯罪以及确定处刑幅度时考虑不合适；其次，刑法第65条已经明确规定累犯从重处罚，这一处罚原则对分则个罪有制约作用，司法解释不能任意改变累犯从重处罚的基本原则；最后，从我国刑法对累犯处罚原则的历史沿革上看，经历了一个由“加重处罚”到“从重处罚”之从严到宽的过程，这

① 参见周详、齐文远：《刑事司法解释中的“累犯加重犯”之研究》，载《法学家》，2008（5）。

② 参见陈兴良：《规范刑法学》，99页，北京，中国政法大学出版社，2003。

③ 参见马克昌主编：《刑法学》，261页，北京，高等教育出版社，2003。

④ 参见冯卫国、王志远：《刑法总则定罪量刑情节通释》，5页，北京，人民法院出版社，2006。

一转变与中国的现实国情和罪情相适应，经过几十年的司法实践检验，证明是可行的和合理的。[①] 所以，累犯作为量刑情节从重处罚已经得到理论的支持和实践的检验，1998 年《盗窃解释》第 6 条第 3 项将累犯视为“其他严重情节”和“其他特别严重情节”，从而作为定罪情节升格法定刑的做法是不合适的。就本案而言，虽然因为被告人有从轻处罚的情节而没有在更高的法定刑幅度内量刑，但是，其理由是含混的。

【要旨提示】

1998 年《盗窃解释》第 6 条第 3 项将累犯作为“其他严重情节”和“其他特别严重情节”，从而在高一级刑罚幅度内量刑的做法不合适，因盗窃罪采用的是数额和情节并列选择性的立法模式，累犯完全有可能被单独评价为“其他严重情节”和“其他特别严重情节”，从而也就不存在对累犯“加重处罚”的问题。该解释最根本的错误在于没有很好地区分定罪情节和量刑情节，把累犯这一法定的量刑情节作为影响法定刑幅度选择的定罪情节对待。认清累犯量刑情节的本质，遵循刑法第 65 条关于累犯从重处罚的原则进行司法适用，是正确的做法。

91. 李某贩卖、运输毒品案[②]

——毒品再犯与一般累犯的适用

【案情介绍】

被告人李某于 1988 年 12 月 27 日因犯盗窃罪被判处有期徒刑 14 年，于 1989 年 3 月因病监外执行；于 1991 年 11 月 9 日因犯贩卖毒品罪被判处有期徒刑 15 年，与前罪尚未执行完毕的刑罚并罚，决定执行有期徒刑 20 年，于 1995 年 6 月因病监外执行。因本案于 2005 年 3 月 2 日被收监。

2004 年 6 月以来，被告人李某多次从贵州省贵阳市购买海洛因，运回西安市进行贩卖。2005 年 3 月 2 日凌晨 4 时许，当被告人李某再次携带海洛因从贵阳市返回西安市时被公安人员抓获，当场被查获海洛因 175.5 克。

检察机关以被告人李某犯贩卖、运输毒品罪向法院提起公诉。一审法院经审理认为，被告人李某因贩卖毒品罪判过刑，在前罪刑罚监外执行期间贩卖、运输海洛因 175.5 克，系毒品犯罪的再犯，应依法从重处罚；李某又系前罪刑罚执行完毕以前重新犯罪，应当数罪并罚。遂依照《中华人民共和国刑法》第 347 条第 2 款、第 356 条、第 71 条、第 69 条、第 57 条第 1 款之规定，判决如下：被告人李某犯贩卖、运输毒品罪，判处死刑，剥夺政治权利终身，并处没收个人全部财产；与前罪未执行完的刑期 8 年 10 个月 13 天合并，决定执行死刑，剥夺政治权利终身，并处没收个人全部财产。李某上诉后，二审法院依照《中华人民共和国刑事诉讼法》(1996 年）第 189 条第 1 项的规定，裁定驳回上诉、维持原判，并将本案报请最高人民法院核准。最高人民法院经复核后认为根据本案的具体情节，对其判处死刑，可不立即执行，遂依

---

① 参见赵秉志主编：《刑罚总论问题探索》，385 页，北京，法律出版社，2003。

② 案例来源：最高人民法院刑事审判庭第一、二、三、四、五庭主办：《刑事审判参考》，总第 49 集，46～48 页，北京，法律出版社，2006。

照《中华人民共和国刑事诉讼法》（1996 年）第 199 条和最高人民法院《关于执行〈中华人民共和国刑事诉讼法〉若干问题的解释》第 285 条第 3 项，《中华人民共和国刑法》第 347 条第 2 款、第 48 条第 1 款、第 57 条第 1 款、第 71 条、第 69 条、第 59 条第 1 款的规定，判决如下：(1) 撤销一审法院刑事判决和二审法院刑事裁定中对被告人李某的量刑部分；(2) 被告人李某犯贩卖、运输毒品罪，判处死刑，缓期 2 年执行，剥夺政治权利终身，并处没收个人全部财产；与前罪未执行完毕的刑罚并罚，决定执行死刑，缓期 2 年执行，剥夺政治权利终身，并处没收个人全部财产。

【观点争议】

本案除了存在是否应该判处死刑立即执行的问题之外，另一个重要问题是犯贩卖毒品罪被判刑，前罪刑罚尚未执行完毕以前又犯贩卖、运输毒品罪，是否需要适用刑法第 356 条的规定从重处罚。这涉及刑法第 356 条性质的认定以及其与刑法第 65 条累犯规定的关系。对此问题，存在两种对立的观点。

第一种观点认为，被告人李某在刑罚执行期间重新犯罪，依法应当数罪并罚，但不适用刑法第 356 条的再犯条款。理由是，刑法第 356 条规定的“被判过刑”，应仅限于刑罚执行完毕或赦免以后又重新犯罪。对被告人李某如适用再犯从重处罚新罪，又根据“先减后并”的原则进行数罪并罚，显然使被告人对所犯新罪面临双重从重处罚，不利于保护被告人的合法权益。①

第二种观点是 2008 年 12 月 1 日最高人民法院《全国部分法院审理毒品犯罪案件工作座谈会纪要》（以下简称《纪要》）所持的观点。《纪要》第 8 条规定，“根据刑法第三百五十六条规定，只要因走私、贩卖、运输、制造、非法持有毒品罪被判过刑，不论是在刑罚执行完毕后，还是在缓刑、假释或者暂予监外执行期间，又犯刑法分则第六章第七节规定的犯罪的，都是毒品再犯，应当从重处罚。因走私、贩卖、运输、制造、非法持有毒品罪被判刑的犯罪分子，在缓刑、假释或者暂予监外执行期间又犯刑法分则第六章第七节规定的犯罪的，应当在对其所犯新的毒品犯罪适用刑法第三百五十六条从重处罚的规定确定刑罚后，再依法数罪并罚。对同时构成累犯和毒品再犯的被告人，应当同时引用刑法关于累犯和毒品再犯的条款从重处罚”。之所以作出关于毒品再犯的解释，有观点认为主要基于以下两点理由：首先，刑法第 356 条规定的毒品再犯不是累犯的特殊形式，是对毒品犯罪再犯的从重处罚的特别规定。只要曾因犯该条所列的毒品犯罪被判过刑，无论何时（不论刑罚是否执行完毕）再犯，均应适用该条从重处罚。其次，将“判过刑”理解为包括刑罚未执行或者未执行完毕的情形，符合严惩毒品再犯的立法目的。对“判过刑”的理解，应当是指前罪的判决已经生效，而不论是否已经服刑完毕。毒品犯罪再犯不要求前罪的刑罚已经执行完毕或者赦免，也不要求本次犯罪与前次犯罪之间有确定的时间间隔。犯罪分子因毒品犯罪被判刑后，在缓刑、假释或暂予监外执行期间再次实施毒品犯罪，说明其不思悔改、主观恶性较深、人身危险性较大，理应从重处罚。②

---

① 参见最高人民法院刑事审判庭第一、二、三、四、五庭主办：《刑事审判参考》，总第 49 集，48 页，北京，法律出版社，2006。

② 参见最高人民法院刑事审判庭第一、二、三、四、五庭主办：《刑事审判参考》，总第 65 集，87～88 页，北京，法律出版社，2009。

【法理分析】

关于刑法第 356 条的性质，有不同的称谓，比如"毒品犯罪累犯"[①] 或者"毒品犯罪再犯"[②]。笔者认为，在现行立法下从法律解释和法律适用的角度把刑法第 356 条理解为特殊的毒品再犯制度并无不妥，但是，从立法完善的角度，在将来的刑法修改中把刑法第 356 条的内容纳入刑法总则，作为一类特殊累犯规定更为合理。

第一，把刑法第 356 条理解为特殊的毒品犯罪再犯制度符合法律解释的原理。首先，刑法第 356 条和刑法第 65、66 条的表述不同。刑法第 65、66 条都强调"刑罚执行完毕或者赦免以后"，才能成立累犯。而刑法第 356 条只是强调"被判过刑"，并不要求"刑罚执行完毕或者赦免以后"，所以，二者在成立的时间条件上有明显的不同。其次，在犯罪的构成上也与刑法第 66 条的特殊累犯不同。刑法第 66 条的特殊累犯要求前、后罪都必须是危害国家安全的犯罪，而刑法第 356 条强调的前罪只能是走私、贩卖、运输、制造和非法持有毒品罪，后罪则是这一节规定的毒品类罪，二者也存在明显的区别。有观点就认为从文义解释上看，刑法第 356 条中的"被判过刑"，既包括所判刑罚已经执行完毕或者赦免，也包括刑罚正在执行之中。这一点跟刑法第 65、66 条的规定不同，从文义解释的角度是合适的。[③] 有学者进一步认为，在这种情况下，如果将毒品犯罪再犯推论为毒品犯罪累犯，显然违背了我国刑法罪刑法定的基本原则。[④]《纪要》出于严厉惩罚毒品犯罪的需要，将刑法第 356 条的规定定性为对毒品犯罪再犯的从重处罚的特别规定而不是累犯的特殊形式，是对现行法条合理的解释结论。笔者认为，不管当初的立法本意如何，将刑法第 356 条理解为和刑法第 65、66 条不同的制度，从法律解释和法律适用的角度而言并无不妥之处。

第二，从立法完善的角度，在将来的刑法修改中把刑法第 356 条的内容纳入刑法总则，作为一类特殊累犯规定更为合理。理由在于：首先，保持累犯制度的完整统一性。我国刑法第 65、66 条分别规定了一般累犯和特殊累犯，尽管构成条件有所不同，但精神实质是一样的。将刑法第 356 条的内容纳入累犯的范畴，有助于法律制度的协调适用。另外，从立法沿革上讲，在刑法修改的草案中，毒品犯罪累犯曾经被作为一种特殊累犯规定在刑法总则"累犯"一节中，只是后来才被移至刑法分则"毒品犯罪"一节。这也体现出当初立法者把刑法第 356 条的内容视为一种特殊累犯。其次，在性质上，毒品犯罪累犯和危害国家安全的犯罪累犯一样，应该理解为一种特殊的累犯。刑法之所以在一般累犯之外规定特殊累犯，并对特殊累犯在成立条件上放宽，其目的就是更为严厉地打击某些类型的危害特别严重的犯罪行为。这一点在刑法第 66 条危害国家安全罪的累犯规定上体现得非常明显。毒品犯罪危害巨大，当然也应该受到严厉的惩罚。但是，和危害国家安全的犯罪相比较，毒品犯罪的危害性并没有超过危害国家安全的犯罪，为何危害国家安全的犯罪都要受到累犯成立条件的限制，而危害性质较危害国家安全犯罪轻的毒品犯罪却要受到更加严厉的处罚呢？重罪重罚、轻罪轻罚是罪责刑相适应的基本原则，从与危害国家安全犯罪特殊累犯协调的角度，也应将刑法第 356 条的内容纳入刑法总则累

---

① 赵秉志主编：《刑罚总论问题探索》，360 页，北京，法律出版社，2003。

② 朱建华：《毒品犯罪再犯与累犯竞合时的法律适用》，载《人民检察》，2006（9）。

③ 参见最高人民法院刑事审判庭第一、二、三、四、五庭主办：《刑事审判参考》，总第 67 集，90 页，北京，法律出版社，2009。

④ 参见孟庆华：《刑罚适用重点疑点难点问题判解研究》，352 页，北京，人民法院出版社，2009。

犯的范畴。可以说，不论是从累犯制度的完整统一性上，还是与危害国家安全犯罪特殊累犯制度的协调上，将刑法第356条的内容纳入刑法总则，作为毒品犯罪累犯都是合适的。所以，不少学者认为毒品犯罪累犯属于刑法总则的制度，应该规定在刑法总则中。[①]

【要旨提示】

司法实践适用《纪要》时，对于同时符合刑法第356条和刑法第65条累犯制度的，应该同时引用相关法条；对于只符合刑法第356条毒品犯罪再犯规定的，只引用刑法第356的规定即可，并对被告人不得产生不得缓刑和假释的法律后果。

92. 刘某故意杀人案[②]

——形迹可疑自首的认定

【案情介绍】

2006年5月26日凌晨1时许，被告人刘某在自己经营的面食店内与被害人韩某（14周岁）发生性关系。因韩某处女膜破裂，刘某所穿白色横条T恤和裤子上均沾上韩某的血迹。之后，韩某提出要把刘某与之发生性关系一事告知其姐，并报告派出所。刘某担心事情败露，遂产生杀人灭口的念头。当刘某送韩某走到回家的小路时，刘某用双手将韩某扼掐致死，并将尸体藏匿于路边菜地刺蓬中后逃离现场。被告人刘某在菜地藏匿尸体时被村民陈某等人发现，其逃离后，陈某等人即向公安机关报案。公安机关通过现场勘查、询问证人，获悉作案人抛尸时穿白色横条T恤上衣，抛尸后穿深色夹克外衣逃离。公安人员侦查得知，被害人在一个叫刘某的人所经营的面食馆里打工，食宿均在刘某家里。根据这些情况，公安人员在派出所办公室同刘某进行了谈话，谈完话后让其回家吃饭。公安机关汇总调查、谈话情况后认为刘某有作案可能，决定派公安人员到刘某家里查看是否有作案证据。公安人员到刘某家后问刘某案发当晚的衣着情况，刘某所述与群众报案情况吻合，并说衣物放在洗衣机里未洗。公安人员当场从洗衣机里的衣物中找出了带血迹的白色横条T恤。公安人员就此质问刘某，刘某便供认了其作案的经过，并带领公安人员把作案所穿的鞋、裤子、夹克全部找出。

检察机关以被告人刘某犯故意杀人罪向法院提起公诉。一审法院依照《中华人民共和国刑法》第232条、第57条第1款之规定，判决被告人刘某犯故意杀人罪，判处死刑，剥夺政治权利终身。被告人刘某以具有自首情节、量刑过重为由上诉。二审法院依照《中华人民共和国刑事诉讼法》（1996年）第189条第1项的规定，裁定驳回上诉、维持原判，并依法报请最高人民法院核准。最高人民法院依照1996年《中华人民共和国刑事诉讼法》第199条和最高人民法院《关于复核死刑案件若干问题的规定》第2条第1款的规定，裁定核准二审法院维持第一审以故意杀人罪判处被告人刘某死刑、剥夺政治权利终身的刑事裁定。

---

① 参见陈兴良：《刑法适用总论》（下），437页，北京，法律出版社，1999。

② 案例来源：最高人民法院刑事审判庭第一、二、三、四、五庭主办：《刑事审判参考》，总第59集，13～15页，北京，法律出版社，2008。

【观点争议】

本案的争议问题是被告人刘某是否构成自首，最关键的问题是能否认定被告人刘某属于“自动投案”。这涉及对刑法第67条和1998年最高人民法院《关于处理自首和立功具体应用法律若干问题的解释》(以下简称《自首和立功解释》）第1条中规定的“自动投案”的理解。

本案的裁判理由认为，从本案案发过程可以看出，本案的情形不属于“形迹可疑”。公安机关在到被告人刘某家之前，通过现场勘查、尸体检验、询问证人等工作已经怀疑系刘某作案，但尚无客观性证据将其确定为犯罪嫌疑人。当公安人员从刘某家起获带血迹的白色横条T恤后，刘某的犯罪嫌疑程度得到进一步强化。此时，刘某杀害韩某的罪行已经被发觉，即使刘某不主动交代，公安机关也可通过血迹鉴定等工作进一步收集证据后，将案件侦破。也就是说，被告人刘某是在面对有力的客观性证据而无法提供合理解释的情况下被迫供认其罪行的，并非因形迹可疑受到盘问时主动交代所犯罪行，故不具备投案的自动性，不能认定为自首。①

【法理分析】

笔者不同意这种分析，认为就本案情况而言，认定为自首更为合理。具体理由如下。

第一，就本案而言，应该认定为“形迹可疑”而不是“犯罪嫌疑”。本案公安机关通过现场勘查、询问证人，并在派出所办公室同刘某进行了谈话后，认为刘某有作案可能，所以决定派公安人员到刘某家里查看是否有作案证据。也就是说，此时刘某还不是犯罪嫌疑人，因为要确定刘某是犯罪嫌疑人必须有其作案的一定证据，尽管证据不一定充分、完整。从去刘某家的目的就是寻找证据这一点而言，可以断定此时刘某没有达到该案“犯罪嫌疑人”的程度。到刘某家里以后，公安人员问刘某案发当晚的衣着情况，刘某所述与群众报案情况吻合，并说衣物放在洗衣机里未洗。公安人员当场从洗衣机里的衣物中找出了带血迹的白色横条T恤。公安人员就此质问刘某，刘某便供认了其作案的经过，并带领公安人员把作案所穿的鞋、裤子、夹克全部找出。从案件的表述上看，是刘某主动供述穿着衣服特征，并说出衣服所在的地方。在公安人员找到带血的衣服以后，刘某作案的可能性才大大提高，达到了被确定为“犯罪嫌疑人”的程度。但是，之所以刘某此时能被确定为“犯罪嫌疑人”，主要的原因还是自己的主动供述，在主动供述之前还仅仅是处在有“作案可能”的状态，这种“作案的可能”不正是形迹可疑吗？正是刘某的主动供述将其升级为“犯罪嫌疑人”，按照《自首和立功解释》的规定，正符合因“形迹可疑”受到盘问，主动交代自己罪行构成自首的条件。所以，本案案情理解为形迹可疑是合理的。

第二，本案刘某有没有受到讯问、传唤或者被采取强制措施呢？如果认定刘某已经被讯问、传唤或者被采取强制措施，即使其如实交代自己的犯罪行为，根据《自首和立功解释》的规定也不能认定为自首。可以肯定的是，刘某并没有被采取刑事诉讼法规定的5种法定强制措施，而且刘某先前去派出所也只是一般的谈话，并不能认定为传唤。能否认定刘某已经受到讯问了呢？笔者也持否定态度。刑事诉讼法第116条规定：“讯问犯罪嫌疑人必须由人民检察院或者公安机关的侦查人员负责进行。讯问的时候，侦查人员不得少于二人。”第117条规定：“对不需要逮捕、拘留的犯罪嫌疑人，可以传唤到犯罪嫌疑人所在市、县内的指定地点或者到

---

① 参见最高人民法院刑事审判庭第一、二、三、四、五庭主办：《刑事审判参考》，总第59集，17页，北京，法律出版社，2008。

他的住处进行讯问，但是应当出示人民检察院或者公安机关的证明文件。”第 118 条规定：“侦查人员在讯问犯罪嫌疑人的时候，应当首先讯问犯罪嫌疑人是否有犯罪行为，让他陈述有罪的情节或者无罪的辩解，然后向他提出问题。”从法条的规定上看，讯问有两个特征：首先，必须是确定为犯罪嫌疑人之后才能进行讯问；其次，讯问必须遵循一定的程序，比如讯问的时候侦查人员不得少于 2 人，应当出示人民检察院或者公安机关的证明文件，在讯问犯罪嫌疑人的时候应当首先讯问犯罪嫌疑人是否有犯罪行为等。从案件情况和法条规定上看，本案刘某在交代出血衣之前并没有受到讯问，理由在于：首先，正如上文分析，在交代自己穿着衣服的特征并主动说出衣服所在的地方前，刘某还不是犯罪嫌疑人；其次，从本案情况来看，本案没有讯问程序的体现，因为在去刘某家里之前没有将刘某视为犯罪嫌疑人，所以也就不存在“首先讯问犯罪嫌疑人是否有犯罪行为，让他陈述有罪的情节或者无罪的辩解，然后向他提出问题”这样的程序了。当然，在刘某交代出血衣而成为犯罪嫌疑人之后就可以进行讯问了，但是已经是自首之后的事情了。

第三，自首要求“主动、直接向公安机关、人民检察院或者人民法院投案”，本案刘某是否“投案”且具有“主动、直接性”呢？笔者认为是具备的。首先，投案不一定就必须去公安机关、人民检察院或者人民法院等机关或者所在的单位、基层组织等，在家里或者其他地方依然可构成投案，这在理论界和司法实践中已经达成共识。比如犯罪嫌疑人的亲属报案后，由于客观原因没能将犯罪嫌疑人送去投案，但予以看守并带领公安人员将其抓获的，就认定为自动投案。[①] 被告人在实施犯罪过程中报警，实施犯罪行为后滞留犯罪现场等候警方处理，并在警方讯问后如实供述罪行的，也认定为自首[②]等。所以，不能因为公安人员已经去刘某家里，就否认其投案的可能。其次，本案也具备投案的主动性。犯罪以后去司法机关供述自己的犯罪事实当然具备主动性，如果司法机关已经掌握了部分证据，在讯问或者采取强制措施之后，再交代就不能认为具有主动性。但是，本案中刘某只是被认为具有作案可能，公安机关并没有刘某作案的证据，在公安人员询问穿着衣服特征之后刘某就如实交代了自己衣服放置的地方，并如实交代了其他的犯罪情况，应该认定为主动交代。

至于认为即使刘某不主动交代，公安机关也可通过血迹鉴定等工作进一步收集证据后，将案件侦破，被告人刘某是在面对有力的客观性证据而无法提供合理解释的情况下被迫供认其罪行，从而不能认定为自首的观点，是不当的。大多数案件的犯罪人没有自首，公安机关也照样破案并追究犯罪人的刑事责任，但这并不能否认本案成立自首。刑法之所以规定自首制度，是因为自首制度具有一定的价值。有学者从国家和犯罪人两方面进行分析，认为“从犯罪人角度分析，自首反映了犯罪人现实人身危险性减小，减轻了其罪责；从国家角度看，犯罪人的自动归案与如实供述，节约了国家为侦查、指控犯罪而可能动用的司法资源”[③]。这正是自首制度具有的实体性价值和程序性价值。在实体性价值上，自首有利于分化、瓦解犯罪势力，并能感召犯罪人悔过自新，从而提前实现刑罚功能；在程序性价值上，能迅速侦破案件，节约司法成

---

① 参见最高人民法院刑事审判庭第一庭、第二庭编：《刑事审判参考》，总第 32 辑，19～22 页，北京，法律出版社，2003。

② 参见最高人民法院刑事审判庭第一、二、三、四、五庭主办：《刑事审判参考》，总第 50 集，11～12 页，北京，法律出版社，2006。

③ 孙国祥：《刑法基本问题》，514 页，北京，法律出版社，2007。

本。[①] 从自首的实体性价值和程序性价值出发，不能得出即使被告人不主动交代也能侦破案件，从而不能成立自首的结论。综上，本案中刘某应该认定为自首，当然，是否要从轻处罚还要结合案情具体分析，但这并不妨碍本案自首的成立。

【要旨提示】

应该从自首制度具有的犯罪人罪责减轻、人身危险性减少并能节约国家司法资源的本质上理解“形迹可疑”与“犯罪嫌疑”的区分。虽然有犯罪事实发生，但在只是怀疑有作案可能的情况下去行为人家中询问，如果是行为人主动交出部分犯罪证据，并且由此使行为人上升为犯罪嫌疑人后如实交代自己所犯罪行的其他具体情形的，应该认定为自首。

93. 阚某交通肇事案[②]

——行政法规强制义务与自首的竞合

【案情介绍】

2007年7月17日20时许，阚某乘坐张某驾驶的津DB××51号“朗风”牌小客车，沿某市河北区金钟河东街由北向南行驶至某小区门前停车，阚某打开左后车门时，与由北向南骑电动自行车的孙某相撞，孙某被当场撞伤，阚某等人立即报警，并在现场等候处理。孙某后于2007年7月21日经抢救无效死亡。经法医检验，孙某的死因为颅脑损伤。经交管部门的责任认定，阚某负事故的全部责任。

检察机关以阚某犯交通肇事罪向法院提起公诉。法院经审理认为：被告人阚某违反交通运输管理法规，发生交通事故，致人死亡，其行为已构成交通肇事罪，遂依照《中华人民共和国刑法》第133条、第67条的规定，判决如下：被告人阚某犯交通肇事罪，判处有期徒刑7个月。

【观点争议】

本案的争议问题是阚某报警并在现场等候处理的行为能否认定为自首。对此问题存在三种观点。

第一种观点认为交通肇事后报警而且不逃离事故现场构成自首。因为自首属于我国刑法总则的基本量刑制度，如果没有例外规定，对于所有案件都具有指导意义。刑法总则并没有对适用自首的犯罪种类作任何限制，刑法分则也没有规定交通肇事罪不能适用自首，所以交通肇事后报警没有逃离事故现场构成自首。[③]

第二种观点认为交通肇事后报警而且不逃离事故现场不构成自首。理由如下：其一，履行行政法规定的强制义务不构成自首。《中华人民共和国道路交通安全法》第70条规定：“在道路上发生交通事故，车辆驾驶人应当立即停车，保护现场；造成人身伤亡的，车辆驾驶人应当

① 参见黄京平主编：《刑法案例教程》，226页，上海，复旦大学出版社，2007。

② 案例来源：《人民法院报》，2008-05-09。

③ 参见李文峰：《交通肇事罪研究》，232页，北京，中国检察出版社，2008。

立即抢救受伤人员，并迅速报告执勤的交通警察或者公安机关交通管理部门。”所以，驾驶人在发生交通事故后，在原地保护现场、报案及等候交警处理，均是行政法上设定的强制义务，这种义务可称为“行政前置义务”。行政前置义务与刑事责任的认定密切相关。立法上对是否履行行政前置义务一般要进行刑事评价，是否履行行政前置义务也就转化为刑事法律关系调整的范畴，成为刑法意义上的事实，决定责任事故是否构成犯罪以及量刑轻重。从行政前置义务转化为刑事责任的方式途径上看，不履行行政前置义务可以独立于责任事故，单独构成犯罪；也可以转化为责任事故的犯罪构成要素或者量刑要素，进而影响责任事故的定罪量刑。交通肇事罪是不履行行政前置义务，从而作为责任事故的构罪要素或者量刑要素的典型。刑法对是否履行行政前置义务行为的评价，已经涵盖了自首的内容。责任事故后的报告行为、交通肇事后报警并接受处理的行为，实质上就包含了自首中的自动投案和如实供述要件。和自首比较，行政前置义务要求更高、更严。行政前置义务要求安全事故发生后及时报告，交通肇事则是要求当场报告，错过这个时间段，就属于拖延不报。而自首对自动投案的时间没有严格限制，只要在公安机关没有抓到被告人时，被告人自动到公安机关投案，都可以构成自首。行政前置义务还要求肇事者或者相关责任人员必须履行抢救伤员、避免损失扩大的义务，而自首没有此类要求。因此，履行行政前置义务比自首更具有积极意义，它可以实实在在地减少伤亡、避免财产损失扩大。而自首仅仅是被告人的认罪、悔罪表现，从轻处罚是对被告人悔罪行为的法律评价。由于履行行政前置义务比自首的要求高出许多，刑事立法对于行政前置义务因素已经给予考量，所以，根据入罪时“举轻以明重”、出罪时“举重以明轻”的原则，再把履行行政前置义务的行为认定为自首，也就失去了根基，交通肇事罪的基本形态已经没有自首存在余地。其二，如果将交通肇事后报警并等候处理的行为认定为自首，有重复评价之嫌。在交通肇事后，肇事者或者在现场等候接受处理，或者逃跑，除此之外没有其他选择途径。刑法第133条已经将逃逸作为加重处罚的情节，也就意味着对未逃逸的行为给予了较轻处罚。如果司法实务中将交通肇事后报警并等候处理的行为认定自首，等于是对未逃逸行为又一次进行从宽处理，有重复评价之嫌。所以，交通肇事后报警不认定为自首，符合法律和相关司法解释的规定，也符合刑法机理，在实践中也有利于防止将情节特别严重、损害后果特别严重的肇事者认定为自首，进而减轻处罚、判处缓刑的弊端。①

第三种是折中的观点，认为交通肇事后不逃跑的，尽管不能认定为自首，但是肇事后能逃跑而不逃跑的应当被视为例外。这种情况下虽然肇事者也是在履行法律规定的义务，但是应认定为自首，这样做，对于鼓励肇事后能逃跑的肇事者不要逃跑，从而对于节省侦破方面的人力、物力，以及对案件的审判和善后处理，都是十分有利的，也是十分必要的。②

【法理分析】

笔者认为交通肇事后报警而且不逃离事故现场构成自首，具体理由如下。

第一，自首制度是我国刑法总则规定的量刑情节，这种量刑情节理应对所有犯罪的所有情况适用，除非因为刑事政策或者其他方面的原因作出例外的限制，否则，只要行为人的行为符合刑法中自首的成立条件，就应该依法认定为自首。而且，我国刑法理论和司法实践对于将交

① 参见浙江省高级人民法院刑事审判调研组：《论交通肇事后报警不构成自首》，载《人民法院报》，2009-09-30。

② 参见侯国云：《过失犯罪论》，394页，北京，人民出版社，1996。

通肇事后逃离事故现场，而后又自动投案的情况认定为自首没有异议，为何逃离事故现场后能够成立自首，不逃离事故现场的反而不能认定为自首？尽管逃离事故现场后要在第二或者第三个刑罚幅度内量刑时来考虑自首的情节，但自首的本质并没有改变，而且相对于逃逸后的自首，未逃逸肇事者自首的时间一般更为提前，这使肇事者客观的人身危险性更小，甚或悔过的时间也更早，不认定为自首于理不合。

第二，履行行政法规定的强制义务并不妨碍自首的成立。否定交通肇事后报警而且不逃离事故现场构成自首的观点，最重要的理由是肇事者承担行政法规定的相关强制义务，即保护现场、立即抢救受伤人员并迅速报告执勤的交通警察或者公安机关交通管理部门的义务。这一强制义务当然是合理而且必要的，因为该强制义务最主要目的在于最大限度地保护被害人的利益。交通肇事一旦发生，被害人的生命安全将处于极度危险状态，尽早抢救被害人就会使被害人的生命更可能得到延续或者使身体健康得到恢复，也会使各种损失降到最低。所以，立即抢救受伤人员就成为造成这一危险状态的肇事者的首要任务。而规定肇事者报告执勤的交通警察或者公安机关交通管理部门的强制义务，是要为事故的及时处理和责任的正确认定创造条件，从而尽快地恢复交通秩序。强调对这种行政法规规定的行政强制义务的遵守当然是有意义的，在某些情况下，对这种义务的违反如果情节严重或者造成严重后果，转化为刑事责任也是必要的。但是由此并不能得出遵守强制义务和构成自首相冲突的结论。报警既是行政法规定的义务，也是成立自首的条件，在不同的层面上实现不同的立法目的，二者完全可以共存：既能实现及时处理交通事故和及时恢复交通秩序，又能实现行为人及早归案，从而减轻其客观的人身危险性，及早实现刑罚功能，并能使案件及早告破，从而节省司法资源。两种不同层面的目的同时实现皆因报警等候处理而致，为何不能同时进行评价呢？如果按照上述观点的逻辑，因为法律、法规所规定的肇事者的义务而否定自首，那交通肇事罪无论什么情况都没有自首存在的余地了。[①] 这显然在理论上说不通，是司法实践也不能接受的。

另一个重要问题是，即使城市交通行政法规的相关规定与刑法中自首的规定有交叉或者某种程度的重合，在法律适用上也不能得出交通行政法规的规定排除刑法自首制度适用的结论。因为根据法律的性质和地位，应该是根本法优于基本法、基本法优于行政法规。这是处理法律冲突时的基本原则，也符合宪法关于法律效力问题的规定。[②] 根据此原则，尽管《中华人民共和国道路交通安全法》规定了肇事者的报警义务，但在效力上该义务并不能排除刑法关于自首制度的适用，以行政法规等级别较低文件的规定排除刑法制度的适用是不合法的。

至于上述第二种观点所担心的交通肇事后报警而且不逃离事故现场构成自首会导致两次从宽重复评价之嫌的观点，是缺乏理论依据的；其认为会在实践中产生对情节特别严重、损害后果特别严重的肇事者认定为自首，进而减轻处罚、判处缓刑的弊端也是不存在的。首先，正如上文所述，交通肇事后报警实现着行政法规和刑法规定的双重立法目的，两种立法目的同时实现，何来重复评价呢？其次，刑法规定自首的处理原则是“可以从轻或者减轻处罚”，这意味着法官有一定的自由裁量权，对于某些情节特别严重或者损害后果特别严重的肇事者，即使认定为自首，也可以不予从轻或者减轻处罚，不会产生上述弊端。最后，交通肇事罪属于过失犯罪，其基本刑罚幅度是3年以下有期徒刑或者拘役，有观点认为这么轻的刑罚再认定为自首就更轻了，不符合罪责刑相适应原则。笔者认为：这也是对罪责刑相适应原则的误读。罪责刑相

---

① 参见李文峰：《交通肇事罪研究》，232页，北京，中国检察出版社，2008。

② 参见赵秉志主编：《刑罚总论问题探索》，437页，北京，法律出版社，2003。

适应原则并没有排除交通肇事罪的自首，而且刑法中许多的过失犯罪其基本刑罚与交通肇事罪相同或者相仿，但并不妨碍这些过失犯罪成立自首，为何单单交通肇事罪不能成立自首呢？所以，那种认为交通肇事后报警而且不逃离事故现场构成自首会在实践中产生不良后果的观点是不当的。

第三，将能否逃跑作为成立自首的标准也是值得商榷的。显然，在交通肇事后本来能逃跑，但是没有逃跑，并且主动报警、接受处理，显示出肇事者对法律的高度认同以及准备承担责任的决心，当然成立自首，而且在决定自首的从宽处罚幅度上应该作为重要参考。但是，这并不妨碍不能逃跑时肇事者报警、接受处理成立自首的可能。在这里更为重要的区分是“能跑”和“想跑”，不想跑并报警、接受处理并交代真实情况才是认定自首的关键，至于出于何种动机，根据自首的规定，则在所不问，不敢跑也应认定为不想跑。在能跑的情况下不跑足以证明其接受警方处理的心态，而在不能跑的情况下则要区分是行为人不想跑还是跑不了。如果是肇事者肇事后本来想跑，但是被群众死死围住，跑了几次也跑不了，只好待在原地，则不能认定为自首；如果即使在群众围观较多，客观上讲也跑不掉的情况下，肇事者没有跑而是报警、等候处理，也应认定为自首。在能否跑掉情况很难查实时，应该遵循有利于被告人的原则，认定肇事者不想跑，从而认定为自首。

第四，还是要回归自首的本质以及刑法规定自首的目的。关于自首的本质，从实体法上讲，自首犯的人身危险性较小，因而罪责较小，应该受到法律上的宽大处理；从程序法讲，自首能够方便案件的侦破和诉讼，具有一定程序性价值。而且自首还能节约司法资源，减少司法成本，具有功利性的效果。很多自首的犯罪人具有程度不等的悔罪意识，能够较好地认识到自己罪行的危害，并能与被害人或者其家属达成和解，对自首犯从宽处罚正是宽严相济刑事政策的体现。近年来，我国司法实践对自首认定的条件逐渐放宽，也正是出于上述目的。理解交通肇事后报警而且不逃离事故现场是否成立自首的问题，也需要放在上述背景下考虑。所以，本案应该依法认定为自首。

【要旨提示】

交通肇事后报警而且不逃离事故现场的行为应该认定为自首，并不存在重复从宽的危险。不能将能否逃跑作为成立自首的标准：客观上能逃跑而没有逃跑并且主动报警、接受处理的，应认定为自首；客观上跑不掉的情况下，肇事者不想跑而是报警、等候处理，也应认定为自首；能否跑掉情况难以查实的，应该遵循有利于被告人的原则，认定肇事者不想跑，从而认定为自首。

94. 沈某抢劫案[①]

——行政拘留期间自首的认定

【案情介绍】

2006年9月8日，被告人沈某得知开废品收购站的周甲、周甲之妻周乙为收购废品，备有

① 案例来源：最高人民法院刑事审判庭第一、二、三、四、五庭主办：《刑事审判参考》，总第59集，32～34页，北京，法律出版社，2008。

充足资金，遂以卖铜为由，将周甲骗至其妹闲置的空房内，采用木棍击打头部等手段，致周甲颅骨骨折并严重颅脑损伤而死亡，劫得周甲手机一部、银行存折一本。接着，沈某又诱骗周乙将存折上的存款和废品收购站内的现金取出后，带周乙至上述空房内，用木棍击打周乙头部，致其颅骨骨折并颅脑损伤而死亡，劫得周乙所带现金 40 925 元、金耳环一副。而后，沈某将两被害人尸体挖坑掩埋。2006 年 9 月 9 日，派出所接周丙报案称其姐周乙、姐夫周甲二人驾驶摩托车外出看货，后一直无法联系，怀疑被害。警方通过侦查手段和对周甲相关联系人的调查，发现沈某与周甲曾同时在案发现场出现过，认定沈某有作案嫌疑，随即通知沈某到侦查机关接受询问。沈某无法讲清其在 9 月 8 日的行踪，也不交代其犯罪行为。在调查中，警方发现沈某有赌博的违法行为，即于 9 月 12 日对其处以行政拘留 10 天的处罚。在行政拘留期间，公安机关进一步采取侦查措施，促使沈某于 9 月 20 日以自首书的形式向警方供称两被害人系其与“两个江苏兴化人”为劫财而共同致死的情况。当晚，警方在其供述的地点挖掘出两被害人的尸体。经进一步审讯，沈某于 9 月 22 日供述该案系其一人所为。

检察机关以被告人沈某犯抢劫罪，向法院提起公诉。一审法院依照《中华人民共和国刑法》第 263 条第 4、5 项，第 67 条第 1 款，第 57 条第 1 款，第 36 条之规定，判决如下：被告人沈某犯抢劫罪，判处死刑，剥夺政治权利终身，并处没收个人全部财产。沈某上诉后，二审法院依照 1996 年《中华人民共和国刑事诉讼法》第 189 条第 1 项、第 199 条，《中华人民共和国刑法》第 263 条、第 57 条第 1 款、第 48 条之规定，裁定驳回上诉、维持原判，并依法报请最高人民法院核准。最高人民法院依照 1996 年《中华人民共和国刑事诉讼法》第 199 条和最高人民法院《关于复核死刑案件若干问题的规定》第 2 条第 1 款的规定，裁定核准二审法院维持第一审以抢劫罪判处被告人沈某死刑、剥夺政治权利终身并处没收个人全部财产的刑事裁定。

【观点争议】

本案的争议问题是：侦查机关以侦破刑事案件为目的，根据犯罪嫌疑人的行政违法行为将其行政拘留，犯罪嫌疑人在行政拘留期间交代自己犯罪行为的，能否认定为自首？对此，存在两种观点。

第一种观点认为，沈某在罪行尚未被侦查机关明确掌握的情况下供述犯罪事实，具有自首情节，但沈某抢劫的情节和后果特别严重，社会危害性极大，故不足以对其从轻处罚。①

第二种观点认为，本案案发后，侦查机关通过有关侦查手段确定沈某有作案嫌疑而通知沈某到侦查机关接受调查，故沈某不具备投案的主动性，不符合自首条件。具体理由是：(1) 从时间上看，被告人沈某书写并递交自首书晚于侦查机关确定其为犯罪嫌疑人并对其进行讯问的时间，不符合司法解释的规定。(2) 从空间上看，侦查机关发现沈某有赌博违法行为而将其行政拘留，其人身已经被控制，因而丧失了自动投案的空间条件。行政拘留虽然本质上不同于刑事强制措施，但也属于对人身自由的一种限制。本案中，侦查机关对沈某进行行政拘留，是由于侦查机关通知沈某到派出所接受询问时，其拒不交代，侦查机关才依据其赌博违法行为采取限制人身自由措施。这实际上是一种侦查的策略和方式，是将其确定为犯罪嫌疑人后采取的一种变通侦查措施，其目的是争取时间，开展进一步的侦查活动，防止犯罪嫌疑人脱逃，以收集更

① 参见最高人民法院刑事审判庭第一、二、三、四、五庭主办：《刑事审判参考》，总第 59 集，33 页，北京，法律出版社，2008。

有力的证据。侦查机关未对其进行刑事强制措施，仅说明掌握的证据还不够充分，不足以完全认定其犯罪事实，并不是说没有证据证明其可能实施犯罪行为。（3）从进一步的侦查活动来看，沈某被行政拘留后，侦查机关即对其采取了进一步的侦查措施，其交代犯罪事实是出于被他人检举而被动供述，不具备自首“主动性”的条件。构成自首的“如实供述自己的罪行”要求犯罪嫌疑人主动交代，而不是迫于审讯压力和事实证据而出于无奈地进行交代。如果是这种情况，只能属于坦白，而不能构成自首。对于本案而言，沈某虽然在行政拘留期间主动交代了自己的犯罪行为，却是在侦查机关通过侦查确定其有重大作案嫌疑并掌握了更为充分的证据而无法继续隐瞒的情况下才交代其犯罪事实，是侦查机关进一步采取侦查措施的结果，故并不具有投案的主动性。（4）从自首书的内容看，沈某交代的情况并不完全属实，有虚假成分，故不具备自首“如实供述”的条件。[①]

【法理分析】

我国学界主张，对于被行政拘留期间交代犯罪事实的，一般认定为自首。[②] 对于余罪自首而言，有学者主张对于被公安机关行政拘留的人来说，如果司法机关所掌握的只是他们的一般性违法行为事实，并非犯罪事实，则不能构成余罪自首，即本罪尚未掌握，又何谈余罪呢？但通常情况下，可以认定为一般自首。虽然这种情况似乎缺乏自动投案的形式，但它无疑也是符合自首的本质特征的，不按自首处理有违自首的立法意旨。[③] 这种理解抓住了自首制度的本质，是正确的。就本案而言，笔者同意二审法院的具体结论，因为如果能确定被告人沈某书写并递交自首书晚于侦查机关确定其为犯罪嫌疑人并对其进行讯问的时间，则不符合司法解释规定的自动投案的前提条件，当然沈某也就不能成立自首。但是笔者对第二种观点所主张的其他几点理由持不同的意见：

第一，行为人不管出于什么原因被行政拘留，只要没有因为犯罪被采取法定的强制措施，就存在“自动投案”的可能。虽然这种情况似乎缺乏自动投案的形式，但它在本质上正符合自首的本质特征，应该按照自动投案理解才符合自首的立法目的。在该案中，通过技侦手段和对周甲相关联系人的调查，公安机关发现沈某与周甲曾同时在案发现场出现过，便认定沈某有作案嫌疑，随即通知沈某到侦查机关接受询问。此时，沈某还只是接受询问，并非接受讯问。只是由于沈某讲不清自己在案发时间段的行踪及活动情况，才被侦查机关确定具有重大作案嫌疑，只是内部作为嫌疑人进行侦查，但是又没有进一步的证据，否则就可以对沈某采取相应的强制措施了。行政拘留虽然也属于对人身自由的一种限制，但是在本质上并不同于刑事强制措施，二者不能混淆。即使认为行政拘留实际上是一种侦查的策略和方式，是将行为人确定为犯罪嫌疑人后采取的一种变通侦查措施，也不能把这种行政拘留视为法定的对犯罪嫌疑人采取的强制措施，否则就混淆了行政拘留与刑事强制措施的本质区别。所以，上述认为空间上侦查机关发现沈某有赌博违法行为而将其行政拘留，其人身已经被控制，因而丧失了自动投案的空间条件的观点是不正确的。

第二，从主动性上看，并不能因为沈某被通知到案和随后以赌博行为为由被行政拘留而否定其交代犯罪事实的主动性。从本案可以看出，公安机关只是通知沈某到侦查机关接受询问，

---

① 参见最高人民法院刑事审判第一、二、三、四、五庭主办：《刑事审判参考》，总第59集，35～37页，北京，法律出版社，2008。

② 参见孙国祥：《刑法基本问题》，527页，北京，法律出版社，2007。

③ 参见黄京平、杜强：《余罪自首成立要件解析》，载《政法论坛》，2003（5）。

这只是一般的侦查方法，并不能确定是对沈某的强制措施。被害人亲属周丙报案只是怀疑亲人被害，并没有亲人被害的确切证据，也不知道是何人所为，并不能由此认定沈某交代犯罪事实是出于被他人检举而被动供述。在被行政拘留期间，只要沈某在被讯问之前交代犯罪事实都属于主动供述，尽管可能会受到一定的压力，但是这种压力和被发现有作案的证据，从而被确定为犯罪嫌疑人之后采取的强制措施造成的压力有明显的不同。所以，不能以被行政拘留来否定其供述的主动性。

就本案而言，沈某是在讯问以后才交代犯罪事实的，而且犯罪事实有重大虚假，不能认定为如实交代自己罪行，不认定为自首是正确的。但是，由此并不能得出所有刑事案件的犯罪嫌疑人在被采取非刑事强制措施期间交代犯罪事实均不能认定为自首的结论，因为行政拘留等非刑事强制措施与刑事侦查活动有质的区别，对于犯罪嫌疑人在该期间交代罪行的行为是否成立自首应当严格按照刑法第67条的规定进行审查判断。如果行政拘留仅仅是针对特定的行政违法行为，行为人在被行政拘留期间，主动交代侦查机关尚未掌握的犯罪事实，或者交代侦查机关尚未掌握的其他非同种犯罪事实，符合自首条件的，应当认定为自首。[①] 需要进一步强调的是，即使对行为人犯有某个具体罪行有所怀疑，但又没有一定确切的证据，采取所谓先行政拘留再继续侦查寻找证据的变通侦查措施，也不能被视为就是刑事诉讼法规定的法定强制措施。在被采取刑事诉讼法规定的法定强制措施之前，行为人依然存在自首的可能。只有深刻地理解自首的本质，精准掌握自首条件中的自动投案与如实交代自己所犯罪行的含义，尤其是正确理解被采取强制措施等被动归案适用的情况，才能避免将行政拘留、劳动教养等限制或者剥夺公民自由的行政强制和处罚措施与法定刑事强制措施相混淆。

【要旨提示】

在行政拘留等非刑事强制措施期间，被告人依然存在成立自首的可能。如果行政拘留仅仅是针对特定的行政违法行为，则行为人在被行政拘留期间，主动交代侦查机关尚未掌握的犯罪事实的，成立自首。即使对行为人犯有某个具体罪行有所怀疑，但又没有一定确切的证据，采取所谓先行政拘留再继续侦查、寻找证据的变通侦查措施，也不能被视为刑事诉讼法规定的法定强制措施。在被采取刑事诉讼法规定的法定强制措施之前，行为人依然存在成立自首的可能。

95. 梁某等贩卖毒品案[②]

——自首与重大立功的认定

【案情介绍】

2002年11月7日上午，被告人梁某为了牟利，根据外号为“阿鼻”的某人的指示，从一毒贩处接到装有7块海洛因的背包，带回其住处。当日下午2时许，梁某接到“阿鼻”关于送

① 参见最高人民法院刑事审判庭第一、二、三、四、五庭主办：《刑事审判参考》，总第59集，37页，北京，法律出版社，2008。

② 案例来源：最高人民法院刑事审判庭第一庭、第二庭编：《刑事审判参考》，总第47集，34～39页，北京，法律出版社，2006。

两块毒品给接货人的指示后，遂与接取毒品的被告人周某取得联系，约定了交接的时间和地点。梁某和其女友被告人曹某与周某交接时被公安人员人赃俱获。梁某被抓获，曹某趁乱逃脱。后经鉴定，缴获的海洛因净重1 100克，含量为100%。随即公安人员在周某的住处查获大量毒品。曹某脱逃后，立即联系梁某的好友被告人刘某，密谋由刘某寻找买家，将梁某放在住处的其余5块海洛因出卖。刘某通过他人与黄某（在逃）取得联系后达成交易。黄某因担心梁某的住处被监视，便叫来被告人赵某，让赵某为其到梁某的住处去取一只黑色背包，并答应事成后给赵某人民币1.2万元。刘某、黄某将该背包带回刘某的住处与曹某查看时，发现拿到的只是咖啡因。三人又马上回到梁某的住处，由刘某在外面望风，曹某与黄某进入梁某的住处，拿到装有5块海洛因的背包后立即逃离。同年11月8日晚，公安人员将曹某抓获归案。曹某归案后协助公安人员将刘某抓获。刘某归案后，于次日凌晨带领公安人员将赵某抓获归案。刘某为配合公安人员抓获黄某及缴回毒品，经公安人员安排与黄某取得联系购买毒品。当黄某驾车来到约定地点后即让刘某上车并立即驶离，脱离了公安人员的控制。其后黄某将1块海洛因交还给刘某，刘某即带海洛因到深圳市刑警支队投案。交回的海洛因经鉴定，净重540克，含量为100%。公安机关根据刘某提供的黄某的手机号和黄某的活动情况调查，查明了黄某的住处，经对其住处进行搜查，查获海洛因4块，经鉴定，净重2 710克，含量为100%；咖啡因6包，净重4 900克。

检察机关以梁某等犯贩卖毒品罪提起公诉。一审法院依照《中华人民共和国刑法》第347条第2款第1项、第349条、第26条第4款、第56条、第57条、第65条、第67条、第68条之规定，作出如下判决：被告人梁某犯贩卖毒品罪，判处死刑，剥夺政治权利终身，并处没收个人全部财产。被告人周某犯贩卖毒品罪，判处死刑，剥夺政治权利终身，并处没收个人全部财产。被告人曹某犯贩卖毒品罪，判处无期徒刑，剥夺政治权利终身，并处没收个人全部财产。被告人刘某犯贩卖毒品罪，判处有期徒刑10年，剥夺政治权利3年，并处罚金人民币5万元。被告人赵某犯转移毒品罪，判处有期徒刑8个月。梁某等上诉后，二审法院依照《中华人民共和国刑事诉讼法》（1996年）第189条第1项、第199条、第200条之规定，裁定驳回上诉、维持原判；并就对被告人梁某、周某的死刑裁定，依法报请最高人民法院核准。最高人民法院依法核准了二审法院维持第一审对被告人梁某、周某以贩卖毒品罪判处死刑、剥夺政治权利终身、并处没收个人全部财产的刑事裁定。

【观点争议】

本案比较复杂，除了涉及如何认定各被告人的行为性质之外，另一重要的问题是刘某在本案中是否成立自首与重大立功。具体争议问题及争议观点如下。

第一，被告人刘某归案后，在协助公安人员诱捕在逃的毒品买主黄某的过程中，在公安人员对其失去控制的情况下，带着从黄某处取回的一块重达540克的海洛因回到公安机关的行为，是否构成投案自首？有观点认为犯罪人被采取强制措施后逃跑，就相同的犯罪事实不存在再次投案。① 也有观点主张这种情况应该成立自首，认为如果犯罪嫌疑人、被告人在被采取强制措施后逃跑，又能自动投案，并如实交代其所犯各项罪行的，则无论是对其此前已被司法机关掌握的罪行而言，还是对其尚未被司法机关掌握的罪行而言，均符合一般自首之“自动投

① 参见赵家刚：《取保期间逃跑后自动到案的不应认定为自首》，载《人民法院报》，2001-01-16。

案”和“如实供述自己的罪行”的成立条件，应以一般自首论。[①] 本案所涉行为虽然不是取保候审期间发生的，也不能认为是逃跑，但是刘某在被抓获后协助公安人员诱捕在逃的毒品买主黄某的过程中，在出于某种原因公安人员对其已经失去控制的情况下，同样存在是否能成立自首的问题。

第二，被告人刘某归案后及时提供了黄某的住处和活动情况，使公安人员从黄某的住处查缴海洛因 2 170 克、咖啡因 4 900 克，刘某的行为是否构成重大立功？一种观点认为这种情况构成重大立功，理由在于符合 1998 年《自首和立功解释》第 7 条关于犯罪分子“对国家和社会有其他重大贡献等表现的，应当认定为有重大立功表现”的规定。[②] 但是 2008 年《纪要》明确规定：“共同犯罪中同案犯的基本情况，包括同案犯姓名、住址、体貌特征、联络方式等信息，属于被告人应当供述的范围。公安机关根据被告人供述抓获同案犯的，不应认定其有立功表现。”只有有更为积极、主动的行为，比如现场指认、带领公安人员抓捕等，才能认定为立功。

【法理分析】

笔者认为本案刘某的行为构成自首，但不能认定为重大立功。具体理由如下。

第一，本案刘某符合自动投案的要件，构成为自首。从自首制度的沿革上讲，经历了从刑事政策到法律化，从规定较严到逐渐放宽的过程，这意味着对自首的认定应该遵循宜宽不宜严的原则。犯罪之后没有被讯问或者采取强制措施以前主动、直接向司法机关投案是典型的自动投案。但是，在司法实践中如果发生犯罪嫌疑人在被采取强制措施期间逃跑后又归案的情况，此时如实交代自己所犯罪行的，依然应该认定为自首。虽然犯罪嫌疑人被采取过强制措施，但是其逃跑以后已经脱离了司法机关的控制，在其被动归案之前依然有一定的选择空间与自由，存在投案的前提。如果其在自己的意志支配下选择投案，将自己重新置于司法机关的控制下，不影响其自动投案的成立。[③] 这样认定符合自首的本质，也有利于更多的犯罪分子选择自首。按照“举重以明轻”的原则，本案犯罪嫌疑人刘某在配合公安人员诱捕在逃的毒品买主黄某的过程中，某种客观原因导致公安机关人员对其失去控制，但这并不是刘某主观上想要逃跑，更何况刘某是带着从黄某处取回的一块重达 540 克的海洛因回到公安机关的。刘某的这种行为带有高度自觉性，应该依法认定为自首。

第二，刘某的行为不宜认定为重大立功。鉴于司法实践中出现的许多奇怪的立功现象，2008 年《纪要》和 2009 年 3 月 12 日《关于办理职务犯罪案件认定自首、立功等量刑情节若干问题的意见》这两个文件都体现了对立功严格限制的思想。这种限制一方面体现在对立功线索的限制上，即禁止通过非法手段或者非法途径获得，或者他人违反规定提供，或者利用查处犯罪的职责得到的立功线索。另一方面，对自首和立功的内容进行了限制。在本案中，犯罪嫌疑人刘某得到的线索并无违规之处，但是因为刘某协助抓捕黄某的过程中，黄某比较狡猾，抓捕没有成功，故而不符合立功的实效性特征，不能认定为立功。其后来提供了黄某的住处和活动情况，公安机关根据这些情况将黄某住处的毒品起获。刘某交代毒品买主黄某的住址和活动情

---

① 参见赵秉志、周家海：《论准自首的认定》，载《南都学坛》，2003（6）。

② 参见最高人民法院刑事审判庭第一庭、第二庭编：《刑事审判参考》，总第 47 集，44 页，北京，法律出版社，2006。

③ 参见孙国祥：《刑法基本问题》，517 页，北京，法律出版社，2007。

况，尽管黄某不是同案犯，但是属于对合犯，交代和自己所犯罪行相关的对合犯罪人的相关情况，也属于自首的内容，而不是立功。最后能成立重大立功的可能就是是否属于1998年《自首和立功解释》第7条规定中的“对国家和社会有其他重大贡献”。此处的“对国家和社会有其他重大贡献”一般是指有重大的发明创造、技术革新，或者在日常生活中舍己救人以及在抢险救灾中有突出表现等。对于“对国家和社会有其他重大贡献”，应该理解为有突出的表现而不是一般的表现，掌握上应该从严。本案中虽然刘某提供了线索帮助公安机关及时起获了大量毒品，但是把这种情况解释为“对国家和社会有其他重大贡献”不妥。更何况，这些毒品本就是刘某帮着卖给黄某的，将这些毒品的起获再认定为重大立功明显不当，对刘某的这种行为不应认定为立功。但是毕竟这使得毒品没有进一步流入社会，故在量刑上可以酌情考虑。

【要旨提示】

被采取强制措施的犯罪嫌疑人逃跑或者某种客观原因导致司法机关对其失去控制的情况下，犯罪嫌疑人主动归案的，应该认定为自动投案；如实交代自己所犯罪行的，应认定为自首。在共同犯罪中应严格区分自首和立功，仅仅交代共同犯罪中同案犯的基本情况，包括同案犯姓名、住址、体貌特征、联络方式、活动情况等信息，属于被告人应当供述的范围，司法机关据此查获犯罪嫌疑人或者起获赃物的，不应认定为立功。对立功条件中的“对国家和社会有其他重大贡献”应该从严掌握，和其他构成重大立功的条件具有同等重要意义才能被认定为重大立功。

96. 黄某绑架案[①]

——亲属提供线索能否成立立功

【案情介绍】

2005年3月22日19时，被告人黄乙将一名9岁男孩绑架杀死后，打电话向其家人索要现金，在等候取钱时，被公安机关抓获。黄乙在看守所用管教干警邹某的电话告诉其父亲黄甲，让其帮助寻找网上通缉的强奸杀人嫌疑人、其舅舅李某的线索。不久，李某打电话给黄甲，黄甲将李某的电话号码记下后，交给了管教干警邹某，并请求邹某将此算作黄乙立功。邹某于6月17日单独提讯了黄乙，将记有电话的纸条提供给黄乙，并制作了一份讯问笔录，显示是由黄乙提供的李某的联系电话。公安机关根据李某的联系电话找到了其藏身之所并将其抓获。据此，一、二审法院认定黄乙的行为构成重大立功，对其从轻处罚，判处死刑，缓期2年执行。

【观点争议】

本案的争议问题是黄某是否成立立功。对此存在两种观点。

第一种观点认为本案不构成立功。主要理由是：提供犯罪线索的是被告人的亲属，不是被告人。而且该线索提供给了管教干警，管教干警违反规定，依据其掌握的线索，采取制作虚假讯问笔录的方式“创造”了一个被告人立功的材料，黄乙的行为不能认定为立功。

---

① 案例来源：《人民检察》，2006（10）。

第二种观点认为本案构成立功，因为被告人有协助公安机关抓获李某的主观意愿，有打电话让其父亲帮助提供线索的客观行为，只是因为其被羁押的客观情况不能亲自获得李某藏匿的线索。而黄乙的父亲黄甲正是应黄乙的要求才向公安机关提供线索。因此，虽然李某的电话不是黄乙本人提供的，但可以将其父亲的行为视为帮助黄乙立功，可以视为黄乙有重大立功表现。具体理由如下：首先，将此种情况予以认定有利于公安机关侦破案件，也有利于促进犯罪分子进行改造，符合立功制度的立法本意。其次，1998 年《自首和立功解释》关于自首规定，“并非出于犯罪嫌疑人主动，而是经亲友规劝、陪同投案的；公安机关通知犯罪嫌疑人的亲友，或者亲友主动报案后，将犯罪嫌疑人送去投案的，也应当视为自动投案”。此规定肯定一定条件下亲友的行为可以被认定为犯罪嫌疑人的行为。最后，实践中，犯罪分子为了减轻罪责，有强烈的立功意愿，但其被羁押对于其实施立功行为有一定限制，因此，其往往会委托亲属帮助立功。如果不是为了帮助犯罪分子减轻罪责，其亲属也不会积极地帮助其实行检举的行为。

【法理分析】

本案主要的问题是如何评价立功的线索来源。笔者主张成立立功的线索应该是正当和合法的，依据非法或者不正当途径得到的线索，破获案件或者抓获犯罪嫌疑人的，也不能成立立功。具体理由如下。

第一，从立功的价值看，尽管立功存在的价值主要出于功利主义，但是也不能完全忽视正义、公平等其他重要的法律价值，在追求立功制度的功利性价值的同时，也要遵守公正和正义的价值。多种价值的追求决定了以非法手段获取的立功线索不能成立立功。如有学者所言，“立功的价值定位的选择也只能是价值中立，即公正和功利的有机和谐、合理兼顾，而不能厚此薄彼。合理兼顾，意味着立功制度的实施应当以保障最低限度的公平和最低限度的功利为前提，最低限度的公平是功利增长的极限，最低限度的功利则是公正增长的极限”[①]。从兼顾功利与正义、公平等价值的角度，有学者认为立功有以下三方面非常重要的意义。首先，立功可以节省司法资源，提高司法机关破案速度；其次，可以促使其他犯罪人主动归案，瓦解犯罪势力，减少社会的犯罪隐患；最后，有助于激励犯罪人悔过自新，并最终较好地协调、发挥刑罚的惩罚和教育功能。[②] 从这三方面意义可以看出，前两个方面强调的是立功的功利性目的，第三个方面强调的是悔过自新的目的。这比较符合立法的初衷。对立功既强调其功利性目的，又强调其悔过性目的，这样的追求无疑是非常正当的。如果立功制度侵犯了人类基本的正义和公正观念，则很难再证明立功的正当性。以非法手段获取的立功线索如何能证明立功结果的正当性呢？尽管能实现快速侦破案件或者抓获犯罪嫌疑人、犯罪人的结果，但是这种结果给社会带来的积极效益已为其负面效应所替代。

但是，在司法实践中立功制度慢慢地演变成为只追求功利性目的而忽视其他方面的价值，表现为只强调立功的实效性，而并不追究立功的线索来源是否合法和正当。正如有学者所主张的，立功制度要求的是“谁告发谁立功”，而不是“谁知情谁立功”，只要查证属实即应认定为立功。[③] 在这种意义上，立功变成了“国家和犯罪分子的双重功利主义”[④]。这种对功利主义的

---

① 熊瑛：《立功制度的价值定位：功利与公正的和谐共存》，载《宁夏社会科学》，2009（4）。

② 参见马克昌主编：《刑法学》，276 页，北京，高等教育出版社，2003。

③ 参见孙国祥：《刑法基本问题》，544 页，北京，法律出版社，2007。

④ 蔡永彤：《功利与公正之间：立功制度的价值趋向及其改造》，载《政治与法律》，2008（8）。

过度追求潜藏着巨大的危险，因为立功制度在对社会提供一定程度保护的同时，也是对社会信任甚至亲情关系的巨大破坏。立功本身就意味着揭发自己所知道的别人的犯罪事实，而这种犯罪事实很多情况下是犯罪人出于信任才透露的，立功的同时也意味着对其他人的背叛。在立功者和举报的犯罪者有一定亲属关系时，立功还造成了对亲情的破坏。众所周知，信任和亲情对社会的秩序维护也具有很重要的意义。刑法所追求的价值应该多元化，不能仅仅追求破案率，而是在维持社会基本伦理价值的范围内合理地追求破案率。由于社会伦理、道德、公共政策、国家利益的诸多影响，刑法存在着比追究个案犯罪者的刑事责任更重要的价值。正像有学者所言，真相已不是最重要的，惩罚也不是最重要的，重要的是避免犯罪者为了获得从轻处罚而违背自己的“情感”“良心”。出于“两利相权取其重，两害相权取其轻”的价值权衡，国家应当期望通过保守秘密来维护和促进某种重要关系，国家应当极度重视这些关系，以至于宁愿为此保守秘密，甚至不惜失去与案件有重大关系的情报。[①] 所以，立功在使社会免除部分犯罪的威胁，追求更加平安的社会的同时，也破坏着社会和谐赖以存在的信任和亲情。在这层意义上，立功制度的确是一把双刃剑。

第二，相关的法律规定也禁止犯罪嫌疑人或者被告人利用非法手段获得立功的线索。犯罪嫌疑人或者被告人在被拘留或者逮捕期间能获得的立功线索主要来源于两个方面：监管人员和律师。监管人员负有监管职责，如果监管人员为被拘留或逮捕的犯罪嫌疑人联络，通风报信，甚或将自己根据职务行为掌握的犯罪线索提供给犯罪嫌疑人，这本身就是违反监管职责的渎职行为，严重的，要追究刑事责任。犯罪嫌疑人或者被告人通过监管人员违法提供或者通风报信而得到的立功线索不能被认可。律师在会见犯罪嫌疑人或被告人期间，带给犯罪嫌疑人或被告人的立功线索也是违反法律的。2017 年司法部《律师会见监狱在押罪犯规定》第 13 条：律师会见在押罪犯，不得有下列行为：传递违禁品；私自为在押罪犯传递书信、钱物；将通信工具提供在押罪犯使用；未经监狱和在押罪犯同意对会见进行录音、录像和拍照；实施与受委托职责无关的行为；其他违反法律、法规、规章以及妨碍监狱管理秩序的行为。这意味着律师将被害人家属在外面得来的立功线索借会见犯罪嫌疑人或被告人之机透露给犯罪嫌疑人或被告人，属于反法律、法规、规章以及妨碍监狱管理秩序的非法行为，是法律法规所不允许的。犯罪嫌疑人或被告人通过律师会见之机得到的立功线索也是非法的，不能被认定为立功。

第三，从立功在实践中的效果看，也不宜认定通过非法或者不正当途径得到的线索成立立功。因为犯罪嫌疑人或被告人已经没有行动自由，根据司法实践经验，在押人员在看守所里很难提供重大举报线索。但是出于从轻或者减轻处罚的本能，犯罪嫌疑人或被告人总是想法设法寻找能够立功的机会，因而在实践中出现了形形色色的立功现象。根据司法实践经验，涉罪官员假立功的线索来源主要有四种渠道。（1）非法手段：有的人在取保候审期间，人身自由了，通过朋友找执法办案人员了解情况，或通过行贿获取犯罪信息。（2）职务获取：有的人本身就是执法人员，本来就掌握一些他人的犯罪线索，本人案发后，就拿出来举报。（3）勾结监管人员或通过律师会见渠道：就是通过这一手法把信息传递给犯罪嫌疑人。（4）借助朋友：有的人通过担任公职人员的朋友，获取犯罪线索。[②] 这些现象的出现无疑与我国立法中对立功制度的规定不完善有关，也和司法实践中对立功的审查与认定不严格有关，更与我国过于重视立功制度的功利性有关。不论何种原因，这些现象的出现已经严重影响了立功制度的声誉，应该受到

① 参见熊瑛：《立功制度的价值定位：功利与公正的和谐共存》，载《宁夏社会科学》，2009（4）。
② 参见张仁平：《揭秘贪官“假立功”四种渠道》，载《检察日报》，2009－08－27。

重视。排除以非法或者不正当途径得到的线索成立立功的可能无疑是有效方法之一。

为此，2009 年 3 月 12 日最高人民法院、最高人民检察院《关于办理职务犯罪案件认定自首、立功等量刑情节若干问题的意见》明确规定：据以立功的线索、材料来源有下列情形之一的，不能认定为立功：(1) 本人通过非法手段或者非法途径获取的；(2) 本人因原担任的查禁犯罪等职务获取的；(3) 他人违反监管规定向犯罪分子提供的；(4) 负有查禁犯罪活动职责的国家机关工作人员或者其他国家工作人员利用职务便利提供的。2008 年《全国部分法院审理毒品犯罪案件工作座谈会纪要》也指出，对立功的认定必须从严掌握，实践中凡被告人从非法渠道获得立功线索的，一律不认定为立功。这都明确把从非法途径获得的线索排除在立功之外。虽然上述意见只是关于职务人员是否构成立功的规定，但是，其中犯罪嫌疑人或者被告人通过非法手段或者非法途径获取的和他人违反监管规定向犯罪分子提供的这两种线索来源不能认定为立功的精神，对于一般的非职务犯罪嫌疑人或者被告人也是适用的。

就本案而言，看守所管教干警邹某违反职责规定，让犯罪嫌疑人黄乙使用自己的电话与外界联络，并单独提讯黄乙，将黄乙之父黄甲交给自己的记有电话的纸条提供给黄乙，并制作了一份假的讯问笔录，属于监管人员违反规定向犯罪嫌疑人提供线索的非法行为。所以，不能认定黄乙成立立功。

【要旨提示】

在追求立功功利性目的的同时，也应该遵循最低限度的正义和公平价值。是否成立立功，不仅要看立功线索的实效性，还要考虑立功线索来源的合法性和正当性。对于非职务犯罪嫌疑人、被告人而言，如果立功的线索是通过非法手段或者非法途径得来的，或者是他人违反监管规定向自己提供的，则不能认定为立功。对于职务犯罪嫌疑人、被告人而言，除了上面的立功线索不能认定为立功以外，提供和自己查禁犯罪活动职责相关的职务线索，也不能认定为立功。当然，如果职务犯罪嫌疑人、被告人提供的是和自己查禁犯罪活动职责无关的犯罪线索，依然可以认定为立功。

97. 买买提盗窃案[①]

——数罪并罚与累犯的竞合

【案情介绍】

被告人鄂尔古丽·买买提于 1998 年 3 月，因犯盗窃罪被判处有期徒刑 1 年 6 个月，并处罚金人民币 1 000 元（未规定执行期限，亦未执行）；于 1999 年 4 月 15 日，刑满释放。

2000 年 5 月 20 日 12 时许，被告人鄂尔古丽·买买提在北京某动物园售票处前，乘被害人伊利亚·扎卡（阿尔巴尼亚人）不备之机，从伊利亚·扎卡的左裤兜内窃得人民币 1 100 元，后被抓获。

检察机关以被告人鄂尔古丽·买买提犯盗窃罪，向法院提起公诉。法院认为被告人鄂尔古

① 案例来源：最高人民法院刑事审判庭第一庭、第二庭编：《刑事审判参考》，总第 19 辑，33～34 页，北京，法律出版社，2001。

丽·买买提系累犯，应从重处罚。鉴于被告人鄂尔古丽·买买提认罪态度较好，可酌情从轻处罚。法院遂依照《中华人民共和国刑法》第264条、第65条第1款、第71条、第69条、第52条、第53条及最高人民法院《盗窃解释》第6条第3项的规定，于2000年10月19日判决如下：被告人鄂尔古丽·买买提犯盗窃罪，判处有期徒刑4年，并处罚金人民币2 000元，与前罪没有执行的罚金人民币1 000元并罚。决定执行有期徒刑4年，并处罚金人民币3 000元。

【观点争议】

本案涉及两个争议问题：第一，主刑执行完毕附加罚金刑未执行前又犯新罪的，是否构成累犯？第二，前罪未执行的罚金刑在新罪判决时能否适用并罚制度？

对于第一个问题，存在两种意见：一种意见认为，根据刑法第65条第1款的规定，“刑罚执行完毕或者赦免以后”犯罪，是构成累犯的必要条件。刑法第32条明确规定：“刑罚分为主刑和附加刑。”本案被告人鄂尔古丽·买买提在附加刑未执行完毕以前犯罪，不应认定为累犯。另一种意见认为，行为人主刑执行完毕后，在附加刑执行期间再故意犯罪，其主观恶性应大于在附加刑执行完毕以后再犯新罪，既然刑法第65条第1款规定“被判处有期徒刑以上刑罚的犯罪分子，刑罚执行完毕或者赦免以后，在五年以内再犯应当判处有期徒刑以上刑罚之罪的，是累犯，应当从重处罚”，如将“刑罚执行完毕”理解为包括主刑和附加刑均执行完毕，那么对于主刑执行完毕后，附加刑执行期间再犯新罪的，不能认定为累犯而从重处罚；同时，主刑已执行完毕，也不能在主刑上对行为人实行数罪并罚，否则不符合立法本意。因此，“刑罚执行完毕”中的“刑罚”仅指主刑，对被告人鄂尔古丽·买买提应认定为累犯。①

对于第二个问题，也有两种争议意见：一种意见认为，根据刑法第32条的规定，“刑罚”包括主刑和附加刑，前罪判处的附加刑没有执行完毕，又犯新罪的，应依照刑法第71条的规定并罚。1994年5月16日最高人民法院颁布的《关于在附加剥夺政治权利执行期间重新犯罪的被告人是否适用数罪并罚问题的批复》（以下简称1994年《批复》）已对此予以肯定。另一种意见认为，从刑法第69条至第71条的规定来看，刑法第69条明确规定“数罪中有判处附加刑的，附加刑仍须执行”，第70条则明确将“刑罚”与“刑期”联系在一起，因此，数罪并罚制度中的“刑罚”应是指主刑，不包括附加刑。同时，最高人民法院《关于适用财产刑若干问题的规定》第5条规定，罚金应在判决生效以后的3个月内执行完毕。超过3个月未执行的，责任不完全在犯罪分子，依法视为执行完毕。因此，前罪未执行的罚金在新罪判决时不需要适用并罚制度。②

【法理分析】

上述两个问题其实都涉及对刑法中“刑罚执行完毕”含义的理解，即此处的刑罚是仅指主刑，还是包括主刑和附加刑。笔者认为，对于累犯制度而言，此处的刑罚仅指主刑；对于数罪并罚制度而言，此处的刑罚包括主刑和附加刑。据此本案构成累犯，应该数罪并罚。具体理由分析如下。

第一，这是对累犯制度和数罪并罚制度合理的理解，也是对犯罪人有利的解释。对于累犯

---

① 参见最高人民法院刑事审判庭第一庭、第二庭编：《刑事审判参考》，总第19辑，34页，北京，法律出版社，2001。

② 参见上书，35页。

而言，刑罚执行完毕5年以内再犯一定之罪的，成立累犯，应当从重处罚。如果把此处的刑罚理解为主刑和附加刑，无疑会增加犯罪人构成累犯的时间条件，对犯罪人不利。所以，传统的观点认为构成一般累犯中的刑罚执行完毕只包括主刑而不能包括附加刑。① 鉴于累犯严重的人身危险性，刑法规定累犯应该从重处罚，其精神是对的，但是也不能对累犯无限制地从严处罚。如果将法条所称的刑罚执行完毕机械地理解为所有的刑罚执行完毕，则是对犯罪人合法权益的过度损害，属于人为地延长累犯的构成时间期限。② 更何况我国1997年刑法已经将累犯成立的时间条件扩大为5年，实际上对累犯已经从严处罚了，如果再把附加刑的时间计算在里面，则会大大延长累犯成立的时间范围，过度侵犯犯罪人的权益，实属不当。同样道理：我国数罪并罚制度对死刑和无期徒刑实行吸收原则，对于有期徒刑、拘役和管制实行限制加重原则，这都意味着在实行数罪并罚时一般对犯罪人是有利的。这一点不仅对主刑如此，对于一些种类的附加刑也是如此，比如罚金、剥夺政治权利等。如果数罪皆包含罚金或者剥夺政治权利附加刑，在数罪并罚时就要适用限制加重的原则，同样对被告人有利。

第二，进一步分析，根据主刑和附加刑的组合关系，我们可以把刑罚执行完毕的含义作四种区分以便进行评判：其一，将刑法第65条和第71条中的刑罚执行完毕都理解为主刑和附加刑执行完毕；其二，将刑法第65条中的刑罚执行完毕理解为主刑和附加刑执行完毕，将第71条中的刑罚执行完毕理解为仅指主刑执行完毕；其三，将刑法第65条中的刑罚执行完毕理解为主刑执行完毕，将第71条中的刑罚执行完毕理解为主刑和附加刑执行完毕；其四，将刑法第65条和第71条中的刑罚执行完毕都理解为主刑执行完毕。

根据第一种理解，其结果是本案不构成累犯，但是要数罪并罚。无论是按照刑法第70条还是第71条的规定进行数罪并罚，都避免不了一种后果，即附加刑越是执行得晚，就越会对被告人有利。这种结果显然是我们不愿意看到的。

根据第二种理解，其结果是本案不构成累犯，也不能数罪并罚。显而易见，这种理解不能做到判决的统一适用，更无法体现对被告人处罚从严的精神。其弊端是明显的。

根据第三种理解，其结果是本案既构成累犯，又要数罪并罚。这是我国传统的见解，也是笔者支持的见解。

根据第四种理解，其结果是本案构成累犯，但是不能数罪并罚。构成累犯应当从重处罚，但问题是前罪剩余的附加刑怎么办。

近来有学者反对第三种观点，主张第四种观点。理由是：首先，对刑法第65条和第71条中的“刑罚执行完毕”只有将其统一解读为“主刑执行完毕”，才能在避免法律操作不便的同时，实现对犯罪人合法权益的公平保障。并进一步认为两个判决同时存在的，不一定非要通过数罪并罚的方式来合并判决，直接地分别执行两个根本不会相互产生影响的判决即可。其次，虽然刑法第65条与第71条在刑法典中均规定于“刑罚的具体运用”一章中，但是二者的地位与功能并不相同。一般累犯制度只是一个法定的量刑情节，所以它是确定刑罚之前法官考虑的一个因素。而第71条规定的是一个人犯有数罪时，确定刑罚之后的刑罚合并执行问题，因此，它是定罪量刑之后如何具体计算最终实际执行的刑罚的一种技术手段。从这个角度来思索，当二者竞合时不能同时适用，只能根据具体案情择一而用。最后，如果前罪判处的附加刑是剥夺

① 参见张明楷：《刑法学》，3版，445页，北京，法律出版社，2007；陈兴良：《规范刑法学》，235页，北京，中国政法大学出版社，2003。

② 参见赵秉志主编：《刑罚总论问题探索》，343页，北京，法律出版社，2003。

政治权利，而根据刑法第58条的规定，附加剥夺政治权利的刑期，从徒刑、拘役执行完毕之日或者从假释之日起计算，但是，“剥夺政治权利的效力当然施用于主刑执行期间”。这就导致了一个问题：数罪并罚后，合并执行的附加剥夺政治权利来源于旧罪，在旧罪的主刑执行期间犯罪人已经停止政治权利的行使，在数罪并罚后，附加剥夺政治权利在新的判决之中再次依附于新的主刑，因此，剥夺政治权利的效力当然再次施用于新的“主刑执行期间”。此种结果，对于犯罪人而言，是极不公正的。[①]

笔者认为第四种观点是不妥当的，上面的几点理由也值得商榷。首先，正如上文所言，对于累犯制度而言刑罚仅指主刑，而对于数罪并罚制度而言刑罚包括主刑和附加刑，这是对被告人有利的解释，不存在对犯罪人权益的侵犯。而如果按照上述第四种的观点，直接地分别执行两个判决，反而会在实践中出现问题。比如，在前后两罪都包括附加剥夺政治权利刑罚时，如果分开执行，是先执行哪一个呢？这个问题在涉及赦免时也会出现麻烦。如果在后罪的主刑也已经执行完毕，剥夺政治权利的附加刑已经执行了一段时间后，发生特赦免除犯罪人某一个罪附加刑的情况，此时如何认定？如果在数罪并罚的情况下发生赦免剥夺政治权利资格刑的，可以将已经执行的剥夺政治权利刑期计入未被赦免的犯罪，而在分开单独处刑时，不论前罪的还是后罪的剥夺政治权利谁先执行，在面临赦免时都会面临困难。其次，对于二者竞合时不能同时适用的担心也是不当的，司法实践中有许多按照累犯从重处罚后，再进行数罪并罚的实例。正如作者所言，一种是法定量刑情节，一种是确定最终刑罚的技术手段，二者并无冲突。最后，在数罪并罚后，附加剥夺政治权利在新的判决之中再次依附于新的主刑，因此，剥夺政治权利的效力当然再次施用于新的主刑执行期间。这种结果是否对犯罪人极不公正呢？单就本案而言，确实存在这种担忧。但这是迫不得已的做法。我国历来重点打击刑罚执行期间再犯新罪，或者在刑罚执行完毕之后一段时间内再犯新罪的犯罪人，因为这表明犯罪人的人身危险性大，对社会的威胁大。按照法律规定的精神，数罪并罚后剥夺政治权利的效力当然再次施用于新的主刑执行期间，正是对再犯新罪的犯罪人从严处罚的体现。对于漏罪而言，因为犯罪人在判决前没有如实交代，企图蒙混过关，一旦主刑执行完毕，在执行附加刑期间发现漏罪，进行数罪并罚依然会产生同样的效果，这可以督促犯罪人如实全部交代自己所犯罪行，在刑事政策上具有重要意义。其实，如果按照第四种的观点，同样会产生对犯罪人不利的效果，比如，在前罪主刑执行完毕，附加剥夺政治权利执行期间，又发现漏罪，同样判处主刑附加剥夺政治权利，分别执行，其后果是对剥夺政治权利的刑罚适用并科原则。而如果实行数罪并罚，则会对剥夺政治权利的刑罚适用限制加重原则。很明显，限制加重原则对犯罪人是更为有利的。

所以，第四种观点看似有一定道理，但是经过全面的分析，同样存在重大的缺陷。第三种观点相对而言更具有合理性。1994年《批复》对此予以肯定，2009年5月25日最高人民法院《关于在执行附加刑剥夺政治权利期间犯新罪应如何处理的批复》同样规定，对判处有期徒刑并处剥夺政治权利的罪犯，主刑已执行完毕，在执行附加刑剥夺政治权利期间又犯新罪，如果所犯新罪无须附加剥夺政治权利的，依照刑法第71条的规定数罪并罚。前罪尚未执行完毕的附加刑剥夺政治权利的刑期从新罪的主刑有期徒刑执行之日起停止计算，并依照刑法第58条的规定从新罪的主刑有期徒刑执行完毕之日或者假释之日起继续计算；附加刑剥夺政治权利的效力施用于新罪的主刑执行期间。对判处有期徒刑的罪犯，主刑已执行完毕，在执行附加刑剥

① 参见于志刚：《关于“刑罚执行完毕”之内涵的思考》，载《法学杂志》，2009（7）。

夺政治权利期间又犯新罪，如果所犯新罪也剥夺政治权利的，依照刑法第55条、第57条、第71条的规定并罚。可以说，司法解释的基本精神是正确的。

至于对同样的术语作出不同解释的合理性问题也比较容易论证。我国刑法条文中许多同一用语在不同的场合下都作出了不同解释，比如“以上”“以下”“暴力”“伪造”“猥亵”等，出现这种情况主要是因为用语的相对性。对同一术语作出相同或者不同的解释，要看具体的语境，尤其是要考虑解释的实质妥当性。正如有学者所主张的那样：“一个相同的刑法用语，在不同的刑法条文中或者在同一条文中的不同款项中，具有不同的含义（或者必须解释为不同的含义）。之所以对同一用语在不同场合作出不同的解释，是为了实现刑法的正义理念，使值得科处刑罚的行为被置于刑法规制之内，使不值得科处刑罚的行为被置于刑法规制之外；使相同的行为得到相同的处理，使不同的行为受到不同处理。”① 正是对刑法实质正义的追求使对同一用语作出不同解释的合理性得到了论证，这决定了那种认为对同一用语必须作出统一解释的观点是不当的。

就本案而言，被告人鄂尔古丽·买买提构成累犯，而且应该数罪并罚，应该先对后罪按照累犯从重处罚，再与前罪的罚金刑数罪并罚，最终决定应执行的刑期。

【要旨提示】

将刑法第65条的刑罚执行完毕理解为主刑执行完毕，是从有利于犯罪人的角度得出的合理解释。将刑法第70条和第71条中的刑罚执行完毕理解为主刑和附加刑执行完毕符合数罪并罚的本质，在适用吸收原则和限制加重原则时，对被告人也是有利的。在前罪主刑执行完毕附加刑执行前又犯新罪的，既构成累犯，应当从重处罚，又要按照刑法第71条的规定数罪并罚，这体现了对人身危险性较大的犯罪人从严处罚的精神。

98. 徐某盗窃案②

——不同种自由刑的并罚

【案情介绍】

2005年5月，徐某因犯盗窃罪被判处拘役6个月，缓刑6个月。

2005年7月6日至16日期间，徐某利用其在上海某有限公司二厂织造车间安装织造机的便利条件，先后11次进入织造车间的配备仓库，窃得共计价值人民币11 432元的VFC409A－7W电动机14台、VFC303A－7W电动机11台等物。

检察机关以被告人徐某犯盗窃罪提起公诉。一审法院于2005年10月31日以盗窃罪对被告人徐某作出判决：（1）撤销原刑事判决书中对被告人徐某宣告缓刑6个月的执行部分。（2）被告人徐某犯盗窃罪，判处有期徒刑2年，并处罚金人民币3 000元，连同前罪判处的拘役6个月、并处罚金人民币1 000元，决定执行有期徒刑2年、并处罚金人民币4 000元。判决后，检察机关认为，对于被判处拘役宣告缓刑的犯罪分子在缓刑考验期内再犯新罪被判处有

① 张明楷：《刑法分则的解释原理》，327页，北京，中国人民大学出版社，2004。

② 案例来源：《人民法院报》，2006－09－14。

期徒刑的刑罚，应当在对新罪所判处的有期徒刑执行完毕后，再执行前罪所判处的拘役，遂于2005年11月9日以一审判决适用法律错误导致量刑不当为由，向二审法院提出抗诉。经该市高级人民法院向最高人民法院请示，最高人民法院研究室对该问题予以研究，并征求了全国人大常委会法工委刑法室的意见，于2006年8月16日答复如下："刑法第六十九条对不同刑种如何数罪并罚没有明确规定，因此，对于被告人在拘役缓刑考验期内又犯新罪被判处有期徒刑应如何并罚问题，可根据案件的不同情况，个案处理，就本案而言，即可以只执行有期徒刑，拘役不再执行。"据此，二审法院于2006年8月31日裁定：驳回抗诉，维持原判。

【观点争议】

本案的争议问题是判处不同种的自由刑时如何并罚。在2015年《刑法修正案（九）》通过立法对此问题进行明确之前，存在许多不同的观点：第一种观点是折算说或者折抵说，主张首先将不同种的自由刑折算为同一种较重的刑种，然后按照限制加重的原则决定应执行的刑期。[①] 按照这种方法，即管制2日折算有期徒刑或者拘役1日，拘役1日折算有期徒刑1日，然后根据限制加重原则，酌情决定执行的刑罚。第二种观点是分别执行说，主张分别执行不同的全部刑罚，先执行较重的刑种，再执行较轻的刑种，即将新罪所判处的有期徒刑执行完毕以后再执行前罪所没有执行完的拘役。第三种观点是吸收说，主张采用重刑吸收轻刑的规则决定执行的刑期。第四种观点是折中说，主张根据具体情况或者根据一定的标准加以区分，分别适用不同的方法予以并罚。第五种观点是按比例分别执行部分刑期说，该说认为应该从重到轻分别予以执行一定的比例。第六种观点是有限制的酌情分别执行说，主张对不同种的自由刑仍应采用限制加重的原则予以并罚，其结果是或仅执行其中一种最高刑的刑期，或者酌情分别执行不同种的自由刑。[②] 第七种观点是限制加重说，认为可以将所判处的最重的刑罚再酌情加重处罚作为合并执行的刑罚，并根据所判处的最重的刑罚和所判处的主刑种类的多少，规定一个加重处罚的必要限度。第八种观点是吸收从重法说，主张选择一个重刑，将其他较轻对应的犯罪行为作为量刑情节考虑，在重刑之罪的法定刑限度内从重处罚后再予以执行。第九种观点是折算与吸收说，认为将判决确定的拘役按照折算法折算成有期徒刑，再按照限制加重原则决定应执行的刑期；将所判处的有期徒刑或者拘役吸收管制，只执行拘役或者有期徒刑。[③]

【法理分析】

尽管有很大的争议，但是笔者认为有一个基本的原则需要遵循，即限制加重原则，因为无论是有期徒刑、拘役还是管制，都适用限制加重原则。当有期徒刑、拘役或者管制发生竞合时，确定最终刑罚的原则理所当然还是限制加重原则。根据此原则可以对上述观点进行评析：

第一种观点是折算说。该说是最能体现有期限的自由刑限制加重基本原则的观点。首先，刑罚性质决定了折算说是可行的。无论是有期徒刑、拘役还是管制，都是有期限的对自由的剥夺或者限制，三者之间的差异只是量的不同，但其性质是基本相同的，都有一定期限，因而在本质上是可以折算的。其次，折算说还有法律依据。根据是刑法第41条、第44条、第47条

---

① 参见马克昌主编：《刑罚通论》，2版，485页，武汉，武汉大学出版社，1999。

② 参见赵秉志主编：《刑罚总论问题探索》，472～473页，北京，法律出版社，2003。

③ 参见孟庆华：《刑罚适用重点疑点难点问题判解研究》，521～522页，北京，人民法院出版社，2009。

关于先行羁押的日期可以折抵刑期的规定，实际上就是关于管制、拘役和有期徒刑三者之间折抵、换算的规定，先折抵再限制加重的方法具有一定的法律依据。但是折算说也有很明显的弊端，就是忽略了各种刑罚之间在处遇条件、执行方法、执行场所以及法律后果和刑期起算等方面的实质差别。[①] 而且刑法理论和司法实践对折算说的理解都是轻刑折算成重刑，实质上对被告人不利，加重了被告人的刑罚，违反了罪责刑相适应原则。针对此弊端，有学者主张"并不能一概将轻刑种折算为重刑种，而应以数罪所判刑罚中的主要刑种为基准进行折算"[②]。也有学者主张"在各刑种数罪的最高限内，优先换算为较轻刑种，只有超出较轻刑种的数罪并罚的最高期限，才得换算为较重刑种"[③]。笔者认为优先换算为较轻刑种的观点是可行的，一方面体现了限制加重的原则，另一方面又没有加重犯罪人的刑罚。

第二种观点分别执行说根本就没有体现限制加重的原则，而是体现并科原则。

第三种观点吸收说也没有体现限制加重的原则，而是体现吸收原则。有观点认为虽然法律尚无明确规定，但采用吸收原则作出有利于被告人的判决，在惩罚犯罪的同时，符合保障人权的社会主义司法理念。刑法规定拘役的最高期限为6个月，数罪并罚时最高不超过1年，因此以较重的有期自由刑吸收较轻的有期自由刑，并不至于放纵犯罪，同时操作上比较便捷。而且最高人民法院的答复实际上支持了吸收说，所以本案根据其犯罪情节判处有期徒刑吸收拘役并无不当。[④] 这种观点实属不当，在法律上没有体现限制加重的基本原则，实际上也造成了放纵犯罪人的结果，不应支持。

第四种观点折中说是自相矛盾的，没有讲清楚何时该适用何种原则，而且最根本上，该观点同样带有其他观点的弊端。

第五种观点按比例分别执行部分刑期说力图在不同种的自由刑的并罚中贯彻限制加重原则，但是并未能克服分别执行说的弊端，且仍有对不同种自由刑适用并科原则之危险。

第六种观点有限制的酌情分别执行说处理的结果要么是吸收原则的体现，要么是并科原则的体现，并不可取。

第七种观点限制加重说虽然体现了限制加重的基本原则，但是这种观点主张将所判处的最重的刑罚再酌情加重处罚作为合并执行的刑罚，并根据所判处的最重的刑罚和所判处的主刑种类的多少，规定一个加重处罚的必要限度，其本质上还是轻刑折算成重刑，实质上依然对被告人不利，加重了被告人的刑罚，同样违反了罪责刑相适应原则。

第八种观点吸收从重法说依然具有第七种观点的弊端。

第九种观点折算与吸收说将剥夺自由刑和限制自由刑分开处理，认为拘役和有期徒刑可以折算，即拘役折算成有期徒刑。但是，如果有期徒刑或者拘役和管制相竞合，则采用吸收原则，即有期徒刑或者拘役吸收管制，只执行拘役或者有期徒刑。这种观点看到了剥夺自由刑和限制自由刑的区别，具有一定的积极意义。但是将拘役折算成有期徒刑，同样存在变相加重被告人的刑罚，对被告人不利的弊端。而有期徒刑或者拘役吸收管制也存在放纵犯罪人的弊端，也不可取。

所以，尽管折算说依然存在一定的弊端，但是该说最能体现有期限的自由刑限制加重的基

---

① 参见孟庆华：《刑罚适用重点疑点难点问题判解研究》，524页，北京，人民法院出版社，2009。

② 张明楷：《刑法学》，3版，455页，北京，法律出版社，2007。

③ 陈兴良：《本体刑法学》，810页，北京，商务印书馆，2001。

④ 参见袁彬：《对不同种有期自由刑应如何数罪并罚》，载《人民法院报》，2006-09-14。

本原则。而且，在折算时优先折算为轻刑，则会避免变相加重被告人刑罚，从而违反罪责刑相适应原则的弊端。

经《刑法修正案（九）》第 4 条新增的刑法第 69 条第 2 款规定："数罪中有判处有期徒刑和拘役的，执行有期徒刑。数罪中有判处有期徒刑和管制，或者拘役和管制的，有期徒刑、拘役执行完毕后，管制仍须执行。"可见，《刑法修正案（九）》是在继承 1981 年 7 月 27 日最高人民法院《关于管制犯在管制期间又犯新罪被判处拘役或有期徒刑应如何执行的问题的批复》、1984 年 9 月 17 日最高人民法院《关于对拘役犯在缓刑期间发现其隐瞒余罪判处有期徒刑应如何执行问题的电话答复》所体现出来的精神的基础之上，兼采吸收说和分别执行说的混合模式。但是这种立法设计可能带来一些问题。

1. 刑罚裁量中的困境

(1) 有罪难罚。

有期徒刑吸收的拘役刑期最高不超过一年，相较于吸收说，《刑法修正案（九）》第 4 条的规定可以尽可能少地降低犯罪人的刑事责任。但是当刑法中最高刑为拘役，以及如危险驾驶罪，法定刑仅为拘役的罪名逐渐增多的情形下，《刑法修正案（九）》第 4 条的规定将导致严重的有罪难罚的现象。

法定刑中没有有期徒刑，甚至仅有拘役时，司法官不可能通过将对某犯罪行为所判处的刑罚由拘役提高至有期徒刑来平衡应被吸收而降低的刑事责任，其只能判处拘役，也即该刑罚只能被吸收。当行为人实施了一个应被判处有期徒刑的犯罪行为，或者实施了一个法定刑中仅有有期徒刑的犯罪行为时，《刑法修正案（九）》第 4 条的规定意味着，他可以继续实施更多的法定最高刑为拘役的轻微犯罪而不会受到更加严厉的刑事处罚，这些可供实施的轻微犯罪甚至容易到完全不需要任何法律知识便可以从条文的纸面上挑选出来，而且这些轻微犯罪在刑法里会越来越多地出现。

(2) 轻罪重罚。

在刑罚裁量中，《刑法修正案（九）》第 4 条可能导致的第二个困境就是较轻的罪行却将受到更重的处罚。我们简单地作两组比较：犯罪人甲和乙均实施了一个应当被判处 5 年有期徒刑的相同罪行，其中甲还实施一个法定刑为有期徒刑、拘役的较重罪行 A，且应当被判处 6 个月拘役，而乙还实施了一个法定刑为拘役、管制的较轻罪行 B，且应当被判处 2 年管制。根据《刑法修正案（九）》第 4 条的规定，对于甲，拘役被吸收，最终的宣告刑应为 5 年有期徒刑；对于乙，则应当宣告 5 年有期徒刑和 2 年管制。根据罪刑相适应原则，实施更重罪行的甲本应获得更重的刑罚，但实际上经数罪并罚之后其刑期却轻于罪行更轻的乙的刑期。前述比较中，犯罪人甲、乙分别实施的 A 和 B 是不同的犯罪，如果甲、乙实施的是相同犯罪行为，则轻罪重罚的结果同样明显。甲和乙均实施了一个应当被判处 5 年有期徒刑的罪行，同时两人也均实施了一个法定刑为拘役、管制的罪行 C，不同的是甲之罪行 C 的犯罪情节更为严重，应当判处 6 个月拘役，而乙之罪行 C 的情节较轻，应当判处 2 年管制。根据《刑法修正案（九）》第 4 条的规定，甲最终的宣告刑应为 5 年有期徒刑，乙的则应为 5 年有期徒刑和 2 年管制。这种轻罪重罚的处置结果甚至可能导致在法庭审理中出现被告人主动要求对某个罪行重罚以获得更轻的宣告刑的尴尬场景。

2. 刑罚执行中的困境

轻微犯罪的增加以及刑法第 69 条第 2 款的适用，将出现被判处并执行"有期徒刑＋管制"刑罚的犯罪人越来越多。对此类犯罪人刑罚的执行，尤其在假释制度的适用上将面临严峻的考验。

适用假释的前提是被判处无期徒刑或有期徒刑，由于刑期、执行方式等原因，判处拘役、管制者并不适用假释。在刑法第69条第2款增加之前，司法实践中基本上只有适用单独刑种的刑罚，要么可以适用假释，要么不能适用假释。而在“有期徒刑＋管制”的混合刑罚中，可否适用假释也是个混合体，有期徒刑可以适用假释，管制则不能适用假释。虽然如此，但由于管制不予关押且实行社区矫正，对于被判处“有期徒刑＋管制”的犯罪人，在执行有期徒刑原判刑期二分之一后可以假释，实现“监禁（有期徒刑）—非监禁（假释考验期）—非监禁（管制）”的衔接模式。

虽然从形式上看，有期徒刑、假释考验期与管制可以对接，但是比较两者在不予关押期间所需遵守的规定——刑法第39条规定被判处管制的犯罪分子，在执行期间，需遵守以下规定“（一）遵守法律、行政法规，服从监督；（二）未经执行机关批准，不得行使言论、出版、集会、结社、游行、示威自由的权利；（三）按照执行机关规定报告自己的活动情况；（四）遵守执行机关关于会客的决定；（五）离开所居住的市、县或者迁居，应当报经执行机关批准”；刑法第84条规定被宣告假释的犯罪分子，需遵守以下规定：“（一）遵守法律、行政法规，服从监督；（二）按照监督机关规定报告自己的活动情况；（三）遵守监督机关关于会客的决定；（四）离开所居住的市、县或者迁居，应当报经监督机关批准。”——可以发现，假释考验期的监管严格程度显然要弱于管制。如此，看似“监禁（有期徒刑）—非监禁（假释考验期）—非监禁（管制）”的衔接模式，在执行严格程度上却是“非常严格（有期徒刑）—宽松（假释考验期）—较为严格（管制）”的过程，这显然不符合执行由重到轻的规律。

刑罚执行过程中对假释制度的适用，一方面是要鼓励犯罪人积极接受教育改造，早日消除其主观恶性和人身危险性，实现特殊预防的刑罚目的；另一方面，又必须保证犯罪人的实际执行刑期不能太短，影响实现一般预防的效果。所以，假释对实际执行的期限有着严格的规定，有期徒刑犯的假释必须在实际执行原判刑期二分之一以上才可适用。我们仍然可以作组对比：犯罪人甲数罪并罚后被宣告25年有期徒刑和3年管制，犯罪人乙被宣告无期徒刑。根据假释的相关规定，甲在执行12年半后可以假释，假释考验期为剩余刑期即12年半，在假释考验期结束后，再继续执行3年管制；乙则在实际执行13年后可以假释，假释考验期为10年。《刑法修正案（八）》在修改有期徒刑数罪并罚最高刑上限的同时，并没有修改无期徒刑犯假释考验期的年限，本已导致实践中可能出现在仅适用假释的情况下，无期徒刑犯的假释考验期短于刑罚较轻的25年有期徒刑犯的假释考验期2年半的漏洞，而《刑法修正案（九）》第4条的规定，将两者刑期的差距最长延长到5年半（2年半假释考验期加3年的管制刑期）。

【要旨提示】

对不同种自由刑的并罚应该采取折算说。在具体应用折算方法时，应该贯彻在各刑种数罪并罚的最高期限内优先折算为较轻刑种，按照限制加重的原则以较轻的刑种为单位确定最终的处罚。如果最终的刑期没有超出较轻主刑数罪并罚的最高期限，则以最终确定的较轻刑种的刑期为执行的刑期；如果超出较轻主刑数罪并罚的最高期限，则将剩余的较轻刑种折算为较重刑种，先执行较重刑种的刑罚，再执行较轻刑种的刑罚。但是立法选择了兼采吸收说和分别执行说的混合模式，这种混合模式可能对刑罚裁量和刑罚执行造成困境。

99. 侯某等破坏电力设备、盗窃案[①]

——缓刑考验期满后是否认为“刑罚执行完毕”

【案情介绍】

被告人谢某于2001年8月3日因盗窃罪被人民法院判处有期徒刑6个月，缓刑1年，并处罚金2 000元。2003年5月9日因涉嫌破坏电力设备罪被依法逮捕。

2003年3月至5月，被告人侯某、谢某等人分别结伙，携带扳手、老虎钳等工具将正在使用中的变压器铜芯拆掉，销赃后分赃，造成巨大经济损失。2003年3月24日，被告人侯某等将一石料场废弃的变压器铜芯盗走，价值6 000元。

检察机关以被告人侯某等犯盗窃罪向法院提起公诉。法院经过审理，认为被告人侯某、谢某等人盗拆正在使用的变压器铜芯的行为已经构成破坏电力设备罪，被告人侯某等盗窃废弃的变压器铜芯的行为构成盗窃罪，应该数罪并罚。遂依据《中华人民共和国刑法》第118条、第119条、第264条、第56条、第69条、第65条的规定，判决如下：(1) 被告人侯某犯破坏电力设备罪，判处无期徒刑，剥夺政治权利终身；犯盗窃罪，判处有期徒刑2年，并处罚金3 000元。决定执行无期徒刑，剥夺政治权利终身，并处罚金3 000元。(2) 被告人谢某犯破坏电力设备罪，判处有期徒刑6年。

【观点争议】

本案的争议问题是：谢某因故意犯罪被判处有期徒刑缓刑，缓刑考验期满5年内又犯罪，应该判处有期徒刑以上刑罚，是否构成累犯？对此有两种不同的观点。

第一种观点认为，被告人谢某构成累犯。理由是：缓刑考验期内考察的内容是对“缓刑”的执行，缓刑期满是犯罪分子缓刑的“执行”完毕。刑法第76条规定的“不再执行”实际上通过“缓刑的执行”已经得到了执行，是一种实质意义上的“执行完毕”的执行。此外，如果被判处有期徒刑的犯罪分子，缓刑期满不再执行原判刑罚后，5年内又故意犯罪，应当判处有期徒刑以上刑罚，则说明该犯罪分子并未认真改造自己，足以说明其具有较大的主观恶性和社会危害性，应当以累犯从重处罚。[②]

第二种观点认为，缓刑是附条件地不执行原判刑罚的制度，当然也就不存在刑罚执行完毕的问题。从法律上讲，刑法第76条规定的“原判的刑罚就不再执行”与第85条规定的“认为原判刑罚已经执行完毕”是有区别的。缓刑期满后故意犯罪不构成累犯并不违反刑罚目的：刑法累犯制度之所以以刑罚执行完毕为前提条件，主要是考虑到实际执行刑罚以后不思悔改，再犯新罪，因而人身危险性较大，应该从重处罚；而被判缓刑的犯罪分子在缓刑期满后再犯新罪只是表明其人身危险性和主观恶性比初犯大，相对于那些被实际执行刑罚处罚的犯罪分子重新犯罪来说，其人身危险性要小，将其排除在累犯的范围之外，体现了对累犯从严掌握的立法精

---

① 案例来源：最高人民法院中国应用法学研究所编：《人民法院案例选》，总第53辑，8～10页，北京，人民法院出版社，2005。

② 参见上书，10～11页。

神。而且，最高人民法院研究室曾于1989年10月25日在答复宁夏回族自治区高级人民法院相关问题的指示中指出："缓刑是在一定考验期限内，暂缓执行原判刑罚的制度。如果犯罪分子在缓刑考验期内没有再犯新罪，实际上并没有执行过原判的有期徒刑刑罚；加之被判处有期徒刑缓刑的犯罪分子，一般犯罪情节较轻和有悔罪表现，因其不致再危害社会才适用缓刑。所以，对被判处有期徒刑缓刑的犯罪分子，在缓刑考验期满三年内又犯应判处有期徒刑以上刑罚之罪的，可不作累犯对待。"尽管随着1997年刑法的实施，该答复因规定"三年内"而不再适用，但其确立的精神是明白无疑的。①

【法理分析】

缓刑是有条件地不执行原判刑罚的观点在我国一直占有通说的地位。但笔者认为缓刑考验期满其实就是刑罚执行完毕，将刑法第76条规定的"原判的刑罚就不再执行"的含义解释为刑罚已经执行完毕，所以不必再次执行刑罚更具有合理性。具体理由如下。

第一，本质上，缓刑属于刑罚执行制度。关于缓刑的性质，存在着是量刑制度还是行刑制度的争议，也有学者主张缓刑既是量刑制度，也是刑罚执行制度。② 尽管缓刑制度纵跨量刑阶段和行刑阶段，但本质上"缓刑是在刑罚量定的基础上，对其执行方法的确定，它不涉及刑罚之量定的问题，而只与刑罚的执行有关，在逻辑上应当将其归之于行刑制度"③。缓刑行刑说的观点从法律规定的缓刑的内容上也能得到印证，我国刑法第72条至第77条主要规定了适用缓刑的条件、执行的机关、执行的期限、执行的地点、执行的方式、执行的变更以及执行的法律后果等内容，所以我国刑法中的缓刑制度着眼于刑罚的执行而不是刑罚的裁量，应属于刑罚执行制度。

第二，从解释方法上讲，将缓刑考验期满解释为刑罚执行完毕具有可行性。有学者以各种刑事司法解释和出现"不再"字样的刑法条文进行论证，认为刑法第76条规定的"原判的刑罚不再执行"中的"不再"，只能是"表示有所等待"④。这种思维方式对于发展刑法条文的含义是不利的。事实上，真正推动我们对刑法条文进行重新理解的是丰富的生活事实，新的生活事实的出现需要我们在罪刑法定原则下重新审视刑法条文的真实含义，而不能拘泥于过去已经不能适应新的生活事实的解释，否则，只能束缚手脚而无所作为。就刑法第76条规定的"原判的刑罚不再执行"中的"再"字而言，当然有"表示有所等待"的含义，但是这并不排除"再"字有其他的常用含义。事实上，"再"字常用的含义就是"又一次"⑤，以"又一次"的意思解释刑法第76条中的"再"字完全符合文理解释的原则。而且，就论理解释而言，正如下文所述，为了协调缓刑与其他刑罚制度的关系，将缓刑中的"原判的刑罚就不再执行"解释为刑罚执行完毕具有合理性。所以，学者所批判的，认为这样解释是一个典型的换位法直接推理，作为前提的判断是不周延的，除本义之外"再"还有其他若干引申意义，其不可能直接推出一个必然性判断的观点，就不具有合理性了。至于刑法典中的同样词语解释为不同的含义更

① 参见最高人民法院中国应用法学研究所编：《人民法院案例选》，总第53辑，11～13页，北京，人民法院出版社，2005。

② 参见张明楷：《刑法学》，5版，613页，北京，法律出版社，2016。

③ 陈兴良：《刑法适用总论》，下卷，574页，北京，法律出版社，1999。

④ 王占洲：《"缓刑执行说"之逻辑批判》，载《政治与法律》，2009（7）。

⑤ 中国社会科学院语言研究所词典编辑室编：《现代汉语词典》，5版，1693页，北京，商务印书馆，2006。在该词典中，"再"字的第一个含义就是表示"又一次"。

是常有之事，这取决于适用该词语的语境。我们既要遵行刑法用语的统一性，也要遵循用语的相对性，这取决于何种解释能实现刑法的正义理念。

第三，从缓刑与其他刑罚制度的协调角度，将缓刑中的“原判的刑罚就不再执行”解释为刑罚执行完毕也具有合理性。有学者从缓刑与剥夺政治权利的执行、自首、累犯、减刑、假释等若干刑罚具体运用制度的适用角度，对将“原判的刑罚就不再执行”解释为刑罚执行完毕的合理性进行了详细论证①；也有学者进行了逐条的批判。下面就关键问题一一论述。

就缓刑和减刑的关系而言，我国相关的司法解释规定缓刑可以减刑，而减刑根据刑法第78条的规定，必须是在刑罚“执行期间”才可以减刑，这就肯定了缓刑的刑罚执行性质。有观点认为，刑法规定“减刑以后实际执行的刑期，判处管制、拘役、有期徒刑的，不能少于原判刑期的二分之一”，然而，在缓刑执行期间的减刑中可能根本不存在实际的刑期。例如甲被判2年有期徒刑，缓刑3年，缓刑考验至第二年时获减刑6个月，缓刑考验期减3个月，2年7个月考察期满，原判的刑罚就不再执行。如果非要勉强满足该限度条件，就只有通过以下两种方式完成：其一，在考察期满后将甲收监实际执行有期徒刑12个月。但这种做法在维护减刑制度的同时却给缓刑的执行造成致命的打击，考察期满后还要执行原判刑罚，对于减刑制度的宗旨来说也是极具讽刺的自我否定。其二，将2年7个月考察期宣告为实际执行的有期徒刑。但这种做法在解决减刑限度的同时带来了一个减刑制度更无法接受的问题——经过减刑后2年有期徒刑变成了2年7个月。尽管对于甲而言，这种转变并无实质危害，但是对于减刑理论而言，哪怕只是形式上的不减反增，也是其无论如何解释不了的。② 笔者认为这种担心是多余的，只要将缓刑理解为刑罚的执行方式，即可避免还要执行原判刑罚的问题。至于不减反增的现象也不存在，判处的依然是2年有期徒刑，但是，因采取的是缓刑的执行方式，而这种执行方式对犯罪人是有利的，即使认为实际执行了2年7个月也并不妨碍犯罪人被判处2年有期徒刑的现实，也可满足有期徒刑减刑后实际执行的刑期不能少于原判刑期的1/2的规定。我国刑法第41条规定，判决执行以前先前羁押的，羁押1日折抵管制刑2日。因为羁押的时间要从总的刑期中减去，实际上羁押的时间等于已经计入宣判的刑期之中。而羁押一日折抵管制刑两日的规定，实际上可以看作不同执行方式之间的时间折算。实际上，不同刑罚执行方式期限有所不同不仅是正常的，而且是必要的，比如在刑罚易科时，更是会出现不同的执行方式执行时间不同的现象，而这并不妨碍原判决的效力。

就缓刑和自首的关系而言，采取缓刑非执行说，被宣告缓刑的犯罪分子在缓刑考验期内是难以成立自首的，这与自首的精神不相符合。相反，采取缓刑执行说，在缓刑考验期内的犯罪分子就是正在服刑的罪犯，其如实供述司法机关尚未掌握的犯罪，应当适用特别自首的规定，从而使缓刑制度与自首制度能够有机协调。当然，有学者批判认为，自首制度自身的缺陷才是造成缓刑与自首制度衔接瑕疵的根本原因，如依缓刑执行说之逻辑，为了缓刑制度与自首制度能够有机协调，在缓刑考验期内的犯罪分子就必须是正在服刑的罪犯；而为了行政处罚或行政强制制度与自首制度能够有机协调，其他被公安机关施以行政处罚或行政强制的行为人也会被认为是被采取强制措施的犯罪嫌疑人、被告人。③ 很显然，尽管被公安机关施以行政处罚或行政强制的行为人也应该可以成立特殊自首，但是无论如何不能解释为犯罪嫌疑人或者被告人，

① 参见黄京平、陈鹏展：《缓刑执行说之论证——以“原判的刑罚就不再执行”为切入点》，载《法学评论》，2006（4）。

②③ 参见王占洲：《“缓刑执行说”之逻辑批判》，载《政治与法律》，2009（7）。

可以按照有利于行为人的类推解释方法解决。但是，这并不妨碍将缓刑解释为刑罚执行的方法，从而将在缓刑考验期内的犯罪分子认定为正在服刑的罪犯，以解决缓刑与自首衔接问题思路的合理性。我们也可以按照有利于行为人的类推解释方法，将正在服刑的罪犯解释为已宣判的罪犯。但是，有利于行为人的类推解释方法只能作为最后手段使用，在有合适的替代方法的前提下，应该优先适用其他解释方法。

就缓刑和剥夺政治权利的关系而言，采取缓刑执行说能很好地解决缓刑附加剥夺政治权利时剥夺政治权利的刑期计算起点问题。有学者认为：缓刑执行说对缓刑与剥夺政治权利关系的理解是建立在两个不可靠的前提基础上的，即附加剥夺政治权利的执行必须依附于主刑的执行和附加刑必须在缓刑考验期内立即执行。比如因主体死亡导致主刑执行不能时，应当独立执行附加刑，那么，因其他法定事由如缓刑期满导致主刑执行不能时，同样应当且能够独立执行附加刑。而且缓刑执行说不可避免地使犯罪人受到不公正的处罚，即延长剥夺政治权利的时间。为了避免这种状况，该学者引入“执行待定状态”的概念，也即在缓刑考验期内附加剥夺政治权利与主刑都处于执行待定状态，缓刑考验期内撤销缓刑的法定事由是否出现使主刑处于是否执行的待定状态，而主刑的是否执行使附加剥夺政治权利处于以何种方式执行的待定状态。当缓刑考验期内缓刑被撤销时，执行原判主刑，则附加剥夺政治权利的刑期，从徒刑、拘役执行完毕之日或者从假释之日起计算；剥夺政治权利的效力当然施用于主刑执行期间。当缓刑考验期满时，原判主刑不再执行，既无开始执行之日，也就没有执行完毕之日或者假释之日，附加的剥夺政治权利应当独立执行。① 该观点涉及两个问题：其一，附加剥夺政治权利的执行是否必须依附于主刑的执行？答案是肯定的，因为这是由附加剥夺政治权利的性质决定的。当然，如果出现特殊情况，比如在主刑执行前主体死亡，使主刑消灭，当然应该执行剥夺政治权利的刑罚，但这并不能成为否定附加剥夺政治权利的执行必须依附于主刑执行的观点的合理理由，因为主刑的执行必须以主刑存在执行的可能性为前提。其二，执行待定状态的概念在司法实践中并不具有合理性与可行性。按照该观点，会出现在判缓刑以后享有政治权利，而顺利通过考验期后却不能享有政治权利的明显不合理现象。至于该学者认为法律只是规定附加刑仍须执行，至于何时执行、如何执行当以符合法律的整体要求为限，并没有明确规定的观点，明显与法律的规定相抵触，因为我国刑法第 58 条明确规定，附加剥夺政治权利的刑期，从徒刑、拘役执行完毕之日或者假释之日起计算。只有将缓刑解释为刑罚的执行，才能协调缓刑和附加剥夺政治权利的关系。至于该学者担心的会延长剥夺政治权利的时间，从而加重犯罪人的负担问题，也是不存在的。刑法第 58 条规定，剥夺政治权利的效力当然施用于执行期间。据此，何来加重犯罪人负担之担心？

就缓刑和假释的关系而言，除了刑法第 75 条规定的是“考察机关”，而第 84 条规定的是“监督机关”，以及缓刑的撤销条件中行为人违法需要达到情节严重，而假释的撤销条件中行为人违法却没有情节严重的要求这两个微不足道的区别以外，两者的内容是一样的，没有理由认为假释是刑罚执行方法的变更而缓刑却不是。有学者批判缓刑执行说以假释制度证明缓刑的执行属于刑罚的执行是典型的机械类比推理，认为缓刑与假释的本质差异主要表现在两个方面：其一是假释存在原判刑罚的开始执行，而缓刑无论缓刑考验期开始之前还是缓刑被撤销之前，均不存在原判刑罚的开始执行，在缓刑中不可能具有原判已经执行完毕的前提。其二是刑法的

① 参见王占洲：《“缓刑执行说”之逻辑批判》，载《政治与法律》，2009（7）。

明文规定。假释考验期满能够被认为原判刑罚已经执行完毕，并非只是因为其符合逻辑，关键原因在于刑法第85条之规定。[①] 该观点先入为主地认为假释存在刑罚的执行，缓刑不存在刑罚的执行，从而忽视了假释和缓刑在内容上的相同性，没有解释清楚缓刑和假释内容基本相同的情况下作出不同解释的背后原因。至于刑法的规定，完全可以通过解释方法解决，在理论上并不存在障碍。

从缓刑和累犯的关系上讲，累犯应当从重处罚的根据是累犯具有严重的人身危险性，而犯罪分子在缓刑考验期满之后5年内又故意犯罪的，恰恰说明犯罪分子具有更大的人身危险性。所以，从应然的角度来看，对缓刑考验期满之后在法定期限内又故意犯罪者以累犯论处具有合理性；从实然的角度讲，采用缓刑执行说可以实现这一要求。同时缓刑考验期满之后可以成立累犯，还可使累犯和数罪并罚制度有机衔接。有学者认为缓刑考验期满后能否构成累犯与缓刑考验期满即为刑罚已经执行完毕之间并无必然联系，如果确有必要将缓刑考验期满纳入累犯制度，以"免除刑罚执行"取代赦免更具有合理性。[②]这两种观点在认可缓刑考验期满后理应构成累犯这一问题上是一致的，但在解决的方法上存在差别。后一种观点没有看到赦免和缓刑的重要区别：赦免是或者为了缓解刑罚的过于严厉或者为了特定的行政目的而由国家最高权力机关对已受罪刑宣告的特定犯罪人，免除其全部或者部分刑罚的制度，其重点在于刑罚后果的消灭，而不是刑罚的执行。而缓刑从刑法规定上看重点是刑罚的执行，尽管缓刑考验期满以后，刑罚也会随之消灭，但是这两种制度关注的重心是完全不同的。另外，从我国特赦适用的情况看，对于部分在服刑过程中确实有改恶从善的表现的犯罪人才予以特赦，对于尚未宣告刑罚或者没有开始执行刑罚的，不实行特赦。[③] 所以，从赦免角度着手解决缓刑犯构成累犯的问题并不具有理论合理性与现实可能性。而且，以"免除刑罚执行"代替赦免的观点还需要法律的修改，既无必要，又徒增麻烦。相反，采取缓刑执行说既可以避免法律的修改，又能解决缓刑犯构成累犯的问题，实现实质的合理性和公平性。

有学者担心，一旦采用缓刑执行说，就会导致缓刑制度独立性的丧失；认为此时其与假释的唯一值得一提的区别只在于主刑是否开始执行，两者如此相似，完全可以被包含于同一上位概念，也即"执行说"下的缓刑作为执行前假释与执行后假释（现行假释制度）共同存在于假释制度之中。从制度构建上讲，将其并入假释制度则更具合理性。[④]笔者认为对这个问题的担心也是多余的。尽管缓刑和假释在法律规定上的差别微乎其微，缓刑考验期满后和假释期满后的法律后果也应该是一样的，但是，这种法律后果上的一致性并不表明缓刑没有独立的存在价值。缓刑是为解决短期自由刑的弊端而创设的，假释是为了解决长期自由刑的弊端而出现的，这两种制度适用的对象条件并不相同，这也决定了这两种制度执行的具体方式也不相同：缓刑宣判以后就放在社会上执行，而假释必须先在监狱等机构监禁执行，符合一定年限等条件，才放在社会上执行。适用对象的不同决定了不尽相同的执行方式，而都在社会上监督执行又决定了这两种制度法律后果的一致性，所以不能简单地认为缓刑制度应该归属于假释制度。就本案而言，谢某构成累犯。

---

①②④ 参见王占洲：《"缓刑执行说"之逻辑批判》，载《政治与法律》，2009（7）。

③ 参见张明楷：《刑法学》，5版，653页，北京，法律出版社，2016。

【要旨提示】

将缓刑考验期满后解释为刑罚执行完毕的观点是刑法文理解释和论理解释的合理结论，既契合了缓刑属于刑罚执行制度的本质，又能实现缓刑与剥夺政治权利的执行以及自首、累犯、减刑、假释等若干刑罚具体运用制度的协调适用，具有实质的合理性。

100. 王某信用卡诈骗案[①]

——缓刑适用中漏罪的发现

【案情介绍】

被告人王某于2004年2月采用虚假担保方式，申领了一张中国工商银行牡丹贷记卡。同年3月至4月间王某在没有收入来源、无还款能力的情况下透支5 630元。中国工商银行自2004年7月起对王某多次催讨，王某仍未归还。2005年2月3日，王某因涉嫌票据诈骗罪被刑事拘留。2月23日，王某向公安机关人员交代了自己透支中国工商银行信用卡五千余元的事实，公安机关对此信用卡透支事实未予立案。5月18日法院以票据诈骗罪判处王某有期徒刑3年，缓刑3年，罚金2万元。2007年10月30日，中国工商银行就王某信用卡透支一事向公安机关报案，公安机关予以立案。经公安机关电话通知，王某于2007年10月31日至公安机关交代了自己透支信用卡消费的事实，并于同年11月7日向公安机关退缴本息1万元。

检察机关以王某犯信用卡诈骗罪向法院提起公诉。法院以信用卡诈骗罪判处被告人王某免予刑事处罚，退赔在案违法所得5 630元，发还被害单位中国工商银行。检察机关抗诉后，二审法院裁定驳回抗诉、维持原判。

【观点争议】

本案争议的问题是：在法院审理王某信用卡诈骗案一审期间，王某正处在缓刑考察期内。在二审期间发现王某有漏罪时，王某的缓刑考验期已过。这种情况下是否应该撤销缓刑？对此问题有两种观点。

第一种观点为本案判决所主张，认为本案被告人王某前罪所宣告的缓刑考验期于2008年5月已经届满，此时对其所犯漏罪的审理恰好仍然处于二审审理期间，二审判决还没有作出，应当认定属于在缓刑考验期满后才发现漏罪的情形。对于缓刑考验期满才发现漏罪的，不应撤销缓刑并实行数罪并罚。理由有二：首先，我国现行刑法只规定在缓刑考验期内发现漏罪没有判处的，应撤销缓刑并实行数罪并罚，而并未将缓刑考验期满后发现漏罪的情形作为撤销缓刑的条件规定。从罪刑法定原则角度出发，这种情形理应被视为不符合撤销缓刑并实行数罪并罚的条件，司法实践中可对相关漏罪单独定罪量刑、作出处理。其次，与前述在缓刑考验期内犯新罪而在考验期满后被发现的情形不同的是，刑法规定强调的重点一个在于考验期内“犯新罪”，另一个则在于考验期内“发现漏罪”。换言之，刑法对于缓刑考验期间的新罪和漏罪的侧重点完全不同，一个侧重于所犯的时间，一个侧重于所发现的时间。前述情形中新罪所犯时间是在

---

① 案例来源：《人民法院报》，2009-10-30。

考验期内，只是被发现的时间在考验期满后，完全符合刑法撤销缓刑并实行数罪并罚的规定；而缓刑考验期满才发现漏罪的情形则与刑法的规定不完全相符合，刑法规定强调发现漏罪的时间是在考验期内，而这种情形发现漏罪的时间是在考验期满后。[①]

另一种观点认为，根据刑法第 77 条的规定，在被告人缓刑执行期间发现漏罪，对前罪判决的缓刑予以撤销、对新罪作出判决，然后再数罪并罚是硬性规定，即使在新罪被判处免予刑罚处罚的情况下，也不得违反。刑法第 77 条之所以这样规定，是因为原来的缓刑判决是在没有考虑被告人犯有数罪的情况下作出的，因而是不全面的。既然被告人犯有数罪，即使漏罪可以被判处免予刑罚处罚，也应当首先在对包括被判处免予刑处罚的个罪在内的数罪进行全面考虑的基础上，再决定对被告人是应当执行实刑还是缓刑。如果不首先撤销原来的缓刑，而直接就后罪作出免刑判决，在判决书中就看不出法院在作出判决时究竟有没有考虑到被告人犯有数罪的情况，社会公众尤其是被害人可能怀疑法院在判决时对被告人犯有数罪的情况根本没有考虑，这既不能正确全面反映法官对整个案件处理的思维逻辑，也不符合包括法官心证公开在内的审判公开原则。本案中在缓刑考验期限内发现王某在判决宣告以前还犯有信用卡诈骗罪，根据刑法第 77 条、最高人民法院《关于执行〈中华人民共和国刑事诉讼法〉若干问题的解释》第 356 条的规定，应当撤销原判缓刑，对被告人的前罪票据诈骗罪与漏罪信用卡诈骗罪实行两罪并罚，并罚后对王某处以实刑或缓刑。[②]

【理论分析】

根据刑法第 77 条的规定，在缓刑考验期内发现判决宣告以前还有其他罪没有判决的，应当撤销缓刑，依照刑法第 69 条的规定进行数罪并罚。但是在考验期满以后才发现的漏罪并不需要撤销缓刑[③]，这也是漏罪和新罪的区别之一。但是，本案争议之处在于认定漏罪是在缓刑考验期内发现的还是考验期满以后发现的。笔者同意第二种观点，认为本案是在考验期内发现的漏罪，应该撤销缓刑，实行数罪并罚，并罚后决定执行实刑或者缓刑。具体理由如下。

第一，从刑法第 77 条的表述上看，强调的是在缓刑考验期内发现判决宣告以前还有其他罪没有判决的，应当撤销缓刑。也就是说，只要是在缓刑考验期内发现漏罪，不管对这漏罪的判决生效时是否已过考验期限，都应该属于刑法规定的情况。在本案中，在王某缓刑考验期内，中国工商银行就王某信用卡透支一事向公安机关报案，公安机关也已经立案，而且在一审判决期间依然处在缓刑的考验期内，这已经充分说明该漏罪是在缓刑考验期内发现的。至于因为上诉，在二审期间缓刑考验期已过，并不能因此认定为在考验期满后发现的漏罪。

第二，发现漏罪的主体应该是公安机关、检察机关和人民法院。我们应该适当地限定发现漏罪的主体，不能把任何人发现犯罪人还有漏罪都算作在缓刑考验期内发现漏罪。这一点与自首制度不同。因为自首制度存在的实体价值与程序价值，我国司法解释规定，对于向所在单位、城乡基层组织或者其他负责人员投案的，也可以视为自首。这是对犯罪嫌疑人作出的有利解释。但是，发现漏罪的主体应该限定为公安机关、司法机关，即公安机关、检察机关和人民法院，这样解释能协调国家对犯罪人的惩罚与对犯罪人的权益保障的关系。而且，将发现漏罪的机关认定为包括侦查机关（如公安机关）和侦查部门（如人民检察院自侦部门），也与刑法

---

① 参见沈燕、张娅娅：《缓刑考验期满后发现漏罪的处理》，载《人民法院报》，2009－10－30。

② 参见肖晚祥、邱胜冬：《缓刑漏罪中的数罪并罚问题》，载《人民法院报》，2008－10－15。

③ 参见张明楷：《刑法学》，5 版，616 页，北京，法律出版社，2016。

第 88 条规定的精神一致：在人民检察院、公安机关、国家安全机关立案侦查或者在人民法院受理案件以后，逃避侦查或者审判的，不受追诉时效的限制。此处就对已经被侦查机关侦查或者人民法院受理的案件作出了时效的排除。第一种观点显然采取了一种更为狭义的发现漏罪的主体解释，认为只有法院，甚至是有权力作出生效判决的法院才是发现漏罪的主体，得出是在缓刑考验期满以后才发现漏罪，故而不应撤销缓刑的结论。这种解释显然不符合刑法的相关规定。

第三，将发现漏罪的主体限定为公安机关、司法机关上也符合司法实践。在实践中负有侦查任务的主要是公安机关和检察机关，对缓刑犯罪人进行考察的也是公安机关，所以大多数缓刑犯罪人的漏罪都是由公安机关处理，以侦查机关或侦查部门发现漏罪的时间为起点具有合理性，也有可操作性，否则，以法院受理案件的时间为准，将会使一部分漏罪案件尽管在侦查期间已经被掌握，只是因为侦查和诉讼的时间原因，在法院审理过程中缓刑已经期满，导致不能对缓刑犯罪人撤销缓刑、数罪并罚，这是对缓刑犯罪人的过度放纵。另外，还会导致检察机关起诉的困难。如在本案中，检察机关认为是在缓刑考验期间发现漏罪，按照法律规定作出应该撤销缓刑、数罪并罚的起诉意见，但是法院认为缓刑考验期间已过，只需要对漏罪单独判决即可，于是出现了在是否应该撤销缓刑认定上的分歧。

就本案而言，在缓刑考验期内公安机关就已经发现了王某的漏罪，一审法院审理期间也在缓刑考验期内，只是到了二审期间才超过缓刑考验期，应当认定为在缓刑考验期内发现漏罪的情况，按照刑法第 77 条的规定，应该撤销缓刑判决、数罪并罚，视并罚的结果和案件的具体情况，决定执行实刑还是再次予以缓刑。

【要旨提示】

缓刑考验期内发现漏罪应该以公安机关、检察机关立案侦查或者人民法院受理案件的时间为准。如果公安机关或者检察机关侦查部门在考验期内对漏罪已经立案侦查，只是在法院审理阶段缓刑考验期已满的，依然应视为在缓刑考验期内发现漏罪，按照刑法第 77 条的规定，应当撤销缓刑、数罪并罚。

第十四章
刑罚执行制度

101. 姜某减刑案[①]

——监外执行的减刑适用条件

【案情介绍】

罪犯姜某于1999年10月14日被判处有期徒刑5年，刑期自1999年4月7日至2004年4月6日止。服刑期间，姜某因患急性肝炎于2000年5月3日保外就医。在保外就医期间姜某有悔改、立功表现。具体事实如下：姜某在服刑期间能认罪伏法，认真遵守监规，接受教育改造，积极参加政治、文化、技术学习。在保外就医期间能遵纪守法，当通过报刊内容知道其所认识的谢某是公安机关在网络上搜寻的杀人逃犯时，于2001年10月30日向昆明市A区甲派出所作了检举，并向公安人员报告了谢某的行踪。根据姜某提供的线索，昆明市公安局A分局将杀人犯罪嫌疑人谢某抓获。执行机关建议对罪犯姜某减刑1年，提请法院审核裁定。云南省昆明市中级人民法院根据云南省A监狱报送的关于提请对罪犯姜某减刑的意见和相关材料，依法组成合议庭，对姜某服刑期间的表现进行审核，认为罪犯姜某在保外就医期间向公安机关提供了一起杀人案的重要线索，确有立功表现，符合减刑的法定条件，遂依照《中华人民共和国刑法》第78条之规定，裁定对罪犯姜某准予减去有期徒刑1年。

【观点争议】

关于姜某能否减刑，有两种不同的观点。

第一种观点认为，姜某系保外就医期间提供犯罪线索破获案件，并非在监狱服刑期间立功，不具备遵守监规的条件，因此，虽然具有立功表现，但不符合减刑的条件，不能够减刑。

第二种观点认为，姜某虽系保外就医期间提供线索破获案件，但保外就医期间也是服刑期间，不因服刑地点的改变而影响到其减刑条件的适用，对姜某可以减刑。

---

① 案例来源：国家法官学院、中国人民大学法学院编：《中国审判案例要览（2003年刑事审判案例卷）》，64页，北京，人民法院出版社、中国人民大学出版社，2003。

【法理分析】

刑法第78条对减刑的适用条件规定为：“在执行期间，如果认真遵守监规，接受教育改造，确有悔改表现的，或者有立功表现的，可以减刑；有下列重大立功表现之一的，应当减刑：……”之所以前述观点会出现这样的分歧，原因在于对确有悔改表现与有立功表现，和认真遵守监规、接受教育改造之间的逻辑关系，理解上有所区别。对此，一种理解是，对于该弹性减刑的规定，犯罪分子在认真遵守监规、接受教育改造的前提下，或有悔改表现，或有立功表现，具备其中表现之一的，法院就可以根据实际情况考虑是否适宜适用减刑。① 另一种理解是，可以减刑的实质条件包括两种情况：一是犯罪人在执行期间，认真遵守监管法规、接受教育改造，确有悔改表现。二是具有立功表现。②

比较这两种理解，笔者以为前一种理解更为合理。减刑之所以会发生，是因为行为人在服刑期间的表现呈现出其人身危险性有所降低、积极融入社会的倾向性增高。认真遵守监规、接受教育改造是对每个服刑者最基本的要求，正因为如此，该条件应该成为适用减刑的前提条件。在此基础上，如果行为人确有悔改表现，或者有立功表现的，才可以考虑适用减刑，否则，仅有立功表现，但不遵守监规、不接受改造，行为人人身危险性降低的征表充分性不够，仍然是不能适用减刑的。第二种理解，其原因可能在于刑法第78条在规定了弹性减刑的适用条件后，规定了“有下列重大立功表现的，应当减刑”，由于突出了重大立功表现的地位，所以误认为立功表现与认真遵守监规、接受教育改造、确有悔改表现之间是并列关系，而实际上，之所以在重大立功时应当减刑，并不完全是因为服刑人有重大立功的表现，而是因为在符合前面所说的认真遵守监规、接受教育改造的基础上，又有重大立功表现。

具体到本案中，有两个细节：第一，姜某因为患病，没有在监狱执行刑罚。这就涉及对遵守监规的理解。第二，姜某提供了重要的线索，从而抓获了杀人逃犯谢某。这涉及对立功和重大立功的区分。对于前者，虽然姜某并没有在监狱执行刑罚，而是由于其身体的特殊原因而保外就医，刑罚监外执行，但是并不意味着姜某脱离了监狱的空间，就不受监规的管束了，只是监管法规对监狱内执行和监狱外执行有所不同而已。如果姜某在保外就医期间违反监管法规，同样会导致其监外执行的结束。对于后者，最高人民法院2012年1月17日《关于办理减刑、假释案件具体应用法律若干问题的规定》规定，“立功表现”包括“检举、揭发监内外犯罪活动，或者提供重要的破案线索，经查证属实的”，姜某提供的是杀人逃犯谢某的行踪线索，因此，符合立功表现的规定，对其可以减刑。

【要旨提示】

对减刑适用条件的理解，应该以减刑适用的原因为基础，减刑适用的原因是服刑人的人身危险性表现出降低的趋势。在减刑的适用条件上，遵守监规、接受教育改造，是最基本的条件，在此基础上才能判断对行为人是否适用减刑，是可以适用还是应当适用。

① 参见王作富：《刑法》，2版，220页，北京，中国人民大学出版社，2004。

② 参见张明楷：《刑法学》，5版，622～623页，北京，法律出版社，2016。

102. 马某减刑案①

——硬性减刑的适用条件

【案情介绍】

罪犯马某因犯运输毒品罪于1994年被云南省某地区中级人民法院判处有期徒刑15年，判决发生法律效力后交付执行。1997年11月4日经云南省某市中级人民法院裁定减刑1年6个月；1999年5月12日又经某市中级人民法院裁定减刑2年；2001年5月10日再次经某市中级人民法院裁定减刑1年9个月。3次减刑共计5年3个月，刑期应至2004年4月14日。

2002年7月12日，罪犯马某在参加清理总厂大门口公厕化粪池时，见到另一名罪犯自某及监狱后勤服务公司经理腾某跌入化粪池内中毒时，罪犯马某不顾个人安危，积极和其他罪犯与监区干警一起进行抢救。当二人被救起后，罪犯马某不畏脏、臭，对救起的二人进行人工呼吸；在抢救过程中马某因吸入毒气而导致昏迷，后在医务人员、驻监武警和监区干警的抢救下，马某得以脱离危险。

执行机关云南省某监狱于2002年8月23日提出减刑建议书，认为马某在服刑期间有悔改和立功表现，建议对马某减余刑释放。云南省某市中级人民法院经审阅云南省某监狱报送的关于提请罪犯马某减刑的意见和相关材料，根据《中华人民共和国刑法》第78条之规定，裁定对罪犯马某减去有期徒刑1年7个月。

【观点争议】

对于本案存在两种观点：一种观点认为马某的情节不符合应当减刑的条件，对马某只能适用弹性减刑的规定。另一种观点认为，马某的情节符合应当减刑的条件，对马某应当适用减刑。

【法理分析】

刑法第78条规定了应当减刑的六种情形，分别是：（1）阻止他人重大犯罪活动的；（2）检举监狱内外重大犯罪活动，经查证属实的；（3）有发明创造或者重大技术革新的；（4）在日常生产、生活中舍己救人的；（5）在抗御自然灾害或者排除重大事故中，有突出表现的；（6）对国家和社会有其他重大贡献的。对这六种情形，有关解释并没有进一步展开。最高人民法院1997年11月8日施行的《关于办理减刑、假释案件具体应用法律若干问题的规定》第1条第3项规定："'重大立功表现'是指具有刑法第七十八条规定的应当减刑的六种表现之一的情形。"

在本案中，罪犯马某在他人遇险的情况下，与监区干警一起抢救，在自某、腾某被救起后，又奋不顾身地对二人施救。其因不科学但情况紧迫、没有选择的抢救方法而导致自己有生命危险的情形能否认定为在日常生产生活中舍己救人的情形，成为对其能否适用应当减刑规定的关键。

---

① 案例来源：国家法官学院、中国人民大学法学院编：《中国审判案例要览（2003年刑事审判案例卷）》，65～66页，北京，人民法院出版社、中国人民大学出版社，2003。

笔者认为，刑法所规定的在日常生产生活中舍己救人，是指行为人在舍己救人的过程中面临生命危险，且行为人对此危险有所知晓的情形。行为人对危险不知晓的情形，不属于在日常生产生活中舍己救人的情形。这是因为这种情形作为重大立功的表现之一，之所以能较确有悔改表现和有立功表现相区别，适用应当减刑的规定，原因在于这种情形中行为人的人身危险性降低幅度很大，甚至表现出没有人身危险性的特点。如果将行为人不知晓救人行为具有高危险性、在施救过程中出现生命危险的情形，作为适用应当减刑规定的条件，则不能反映出行为人主观上牺牲自我、保护他人的意志，而单凭结果的相似性认定行为人可以适用应当减刑规定；同时也是对舍己救人者的不公。

在本案中，罪犯马某一贯表现良好，已经获得3次减刑，其人身危险性已经降低到较低的程度。在抢救自某、腾某的过程中，马某不知晓抢救方法的危险性，但仍然是立功行为，因此，法院将其行为认定为属有立功表现，予以减刑的裁决是合理的。

【要旨提示】

重大立功表现应当适用减刑，根本原因在于行为人的行为说明行为人的人身危险性已经大幅降低。在理解重大立功表现时，也应该遵循这样的原则。对于行为人行为的分析，不应只限于其实际取得的结果，还应分析行为人立功表现的主观因素。

103. 李某假释案①

——“特殊情况”假释的适用条件

【案情介绍】

罪犯李某于1993年因犯受贿罪被判处有期徒刑5年。

李某服刑以后，认罪伏法，遵守监规纪律，政治、文化、技术学习认真，成绩优良，多次检举、揭发坏人坏事和制止打架斗殴事件。1994年6月，湘北地区遭受严重水灾，李某想办法，积极为灾区人民捐款100元。同监犯郭某1994年3月因打架受到关禁闭、记过和撤销生产小组长的处分，曾一度思想消沉，丧失了改造信心。李某便多次对郭某进行了耐心的教育和规劝，最后使郭某的表现有明显好转，不久便恢复了生产小组长的职务。李某在劳动中积极肯干，吃苦耐劳，分配其任中队生产调度，能积极出主意、想办法，合理安排生产，每月节约资金千余元，超额完成生产任务。

1994年11月5日，湖南省某少年犯管教所以罪犯李某在服刑中确有悔改表现，并有特殊情节为由，向湖南省某地区中级人民法院呈报假释意见书，建议该院依法裁定对罪犯李某准予假释。湖南省某地区中级人民法院经审理认为：(1) 罪犯李某在服刑期间确有悔改表现，依法裁定准予其假释，确不至于再危害社会。(2) 罪犯李某实际服刑的时间，从其被逮捕之日起计算，虽然只有1年7个多月，不足原判刑期的二分之一，但该犯系化工工艺高级工程师，具有一技之长。湖南省某工厂法人代表因该厂生产和科研的特殊需要，于1994年5月7日向李某

① 案例来源：国家法官学院、中国人民大学法学院编：《中国审判案例要览（1996年刑事审判案例卷）》，181～182页，北京，人民法院出版社、中国人民大学出版社，1996。

服刑的单位及有关部门提供了全权担保书，并加盖了该厂的公章，愿保释李某出狱到该厂进行技术指导。此事实，有湖南省高级技术职称评定审批表、聘用书及保释单位证明材料在卷。据此，李某假释一案，适用《中华人民共和国刑法》（1979 年）第 73 条和最高人民法院《关于办理减刑、假释案件具体应用法律若干问题的规定》及《全国法院减刑、假释工作座谈会纪要》等法律、法规中关于“特殊情节”的规定。(3) 罪犯李某假释出狱后，不会再危害社会，而且有利于搞活本地区的经济，为社会创造更多的劳动价值。对罪犯李某准予假释，考验期自假释之日即 1994 年 12 月 1 日起至 1998 年 4 月 23 日止。

【观点争议】

关于对李某是否符合假释的特殊情况的规定，可以在实际执行刑罚低于原判刑罚二分之一的情况下适用假释，有两种不同的观点：一种观点认为：李某不符合假释的特殊情况，不能适用假释。另一种观点认为：李某符合假释的特殊情况，可以适用假释。

【法理分析】

1979 年刑法第 73 条规定：“被判处有期徒刑的犯罪分子，执行原判刑期二分之一以上，被判处无期徒刑的犯罪分子，实际执行十年以上，如果确有悔改表现，不致再危害社会，可以假释。如果有特殊情节，可以不受上述执行刑期的限制。”对此，最高人民法院 1991 年 10 月 10 日通过的《关于办理减刑、假释案件具体应用法律若干问题的规定》第 1 条第 3 款规定：“‘特殊情节’一般是指，原工作单位因重要生产、重大科研的特殊需要，请求保释的；或者有其他特殊情况的。”

1997 年刑法第 81 条规定：“被判处有期徒刑的犯罪分子，执行原判刑期二分之一以上，被判处无期徒刑的犯罪分子，实际执行十年以上，如果认真遵守监规，接受教育改造，确有悔改表现，假释后不致再危害社会的，可以假释。如果有特殊情况，经最高人民法院核准，可以不受上述执行刑期的限制。”对此，最高人民法院 1997 年 11 月 8 日施行的《关于办理减刑、假释案件具体应用法律若干问题的规定》第 11 条规定：“刑法第八十一条第一款规定的‘特殊情况’，是指有国家政治、国防、外交等方面特殊需要的情况。”

比较前后刑法立法，可以看出在假释的特殊情况（节）的适用上，立法采取了更为严格的限制，不仅要求经最高人民法院核准，而且被界定在国家政治、国防、外交等特殊领域内。这主要是考虑到：

第一，维护法律的权威性的必要。如果被判处刑罚的犯罪人在执行不到二分之一原判刑罚的时间内就可以回到社会上，是对法律权威性的严重挑战。这在一定程度上意味着为了追究该人刑事责任所作的侦查、起诉等前置诉讼程序的努力都打了折扣。公众对法律的效用就会产生怀疑，从而影响法律的权威性。

第二，报应刑正义实现的需要。报应刑所体现的分配正义，要求行为人犯了多大的罪就应该承担多大的刑事责任，而刑事责任的落实，就体现在服刑人回归到社会之前的实际服刑时间。如果服刑时间过短，行为人就可以回归到社会上，报应刑的正义就会落空。

第三，目的刑目的实现的基础。假释是目的刑的产物，即对经改造已经适应回归社会的犯罪人有条件地在社会上执行。但判断服刑人是否已经符合回归社会的条件，因为改造过程的渐进性、反复性，需要一定长的时间的检验，所以，刑法立法上要求有期徒刑必须执行原判刑罚二分之一以上，无期徒刑必须执行 10 年以上，才能够进行假释。

就本案而言，按照1997年之前的刑法立法与司法解释，本案中李某可以适用假释是符合相关规定的。但最高人民法院1991年的司法解释，很大程度上影响了假释制度目的的实现，因此为后续的司法解释所替代。

【要旨提示】

假释制度特殊情况适用条件的从严，反映了立法机关对假释制度普遍采取了更为严格的态度，在适用假释的过程中，应该采取谨慎的态度，严格遵守刑法与最高人民法院《关于办理减刑、假释案件具体应用法律若干问题的规定》的规定。

第十五章

刑罚消灭制度

104. 郭某等盗窃案[①]

——追诉时效延长制度的适用

【案情介绍】

2001年7月中旬，张某、郭某预谋盗窃他人毛驴。7月22日，二人联系好买主后盗窃他人放养的4头毛驴，以800元的价格将毛驴出售，实际价值为2 750元，所得赃款二人均分。案发后侦查机关予以立案，并于2002年对已经发现但在逃的犯罪嫌疑人张某进行网上追逃，而郭某因未被发现一直在家务农。张某于2008年7月26日被抓获，郭某随之于7月29日被刑拘。

【观点争议】

关于对本案中郭某的行为如何适用追诉时效，存在两种分歧意见。

第一种意见认为，郭某的行为已经超过追诉时效，应当受追诉时效期限的限制，不再受追诉。理由是：案发后，立案是针对张某，而不包括未被发现的郭某。逃避侦查的是张某，而郭某未曾逃避侦查。现已时过7年，也没有发现郭某在此期间有其他犯罪行为，对其行为应当依据刑法第87条第1项的规定，经过5年后不再追诉。

第二种意见认为，郭某的行为不受追诉时效期限的限制，应与张某一起受追诉。理由是：张某、郭某共同实施犯罪后，侦查机关根据失主报案已对全案立案侦查，并于2002年对已经确定的犯罪嫌疑人张某网上追逃。张某的在逃造成同案犯郭某未被发现，但作为共同犯罪，郭某的行为应该随张某的行为而适用刑法第88条第1款关于“在人民检察院、公安机关、国家安全机关立案侦查或者在人民法院受理案件以后，逃避侦查或者审判的，不受追诉期限的限制”的规定，不受追诉时效期限的限制。[②]

---

① 案例来源：《人民检察》，2008（23）。

② 参见于志刚、韩轶、刘福谦：《未被列为立案对象是否受追诉时效期限的限制》，载《人民检察》，2008（23）。

【法理分析】

本案涉及追诉时效延长问题。所谓追诉时效延长，也称为追诉时效停止，是指在追诉期限内，发生了法定事由，致使追诉期限无限伸延的制度。根据我国刑法第88条的规定，导致追诉时效延长的法定事由有两种：一是在人民检察院、公安机关、国家安全机关立案侦查或者在人民法院受理案件以后，逃避侦查或者审判的，不受追诉时效期限的限制；二是被害人在追诉期限内提出控告，人民法院、人民检察院、公安机关应当立案而不予立案的，不受追诉期限的限制。本案中关于对郭某的盗窃行为是否应当追究刑事责任的争议，就是由于对追诉时效延长第一种法定事由的不同理解所造成的。

刑法第88条的规定，其法律渊源是1979年刑法第77条。1979年刑法第77条规定："在人民法院、人民检察院、公安机关采取强制措施以后，逃避侦查或者审判的，不受追诉期限的限制。"现行刑法第88条与1979年刑法第77条相比，作了3处修改：第一，扩大了可以延长时效的主体范围，即增加了"国家安全机关"；第二，放宽了时效延长的条件，将"人民法院、人民检察院、公安机关采取强制措施以后，逃避侦查或者审判的"，修改为"在人民检察院、公安机关、国家安全机关立案侦查或者在人民法院受理案件以后，逃避侦查或者审判的"；第三，增加了时效延长的事由，即将"被害人在追诉期限内提出控告，人民法院、人民检察院、公安机关应当立案而不予立案"作为时效延长的事由之一。现行刑法第88条的规定，与1979年刑法第77条相比，显然更为严厉。在立法论上，有观点质疑现行刑法第88条的合理性，认为现行的时效延长制度既导致追诉时效制度名存实亡，也与司法实践情况不相一致，造成操作中的困难；同时，时效延长制度与世界刑法发展趋势相背离，不利于发挥刑法的人权保障机能。所以，应在立法上废除这一制度。[①]

笔者认为，现行刑法关于时效延长的规定，在某种程度上确实与1997年修订刑法的整体体现的刑罚相对轻缓的特点不相协调，而且所谓"时效延长"的两种情况，实际上是取消了追诉时效，符合刑法第88条规定的两种情况的，司法机关可以在犯罪之后的任何时候追诉。这与追诉时效制度的设立初衷在一定程度上相违背，从立法论的角度看，刑法第88条的规定应予修订。

不过，在立法修订短时间内不可能进行的情况下，更为现实的做法是关注司法实践中出现的问题，通过必要的解释使时效延长制度趋向合理。

在解释论上，对于刑法第88条第1款规定的追诉时效延长第一种法定事由，刑法学界也有着与本案相似的争议：有观点认为，刑法第88条第1款规定的"立案侦查"，应当理解为立案并且侦查后。如果只是立案但是还没有开始侦查的，就不存在时效延长的问题，就不符合立法原意，因而也不存在追诉时效终止而无限期追诉的问题。[②] 与此观点相对，有观点认为：案件从司法机关立案后，就进入了刑事诉讼程序，立案后行为人逃避侦查或者审判的，即使还没有开始具体的侦查活动，也应不受追诉期限的限制。司法机关立案后，行为人就可能逃避侦查或者审判，并不是要待侦查之后，才能逃避侦查或者审判。由于立案后就开始侦查，故"立案侦查"有时就是立案决定侦查之意，或者说就是立案的意思。例如1996年刑事诉讼法第83条（现为第107条——编辑注）规定："公安机关或者人民检察院发现犯罪事实或者犯罪嫌疑人，

---

① 参见蒋兰香：《刑法时效延长制度质疑》，载《天津政法管理干部学院学报》，2000（4）。

② 参见陈兴良：《刑法疏义》，194页，北京，中国人民公安大学出版社，1997。

应当按照管辖范围，立案侦查。”此处的“立案侦查”就显然是立案决定侦查之意。所以，案件从司法机关立案后，犯罪嫌疑人逃避侦查或者审判的，即使还没有开始具体的侦查活动，也应适用追诉时效延长制度。①

笔者认为，刑法第 88 条第 1 款的“立案侦查”并非指刑事诉讼中的立案程序，而是指依据立案程序的规定作出的立案决定。理由是：(1) 立案程序包括对立案材料的接受、审查、处理和对不立案的监督。立案程序的后果包括作出立案决定或者不作出立案决定。作出立案决定就意味着经过立案前的审查，司法机关已经确认有刑事案件发生，需要追究犯罪人的刑事责任。(2) 司法机关作出立案决定后，就意味着侦查程序的开始。作出立案决定后，司法机关针对该案进行专门调查工作、收集和调取各种证据材料并对犯罪嫌疑人采取强制措施等活动，都属于侦查活动。因此，如果将刑法第 88 条第 1 款的“立案侦查”解释为作出立案决定，则“立案”与“立案侦查”的含义就是相同的，即司法机关作出立案决定，开始侦查活动。只要司法机关作出立案决定，就意味着案件的侦查阶段已经开始。此时，如果犯罪嫌疑人逃避侦查或者审判的，就应适用追诉时效延长制度。

以将刑法第 88 条第 1 款规定的“立案侦查”理解为司法机关作出立案决定来对照本案事实，郭某盗窃之后，公安机关作出立案决定，并进行了现场勘查等侦查活动，但直到 2008 年 7 月 26 日才将郭某抓获。那么，这是否就意味着郭某的盗窃行为不受追诉时效期限的限制呢？即如前述关于本案的第一种意见，应对其适用追诉时效延长制度呢？

回答是否定的。刑法第 88 条第 1 款规定的追诉时效延长制度的条件有二，除了人民检察院、公安机关、国家安全机关已经立案侦查或者人民法院已经受理案件之外，还有一条件，即犯罪嫌疑人逃避侦查或者审判。只有这两个条件同时具备，才能适用追诉时效延长制度。如果在司法机关立案侦查或者受理案件之后，行为人并没有逃避侦查或者审判的，仍然要受到追诉期限的限制，不能适用追诉时效延长制度。关于这里的“逃避侦查或者审判”，有观点认为，应该以犯罪人的行为是否使人民检察院、公安机关、国家安全机关的侦查活动或者人民法院的审判活动无法进行为标准。② 还有观点进一步认为：“逃避侦查或者审判”应限于积极的、明显的，致使侦查、审判工作无法进行的逃避行为，主要是指在司法机关已经告知其不得逃跑、藏匿，甚至采取强制措施后而逃跑或者藏匿；至于行为人实施毁灭证据、串供等行为的，不宜认定为“逃避侦查或者审判”。如果对“逃避侦查或者审判”作过于宽泛的理解，追诉时效制度会丧失应有的意义。③ 笔者认为，对“逃避侦查或者审判”作此限制解释，其目的显然是克服现行刑法第 88 条关于时效延长的规定过于宽泛的弊端，是为使时效延长制度回归 1979 年刑法第 77 条的规定所作的努力，但是，如前所述，刑法第 88 条明确将时效延长制度的条件由“人民法院、人民检察院、公安机关采取强制措施以后，逃避侦查或者审判的”，修改为“在人民检察院、公安机关、国家安全机关立案侦查或者在人民法院受理案件以后，逃避侦查或者审判的”，表明刑事立法显然是要求司法机关降低适用时效延长制度的条件，如果仍然将“逃避侦查或者审判”解释为犯罪人在“采取强制措施后而逃跑或者藏匿”，是否有司法（解释）侵犯立法之嫌，值得斟酌。

笔者认为：“逃避”一词的含义十分明显地带有主观色彩，因此，所谓逃避侦查或者审判，

① 参见张明楷：《刑法学》，496～497 页，北京，法律出版社，2003。

② 参见马克昌主编：《刑罚通论》，683 页，武汉，武汉大学出版社，1999。

③ 参见张明楷：《刑法学》，5 版，651 页，北京，法律出版社，2016。

是指犯罪人主观上有逃避侦查或者审判的目的，客观上有逃避侦查或者审判的行为。对于主观上没有逃避侦查或者审判目的，而正常外出或者生活的犯罪人，不能认为是逃避侦查或者审判。但是，将犯罪人的行为是否使人民检察院、公安机关、国家安全机关的侦查活动或者人民法院的审判活动无法进行，作为“逃避侦查或者审判”的标准，理解上似过于狭隘，亦不符合实践中的一贯做法。例如，在共同犯罪案件中，一共同犯罪人逃避侦查的，司法机关仍可对其他共同犯罪人进行侦查或者审判。即使是单独犯罪，犯罪人在逃的，司法机关也可以进行收集证据、通缉等侦查活动。但此时，显然应当认为犯罪人逃避侦查或者审判，不受追诉期限的限制。

回到本案，本案中，犯罪嫌疑人郭某在实施盗窃行为之后，未再作案，一直在家务农，因而，其主观上没有逃避侦查或者审判的目的，客观上没有任何逃避侦查或者审判的行为，故不能认为是逃避侦查或者审判。所以，对郭某的盗窃行为不能适用追诉时效延长制度。

【要旨提示】

对于刑法第 88 条规定的时效延长，“立案侦查”是指依据立案程序的规定作出的立案决定，即司法机关作出立案决定，开始侦查活动。“逃避侦查或者审判”，是指犯罪人主观上有逃避侦查或者审判的目的，客观上有逃避侦查或者审判的行为。对于主观上没有逃避侦查或者审判目的，而正常外出或者生活的犯罪人，不能认为是逃避侦查或者审判。

105. 某纺织工业有限公司、姚某等走私普通货物案[①]

——单位犯罪的追诉时效

【案情介绍】

被告单位北京某纺织工业有限公司经国家海关许可进口保税羊毛原料三百余吨，货物价值人民币一千二百余万元。该原料加工后，该公司擅自在境内销售，却未补缴关税及增值税。被告人姚某在担任该公司总经理后，与该公司报关员叶某及被告人洪甲、洪乙预谋，于 1996 年 6 月至 1997 年 2 月间，伪造出口销售合同多份，并用洪甲、洪乙提供的假报关单核销了该公司应缴纳的税额共计人民币 425 万余元。其中，被告人姚某、叶某伙同洪甲偷逃关税及增值税共计人民币 283 万余元，伙同洪乙偷逃关税及增值税共计人民币 141 万余元。案发后，被告单位北京某纺织工业有限公司已补缴税款 425 万余元。被告人姚某、叶某伙同他人于 1996 年 6 月至 1997 年 6 月，伪造来料加工进口合同十余份，从海关骗领来料加工手册 15 本。被告人姚某、叶某共出售来料加工手册 15 本，违法所得人民币 54 万余元归个人使用。其中，卖给被告人洪甲 10 本，收取人民币 33 万余元；卖给被告人洪乙 5 本，收取人民币 21 万余元。被告人洪甲将购买的来料加工手册 10 本，以人民币 70 万余元的价格，向他人非法出售，违法所得 37 万余元；被告人洪乙将购买的来料加工手册 5 本，以人民币 42 万余元，向他人非法出售，违法所得 21 万余元。被告人姚某、叶某所获赃款大部分已被起获，被告人洪甲、洪乙所获赃款

---

① 案例来源：最高人民法院刑事审判第一、二、三、四、五庭主办：《中国刑事审判指导案例（破坏社会主义市场经济秩序罪）》，45～47 页，北京，法律出版社，2009。

已被挥霍。

检察机关以被告单位北京某纺织工业有限公司犯走私普通货物罪，被告人姚某、叶某、洪甲、洪乙犯走私普通货物罪、非法经营罪，提起公诉。一审法院经审理，依照《中华人民共和国刑法》第12条第1款，第154条第1项，第153条第2款，第225条第2项，第25条第1款，第26条第1款、第4款，第68条第1款，第64条的规定，判决如下：(1) 被告单位北京某纺织工业有限公司犯走私普通货物罪，判处罚金人民币425万元。(2) 被告人姚某犯走私普通货物罪，判处有期徒刑8年；犯非法经营罪，判处有期徒刑5年、罚金人民币10万元，决定执行有期徒刑12年、罚金人民币10万元。(3) 被告人叶某犯走私普通货物罪，判处有期徒刑7年；犯非法经营罪，判处有期徒刑7年、罚金人民币44万元；决定执行有期徒刑13年、罚金人民币44万元。(4) 被告人洪甲犯走私普通货物罪，判处有期徒刑14年、罚金人民币283万元；犯非法经营罪，判处有期徒刑7年、罚金人民币37万元；决定执行有期徒刑20年、罚金人民币320万元。(5) 被告人洪乙犯走私普通货物罪，判处有期徒刑12年、罚金人民币141万元；犯非法经营罪，判处有期徒刑6年、罚金21万元；决定执行有期徒刑17年、罚金人民币162万元。(6) 继续追缴被告人姚某、叶某、洪甲、洪乙犯非法经营罪的违法所得。一审宣判后，被告单位北京某纺织工业有限公司及被告人姚某、叶某、洪乙不服，提起上诉。二审人民法院根据《中华人民共和国刑事诉讼法》(1996年) 第189条第1项的规定，裁定如下：驳回上诉，维持原判。

【观点争议】

本案涉及单位犯罪，且犯罪事实发生于1997年修订的刑法生效之前。本案已于1998年由审判机关按照刑法第12条的规定，适用1997年刑法对被告单位及各被告人追究了相应的刑事责任。但是，假设本案自实施犯罪后未被发现，直到2010年才案发，此时，如何适用法律就会出现非常复杂的局面，其中的问题之一，就是如何确定本案的追诉时效期限。

假设2010年审理本案，关于本案的追诉时效期限问题，可能会出现两种意见。

一种意见认为：本案的走私普通货物行为发生于1996年6月至1997年2月间，当时适用的法律是全国人大常委会1988年1月21日颁布的《关于惩治走私罪的补充规定》，该规定第5条规定："企业事业单位、机关、团体走私本规定第一条至第三条规定的货物、物品（即鸦片等毒品、武器、弹药、伪造的货币，国家禁止出口的文物、珍贵动物及其制品、黄金、白银或者其他贵重金属等——引者注）的，判处罚金，并对其直接负责的主管人员和其他直接责任人员，依照本规定对个人犯走私罪的规定处罚。企业事业单位、机关、团体走私本规定第一条至第三条规定以外的货物、物品，价额在30万元以上的，判处罚金，并对其直接负责的主管人员和其他直接责任人员，处5年以下有期徒刑或者拘役；情节特别严重，使国家利益遭受重大损失的，处5年以上10年以下有期徒刑……企业事业单位、机关、团体走私，违法所得归个人所有的，或者以企业事业单位、机关、团体的名义进行走私，共同分取违法所得，依照本规定对个人犯走私罪的规定处罚。"按照这一规定，北京某纺织工业有限公司及姚某等人构成走私罪，应对该公司判处罚金，对姚某等人判处5年以下有期徒刑或者拘役。按照现行刑法规定，本案应定性为走私普通货物罪，按照刑法第153条第2款的规定和2000年9月26日最高人民法院《关于审理走私刑事案件具体应用法律若干问题的解释》第10条第2款的规定，应对该公司判处罚金，对姚某等人判处10年以上有期徒刑。根据"从旧兼从轻"原则，应适用旧法。该公司的走私行为虽然已经经过了13年，但是我国刑法对单位犯罪没有规定追诉时效期限，因而可以对该公司追究刑事责任，但姚某等人的法定最高刑为5年有期徒刑，根据刑法第87条第1项的规定，其追诉时效期限为10年，故不能再追究姚某等人的刑事责任。

另一种意见认为：我国刑法虽然没有对单位犯罪规定追诉时效期限，但是在司法实践中对单位犯罪可以比照其直接负责的主管人员和其他直接责任人员的追诉时效期限确定。本案直接负责的主管人员姚某和其他直接责任人员叶某等的追诉时效期限为10年，所以，对北京某纺织工业有限公司和姚某等均不能追究刑事责任。

【法理分析】

随着1997年刑法对单位犯罪的全面承认，中国刑法已经实质上完成了自然人一元主体到自然人与单位二元主体的嬗变。但是，刑法对单位犯罪的承认，仅限于总则第30条、第31条的原则规定及分则若干犯罪主体的改造，而单位犯罪实际上涉及的其他重要刑法制度，都没有在立法中得到明确，致使关于这些问题不仅理论上还远未达成共识，尚存许多理论疑点得不到解决，而且司法实践对这些问题莫衷一是，左右为难。从某种意义上讲，在中国，目前单位犯罪的立法、理论、实践脱节的尴尬状态，实际上是匆忙立法选择的结果。事实上，这些问题在一定程度上也决定或者影响单位犯罪制度的中国命运。单位犯罪追诉时效问题，其理论与实践意义即在于此。

在中国刑法中，追诉时效制度是最基本、最全面的刑罚消灭制度之一。从刑法第87条的规定可见，中国刑法规定的追诉时效期限是以表现为自由刑和生命刑的法定最高刑为标准确定的。以自由刑和生命刑的法定最高刑为标准确定追诉时效期限，可以完全适用于自然人犯罪。对于实行单罚制的单位犯罪，即只处罚单位犯罪直接责任人员，不处罚单位的单位犯罪，追诉时效期限也可以直接责任人员的自由刑和生命刑的法定最高刑作为确定单位犯罪追诉时效期限的标准。但是对于绝大多数实行双罚制的单位犯罪而言，由于实行双罚制，即对犯罪主体——单位只能适用罚金刑，不能适用自由刑和生命刑，所以，目前刑法第87条规定的追诉时效期限如何适用于实行双罚制的单位犯罪，就成为当前单位犯罪的一个疑难问题。

但是，如果我们根据刑法第87条的规定，认为实行双罚制的单位犯罪无须受追诉时效期限的限制①，又显然有悖于追诉时效的立法初衷。追诉时效制度是在刑法基本原则的指导下规定在刑法总则中，对刑法分则规定的所有犯罪都具有法律效力的基本制度，显然应当适用于这类单位犯罪。这是因为：

1. 追诉时效制度适用于单位犯罪，符合追诉时效制度的立法本意。追诉时效制度之所以成为能够成为一项基本的刑罚制度，是因为：（1）追诉时效制度符合我国预防犯罪的刑罚目的的要求；（2）有利于司法机关集中精力办理现行的刑事案件；（3）可以节省人力、物力和财力；（4）有利于社会的稳定。② 设置追诉时效制度的积极意义，对于单位犯罪的追诉时效而言也同样适用。

2. 追诉时效制度适用于单位犯罪，是刑法面前人人平等原则的体现。如果单位犯罪不受追诉时效期限的限制，就会造成单位实施某种不纯正单位犯罪，不受追诉时效期限的限制，而

---

① 在刑法学界，确有一种观点认为，由于现行刑法的追诉时效是以主刑为基础的，而单位适用的罚金刑属于附加刑，所以刑法没有明确规定单位犯罪中对犯罪单位的追诉时效，故对单位犯罪中的犯罪单位的追诉不受时效的限制。转引自谢望原：《论对犯罪单位的追诉时效》，载《法学杂志》，2000（4）。

② 参见高铭暄、马克昌主编：《刑法学》，7版，303页，北京，北京大学出版社、高等教育出版社，2016。

自然人实施同一性质的犯罪，则受追诉时效期限限制的结果，而这一结果显然违背了刑法面前人人平等原则，对于单位主体来说，也是不公平的。

3. 追诉时效制度适用于单位犯罪，是单位犯罪双罚制处罚原则得以实现的要求。对于刑法规定应当实行双罚制的单位犯罪来讲，只有既罚单位（对单位判处罚金），又罚直接责任人员（对其直接负责的主管人员和其他直接责任人员判处刑罚），才能符合刑法规定的双罚制单位犯罪的处罚要求。但是，如果实行双罚制的单位犯罪不受追诉时效期限的限制，就会造成这样的尴尬结果：单位实施某种犯罪，不受追诉时效期限的限制，而其中的直接责任人员因其所受刑罚为自由刑或生命刑，应受追诉时效期限的限制，那么，当有关机关在直接责任人员的追诉时效期限经过之后，才对单位犯罪予以追诉时，单位因无追诉时效期限的限制，应当承担刑事责任，而其中的直接责任人员因为追诉时效已经期满，不应当承担刑事责任，从而事实上使得刑法对单位犯罪双罚制的规定无法实现。这种顾此失彼的尴尬局面，实际上是对罪刑法定原则的违背。而这一点，也正是前述本案第一种意见的弊端所在。

在现行刑法的规定之下，单位犯罪的追诉时效能否适用直接责任人员的追诉时效？

对这一问题，目前在为数不多的讨论单位犯罪追诉时效的论著中，大多数观点认为，对单位犯罪的追诉时效，应当按照有关单位犯罪法条对其直接负责的主管人员和其他责任人员所应判处的自由刑或生命刑来确定。① 在单位犯罪的直接责任人员为多人的场合下，其追诉时效期限可能会出现不一致的情况，单位的追诉时效期限，可以依照其直接负责的主管人员和其他直接责任人员中最长的追诉时效期限来确定。②

但是，也有观点认为，刑法第 87 条第 1 项规定，“法定最高刑为不满五年有期徒刑的，经过五年”，根据该项精神，罚金显然属于“法定最高刑为不满五年有期徒刑的”范畴，因此，对犯罪单位的追诉时效应当限于 5 年，即单位犯罪的，经过 5 年后不应再追诉。③

笔者认为，在目前的立法条件下，不论单位犯罪的轻重，单位追诉时效期限一律确定为 5 年的观点可能会引发一系列的矛盾和冲突，具体而言，包括：

（1）单位与自然人在追诉时效上的不协调和不公平。按照这种观点，在不纯正单位犯罪的场合，无论单位犯罪的轻重，其追诉时效期限都是 5 年，但是当自然人实施同一性质的犯罪时，却要按照其法定最高刑确定追诉时效期限，最高可以是 20 年，这样的结果显失公平。

（2）单位与单位在追诉时效上的不协调和不公平。按照这种观点，不论单位犯罪的轻重，其追诉时效期限一律都是 5 年。这样的结果不仅显失公平，而且与追诉时效期限的设置根据不符。按照我国刑法理论，我国刑法确定追诉时效期限的根据为犯罪的社会危害性和犯罪人的人身危险性，而将单位的追诉时效期限一律确定为 5 年，显然就不能顾及单位犯罪的具体情况。

（3）单位与其直接责任人员在追诉时效上的不协调和不公平。按照这种观点，无论单位犯罪的轻重，其追诉时效期限都是 5 年，但是其直接责任人员，却要按照其法定最高刑确定追诉时效期限，最高可以是 20 年。这样的结果不仅显失公平，而且在超过单位追诉时效的 5 年期限但又未超过直接责任人员追诉时效期限的情况下，再对直接责任人员追究刑事责任，也有悖于罪刑法定原则。

笔者认为：以直接责任人员的最长追诉时效来确定单位的追诉时效的观点具有相对合理

---

① 参见马克昌主编：《刑罚通论》，685 页，武汉，武汉大学出版社，1999。

② 参见黄京平主编：《刑法总则案例分析》，263 页，北京，中国人民大学出版社，2000。

③ 转引自谢望原：《论对犯罪单位的追诉时效》，载《法学杂志》，2000（4）。

性。尽管犯罪单位追诉时效的根本解决有赖于刑法的修订，但在目前，以直接责任人员中最长的追诉时效来确定单位的追诉时效，也不失为一种权宜之计。

在现行刑法规定之下，以单位犯罪直接负责的主管人员和其他直接责任人员中最长的追诉时效期限来确定单位的追诉时效期限，应当注意以下几个问题：

第一，关于单位追诉时效的起算。刑法第 89 条第 1 款规定："追诉期限从犯罪之日起计算；犯罪行为有连续或者继续状态的，从犯罪行为终了之日起计算。"按照刑法学理论通说，所谓犯罪之日，是指犯罪成立之日，即行为符合犯罪构成之日。由于刑法对各种犯罪规定的构成要件不同，因而认定犯罪成立的标准也就不同：对于行为犯来说，实施行为之日就是犯罪成立之日；对于结果犯而言，结果发生之日才是犯罪成立之日。① 这些理论对于单位追诉时效的起算也是适用的。

第二，关于单位追诉时效的中断。刑法第 89 条第 2 款规定："在追诉期限以内又犯罪的，前罪追诉的期限从犯后罪之日起计算。"此即为追诉时效的中断。对于单位追诉时效来说，尽管在现行刑法的规定之下，其追诉时效的期限是"借用"直接责任人员的追诉时效期限，但是，直接责任人员追诉时效的中断并不当然地引发单位追诉时效的中断。单位追诉时效的中断只能发生在单位在追诉期限内又犯罪的情况下。如果单位前罪的直接责任人员在追诉期限内又犯新罪，则其追诉期限中断，但单位的追诉期限不能中断。如果单位犯后罪的直接责任人员与单位犯前罪的直接责任人员相同，则单位与直接责任人员的追诉时效同时中断。

第三，关于单位追诉时效的延长。刑法第 88 条规定："在人民检察院、公安机关、国家安全机关立案侦查或者在人民法院受理案件以后，逃避侦查或者审判的，不受追诉期限的限制。被害人在追诉期限内提出控告，人民法院、人民检察院、公安机关应当立案而不予立案的，不受追诉期限的限制。"此即为追诉时效的延长。

有观点认为，这两种追诉时效延长的情形对于单位犯罪同样适用。犯罪单位或者对单位犯罪负有直接责任的人员，以种种借口逃避侦查或者审判的，均不应受追诉时效的限制。②

笔者认为：因"被害人在追诉期限内提出控告，人民法院、人民检察院、公安机关应当立案而不予立案"而引起的追诉时效延长，自然也可以适用于单位犯罪的场合。但是，"在人民检察院、公安机关、国家安全机关立案侦查或者在人民法院受理案件以后，逃避侦查或者审判"的情形是否一律可以引起单位追诉时效的延长，则值得斟酌。按照刑法学界的一般理解，所谓"逃避侦查或者审判"，是指逃跑或者藏匿，使侦查或者审判无法进行的行为，而且行为人主观上须具有逃避侦查或者审判的故意。③ 从单位的特点和单位犯罪直接责任人员对单位的从属性和独立性角度看，对于单位自身而言，显然无法逃避侦查或者审判，但是，单位作为具有独立意思能力的社会主体，却可以指使其犯罪的直接责任人员逃跑或者藏匿，从而使侦查或者审判无法进行。同样，单位犯罪直接责任人员也可以基于自己的意志逃避侦查或者审判，使侦查或者审判无法进行，而当此时，单位并没有逃避侦查或者审判的故意。所以，对于单位犯罪直接责任人员在人民检察院、公安机关、国家安全机关立案侦查或者在人民法院受理案件以后，逃避侦查或者审判的行为，应当分清情况，分别处理：

（1）在人民检察院、公安机关、国家安全机关立案侦查或者在人民法院受理案件以后，单

① 参见高铭暄、马克昌主编：《刑法学》，7 版，305 页，北京，北京大学出版社、高等教育出版社，2016。

② 参见张汉昌：《单位犯罪刑罚适用若干问题初探》，载《当代法学》，2002（5）。

③ 参见高铭暄、马克昌主编：《刑法学》，7 版，307 页，北京，北京大学出版社、高等教育出版社，2016。

位犯罪直接责任人员逃避侦查或者审判的行为是基于单位意志而实施的，单位和逃避侦查或者审判的直接责任人员都不受追诉时效的限制。

（2）在人民检察院、公安机关、国家安全机关立案侦查或者在人民法院受理案件以后，单位犯罪直接责任人员逃避侦查或者审判的行为是基于其本人的意志而实施，单位并无逃避侦查或者审判的意图的，逃避侦查或者审判的直接责任人员不受追诉时效的限制，而单位则仍应受追诉时效期限的限制，不适用追诉时效延长制度。

【要旨提示】

在刑事立法时于追诉时效制度没有修改的情况下，对于单位犯罪的追诉时效期限，可以按照单位犯罪直接责任人员中最长的追诉时效期限确定，但单位犯罪追诉时效期限并不当然因单位犯罪直接责任人员的时效中断而中断、时效延长而延长。

第十六章

刑法典与单行刑法的衔接

106. 林某介绍卖淫案[①]

——刑法典与被废止或保留的单行刑法的衔接

【案情介绍】

被告人林某2000年12月至2001年5月间，通过家中电脑，在互联网上多次为卖淫女石某、郭某发布卖淫信息，介绍石某、郭某从事卖淫活动，致使多人到郭某、石某处进行嫖娼活动，并从石某处得到好处费两千余元，从郭某手中获取好处费两千余元，后被查获归案。

检察机关以林某犯介绍卖淫罪向法院提起公诉。一审法院经审理，依照《中华人民共和国刑法》第359条第1款、第53条之规定，判决如下：被告人林某犯介绍卖淫罪，判处有期徒刑6年，并处罚金人民币15 000元。被告人上诉后，二审法院经审理，根据《中华人民共和国刑事诉讼法》(1996年）第189条第1项的规定，裁定驳回上诉、维持原判。

【观点争议】

本案的主要争议点为介绍卖淫罪的情节严重应当如何认定。

刑法第359条第1款规定的引诱、容留、介绍卖淫罪是一个行为选择的选择罪名。对于该罪，刑法设计的是两个量刑幅度：一是基本犯的量刑幅度，即5年以下有期徒刑、拘役或者管制，并处罚金；二是情节加重犯的量刑幅度，即情节严重的，处5年以上有期徒刑，并处罚金。但是如何认定情节严重？一般是指引诱、容留、介绍多人卖淫的，引诱、容留、介绍他人卖淫造成严重后果的，曾因引诱、容留、介绍他人卖淫受过行政处罚的，等等。有的观点表示，共同犯罪的主犯是成立情节严重的情形。[②] 笔者认为，只有在共同犯罪造成严重后果或引诱、容留、介绍多人卖淫等满足情节严重条件之下，才成立对主犯按照情节加重犯处罚。

争议的背景是刑法第452条“附则”的规定引起的1997年刑法与之前单行刑法的关系处

---

① 案例来源：最高人民法院刑事审判第一、二、三、四、五庭主办：《中国刑事审判指导案例（妨害社会管理秩序罪)》，291页，北京，法律出版社，2009。

② 参见周道鸾、张军主编：《刑法罪名精释》，2版，657页，北京，人民法院出版社，2003。

理。我国单行刑法以1997年刑法典为界限，1981年到1995年间共24个，而1997年刑法之后仅有《关于惩治骗购外汇、逃汇和非法买卖外汇犯罪的决定》一个单行刑法，如果加上2个不具有罪刑规范的决定（《关于取缔邪教组织、防范和惩治邪教活动的决定》和《关于维护互联网安全的决定》），共3个。[①] 介绍卖淫罪的有效司法解释是针对全国人大常委会《关于严禁卖淫嫖娼的决定》作出的，而情节严重在1997年刑法制定之后并没有相应的司法解释作出规定。被告人林某认为引诱、容留、介绍卖淫罪的情节严重没有法定标准，故不服一审判决，提起上诉。

争议的焦点在于被告人林某是否构成介绍卖淫罪的情节严重情形。一审法院认为，林某通过互联网为卖淫女发布卖淫信息，信息传播面大，且被介绍的对象不确定，致使多人到卖淫女郭某、石某住处进行嫖娼活动，社会危害后果严重，应属情节严重。被告人林某不服，提起上诉，主张其犯罪情节严重没有事实和法律依据。林某案发之时，对于情节严重，刑事立法和司法解释都没有规定，唯一可以参考的规定是最高人民法院、最高人民检察院1992年发布的《关于执行〈全国人大关于严禁卖淫嫖娼的决定〉的若干问题的解答》第7条——“引诱、容留、介绍他人卖淫，情节严重的，一般有以下几种情形：（一）多次引诱、容留、介绍他人卖淫的；（二）引诱、容留、介绍多人卖淫的……”——和第9条第2项——“《决定》和本《解答》中的‘多人’、‘多次’的‘多’，是指‘三’以上的数（含本数）。”二审法院对情节严重再次作出肯定，进而作出驳回上诉、维持原判的裁定。

【法理分析】

裁判方认为，本案被告人林某以非法牟利为目的，通过互联网在数个网站为两个卖淫女向社会发布卖淫信息，尽管在行为方式方面因未与特定的“嫖客”直接接触而与传统的介绍卖淫行为有所不同，但其通过互联网为不特定的“嫖客”提供信息，起到了介绍卖淫的实际作用，其行为性质并无不同。林某在互联网上发布卖淫信息，并为互联网访问者所知悉，具有如下特征：信息接收人的不特定性，即不能确定是何人接收信息、有多少人接收信息、接收信息人是否实施了前往嫖娼的行为。从实际效果来看，被告人林某通过互联网向社会公众发布卖淫信息，并致使多人前往嫖娼，其行为具有严重的社会危害性，应参考1992年的司法解释认定为介绍卖淫情节严重。

我国刑法规定的情节分为定罪情节和量刑情节。定罪情节可以分为基本情节与加重或者减轻情节。前者是区分罪与非罪的情节，后者是区分轻罪与重罪的情节。[②] 在情节判定上，刑法并没有规定标准和方法，一般交由司法解释来规定。1979年刑法颁布之后，短短18年时间内形成了24部单行刑法，有识学者惊呼“特别刑法膨胀，阻却刑法典适用，使刑法典变成空洞虚无的摆设，整个刑法规范陷入杂乱无章的泥潭，最终不仅于犯罪无补，也严重危害到国家的整个法制建设”[③]。这并非夸大之语。1997年刑法在1979年刑法的基础上纳入单行刑法规范，整合附属刑法规范，形成了一部完整、统一的刑法典。

对待原有的单行刑法，1997年刑法有两种措施：一是对已完全纳入现行刑法者予以废止。这部分单行刑法包括：《惩治军人违反职责罪暂行条例》《关于严惩严重破坏经济的罪犯的决

---

① 参见张波：《关于单行刑法的立法技术的历史考察和展望》，载《安徽大学法律评论》，2007（2）。

② 参见陈兴良：《规范刑法学》，91页，北京，中国政法大学出版社，2003。

③ 赵秉志主编：《中国特别刑法研究》，17页，北京，中国人民公安大学出版社，1997。

定》《关于严惩严重危害社会治安的犯罪分子的决定》《关于惩治走私罪的补充规定》《关于惩治贪污罪贿赂罪的补充规定》《关于惩治泄露国家秘密犯罪的补充规定》《关于惩治捕杀国家重点保护的珍贵、濒危野生动物犯罪的补充规定》《关于惩治侮辱中华人民共和国国旗国徽罪的决定》《关于惩治盗掘古文化遗址古墓葬犯罪的补充规定》《关于惩治劫持航空器犯罪分子的决定》《关于惩治假冒注册商标犯罪的补充规定》《关于惩治生产、销售伪劣商品犯罪的决定》《关于惩治侵犯著作权的犯罪的决定》《关于惩治违反公司法的犯罪的决定》《关于处理逃跑或者重新犯罪的劳改犯和劳教人员的决定》。二是吸纳原有单行刑法的规定，保留行政处罚和行政措施部分。这部分被保留的单行刑法包括：《关于禁毒的决定》《关于惩治走私、制作、贩卖、传播淫秽物品的犯罪分子的决定》《关于严惩拐卖、绑架妇女、儿童的犯罪分子的决定》《关于严禁卖淫嫖娼的决定》《关于惩治偷税、抗税犯罪的补充规定》《关于严惩组织、运送他人偷越国（边）境犯罪的补充规定》《关于惩治破坏金融秩序犯罪的决定》《关于惩治虚开、伪造和非法出售增值税专用发票犯罪的决定》。

在如何处理被废止、保留的单行刑法与 1997 年刑法的衔接问题上，1997 年刑法作出明确的规定，即第 452 条第 2 款规定："列于本法附件一的全国人民代表大会常务委员会制定的条例、补充规定和决定，已纳入本法或者已不适用，自本法施行之日起，予以废止。"第 3 款规定："列于本法附件二的全国人民代表大会常务委员会制定的补充规定和决定予以保留，其中，有关行政处罚和行政措施的规定继续有效；有关刑事责任的规定已纳入本法，自本法施行之日起，适用本法规定。"从理论上分析，第 452 条的规定处理的是静态的法律之间的生效与失效关系，即列入附件 2 的单行刑法中的"有关行政处罚和行政措施的规定继续有效"，而列入附件 1 的单行刑法被全部废止。司法适用中，应当切实遵照刑法第 12 条规定的"从旧兼从轻"原则，处理好 1997 年刑法与之前的单行刑法的适用问题。

需要思考的是：各单行刑法的司法解释是否继续有效？对于被废止或者保留的单行刑法，之前最高司法机关都作出过司法解释，这些解释是否有效？或者被废止的单行刑法及其司法解释都失效，而被保留的单行刑法及其司法解释仍部分有效？笔者认为，需要从单行刑法与刑法的关系以及司法解释规定的内容出发考虑。最高人民法院 1997 年 3 月 25 日《关于认真学习宣传贯彻修订的〈中华人民共和国刑法〉的通知》第 5 条明确规定："修订的刑法实施后，对已明令废止的全国人大常委会有关决定和补充规定，最高人民法院原作出的有关司法解释不再适用。但是如果修订的刑法有关条文实质内容没有变化的，人民法院在刑事审判工作中，在没有新的司法解释前，可参照执行。其他对于与修订的刑法规定相抵触的司法解释，不再适用。"本案被告人林某多次在互联网上为两名卖淫女发布信息，其牵线搭桥行为导致卖淫嫖娼行为的达成至少在 3 次以上，符合最高人民法院、最高人民检察院 1992 年发布的《关于执行〈全国人大关于严禁卖淫嫖娼的决定〉的若干问题的解答》第 7 条解释的情节严重的相关规定。鉴于《关于严禁卖淫嫖娼的决定》属于被保留的单行刑法，而且 1997 年刑法条文关于引诱、容留、介绍卖淫罪与该单行刑法的相关规定实质内容并没有变化，且该司法解释并没有相应的司法解释替代，可以参照该司法解释对于现行刑法中关于介绍卖淫罪的"情节严重"予以认定。

【要旨提示】

一般来说，司法解释与解释对象（特定立法）的溯及力一致，但在探求立法精神时可以参考相关的司法解释。比如，相似犯罪、近似犯罪司法解释的参照适用；又如，新法适用参考旧法的司法解释。另外，对于未明文规定保留，也未明文规定废止的单行刑法，可参考 1997 年刑法“附则”规定的精神加以处理。以 1987 年 6 月 23 日《关于对中华人民共和国缔结或者参加的国际条约所规定的罪行行使刑事管辖权的决定》为例，该规定已完全被 1997 年刑法第 9 条规定的普遍管辖原则所吸收，实际应当属于第 452 条附件 1 所示被废止的单行刑法的范围。

107. 孙甲、孙乙故意伤害案①

——追诉期限的终点

【案情介绍】

1998 年 11 月 15 日下午 5 时许，被告人孙甲在无锡市黄巷街道高田上 28 号门口与邻居孙某某发生争执，后以其在场的目的孙阿某额部被砖块砸伤为由，与弟弟即被告人孙乙及其父母一起闯入 29 号孙某某家中，与孙某某夫妇发生揪打。其间，孙甲将孙某某左手环指扳伤，孙乙将孙某某妻子的嘴部打伤。孙某某及其妻子所受的损伤均已构成轻伤。

1999 年 9 月 14 日，无锡市公安局原郊区分局立案侦查，1999 年 10 月 30 日以被告人孙乙涉嫌犯故意伤害罪向原无锡市郊区人民检察院提请逮捕。同年 11 月 5 日，原无锡市郊区人民检察院以该案事实不清为由出具了不批准逮捕、补充侦查决定书。

2002 年 7 月 2 日，无锡市公安局北塘分局又以被告人孙乙涉嫌犯故意伤害罪提请无锡市北塘区人民检察院提起公诉。同年 10 月 14 日，无锡市北塘区人民检察院以该案事实不清、证据不足为由，出具了补充侦查决定书。

2003 年 3 月 16 日，无锡市公安局北塘分局又以群众电话报警为案件来源，对该案被告人孙甲并案立案侦查，并于同年 3 月 20 日分别对被告人孙甲、孙乙进行了传唤。2005 年 8 月 12 日，无锡市公安局北塘分局以对被告人孙甲、孙乙采取了取保候审的措施。同年 8 月 16 日，无锡市公安局北塘分局以被告人孙甲、孙乙涉嫌犯故意伤害罪提请无锡市北塘区人民检察院提起公诉。

2005 年 9 月 29 日检察机关对孙甲、孙乙以故意伤害罪，提起公诉。法院经审查认为，本案已经超过追诉期限，根据《中华人民共和国刑事诉讼法》（1996 年）第 15 条第 2 项、《最高人民法院关于执行〈中华人民共和国刑事诉讼法〉若干问题的解释》第 117 条第 5 项的规定，裁定如下：本案终止审理。

【观点争议】

对于追诉期限的计算，刑法第 89 条明确规定了计算的起点，即从犯罪之日起计算，犯罪行为有连续或者继续状态的，从犯罪行为终了之日起计算，但是对于追诉期限何时结束，即追诉期限的计算终点，刑法并没有进行明确规定，从而使理论和实务活动中对此存在着诸多争议观点。

第一种观点为“立案时说”，认为追诉期限的终点应当以立案时为准。

第二种观点为“强制时说”，认为追诉期限的终点应当是对犯罪嫌疑人、被告人采取强制

---

① 案例来源：最高人民法院中国应用法学研究所编：《人民法院案例选》，2006 年第 1 辑（总第 55 辑），北京，人民法院出版社，2006。

措施之日。

第三种观点为“审判时说”，即认为追诉期限的终点应当以人民法院受理案件时为准。

第四种观点为“结果时说”，即认为追诉期限的终点应当以追诉结果正式出现时为准。

【法理分析】

上述四种不同的对于追诉期限计算终点的观点，从结束的时间上，或者说从结束所处的诉讼阶段上看，最早的应当是“立案说”，最晚的应当是“结果时说”，“强制时说”和“审判时说”处于中间位置。结束时间的早晚的不同，直接决定了对犯罪嫌疑人、被告人因为可能超过追诉时效而引发刑事责任的消灭的难度。结束最早的“立案时说”显然最不利于犯罪嫌疑人、被告人，因为追诉期限仅涉及立案前的时间；结束最晚的“结果时说”，追诉期限将立案前的时间、侦查阶段、起诉阶段、审判阶段等都涵盖在内，明显最有利于犯罪嫌疑人、被告人。所以，对于追诉期限终点的选择将直接影响犯罪嫌疑人、被告人的切身利益。

“立案时说”是现阶段受到司法实务认可，且得到不少学者认同的主流观点。早在1982年8月19日印发的《关于贪污罪追诉时效的复函》中即说明“检察机关决定立案时未过追诉期限的贪污犯罪，在立案以后的侦查、起诉或者判处时超过追诉期限的，不得认为是超过追诉时效的犯罪，应当继续依法追究”。以立案时为计算追诉期限的终点，具有相当的合理性：第一，标准具有同一性，较为明确。“立案时说”以追诉起点作为追诉期限的终点，对于所有的案件而言具有一致性，对被追诉的犯罪嫌疑人、被告人具有适用的公平性。不会因为案件经历诉讼阶段的不同、案件处理效率不同，而导致相似案件是否超过追诉期限的问题上出现不同的适用后果。第二，避免司法实务活动中，通过有意的延长诉讼过程来达到使案件超过追诉期限的可能。以立案时为标准，一旦立案，诉讼过程所持续的时间便不可能对追诉期限产生影响，有利于对犯罪嫌疑人、被告人的追诉活动顺利完成。第三，与刑法条文本身的设置相符合。刑法第88条第2款规定，“被害人在追诉期限内提出控告，人民法院、人民检察院、公安机关应当立案而不予立案的，不受追诉期限的限制”，即没有立案的不受追诉期限的限制，立了案的便要接受追诉期限的限制。显然是否受限制的标准是立案。但“立案时说”也存在一定的问题。刑法第88条第1款规定，“在人民检察院、公安机关、国家安全机关立案侦查或者在人民法院受理案件以后，逃避侦查或者审判的，不受追诉期限的限制”。既然立案时，追诉期限的计算即已达到终点，那么被追诉的对象在立案之后是否逃避侦查，对于追诉期限的计算又如何会产生影响？除了考虑进行强调以告知犯罪嫌疑人、被告人，只要立案了逃避也毫无意义这个效果以外，规定这个条文似无必要。

“强制时说”的观点来源是1981年11月印发的《关于执行刑法中若干问题的初步经验总结》中的规定，即“追诉期限应当从犯罪构成之日起计算……在法定追诉期限内，自诉案件从自诉之日，公诉案件从采取强制措施之日都视为已被追诉，此后的侦查、起诉、审判时间不再受追诉期限的限制”。虽然有明确的依据，但是“强制时说”的缺陷十分的明显，因为“立案只是侦查的开始，而强制措施则是在侦查启动后才采取……立案在前、强制措施在后，是刑事诉讼中应有的逻辑与次序，两者不可能总是同步”①，这样便可能因为案件处理过程的不同，

① 邱兴隆、邢馨宇：《追诉期限终点再认识——基于法解释学的一个梳理》，载《法商研究》，2017（4）。

导致相似案件中是否超过追诉期限的结论完全不同。

本案审理法院在认定是否超过追诉期限即采取的是“审判时说”，法院认为本案的法定最高刑为3年有期徒刑，追诉时效为5年，案件发生于1998年11月15日，法院受理案件时是2005年9月29日，已经超过5年，且期间没有逃避侦查、审判的情形，所以应当终止案件的审理。本质上，“结果时说”和“审判时说”都是将追诉期限终点的标准设置在法院的审判阶段，应当说更符合我国现阶段以审判为中心的刑事诉讼制度改革的方向。“审判时说”和“结果时说”一个认为追诉期限的终点是审判阶段的开始，一个认为追诉期限的终点是审判阶段的结束。相较而言，笔者认为“结果时说”更具合理性：首先，更符合追诉的本质。“只有追究或不追究刑事责任的最终结果出现时，追诉才告完成，只有到此时才可以将追诉的结果落实到具体的人身上，也才谈得上实质意义上的追诉。”① 其次，更符合刑法相关条文的规定。刑法第88条第1款规定，“在人民检察院、公安机关、国家安全机关立案侦查或者在人民法院受理案件以后，逃避侦查或者审判的，不受追诉期限的限制”。将终点设置在审判结果确定的时候，审判结果确定之前的时间本都应当计入追诉期限内，如此才可能说在最终的审判结果没有确定之前，犯罪嫌疑人、被告人逃避侦查或者审判的，原本受追诉期限限制的就不再受限了。由于审判结果确定的时间要晚于立案时间，所以刑法第88条第2款在追诉期限涵盖立案前的时间、侦查阶段、起诉阶段、审判阶段等在内的“结果时说”下，也能得到合理解释。不会出现“立案时说”中，追诉期限已经达到终点后，还规定不受追诉期限限制的情形。最后，更符合刑事诉讼法相关条文的规定。刑事诉讼法第15条规定“犯罪已过追诉时效期限的”“不追究刑事责任，已经追究的，应当撤销案件，或者不起诉，或者终止审理，或者宣告无罪”。从该条可以看出，超出追诉期限，可能导致撤销案件、不起诉、终止审理、宣告无罪等不同的法律后果，而这些法律后果是出现在不同的诉讼阶段的，也即追诉时效期限的终点可以一直涵盖到案件诉讼程序的终结。

【要旨提示】

追诉期限的起点开始于犯罪之日起或行为终了之日起，追诉期限的终点则应当以审理结果确定之日为准。这种追诉期限的终点计算方法才符合追诉的本质含义，与刑法和刑事诉讼法等相关条文在逻辑上形成正确的体系。

---

① 邱兴隆、邢馨宇：《追诉期限终点再认识——基于法解释学的一个梳理》，载《法商研究》，2017（4）。

附　录

108. 梁某盗窃案①

——前科消灭制度的构建

【案情介绍】

梁某（未成年人）于2002年12月9日犯盗窃罪被判处有期徒刑2年6个月，于2005年1月26日被减刑释放；因本案于2007年1月8日被刑事拘留，于2007年1月23日被逮捕。

2006年12月2日，梁某在其工作的某美容厅内看到被害人郑某的银行卡密码。同年12月18日，梁某在美容厅更衣室内窃得被害人郑某上海浦东发展银行的银行卡后，于次日从该卡上提取人民币55 000元。原审法院认为：被告人（原审自报名梁乙）以非法占有为目的，采用秘密手段，窃取公民财物，数额巨大，其行为已构成盗窃罪。公诉机关指控的罪名成立，应予支持。被告人归案后交代、认罪态度较好，且已退缴全部赃款，酌情从轻处罚。遂依照《中华人民共和国刑法》第264条、第53条之规定，作出判决：被告人犯盗窃罪，判处有期徒刑4年，罚金人民币4 000元（刑期自2007年1月8日起至2011年1月7日止）。再审审理中梁某称，因害怕前科情况影响自己生活，故于2005年1月被释放后冒用其妹妹梁乙的身份就业、恋爱，在原审时也冒用梁乙的身份并隐瞒前科情况。经再审审理查明，除梁某冒用梁乙的身份外，原审认定其余事实无误，再审予以确认。再审另查明，原审被告人梁某因犯盗窃罪，于2002年12月9日被判处有期徒刑2年6个月（刑期自2002年9月28日起至2005年3月27日止），2005年1月26日被减刑释放。

再审法院认为：原审被告人梁某以非法占有为目的，采用秘密手段，窃取公民财物，数额巨大，其行为已构成盗窃罪。公诉机关的指控成立，予以支持。原审被告人梁某在刑罚执行完毕后5年内又犯罪，系累犯，依法应从重处罚。原审定罪准确，但因梁某冒用他人身份且隐瞒前科情况，致原审未能对梁某按累犯的规定从重处罚，故原审判决应予撤销。原审被告人梁某有悔罪表现，且退缴了全部赃款，酌情从轻处罚。遂依照《中华人民共和国刑事诉讼法》（1996年）第206条和最高人民法院《关于执行〈中华人民共和国刑事诉讼法〉若干问题的解

① 案例来源：上海市浦东新区人民法院（2007）浦刑再初字第3号。

释》第312条第2项，及《中华人民共和国刑法》第264条、第65条、第53条之规定，判决如下：(1) 撤销原审刑事判决；(2) 原审被告人梁某犯盗窃罪，判处有期徒刑4年3个月，罚金人民币5 000元（刑期自2007年1月8日起至2011年4月7日止）。

【观点争议】

本案主要涉及的是未成年犯的定罪量刑问题，存在争议的是未成年犯梁某的前科是否存在量刑价值。

1. 争议背景

何为前科？曾经存在不同主张：历史污点说认为前科是指历史上因违反法纪而受各种处分的事实；累犯事实说认为前科指因犯罪受到刑罚处罚并足以构成累犯的事实；折中说认为被判处有期徒刑以上的刑罚且已执行完毕再犯新罪即构成前科；劳动教养与刑罚并合说认为前科是指因违法犯罪而受劳动教养或刑罚处罚的事实；构成犯罪说认为前科是指某人曾经被宣告有罪或被判处刑罚的法律事实；判处刑罚说认为前科是指曾经被法院判处并受过刑罚处罚的事实。① 刑法意义上的前科应当是指经裁判决定而受刑罚的宣告。前科只是有关量刑的一个事实。② 从标签理论来分析，二次犯罪行为与前次标签存在一定关系。我国目前保留犯罪人的犯罪记录直至终生并不利于出狱人的权利保障和再社会化。“犯罪标签”存在的负面效应，让我们认识到有效预防犯罪应当既有设计累犯制度的考量，也要有前科消灭制度的考量。

对于前科消灭制度，沃克教授曾解释为：如果已判过罪的人在几年内未再犯任何严重的罪行，他就应像未被定过罪或判过刑的人一样被看待。③ 我国刑法理论通说认为，前科消灭制度是指有前科的人在具备法定条件时自动地不再被认为有前科。但我国刑法并没有规定前科消灭制度，相反，规定了前科报告制度。1997年刑法第100条第1款规定：“依法受过刑事处罚的人，在入伍、就业的时候，应当如实向有关单位报告自己曾受过刑事处罚，不得隐瞒。”该款规定的是前科报告制度，即依法受过刑事处罚的人在入伍或就业时应当如实向有关单位报告的制度。如果某行为虽受司法机关的追诉，但该行为符合刑法规定的不需要判处刑罚或免除刑罚的情况，因而人民法院决定免除刑罚处罚的，则该行为人不应属于“受过刑事处罚的人”④。这种前科报告制度的规定，笔者认为并不恰当。我国刑法中并未规定完整的前科制度（例如前科消灭制度），单单规定前科报告制度不符合刑法目的，不利于巩固刑法效果。可以想象一个刑满释放的犯罪分子，本身在受刑时就受到了报应性的惩罚，受刑之后还必须面对就业困难问题。如果在就业和入伍时永远必须汇报自己的前科，实际上是限制了刑满释放人员的就业机会。司法实践中由于缺乏强制性规定，也使得前科报告制度形同虚设。

本案中，再审法院通过提起再审程序对原审被告人梁某按照盗窃罪定罪，根据原审被告人梁某在刑罚执行完毕后5年内又犯罪，构成累犯，对梁某依法从重处罚。严格地从刑法原理和刑事诉讼法原理出发，再审法院对梁某从重处罚并没有问题，但是如果考虑原审被告人为未成年人的事实，笔者认为，梁某在犯罪后存在悔罪表现且退缴全部赃款，从执行宽严相济刑事政策的角度考虑，梁某案并没有必要提起再审。

---

① 参见林维：《论前科的定罪价值》，载《中央政法管理干部学院学报》，1995 (6)。

② 参见［英］戴维·M. 沃克：《牛津法律大辞典》，906页，北京，光明日报出版社，1988。

③ 参见上书，761页。

④ 黄太云、滕炜主编：《中华人民共和国刑法释义与适用指南》，128页，北京，红旗出版社，1997。

2. 争议焦点

关于本案，基本都倾向于认为梁某构成累犯，且存在假报身份的事实，应当提起再审。争议焦点集中在梁某为未成年人，该种刑事前科是否存在量刑价值。一种观点认为，梁某的刑事前科构成累犯，自应当对梁某提起再审并重新裁量刑罚，该种刑事前科不因为梁某是未成年人而有所不同；另一种观点认为，梁某作为一个未成年人，出狱后因为如果报告刑事前科会影响就业而没有报告，在再次犯罪时可以将刑事前科与未成年人等相反因素综合进行考虑，不对梁某从重处罚，维持原判刑罚。

【法理分析】

笔者认为，本案裁判方依法提起再审，并严格依法认定梁某为累犯并没有问题，但在量刑上应考虑梁某是未成年人，并且存在酌定从轻情节，没有必要再从重处罚，只需要维持原判刑罚。

为何规定前科消灭制度？从犯罪学理论来看，前科存在法定影响和非法定影响：法定影响是根据法律、行政法规的规定，有前科的人在社会生活中所应承受的法律后果，包括刑事范畴和民事行政范畴，比如累犯、再犯和资格禁止；非法定影响是报应文化的延续，是延续终生、类似瘟疫一般的罪犯标签，阻碍正常人际关系的建立和社会生存空间的扩展。[①] 我国凡是被定罪的人均有犯罪记录而且终生不能消除，这对于出狱人重新社会化是不利的，一旦被犯罪标签化，只能终生被当作“两劳人员”来看待，社会在各个方面会形成“有色眼镜”。正如有学者分析的：犯罪人因一时的过错而导致定罪与刑罚的犯罪记录，在法定的一段时期内存在是可取的，有助于借此判断先前所判定的刑罚在量上是否存在不足，并借此通过更为合适的刑罚打击来惩罚和改造再次犯罪的行为；但如果此种犯罪记录无限期存在，则会产生严重的负面效应，给犯罪人带来长期的消极影响，导致犯罪人长期被摒弃于社会正常生活之外，被强迫地成为社会正常秩序的对抗者，甚至可能最终再次犯罪。[②] 因此，从犯罪标签的负面效应分析，要确立前科消灭制度，以有效保障出狱人的合法权利，促使他们早日回归社会。从刑法基本理论来看，前科构成判断被告人人身危险性大小的重要因素，成为量刑的酌定情节，在构成累犯、再犯的情形下甚至成为量刑从重的法定情节。但是，如果前科并不构成累犯或者再犯，仅仅因为存在前科就认定人身危险性大并从重裁量刑罚，未免武断和片面。比如说，前罪发生在10年之前，为故意犯罪，而后罪为过失犯罪，按照前科从重裁量刑罚势必导致刑罚过重。从刑事政策的基本理论来看，少年司法是确立刑法前科消灭制度的重要理由。少年因刑事不法行为应当获得与成年人不同的司法处理，在责任能力论看来少年的生理、心理条件导致刑事责任能力中的辨认、控制能力受一定限制，而标签论认为刑罚在实现惩罚和改造功能的同时，容易造成少年不法者的“标签”效果，一次违法，终生烙印，对非行少年重返社会形成障碍。[③] 试想，一名16岁的少年构成犯罪，如果没有前科消灭制度，他会终身承受犯罪标签的影响，这种负面效应会持续影响升学、就业、婚姻、生活等各个方面，如同一层厚障壁，将他与社会隔离开来。诸多重新犯罪的发生就是因为在一次犯罪之后不能被社会认同。学者研究认为：许多国家在少年人刑法中规定对未成年罪犯前科消灭的优惠条件。借鉴他国规定，我国应当建立前科消

---

① 参见房清侠：《前科消灭制度研究》，载《法学研究》，2001（4）。

② 参见于志刚：《简论前科消灭的定义及其内涵》，载《云南大学学报（法学版）》，2002（4）。

③ 参见蒋熙辉：《以儿童福利为视角的中国少年刑事司法改革论》，载《中国人权》，2009（2）。

灭制度，以防止少年罪犯被释放后受到歧视、破罐子破摔，促使他们将来更好地适应于社会，成为一个有用的人。① 因此，无论是从犯罪学、刑法学抑或刑事政策学的理论出发，都应当肯定前科消灭制度确立具有必要性。

正是基于对前科终身制法律规定的反思，尤其是对类似梁某盗窃案（少年司法）的刑罚适用问题的反思，笔者建议前科消灭制度的构建。前科消灭制度包括适用条件和适用范围两个方面。在适用条件上，前科消灭制度要求是刑罚执行完毕之后销毁犯罪记录需要的期限，包括：对受有罪宣告而未被判处刑罚者，前科消灭所需要的时间；对被判处缓刑者，前科消灭所需要的时间；对被单独判处附加刑者，前科消灭所需要的时间；对被判处刑罚且执行完毕或被赦免者，前科消灭所需要的时间。② 前科消灭应当考虑犯罪性质、刑罚轻重、经历时间等，这是各国刑法规定的普遍参考因素。前科消灭应当采取消极的时间经过法，即时间一到，犯罪记录不再存在，而不取决于行为人是否申请。刑法还需规定未成年人的前科消灭条件应当宽于成年人。如日本少年法第 60 条规定："少年犯罪执行完毕或免于执行，适用有关人格之法律规定时，在将来视为未受过刑罚处罚。"在适用范围上，前科消灭制度应当限于：人民检察院决定相对不起诉案件，未成年人犯罪案件，实际执行有期徒刑不超过 5 年的案件，被判处拘役、管制、独立适用附加刑的案件，宣告缓刑案件以及免予刑罚处罚案件。而对于累犯、执行刑罚超过 5 年的案件、危害国家安全犯罪案件，则应保持现有前科登记及前科报告制度，不适用前科消灭。③ 刑法前科消灭制度要维护与累犯制度的一致性，从刑法公正的哲学基础出发规定恰当的适用范围，至少要将危害国家安全犯罪、累犯以及被判处长刑期的罪犯排除在外。

虽然，2011 年《刑法修正案（八）》对部分未成年犯罪人设置了免除前科报告义务的规定，即"犯罪的时候不满十八周岁被判处 5 年有期徒刑以下刑罚的人，免除前款规定的报告义务"，但是前科报告义务免除制度对未成年犯罪人只是能够起到一定有益的社会效果的措施，并不能够在法律效果上产生任何实质性的后果，不可能起到前科消灭制度所可能给未成年犯罪人带来的有益作用。

【要旨提示】

刑法前科制度实际上是国外刑法规定的复权制度。从梁某盗窃案入手分析案例，要注意少年司法与刑法前科两个关键概念。存有两条规则可以提出，加以探讨：一是立法合理性的质疑。1997 年刑法在"其他规定"中规定前科报告制度实际意义不大，作为"最后防线"的刑法中规定这样一条与其他条文毫无关系的无强制性的规定，并不恰当。相反，亟须的前科消灭制度没有确立。反思是我们学习刑法、研究刑法需要确立的思维。并非存在就是合理。对研究者而言，立法者不是不能质疑的对象。二是建设性的思维。既然立法存在不合理性，那么怎么修改？前科报告制度不妥，那就需要确立前科消灭制度。构建前科消灭制度，需要比较、借鉴国外关于前科消灭制度（复权）的相关规定，从建设性的思维出发，从案例分析和批判中探讨制度解构和建构的路径。

---

① 参见牛忠、姚桂芳：《中外少年刑法若干问题比较研究》，载《政法论丛》，2004（6）。

② 参见马克昌主编：《刑罚通论》，714 页，武汉，武汉大学出版社，1999。

③ 参见付永伟：《论宽严相济刑事司法政策视野下前科消灭制度的构建》，载《犯罪研究》，2007（5）。

后 记

编写案例教材是长期的知识积累、经验获取、方法探索的过程。本教材的第三版修订在知识、经验、方法上仍然以教材初版、第二版为基础。参与本教材初版撰稿的作者有：黄京平（法学博士，中国人民大学法学院教授、博士生导师，中国刑法学研究会副会长）、田宏杰（法学博士，中国人民大学法学院教授、博士生导师）、阴剑锋（法学博士，北京师范大学刑事法律科学研究院教授、博士生导师）、邓宇琼（法学博士，中国人民公安大学副教授）、石磊（法学博士，最高人民检察院检察理论研究所副研究员）、蒋熙辉（法学博士，江西警察学院常务副院长）。参与本教材第二版修订的作者为：黄京平、孙勤（法学博士，最高人民检察院检察员）、石磊、蒋熙辉、李翔（法学博士，华东政法大学教授）、彭辅顺（法学博士，湖南大学法学院副教授）、康伟（法学博士，南京师范大学法学院讲师）、陈毅坚（法学博士，中山大学法学院副教授）、吴江（法学博士，苏州大学法学院副教授）、左袖阳（法学博士，北京市社会科学院副研究员）、冉巨火（法学博士，西北政法大学副教授）、吴照美（法学硕士，中国刑事警察学院讲师）、姜昕（法学硕士，国家检察官学院讲师）、齐晓伶（法学博士，京都律师事务所律师）、徐俊驰（法学博士，四川省人民检察院检察官）。

如第三版修订说明所言，本教材再版修订对所选案例进行了部分的更新，与法律变化有关的案例论述内容进行了部分重新撰写。参与本教材第三版修订的作者为：黄京平、王烁（法学博士，北京化工大学文法学院副教授）。

图书在版编目(CIP)数据

刑法案例分析：总则/黄京平主编．—3版．—北京：中国人民大学出版社，2018.5
新编21世纪法学系列教材
ISBN 978-7-300-25460-9

Ⅰ.①刑…　Ⅱ.①黄…　Ⅲ.①刑法-案例-中国-高等学校-教材　Ⅳ.①D924.05

中国版本图书馆CIP数据核字(2018)第018564号

"十二五"普通高等教育本科国家级规划教材
新编21世纪法学系列教材
总主编　曾宪义　王利明
刑法案例分析(总则)(第三版)
主　编　黄京平
Xingfa Anli Fenxi(Zongze)

出版发行	中国人民大学出版社		
社　　址	北京中关村大街31号	**邮政编码**	100080
电　　话	010－62511242（总编室）		010－62511770（质管部）
	010－82501766（邮购部）		010－62514148（门市部）
	010－62515195（发行公司）		010－62515275（盗版举报）
网　　址	http://www.crup.com.cn		
	http://www.ttrnet.com(人大教研网)		
经　　销	新华书店		
印　　刷	运河（唐山）印务有限公司	**版　　次**	2000年7月第1版
规　　格	185 mm×260 mm　16开本		2018年5月第3版
印　　张	25.5	**印　　次**	2022年8月第4次印刷
字　　数	654 000	**定　　价**	49.00元

※任课教师调查问卷

为了能更好地为您提供优秀的教材及良好的服务，也为了进一步提高我社法学教材出版的质量，希望您能协助我们完成本次小问卷，完成后您可以在我社网站中选择与您教学相关的 1 本教材作为今后的备选教材，我们会及时为您邮寄送达！如果您不方便邮寄，也可以申请加入我社的**法学教师 QQ 群：83961183（申请时请注明法学教师）**，然后下载本问卷填写，并发往我们指定的邮箱（cruplaw@163.com）。

邮寄地址：北京市海淀区中关村大街 31 号中国人民大学出版社 411 室收

邮　　编：100080

再次感谢您在百忙中抽出时间为我们填写这份调查问卷，您的举手之劳，将使我们获益匪浅！

基本信息及联系方式：※

姓名：__________ 性别：__________ 课程：__________

任教学校：__________ 院系（所）：__________

邮寄地址：__________ 邮编：__________

电话（办公）：__________ 手机：__________ 电子邮件：__________

调查问卷：※

1. 您认为图书的哪类特性对您使用教材最有影响力？（　　）（可多选，按重要性排序）

A. 各级规划教材、获奖教材　　B. 知名作者教材

C. 完善的配套资源　　D. 自编教材

E. 行政命令

2. 在教材配套资源中，您最需要哪些？（　　）（可多选，按重要性排序）

A. 电子教案　　B. 教学案例

C. 教学视频　　D. 配套习题、模拟试卷

3. 您对于本书的评价如何？（　　）

A. 该书目前仍符合教学要求，表现不错将继续采用。

B. 该书的配套资源需要改进，才会继续使用。

C. 该书需要在内容或实例更新再版后才能满足我的教学，才会继续使用。

D. 该书与同类教材差距很大，不准备继续采用了。

4. 从您的教学出发，谈谈对本书的改进建议：__________

____

____

选题征集：如果您有好的选题或出版需求，欢迎您联系我们：

联系人：黄　强　联系电话：010-62515955

索取样书：书名：__________

书号：__________

备注：※ 为必填项。

新编21世纪法学系列教材

刑法（第六版） （普通高等教育“十一五”国家级规划教材； 教育部全国普通高等学校优秀教材一等奖）	王作富
刑法总论（第三版）	冯　军　肖中华
刑法分论（第三版）	谢望原　赫兴旺
● 刑法案例分析（总则）（第三版） （“十二五”普通高等教育本科国家级规划教材）	黄京平
刑法各论案例分析（第三版）	韩玉胜
刑法练习题集（第五版）	王作富
刑法教学法条	柏浪涛　王海桥
犯罪学（第二版）	张小虎

本教材配套教学课件请登录以下网址下载使用：
〇中国人民大学出版社网站：
www.crup.com.cn/ZYTS/XKFL/FX/

策划编辑　方　明
责任编辑　易玲波　许　眘
书籍设计　彭莉莉　拾光书坊

人大社法律图书官微

ISBN 978-7-300-25460-9
定价：49.00元